生きもの民俗誌

野本寛一

昭和堂

はじめに

この国の先人たちは、生きものの示す両義性や多面性をよく承知したうえで、生きものとの多様なかかわり、交感をくり広げ、それを民俗として伝承してきた。生きものが人にもたらすものにはさまざまな恵みがある。対して、暮らしや生業に与える阻害的な面もある。人びとはそのおのおのについて伝承を重ね、民俗を生成してきた。その過程で葛藤や苦渋を味わうこともあったのだが、生きものとの相渉は人の心を豊かにし、日々の暮らしにふくらみを持たせるという側面もあった。とりわけ、幼い者、幼少年と生きものとの交感は重要で、情操の涵養や生命観の形成にかかわるところがある。

次は中勘助の『銀の匙』(1)の一文である。

——雪の夜には伯母《おば》さんはあんかの炭団《たどん》をかきおこしながら　雪坊主が白い着物をきて戸のそとに立っているなぞといって人をおどかす。暑いときには寝苦しがるのをあおいでくれる団扇《うちわ》の絵にも好みがあって好きなのでなければなかなか寝つかない。いいにおいのする蚊帳《かや》のなかでそとを飛ぶ蚊の声を聞きながらいたずらに骨をひとつ折ってみたりしてると隣の寺の藪《やぶ》へごろすけがきて鳴く。伯母さんは「ぽっぽどりは悪い鳥でひと声に蚊を千匹吐くげな。あすは蚊がえらいぞよ」なぞという。(2)すず風がたつころになればこおろぎが鳴きはじめる。あるときかわいがってやろうとおもってほたる籠に入れておいていたところ二声か三声ないたぎり黙ってるのでそうっとのぞいてみたら籠にはった絽をくい破ってみんな逃げてしまっていた。その声をきけば子供心にもなにがなし立つ秋のさびしさをおぼえる。伯母さんは　さむくなったにつづれさせ　と鳴くのだといい、乳母《うば》は妹に　ちちのめ　ちちのめ　ちちのむとくいつくぞ　と鳴いてるのだという。(3)――

この短い文章の中に、ごろすけ（梟＝フクロウ）、カ（蚊）、コオロギが登場し、フクロウがカを吐くという伝承、コオロギの鳴き声の「聞きなし」が描かれている。

明治十八年、神田で生まれた勘助は、虚弱だったため、明治二十二年、小石川区小日向水道町に転居している。現在でもコオロギが都市にいないわけではないが、この文章によれば勘助は部屋の中にいてフクロウやコオロギの声を聞いていることがわかる。それに、ここにはフクロウとカの伝承があり、コオロギの声の聞きなしが二種類も見られる。小動物にかかわる伝承がじつに豊かである。

現在の東京はその環境を激変させている。東京のみならず、各地方においても、人と生きものとの関係は希薄化し、疎遠になってきている。核家族化が進み、共同体の紐帯がゆるむ中で、イエの中でも近隣においても生きものに関する伝承を耳にする機会が極端に減った。大都市の、子供と生きものとのかかわりが減っていることは誰でも気づくところであるが、豊かな自然に恵まれた山のムラでは過疎化、少子化がひどく、少ない子供はスクールバスで遠い学校に運ばれてゆく。道草を喰う時間、通学路で生きものに接する機会も失われている。(4)家に帰ればテレビゲームもある。山のムラ、海辺のムラでも子供たちと生きものとの隔たりは大きくなっているのである。

一方ではシカの異常増殖が人びとを悩ませ、クマは人里に出没して人的被害をもたらす。カラスやハトは大都市にまで進出し、キイロスズメバチのマチへの侵入増殖も見られる。人と生きものの関係に従来なかった動きが出てきているのである。気候変動による生きものの生息圏変化も見られる。

住居は、空調設備の普及によって密閉性を増した。移動手段の電車や自動車もスピードアップにともなって密閉性が強くなった。季節の風も、虫や鳥の声も遠くなった。車窓から風景を眺めたり、思索に耽ったりする人もいないわけではないが、通勤・通学の電車やバスの中でもスマートフォンに熱中する者が多いし、歩行スマホの輩を辛うじて避けることもしばしばある。経済のグローバル化は濁流のように迫り、過度の競争、効率至上主義は社会の隅々まで浸透している。ネット社会は情報を過剰にする一方で、偏りや閉塞性を招き、バランスを欠きかねない。これらの流れの中で主体の外化は確実に進んでゆく。人と生きものの乖離性はさらに進む。

このような状況なればこそ、手のとどく過去に生きた人びとと生きものとのかかわり、人と自然とのかかわりが、これからの人の生き方に大きな示唆を与えてくれるにちがいない。ここに『生きもの民俗誌』の座標がある。「生きもの」の概念範疇は、広義では動物・植物を包摂するが、ここでは「動物」を見つめることにした。対象は大型獣から微小昆虫にまで及んでいるが、調査能力や紙幅の関係でその種類は限られたものになった。また、資料の分量・配列や分析の方法、叙述の様式などについては生きものの種類・その特色などによって若干の差異を生じたところもあることをおことわりしておきたい。

注

(1)中勘助の『銀の匙』は、前編を一九一三年四月～六月、後編を一九一五年四月～六月『東京朝日新聞』に連載したものである(岩波文庫・一九三五)。

(2)フクロウが鳴き声とともにカを吐くという伝承は他にもある。「一声鳴くと蚊を一升吐き出す」、「一声三升」、「一声三〇匹」(いずれも愛知県、鈴木棠三『日本俗信辞典　動・植物編』角川書店・一九八二)。フクロウとカの結びつきは、フクロウが最も盛んに鳴く季節とカの発生期との一致、さらには、フクロウが夕方から夜にかけて鳴く、その時間帯がカの活動時間と一致することが要因になっていると思われる。フクロウの鳴き声については「聞きなし」も多い。例えば、三重県伊賀市高山の的場義一さん（大正五年生まれ）は次のように語っていた。フクロウが「ノリツケホーセ」（糊付け干せ）と鳴けば翌日は晴天になり、「ドロッケホーセ」（泥付け干せ）と鳴けば翌日は雨になる――。

（3）コオロギの鳴き声の「聞きなし」は全国各地にさまざまあり、本書の中でも扱っている。伯母さんと乳母の「聞きなし」が異なっていることは、二人の出身地や生育地が異なっていることを示している。中家の出自が美濃今尾藩であることを考慮すると、フクロウやコオロギに関する伯母さんの伝承は西濃地方のものとも思われる。

（4）分校の廃校はもとより、児童数の激減によって学校の統廃合が進む。統合が進むにつれて通学距離は長くなる。スクールバスは、子供が少なく、相互に離れ、入り組んでいる部落を巡回しながら登下校に対応する。したがって、児童の乗車時間は長くなる。

生きもの民俗誌　目次

イノシシ

第Ⅱ章　鳥――トリ

第Ⅲ章　蛇――ヘビ

第Ⅳ章　魚・貝——サカナ・カイ

生きもの民俗誌

序章 天城山麓のムラから

一　ワサビ（山葵）田と生きもののドラマ

天城山塊の主峰・万三郎岳（一四〇五・六メートル）から直線距離で一五・五キロメートルの北麓の谷に小さな平地がある。そこは、静岡県伊豆市原保《わらぼ》、標高は一六〇・五〜二二〇メートルほどである。昭和末年、一一五戸、農林業にかかわる家が八〇戸あったのだが、平成に入り、減少を続けている。水田一八・九ヘクタール、それにワサビ栽培・シイタケ栽培・山林労務などを併せて暮らしを立ててきたムラである。原保の人びとは、大仁・韮山・函南方面の水田地帯を「田方《たがた》」と呼び、対して自分たちのムラを「山方《やまがた》」と認識している。概念図に見るとおり、里山と川を身近に持ち、南に天城山塊が迫る地である。

原保の人びとは天城山塊北斜面に水源を発する地蔵堂川・菅引川の谷を溯上してワサビ田を拓き、あるいは地蔵堂のワサビ田地主のもとで働いた。川ぞいの谷をつめたところに拓いたワサビ田は、山と人との接触点であり、生きものと人びととの交感・対決の場でもあった。

ワサビ田にはさまざまな生きものが棲息し、また鳥獣をはじめとして多くの生きものがそこに集まった。ワサビ田には自然のドラマがあり、それが人びとの生活と微妙にかかわった。一枚のワサビ田を舞台として食物連鎖のドラマが展開された。原保の人びとはそのドラマを見、ドラマに登場するものを利用し、時にその影響を強く受けてきたのである。

ワサビ田で最も目につく生きものはサワガニ（沢蟹）である。サワガニのことをこの地では「ビジョッガニ」という。サワガニはカワムシ（川虫）を餌にするので、かつてワサビ田が石置きだった時代にはワサビの苗をほ

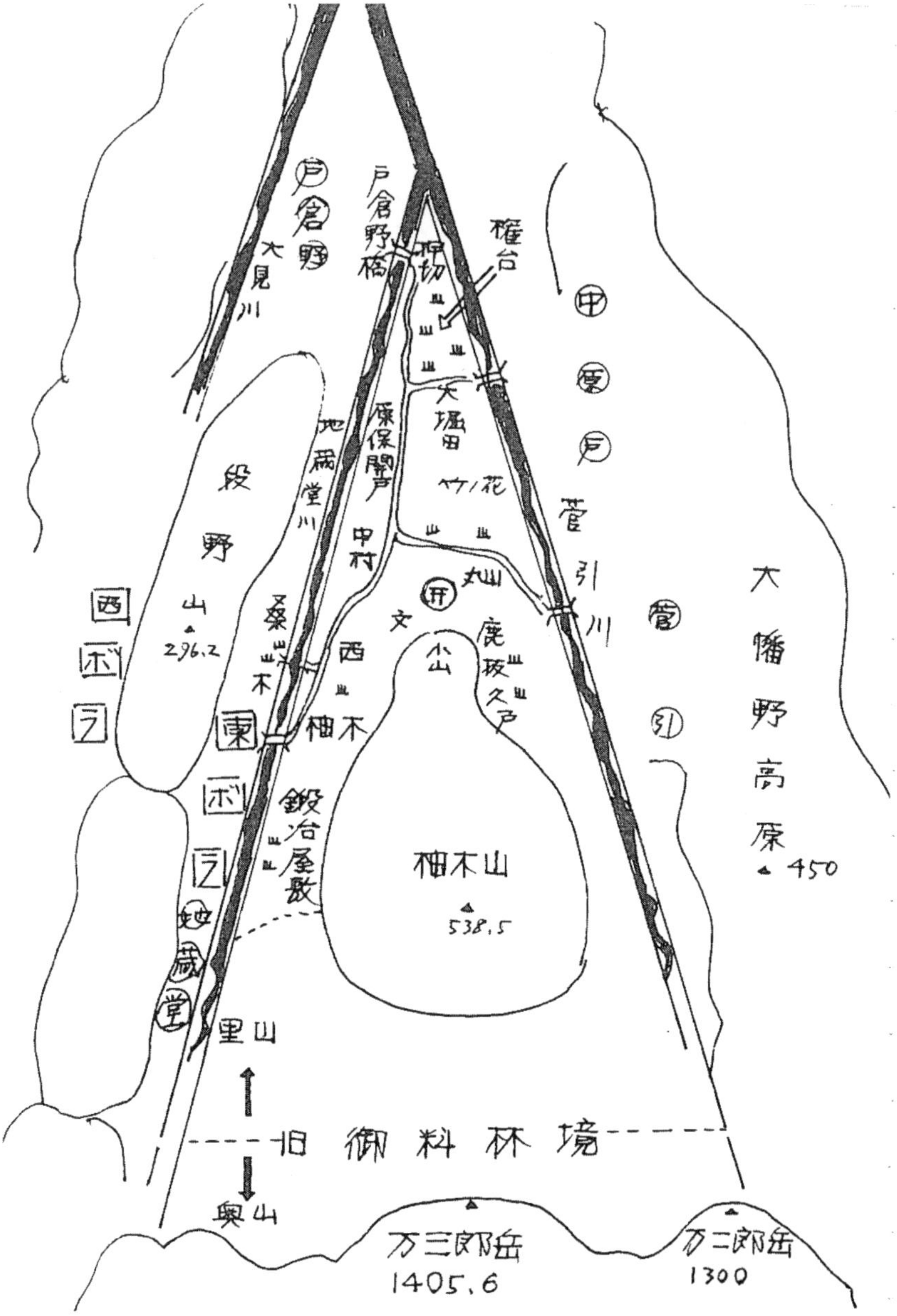
戸倉野
大見川
戸倉野橋
権台
段野山
296.2
地蔵堂川
原保開戸
中村
桑木
西
柚木
文
鍛冶屋敷
柚木山
538.5
菅引川
大幡野高原
450
地蔵堂
里山
旧御料林境
奥山
万三郎岳
1405.6
万二郎岳
1300

原保概念図

じって直接的な被害をもたらすこともあった。ところが、そのカニの害は思わぬ展開を示すのである。じつは、山の害獣王たるイノシシの大好物がこのサワガニなのである。イノシシは、サワガニを捕食するためにワサビ田に侵入し、たった一晩で丹精込めたワサビ田をみごとにくつがえし、台無しにしてしまうのである。ワサビ栽培農家はイノシシと戦わなければならなかった。ワサビ沢の周囲に木の柵を作る方法、ワサビ沢の畦畔に杭を打ち、針金を張って空き缶を吊るすという方法が一般的であったが、古くは人の髪の毛を燃やし、その臭気でイノシシを防ぐといった、畑・山田・焼畑などにおけるイノシシ除けと同じ方法をとったこともあったという。

この他、サルもワサビ田のサワガニを捕食するためにワサビ田を荒らすことがあった。シカも時々ワサビ田を荒らした。シカは猟師に追われると川に下りる習性を持っており、そのため、谷口のワサビ田に踏みこむことがあったのである。サワガニとの食物連鎖でワサビ田を荒らすものにイノシシとサルがあり、特にイノシシの害は甚だしく、イノシシ除けは、焼畑・山田などと同様に一つの民俗として行われていたのである。その際、長い伝統を持つ焼畑のイノシシ除けの技術が応用されたのであった。

ワサビの花が三、四月に咲くと、モンシロチョウ（紋白蝶）がワサビにつき、卵を産み、やがてその幼虫がワサビの葉を喰いつくす。伊豆市菅引の山口値さん（大正四年生まれ）の記憶によると、昭和五年までは、毎年七、八月に「アオムシつぶし」にワサビ田へ出かけていたが、昭和八年からは農薬を使って駆除したという。アオムシは指でつぶしていたのであった。「アオムシつぶし」がワサビ農家の農事暦の中に位置づけられていたことは注目すべきである。

ワサビ田への直射日光を遮断するためにワサビ田の中にはハンノキ（榛の木）が移植された（写真1）。土地の人びとはこれを「コサ木」という。ハンはその根に共生する根瘤菌が空中の窒素を固定化するので地力が豊かになる。ハンノキはワサビ田でも、日光遮断効果と地力培養効果の二つをもたらしていたのである。ハンノキの葉にもチョウやガの卵が産みつけられ、それが孵化した。こうした虫やワサビにつくモンシロチョウの幼虫を求めてワサビ田にヤマガラ・シジュウカラ・セキレイ・カケス・ミソサザイなどがやってきた。ここにも食物連鎖のドラマがあったのだ。鳥と言えば大型のヤマドリもワサビ田へやってきた。ヤマドリは水を飲みにやってくるのであるが同時にワサビの葉も喰った。ヤマドリが葉を喰うのは雪の降るころが多かった。他にワサビの葉を喰いにくるものに山ウサギがあった。

ワサビの敵として忘れることができないのはカワニナ（川蜷）である。土地の人びとはこれを「カワニラ」という。カワニナは春発生して商品にするワサビの根を舐めてしまうのでワサビ農家の人びとはこれにも頭を痛めていたのだった。カワニラ拾いは随時行ったのであるが、ワサビの収穫後、ワサビ田が空になったときは徹底的にカワニラ拾いをした。最近では、あまりひどい時は火炎放射機で焼きつくすという方法もとられる。じつはカワニラは食用になるのである。ワサビ小屋で食事をする時など、茹でて爪楊枝で殻から身を出して食べたのである。この地には「カワニラは眼の薬になる」という伝承があり、好んで食用に供されていたのだった。また、「カワニラがたくさんいるところにはホタルがたくさんいる」という言い伝えもある。ホタルの幼虫がカワニラを食べるのである。ワサビ農家の人びとにとって、モンシロチョウは敵であり、ホタルは味方だったということになる。外来者や文芸の士にとって風雅の対象になるものも、天城山麓で暮らす人びとにとってはまた別なかかわりが存在したのであった。

写真１　ワサビ田とハンノキ（榛の木）。静岡県伊豆市

ワサビ田におけるドラマはまだまだ続く。カワムシがワサビの根を舐めて害をもたらすのであるが、そのカワムシを捕食するものにサンショウウ

オがあった。原保の人びとの話の中で、サンショウウオは菅引川の上流に多くいたと聞いた。一般的にはサンショウウオは子供の疳の薬・痰の薬、強壮剤などになると言われているが、海老名治作さん（明治二十八年生まれ）は、サンショウウオを焼いてから煮ものや汁の出しにする習慣がこの地にあったことを伝えている。また、石井しずさん（明治三十九年生まれ）は、サンショウウオは恋の薬だという。サンショウウオを焼いて相手に食べさせたり、サンショウウオを相手の体につけることができれば恋が成就すると語り伝えているのだという。何とも不思議な伝承であるが、これは、サンショウの古称を「ハジカミ」と称し、サンショウウオのことを「ハジカミウオ」と称したことにかかわりがあるらしい。「ハジカミ」を「恥じかはし」「はにかみ」などにかけ、恋の恥じらいと通わせているのである。イモリの黒焼きが「ホレ薬」とされることは一般に知られているのであるが、それは、形状がサンショウウオに似ているところから転用されたのではなかろうか。

ワサビ田に棲息する小動物にアカガエルがあった。アカガエルは、カワムシやモンシロチョウの幼虫などを捕食するのであるが、そのアカガエルを狙ってアオダイショウがワサビ田に侵入した。ワサビ田の畦畔に大きなアオダイショウがいるのを見かけた人びとは多い。「アオダイショウの大きいのはイグスリ（鼾）をかく」といった伝承もある。原保地区にはカエルの食習があった。アカガエルは、皮をむき内臓を除いて醤油のツケ焼きにした。一般的に、アカガエルは子供の疳の虫や鼻の下のタダレの薬になると言われており、別に土用の丑の日に食べることもあった。ワサビ田にはアカガエルがたくさんいたので、ワサビ小屋での食事の菜にすることもあったという。カエルの食習についてさらに述べておこう。この地ではヒキガエルのことを「ヒキバーサン」と呼び、天気の変わり目、特に雨の降りそうなとき姿を現すと言い伝えているのだが、そのヒキバーサンも皮をむいてツケ焼きにして食べる習慣があった。この他、ワサビ田にネズミがつき、ワサビの茎を切ることもあったという。

ワサビ田にハンノキを植える習慣については先にもふれたが、そのハンノキの葉にガの幼虫がつき、八月下旬大量の病葉《わくらば》を散らすことがあった。八月下旬はまだまだ日光を遮断しなければならない時期である。ハンノキの葉が大量に落ちると日光が直接ワサビの葉に当たり、ワサビの葉が焼けてしまってワサビの生長が止まってしまうのだという。ワサビ田のハンをめぐっては、いま一つ注目すべき民俗連鎖がある。ハンノキは落葉樹なので十一月から十二月にかけてすっかり葉を落としてしまう。密な葉であるが故に日光を遮る力があるのであるが、その葉がワサビ田一面に散り敷くと、水の流れを止めたり変則的にしたりすることになる。水の流れが平均化しないとワサビのためによくないのである。

十一月、十二月は、そのハンノキの落葉を除くために「シバサライ」という作業をしなければならなかった。ゴム手袋、ゴム靴のなかった頃には素足に藁草履をはき、素手で作業をしたのだった。晩秋から初冬にかけての天城の水は冷たかった。この作業は主として女の仕事とされていた。シバサライを幾日も続けると、手足は皹《ひび》・あかぎれ・霜焼けなどでひどい状態になる。この皹の特効薬とされたのがイノシシの脂である。イノシシの皮下脂肪を保存しておき、必要なだけ出して熱くなるまで焙ってすりこむのだという。サワガニ捕食のためにワサビ田を荒らすイノシシがとんだところでワサビ農家の人びとの役に立っていたのである。

二　ムラの鳥獣虫魚誌

〈クマ〉　天城にもかつてはクマ（ニホンツキノワグマ）が棲息していた。地蔵堂に住む飯田保平さん（明治四十五年生まれ）によると、保平さんの叔父・亀太郎さんが捕獲したのが天城最後のクマだったという。亀太郎さんの鉄砲は「頰付鉄砲」と呼ばれる旧式の銃だった。保平さんの子供のころには、まだそのクマの「熊の胆」「熊の脂」が保存してあったという。以後、天城山麓では、クマが伝承上の動物になったのである。

〈シカ〉　江川太郎左衛門が反射炉に使う土を探しに来て天城北斜面でシカ笛を使ってシカ狩をしたという言い伝えがある。この地のシカ笛は竹だったともいう。「もみじが赤くなるとシカがさかる（発情交尾する）」という自然暦もあり、かつてシカ笛によるシカ狩が行われていたことは確かであるが、シカ笛よりは鉄砲猟の方が盛んだったようだ。海老名治作さんは天城の南斜面までワサビ作りに出かけ、仲間とともに一回十日間ほどの泊まりこみをするのが常であった。秋にはワサビの出作り小屋でよく牡ジカの鳴き声を聞いた。治作さんはそれを「カギョー」「カギョー」という擬声語で示す。シカは雪が降ると里へ近づき植林のスギ・ヒノキの皮を喰ったり、幼木の芽や葉を喰ったりするので、原保や地蔵堂の人びとにとっては害獣だった。しかし、一方、シカは人びとにさまざまな贈り物を持ってきてくれたのである。動物性蛋白たる肉はもとより、皮・角・爪・血などの利用価値は高かった。シカが獲れるとまず女たちがどんぶりを持って生血をもらいにきたものだという。シカの血は女性の血ノミチに効く、血が増えるとも言われ、貧血・産後の女性もこれを求めた。シカの生血を飲むと口の周囲が痒くなるともいう。生血以外の処理方法もあった。夫が猟師であった石井しずさんは、シカの血を「メンキ」（羊羹流しなどに使う容器）に薄く流しこみ、固まるまで十日間ほど天日で乾かして、後に少しずつ飲むという方法を伝えている。この地では、シカの肉を刺身にする習慣があるが、古くは足の腿肉しか刺身にしなかったという伝承もある。

シカの袋角が薬になることは広く知られるところであるが、この地では、シカの角や爪を削って煎じて熱さましに使う習慣があった。これとは別に、この地にはシカの生角《いきづの》をめぐる注目すべき民俗連鎖があった。シカの生角とは、生きているシカがつけていた角のことで、落とし角とは別物である。じつは、海の漁師が使うイカ釣りの擬似餌としてシカの生角がすぐれた力を発揮していたのであった。そのため、原保・地蔵堂・菅引などの猟師のところへは伊東を中心とした伊豆東海岸の漁師たちがシカの生角を買いに来たものだという。石井しずさんの家には伊東に漁師の親戚があったので、その親戚が、イカやスルメをたくさん持ってシカの生角をもらい受けにきたものだという。海の漁師と山の猟師のつながり、イカ釣りとシカ狩がこのように連鎖していたのである。

この連鎖にはいま一つの鎖環がプラスされていた。原保地区には山田・棚田もかなりあり、そうした傾斜地の棚田の畦においてモグラの害が見られた。この地には畦のモグラの穴にスルメを入れるとモグラ除けになるという伝承があり、スルメがとんだところで使われていたのである。伊東からスルメが大量に入っていたことが、このようなスルメ利用を生んだにちがいない。他地のモグラ除けにナマコや、ナマコを茹でた汁が使われた例もある。モグラに対して海のものが呪力を持つと信じられていたのである。現役猟師の海老名午一さん（昭和四年生まれ）によると、山中に、しばしば「シカの土俵場」と呼ばれる十畳ほどの平地を見かけることがあるという。木が疎らで、明るくきれいなところで、シカがじゃれる場所だという。宮沢賢治の「シシ踊りの始まり」の舞台を思わせる伝承である。また、午一さんは、先輩の猟師から、「イノシシのタツ（狙撃場）は撃ちにくくても暗がりにとれ」「シカのタツは明るいところにとれ」と教えられたという。

獣皮の土着的な鞣《なめ》し技術は消滅しやすく、その伝承例も少ないのであるが、地蔵堂・原保・菅引一帯で行われていたと思われる鞣し技術の口頭伝承の例がある。それは、菅引の山口松次郎さん（大正七年生まれ）が父の角平さんの技術を伝えるものである。松次郎さんによると、この地ではシカ皮を腰皮や敷皮として利用したのであったが、それには、まずシカ皮を剝いで雨戸に張って乾燥させ、次に、イロリのアツ灰を撒きながら竹篦《べら》で脂肪を除くのである。灰を撒いては竹篦で削る作業を五回ほど丁寧にくり返すというものである。この土着的な方法は全国的に見ても注目すべき技術だと言える。もちろんすべてのシカ皮をこのようにしたわけではなく、多くは仲買人が集めていったのであるが、ここに、山の民の古層の技術が残されている意味は大きい。

〈イノシシ〉　ワサビ田に対するイノシシの害については先にふれたとおりであるが、山つきの田や山の畑に対するイノシシの害も甚大であった。原保の人びとの暮らしを支えた畑地の段野山には今でも猪《しし》堀の跡が残っている。

また、柚木山の東側の田境には、田に侵入するイノシシを防ぐために、幅七尺ほどの堀と土手をセットにした形の猪垣《しし》がめぐらされていたという。かつては柚木山の焼畑にもこうした猪垣があり、所々に深さ一丈ほどの落とし穴が作られていたという。イノシシの落とし穴にはさまざまなタイプがあるが、穴の下部に杭を何本も縦横に組んで編み目のようにしておき、イノシシが落ちた時その編み目に足がはまって動けなくなるような形のものも作られていたという。

猪《しし》除けの一つの方法として臭気によるものがある。原保では「イヨケ」と称して草木や籾がらなどを田の山境で焼く方法があったが、その近代的な形として古タイヤを焼くという方法が出現した。他に女の髪を縄の所々にはさみ、それを焦がしてまわるというものもあった。人臭の残るボロ衣を縄に吊るす場合もあった。「置き鉄砲」と称してイノシシの「トオリ」（通り道）にワナ式に銃をセットし、夕方これをかけて翌朝見に行くという方法もとった。一般的に「ソーズ」「シシオドシ」と呼ばれる、シーソー型の水受けが水を受け、それがこぼれる時に音を立てるという猪除けも行われていた。

三枝亀三さん（明治三十七年生まれ）は、子供のころ、家の近くの山田に、葺きおろしの片屋根の小屋にランプを吊るして猪除けにしていたものを見たことがあったという。

イノシシは主たる狩猟対象獣であった。狩場となる山のイノシシの動きを偵察する役目をこの地では「ミキリ」と呼ぶ。ミキリが最も注意するのはイノシシの足跡の状態で、この足跡のことを「ツボ」という。ツボの乾き具合や土の粒子の状態を観察判断してイノシシの動きを知るのである、イノシシの通り道を「トオリ」と称し、狙撃点を「タツ」という。セコ（勢子）と射手が協力して猟を行うのは他地と同様である。海老名午一さんはこの地に伝わる独自な猪猟を伝承し、それを体験したことがある。それは次のとおりである。この地では狩猟用の山刀を「ノザシ」と呼ぶ。イノシシと格闘する時、このノザシを鞘からぬき、刃を前方にして口にくわえ、イノシシの下に入っていうのである。弾の入っていないイノシシを「アラジシ」というのであるが、午一さんは、アラジシをこの方法で仕留めたことがあるという。『曽我物語』（大石寺本）に登場する新田四郎忠経とイノシシの格闘を思わせる方法である。

この地にはイノシシの皮を腰皮に使った例があり、イノシシの胆嚢は胃腸薬や虫封じに使った。また、肉は食用にしたが、「猪《しし》の肉はいくら熱くてもヤケドをしない」という口誦句がある。この地域の猟師たちは古く、菅引川上流部に竜爪《りゅうそう》の石祠を祭ったが、大正初年にこれを菅引と柚木山の境、鳴沢橋の山寄りに遷した。昭和六十年、またこれを菅引の水神社境内に遷した。原保の猟師もこの竜爪を信仰し、獲物があった場合、鳴沢橋のほとりで「竜爪鉄砲」と呼ばれる空砲を鳴らして竜爪さんに感謝した。それは、併せて家の者に猟の結果を知らせることにもなった。竜爪さんとは、静岡市北方の竜爪権現（穂積神社）という鉄砲安全と豊猟を叶える神社を勧請したものである。

〈**ウサギ**〉　柚木山には野ウサギが多く、甘藷の種芋まで喰われることがあった。種芋のウサギ除けとして、芋の上に鶏糞を撒いておいた。ウサギを捕るにはスッコクリ（針金の括りワンナ＝罠）をかけた。ウサギは後もどりしないのでスッコクリにもかかりやすかった。ウサギの肉は女の病の薬になると言われ、この地には、「春ウサギは寝ていた所の上の土を煎じても女の血薬になる」という口誦句があり、特に春ウサギを珍重した。ウサギの皮は、イロリのまわりにしばらく敷いて自然鞣しの形をとってから腰皮にした。灰をふっておけば毛が抜けないと言い伝えた。また、防寒用にウサギ皮を、背中と袢纏の間に入れる習慣があったが、この時は毛を内側にして入れた。

〈**キツネ**〉　この地では、キツネは現実的な獣としてよりは伝承上の獣としてのかかわりが深い。キツネにだまされたという話が夥しく伝えられているのである。狐火が遠くに見える時は、じつはキツネが近くにいるものだから、そんな時には狐火を消す呪いをしなければならない。石井しずさんは次のような「狐火消し」の呪言を伝えている。

〽ソーコーヤソーコー　安達ヶ原に門立って　トーヤヒガシヤランヤ

アララン

この呪言を唱えてから「フッ」と息を吹きかける所作をするのである。この呪言は、安達ヶ原の鬼女伝説をふまえて成立したもので、「ソーコーヤ」は「爪甲」つまり「ツメ」を唱えることによって、鬼女の爪甲でキツネを威嚇する形をとっているのではあるまいか。地蔵堂の山の神神社には「アカマル」と呼ばれる稲荷が祭られており、キツネの霊験あらたかだとして、伊東の漁師たちが大きな魚を持って参拝に来たものだという。

〈**ウシ**〉　地蔵堂川の上流にある万城滝のヌシは赤牛だと伝えられている。ウシが水神として意識されてきたことがわかる。雨乞いには七面堂の釣鐘を滝壺に入れ、雨が降った場合に上げるという方法をとっていた。

〈**サル**〉　サルは現実にシイタケや焼畑作物を荒らすこともあり、ワサビ田へ入ることもあったが、この地の猟師はサルを撃つことを忌み嫌っていた。

〈**ネズミ**〉　芋類を貯蔵しておく穴にネズミが入って芋類を喰い荒らすことが多かった。そのネズミ除けとして突刺性のあるスギの葉を用いたが、他にイタチの皮を吊るしておくという方法もあった。イタチがネズミを捕食するという天敵関係にもとづく威しであり呪術である。そのイタチは生きている時には鶏小屋のニワトリを狙って食べることもしばしばであった。この地におけるイタチ除けは、鶏小屋にアワビの貝殻を吊るす方法であった（写真２）。

写真２　鶏小屋に吊られたイタチ除けのアワビ貝。静岡県伊豆市湯ヶ島

アワビ貝の発する異様な光と、貝の穴を目に見たて、それによってイタチを除ける呪力があると信じたのである。

その他、ネズミをいじめるとその人の持ち物を噛むと言い伝えている。また、家からネズミが全く姿を消すと火事になるといった伝承もある。

〈**ヘビ**〉　ヤマカガシ（山棟蛇）の脱けがらを人に知られないようにしまっておくと福がさずかるとか、ヤマカガシの脱けがらを神棚へあげておくと福があると言い伝えている。アオダイショウ・マムシ・シマヘビ・ジモグリ（地潜）は焼いて食べたがカラスヘビは食べない。マムシ除け・ヘビ除けの呪言と呪術に次のものがある。――呪言＝〽赤まだらわがゆく先におるならば大和の姫に逢ふて告げるぞ（三回唱える）。呪術＝小正月のドンドヤキの燃えさしを屋根の上にのせておけばヘビが来ない。草葺き屋根の山つきの側に「カヤマムシ」というヘビが居つくことが多い。マムシに似ているが毒はない。

〈**キジとヤマドリ**〉　キジは山の中腹から上に住み、ヤマドリはホラ低く水に近いところに住む。猟師などに追われるとキジは上へ、ヤマドリは下へ逃げる。ヤマドリは雌雄がホラチガイに住むものである。ヤマドリを捕るワンナ（罠）は「スッコクリ」＝「ハリガネワンナ」で水場へさしかかるところにかける。地震がある時にはキジが鳴く。キジは、朝から昼にかけて高いところへまわり、夕方低いところへ下りてくるのでその動きに合わせて猟をする。ハト三羽でキジ一羽分の肉があり、ヒヨドリ三羽でハト一羽分の肉がある。

〈**ハト**〉　「三月メクラバト」という口誦句がある。三月ごろになるとハトは動きが鈍くなり、人が近づいてもなかなか逃げないので、箒ではたいても獲ることができた。「マメを蒔くところをハトに見られてはいけない」という口頭伝承がある。ハトがマメ類、特にダイズ畑を荒らすからである。

〈**ホトトギス**〉　「ホトトギスが鳴いたら粟を蒔け」という自然暦が伝えられている。自然暦の指標として語られる鳥や花はその土地に多く生息・自生するものであるが、ホトトギスに関して石井しずさんは次のような昔話を伝えている。

――ホトトギスは「ホッチョーカケタカオトトコイシイ」と鳴く。この鳴き声には由来がある。兄のホトトギスは一日に八万八声鳴くので、鳴くのが忙しくて餌を食べる暇がなかった。弟は、そんな兄をかわいそうに思って、毎日、自分は喰うものも喰わずに、うまい餌を兄が鳴いている木の枝にかけていた。兄は毎日それを食べていたが、弟が私にこんなにうまいものをくれるからには自分（弟）は、きっともっとうまいものを食べているのではないかと疑った。弟は、そんなに疑うならといって自分の腹を裂いて見せた。兄が見たところ、弟の胃袋には粗末な食物が少し入っているだけだった。そこで兄は、弟が自分が喰うものも喰わずに兄にうまいものを食べさせていたことに気づき、深く後悔して、それから「ホッチョーかけたか　弟恋しい」と鳴くようになったという。

〈**諸鳥**〉畑作物を荒らすカラスを除けるために、ハラワタを抜いたカラスを畑の中に立てた竿に吊るした。「烏鳴きが悪いと不幸がある」という言い伝えがある。ウズラ猟は、ウズラをイヌに追い出させる形で行った。原保ではウズラを養殖飼育して売った者がある。卵をとる時には座敷寝させた。ホオジロのことをこの地では「ショット」と言う。ショットには「紋付ショット」「馬鹿ショット」の二種類がある。ヤマガラは、落花生を餌にして落とし籠式の罠をかけて獲った。シラサギが田を荒らすことがあった。カケスの羽を門口に挿して「風邪」除けにした。「巳年生まれの人がいる家にはツバメが巣を作らない」という伝承がある。ヘビがツバメの卵や雛を捕食するという天敵関係の実態の上に作られた伝承である。

〈**川魚**〉「三月ホダレヤマメ」という口誦句がある。冬越しの期間餌がない中で過ごしてきたので春三月、雪どけ水のころは、ヤマメ（アマゴのことをヤマメと呼ぶ）が、出始める餌を積極的に捕食するということで、「ホダレ」とは「ボロ」のことで、三月には人間の着ているボロにまでヤマメが喰いつくという内容を伝えているのである。「イタドリの花の咲くころヤマメが一番うまい」という自然暦も広く伝えられている。「シャブリヤマメ」「スリヤマメ」は産卵期のヤマメを示す表現である。「麦刈りのころウムイ（ウグイ）の腹が赤くなる」と伝え、このころのウグイは手でも獲れるという。また、「寒ウムイ（ウグイ）は脂がのってうまい」という。川のケガニ（モクズガニ）を石臼の中で叩いて味噌濾しで濾して汁をとり、蟹汁を作った。十月の村祭りには必ず蟹汁を作る風習があった。「月夜蟹は身がない」という伝承がある。

〈オケラ〉　ケラをとらえて手に持って次のような言葉を唱えて遊ぶ子供の遊びがあった。――「ケラ　ケラ　オテントサン拝め」「ケラ　ケラ　お前の茶碗はどのくらい」「ケラ　ケラ　俺の茶碗はどのくらい」。

〈クツワムシ〉　この地ではクツワムシのことを「ガシャ」と呼ぶ。鳴き声の擬声的命名である。原保のウブスナ様はガシャが嫌いだと言い伝えている。ガシャを他地から持ってきても決して住みつかないという。

〈ハチ〉　地蜂（クロスズメバチ）の巣を捕り、幼虫を炒って食べる習慣があった。熊蜂（オオスズメバチ）・雀蜂（キイロスズメバチ）の巣を門口に掛けて魔除けにする習慣がある。アブ・ハチに刺されないようにするために次の呪歌を三回唱えた。――「虻蜂は千場が谷のウジ虫ぞ親の恩を忘れたか」（石井しずさん）。食用の蜜を採るためにヤマバチ（ニホンミツバチ）の巣を獲った。

〈カ・ブユ〉　夏の農作業においてはカやブユが大敵だった。カ・ブユ除けには木綿のボロ縄を作って点火してくすぶらせたり、ヨモギを燃したり、青スギの葉を燃したりした。ヨモギのことをこの地では「クサハナ」と呼んだ。

〈イナゴ〉　田植唄の中に〽今日は苗のとりあげ　イナゴはどこへ止まる　一本ススキの葉に止まる――という歌詞がある。「イナゴ」は「稲子」であり、信仰的な匂いもある。イナゴを焼いて食べる風習があった。

〈トンボ〉　「精霊トンボが多い年は豊作である」という口頭伝承がある。トンボは、ツマグロヨコバイ・ズイムシ（螟虫）の幼虫・一文字セセリなどのイネの害虫を捕食する。ここに田における食物連鎖があり、イネの害虫を捕食するトンボが多い年は豊作であるという口頭伝承は食物連鎖の体験的知識の集積によって生まれたものである。「アキツシマ」という枕詞が大和にかかるのは、「秋つ虫」すなわちトンボが豊作をもたらす田の神の使いであるとする信仰によったものであり、『日本書紀』の「蜻蛉の臀呫《とな》め」、『古事記』の「蜻蛉の虻食い」などにもトンボの力が説かれている。伝香川県出土の「袈裟襷文銅鐸」にトンボが描かれているのも、トンボを、稲作豊穣をもたらす虫だとする認識によるものであろう。こうして見ると、原保の口頭伝承は極めて重要な問題を含んでいることに気づくのである。

〈**諸虫**〉　盆近くにセミが家の中へ入ると仏さんが来たといって大切にした。「夜のクモは親と見ても殺せ」「朝のクモは福の神」と称して朝のクモは捕らえて神棚にあげた。アリを食べると力が出ると言い伝えた。足が重い時にはヒルに血を吸わせるとよいという。ミミズを煎じて飲めば熱さましになるともいう。

伊豆市原保という一つのムラの中だけでも「生きものにかかわる民俗」がこれだけ豊かに伝承されているのである。この国の人びとが多くの生きものとどのようにかかわってきたのかを本書の中で報告してゆきたい。

第Ⅰ章

獣―ケモノ

シカ

はじめに――奈良公園のシカ・大台ケ原のシカ――

奈良公園には常時一三〇〇頭余のシカ（ニホンジカ）が棲息している。奈良の鹿愛護会のさまざまな保護を受けつつ、日々健やかな姿を見せている。観光客も市民も、シカを眺め、時に鹿せんべいを与えてシカとの交感のひとときを楽しむ。シカの、あの無垢な目や優美な姿態に心を癒されるという者も少なくない。修学旅行で奈良を訪れる小・中学生たちも必ずシカと睦みあう。人とシカとが至近の距離で、まるでペットか家畜のように親和の関係を結ぶ様子を眺め、自分たちがシカと親しんでいる様子をカメラに収めることに余念がない。そして彼らの多くは、日本ではシカと人との間には対立も葛藤もなく、うまく共存していると思うことであろう（写真1）。

奈良公園で人と共存するシカ――この人とシカとの関係は、いわゆる「自然のもの」ではなく、その淵源が、春日大社の創建やその信仰と深くかかわっていることは、詳細には及ばないとしても、大方の日本人の知るところとなっており、それについては本書においても後述する。しかし、奈良公園のシカがいつごろから現今の状況に近いものになっていたのかについてはそれを厳密に知ることはむつかしい。そうした中で史資料に広く目を配った幡鎌一弘氏の文章は参考になる。(1)

・市中に三千、乃至四千頭にものぼる鹿がいることで……よく人に慣れており、……鹿は犬のように市中を歩く。もしこれらの内の一頭を殺す者があれば同人はその罪により殺され、財産没収されて一族も滅ぼされる。……など（永禄八年・一五六五――『イエズス会報告集第Ⅲ期第３巻』）

・狼が増えたために鹿が減り二五十頭の死鹿を取り片付けた（文明十四年・一四八二――『大乗院寺社雑事記』）

・寛文十二年（一六七二）の鹿の角切りの頭数は百四十五頭――メスや仔ジカがオスの四倍いたとして七百二十五頭――など奈良公園域のシカの動態や個体数の変動が探られている。

近代以降も、人身被害や農業被害などがあり多様な対応がなされてきた。[2] 近世以来、奈良公園域における人とシカとの関係は、春日大社・興福寺・町奉行・住民などの思いと努力によって維持されてきたのであった。現在、奈良の鹿愛護会や春日大社を中心として、十月の「鹿の角切り」、冬季の「鹿寄せ」（写真2）、六月の「仔鹿披露」など、シカの生態を学ぶことのできるイベントが季節サイクルに合わせて実施されている。

写真１　シカと親しむ観光客。奈良公園

写真２　雪の日の「鹿寄せ」。ホルンの音に誘われ、コナラ、クヌギの実などを求めて集まる。奈良公園

柳田國男は昭和三年一月三日に「椿は春の木」という話をラジオで

放送した。(3) 陸奥湾に突き出た小湊半島の先端、夏泊崎の椿山の椿林が自生の北限として天然記念物に指定されたことに対し、保存奨励はよしとしても、「天然」というところに疑念を呈したのである。深浦の椿山、男鹿の椿浦などを含み、北緯四〇度以北、北の椿の林は天然・自生ではなく、その実や苗が人によって運ばれたものではないかと考えていたのである。そして、そうした椿山、椿の林は、信仰その他の人の思い、保護によって初めて存続可能になると考えたのだった。

奈良公園のシカも「奈良のシカ」として昭和三十二年に天然記念物に指定されている。このシカ群も、先に述べてきたとおり、野生・自然のシカとは異なり、時代を超え、世代を超えて、人びとの信仰や親和の心に根ざし、多くの危機や葛藤を乗り超えて現代の棲息状況を得ているのである。奈良公園に見られる人とシカとの関係の底には人為・人思、日本人の自然観・生きもの観・信仰の流れが底流しているのである。奈良公園のシカは人とシカの親和・交感の流れを象徴する文化的な存在でもある。これまでも、連休明けなどは、飽食させられたシカの糞が、粒状ではなく、ゆるく大きな固まりとなっているのをたびたび見かけることがあった。心ない観光客の中にはシカに紙やビニールを含んだものを与える者もいる。激増する観光客はまちがいなくシカのストレスを増す。奈良公園のシカを守ることは日本人の心のあり方を守ることにもなるはずだ。

右に見たとおり、奈良公園域では人とシカとの親和関係が結ばれているのであるが、奈良公園を一歩はずれ、山ぞいに白毫寺周辺から鹿野園町にかかるともう水田はシカの食害に備えて丈高い防鹿ネットや電柵に囲まれており、山の辺の道の処々に防鹿のための鉄製の門扉が設置され、通る者の責任で開閉しなければならない。こうした対策は年を追うごとに進んでいる。

大台ヶ原は奈良県吉野郡上北山村と三重県多気郡大台町にまたがる高原状山地である。主峰は一六〇五メートルの日出ヶ岳。その南に正木ヶ原がある（写真3）。大台ヶ原にはトウヒ・ウラジロモミを中心とした原生林が繁り、

写真3　立ち枯れるトウヒやウラジロモミ。正木ヶ原（大台ヶ原）

よって林の中にはじゅうぶんに光線が入らず、林床はコケに蔽われた部分が多かった。しかし、昭和三十四年の伊勢湾台風を中心として大型台風に襲われ、多くの樹木が倒れた。そのため、林内に光が射しこみコケが乾燥してしまい、その跡に、急速にミヤコザサが広がり始めた。(4)周辺の樹林伐採地でも同様の現象が起こった。そのミヤコザサを好むシカが大台ヶ原に集まり、定着し、増殖していった。ミヤコザサは強いので葉先をいくら喰われても分蘖、再生する（写真4）。シカにとっては都合がよい。伊勢湾台風で最も多くの倒木が出たのは正木ヶ原だった。シカはミヤコザサのみならず、トウヒやウラジロモミの皮をも剝いだ。樹木は、幹の周囲の皮を一周喰われてしまうと、水分をあげる導管がすべて遮断されてしまうので水分が上らなくなって枯死してしまう。正木ヶ原にはこうして立ち枯れになったトウヒやウラジロモミの幹が白々と骸《むくろ》をさらしている（写真3）。

もとより幼樹もシカの食害に遭う。このままでは森林は消滅してしまう。大台ヶ原のトウヒは日本列島南限に当たり極めて貴重である。大台ヶ原広域に及びシカの食害が進

写真４　大台ヶ原のミヤコザサ

写真５　鹿害防除柵。大台ヶ原

んでいるので環境省を中心にさまざまな対策がなされている。以下は、環境省近畿地方環境事務所吉野自然保護官事務所・自然保護官の菅野康祐氏による。環境省管理下の七〇〇ヘクタールの中に、ＦＲＰ（繊維強化プラスチック）やワイヤー・鉄骨などを使って柵六〇箇所を設けて七〇ヘクタールを囲んでいる（写真５）。柵の内外比較によって植生変化、環境変化の実際を知ることができる。柵の外では絶滅したものが柵の中では復活しつつある。エンレイソウ・ヤマシャクヤク・オオヤマレンゲなど、柵の中では見られる。柵の外ではスズダケが絶滅してしまったが、柵の中では回復しつつある。コマドリやウグイスはスズダケの篁の中に営巣する。大台ヶ原で絶滅が危惧されたコマドリやウグイスが柵の中で甦りつつあるという。鹿害によって表土流失する地もあるのだが、大台ヶ原の場合はミヤコザサによってそれは防がれている。もし、柵の設置がなかったとすれば、大台ヶ原の潜在植生は完全に崩壊し、生態系も崩壊、稀少植物も絶滅していたことになる。

　大台ヶ原のシカは冬季には下に下りる。大台ヶ原におけるシカの異常増殖やその食害に対応するために、シカの有害駆除が行われている。大台ヶ原では駆除捕獲したシカの個体搬出ができないので、殺処分の後埋納する。一箇所に、浅く埋めるとツキノワグマが掘り起こし、かつ居つくので、分散して深く埋めなければならない。よってシカの肉利用はできない。もとより地方によっては有害駆除のシカ肉を利用することは可能である。

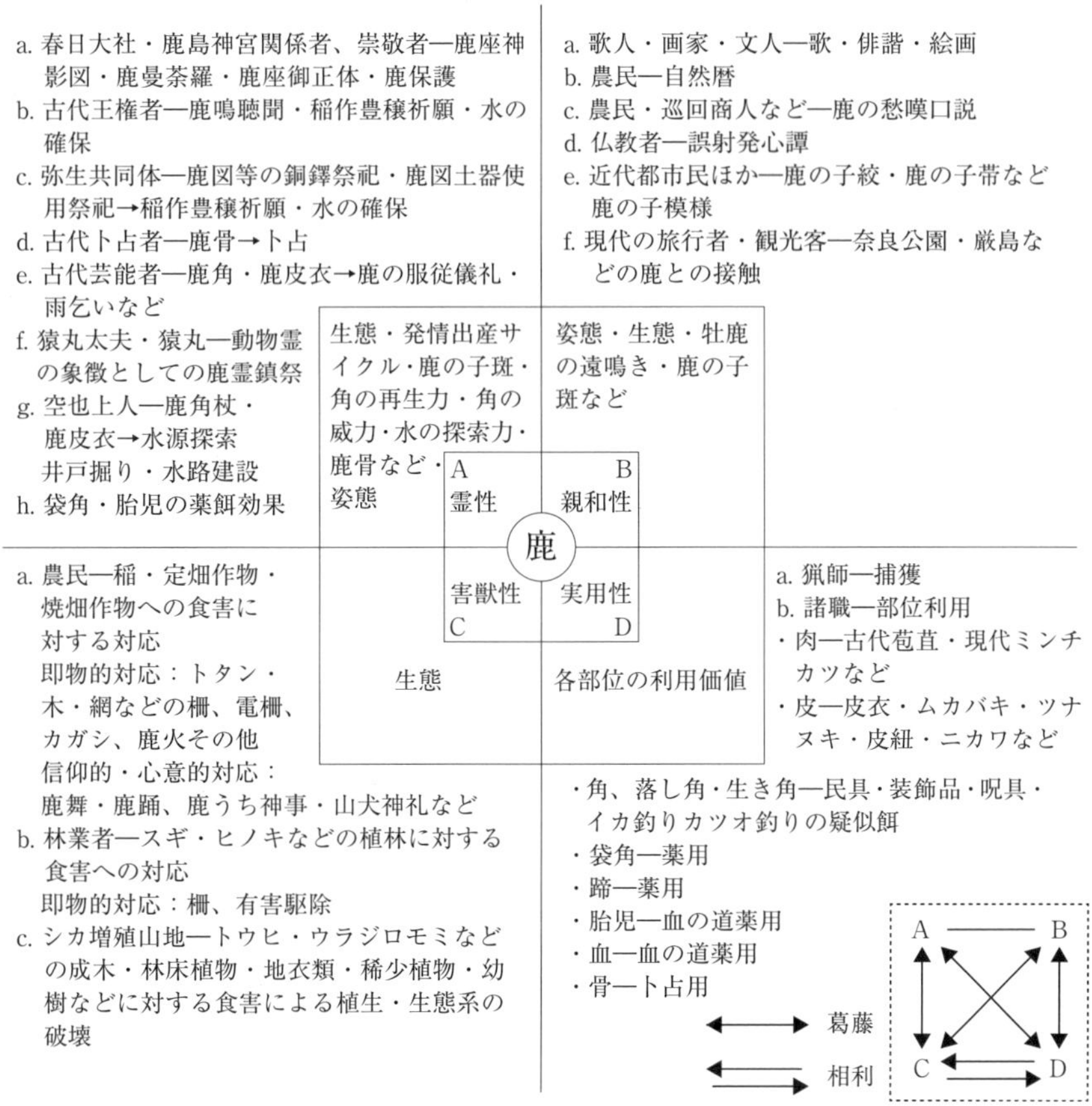

図1　人とシカの相渉図

大台ヶ原のシカについては、柴田叡弌・日野輝明編著の『大台ヶ原の自然誌・森の中のシカをめぐる生物間相互作用』という充実した調査研究書がある(5)。

シカの増殖と多岐に及ぶ食害は日本各地に急速に広がりつつある。

奈良公園では人とシカとの至近での親和の情景を目のあたりにした。そして、大台ヶ原では自然を喰い尽くし、やがては人の存在にとって思いもよらない脅威をもたらすシカの所行の軌跡を見た。この両義性を見つめることこそが重要なのであろう。

右に、人とシカとの共存・

親和と、人とシカとの対立・葛藤の一端を瞥見したのであるが、人とシカとのかかわり方はさらに複雑であり、時代により、人の置かれた立場や職業によってじつに多様だった。その概略を図示したものが図1「人とシカの相渉図」である。以下、この図を参照しながら人とシカの関係を民俗学的な視座から眺めてみたい。

一　シカの実用性

シカの実用性は時を遡るほどにその比重は高かった。シカのどの部位をどのような目的でどのように加工して使うかは、時代により、立場により、地方によっても異なった。例えば、近代以降でも、繊維類の開発・薬品の発達・食肉の増産・流通の発達・保存方法の高度化などによってシカの部位に対する需要はおのおのに変化し、その価値も流動した。現今の、シカの異常増殖はシカに対する価値観の大転換をもたらしている。次に、まず縄文時代以来くり広げられてきた実用的なシカの用途の概略を列挙し、次いで、手のとどく過去において日本人が暮らしや生業の中で、さまざまなシカの部位をどのように利用してきたのかに注目し、その主要なものについての報告をする。

【角】実用：工具・釣針・針・箆《へら》・鏃《やじり》・銛・尖頭具・鍬状掘具・装身具・鰹やイカ釣りの擬似餌・掛具・床飾り・刀置き・鹿笛の台。象徴的利用：族長の兜・武将の兜など権威・武威の象徴、遊行聖空也の杖頭など呪力象徴ほか。袋角（鹿茸）については後に述べる。

【骨】肩胛骨＝卜占呪物・骨器・猟犬訓練用餌。

【毛皮】実用：敷皮・衣裳皮・行縢《むかばき》・足袋・膠《にかわ》原料・印伝・皮紐ほか。

【肉】実用：干し肉・膾《なます》・醢《しおから》・生肉・味噌漬・ミンチカツ（現在）・ワイン蒸し（現在）ほか。

【血】実用：生血（血の道・貧血・結核などの効用伝承）・乾燥血（血の道・貧血・結核などの効用伝承）。

【蹄】実用：熱さまし・膠原料ほか。
【毛】実用：筆素材・化粧用刷毛素材など。

1　シカの角

〈擬似餌とシカの角〉　伊豆半島海岸部では天城山のシカの角がイカ釣りの擬似餌として大きな力を発揮していた。角を削って整え、スルメの皮を巻いてその上を糸で巻き固め、鉤針をつけたものである。静岡県賀茂郡河津町見高の島崎勝さん（明治三十九年生まれ）は次のように語っていた。——俺の婆さんの実家は東伊豆の白田で、親が猟師をしていた。その家からシカの角をもらってきて擬似餌を作ってイカを釣るととてもよく釣れた。白田天城のシカの角にはイカが倍付くと言われていた。

静岡県賀茂郡河津町奥原の猟師・稲葉定夫さん（大正十五年生まれ）によると、天城トンネルの上から東のウスイ方面にかけての標高七〇〇メートルから九〇〇メートルのあたりには「青スズ」と呼ばれる長さ二メートル以上のスズダケが密生している部分があった。巨樹の多い原生林に棲息するシカに比べてスズダケの多いところに棲息するシカは角のテリ（光沢）が良い。イカ釣り漁師に特に好まれたシカ角はスズダケ原に棲むシカのものだった。河津の猟師のところへは東伊豆町稲取のイカ漁師が角を求めに来たという。稲取の梅原茂さん（明治三十二年生まれ）によると、稲取にはシカの角を買い集めてきて擬似餌を作る職人が三人いた時代があったという。下田市一色の鈴木茂さん（明治四十四年生まれ）によるとシカの角の行商人もいたとのことだ。

静岡県榛原《はいばら》郡川根本町千頭《せんず》の猟師・吉田重義さん（大正十三年生まれ）によると、ここにも清水や焼津の漁師たちが鰹釣り・イカ釣りの擬似餌を作るためにシカの角を買いに来たという。シカの落とし角、即ち死に角は擬似餌にしても魚が寄らないとして、シカが生きていた状態でつけていた角、猟師が捕獲したシカの角が好まれた。「シカの生き角」である。

　さらに厳正な伝承がある。和歌山県東《ひがし》牟《む》婁《ろ》郡串本町高富の白井春男さん（大正四年生まれ）は、イカ・ヨコワ・カツオ・トビウオなどを対象とする漁師だが、冬季はイノシシ・シカを対象とする猟師でもあった。当地でも擬似餌の素材としてシカの角が流通していたのであるが、白井さんは自分が捕獲したシカの角を使って自分が漁撈で使う擬似餌を作っていた。以下のように語る。

――スルメイカの擬似餌ならシカ角の先端部分でもよいが、カツオやヨコワの擬似餌は、角の、ゴンズイ（頭蓋骨）への付け根の部分でなければだめだという。その部分は毛に覆われている部分なので猟師にして漁師である者にしか入手しにくい部分で

写真６　保存されるシカの角。長野県飯田市上村下栗小字屋敷、胡桃澤菊男家

写真７　保存されるシカの角。長野県飯田市南信濃下中根、大澤順治家

写真８　保存されるシカの角。長野県飯田市上村程野、宮澤俊雄家

ある。白井さんは、その部位でなければならない理由として、「角のつけ根には血があるので魚がつきやすいのだ」と語る。

徳島県海部《かいふ》郡海陽町塩深の東田万次郎さん（明治三十五年生まれ）は以下のように語った。――イカ釣りの擬似餌素材にシカの角が求められた。オチヅノ（落とし角）、イキヅノ（生き角）ともに需要があった。削って水につけて見た時、薄い浅葱《あさぎ》色に光るものがよいと言われていた。また、まことに贅沢なことに、シカの袋角も擬似餌として使われていた。三寸ほどの袋角が最もつきがよいと言われ、よく干しあげて堅く固まったものを使った。シカ角のほか、宍喰の鰹漁師は、イノシシのイガリヒゲ（タテガミ・ミノゲ）を猟師から受けて魚と交換した。イガリヒゲをカツオの鉤針の根方に放射状につけておくと水のキレもよく、カツオのツキもよいと言われていた。

長野県飯田市上村程野の宮澤俊雄さん（昭和十五年生まれ）は次のように語る。――良い立派な角を持つ牡ジカは鳴き声もよいので牝ジカがつく。角は地元では煎じ薬にするが、生き角は静岡県の鰹漁師が擬似餌を作るために買いに来た。角はシカの棲息地域の植生、地質などの環境条件によって色やキメ・長さなどが異なった。遠山川支流上村川の東側（左岸）のものを「山椒角《さんしょうづの》」、西側（右

写真９　牡ジカの頭を白骨化させる。長野県飯田市上村中郷、柄澤正一家

写真10　二又の袋角。6月中旬、奈良公園にて

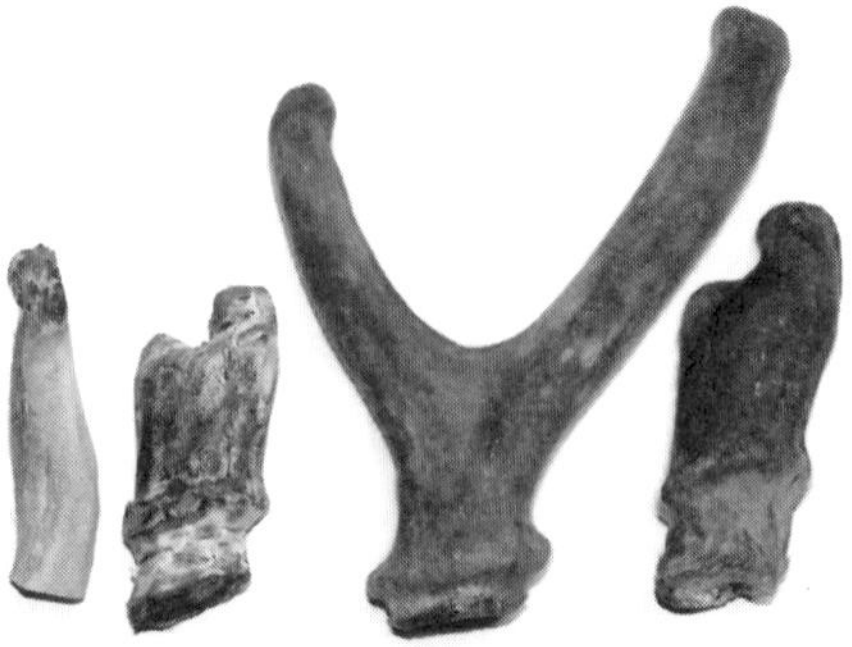

写真11　薬用として乾燥保存される袋角。静岡県浜松市天竜区水窪町小畑、守屋鎌一家

岸）のものを「藤角《ふじづの》」と呼んでいる。藤角に比べて山椒角の方がハダが荒々しい。

　シカの角は、シカの異常増殖時代に入っても人びとが長い間抱いてきた、「山の力」「野生の力」を感じさせる。キーホルダーの飾り、根付けその他に加工される。山の猟師たちは今でも自分が捕獲した牡ジカの角を大切に保存している。写真6～8は平成二十年から二十二年にかけて撮影したものである。写真9は角細工に使うためのシカ角を得るために頭部を土に埋め、頭皮や肉を腐らせているものである。

〈袋角―薬効と再生力〉　シカの角は一年に一度落ちて新しい角に生えかわる。シカの角が落ちるのは四月以降で、次のような自然暦がある。「シカはタラ（タラノキ＝楤の木・ウコギ科の落葉低木）の芽を喰って角を落とす」（静岡県榛原郡川根本町長島出身・松原勝二さん・昭和二年生まれ）。「タラの木の芽が出ると牡ジカの角が落ちる」（静岡県浜松市天竜区水窪《みさくぼ》町小畑・守屋鎌一さん・昭和十年生まれ）。「シカの角はタラの芽の出る時期に落ちる。新しく生えた袋角の血は七月末で止まる」（長野県飯田市南信濃下中根・大澤順治さん・昭和十一年生まれ）。角を落とした牡ジカは弱気になると言われるが、角は初夏、角座《かくざ》から薄赤茶色の袋状をなして再生し、成長する（写真10）。「袋角」と呼ばれるその角には血管が通っている。石灰分が運ばれて角は次第に固まり、八月下旬以降にもとどおりの硬い角になる。固まらない袋角は「鹿茸《ろくじょう》」とも呼ばれ一般的には補精強壮の薬として知られる。

『万葉集』巻第一の二十番歌・二十一番歌に歌われている蒲生野《かまふの》での遊猟は、歌の左注によると五月五日の薬狩《くすりがり》だったことがわかる。薬狩とは、シカの袋角や薬草を集める儀礼的な行事だった。男性が袋角を狩り、女性が薬草集めに当たったとされる。もとより各時代を通じ、近代以降もシカの袋角は薬餌素材として極めて貴重な存在だった。

近代以降も漢方薬の素材として売れ、台湾に輸出もしていた。静岡県榛原郡川根本町の吉田重義さんは、「袋角が二又になった時のものが最も良質で、その時期を狙って獲る」というのだが、それは容易なことではない。年により、シカの個体によって差が出るからである。長野県飯田市上村程野の宮澤俊雄さんは、袋角は六月にとるものだと語る。和歌山県西牟婁郡すさみ町追川の根木彦四郎さん（明治三十八年生まれ）は「鹿茸六寸」と語っていた。民間における袋角の薬効は以下のように伝えられている。㋐熱さまし（川根本町・松原勝二さん）㋑女性の産前産後の血薬（水窪町・川下勘三郎さん・明治三十六年生まれ）㋒麻疹《はしか》・熱さまし＝削ってから湯をかけて飲ませる（水窪町・守屋鎌一さん）。守屋家では袋角を乾燥させて保存している（写真11）。高知県香美市物部町明賀の中山正義さん（明治三十六年生まれ）は袋角を乾燥保存しておき、風邪薬にした。年に一度落ちるが必ず立派に再生するという牡ジカの角の不思議は、鹿茸の薬効にとどまることなく、「再生力」の象徴として重く受け止められ、シカの霊力の象徴ともされた。

〈飾りものとしてのシカの角〉　一対のシカ角を板台に据えて床の間に飾ったり、刀置きに使ったりする時代があった。水窪町の守屋鎌一さんは、昭和五十年代には三の叉の角が一対二〇万円で売れたが今は只同然だと語る。南信州遠山谷（飯田市上村程野）の宮澤俊雄さんは昭和五十五年、シラビソで四の叉角を持つ大ジカを仕留めた。その四の又角は五〇万円で売れたという。宮澤さんはシカの角について次のように語る。――牡ジカの鳴き声は一回に角の又の数だけ続く。三の又ならば〝カンヨー　カンヨー　カンヨー〟と鳴く。二の又は二回、四の又は四回だ。そして角が立派であるほど鳴き声もよい。角が立派で、鳴き声のよい牡に牝が多くつく。

同じ伝承を三重県伊賀市諏訪の谷三郎さん（大正十四年生まれ）からも聞いた。――ウシを飼うためにはウシに手綱をつけなければならない。手綱をつけるためには鼻輪が必要だ。ウシに鼻輪をつけるためにはウシの鼻中隔を貫通させ、穴をあけて鼻木を通さなければだめだ。その貫通針の第一はカモシカの角で、それに次ぐのがシカの角だとされた。ウシの売買をする牛馬喰《うしばくろう》（家畜商）もシカの角を求めた時代があった。

2　シカの皮

シカの皮に対する需要は時を遡るほど大きかった。シカ皮に対する原初の期待は、まず防寒の力だったにちがいない。織物・布の発達が未熟だった時代、シカの皮は寒さから身を守るのに大きな力を発揮していたのである。遊行聖、空也《くうや》のシカ衣も呪力象徴であると同時に寒い季節の防寒着だった。柳田國男の『後狩詞記』(6)を成立させた資料、その提供者は宮崎県東臼杵郡椎葉村の村長・中瀬淳だった。淳の次女・椎葉ハルさん（明治二十四年生まれ）はシカの皮について次のように語っていた。――中瀬家では父が捕獲したシカの皮を鞣《なめ》して子供の敷布に使っていた。シカの皮を敷いて寝ると子供が寝小便をしなくなると言い伝えられていた。

伊豆で行われていた、明礬《みょうばん》などを使わない土着的な皮鞣しの技術については序章で述べた。静岡県榛原郡川根本町梅地の筑地松己さん（大正十三年生まれ）は、シカを捕獲すると山で直ちに皮を剝ぐ。直ちにズワイ（スワエ＝真直な枝）を使ってシカ皮にたるみが出ないように張りのばす。張ったままで家に持ち帰って乾燥させる。シカ皮が寸法で売買された時代があったのだという。

シカ皮を鞣して色漆《いろうるし》で模様をつけ、袋物にするインデン（印伝）革《がわ》という技術がある。インデンは山梨県の名産で、加工も盛んだったので、川根本町や静岡市葵区井川などへは山梨県からインデン加工の素材にするためにシカ皮を集める仲買人が回ってきた。近代以降もインデン以外に防寒用の中着《なかぎ》や足袋《たび》などにシカ皮は盛んに利用された。

奈良県吉野郡十津川村川津の猟師・野崎常久さん（明治三十七年生まれ）を訪ねたことがあった。その折、野崎家のハデ（稲架）場に干されているシカ皮と、吊られているシカの蹄を見かけた。野崎さんは、「いずれも仲買人に売るものだが、皮は煮つめて糊状《のりじょう》にし、弓に塗るなど、種々補強すべきものに塗る。蹄は煮つめて膠《にかわ》にするのだ」と語っていた。奈良県五條市大塔町篠原・静岡県伊豆市湯ヶ島長野などでは軒端に吊られているシカの蹄を見かけた（写真12、13）。熱さましに使うものである。

写真12　シカの蹄。静岡県伊豆市湯ヶ島長野

写真13　シカの蹄。奈良県五條市大塔町篠原

イノシシの毛皮や牛皮を使った「ツナヌキ」と呼ばれる毛皮の沓《くつ》があるのだが（イノシシの章で詳述）、松山義雄の『続・狩りの語部』(7)によると、長野県の伊那谷では、ツナヌキをツラヌキと称し、猟師たちがシカの脛皮《すねかわ》を毛のついたまま使ってこれを作って使っていたという。

宮崎県西都市上揚の浜砂久義さん（大正八年生まれ）はシカ皮を尻皮（腰皮）や太鼓の皮に使ったという。兵庫県宍粟《しそう》市一宮町倉床の田路亘さん（昭和六年生まれ）は、昭和三十年代には四〇〇〇円で売れたシカ皮が、五十年代には一〇〇〇円になったことを記憶している。

3　シカのサゴ・シカの血

早川孝太郎は『猪・鹿・狸』の中で「サゴ」（シカの胎児）の黒焼きが婦人の血の道や産後の肥立ちの妙薬として需要が高かったことを述べている。(8) 兵庫県宍粟市一宮町倉床の小室勘一さん（明治四十三年生まれ）は、シカの腹子を乾燥保存しておき、それを煎じて飲めば婦人病の薬になると伝えていた。シカの胎児と並んでシカの血もまた女性の「血の道」の薬として求められるところだった。静岡県伊豆市原保の石井しずさん（明治三十九年生まれ）の体験は序章で述べた。

大井川流域、天竜川流域では猟師たちが解体現場で血を飲んだ。「シカの血は飲んでもよいが、イノシシの血は飲んではいけない」と言い伝えられていた。川根本町千頭では、シカの生血は結核に効くと言われ、戦前はそれを求めるものも多かったが、奥深い山で解体する場合、生血を里まで運ぶことは容易ではなかった。

なお、シカの腹子の皮を鹿笛の振動膜に使ったのだが、そのことについては後に述べる。

4　シカ肉の食法

狩猟対象である以上肉を食べるのは当然のことである。イノシシの可食部分が六割あるのに対し、シカは三割五分ほどだという伝承があるほどに、シカ肉は比較的少ない。以下にシカ肉に関する食法その他の伝承を記す。

①静岡県榛原郡川根本町の大間の奥、大井川支流、寸又川ぞい左岸の標高八〇〇～九〇〇メートルの山中に、今は消えてしまった「東側《ひがしがわ》」と呼ばれるムラがあった。上日向・日向・尾崎・上閑蔵《かみかんぞう》・下閑蔵などの小集落から成っていた。東側から千頭までは二〇キロあると言われていた。千頭の小字桑之実に住む榎田まささん

（大正十五年生まれ）は、猟師と山岳ガイドを兼ねた父雄作と母とやの長女として東側小字尾崎で生まれ育った。以下はまささんによる。――父の狩猟対象はシカとクマだった。シカは内臓を抜いてマルで売ることもあったが、肉を一〇〇匁《め》ずつ竹の皮に包み、それをボテ（背負籠）に入れて母が背負って千頭まで売りに行くことが多かった。その季節は冬である。母は地下足袋に藁を巻き、朝暗いうちに出発した。一日がかりの仕事だった。まささんは子供のころ、母についてゆき、泣き泣き歩いたことがあった。家では残肉のついた肋《あばら》や背骨を鉈で細かく叩き、それにソギダイコン・ダイコン葉を加え、塩を入れて半日煮込んで食べるということが多かった。シカ肉を保存するには二種類の方法があった。ⓐ味噌漬け　ⓑ一旦茹でてから陰干しにしてよく乾燥させる。それを缶につめて保存しておく。食べる時には水でもどし、ワサビ醤油またはショウガ醤油をつけて食べる。シカの毛皮は藤枝の仲買人が泊まりがけで買いに来た。

②肋骨《ろっこつ》は肉のついたまま塩味で煮て食べる（静岡県榛原郡川根本町平田・大石博人さん・昭和十六年生まれ）。

③刺身・煮つけ・ガラ汁・味噌漬けなどにした。夏のシカ肉が最も美味だが食べすぎると下痢を起こす（同川根本町千頭・吉田重義さん）。

④内臓を包んでいる網状の脂肪のことを「タオル」と呼んだ。タオルが一番うまい（同川根本町梅地・筑地松己さん）。

⑤肉は醤油漬けにして保存した。「夏鹿には鍋に火が入るほど脂がある」と口誦されるほど夏のシカは脂が乗っていて美味である（同川根本町長島出身・松原勝二さん）。

⑥腹皮を俎板《まないた》・鉈で叩いて味噌漬けにして食べるとうまい（同川根本町小長井・小長谷吉雄さん・明治四十五年生まれ）。

⑦シカの肉を煮る時は臭いを消すために鍋の底に熊笹の葉を敷く（長野県飯田市上村中郷・熊谷貞夫さん・昭和十二年生まれ）。

⑧シカの肉をおいしく食べるためには一日水に漬けておくとよい（同程野・宮澤俊雄さん）。

⑨シカ肉を味噌漬け・ワイン漬けにする時には庖丁のミネで叩く。シカは七月以降脂が乗る。脂が強い時にはお茶を入れて煮るとよい。イノシシもシカも夏場は青臭いのでお茶を入れることは臭い消しにもよい（同南信濃下中根・大澤順治さん）（写真14）。

⑩昭和三十五年から五十年ごろはシカの肉は一キロ二五〇〇円で売れ、乾燥させた皮は一枚七〇〇〇円で売れた。シカ肉の臭い消しに、ショウガ・ネギ・ゴボウなどを入れて煮る（同下栗小字屋敷・胡桃澤菊男さん・昭和五年生まれ）。

⑪静岡県浜松市天竜区水窪町小畑の守屋鎌一さんは、シカの異常増殖以後、仲間で年間一〇〇頭前後捕獲するようになり、肉の食べ方に変化が生じてからのことも含んで以下のように語る。――大量捕獲の時代に入ってから食用にする肉は全体の七パーセント、背肉（ロース）と後肢のモモ肉のみであとは廃棄する。猟師によっては山に埋めてしまう者もいる。シカ肉は一旦、湯に一〇パーセントの酢を入れて煮、アクを除く。アクを除いた肉に醤油・砂糖・味噌・味醂・ショウガ・ニンニクを入れてじっくりと煮る。シカ肉には「モチ」「ネバシ」と呼ばれる粘り気のある部分がある。そこを刺身にして食べていたが、今は菌を警戒して食べない。ゴボウ・ネギ・ダイコンを入れてスキヤキにすることもある。シカ肉を美味に食べるためには水に漬けるとよい。冬なら一時間、夏なら半日水に漬けるとうまくなると言われている。イノシシもシカも、肉をうまく食べるためには血ぬきを完全にしなければならない。

⑫シカの肉は刺身・酢ヌタなどにもしたが、冬季には「ソギグイ」をした。肉を皮つきのまま吊るしておき、必

写真14　シカ肉の味噌漬けを焼いて食べる。長野県飯田市南信濃下中根、大澤順治家

要な分だけ削いで味噌で煮て食べた（徳島県那賀郡那賀町木頭折宇・松本千秋さん・大正十四年生まれ）。

シカ肉をナマで刺身として食べる方法は各地で広く行われていたのだが、現在それは全国的に見られなくなった。
⑬兵庫県姫路市安富町皆河の新免幸吉さん（明治三十五年生まれ）はシカ肉について以下のように語っていた。
――牡に比べて牝の方が肉が軟らかい。牡は四年目二の又角、五年目三の又角になると肉がコワくなってくる。三年目が一番うまい。イノシシは、イネが稔り、実が入ってくると脂が乗ってくる。一、二月になると大猪の肉は堅くなる。これを「板」という。シカ肉は夏になると脂が乗ってうまい。冬毛から夏毛になり、「鹿《か》の子《こ》」が出るとうまい。シカ肉は塩焼きにして食べた。
⑭長野県飯田市南信濃此田の藪下平吉さん（昭和四年生まれ）は獣肉の味、その旬について次のような口誦句を語る。「鹿の中鹿《ちゅうじか》　秋の木の葉ニク　寒猪《じし》」――中鹿の「中」は、当地の方言では旧暦の夏至のことを意味する。シカの肉は夏が旬だというのである。「ニク」とはカモシカのことで、カモシカの肉は秋の紅葉の季節が旬だというのだ。カモシカのことをニクと呼ぶのは肉がうまいからではなく、このニクは「褥《にく》」即ち毛の敷物の意である。イノシシは寒中が最も美味だというのである。
⑮長野県飯田市上村程野の宮澤俊雄さんは、「中《ちゅう》の鹿　中《ちゅう》の川魚、味くらべ」という口誦句を語る。ここでも夏がシカ肉の旬であることが語られている。
規定の冬の狩猟期間では基本的には旬のシカ肉を食べることはできなかっ

写真 15　シカ鍋。長野県飯田市上村程野、宮澤俊雄家

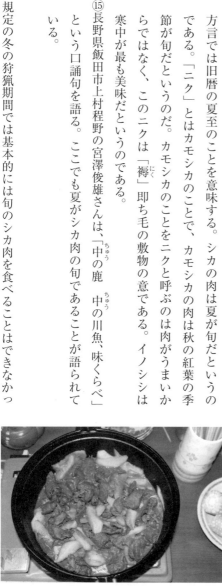

たのであるが、シカの異常増殖にともなう有害駆除によって旬のシカ肉が口に入ることになった（写真15）。夏がシカ肉の旬であることは事例③⑤⑬⑭⑮など各地で伝えられている。⑤「鍋に火が入るほど脂がある」、⑬「鹿の子《かこ》が出るとうまい」、⑭他の獣肉との旬のちがいなど個性的な伝承が見られる。これらの伝承がシカの異常増殖以前からのものであったことが推察される。シカ肉をよりうまく食べるためには、肉を水に漬けておく、臭い消しの可食食物を入れるなどさまざまなくふうがなされていた。保存方法には①で見たとおり、味噌漬け・干し肉などの方法があった。長野県飯田市南信濃山原の松下ナガ子さん（昭和七年生まれ）の実家は南信濃大町の近藤家である。祖父の幸次郎さん（明治十五年生まれ）は猟師で、家には常時、イノシシ・シカ・ヤマドリ・キジの肉が桶の中に味噌漬けにして保存されていた。それを随時とり出して焼いて食べていたのだという。

シカの異常増殖の時代に入り、有害駆除獣として捕獲されたシカは捨てられ、埋められるほどである。ジビエ料理として喧伝されはするものの、その流通も、有効利用もはかばかしくはない。そのシカ肉を有効に活用して地域おこしを図ろうとする動きが各地に見られる。ワイン蒸し・ミンチカツ・燻製など、さまざまな試みがなされている。こうした動きの中で、先人たちの伝承知を生かすことが重要である。

二　シカの霊性伝承

(一)　シカと水

シカは水とかかわりが深い動物である。考古資料、古典などのシカに注目し、そのシカと水との関係に言及した説も見られる。

平林章仁氏はシカと水との関係に注目し、「海を渡る鹿」で海人のシカ猟について述べ、神戸市桜ヶ丘二号銅鐸の流水紋とシカの群行にも注目し、『播磨国風土記』賀毛郡雲潤里条の、太水《おほみず》の神が「吾は宍の血を以ちて佃。故、河の水を欲りせず」と語った叙述をふまえ、「祭儀の犠牲に宍（おそらく鹿）を用いれば農耕に必要な水は不足せず潤沢であるとの信仰を伝えており、鹿が潤沢な水をもたらす霊獣として崇拝されていたことが知られる」と述べている。[9]また、森浩一は奈良県磯城郡田原本町清水風遺跡の土器絵画の中の、胸にシカの絵が描かれた司祭服の人物、石川県小松市にある弥生中期の八日市地方《じかた》遺跡出土の、高さ五センチの人形土製品の胸にシカが描かれていることに注目した。そして、前者は、大和川河川交通の河津、後者は、小松（高麗津）とかかわる日本海水運とゆかりあるもので、ともに水運の無事を祈る呪者を示す可能性があるとしている。[10]ここでもシカと水との強い関係がわかる。『万葉集』に、〈伊夜彦　おのれ神さび　青雲の　たなびく日すら　霂《こさめ》そほ降る〉（三八八三）〈伊夜彦　神の麓に今日らもか　鹿の伏すらむ　皮服《かはごろも》着《き》て　角つきながら〉（三八八四）――伊夜彦とは新潟県西蒲原郡弥彦村、弥彦神社の神体山（六三八メートル）である。藤原茂樹氏は、多角的な考証の後、ここに、雨乞いの鹿舞があったことを想定している。[11]ここにもシカと水の結びつきを見ることができよう。

こうして見てくると、シカと水のかかわりの民俗事例や、そのよってきたるところを問わなければならなくなるのだが、その一つとしてまず民俗的な伝承を示しておきたい。

1　川に入るシカ

シカを狩猟対象とした猟師たちはシカと水の関係について以下のように語っている。

①シカのトヤマチ猟を行った。シカは追われると川に下るので、河原のヘリに「トヤ」と呼ばれる狙撃者の姿

を隠すための待ち場を作った。トヤは、枯木・ボサ・石などで作る。トヤは二、三箇所に作ったが、確実に仕留めるために腕のよい猟師が担当するトヤのことを「本ドヤ」「シメドヤ」と呼んだ。こうして、犬カケ（セコ＝勢子）に追わせたのだが河原は寒かった（静岡市葵区田代・滝浪功さん・昭和二年生まれ、同大島・滝浪鉄太郎さん・明治四十四年生まれ）。

②シカ狩は三人から五人で行った。シカは追われると川筋に下るので「ヤマタツマ」（山中の待ち場）と「カワタツマ」（川ぞいの待ち場）を置いた。シカが川へ入るのは「ト」（跡）を隠すためだという（静岡県浜松市天竜区水窪町向市場・川下勘三郎さん・明治三十六年生まれ）。

③狩猟における狙撃のポイント、狙い場のことを「タツマ」と称し、この語が撃ち手を指すようにもなる。シカ狩にはタツマを二、三箇所定めるのが普通だった。シカは追われると川筋へ下るから低いところへタツマを置けと言われた。シカは追いつめられると川へ入る。川へ入ったシカは一旦立ち止まるのでそこを狙えと先輩から教えられた（長野県飯田市上村下栗・胡桃澤栄一さん・明治三十六年生まれ）。

④狙撃者を「シカキ」と呼んだ。シカ狩はシカキ四人にセコ一人で行う。シカキは山の中腹で待つナカマチと川べりで待つオチとに分かれた。シカは追われると明るい方へ出て、最後にはオチの待つ川へ下る（兵庫県宍粟市一宮町・田路亘さん・昭和六年生まれ）。

⑤イノシシは追われると暗いところへ逃げるが、シカは追われると明るいところへ逃げる。谷ぞいに下り、川に出る。長い時には何キロも下る。「尾先谷合」はイノシシマブシのポイントでもあるが、シカマブシのポイントでもある。マブシとは待ち場のことである（宮崎県東臼杵郡椎葉村尾前・尾前善和さん・昭和九年生まれ）。

⑥シカ狩はマチバ四人にセコ一人、イヌがつく。マチバはシカが川に落ちる（下りる）川端に四箇所設けた（徳島県那賀郡那賀町木頭折宇・松本千秋さん・大正十四年生まれ）。

⑦シカは追われると川へ下りる。体を冷やすためで首まで水につかる。シカが水のあるヌタ場に来るのは夜明け方で、塩分を含む「ヒナツチ」を喰いにくるのは月夜の晩である。ヒナツチは、蛇洞沢・御堂沢・濁水・アンコなどにある（長野県飯田市上村程野・宮澤俊雄さん・昭和十五年生まれ）。

⑧ヌタ場は北向きが多い。シカ狩のタツマは川端に置く。シカはイヌに追われると淵に入る（長野県南信濃八重河内・山崎今朝光さん・大正十一年生まれ）。

⑨シカのマブシは川端だと言われており、広河原で待てばよいとされた。シカはセコやイヌに追われると体が焼けるので水に入りたがるからだという（宮崎県西都市上揚・浜砂久義さん・大正八年生まれ）。

⑩シカはイヌに追われると必ず川に入る。カワタツマを置くのはそうしたシカの習性を知ってのことである（静岡県浜松市天竜区水窪町小畑・守屋鎌一さん・昭和十年生まれ）。

右に見てきたとおり、各地の猟師が、異口同音に、「シカは追われると川に出て水に入る」と語る。②ではその理由をト（跡）を隠すためだとしている。跡を隠すというのは、例えば追跡するイヌに対してシカがおのれの臭いを消すということである。もう一つ、各地の猟師たちが、シカが川に入る理由として語るところは、追われて走り、ホテった体や足を冷やすためだというのである。これらに対して、事例⑩の守屋さんは他に二つの理由をあげる。その一つは、イヌに追われて逃げると蹄が開くので水に入りたがる。もう一つは、イヌに追われて疾走すると、シカが好んで食べた胃の中の青草・トチの実・黒ダイズの葉・赤麻などが発酵する。胃・腹がパンパンに張ってくる。シカはその腹を冷ますために川に入る。胃がふくらみ、腹がパンパンに張ったシカを解体しようとしてヘタに刃物を入れると胃や腸がパンクして悪臭を放ち、肉にもその臭いがついてしまう。腹の張ったシカを解体する時には刃先が胃や腸に触れないように指で調節しながら静かに解体しなければならない。

2　水を探るシカ

追われるシカ以外にもシカと水のかかわりを語る注目すべき伝承がある。

⑪山小屋を作ろうとする時にはシカのウツ（獣道《けものみち》）をたどって行けばよい。山中のシカのウツは必ずヌタ場に至るものだ。ヌタ場とはシカがヌタ打ち（ヌタズリ　ころがって体に泥水をつける）をする水たまり、水の滲み出る場所である（写真16）。ヌタ場の近くにはしっかりした水場があるものだ。山小屋には水場が不可欠である。矢筈山の裏のトリダコにシカうち小屋があった。その小屋はシカのウツをたどって至ったヌタ場に建てたものだった（長野県飯田市上村下栗小字屋敷・胡桃澤菊男さん・昭和五年生まれ）。

⑫ユバとは温泉が滲み出ているところ、ショバとは塩分を含む水や湯が滲み出ている場所のことである。シカを中心とした獣類は生命維持に不可欠な塩分を補給するためにユバやショバに集まってくる。そこは有力な狙撃点である（飯田市南信濃下中根・大澤順治さん・昭和十一年生まれ）。

写真16　ヌタウチをしたシカ。奈良公園にて

⑪はシカの水源探査能力と、シカと水との深いかかわりを語る伝承であり、⑫はシカのユバ・ショバの探査能力を語るものである。ユバ・ショバには他の獣も集まるのであるが山の人びとはシカとのかかわりを強く意識してい

る。長野県下伊那郡大鹿村に「鹿塩《かしお》」という地があり、塩泉が湧出し、温泉場が形成されている。菅江真澄の『委寧能中路』に次のように記されている。(12)

鹿塩の東は甲斐の国鰍沢也。山中よりいづる水をくみて、これをやきて、しほとしてつねにくらふ。

鹿塩という地名は、シカがショバに滲む塩泉を舐めるために集まったところからついたものだと語られている。現今のシカの異常増殖は、天敵たるオオカミの絶滅、狩猟圧の激減などに加えて、冬季、山間部の舗装道路の融雪剤として大量に撒かれる塩化カルシウムもかかわっているのではないかという見方もある。

3 シカの角切りと水

奈良公園の一画に、一三〇〇平方メートルの観覧スタンドつきグランド型の「シカの角切り場」がある。毎年十月、ここで牡ジカの角切りが行われる（写真17～19）。一回三五～四〇頭、それが五回行われる。発情期の牡ジカが角で人や樹木に被害を与えるのを防ぐためである。春日大社によると、シカの角切りは寛文十一年（一六七一）に始められ、当時は春日大社のほか、興福寺と奈良奉行も立ち会ったという。現在は神官とセコによって行われる。一〇人組のセコが二組入る。

私が最初にシカの角切りを見たのは平成六年十月九日のことだった。写真20はその折撮影したものである。角切り場の中に畳一畳分、深さ一尺ほどのコンクリート製の浅い水槽が設置されており、そこには水が張られていた。セコに追いたてられ、グランドを走りまわった牡ジカ、三の又の立派な角を持つ牡ジカがその水槽に入り、静かに座してホテった体を水につけているのを目のあたりにした。その時、各地の猟師たちが語った「川に入るシカ」をたしかに実感することができた。平成二十年代に入って再度角切りを見たのだが、まことに残念なことにその時にはもう追われた牡ジカが入る水槽は除去されていた。角切り場の水槽は野生のシカを狩り、シカの生態をよく知る狩猟者の伝承を負って設けられていたのである。

冒頭にふれた考古資料や文献資料に登場するシカ、そのシカと水とのかかわりの根底には、右に示した民俗資料に見られる「川に入るシカ」「水を求めるシカ」「シカの水源探索の力」「シカのユバ・ショバなどを探索する力」

写真 17　牡ジカの角突き。奈良公園シカの角切り

写真 18　角掛け十字を持つセコ。奈良公園シカの角切り

写真 19　綱を掛けられた牡ジカ。奈良公園シカの角切り

写真20　水場に身を浸す牡ジカ。奈良公園シカの角切り

――それらの生態認識が底流していることが考えられる。ここにいま一つの事例を加えたい。

4 遊行聖、空也の伝承像

平安時代中期の遊行聖として知られる空也《くうや》（コウヤとも）は、シカの毛皮をまとい、シカの角を杖頭《つえがしら》とした杖をついて全国を巡回行脚したと伝えられている。空也が夜ごとに聴聞していた鹿鳴の主、そのシカが平定盛に射殺されたことを悼み、そのシカの皮を皮衣とし、角を杖頭として全国行脚をしたのだという伝承もある。空也は各地を巡歴しながら、山路の開鑿・河川架橋・井戸の掘鑿・水路の増設などに尽力したと伝えられている。さらには、空也は水の中から生まれたという出生譚がある。(13) 空也は、水源探査、水を感知するシカの霊力・呪力を身につけた存在だと考えることもできる。シカの皮衣を身にまとい、シカの角を杖頭として歩く空也はシカの力を象徴していたのである。

5 春日大社とシカ

ここで、奈良の春日大社とシカの深い関係にも目を向けてみなければならない。「鹿島影向《ようごう》御神影」「香取影向御神影」は、ともに白鹿に乗座した鹿島神・香取神の春日への遷行の様子を描いたものだとされる。春日大社の発する掛軸は背に神鏡を負う白鹿図である（写真21はその祖形）。この重要な、神の移動の乗座動物と

写真21　鹿座神影図（室町時代）。提供・春日大社。禁転載

してシカが選ばれたのはなぜだったのだろうか。『常陸国風土記』香島郡に「其の社の南に郡家あり。北に沼尾の池あり。古老のいへらく、神世に天より流れ来し水沼なり」とある。今も背後に北浦などの湖沼湿地を持つ鹿島神宮の神が、水を治め、湿地を治める神だとする認識が窺える。同社に伝わる軟弱地盤強化の要石信仰とも無縁ではない。香取神宮の周辺にも湖沼湿地はある。

鹿島神宮の祭神は『日本書紀』では「建甕槌《たけみかつち》」とされる。建＝勇猛偉大なる、甕＝水がめ、つ（連体格助詞＝の）、ち＝霊、と解することができる。『古事記』では「建御雷之男神」と記され、雷神の風貌を示す。雷もまた、雨・水をもたらす。春日大社には遷行の結果、当然のことながら第一殿に「武甕槌命」、第二殿に「経津主命」が祭神として祭られている。一体、なにゆえに春日に、水と深くかかわる「甕」や「雷」の名を負う神が鎮まらねばならなかったのであろうか。――ここではまず、春日の地、および大和盆地の環境を見つめ直す必要があろう。大和盆地には稲作農業にとって不可欠な、常時一定量の豊かな水を恵んでくれる大河川がないことに注目しなければならない。大河川による大水害がない代わりに、耕地を潤す水については常に心を砕かなければならない地形環境なのである。

鹿島の神を新たに迎えた春日の地の信仰環境の中核は、笠型・傘型をした御蓋《みかさ》山＝御笠山＝三笠山だった。それは、雨を受ける笠・傘の形をしており、そこに降る雨は奈良盆地に下った。川の一本は率川で、それはもと猿沢池に注いでいた。狂言「末広がり」では、「～傘をさすなる春日山　これも神の誓ひとて　ひとが傘をさすなら　われも傘をささうよ…」と歌われ、『天正狂言本』には、「～御笠山　御笠山　人が笠をさすならば　我も笠をささうよ…」とある。[14] 本来は、「雨乞い」にかかわる「雨よろこび」の歌謡として、雨の山、水源の山たる三笠山が歌いこまれたのであった。春日若宮おん祭りのお旅所祭行宮は赤松を骨格として土壁が塗られるのであるが、その壁に白色正三角形が点々と印される。水を象徴する蛇の鱗とも考えられる。大河川のない奈良盆地にとって、雨・水は貴重だった。水神勧請の必然性もここにあるのだが、水神を導き、水神が乗座される動物が「水を探るシカ」「水を導くシカ」であったことの意味は重い。大河・湖沼の少ない奈良盆地の水源の一拠点、春日山・三笠山々麓において「水を知るシカ」が神使として守られてきたことは重要なことである。

㈡ 鹿《か》の子斑《こまだら》の象徴性

ⓐ岡本天皇《をかもとのすめらみこと》（舒明天皇《じょめい》）の御製歌《ぎょせい》一首

夕されば小倉の山に鳴く鹿は　今夜は鳴かず　寝ねにけらしも（『万葉集』一五一一）

ⓑ泊瀬朝倉宮《はつせあさくらのみや》に天の下知らしめしし大泊瀬幼武天皇《おおはつせわかたけのすめらみこと》（雄略天皇）の御製歌一首

夕されば小倉の山に伏す鹿の　今夜は鳴かず　寝ねにけらしも（『万葉集』一六六四）

ⓐⓑは、「鳴く鹿は」と「伏す鹿の」のちがいはあるものの、そのほかは全く同じである。舒明・雄略両帝によって、これほどまでに類似した歌がなぜ詠まれ、なぜともに『万葉集』の中に収められているのであろうか。両歌はともに天皇がシカの鳴き声に深い関心を寄せている歌である。『日本書紀』仁徳天皇三十八年七月の条には天皇が皇后とともに高殿で避暑をし、その折、鹿鳴《ろくめい》を聞いた話が出ている。また、『播磨国風土記』餝磨《しかま》郡の条にも王が鹿鳴を聞く話がある。岡田精司氏は、右のような文献資料を博捜して古代におけるシカの伝承像をまとめた。さらに同氏は、シカの生態と稲作の関係に注目し、首長儀礼として、「シカを見る」「鹿鳴を聞く」といった呪的行為があったことを推測して、それは稲霊《いなだま》の増殖にかかわる一種のタマフリだったとしている。大王が皇后とともに高殿に籠って「鹿鳴を聞く」呪儀があったともしている。(15)

写真22　仔ジカがまとう鮮明な鹿の子斑。6月上旬、奈良公園にて

辰巳和弘氏も文献資料に加えて弥生時代の土器絵画などの考古資料を厳正に検討して高殿における「鹿鳴聴聞」があったことを主張する。さらに奈良県磯城郡田原本町、唐古・鍵遺跡出土の土器絵画に描かれた高殿風建物と牡牝のシカ・男女の人物像を確かめ、しかも女像に陰部が描かれているところを指摘し、弥生時代、既に、後の文献資料に見られるような、支配者の、鹿鳴聴聞による豊穣儀礼があったことを推察している。また、唐古・鍵遺跡出土の別の土器には高殿に掛けられた長い梯子を二人の人物が上りつつあるところを描いたものもある。辰巳氏は、この人物を、高殿での祭儀に臨まんとする男女だと解している。同氏の収集資料によれば、弥生時代、既に高殿における鹿鳴聴聞と男女同衾の儀礼があったことになり「鹿鳴聴聞」「男女同衾」の儀礼は稲霊に対する類感呪術だと考えるに至ったのである。(16)

①ススキの穂が三穂出ると高山のシカはサカリがつく（静岡県浜松市天竜区水窪町上村・川下勘三郎さん・明治三十六年生まれ）。

②ススキの穂が三穂出るとシカのサカリがつく（和歌山県西牟婁郡すさみ町追川・根木彦四郎さん・明治三十八年生まれ）。

③ススキの穂が出始めるとシカのサカリがつく（宮崎県西臼杵郡五ヶ瀬町波帰・矢野勇さん・明治三十九年生まれ）。

①②③はおのおのに遠隔地であり、標高差などによって微妙なちがいはあるが、ススキの穂をもってシカの発情

期を示す点において共通する自然暦である。ススキもイネ科の植物であるからススキとイネの出穂期はほぼ一致する。シカの発情交尾期は、イネの稔り、実入りと重なる。シカの孕みとイネの実入りが重なるのである。孕んだシカの仔産みは五月である。兵庫県宍粟市一宮町倉床の小室勘一さん（明治四十三年生まれ）は、「シカはフジの花の下で仔を生む」という自然暦を語る。鹿鳴のころ実入りを確かにし、苗代に蒔かれた稲籾の発芽するのも仔ジカの生まれる季節である。岡田・辰巳両氏が注目したごとく、シカとイネの生態サイクルはたしかに一致している。

ここで私は、一歩進めてシカとイネのさらに深くて強い結びつきを指摘しなければならない。それは、五月から六月にかけて、孕んだ牝ジカから生まれてくる仔ジカは親よりも濃い茶色の毛に雪か米粒が撒きかけられたように純白の鹿の子斑《かまだら》を纏っていることである（写真22）。

袋角の牡ジカも、牝ジカも仔ジカが生まれる時期には鹿の子斑を身に纏ってはいるが、鹿の子斑は生まれたての仔ジカのものが最も鮮明である。純白の米（粒）を象徴するような鹿の子斑を身に纏って母の胎内から出現する仔ジカこそが、イネの豊穣を強烈に象徴するものなのである。これを産み出す牝ジカの腹もまた豊穣を産み出す呪力を持つと考えられていたのだ。古代の王権者がシカに深い思いを寄せ、鹿鳴聴聞を行い、シカの孕みとイネの実入りを祈って同衾の類感呪術儀礼を行ったことは頷けるところである。首長・王権者は民の糧《かて》を満たすべき重い使命を背負っていたのである。ここまで考えてくると、冒頭に掲げた舒明・雄略両帝の鹿鳴聴聞にかかわる御製がともに『万葉集』に収められている意味が納得できる。

在原業平は『伊勢物語』の「東下り」、駿河宇津の山（宇津ノ谷峠）の場面で次のように語っている。

富士の山を見れば、五月のつごもりに、雪いと白う降れり。――時知らぬ山は富士の嶺いつとてか鹿の子まだらに雪のふるらん――

山肌に解け残る白い雪斑を「鹿の子斑」と表現しているのだが、このことは、この時代、茶色に白斑を満たすシカの毛の斑模様を「鹿の子斑」と表現することが一般化していたことを物語っている。そして、民間には、高山の残雪の形をもって苗代や代掻き・田植の時を示す自然暦があったはずだ。とりわけ、冠雪で白い擂鉢倒伏型をなす富士山は、その白色ゆえに「穀聚山《こくじゅさん》」と称されていたのだ。鹿の子斑と米・稲作の関係は、今後さらに追究してゆかなければならない。

三　シカの害獣性

1　個体数変動の記憶

シカの個体数は一定ではなかった。柳田國男は『後狩詞記』の序の中で次のように記している。[17]

奈良や金華山に遊ぶ人たちは。日本は鹿国のやうに思ふだらうけれども。普通の山には今は歌に詠む程も居らぬのである。此因に思ひ出すのは北海道のことである。蝦夷地には明治の時代まで鹿が非常に多かつた。十勝線の生寅《いくとら》（ユク、トラッシュ、ベツ）の停車場を始として、ユクといふ地名は到る処に多い。然るに開拓使庁の始頃に。馬鹿なことをしたもので。室蘭附近の地に鹿肉鑵詰製造所を設立した。そしたら一二年の内に鹿も鑵詰所も共に立行かぬことになった。北海道の鹿は鉄砲の痛さを知るや否や直に其伝説を忘却すべく種族が絶えたのである。

また、早川孝太郎は『猪・鹿・狸』の中で以下のように述べている。[18]

鹿の胎児をサゴと言うて、その黒焼きは婦人の血の道の妙薬として珍重したのである。また鹿の胎籠りとも言うて、産後の肥立ちの悪いものなどには、この上の妙薬はないとした。今日ではそう見かけなくなったが、以前はどこの村へ行っても、まっさおな血の気のない顔をした女が、一人二人はきっとあったほどで、したがって需要も多かったのである。明治初年ごろ、普通の鹿一頭が五十銭か七十銭程度の時に、サゴ一つが七十五銭から一円にも売れたと言うから、狩人が何を捨てても孕み鹿に目をつけたのは無理もなかった。そのため一年に一つしか増えぬ鹿の命数を、縮めることなど考える余裕はなかったのである。

シカ皮に対する需要の流動、気候変動や銃の登場、近代化にともなう開発など、時の流れの中でシカは個体数を変動させてきた。

私が山村を歩き始めた昭和四十年代、シカは、山村でも稀少な存在で、猟師の鹿話は興味深いものだった。軒端や玄関脇に捕獲したシカの角や、シカの落とし角を使って鉤状に吊ったもの掛けを各地で見た（写真23）。角つきの鹿頭を剝製にして飾り、その角に帽子や袋を掛けている家もあった[19]（写真24）。徳島県祖谷山《いや》では三の又の角をつけた頭蓋骨を飾り、角にいくつもの守り袋を掛けてあるのを見かけた。早川孝太郎[20]や松山義雄[21]の描く狩の話や獣の話には郷愁を醸すような響きがあり、これを熟読した。

写真25は昭和五十五年十一月二十五日、奈良県五條市大塔町篠原（旧吉野郡大塔村）で撮影したものだ。当地は南面傾斜地で斜面集落なので、屋敷どりをする場合、母屋の前後の幅が狭くなる。それを補うために南前面にカケダシと称する板棚を作る。その棚の下には穀物の束などを掛け干しするハサを作る。それは結果的に屋根つきのハサになる。傾斜地の径《こみち》を登ってゆくとハサ場に写真のような毛皮が掛け干しされているのが見えた。遠望するとそれはウシの毛皮ではないかと疑うほどに大きかったが牡ジカの皮だった。昭和五十五年――このころをふり返ってみるとシカの異常増殖が始まろうとする前夜だったように思われる。このころまでは、まだシカ皮が貴重で、仲買人

が巡回してきたという。篠原に隣接する旧大塔村惣谷や、静岡県伊豆市湯ヶ島小字長野などでは熱冷ましに使うためのシカの蹄が軒端に吊られているのを見かけた。

柳田國男が宮崎県東臼杵郡椎葉村へ入ったのは明治四十一年のことだった。それを契機に『後狩詞記』が刊行された。同書には「狩猟民俗語彙」といった構成も見られるのであるが、そこに描かれている狩猟のメルクマールはシカではなくイノシシである。柳田が同書中に引用している明治四十一年の『西臼杵郡椎葉村是』禽畜類の項に、「猪肉一万七千六百斤」「鹿肉千十二斤」「鹿皮三十八枚」などとある。また、椎葉村に隣接する西米良村、明治四十一

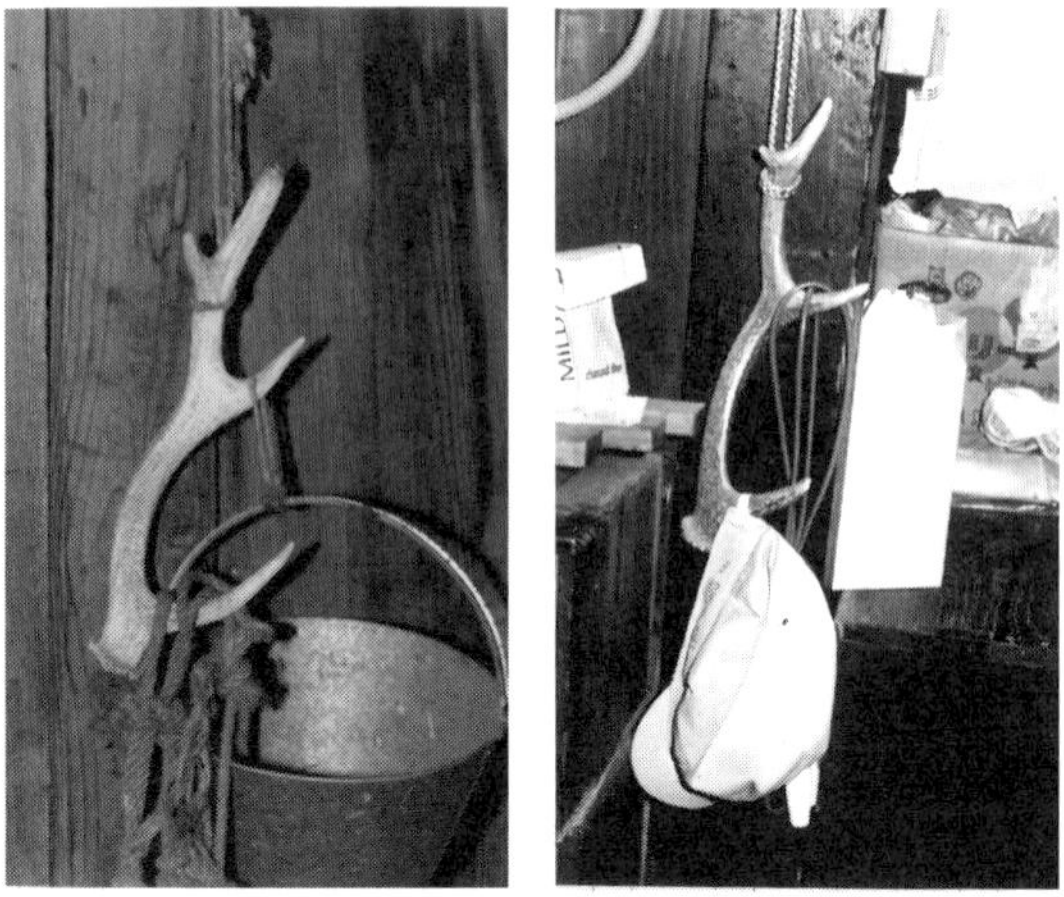

写真 23　（右）長野県下伊那郡大鹿村釜沢、（左）長野県下伊那郡大鹿村下青木

写真 24　（右）長野県飯田市南信濃池口、（左）静岡県葵区田代

写真 25　ハサ場に掛け干しされるシカの毛皮。奈良県五條市大塔町篠原

写真 26　屋敷前のカイト畑の獣害防除柵。外周は防鹿網、中のトタン囲いはウサギ除け。長野県飯田市南信濃

年の『西米良村是』には「猪三六五頭、一頭六円、鹿三六頭一頭六円」とあり、明治二十年前後には九州山地では、イノシシに比べてシカの個体数がほぼ一〇分の一であったことが推察される。このことは、獣害をもたらす主もイノシシが中心で、焼畑や山田の害獣対策がイノシシ中心になされていたことにもなる。

九州のみならず、四国、中国山地、近畿の山地、中部地方の山地においても私が焼畑地帯を集中的に歩いた昭和五十年代の聞きとりや、害獣対策の石垣などの構造物を初めとした対策ではイノシシ中心であることがわかった。そうした中で、昭和五十年代後半から増殖するシカに対する対策を次第に見聞するようになった。

昭和五十七年九月十九日、神奈川県足柄上郡山北町玄倉へ入ったことがあった。その日はムラびとたちが出合いで、田畑の作物に害をもたらすシカを防除するために「シカサク」(鹿柵)を設置しているところだった。素材は波トタンと鉄骨で高さは一八〇センチ以上だった。この高さはシカの跳躍力に対応するもので一見して猪垣とは異質であることがわかった。以下は同地の山口教司さん(昭和八年生まれ)による。――シカサク設置工事には玄倉の農家四〇戸が一戸につき一人出て行う。昭和五十六年の予算は、県から二四五万円、町から一二〇万円出ており、一・五キロメートル分である。

当地では、戦前まで焼畑が盛んだった。以下は三尋木うらさん（明治二十八年生まれ）による。――焼畑を拓いたところを「サクバ」（作場）と呼んだ。サクバのサクがイノシシやシカの被害を受けた。シカは作物の葉まで食べる。イノシシが出て困る時には、各戸一人出て「シシッカリ」と呼ぶイノシシの共同狩猟を行い、シカが出て困る時には同様にして「シカッカリ」をした。獲物はダイコン・ゴボウを入れて鍋にして共食した。こうしたシカが、やがて増殖につながったのである。

先に九州山地におけるイノシシとシカの個体数についてふれたが、その比率は次第に変化しつつある。例えば、熊本県八代市泉町樅木の黒木智さん（昭和十四年生まれ）は以下のように語る。――平成六年以後イノシシが減ってシカが増えている。平成十年にはイノシシを年間三〇頭獲ったが十二年には一〇頭だった。平成十二年から十三年にかけて、シカを有害駆除で八〇頭獲った。夏のシカは脂が乗っていてうまい。父の代にはシカは神様の使いだと言われるほど少なかった。シカの頭で借金を返したという話があるほどだ。

平成二十四年十二月、栃木県日光市湯西川の伴聡さん（昭和十一年生まれ）から以下のように聞いた。――明治二十年代に大雪があった。その折、大量のシカが雪に押されて川に落ちた。ムラびとたちが薪で叩いてシカを獲ったと語り伝えられている。その大雪でシカが絶えたと言われ、四〇年前、当地にはシカがいなかった。しかし、二〇年前からシカが出始め、今では増殖している。福島県南会津郡南会津町田島字田無沢の星春雄さん（昭和十一年生まれ）もシカの増殖を語る。増殖したシカは冬季、大雪に押されると山裾に固まり、砂防ダムの中に入るという。福島県内では従来見られなかったカブ・ダイコンなどに対するシカの食害も出始めている。増殖したシカは棲息圏を拡大させているのである。

シカの増殖は一定棲息圏における個体数の増加であり、それは餌不足を招く。長野県飯田市シラビソ奥でクマザサを喰い尽くしたシカの集団は次第に垂直棲息圏を下げてくる。平成二年には八〇〇メートル標高をおろし、シカは人里に近づいた。上村川の東側に比べて西側は岩が多く足場が悪いのでクマザサの残存率が高いという（長野県飯田市上村程野・宮澤俊雄さん・昭和十五年生まれ）。

2　異常増殖、要因の諸説

昭和末年から平成にかけてシカの異常増殖は次第に進み、平成二十年代に入ってそれは加速し、被害も爆発的になり、北海道から九州まで至るところに及んでいる。

シカが異常に増殖した原因は種々説かれている。㋐六〇年に及ぶ牝ジカの禁猟。㋑山村の過疎化・高齢化による狩猟圧の低下。猟師の激減と高齢化――平成二十五年二月、徳島県から高知県にかけての山中を歩いたことがあった。山に残った猟師の多くは高齢化して狙撃猟からイノシシを対象とした罠猟に転じていた。たまたま若い猟師がいても集団狩猟ができなくなっている。㋒オオカミ（ニホンオオカミ）の絶滅――シカを捕食し、シカの天敵となっていたオオカミが消えたことにより、自然界、生態系の中の抑止力がなくなった。㋓地球温暖化にともない、降雪地帯では積雪量が減少したことにより、雪の抑圧が減り、シカが増殖しやすくなった。――こうした諸点が指摘されることが多いのであるが、他に次のこともシカの増殖を促しているのではなかろうか。㋔生活様式の変化による家畜肉食習の浸透、貿易の拡大による牛肉・豚肉の大量輸入により、野生のシカ肉より食べやすく、美味な肉類が身近になり、また肉系の加工食品も身近になった。㋕生活様式や価値観の変化によって、シカ皮やシカ角、サゴ（胎児）・鹿茸などの価値が相対的に低下し、需要が減った。㋖

写真27　融雪剤の塩化カルシウム。長野県飯田市上村

獣解体や獣の血を忌避する若者が増え、狩猟者が減った。㋗山地の舗装道路の冬季融雪剤の塩化カルシウムの大量散布（写真27）がシカにとって結果的に塩分補給につながった、なども考えられる。

また、叙上の諸点とは別に、動物・生態系、とりわけシカとニホンオオカミの関係に詳しい日本オオカミ協会会長の丸山直樹氏は、シカ増殖の原因として、シカ自身の、微生物を内蔵する四室の反芻胃――その強靭・強大な消化力、餌の大量摂取、高密度棲息にも耐えるシカの生態などをあげている。同氏はシカの異常増殖に歯止めをかけるための有効手段にはニホンオオカミの導入しかないと主張している(22)。

全国各地のシカの作物食害・森林食害などはさまざまな形で報告され、報道されてはいるが、増殖を続けるシカの個体総数や被害の総体を数量的に把握することはなかなか困難である。日本全国のシカの総数は平成二十年代に入って三〇〇万頭を超えたという説もある。被害統計にしても、作物食害・森林食害・その他の食害を仕分け、それらを総合した統計はない。食害は、害獣食害として、イノシシ・サル・シカ・その他を一括する場合が多いので、シカに絞りこむことはできない。

例えば平成二十四年の農作物獣害の金額は二三〇億円で、うちシカが八二億円だとする環境省の統計がある。平成二十八年二月十二日付の『毎日新聞』には次のようにあった。「和歌山県内には田辺市など県南部を中心に五万頭以上のシカが生息し、さらに年間一万五〇〇〇頭ペースで増えているとみられる。これに対し捕獲は一〇年前の四倍まで増えた。二〇一四年でも一万頭強にとどまり農林業被害は年間九〇〇〇万円以上に上ることから、県が猟友会に働きかけて実現（夜間銃猟）にこぎつけた」。また、静岡県での平成二十九年五月まで一年間の獣被害額は四億二〇〇〇万円だと聞く。これを聞けば獣害の甚だしさ、特にシカの食害の甚だしさ、恐ろしさなどが響かないわけではない。ここではシカの食害についてもう少し探ってみたい。

3　農を侵すもの

シカの異常増殖以前にもシカの食害はあり、シカと農民との対立・葛藤はあった。それは古代以来のことであり、近代以降は山地における植林に対する被害もあった。ここではまず、異常増殖以前の農作物に対する食害について、それもイネを中心に述べ、次いで異常増殖以後の多様な食害、その他の害についても言及する。

『豊後国風土記』速見郡の項に次のような記述がある。

頸《くび》の峯　柚富の峯の西南のかたにあり。此の峯の下に水田あり。本の名は宅田《やけだ》なりき。此の田の苗子を、鹿、恒に喫ひき。田主、柵《き》を造りて伺ひ待つに、鹿到来《き》たりて、己が頸《くび》を挙げて、柵《き》の間《あいだ》に容《い》れて、即《やが》て苗子を喫ふ。田主、捕獲《と》りて、其の頸を斬らむとしき。時に、鹿、請ひて云ひしく、「我、今、盟《うけひ》を立てむ。我が死ぬる罪を免したまへ。若し、大き恩を垂れて、更存《またい》くることを得ば、我が子孫に、苗子をな喫ひそと告らむ」といひき。田主、ここに大《いた》く恠異《あや》しと懐《おも》ひて、放免《ゆる》して斬らざりき。時より以来、此の田の苗子は、鹿に喫はれず、其の実を獲しむ。因りて頸田《くびた》といひ、兼《また》、峯の名と為す

この文章によると、シカがイネの苗を喰うこと、それを防除するために農民が柵を作って対応していたことがよくわかる。そして、ここではシカが捕らえられ、服従を誓い、以後シカの害がなくなるという展開を示しているのであるが、これは一種の願望表現であり、現実にはシカの害はくり返されてきたのである。

京都府南丹市日吉町田原の竹林安三さん（明治四十四年生まれ）は、「田植後半月ごろ、シカが、山つきや畦側から刈ったように稲を喰う」と語る。平成四年十月二日付の『朝日新聞』投書欄に、兵庫県で農業を営む多根外朗さん（七七歳）の、次のような投書が見られた。「稲刈りが終わってほっと一息ついたところである。農作業はさほど苦にならな

いが、山里なのでシカの害にはほとほと困っている。稲が黄ばむと、シカが山から下りてきて穂を食い荒らす。田の周囲に網を張るが網をかみ切って侵入してくる。火をたいて防いでも慣れると怖がらない。……」

平成五年八月、京都府の南山城地方をめぐり、害獣の実態を目のあたりにした。京都府相楽郡和束町湯船字岩倉の久保与一さん（大正七年生まれ）はシカの害とそれに対する対策を次のように語る。——シカは、イネの穂が出る直前ごろに稲田に入って穂先・葉先の部分を喰う。対策は「垣」であるが、シカは跳躍力が強いのでイノシシの垣とは作り方を変えなければならない。イノシシだけに対応する垣ならば高さ一メートルほどのトタン垣でよいのだが、シカの場合はさらにその上に一メートル三〇センチほどの寒冷紗を張らなければならない。久保さんの案内で

写真28　作物を囲む鹿垣。静岡県伊豆市湯ヶ島

写真29　棚田を守る防鹿ネットと電柵。奈良市鹿野園町

写真30　防鹿ネットには漁網が有効だとされている。長野県飯田市南信濃押出

山田をめぐってみると黒い寒冷紗の鹿垣がえんえんと続いていた。寒冷紗を張りめぐらすための支柱にもずいぶん手間がかかっていることがわかる。

このような垣型の柵のほか水田の周囲に電線をめぐらし、電流を流す形の電柵も広く見られる（写真29）。電柵はシカの個体数増加、棲息圏拡大につれて多用されている。

京都府相楽郡南山城村童仙房の甲田兼三さん（明治三十九年生まれ）は次のように語る。――シカは毎年、田植後二〇日ごろに出没し、田に踏みこんで水面から上に出ている苗を全部食べてしまう。平成五年にもシカの害にあった。対応は田の周囲に針金を張りまわし、シカのやってくるケモノミチが田に接する部分にカカシを立てるという方法だった。山道への入口に細い枯枝でセキを作り、その真中に古シャツの白い布を巻きつけてあった。これは、いわゆる「カガシ」の祖型である。人の汗がしみつき、人の臭いのする布により、人の臭いを獣に「嗅がす」目的である。カガシは「嗅がし」である。

写真31　奈良市白毫寺付近の鹿柵

奈良市の白毫寺と火葬場の間にもシカが出没する。シカがイネを喰い荒らす季節には田の中を通る道路の入口に金網の垣を設けるのだが、その出入口に、「鹿が侵入しますので通行される方は開けたら閉めて下さい」という表示がつけられる（写真31）。こうして見てくると、稲作にとってシカは敵対する害獣であったことがよくわかる。

4　シカの棲息圏拡大とヤマビルの拡散

異常増殖によるシカの棲息圏拡大は植林・山菜被害を初めとして思わぬ二次被害をもたらしている。それはヤマビルの拡散である。ヤマビルは環形動物ヤマビル科の陸生ヒルで中型、前後に吸口を持ち人獣に吸着する。吸着されると出血し、痕の痒さが持続する。事例③以下で、ヤマビルの生活圏への侵入、吸着された体験、伝承、季節サイクル、対策などにふれる。

①宮崎県児湯《こゆ》郡西米良村狭・中武必勝さん（昭和十八年生まれ）――シカが増えている。平成十三年には水田（イネ）が二反歩全滅した。タケノコ・野菜・シイタケもやられ、スギ・ヒノキの苗はもとより成木も食害に遭う。イノシシの害よりひどい。

②宮崎県東臼杵郡椎葉村松木・那須久喜さん（昭和九年生まれ）――平成十四年、五町三反歩の山林にスギの苗を植えつけた。植えつけは五月・六月で、本数は一万五〇〇〇本である。スギ苗に対するシカの食害が甚だしいので、植えつけに先立つ三月・四月に防鹿ネットを張った。シカは跳躍力があるので、ネットの高さは一・五メートルにした。この年、久喜さんは杉山の周囲二〇〇〇メートルにネットを張った。

③長野県飯田市南信濃平畑・熊谷和助さん（昭和二年生まれ）――シカは畑作々物のすべてを狙う。定畑を金網で囲む。畑に至るウツ（獣道）に六番から八番線を使った括り罠を仕掛ける。昭和五十年代末から増殖し始めたシカがヤマビル（山蛭）を運んできてヤマビルが増え始めた。除草、お茶摘みの時ヤマビルに悩まされる。靴下に塩を塗って対応する。「蛭道は先、蛇道は後」という口誦句がある。ヒルは人の臭いに反応するので最初の人は害に遭わない。ヘビは出合いがしらに咬むので後から行く者は安全だ、というのである。シカの増殖

により、ワラビ・タラ・ワサビ・ゼンマイなどが激減している。また、ナギ（山地崩落）の跡にまず生えてくるハシバミ・ヌルデなどもシカの食害に遭う。そのため、崩落跡地の山林回復ができなくなっている。

④長野県飯田市南信濃須沢・大澤彦人さん（大正十五年生まれ）――シカが増え、畑の青物やお茶の葉が害に遭う。農協斡旋の黄色の防鹿網または漁網を張る。シカがヤマビルを運ぶ。もとは川端（遠山川）の森林軌道のそばだけにいたのだが平成に入り、シカの増殖とともにムラの畑にまで入ってきた。お茶摘みの時ヤマビルに悩まされる。塩で対応する。

⑤長野県飯田市南信濃中立・白澤秋人さん（昭和四年生まれ）――シカはダイズ・ソバ・ダイコンの葉などを喰う。トタン垣・網垣などをする。平成に入ってからシカがヤマビルを運んできてヤマビルが増えた。草刈り・茶摘み・クリ拾い・クルミ拾いに際して悩まされる。ヤマビルには春の彼岸から霜の前まで悩まされる。ハバキに塩を塗って対応する。「蛭道は一番、露道は二番」という口誦句がある。

⑥長野県飯田市南信濃小道木・山崎竹子さん（昭和三年生まれ）――シカは農作物のすべてを荒らす。平成十八、九年からヒール（ヤマビル）が増えだした。シカが連れてくると言われている。ミョウガが枯れるまでは悩まされる。長靴を履き、塩水をつける。鹿除けには網を張る。

⑦静岡県榛原郡川根本町奥泉・西井戸益南さん（大正十五年生まれ）――ムラの中でヤマビルを見かけるようになったのは平成五年ごろからである。それまではムラより上《かみ》、即ち寸又、長島方面への分岐点から奥にしかいなかった。本鹿（ニホンジカ）・カモシカ・イノシシ・サルなどが連れてきたのではないか。ヤマビルは湿地の地面・ススキの葉などに多くいるが、植林の下刈りの時などに首に落ちてくることがある。ヤマビルの季節は五月のお茶どきから十一月までだが、八月、九月が盛りである。晴天が続くと減るが雨が降ると多く出る。九〇パーセントが地面、一〇パーセントが樹上からくる。ヒルにつかれるとその跡が痒く、風呂に入ると一旦止まっ

た血がまた出てくる。ヤマビルの予防としては靴下に石鹸を塗る。塩または煙草のヤニを地下足袋に塗り込んでおくという方法がある。

⑧静岡県榛原郡川根本町小長井・小長谷吉雄さん（明治四十五年生まれ）——ヤマビルは川東（大井川左岸）にはいなかったが、平成に入ってから増えた。カモシカ・本鹿（ニホンジカ）が持ってきたのではないかと言われている。茶畑でもやられるが、アマゴ釣りなどの時にやられる。血が止まらない時には刻みタバコを当てた。「蛭道は先、露道は後」という口誦句がある。

シカの異常増殖期に入り、イネ・焼畑作物・畑作物以外にもさまざまな被害が出ている。①によれば山間部の稲作の被害が増大していることがわかる。スギ・ヒノキの植林、幼木のみならず被害は成木にも及んでいる。②は植栽するスギの幼木を守るものだが、防鹿ネットの費用、その設置のための手間も厖大である。③ではまず、山菜に対するシカの食害、山菜をめぐる人とシカとの競合に注目しなければならない。さらに、③においては、山地崩落跡地にまず自生してくるハシバミ・ヤシャブシ・ヌルデ・アカメガシワなどの先駆植物に対するシカの食害が指摘されている。このことは極めて重大である。増殖したシカが崩落地の回復、自然の再生を阻むことを語っているからである。

さて、右はシカの直接的な食害なのであるが、事例③④⑤⑥は、増殖したシカによる二次的な被害を語るものである。シカの棲息圏拡大によって従来人びとの生活圏には見られなかったヤマビルがシカの体に吸着して民家周辺の畑地にまで運ばれてきて、人の生活圏に定着し、さまざまな作業の場で被害をもたらしているのである。ヤマビルは、草刈り・植林の下刈り・田畑の除草・茶摘み・クリ拾い・クルミ採取・ミョウガ採取・釣りなどじつにさまざまな機会に人にとりつく。「春の彼岸から霜の前まで」「一番茶からミョウガの採取まで」悩まされるのである。

飯田市上村上町の清水信子さん（昭和七年生まれ）は、「一匹から八〇〇匹に増える。雨降りには土の中から頭を出している。畑へ行く時には塩袋を持って行く」と語っていた。またヤマビル除けに塩化カルシウムを撒くという話も聞いたが、その塩化カルシウムがまたシカを呼ぶことにもつながる。対策は事例に示したとおりであるが決定打はない。

ところで、「蛭道は先、蛇道は後」「蛭道は一番、露道は二番」「蛭道は先、露道は後」などという口誦句があり、長野県の遠山谷、静岡県の川根本町などでこれらが語られている。本来、この口誦句は、ヒルの棲息しないムラから南アルプス系の奥地へ、狩猟・渓流漁撈・木材伐採搬出などで入る人びとの間で体験的に伝承されてきたものだった。ある意味で、非日常的な奥地参入にかかわって語られていた口誦句が、シカの増殖によって、ムラ里の中で日常化したのである。

天竜川水系、遠山谷では、ヤマビルを運んできたのは「シカ」だと異口同音に語られているのだが、大井川水系では、シカとカモシカを並べることが多く、時にサルやイノシシも登場する、獣のテリトリーの問題があり、この点はさらなる調査が必要となる。

5　有害駆除への参加

⑨長野県飯田市上村中郷・熊谷貞夫さん（昭和十二年生まれ）――平成に入ってからシカが増えた。カモシカは歩きながら草を喰うが、シカは一箇所にとどまってそこの草を喰い尽くす。旧上村地区内で平成十九年八月二十三日から十一月十四日までの間に有害駆除で捕獲・駆除した鳥獣は以下のとおりである。烏＝一〇羽・サル＝一〇頭・シカ＝二二〇頭。いかにシカが多いかがわかる。シカは解体もせず、食べもせずに埋めてしまうものもあるという。シカは足を括る形式の括り罠で捕る。

⑩高知県香美市物部町南池・小松茂彦さん（昭和十六年生まれ）――少年のころにはシカを見かけることはなかった。平成に入ってシカが徐々に増え始めた。シカは農作物や植林に食害をもたらす。平成二十七年から二十八年の猟期にシカを三〇頭獲った。四月から七月上旬までの間に有害駆除として二一頭捕獲した。一部は食用にし、欲しい人には与えているが貰い手がない場合には山に埋める。駆除したシカを写真撮影し、捕獲地、捕獲月日、幼獣・成獣、牡・牝等の必要事項を記入した書類とともに届け出ると、平成二十七年・二十八年の場合、幼獣一頭一万円、成獣一頭一万七千円支給された。

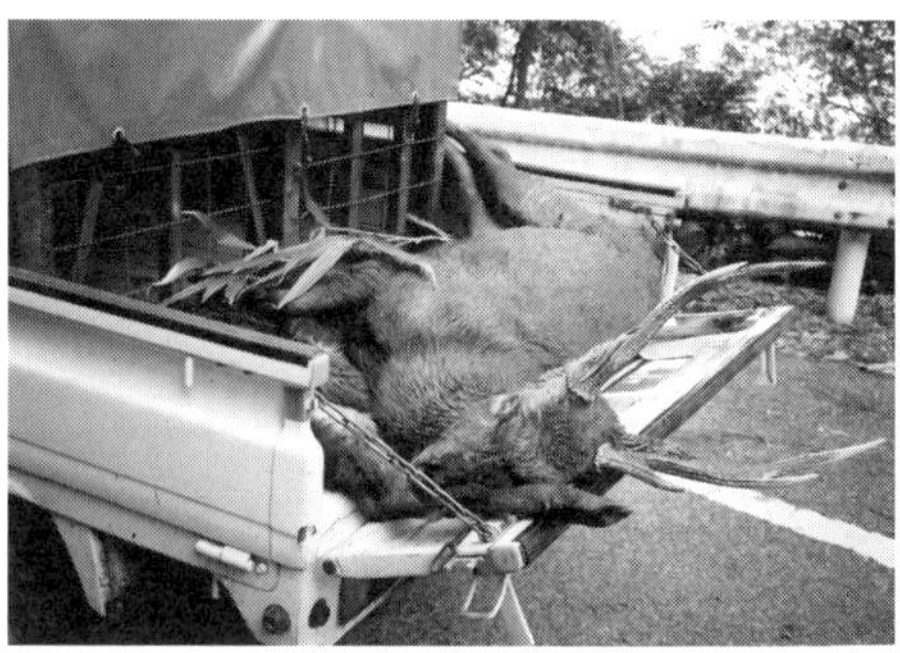
写真32　捕獲・運搬されるシカ。宮崎県東臼杵郡椎葉村

6　フィールドワークの中で

平成十八年九月二十一日、北海道、十勝川水系本別川ぞいに東本別まで歩いたことがあった。畑には青々としたビート・収穫寸前のアズキ、ダイズの収穫を終えたところなどが混じっていた。路傍では高さ一メートルほどのたくましい葉茎のフキの群落が目についた。山裾・川端・山の畑地境には鉄骨柱に支えられた高さ二メートルほどの針金網の柵がえんえんと続いていた。防鹿柵であることが一目でわかった。河原から五、六頭の牝ジカが純白の尻毛を誇るかのように山に向かって駆け登って行った。ススキの穂の出るころの季節は発情期である。防鹿柵のスケールに圧倒され、その予算措置を思った。人が広大な耕地とともに強靱な柵に囲まれて暮らしているのである。

平成二十年九月一日、南アルプス聖岳・兎岳などの山麓、北又渡から北又沢を五キロほど溯上し、亀五郎沢の上手にある「神の石」（山の神が祀られている巨岩）を訪れたことがあった。神の岩にほど近いほの暗い斜面に緑色をした化学繊維の網を張りめぐらし、さらに斜面の一画が同じ緑色の網で覆われている箇所を発見した。人里を遠く離れた南アルプスの山懐にこれはあまりにも似つかわしくなく、異様だった。後刻確かめたところ、これがシカの食害から稀少植物を守るためのものであることがわかった。それはシダ類の「ヤシャイノデ」で日本に二箇所しかないものだという（写真33）。高山のお花畑にも、尾瀬沼の植物にもシカの食害が迫っているのである。

平成二十五年九月三日、天城山中を歩いた。スギの植林帯をぬけるとアシビ・ヒメシャラ・ブナなどが目についた。ブナの巨樹も目立つ。林床に、灌木も、笹も、ブナの幼樹もなく、掃き清められた感じの箇所もあった。増殖したシカの仕業にちがいないと思った。天城山中の皮子平のブナ林の林床はかつてオシダ（湿性を好む落葉性シダ）に蔽われていたが現在はシカの食害によってそれが消えたと聞く。これではブナの幼樹も成木もなくなり、天城山の保水力も消滅することになるのかもしれない。

四　獣害対応の民俗文化

シカの食害が農作物に限られていた時代に、その害獣性を見つめ、食害を抑止・防除せんとする祈りと願いを込めた民俗芸能が生み出された。それが伝承され、現在も生き続けているものもあるが、残念ながら廃絶してしまったものもある。以下に、そのいくつかを紹介する。

写真33　稀少植物ヤシャイノデをシカの食害から守る。南アルプス山麓北又沢

(一) シカの追放・服従芸能

〈徳山の鹿ん舞〉　静岡県榛原郡川根本町徳山の浅間神社の例祭は八月十五日で、この日、「ヒーアイ踊り」「風流小唄踊り」「狂言」「鹿ん舞」などが行われる。「鹿ん舞」の概略は以下のとおりである。シカは全部で九頭。角をつけた牡ジカ一頭、角なしの牝ジカ二頭、以上は頭上にかづき台をつけ、その上に鹿頭《ろくとう》をつける（写真34）。ヒョットコ面をかぶる仔ジカが六頭、これは三頭ずつ二列になる。いでたちは茶色のハッピ・紺の股引・白足袋・草鞋《わらじ》に襷《たすき》がけで、手には左右に、紅白のネジリを巻き、両端に紙房をつけた飾り棒を持つ。そしてシカの後に同じいでたちの囃し方がつく。囃し方は、横笛・太鼓・鉦・拍子木から成る。ムラに多くの若者たちがいたころには、鹿ん舞は二〇歳になった男子が必ず参加すべき芸能だった。徳山地区内で鹿ん舞を舞う場所は決まっていた。それは、当屋の庭・地区の境界・辻・駅前であり、午後二時ごろから舞い始めて六時ごろまで処々で舞った。夜は浅間神社境内の舞台でヒーアイ踊りが行われる時、小唄踊りが一曲終わるたびごとに舞台の周囲を舞い回った。

写真 34　鹿ん舞。静岡県榛原郡川根本町徳山

　シカを演じる若者たちは、軽やかな楽に合わせて、前かがみの姿勢で二本の飾り棒を巧みに回転させながら舞う。片足で交互に四歩ずつ跳ねて前進し、進んだ分だけ直ちに片足跳びで退く。これを三回くり返す。牡ジカ、二頭の牝ジカ、三頭ずつ二列をなす仔ジカが全体として舟型の隊形を組み、楽に合わせて一斉に前進と後退をくり返す様は軽快で、かつ爽快である。以上の舞が終わり、先頭の牡ジカが群をふり返る所作をすると、一斉に「ソーリャウンハイ」と叫んで走り去る様を演じる。鹿ん舞は、これまで「警護」と呼ばれ、小唄踊りに従属するものと見ら

れてきたが、それは不当な認識である。大井川の中流域に入ってきた中央文化の流れをくむものが「ヒーアイ踊り」であり、土着の文化を代表するものが「鹿ん舞」である。シカはイノシシとともにこの地方の焼畑作物や定畑作物を荒らし続けてきた。古老たちはシカの異常増殖以前でも大正初年までシカが畑を荒らしにきたと語る。前かがみに跳ね、部落の処々で舞い、舞台の周囲をめぐって「ソーリャ　ウンハイ」と叫んで逃走する様をたびたび演じて見せる鹿ん舞は、害獣的側面を持つシカの、人に対する服従を誓約する儀礼と見ることができる。八月十五日、秋の稔りの前に舞われるところに服従芸能としての呪力があると信じられてきたのであろう。

〈青部の鹿の舞〉　静岡県榛原郡川根本町青部は徳山に隣接し、徳山の川上にあるムラである。青部の熊野神社の例祭は十月十七日で、三年に一度神楽が奉納される。今は廃絶してしまったが、その神楽の演目の中に「鹿の舞」があり、演じられていた時代があった。私が調査に入った昭和五十一年には、まだ鹿の舞に使われたという紙貼りの牡ジカ・牝ジカの面が残っていた（写真35）。「鹿の舞」について青部の下島惣五郎さん（明治二十八年生まれ）は次のように語っていた。——面をつけた牡牝のシカ役が舞台（道浄）に登場し、おのおの手に鈴と御幣を持って大回りに舞い回ってから退散する。その後に狩人役が登場して弓矢を持って五方をとって舞い、四方に矢を放つ。射終えたところで、「西の果てから東の果てまで追いつめました。百姓さん、安心してくりょう。これからは野荒らしも少なくなるぞ」と大声で唱えたものだという。シカの退散といい、狩人の科白《せりふ》といい、この芸能は明らかに害獣としてのシカの捕獲・追放芸能だと言えよう。「野荒らし」という言葉が焼畑・定畑の作物を荒らすイノシシやシカの害を実感させてくれる。

写真35　鹿の舞に使われた鹿面。静岡県榛原郡川根本町青部

〈遠野の案山子《かかし》踊り〉 岩手県遠野市駒木に「鹿踊《ししおど》り」が伝承されており、中に「案山子踊り」がある。同地の鳥屋部松男さん（大正九年生まれ）が保管する元禄三年の「鹿踊濫觴」から明治三十三年に転写した詞章本の「紅葉四ツ掛り踊り」の中に以下の部分がある。

〽紅葉見に行かんとすれば　あれ見ろや　心に掛かる道のシメ縄　道のシメ縄
〽シメ縄は心に掛かると思うならば　早く忍びとれや友達　とれや友達
〽この宮の香柱に寄れ見れや　心に掛る案山子ありけり　案山子ありけり
〽この宮の心にかかる案山子をば　早く忍びとれや友達　とれや友達

踊り手は、「種ふくべ」（一人）、「鹿」（四人）、「追い役」（一人）である。詞章の中の「シメ縄」は、本来は神社の注連縄ではなく、焼畑・定畑などに侵入するイジカを防ぐ遮断のシメ・ソメである。案山子も、本来は獣に人の臭いなどを嗅がせて侵入を防止するための「嗅《か》がし」「嗅《か》がせ」だった。ここではシカの群が、自分たちを遮断する「シメ」や「カガシ」を除去してアワ・ヒエなどを喰うという目的を遂げようとするのであるが、「追い役」に追われて逃げることになる。害獣的側面を持つシカが人に服従する様を演じる芸能となっているのである。

写真36　鹿踊りの巡回。岩手県遠野市松崎町

宮沢賢治に「鹿踊《ししおど》りのはじまり」という作品がある。(23) 中に、シカが、百姓の嘉十の落とした手拭を警戒して偵察する場面がある。手拭には人の汗の臭いがしみついており、それは害獣除けのシメ・ソメ・カガシそのものである。賢治の作品の土壌には遠野の「案山子踊り」のごときものが底流していたはずである。

〈岩泉のしし踊り〉　池田彌三郎は昭和十年に陸中において民俗芸能の調査を行い、「陸中岩泉のしし踊り」という報告書を書いた。(24) 中に「きみとり」（黍盗り）という演目があり、以下のように書かれている。

一番じしが他のししに黍をくわせたいと取りにいくが、その間ほかのししは皆しゃがんでいる。一人で舞いながら二度黍に近づくが黍に触れないで戻り、三度目に黍にさわるが追われてしまう。これを繰り返し、三回目の三度目にやっと黍を取って逃げてくる。それから一番じしはもう一度まわっていって様子を見、今度は一同をつれて、中立連を中にして右まわりにまわりはじめる。しばらくして鉄砲が鳴る。鉄砲はどんという太鼓の音で、皆逃げかくれる心入れでその位置にしゃがむ。これを鉄砲じしという。やがて一番じしが仲間を探してまわる。おのおののししをいちいち訪れるが、はじめは皆寝ている心入れで左足を出している。一番じしは一人一人の前で「そんだか」という心組みで尋ねるのに対して、おのおのは「そんでねえ」というつもりで首を横に振る。一度まわり終ると一番じしはまたおのおのを訪ねる。今度は他のししはねまる型になっていて、一番じしに応えて首を縦に振る。まわり終ると皆一斉に立つ。ここに歌がかかる。この歌の間々、また鹿踊りを通じて歌と歌との間にはいつも次の歌が繰り返される。

廻れ《まあま》廻れ《まあま》のめじしこ《めんどすこ》が、遅く廻れ《まま》。堰に止《とん》まれな《なあ》。堰に止まれな。

「きみとり」は「黍盗り」で、まさに畑作物を荒らす害獣の行為である。「鉄砲じし」は明らかにシシヨケの芸能であり、シカの退散を演じるものであったと見てよい。最後の唄も、「堰に止まれな　堰に止まれな」というところに強い意味がある。害獣除けの柵を越えてはいけない。柵があったらそこで止まれと諭す内容をもっているのである。こうして見ると、遠野の「紅葉四ツ掛り」と岩泉の「黍盗り」（鉄砲じし）とは、害獣の防除芸能・服従芸能として同一の土壌を発生基盤としたものであったことがわかってくる。

右に見てきたように、害獣としてのシカを追放したり、シカの服従の様を演じる芸能がある。こうした芸能の古い形は、『万葉集』巻十六の「乞食者《ほかひびと》の詠二首（三八八五）」の一つ「鹿の歌」に見ることができる。この歌はシカの服従芸能にかかわるものと見ることができる。折口信夫は、つとに、この歌が、シカが服従を誓う農耕儀礼に端を発するものだとしている。[25]一方、民俗事例の中で、「芸能」の形にはなってはいないが、シカの追放・シカの服従芸能の祖型を思わせる素朴な神事もある。以下にそれを示そう。

次に示す事例は民俗芸能ではなく、山のムラに伝承された素朴な神事ではあるがシカにかかわる「芸能以前」の神事として紹介する。

〈鹿追い神事と共同狩猟〉　静岡市葵区長熊ではシカに関する「原芸能」ともいうべき、先に見てきた「シカの服従芸能」以前とも称すべき素朴な神事が行われていた。長熊では毎年畑の種蒔きや田植が終了する六月上旬に「農あがり」と称するお祝いをしていた。ムラではこの日、「水神祭り」「豊年祭り」「鹿追い」などと呼ばれる素朴な神事を行ってきた。この日、午前六時半ごろ当番・自治会長・古老などが安倍川支流の中河内川の河原に集まって祭りの準備を始める。青ススキを径一二センチほどに束ねる。根方の一部を束ね分けしながら四本の足と首、そして角と順次作りつつやがてススキのシカを作りあげる。完成したシカは中河内川の水辺に置く。シカの前に神酒を献じ、シカに神酒を注ぎかけてから参集者一同も神酒をいただく（写真37）。そして人びとは手に手に河原の小石を持って模造のシカをめがけて投げつける。石が命中してシカは倒れ、やがて流れに呑まれてゆく。渡辺長作さん（明治二十五年生まれ）によると、渡辺さんの若いころには左岸の岩の上にススキのシカを据え、それに向かって人びとが右岸から石を投げつけたという。シカが流れ去ってから直会《なおらい》をしたものだという。

ムラびとたちの中には、この祭りは夏の水害からムラを守るための祭りだと語る者もいる。模造のシカを作り、それに石を投げつけて川に流すという小さな祭りに込められた祈りの中核がいつの間にか脱落してしまったようだ。一時は祭りが衰退し、筏《いかだ》乗《の》りの衆が四、五人で細々と続けていた時期があったという。水にゆかりのある筏乗りが真剣に祭ったところにもこの神事が「水神祭り」と呼ばれるゆえんの一端がありそうにも思えるが、まだ、「シカ」の象徴するところが見えてこない。

この祭りは単純素朴ではあるが、多様な側面を推察させる。一つは、「六月祓」に通じるもので、半年間の穢れをススキのシカに託して川に追流するというもので、愛知県津島神社の「神葭《みよし》神事《しんじ》」や、大井川流域で行われた「タイ流し」などに通じ、ススキのシカと茅の輪の素材の共通性のもたらす印象も考えられる。いま一つ考えるべきことは、この祭りが、「鹿追い」「豊年祭り」と呼ばれている点である。この地は畑作や焼畑が盛んだった。シカが焼畑や畑作々物を荒らす害獣的側面を持つことについてはこれまでふれてきたところであるが、渡辺長作さんは注目すべき長熊の慣行を語ってくれた。――長熊には、正月に部落総出でシカ狩をし、その肉を共食するという、共同狩猟とシカ肉共食の慣行があった。共同狩猟は、蛋白源である山肉を確保するとともに、稔りを荒らす害獣を捕獲するという二つの目的を持っていた。かつて「農あがり」は六月十五日と決まっていた。この時期には焼畑・定畑のすべての種を蒔き終え、わずかな水田の田植も終えていた。夏の鹿追い神事は、正月のシカ狩の儀礼化であり、呪術化だった。種蒔きを終えた時期に、秋の稔りを祈って害獣であるシカを追放する呪術的・象徴的な儀礼を行うことは、山の民にとって意義深いことだった。秋の稔りに先立って害獣的側面を持つシカの追放予祝になっていたのである。そして何よりも、河原で模擬的な鹿追いをし、シカを川に追流するという神事の場面設定は、シカの生態を熟知した山の民ならではの発想によるものだった。猟犬や猟

写真37　鹿追い神事。ススキのシカに神酒を献じる。静岡市葵区長熊

師に追われたシカは、疾駆のあと必ず川に入るものだという。それは、脚や体を冷やすためだとも、おのれの臭いを消すためだとも、また胃の中の食物の発酵を防ぐためだとも語られている。

(二)　参信遠の猟農複合儀礼

参信遠とは三河・信州・遠州のことで、この三つの地域が境を接する山地を「参信遠くにざかい山地」と呼ぶことがある。この一帯には「花祭り」「霜月祭り」「修正会《しゅしょうえ》のおこない」など、特色ある祭りや民俗芸能が濃密に伝承されている。その「参信遠くにざかい山地」には、正月を中心に二月初午、旧暦三月三日など実際の農耕が始まる前の時期に模造のシカを中心に、一部に模造のイノシシを作ってそれを弓で射るという神事が伝承されている。シカウチ神事・シシウチ神事などと呼ばれるこのような神事が、廃絶されたものまで含めると二〇例ほど行われていた時代があった[26]。その概略は表1のとおりである。模擬的な狩猟を行う行事は、沖縄・鹿児島・宮崎・島根などを含む西南日本にもあるのだが、その対象のほとんどは「イノシシ」である[27]（表2）。対して、参信遠の神事は一七例までがシカで、しかもそのほとんどが模造のシカの腹の中に、サゴ（胎児）・ハラワタ（腸）・キンタマなどと称して小豆飯の握り飯や餅などを入れ、氏子や崇敬者が後にそれらをいただくという特色を持っている。これらは、先に紹介した、「シカの服従・追放の芸能」と脈絡はもつものの、決して同じものではない。

こちらは芸能ではなく神事儀礼である。それも、獣を射殺・捕獲するという狩猟儀礼にとどまるものではなく、獲物を獲得するという狩猟要素に加え、農作物を荒らすシカを追放して農の豊穣を得るという要素もある。いわば猟・農複合の予祝儀礼なのである。

さらに模造のシカの腹にある包蔵物をいただくことによって、子供の成育・家の繁栄・世上の平安などにも呪力が及ぶと考えられているのである。神事の行われる時期に注目すれば、「猟・農複合予祝儀礼」「猟・農・人生予祝

表1 参・信・遠の模造獣弓射神事一覧

伝承地		静岡県 浜松市 滝沢 ①	静岡県 引佐町 川名 ②	静岡県 竜山村 白倉 ③	静岡県 静岡市 長熊 ④	長野県 天龍村 大河内 ⑤	長野県 天龍村 向方 ⑥
現行の有無		○	○	廃絶	○	○	廃絶
行事の名称		シシボイ	シシウチ シシオイ	シシウチ		シカオイ	シカブチ
期日		一月一日	本来は一月二日、現在は一月四日	旧一月二日		旧三月三日、現在は四月第一日曜日	旧三月三日
祭場		四所神社境内	六所神社境内	諏訪神社境内	長熊を流れる中河内川の河原	池大神社境内	伊勢皇大神宮境内
模造獣	獣種	イノシシ	イノシシ シカ	イノシシ	シカ	シカ	シカ
模造獣	牡牝	不明二頭	不明各一頭	不明一頭	牡一頭	牡牝各一頭	不明一頭
模造獣	素材	ミソ葉(アオキ)	イノシシ＝シキミの枝をコウゾの皮で束ねる。カニ草でダニをつける。シカ＝サカキの枝をコウゾの皮で束ねる。頭にタレをつける。	シダ	ススキ	身体は藁、角と足はカエデ	身体は藁、足と角は木
腹中包蔵物	名称	ワタ				ハラワタ	ハラワタ
腹中包蔵物	包蔵物	丸餅各一個		粢(シロモチ)と干し柿		牡＝草餅四・白餅四・小豆握り飯、牝＝草餅六・白餅六・小豆握り飯・御酒をかける。	小豆飯の固まり
農耕要素	鍬型					カエデの小枝の木鉤	
農耕要素	種					散供米と本殿下の砂を紙に包む。ムラびとたちは鍬につけていただく。	
農耕要素	その他	元旦及び七日に田遊び系芸能あり。	かつて一月八日に行われた田遊び系芸能を現在は一月四日に行う。			秋祭りの九月九日に願果たしとしてイネ・ヒエ・アワ・マメ・ソバなどの大束を供えた。	
狩猟要素	弓射儀礼	獣を恵方に向けて据え小世話人が各一矢ずつ射て後イノシシを蹴る。	イノシシのみを社前の岩上に据え、大祢宜、小祢宜が各二矢ずつ射る。	子供が弓矢で射た。	ムラびとたちが石を投げて川に流す。	宮人一人が射手・氏子二人が勢子となり狩倉の地名を呼びあげて狩猟の様を演じる。	射手一人と勢子二人科白あり。地名呼びあげあり。
狩猟要素	その他		射終えたイノシシを石灰岩の穴に葬る儀礼あり。穴に入れるとイノシシは諏訪へ行くと伝えられている。		駿河に属するが参考のため載せた。		

表1　参・信・遠の模造獣弓射神事一覧（続き）

伝承地／項目		愛知県 東栄町				
		古戸 ⑦	小林 ⑧	布川 ⑨	月 ⑩	足込 ⑪
現行の有無		○	○	○	○	廃絶
行事の名称		シカウチ シシウチ	シカウチ シシウチ	シカウチ ハナシズメ	キューヘー祭り シカウチ	シシ祭り
期日		旧二月初午	旧一月五日	旧暦一月二日	旧一月一日	一月三日
祭場		八幡神社境内社の諏訪神社前	諏訪神社境内	布川神社境内春日大明神祠前	槻神社境内	天満神社境内
模造獣	獣種	シカ	シカ	シカ	シカ	シカ
	牡牝	牡牝各一頭	牡牝各一頭	牡牝各一頭	牡牝各一頭	
	素材	身体はスギの葉、牡の角をウメ、足は木を特定せず。	花祭りに使った幣の竹で胴と足を、角・鞍をアオキで作る。	アオキバで作り牡に八本、牝に六本の幣をさす。	身体はスギの葉、角・足はアオキバ背中に幣を立てる。	俵入りの粢をシシに見たてる。
腹中包蔵物	名称	サゴ	キンタマ	サゴ	サゴワタ	
	包蔵物	小豆飯の握り飯一二個（閏年一三個）	ボコと呼ばれる小豆飯の握り飯を和紙に包んでつるす。	牝の腹の中に前年一二月三〇日歳暮祭に献じられたオシロモチ（粢）をアオキバに包んで入れる。	早川孝太郎氏の報告によると小豆飯のツトを入れたとある。	腹をかくと称して俵を裂いて粢を取り出して神前に供える。
農耕要素	鍬型	正月飾りのシキミ・ヒシャギ	大鍬＝カシまたはクワの鉤四五センチ小鍬＝カシまたはクワ一五センチ	ヤナギの枝鉤	古くは氏子に木鍬を配ったという伝承がある。	
	種	神社の床下の砂と籾を混ぜる。		豆粒大の小石を鍬一本につき二個ずつ河原から迎える。これを「豆」という。		境内の土とコメを混ぜ、五穀の種と称して各戸に配った。
	その他	砂を模造鍬で耕し、種を蒔く所作あり。	鍬柄祭りと称して神前で鍬（鉤）掛神事を行う。	・年男が河原からコダマイシを迎える。「蚕玉石」で養蚕の成就にかかわる。・種二個を紙に包み鍬にしばってシカのアオキバを添えて各戸神棚に供える。	豊穣予祝の祝言あり。	かつては田楽が行われた。
狩猟要素	弓射儀礼	三人の宮人が牡牝のシカをおのおの一八矢射る。	一宮・二宮の鍵取が二矢ずつ射てから神酒を口に含んでシカに吹きかける。	宮太夫が矢一本を恵方に向かって射て、あと一本で牝のシカを射る。	氏子が勢子となりシカを追う様を演じ、神職が牡を三矢、牝を三矢射て、さらに表鬼門を射る。	
	その他		猟師がオボコをいただいて帰るとシャチがつくという。	この祭りが終わるまでは山へ入ってはいけないと伝えている。		

表1　参・信・遠の模造獣弓射神事一覧（続き）

項目＼伝承地	愛知県							
	鳳来町					豊根村	富山村	設楽町
	能登瀬	恩原	浅川	海老	副川	曾川	大谷	宇川連
	⑫	⑬	⑭	⑮	⑯	⑰	⑱	⑲
現行の有無	○	○	廃絶	廃絶	廃絶	廃絶	廃絶	廃絶
行事の名称	シカウチ	シカウチ	シカマツリ	ブサマツリ・シャチマツリ	ブサマツリ・シャチマツリ	シシマツリ	シシマツリ・ブサマツリ	シカウチ
期日	四月二二日に近い日曜日	三月二〇日	三月二一日	旧正月六日	旧正月六日	旧暦二月初め	旧三月三日	旧一月一日
祭場	諏訪神社境内	白鳥神社境内	六所神社境内	諏訪神社境内	諏訪神社境内	どうどう天神の森	熊野三社権現境内	諏訪神社境内
模造獣 獣種	シカ	シカ	シカ	シカ	シカ	シカ	シカ	シカ
模造獣 牡牝	牡牝各一頭	牡牝各一頭	牡牝各一頭	牡牝各一頭	牡牝各一頭	牡牝各一頭	牡牝各一頭	牡牝各一頭
模造獣 素材	胴をムギカラで作りシイの葉をさす。牡にはアオキの角をつける。	サカキ	スギの葉	スギの葉	正月の門松を骨組としてアオキバで身体を作る。	ムギカラ	スギの葉	牡はスギ、牝はヒノキ、角はアオキバ
腹中包蔵物 名称	コモチ			ワタ				
腹中包蔵物 包蔵物	牝の腹に平餅数十個を入れる。	牝の腹に丸餅一一個を入れる。		粢を月の数だけスギの葉に包んで入れる。	粢モチ一個ずつを入れておく。		粢のツトを入れる。	粢・餅・小豆飯を牡牝両方に入れた。
農耕要素 鍬型	サカキの鉤鍬	サカキの枝で鍬・備中鍬を作る。				クワの木で鍬を作った。		
農耕要素 種	ダイズの粗びき	白米を白紙に包む。						
農耕要素 その他	田作り神事あり。種を鍬につけてエビス棚に供える。	田植時に模造鍬を水口に祭る。		枝鍬と種を配る。	コメを白紙に包み枝鍬につけて種として配る。	鍬型をエビス棚に供える。		
狩猟要素 弓射儀礼	二人の射手が牡牝各九矢ずつ射る。		勢子がホーイホーイと呼びたて二人の射手が射た。	子供たちが勢子になり祢宜・祝部が射る。		勢子と射手の問答あり。	狩人・勢子・イヌの名まで読みあげる。別当三人が牡牝各九矢ずつ射る。	
狩猟要素 その他				ワタを山の神に供える。		実際に山で共同狩猟のような動きをした。	実際に共同狩猟的な動きをする。	

本表は筆者の調査にもとづき、「鹿射ち神事の成立と展開」吉村睦志（『行動と文化』11号）、『焼畑民俗文化論』野本寛一（雄山閣）を参考にした。なお③は八木洋行氏の⑪は春日井真英氏の報告による。④は地域・性格を異にするが参考のために入れた。市町村名は平成合併以前の地名を用いた。

表2　列島西南の模擬狩猟儀礼

	伝承地	神社など	行事名	対象獣	形象	狩猟行為	農耕儀礼	月日
ⓐ	大阪府河内長野市加賀田	加賀田神社	シシオイ	イノシシ	餅	追いつめるようにころがす		正月
ⓑ	兵庫県篠山市今田町木津	住吉神社	シシウチ	イノシシ・シカ	板に描いた絵	弓矢で弓射	害虫除け儀礼・米の象徴石	一月二日
ⓒ	鳥取県八頭郡若桜町落折	ムラ	弓の的	イノシシ・ウサギ・カラス・スズメ	和紙に描いたイノシシ・ウサギ・カラス・スズメ	弓矢で弓射		旧三月三日
ⓓ	島根県江津市桜江町中山	八幡神社	シシウチ	イノシシ	シシ団子（粢）	弓矢で弓射	稲霊の籠りの儀礼・模擬囃し田	旧三月一四日
ⓔ	宮崎県西都市銀鏡	銀鏡神社	シシトギリ	イノシシ	俎板にシイ・ソヨゴの柴を縛る	弓矢で弓射		一二月一五日
ⓕ	宮崎県児湯郡西米良村村所	米良八幡神社	狩面	イノシシ	俎板に柴を縛りつけたもの	弓矢で弓射		一二月一九日
ⓖ	宮崎県東臼杵郡美郷町西郷区島戸	三島神社	みかさ祭り	イノシシ	猪役が獅子頭をかぶる	刀を銃に見たてて撃つ	代掻き・田植・稲刈りなど田遊びの要素あり	一二月五日
ⓗ	鹿児島県肝属郡大根占町池田	旗山神社	シシウチ神事	イノシシ	ススキで体長四五センチのイノシシ四、五頭を作る	弓矢で弓射		一月三日
ⓘ	鹿児島県大島郡瀬戸内町諸鈍	大屯神社	シシキリー	イノシシ	人間獅子役	大鎌で退治		旧九月九日、旧八月一五日など
ⓙ	沖縄県国頭郡国頭村比地	小玉森	クエナ	イノシシ	ティール（背負い籠）	弓矢で弓射	同じ日、鼠送りも行われる	盆明けの最初の亥の日

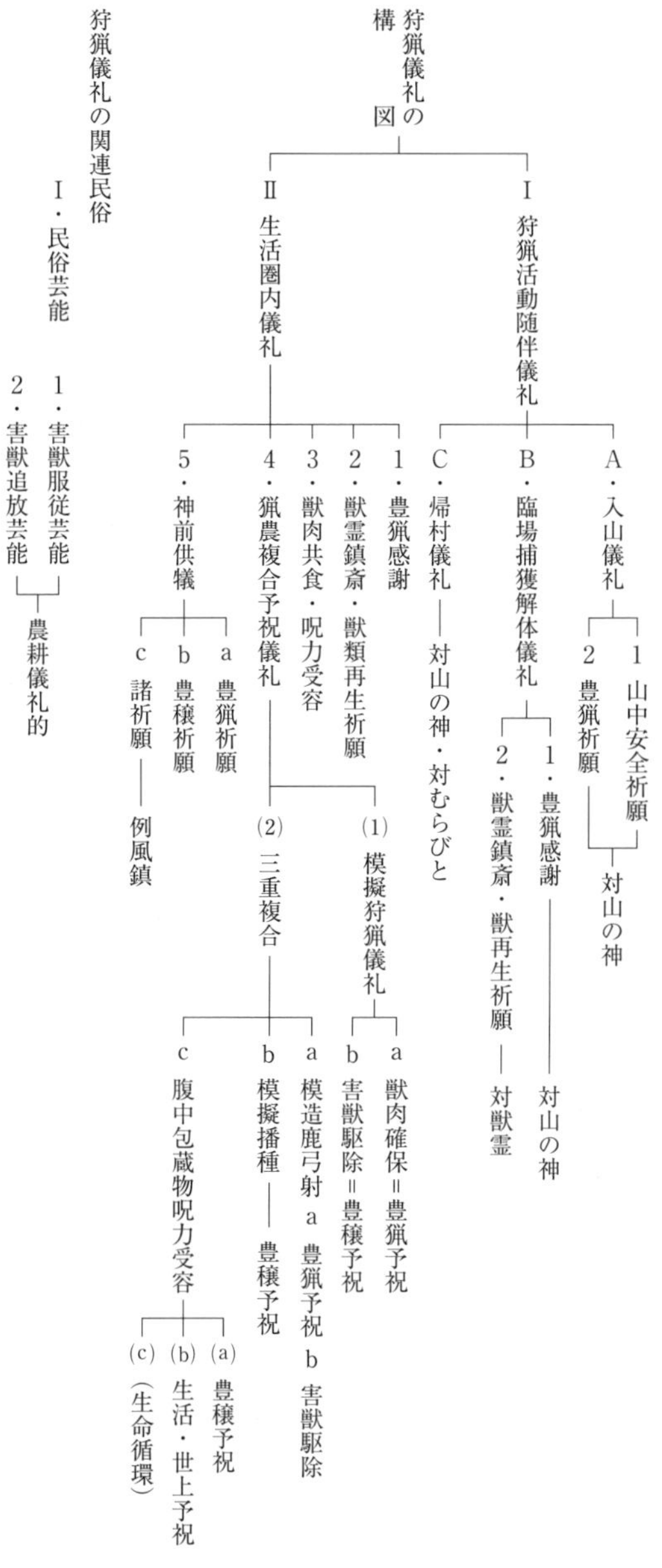

図2　狩猟儀礼の構図

複合儀礼」とも見ることができるのである。

「猟農複合儀礼」などは耳なれない言葉である。その実際については追って述べる。シカに限らず、クマ・イノシシなどを含む大型獣の狩猟活動にかかわる儀礼にはどのようなものがあるのか、その大方の構造についてはあらかじめ承知しておく必要があろう。その構造の骨子を整理したものが図2である。図に示されている概念、その実際についてはシカ・クマ・イノシシの各章の叙述の中で照応・確認してゆきたい。

以下に、表1・表2・図2にふれながら事例の報告と若干の分析を進める。

1　猟農複合儀礼の実際

⑴愛知県北設楽郡東栄町古戸「シカウチ」

〈シカウチ〉　旧暦二月初午の日に八幡神社境内社の諏訪神社で行われる。シカウチは、「花祭り」の花太夫・副太夫を中心に花祭りの宮人たちが担当する。模造のシカは牡牝二頭で、素材は胴体をスギの葉、牡の角をウメの枝、足の素材は特定しない。体長約一メートル、高さ七〇センチほどである。シカのタテガミとして御幣を牡に一五本、牝に二〇本をさす。ただし、伊藤勝蔵さん（明治三十四年生まれ）の記録には、御串二頭で三六本、タテガミ八本ずつ一六本とある。緑のスギ葉に白い御幣が立てられたシカはいかにも神聖な感じである。弓にはウメの新枝を用い、弦はコウゾの皮を綯《な》って作る。弦の長さは約一メートル、矢は竹またはウツギで長さ二尺五寸。ウツギには毒があるので害獣や魔ものを成敗するのによいと伝えている。古戸ではこの日、「シカウチ」とともに「種取り祭り」「的うち」「二歳児の祈願」「マミウチ」なども行う。マミは動物造形ではなく、四〇センチ四方の的である。

シカウチは以下のように行われる。並んだシカの手前約二・二メートルほどの位置にゴザを敷き、三人の宮人が座す。宮人は麻の上着を着てうしろ襟に宮人串（幣）をさす。花太夫が二歳児の祈願を終えて神庭に現れ、まず塩を、次いで神酒を牡牝のシカにふりかけて浄める。浄めが終わると、シカに向かって左に座す宮人が牡ジカに向かってウツギの矢を二本放つ。これを三回くり返すのだから、一人の宮人が牡ジカに六矢放つことになる（写真38）。六矢放つと弓矢をそろえて真中の宮人に渡す。中の宮人も同様にした後、右の宮人もこれをくり返す。こうして牡ジカ

写真38　愛知県東栄町古戸。諏訪神社「シカウチ」

を射終えると、牝ジカに対しても同じことをくり返す。この儀礼的弓射を「三三九度」と呼んでいる。

〈種取り祭り〉 シカウチが始まる前に宮人の一人が諏訪神社の社祠の裏手に回って床下の土を平す。やがて、花の副太夫が床下の土をその場で半紙に盛り、半紙の上の土を平して、持参した稲籾と混ぜ、前方に模造の鍬を並べておく。模造の鍬とは以下のようなものである。模造の鍬のことを「種取り鍬」と呼ぶ。種取り鍬には正月の門木の小枝を使う。当地で門松を立てるようになったのは昭和に入ってからで、それ以前は仏教系のイエはハナノキ（シキミ）、神道系のイエは本榊かヒシャギ（ヒサカキ）を立てた。実際にはシキミが多く、種取り鍬は各戸で用意するものだったという。種取り鍬の大きさは、柄が一二センチ、刃の部分が四センチ前後である。門木の小枝を削って鍬型にし、できあがると、風呂鍬の鉄の部分を模して刃の外周を墨で黒く塗る。シキミの枝は乾燥していても香気が高い。模造鍬ができあがると、小さく切った和紙二枚を鍬柄に巻き、コヨリで二箇所しばる。

シカウチが終わったところで、まず花太夫が諏訪神社の裏に赴き、礼拝し、九字を切り、種取り鍬を持って、その鍬で半紙の上に広げられた土と籾の混じったものの上に畝を切るように線を引く。そして、その土と籾をひとつまみ取り、鍬柄にしばってあった和紙に包む。さらに、模造の鍬にスギの葉を一葉添えてコヨリでしばる。次いで、副太夫・宮人・氏子が同様にして種を取る。かつては古戸中の農民がおのおの真剣にこの種取りを行ったものだというが、今は自発的に種取りをする者はわずかな数となった。氏子（一般農民）の種取りの日の行動は、以下のとおりである。㋐諏訪神社に家から持参した籾のおひねりと鍬型を供えて参拝する→㋑諏訪神社の床下で自分のオヒネリの籾と床下の土とを混ぜてオヒネリを作る→㋒持参した鍬型に混合オヒネリを結びつける→本社である八幡様に種取り鍬とオヒネリを供える→㋔家へ持ち帰り、神棚またはエビス棚に供える。

〈マミウチ〉 マミのことを「マミッタ」と呼び、ムジナのことだとする者が多い。マミッタはトウモロコシその他の畑作物を荒らす。マミウチもシカウチ同様三三九度に射るのだがこちらはマミの模造形ではなく、竹を芯にして紙を貼ったもので四〇センチ四方の角形の的で墨で碁盤状に線を引いたものだ。弓射が終わると、マミ的に縄をつけて境内を引きまわし、子供たちがこれを棒で叩く。シカウチとマミウチを並べてみると、行事総体の中で、これらが稔りを荒らす害獣の追放を祈った予祝行事であることがよくわかる。

〈**御供とサゴ**〉　この日、御供と称して粳米《うるち》とアズキで小豆飯を炊き、径五センチほどの握り飯をたくさん作って神々に供えるのだがシカウチの対象となる模造の牝ジカの腹にもサゴと称して御供を一二個（閏年には一三個）入れる（実際には牝ジカの腹の下に置く）。サゴとはシカの胎児のことである。サゴと呼ばれる御供を子供に食べさせれば子供が丈夫に育つという伝承がある。たくさん用意されている御供は、神事終了後、すべての参加者、子供たちにも与えられる。ムラの子供たち、参拝者も、すべてシカのサゴをいただくことになり、その呪力を仰ぐことになる。

写真39　「シカオイ」。長野県下伊那郡天龍村大河内、池大神社

⑵長野県下伊那郡天龍村大河内「シカオイ」

旧暦三月三日（現在は四月第一日曜日）に池大神社で「春祭り」「シカオイ」「種取り」などが行われる。

〈**シカオイ**〉　池大神社本殿で春祭りが行われ、これが終わると社前神庭でシカオイが行われる。牡牝二頭の模造ジカの素材は、胴体は藁、長さ六〇センチ、胴の径は約一五センチ、足と角はカエデ、耳と舌はスギまたはヒノキの柾板、首の高さは地上から七〇センチ、胴にはシデ（垂）を麻でしばりつける。シカは社殿に向かって左側の石垣の前に、牡を前に牝を後にして据える。宮人の一人が狩人となり、シデのついた注連縄《しめなわ》をタスキにして社宝とされる弓を持って石垣に立つ。シカをはさんで石垣前方にセコをつとめる氏子二人が立つ（写真39）。ともに注連縄をタスキにして一・二メートルほどの棒を持つ。狩人はセコに向かって、「日向山を狩る人は、マセカドの詰めから、タル屋敷・ヒイラ沢・六箇所・三本マキ……日陰山を狩る人は、……」と狩倉の地名を大声で唱え、「すっかりと見てきてくれ」と命ずる。二人のセコは日向山と日陰山に分かれて探索する様を演じ、「シカはどこにも見当たらなんだ」と報告する。狩人は「日向山の釜岩あたりにシカの足跡があったそうだ。よく見てきてほしい」などと再度催促する。セコはしばしの後「おったぞ　おったぞ」と山からもどってくる。同時に狩人はシカを射る。

〈シカのハラワタ〉　模造のシカを神庭に据える前に、「ハラワタ」と称して牡の腹には草餅四個・白餅四個・小豆飯の握り飯、牝の腹には、草餅六個・白餅六個・小豆飯の握り飯を入れてから据え、庭に神酒をかける。このムラではこの神事が済むまでは草餅を作ってはいけないと伝えている。さて、狩人役が模造のシカを射終えると、遠くで一列に並んで待っていた子供たちが一斉にシカに駆け寄り、先着の者からシカのハラワタを取る。シカのハラワタ＝腹に詰められた草餅・白餅・小豆飯の握り飯は万病の薬になると伝えられている。この信仰は生きており、シカオイでシカのハラワタを取った子供に対して、幼児を持つ母親が御供（小豆飯）を分けてもらっている姿を見かけた。

〈種取り〉　カエデの小枝で、柄の部分が八センチ前後の鉤型を鍬として作る。池大神社の本殿床下の砂土とサング（散供米）を混ぜて和紙に包み、結び文のように結んで種としてカエデの鉤に結びつける。シカオイが終わると、三方に盛って神前に供えられていた神種を結わえたカエデの鍬型を、「鍬を借りる」と称して各戸で借り受けて帰り、おのおの自家の神棚に供えて農作物の豊作を祈った。そして、九月九日の秋祭りには一把のイネを願果たしとして供える。隣部落に住み、大河内の祭りにも詳しい坂本きくさん（明治二十六年生まれ）によると、九月九日の願果たしにはイネ・ヒエ・アワ・ダイズ・ソバなどを二把ずつ供えた。人びとは供えられた穀物の穂や実を見て、気に入ったものを神種と称して翌年の種として二把借り受けて帰る者もかなりいたという。翌年の秋祭りには四把返すことになっていた。

2　模造ジカの腹蔵物

古戸において模造のシカを弓で射る儀礼は事例の中で見たとおりである。古戸では、牝ジカの腹にサゴ（胎児）と称して小豆飯の握り飯をその年の月の数だけ入れる（実際には腹の下に置く）。サゴをいただいて帰り、子供に食べさせると子供が丈夫に育つと伝えている。サゴと同じ小豆飯の握り飯が各戸に分与されるので、サゴの呪力は各戸に分与されることになる。表1によると、東栄町布川（粢）・同月（小豆飯）でも模造ジカの包蔵物をサゴと称していたことがわかる。他に、表1によると、包蔵物をワタと称していた地が多く見られる。天龍村大河内では牡・牝ともに包蔵物をハラワタと称しているワタは内臓であるため、模造ジカの牡牝にはかかわらない。ワタの内容は小豆の握り飯・草餅・平餅・粢などで、これらも、これをいただくと幸いが得られる、子供が丈夫に育つなどの伝承を伴う場合が多い。なお、サゴとワタについては後にもふれる。

3　種と鍬

古戸の場合、正月飾りに使ったシキミまたはヒサカキで鉤型をした小型の模造の鍬を作る。種は、稲籾と八幡神社境内社の諏訪神社床下の砂とを混ぜたものである。花太夫が諏訪神社の裏に赴き、半紙の上に籾と砂の混合種を平らげる。それを模造の鍬で耕起する様を演じる。これは、籾と社殿下の砂を混ぜた斎種を用いて模擬播種の儀礼を行っていることになる。天龍村大河内の場合も、カエデの鍬と斎種が重い働きをする。これは、田遊びや御田祭における播種演目の祖型・原型だと見ることができる。ここで古戸のシカウチ神事・大河内のシカオイなどの構造を確認してみると、模造のシカを弓で射る儀礼は、まず、獣肉・獣皮・サゴなどの獲得からして、狩猟要素の予祝儀礼であることは明らかである。次いで、初春に、模造のシカを弓射・捕獲することはシカの害獣的側面の抑止を願う予祝儀礼だということになる。さらに、サゴの獲得は、サゴの薬効獲得の象徴でもあり、模造ジカの腹蔵物は伝承のとおり、子供の無事なる成長や、幸い確保の象徴にもつながる。これを見つめると、狩猟・農耕・家の幸福などを三重に予祝する複合儀礼になっていることがわかる。この上に、さらに、播種儀礼が加わっているのであるから、三重予祝の中で、農耕予祝が中心になっていることはまぎれもない。

さて、ここで、イノシシを中心とした西南日本の猟農複合予祝儀礼（表2）と、参信遠くにざかい山地のシカを中心とした模造獣弓射の予祝儀礼（表1）を比べてみると、両者に大きなちがいがあることがわかる。それは、参信遠の場合、シカの腹に包蔵物・腹蔵物を入れていること、模造の鍬を作り、斎種を用意し、播種儀礼を行ったり、播種儀礼につながる内容が見られることが特色として認められる。対して、イノシシを中心とした西南日本の模造獣にかかわる予祝儀礼には全くこの二点が見られないことである。この点を究明することが、参信遠くにざかい山地に伝承されるシカウチ神事の本質を明らかにすることにつながるはずである。

4　模造ジカ弓射神事の水脈

〈諏訪信仰との脈絡〉　参信遠くにざかい山地に分布するこの神事に注目する時、まず、天竜川水源部・中央構造線ぞいにあって信仰的な力を強力に発揮してきた諏訪大社・諏訪信仰に目を向けてみるべきであろう。

『諏訪大明神絵詞』(28)（延文元年・一三五六）の旧暦七月の部分に「御射山祭」のことが書かれている。二十七日から三日間壮大な狩が行われたのである。祭りの供物を狩るためである。七月晦日の部分に次のようにある。

明年ノ頭役を差定テ後……鹿草原（草鹿原か）ニシテ草鹿ヲ射テ、各里ニカヘル。八月一日、本社ノ祭礼ヲ以テ御射山ノカヘリ申ス。饗膳常ノ如シ。今日御作田の熟稲ヲ奉献ス。又雅楽ニ仰テ童部ヲ召集テ、神長大祝の前ニススミテ、御穀ヲ取テ、彼童ノ口ニククメテ、カイヲモチテ、ホウヲタタキテ仰詞アリ。又鋤鍬ヲツクリテ彼童部ニアタヘ、東作ノ業ヲ表ス。今夜大小神官大略通夜セシム

引用文中に見える童部は尸童《よりまし》的で、それは大祝の代理であり、諏訪信仰では大祝は諏訪神の顕現だとされる。してみると、童部の口に新穀が入ることは、大祝・諏訪神が新穀を食することになる。東作とは春作でこれも神のみわざということになる。

旧暦八月一日は「八朔」に当たる。八朔の前日、来年の頭役を決定した後、草鹿原と呼ばれる定められた原で、スス キなどの植物素材で作ったと思われる模造のシカを射る行事が行われた。この点は長野県天龍村大河内や愛知県東栄町古戸で行われる模造ジカ弓射の神事（事例①②）など、さらには同系のもの（表1）と太い水脈をもって結ばれていると見ることができる。次に、文中にある「鋤鍬」が模造の鋤鍬であることを考えると、これも、先に紹介した事例①②など、さらにはの模造の鍬と共通することがわかる。また、「東作の業」とある「東」は季節に当てると「春」になる。神事にかかわる童子らが、模造の鍬を持って春の耕起の様を模擬的に演じたというのである。模造ジカの弓射から模擬的耕起へと展開される事例①②のごとき猟農複合神事の淵源の一端が中央構造線をもって繋がる諏訪大社にあったことはまちがいなかろう。

諏訪の信仰は多面的であり、水神・風神・狩猟神・軍神・農耕神などの多くの力が信じられてきた。その神威は時代や地域によって振幅があった。先に引用した部分を見ただけでも、狩猟・八朔の風鎮にとどまることなく、「熟稲奉献」「模造獣弓射」（いわゆる狩猟と、農耕に対する害獣捕獲の複合）「模造鋤鍬による模擬耕起」など農耕神・稲作神としての側面を強くうかがうことができる。『諏訪大明神絵詞』の六月の項を見ると、六月二十七日・二十八日・

二十九日と狩を行い、晦日に「御作田」において壮大な田楽をともなって田植を行っている。「当三十日ヲ経て熟稲ト成テ、八月一日神供ニ備フ、当社奇特ノ其一ツナリ」とある。田植から正味三〇日で熟稲と成ると記され、これが諏訪七不思議の一つだと伝えられている。現実としては信じ難いこの記述は諏訪の神の稲作にかかわる神威の宣布となっていたこと、この時代は農耕神としての側面が強調されていたことが考えられる。

〈シカの腹とその呪力〉 参信遠くにざかい山地の模造ジカ弓射神事が模造ジカの腹中にサゴ・ハラワタなどと呼ばれる包蔵物を入れるという点で大きな特色を持つことは、「シカの腹」とのかかわりの深さと見ることもできる。シカの腹として誰もが想起するところは、『播磨国風土記』「讃容の郡」の以下の部分である。

……生ける鹿を捕り臥せて、其の腹を割きて、其の血に稲種きき。仍りて、一夜の間に、苗生ひき。即ち取りて殖ゑしめたまひき……

ここではシカの血が主役になっているのであるが、その血の呪力の根源はシカの腹にあると見ることもできる。『播磨国風土記』「賀毛の郡」にも「吾は宍の血を以ちて佃る」という記述があるが、宍がシカを指すのかイノシシを指すのかは不明である。単に獣の血によって増殖・生長・増産を祈るものであるならば、一産一子のシカよりは、一産三〜八頭、平均五・四頭のイノシシの血を選ぶはずだし、シカの腹よりはイノシシの腹が選ばれてよいだろう。しかるに「讃容の郡」ではシカの腹・シカの血が指定されているのである。

諏訪大社の祭礼に関する記録に『年内神事次第旧記』があり、その冒頭部に、「鹿なくてハ御神事ハすへからす大瓶は何もかも、めすを本と云…」とある。[29] 諏訪祭礼にとってシカが不可欠なこと、しかもそのシカの本来的なものは牝ジカにあるというのである。

牝ジカと言えば「サゴ」であり、ここで扱う儀礼で言えば腹蔵物・包蔵物である。ここで想起すべきは先に述べた「鹿の子斑の象徴性」である。鹿の子斑を米の象徴と見れば模擬的な種おろし、模造鍬による耕起など、稲作儀礼の総体としての収まりもよくなる。包蔵物の「小豆飯」もまた鹿の子斑と見なすこともできる。さらに、水に入り、水源を探知するシカの霊性と水田稲作・稲作儀礼との関係も浮上してくる。しかし、シカウチ神事系では、模造のシカの牡にも包蔵物がある点などを考えると、模造ジカの包蔵物についてはさらなる探求が必要になってくる。次に、そこから生まれる試探・試論・仮説を述べてみることにする。

(三)　シカの呪力――狩猟採集時代を仮視する――

この項の内容は「獣害対応の民俗文化」という標題からはずれるが「参信遠の猟農複合儀礼」を受けて便宜上ここで扱う。

櫻井弘人氏は「三遠南信地域のシカウチ神事と諏訪信仰――鹿の霊性に寄せて――」という論考の中でシカが豊穣の象徴となり得た要因として「鹿の角」と「鹿の糞」に注目している[30]。前者は既に説かれるところであるが、後者は全く斬新なものである。まず、シカの糞についての見解を見てみよう。――「鹿の粒々とした糞は穀物の種や豆を連想させる。鹿は体内から種や豆に似た糞を排出するがゆえに、体内に作物の種を宿し、そして生み出す動物と考えられたのではなかろうか。御射山祭りにおいて射止めた鹿を矢抜の鍬で押さえて矢を抜きとった理由は、鹿の体がまさに穀物を生み出す大地、豊穣をもたらす田畑と考えられたからであろう」。興味深く、刺激に満ちた見解である。また、角についても次のように述べている。――「鹿の角が春に生え始めて秋に成熟するさまは、春に芽吹いて作付けされた稲などの作物が秋に稔る生産過程を連想させる」。櫻井説に従えばシカの腹は牝でも牡でもよいことになる。

以下、櫻井説に示唆を受けて、冒険の旅に出る。シカウチ神事と諏訪信仰のかかわりを考えるにつき、農耕や稲作に吸引されがちであったのだが、諏訪信仰発生の舞台には縄文遺跡も数々ある。もとより縄文農耕[31]の可能性は考えられるところではあるが、ここでは縄文時代の食を支えた狩猟・採集に注目してみたいのである。狩猟・採集の時代、衣素材としてのシカ皮・食素材としてのシカ肉・加工素材としてのシカ角が現代では想像もつかないほど重いものであったことは論を待たない。

1　シカの捕獲儀礼──中央構造線ぞいの谷から──

わが国における狩猟儀礼の構図は冒頭で見たとおりであるが、狩猟活動随伴儀礼を獣種別に見ると、東北・越後においてはクマが絶対的な位置を占め、西南日本においてはイノシシ中心である。中部地方から近畿地方にかけて、さらに中国地方、九州においてもシカ狩は行われるのであるが、シカに関する捕獲儀礼はいずれもあまり鄭重なものとは言えず、シカ独自の捕獲儀礼の報告は稀少である。そうした中で、長野県の遠山谷から静岡県浜松市天竜区にかけての中央構造線ぞいで、諏訪と深くかかわる地において、特徴あるシカの捕獲儀礼が見られるのである。この一帯はシカウチ神事圏に接している地でもある。以下にその事例の一部を紹介する。

①シカを捕獲した場合にはその場で腹を裂き、内臓を包んでいる脂肪の網、ガーゼのような感じのものを取り出して木の枝に掛け、神酒を供えて拝し、山の神に感謝する。これを「ヤブカケ」と呼ぶ（静岡県浜松市天竜区水窪町小畑・守屋鎌一さん・昭和十年生まれ）。

②シカ・イノシシの捕獲儀礼としては「ヤブカケ」がある。シカやイノシシを獲ると、その場で腹を割ってヤブカケをする。ヤブカケとは、獣の内臓を包んでいる脂肪の網をヤブの木に掛けて山の神に対して獲物を授けてくれたお礼の祈りを捧げることである（静岡県浜松市天竜区水窪町草木・高氏安精さん・大正五年生まれ）。

③シカやイノシシを捕獲した時には、その現場の山で腹を裂き、内臓を巻いている「アミ」（網）と呼ばれる脂肪をとり出し、山の神にあげると称して木の枝に掛けた。これを「ヤブカケ」と呼んだ（静岡県浜松市天竜区水窪町草木・松島八十八さん・明治二十九年生まれ）。

④シカ・イノシシ・カモシカは、捕獲した山中で腹を裂き、内臓を包んでいる脂肪（網状）を六寸串に挟んで肝臓とともに山の神様に供えた。本体は信州和田の星野屋か水窪町の斎藤に出した（静岡県浜松市天竜区水窪町大嵐・高氏作太郎さん・明治二十七年生まれ）。

⑤シカを捕獲すると直ちに腹を裂き、内臓を包んでいる蜘蛛の巣のような脂肪を木に掛けて山の神を祭った。これを「ヤブカケ」と呼ぶ（長野県飯田市上村程野・宮澤俊雄さん・昭和十五年生まれ）。

⑥シカを捕獲すると、内臓を包んでいる、「アミ」または「ヤブ」と呼ばれる脂肪をとり出してその場の木に掛けて山の神を祭った。これを「ヤブカケ」と呼ぶ（同南信濃下中根・大澤順治さん・昭和十一年生まれ）。

事例数は少ないが、明らかにシカの捕獲儀礼としての特色を認めることができる。アミ（網）と称する内臓を包む脂肪を捕獲現場の木に掛けて（④は六寸串）山の神に捕獲感謝の祈りを捧げるというものである。①⑤⑥はシカに限って行われているのだが、②③はシカとイノシシ、④はシカ・イノシシ・カモシカに関して行われている。イノシシ・カモシカはシカからの転用と考えてもよかろう。

クマの捕獲儀礼で山の神に献供される部位は、内臓では肝臓・心臓が多く、膵臓・肺・腎臓なども供えられる。肉は首肉・背肉の片、毛を供える場合もある。イノシシの捕獲に際して供えられる内臓で圧倒的に多いものは、「太刀」・「剣」・「草薙」などと呼ばれる膵臓である。東北地方で肉片を供える場合一二切れが多いのであるが、イノシシの肉片は、宮崎県・鹿児島県、奄美・徳之島にかけては七切れの例が多く見られる。イノシシの場合、「ミノ毛」、「イラ毛」、「エリ毛」などと呼ばれるタテガミに当たる部分の毛を木の枝に挟んで供える例もある。また、耳や耳の毛、尾を供えるなど多様である。

右のような大型獣の捕獲儀礼と比べてみる時、先に紹介した、シカにかかわる「ヤブカケ」は際立った特色を示していることがわかる。中央構造線ぞいでは、内臓を包んでいる脂肪を「アミ」と呼び、その白い脂肪をガーゼ・蜘蛛の巣などで比喩的に表現している。静岡県榛原郡川根本町梅地の筑地松己さん（大正十三年生まれ）はこの脂肪のことを「タオル」と呼び、シカの部位で最も美味だとし、これを食べた。中央構造線ぞいではその最も美味なところを山の神に供えるのである。獣の解体に際して刃物で内臓に傷をつけると悪臭が肉全体に広がる。クマもイノシシも解体時にその内臓を損傷することを避けるために山刀の先端にダイズを刺して刃物を使う慣行がある。宮崎県の椎葉村ではシイの実を刺すこともある。内臓の扱いには慎重さを要したのである。

アミは白色であり、参信遠くにざかい山地で正月・小正月の儀礼に用いられるニューギの木肌の白色や、御幣の白色にも通じ、神の目をひく献供の饌・標にふさわしい。シカの内臓を包む「アミ」を重視する「ヤブカケ」という儀礼はシカの腹を重視する場合特に重要である。

2　シカの糞の象徴性私見

シカが排泄する黒くて丸い小粒な夥しい数の糞は、栽培作物でいうならば、最も近いものはクロマメ（ダイズ）であろう（写真40、41）。次いでクロアズキ、アズキ、種々

写真 40　シカの糞。奈良公園

写真 41　クロマメ（岩手県産雁喰い豆）

のマメ類がこれらに次ぐ。もとよりこれらを栽培穀物の象徴と見ることも許されよう。こう見てくると縄文時代のアズキにも目が向く。次のような報告がある。[32]

岡谷市目切遺跡では中期中葉の大型土器に六ヶ所のマメの圧痕が確認された。そのうち五点は形と臍の特徴からアズキ亜属とまで特定できた。大きなものは七・五ミリを越える。アズキは野生種のヤブツルアズキ・ノラアズキが栽培化されたものである。現段階では圧痕が野生種か栽培種か区別は難しいため、縄文中期にマメが栽培されていたとまではいえない。しかし、七ミリを越える大きさが栽培種に近いことは注意が必要だろう。

採集食用堅果類の一種であるツブラジイの写真を撮るために十月上旬、奈良東大寺大仏殿の裏手に向かった。途中、シカの糞の写真を撮りながら進んだ。ツブラジイの木はまだ若いが実を落としていた。しかし、シイの実はシカの大好物であるためにほとんど喰い尽くされていた。ツブラジイの実が撒かれたように落ちている様は、排泄されたシカの糞の状態と酷似している。シカの象徴性は食素材の比率として採集系食素材がより高かった時代、即ち縄文時代まで溯って考えてみるべきではないかという思いを強くした。マメ類や木の実を想起させるシカの糞には、食用堅果類や漿果類の豊穣をもたらす呪力があると始原の人びと、採集に重きを置いた人びとが感じた可能性は否定できない。ヤマブドウ・エビヅル・ケンポナシ・クマヤナギなど、植生とシカの棲息域によって木の実に差があるこ

写真 42　トチの実。長野県飯田市上村中郷

写真 43　ツブラジイ

とは当然であるが、ツブラジイ・スダジイ・カシ類・コナラ・ミズナラ・カシワ・クヌギ・クリ・トチなどの実があげられる（写真42、43）。

中沢道彦氏は、「中部高地における縄文時代中期の植物利用」の中で堅果類について次のように述べている。(33)

種ごと遺跡数で確認すると、堅果類ではクルミ出土が長野県二三遺跡、山梨県一六遺跡で計四三遺跡、クリ出土が長野県二三遺跡、山梨県一〇遺跡で計三三遺跡、コナラ属（ドングリ）が長野県一〇遺跡、山梨県五遺跡で計一五遺跡、トチノミが長野県三遺跡、山梨県二遺跡で計五遺跡となる。

石果・堅果類が多種に及んでいることがわかる。シカはいずれも採食するが、先に記した浜松市天竜区水窪町小畑の猟師・守屋鎌一さんは、シカの胃を裂いてみるとトチの実がいっぱい詰まっていると語り、長野県下伊那郡大鹿村青木の菅澤源吉さん（明治三十九年生まれ）は、トチの実はクマもイノシシも食べないがシカは好んで食べると語っていた。

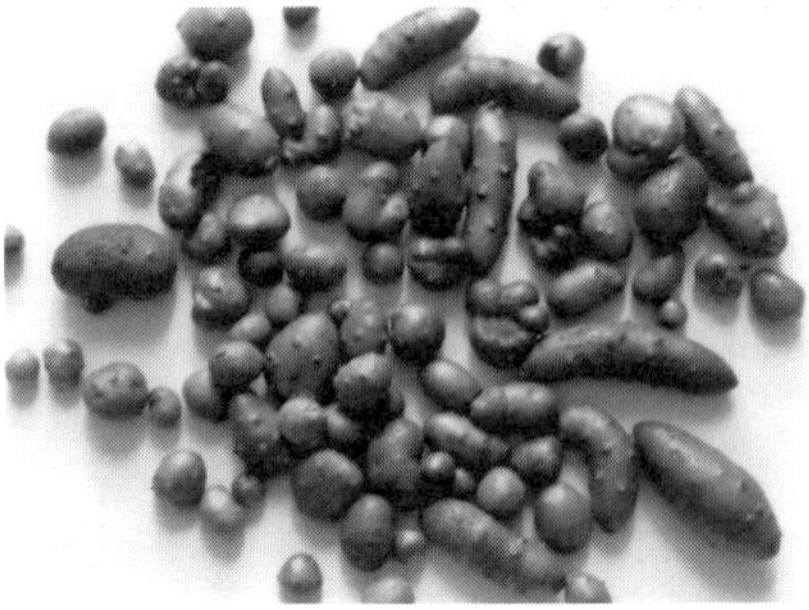

写真 44　ヤマイモの珠芽—ムカゴ

多種の木の実を採食した縄文人がシカの糞を木の実の象徴と見たてたとすれば、糞を包蔵する内臓を重視し、さらにはそれを包んでいるアミ（脂肪）を木に掛け、現在まで伝承されているヤブカケのごとき儀礼をもって豊猟感謝に併せて、木の実の豊穣を祈ったことはじゅうぶんに考えられる。さらに、シカの糞は、採集（採掘）根茎類の最上に位置づけられるヤマノイモ科のヤマイモ（自然薯）の珠芽であるムカゴ（写真44）と類似の形状を示している。こうしてたどってゆくと、シカの糞の象徴世界はさらに広がってくる。

3　袋角の象徴性――ゼンマイに注目して――

落とした角を再生させ、再生した袋角を薬用としたことについては、「シカの実用性」の節で述べた。先に紹介した櫻井説は、シカの角の再生力を季節サイクルに併せて、イネを中心とした作物に適用している。じゅうぶんに考えられるところである。

さて、ここでも、シカの角の再生力とその象徴性を、農耕以前の時代、採集重視の時代にさしもどして考えてみたい。その時代、食素材となる山菜・野草はもとより、住素材に使われたカヤほか結束材、衣素材となる植物系繊維素材に至るまで、シカの袋角の成長にサイクルを併せるものは多い。

写真45　萌え出づるゼンマイ。新潟県魚沼市大白川

そうした中で、民俗事例からして私が特に注目している採集食用植物たる山菜はゼンマイである（写真45）。雪解けの季節、山野に萌え出るゼンマイは、山菜・野草の中で最も保存性に優れた食素材だった。そしてゼンマイは美味であり、腹もちもよい。よって、近代に入っても舶用食品、乾物として大量に採取され、大量に消費された。栽培蔬菜もなく、流通も、保存方法も未熟だった時代、ゼンマイは最も重要な山菜だった。ゼンマイはゼンマイ科の大形多年生シダで、早春に出るその若葉の先端は渦巻形状を示し、それを食用にする。採取してきたゼンマイは次のように処理する。ⓐ綿やゴミを除いて根方二センチほどを切り捨てる→ⓑ茹でる。緑色に茹であがるのがよく、茹ですぎると黒くなる→ⓒムシロ二枚の上に広げて六つほどに分散して干し、三日の間に八回以上手で揉み、塊にし、広げながら湿気を分散させる→ⓓ最終的にはムシロ一枚の上に三塊ほどにする。好天に恵まれれば二日で仕上がることもあれば、雨天などが入ると五日かかることもある（新潟県魚沼市一村尾・行方ヨシノさん・昭和七年生まれ）。

写真46　ゼンマイ揉み。福島県南会津郡只見町

写真47　茹であげてもどした乾燥ゼンマイ。新潟県魚沼市大白川

揉みながら干すという方法は各地で共通している（写真46）。揉むことにより、水分の放散を促進し、繊維質の軟化を果たすのである。茹であげた時は鮮やかな緑色になるのだが、揉みながら干しあげた時は小豆色になるのがよいとされる。右の加工工程は、ゼンマイは生食食品としてではなく、保存食品として保存管理し、必要な時に水でもどし、茹でてから味付けをして煮て食べることを目的としたものであることがわかる。

食用としてのゼンマイ利用は全国的に見られるが、とりわけ、冬季生鮮野菜の入手しにくい積雪地帯における食用利用は盛んで、その価値は高く認識されていた。食生活洋風化の浸透や、食素材流通システムが進展する以前は近代に入ってからも、積雪地帯や山村のみならず、地方都市・大都市においてもゼンマイの需要は多大だった。軽くて保存性が高く、栄養もあり、しかも美味であるゼンマイは、船用食品として欠くことのできないものでもあった。

青森県では大晦日から正月にかけて、また、小正月を中心に「ケの汁」と呼ばれる年とり汁を食べる習慣がある。汁の具はイエや地域によって異なるが、その中に必ず入れるものはゼンマイである。ワラビも入るが、これは塩漬けである。青森県以外でも冬季山菜汁を食べる例は見られるが、これにもゼンマイが入る。ケの汁は「食の汁」の意であろう。ワラビ・ゼンマイと並称されるが、概してワラビは採取季に生食し、ゼンマイは保存食とされてきた。「ケの汁」を大晦日に食べ、元旦にこの中に餅を入れて食べる例も見られる。これこそ雑煮の祖型とも言えよう。生命力の象徴としてゼンマイが重視されてきたことがわかる。

さて、そのゼンマイを煮付け、あるいは汁の具にする前に水でもどして茹であげると、一本一本がふっくらと蘇り、表面は、薄紫と赤銅色が合した感じでまことにつややかである。それは、まさに、シカの袋角の色と一致する。シカの袋角が、植物の再生力を象徴するとすれば以下の文脈の中でのゼンマイが最も似つかわしいように思われる。秋、木々は落葉し草葉は枯れる。そして、積雪地帯では、大地は雪に埋もれてすべて姿を消し、その中で時は過ぎる。早春、雪解けの間からゼンマイは渦巻の頭をもちあげる。渦巻の下の茎にも赤銅色をなすものがある。その姿は、大地の生命力の象徴とも感じられる。それは、枯死の世界からの再生でもある。人はこれを採取し、揉みこみ、干しあげ、死の状態で乾燥保存する。それがまた、水に漬け、茹であげられればみごとに再生する。

亡落し、植物繁茂の季に再生を遂げるシカの角の再生と同様にゼンマイは再生する。ゼンマイはその色までもシカの袋角に類似しているのである。

縄文人にとっても、生鮮野草・山菜の欠乏する冬季、乾燥保存しておいたゼンマイはとりわけ尊い食物だったはずである。

腐蝕して大地に帰ったゼンマイは遺物として縄文遺跡に残ることはない。しかし、採集に重きを置いた人びとが、山菜の王者であり、保存食として優れたゼンマイを重視しなかったはずはない。ゼンマイを揉みながら干しあげる技術の中には体験知と伝承知が詰まっているのである。この技術が開発された時代を特定する術はないが、縄文時代まで溯源できる可能性は否定できない。多彩な土器を作り、漆まで使いこなし、トチの実のアクヌキ技術を開発していた縄文人の知力は高かったはずだ。

縄文文化について深く学んだわけではないが、かねてより縄文土器に印された渦巻文が気になっていた。多種多様な渦巻文全体について言及することはできないものの、その渦巻文のモチーフの一つにゼンマイの力がかかわっていたことを考えてみたい。あくまでも民俗事例からの照射である。例えば、長野県諏訪郡富士見町井戸尻遺跡群藤内遺跡出土の筒型土器（中期中葉・国指定重要文化財・井戸尻考古館蔵）に注目したい。高さ五五・二センチのこの土器の正面左下に、縦に描かれている渦巻文はどう見てもゼンマイに見える。そして、その上部に描かれている二つの渦巻は、下の渦巻の意匠化されたものと見てよかろう。

平成二十七年十月十八日、青森県八戸市の是川縄文館の企画展「小川原湖周辺の縄文文化」を見た。中で二ツ森貝塚出土の「深鉢形土器」（縄文中期・七戸町教育委員会蔵）に目がとまった（写真48）。ここにもゼンマイを思わせる渦巻文が描かれていた。また、北陸の中期縄文土器、天神山式深鉢の文様にもゼンマイを思わせる図柄がある。安易な推察や仮説は慎むべきではあるが、一つの可能性として私見を示してみた。

写真48　深鉢形土器の渦巻紋（縄文中期）。青森県二ツ森貝塚出土、七戸市教育委員会蔵

縄文遺跡からクマ・イノシシ・イヌなどの動物造形物は出土してはいるもののシカの造形物は見られない。しかし、諏訪信仰とシカの強く深い結びつきについて錘鉛を深くおろしてみようとする時、叙上のような仮想が生まれるのである。時を溯上するほどにシカの力は実用的にも象徴的にも強かったはずである。

五　親和の眼ざし

1　歌と民謡

(1) 古典和歌から俳諧へ

人がシカに示す親和性は和歌の中にも見られる。『万葉集』巻第十に「詠鹿鳴」という歌群がある。「鹿鳴を詠む」と読みならわしている。シカの鳴き声が人びとを動かしていたことがよくわかる。その中に次の歌がある。

・さを鹿の妻ととのふと鳴く声の至らむ極み　なびけ萩原（二一四二）
・君に恋ひうらぶれ居れば　敷の野の秋萩凌ぎ　さ雄鹿鳴くも（二一四三）
・山近く家や居るべき　さ雄鹿の声を聞きつつ寝ねかてぬかも（二一四六）

『古今和歌集』巻第四、秋上にもシカの歌はある。

・山里は秋こそことにわびしけれ　しかのなくねにめをさましつつ（二一四・忠岑）
・奥山に紅葉ふみわけ鳴く鹿のこゑきく時ぞ　秋はかなしき（二一五・よみ人しらず）
・秋はぎにうらびれをれば　あしひきの山したとよみ鹿のなくらん（二一六・題しらず）

ここに引いた歌のすべてにおいてシカの鳴き声が重要な働きをしている。しかも、これらの鳴き声はすべて牡ジカの遠鳴きである。萩の花や紅葉とセットになっているので、これらが、発情期に牝ジカを求めて鳴く牡ジカの声であることがわかる。

私が民俗を学ぶ旅を始めてから、シカが異常に増殖する前までは、奈良公園などを除いては、人里で秋、牡ジカの求愛の鳴き声を耳にすることはできなかった。全国各地の猟師たちは、発情期のシカの鳴き声を、自分の耳で確かめていた。さらに地域の先人たちからの伝承も加えて独自な擬声語として語り聞かせてくれた。「カイヨー」（静岡県浜松市天竜区水窪町向市場・川下勘三郎さん・明治三十六年生まれ）。「カニロー」（静岡県榛原郡川根本町長島・松原勝二さん・昭和二年生まれ）。「カギョー」（静岡県伊豆市原保・海声名治作さん・明治二十八年生まれ）。「カンヨー」（和歌山県西牟婁郡すさみ町追川・根木彦四郎さん・明治三十八年生まれ）、「カンヒョー」（宮崎県西臼杵郡五ヶ瀬町波帰・矢野勇さん・明治三十九年生まれ）。「フィーヨー」（奈良公園・奈良の鹿愛護会）――相互に遠く離れた地でありながら共通性のある擬声語を使っていることがわかる。秋、奈良公園で近い距離から牡ジカの鳴く声を聞いた。その牡ジカの声は、右に紹介したように、哀調を帯び、鳴き声の末尾がしじまに吸い込まれてゆくような余韻を引くものではなく、驚きを誘うような響きがある。奈良に住むようになって、秋の夜の帰宅時や散歩の折に高円山方面で鳴く野生の牡ジカの声を耳にすることがある。それは各地の猟師たちが伝える擬声語に似て哀調を帯びて心に沁みるものだ。

ハギ（萩）の花のことを「鹿の妻」「鹿の花妻」という雅語で表現する。「萩」は視覚の秋である。『古今和歌集』二一五でよみ人知らず、『百人一首』で猿丸太夫作と伝えられる歌には聴覚の秋、牡ジカの鳴き声とともに視覚的な秋を代表する「紅葉」が詠みこまれている。また、『新古今和歌集』秋下四三七番歌以下十六首、シカの歌が続くのであるが、四三七は藤原家隆の次の歌である。

下紅葉かつ散る山の夕時雨　ぬれてやひとり鹿の鳴くらん

この国の秋の季節感、風雅の上の季節感は、シカとハギ、シカと紅葉、他にシカとススキなどの視覚要素と鹿鳴という聴覚要素の融合によって形成されているのであるが、秋の季節感に底流するものは哀愁であり、その中核は、発情期の牡ジカの鳴き声、それも夜の遠鳴きにあったと思われる。

元禄七年九月八日、松尾芭蕉は奈良に泊まった。その夜更け、芭蕉は猿沢池のほとりを散策して次の句を得たとされている。

　　びぃと啼尻声悲し夜ルの鹿

この句に対してはさまざまな解釈や評価がなされている。歴代の和歌においては鹿鳴が歌い込まれてはいるものの、その擬声語はない。その意味で「びい」という擬声語を用いた芭蕉の独創性は貴重である。「尻声」とは長く尾を引く声のことであるが、「尻」がいかにも俳諧的である。同時に「びい」という擬声語もまた俳諧的である。牝の鳴き声を擬態する鹿笛による笛鹿猟の経験から聞く牝ジカの声は「びい」にも通じるのであるが、牡ジカの鳴き声も比較的近くであれば「びい」とも聞こえる。しかも尻声とあるから近い距離から聞こえた牡の鳴き声だと考えることもできる。諸家にも諸説がある。芭蕉の「びい」は例えば、今栄蔵氏は「牝を呼ぶ牡鹿の声」とし、(34)井本農一・堀信夫注解本では「雄にこたえる雌の声」としている。(35)『笈日記』には「その夜はすぐれて月も明らかに鹿も声々にみだれてあはれなれば、月の三更なる比、かの池のほとりに吟行す」とある。

「カンヨー」「カンヒョー」と聞こえる牡ジカの遠鳴き、和歌の、とりわけ伝猿丸太夫作の鹿鳴、夜のしじまの、心に滲み入るような鹿鳴になじんだ私には、「びい」による芭蕉の創意はわかるものの、それにはなじめないものがある。「びい」も「月」も、「声々に乱れる鹿」、というのにも距離があり、それらと「悲し」という主観との乖離を感じてしまう。むしろ支考の「鹿の音の糸引きはえて月夜哉」の方が心におさまる。芭蕉の門弟たちの間では、芭蕉の鹿鳴の句をめぐってさまざまな思考・鑑賞があったようである。――和歌にしても、俳句にしても、右は、人とシカとの親和性にもとづくもの、少なくとも、文人たちのシカに対する親和の眼ざしによって成る世界である。

⑵農民の季節唄

民謡の中に「季節唄」と呼ばれるものがあり、その中に「秋唄」がある。主として、山村で歌われ、それも、秋の収穫作業の中で、作業をしながら歌われることが多かった。「秋節」とも呼ばれるのであるが、作業の内容を示す「粟拾い唄」「稗ちぎり唄」などを唄の呼称とすることもあった。その「秋唄」の中に「シカ」が歌い込まれているのである。以下に事例を示し、若干の解説を加えることにする。

①〽秋が来たよとシカまで鳴くに　なぜにもみぢが色どらぬ

②〽秋（飽）がきたそでもみぢがとよむ　シカ（確）と話もせにやならん

③〽アワを拾って切り穂をためて　しのび夜づまのようなごに（①〜③静岡県島田市粟原・成瀬治宣さん・明治二十二年生まれ）

④〽秋が来たよとシカさに（え）鳴くに　なぜにもみぢが色どらぬ

⑤〽アワを拾って切り穂をためて　三年待ちます婿さんを（④⑤静岡県榛原郡川根本町平田・佐藤かねさん・明治二十二年生まれ）。

⑥〽秋が来たよとシカさえ鳴くに　なぜにもみぢが色どらぬ

⑦〽山は焼けてもヤマドリや立たぬ　子ほど可愛いものはない（⑥⑦静岡県榛原郡川根本町長島・松原よのさん・明治二十七年生まれ）

⑧〽秋の男はシカだそで　おづるおばねで夜を明かす（⑧静岡市葵区田代・滝浪きくさん・明治三十年生まれ）

⑨〽秋（飽）がきたのかあきらめたのか　おいでなさらぬこのごろは

⑩〽もみぢよ踏み分け鳴くシカの毛は　恋の文よ書く筆となる

⑪〽五月五日に草刈りそめて　ひかげもみぢのとよむまで（⑨～⑪静岡県浜松市天竜区水窪町大嵐・高氏かとさん・明治三十一年生まれ）。

⑫〽秋の途中に折旗立てて　上り下りのいそがしさ（宮崎県東臼杵郡椎葉村尾手納・甲斐忠作さん・明治二十四年生まれ）。

⑬〽秋（飽）が来たかともみぢに問へば　シカ（確）と相談すればよい（和歌山県田辺市本宮町発心門・野下定一さん・明治三十七年生まれ）。

これらは「秋唄」「秋節」などと呼ばれた唄であるが、①～⑤は「粟拾い唄」（粟摘み唄）、⑫は「稗ちぎり唄」とも呼ばれた。これらの秋唄を歌ってくださった方々は明治二十二年から三十七年までに生まれた方々で、いずれも「焼畑」の経験者でありベテランだった。この方々の暮らしの中では民謡が暮らしと生業の中でしっかりと生きていた。歌詞のみを教えてくださった方もいたが歌唱してくださった方々もいた。いずれも哀調を帯びたもので心に沁みた。「季節唄」はその季節に、しかるべき場で歌うべきものであって、他の季節や、ふさわしくない場で歌うべきではないというのが伝えてくださった方々の間では常識だった。民謡研究家の竹内勉氏は「秋田県鹿角郡八幡平村の場合などは、季節をちがえて『秋唄』を春にでも歌おうものなら罰があたり、その年凶作になるとさえ言われています」と述べている(36)。

「秋唄」は、秋、アワ・ヒエなどの豊かな稔りを授けてくれた「山の神」「秋の季節霊」などに、収穫の場で感謝の気持を込めて歌うべきものであった。労働の場であるから③⑤⑦のごときものを歌うのもよいのだが、秋唄の場合、①②④⑥⑧⑨⑫⑬のようにまず、「秋」＝「アキ」で始まる唄から始め、必ず「秋」を歌い込まなければならなかったのである。さらには、①②④⑥⑧⑩⑪⑬のように秋を象徴する景物を詠み込まなければならなかったのであろう。

その中心は「シカ」と「モミジ」である。①④⑥は同じ唄と見てよいのであるが、発情期の牡ジカの声である。こうして「秋唄」の初めに「秋」という語を歌唱し、「山の神」や「秋の季節霊」に対する挨拶的礼儀を行えば、次は恋の歌でも何でもよかった。③には忍び夜夫の夜食が出てくる。⑧⑨⑩も恋にかかわる唄である。⑧の「おづるおばね」は山の尾根筋のことで、秋、焼畑作物が稔るころ作物を荒らすイノシシ・シカを追うために男がタオイ小屋に泊まったり、収穫のために出作り小屋に泊まったりすることを意味している。

この歌を聞いた昭和五十一年には、この歌の真意を深く理解することができなかった。しかし、平成五年、三重県伊賀市諏訪の猟師・谷三郎さん（大正十四年生まれ）から、「発情期の牡ジカは尾根筋を歩くようになる。それは、牝ジカの存在や動きを正確に知るためではなかろうか」と聞いた時、滝浪きくさんが歌ってくれた秋唄が瞬時に甦り、歌の深い世界が理解できた。そして日本の庶民の文芸力に心を揺さぶられた。その折にまた、釈迢空の『水の上』に収められている次の歌も心に浮かんだ。――「山びとの　言ひ行くことのかそけさよ。きその夜、鹿の　峰をわたりし」。「ことばがき」に「年かはる山」とある。発情期のシカとしては遅すぎるのか、この「峰わたる鹿」は――。⑪も若葉の季節、種蒔きの季節から紅葉の季節、稔りの季節までの時の流れ、季節変化とそれにともなう労働の厳しさなども偲ばれて心惹かれる。

⑫の「折旗」は御幣のことで、山の神祭りをしているのである。焼畑の収穫期の秋、一方ではシカの害獣性に悩まされながらも、「秋唄」の中では、そのシカの別な側面を詠み込んできたこの国の山の農民は、風雅・叙情の側面からしかシカを見なかった文人や貴人たちよりもある意味ではシカの見方が深かったとも言えよう。

2　シカの愁嘆口説

宮崎県西都市銀鏡《しろみ》の谷から茶臼原という平地の開拓地に移住した河野ぎんさん（明治四十五年生まれ）にかつて「芋

植え唄」というめずらしい民謡を聞かせていただいたことがあったが、その折、ぎんさんが歌ってくれたシカの唄は格別哀調を帯びていて心に沁みた。

①〽鹿が鳴く鳴く／寒さで鳴くのか妻呼ぶか／寒さで鳴かぬ妻呼ばぬ／明日は奥野の狩と聞く／わが身は逃ぐれど子はどうしゅうか／岩のはざまにたのみおく／助けたまえや山の神ションガイ

このものがなしい民謡がまだ心に残っているころ秋田の男鹿に赴き、帰りに求めた吉田三郎氏の『男鹿風土誌』（秋田文化出版社）のなかに「鹿のくどき節」と題された次の唄を発見した。

②〽野越え山越え野山越え／あの山越えれば紅葉山／紅葉の下には鹿がをる／鹿はほうほう鳴いている／鹿さん鹿さんなぜ鳴くの／わたしの鳴くのはほかでない／はるかむこうの木の蔭に／六尺あまりのかりうどが／五尺二寸の鉄砲かついで／前には赤毛の犬つれて／あれに撃たれて死んだなら／あとに残りし妻や子が／どうして月日を送るやら／思へばオワラ涙さきにたつ

吉田氏の解説によれば、この唄は草刈りや若者たちの宴席で歌われたものだという。「鹿さん鹿さんなぜ鳴くの」という部分はいかにも新しい感じであり、鉄砲の登場から見てもかなり新しい唄だとは思われるが、問答形式でシカが不安と悲哀を告白の形で告げるという点が銀鏡の唄（①）と一致している。さらに類歌がある。③は静岡県が昭和五十九年と六十年に行った緊急民謡調査の際、静岡県賀茂郡河津町縄地の石井むらさん（明治二十四年生まれ）の歌唱を佐々木忠夫氏が記録したものであり、題は不明である。

③〽奥山に紅葉踏みわけ鳴く鹿の声／寒くて鳴くのかつま恋いか／寒くて鳴くのじゃないけれど／四十九人の

（運の悪さに）狩人に見つけられたが身の因果／追いつめられたよ谷底へ／死ぬる私はよいけれど／腹に三月の子がござる／その子を助けてくれたなら／両手を合わせて拝みます

中村肇氏が静岡県榛原郡川根本町梅高の鈴木喜八郎さん（明治四十四年生まれ）から採録した「飴売り唄」も同系の唄である。明治末年から大正初期まで秋から冬にかけて村々をめぐる水飴売りが歌ったものだという。

④〽アーこの山奥の奥山でヨー／紅葉踏み分け鳴く鹿の／アー寒くて鳴くのか妻恋いか／寒くて鳴くのじゃないけれど／アー七十四人の狩人に／アー追いつめられて谷底へ／死ぬる私はいとわねど／あと腹持ちたる腹ごもり／助けたまえよ山の神／この子助けてくれたなら／お手々合わせて拝みます

①②③④の共通点は、狩人に対するシカの怖れを述べたものであり、いずれも子ないしは妻子の無事・助命を求めて哀願する点にある。しかも、①③④の「寒さで鳴くのか……」の共通性には驚くばかりである。そして①④には「山の神」が登場する。

このように多くの共通点が見られることは、かなり広い範囲で「鹿の口説き」が歌われていたことを物語っていると言えよう。また②③④の「紅葉」にも注目しなければならない。特に③④の冒頭が百人一首の猿丸太夫作と伝えられる歌と一致している点に注目しておきたい。「鹿の愁嘆」としてはやや弱いが、次に示す歌も根底には前記のものと共通の土壌がある。

⑤〽かのししがやい　岩のはさまにひるねして　猟師来るかと夢に見た　夢もけさほとはうわの空　すすき尾ばなにだまされた（『鄙廼一曲』菅江真澄）

さらに、『万葉集』の「山辺には猟夫のねらひ恐《かしこ》けど、雄鹿鳴くなり妻が目を欲り」（二一四九）にも、猟師とシカの対立構造による悲劇を見ることができる。また同じ『万葉集』で、先にふれた「乞食者の詠」（三八八五）にも、「この片山に　二つ立つ櫟が本に　梓弓八つ手挟み　ひめ鏑八つ手挟み　鹿待つとわが居る時に」↕「さを鹿の来立ち嘆かく」といった対立構造が見られる。すなわち「鹿の愁嘆口説き」の祖型はすでに『万葉集』にあったことがわかる。逆に言えば、「乞食者の詠」にある「鹿の愁嘆口説き」の伝統が脈々と生き続け、近代に至っても全国各地で歌われていたということになる。「鹿の愁嘆口説き」系の文学や民謡は、発情期のシカと猟師とを描くことによって、シカに対する同情を強調して述べたものであると言えよう。ここにはシカの命に対する共感が見られ、作者・歌唱者・伝播者のいずれにもシカに対する親和の眼ざしが見られるのである。

3　シカをめぐる「誤射発心譚」

仏教以前の信仰心意や民俗をまといながら「不殺生戒」につながっていく説話は文献的にも口承的にも夥しい。その中の一つに、シカにかかわるもので注目すべき類型がある。

①『今昔物語集』巻第十九第七に、「丹後守保昌ノ朝臣ノ郎等射母成鹿出家セルコト」という話がある。——悪業の故にシカに転生した母が夢に現れて、明後日の狩に大きな女ジカが出るが、それは母であるから射ないでほしいと頼む。男は翌日、そのことを忘れてしまって狩場で大ジカに矢を放つ。ふり返った大ジカの顔を見ると母であった。男はそれから出家したという。

②『日光山縁起』に登場する有宇中将の前世は二荒山の猟師であった。母が山に入り、爪木《つまぎ》や菓（木の実）を拾っていた。「母は寒さふせがむために、鹿の皮をきたりけるが、木の下草深き所にて菓を拾ひけるを、猟士・鹿

と思ひて射てんげり」とある。有宇中将の孫がまた猟師として名高い猿丸太夫だとされている。

③山梨県南巨摩《みなみこま》郡身延《みのぶ》町大垈《おおぬた》では、イノシシ・シカなどを千頭獲ると「千丸供養」を行い、そのとき「奥山にもみぢふみわけ鳴く鹿の声聞く時ぞ秋は悲しき」という歌を唱えて猿丸太夫を祭る習慣があった。——昔、猿丸太夫が息子と二人でシカ狩に出て、息子にセコをさせたところ、息子をシカとまちがえて射てしまった。その供養のために猿丸太夫作の歌を唱えるというのである。またこの地では、狩の供養や祝いをする時には人が動物に見えるから気をつけなければならないと伝えている（山梨県南巨摩郡身延町大垈・佐野秀章さん・明治三十三年生まれ）。

④島根県邑智《おおち》郡旧邑智町の山中に「猿丸」という部落がある。その谷のいちばん奥に住む藤原よしさん（明治四十一年生まれ）が興味深い猿丸太夫伝説を伝えている。——昔、この地に猿丸太夫とその娘の「アキ」が住んでいた。猿丸太夫は猟が好きだが、娘は猟が嫌いで、何とかして父に猟をやめさせたいと考えていた。ある時、娘は父の獲ってきたシカの皮をかぶって藪の中を歩いていた。父はそれをシカだと思って射てみたら自分の娘だったのでそれを悔やみ、以後は猟をやめ、歌の道に励むようになった。「奥山にもみぢふみわけ鳴く鹿の声聞く時ぞ秋は悲しき」の「アキ」はこの娘の名前だというのである。猿丸の谷から一五分ほど歩いたところにアキの墓だと伝えられる墓があり（写真49）、近くには猿丸太夫の屋敷跡と伝えられる地がある。そこは萱と葛に蔽われていた。狩猟をやめ、歌の道に専念した猿丸太夫は帝に歌の力を認められ、阿波の鳴門の渦潮を歌の力で止めるよう命じられた。

写真49　猿丸太夫の娘アキの墓だとされる墓石。島根県邑智郡旧邑智町猿丸

⑤熊本県阿蘇郡高森町に猿丸というムラがある。猿丸は、高森の

マチから宮崎県の高千穂町へ向かう国道ぞいにあり、高森側から坂を登りつめたところにある。かつて二度ほど高千穂・高森間のバスに乗り、車窓から「猿丸」という停留所の表示を見て、即座に下車したい衝動に駆られたものだった。平成四年五月、やっと猿丸を訪ねることができた。高千穂に向かう道路のムラはずれで左側の山道に入る。三分ほど歩くと山中にタブの古木があり、その木の根もとに猿丸太夫の墓と伝えられる碑があった（写真50）。碑には、「なる神の音をも高き宿人の世を猿丸の奥津城ぞこれ・有雄」と記されていた。猿丸に住む佐藤貞一さん（明治四十年生まれ）によると、有雄というのは、幕末に生きた高千穂の人で、姓は甲斐と称したという。これとは別に、ムラの中にある観音堂に、かつて、地震の時には枝が地面についたという、径一・五メートルほどのカシの巨木があり、その根もとに猿丸太夫の母の墓と伝えられる墓があったという。佐藤さんは、猿丸太夫とその母にかかわる次のような伝説を語ってくれた。――猿丸太夫という人は猟が好きで、ある日猟に出かけたところ雨が降ってきた。母が猿丸太夫のために蓑を持って行ったところ、太夫は母をシカとまちがえて射殺してしまった。それから、猿丸太夫は猟をやめ、歌の道に精進するようになった。

写真50　猿丸太夫の墓と伝えられる墓石とタブの木。熊本県阿蘇郡高森町猿丸

右に示した①～⑤にはいずれも、シカを対象とする猟師が、母（①②⑤）、息子（③）、娘（④）などの肉親をシカと見まちがえて射殺してしまうという衝撃的な「誤射」の要素が語られている。その後の展開は、①発心（仏門）、

③伝猿丸太夫作の歌を唱して供養する。④⑤発心、仏門ではなく歌の道に専念する。これらに共通して底流するものはシカを狩る者の心の痛みであり、シカの命に対する共感であり、親和の眼ざしであり、シカの霊を鎮めんとする願望である。

さらに注目すべきは、①を除くすべてが、「猿丸太夫」にかかわっていることである。つまり、②③④⑤は狩猟と猿丸太夫の深いかかわりを述べ、猿丸太夫の出自が猟師だとしているのである。しかも、④⑤においては、猿丸太夫が発心後「歌」の道に専念したというのである。

4 猿丸太夫伝承

猿丸太夫とはいったい何者なのか。柳田國男は猿丸太夫に心を寄せ、『神を助けた話』の中で、猿丸太夫伝承やその伝承地を列挙している[37]。兵庫県芦屋・京都市深草・大阪府堺・京都府宇治川支流田原川上流部・近江奥曽東・信州戸隠山・加賀石川郡笠舞・福島県南会津奥、これに日光山の猿丸が加わる。

折口信夫は猿丸太夫について次のように述べている[38]。

族人の遊行するものが、すべて族長即、氏の神主の資格（こともちの信仰から）を持ち得た為に、猿丸太夫の名が広く行はれたものと考へてよい。其諷誦宣布した詞章が行はれ、時代時代の改作を経て、短歌の形式に定まったのは、奈良・平安の間の事であったらう。さうして其詞章の作者を抽き出して、一人の猿丸太夫と定めたのであらう。

また、「猿丸太夫は一人の実在の人物ではなく、一つの集団としての猿丸があった……」とも述べている[39]。柳田國男の整理した前期の伝承地や、筆者が紹介した事例と照らして考えてみると、折口説が実感的になる。全国に点在する猿丸地名や猿丸伝承地は、偶然の点在ではなく、折口の説くごとく、猿丸族人の遊行の果ての定着地だったと考えてよかろう。猿丸族人の職掌内容の実態は茫漠としてつかみにくいが、先学のさまざまな示唆がある。高崎正秀は、「唱導文芸の発生と巫祝の生活」の中で小野氏と猿丸の関係や、猿女と猿丸の関係等について多面的に論じている(40)。

また、柳田國男は、「秋田藩では猿舞しを「猿ご」とも猿太夫とも言うた。サルゴは恐らくは猿楽の古名で、二者の関係を説明する一の手掛りかと思ふ。猿太夫は塩谷申太夫の申太夫と共に、以前の普通名詞であつたらしい。会津越後日光其他の地方に於て、朝日長者の一人娘朝日御前、京の某中将を聟にして恠力の童子を産む、其名を猿丸太夫と称すと伝ふるは、秋は悲しきなどと詠んだ感傷的詩人とは必ず別人で、やはり其物語を語りあるいた猿舞の太夫が、曲中の主人公の名になつたもの……」と述べ、別に、「猿女の神事舞に猿を用ゐたことは、まだ何等の史料を得て居らぬ。併し猿女公と謂ひ、其祖を猿田彦と謂ふには理由が無ければならぬ。一方には古来行はるる厩の祈禱に猿を舞はしむる風習、之と関係ある厩に猿を繋ぐ東亜一般の旧慣には、何か至つて古い信仰の存在を思はしめ、又猿舞しの特殊の技能は、一定の家筋を伝はつて来たに相違無いから、今後の研究に由つて、猿女と猿屋との関係が見出されるかも知れぬ」とも述べている(41)。

こうした発言に耳を傾ける時、猿丸太夫は孤立した存在ではなく、猿女・猿太夫・猿舞わしなどと深いところでつながっていることに気づく。いわゆる猿丸太夫は歌人として知られるのであるが、猿丸族人は歌のみならず、猿にかかわる遊芸・多様な語り等広く芸能に通じていたものと考えられる。

猿丸伝承の動態には猿丸族人が、歌人猿丸太夫に収束され、猿丸族人の職掌・技能の多様な側面が「歌」に収斂されるという流れに対し、猿丸という地名や族人の末裔が、それ故に後発の伝承を吸収して太ってゆくといういま一つの流れが存在したと言えそうである。

5 呪歌と動物霊を結ぶもの

猿丸族人の職掌・技能レパートリーの中心の一つに文芸があった。折口が説くように、語り・歌謡などの詞章も豊富に伝承されていたはずであり、歌にもかかわったはずである。その歌は、単に文学としての歌ではなく、歌をもって呪術・信仰にかかわる、いわゆる「呪歌」のごときものであったことが考えられる。先に紹介した「石見の猿丸伝承」は、決して古いものとは思われないが、猿丸の職掌を象徴的に語るものとして注目される。そして、名高い、「奥山にもみぢふみわけ」の歌なども、そうした流れの一つだったと考えることもできよう。先に紹介した事例の中で、甲州の猿丸伝承では、猿丸太夫作と伝えられる歌が死者の霊を鎮める呪歌として用いられていたのであった。鹿児島県肝属《きもつき》郡旧大根占《おおねじめ》町の段平治家は狩猟の家で、狩猟伝書が伝えられている。中に次の呪歌がある。

おくやまのもみちふりわけみる鹿の声おしるべにいとわしや

一体、何ゆえに狩猟伝書の中に猿丸太夫作の歌と類似のこの呪歌が収められているのであろうか。おそらく、こうした呪歌は、獣の霊の鎮撫のために誦されたものにちがいない。「奥山にもみぢふみわけ鳴く鹿の声聞く時ぞ秋は悲しき」という猿丸太夫作と伝えられる歌も、シカを中心とした獣・動物霊の鎮祭に誦された可能性は否定できない。ここに、猿丸太夫の歌人と猟師の二面の伝承をつなぐ接点が見える。

猿丸太夫の職掌・技能のレパートリーの一つに、歌・歌謡・語り・猿舞わし等の芸などをもって動物霊の鎮撫を行うという特徴があったのではなかろうか。猿丸にかかわって伝えられる誤射譚は、単純に、仏教的な不殺生戒の伝説化したものだと見るべきではなく、仏教以前から伝わる固有の生命観をひきずり、それを語ることが動物霊の鎮撫と、猟にかかわった者の救済につながると考えられていたと推考することもできる。

六　狩る者の葛藤

1　鹿笛の伝承

牝ジカの鳴き声を擬した笛、「鹿笛」を作り、それを吹いて牡ジカをおびき寄せて狙撃するシカ狩のことを「笛鹿猟」という。この狩猟法は、シカの発情期に限って可能となる。静岡県浜松市天竜区水窪町向市場の猟師・川下勘三郎さん（明治三十六年生まれ）は、「ススキの穂が三穂出るとタカヤマのシカはサカリがつく（発情する）」と語る。そしてシカのサカリは茸と同じで高い方が早く、低い方が遅いと語る。松山義雄は、長野県伊那谷の猟師の伝承として、「猟師やお百姓が麦蒔き土用と呼んでいる、十月二十日ころを中心にした約一〇日間がシカのたき時（発情期）で、この期間が、シカの雌雄が山で生活を共にする年間唯一の機会である」と記している。[42] この他シカの発情期にかかわる自然暦は「鹿の子斑の象徴性」の項でも紹介した。

縄文時代、すでに鹿笛を使った笛鹿猟が行われていた。昭和六十年、長崎県上県郡峰町の、縄文後期の佐賀貝塚から一個の鹿笛が発見された。その詳細は正林護氏によって報告されている。[43] 図2は正林氏によるもので、左右六・五センチの楕円形で素材はシカの角、パイプ状の吹き口をつけ、振動膜を張って使ったものである。

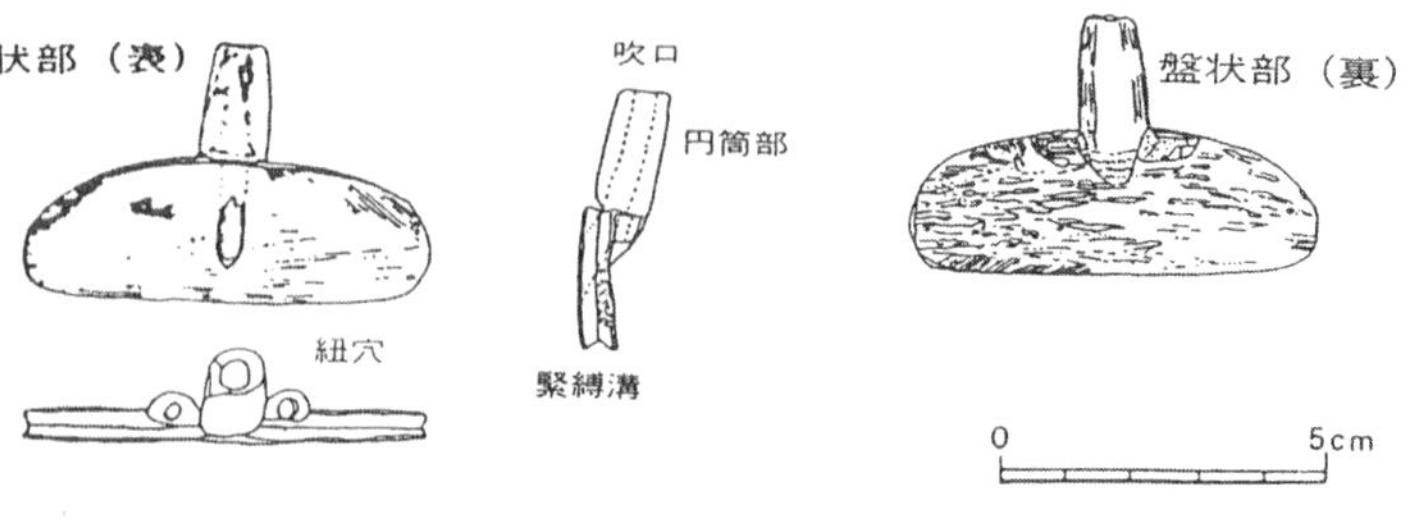

図2　長崎県峰町佐賀貝塚出土の鹿笛（縄文後期）（正林、1989）

これとほぼ同じ形であるが、くふうをこらした伝承を生かしながら鹿笛は、近代に至っても各地で生き続けた。それは、シカの異常増殖前夜まで続いた。以下に、各地の鹿笛と、笛鹿猟、それにまつわる伝承を記す。

①静岡県浜松市天竜区水窪町向市場・同佐久間町今田――この地方の鹿笛は写真51ⓑのとおりで、半月状の径は六センチ、台部はカシの木で、そのカシの木に径六ミリ、長さ二・五センチのスズダケをはめこみ、吹き口とする。笛の振動膜には「イボビキ」（ヒキガエル）の皮を張る。「イボビキの七《なな》剝《む》き目の皮」と称し、中はぎの皮を張るのだという。発情期の牝ジカは「ビービー」と鳴くので、その音に近い音を出すのが秘訣である。そのためにはイボビキの皮に湿気を与える必要があり、笛は湿した布に包んで持って行った。笛の吹き方は、吹き口をくわえ、笛の半円弧の真中を両手の拇指と人差指とではさみ、その両手の指を次第に弧にそって外側に動かしていく。すると「ビービー」と、中高の、尾を引くような音が出る。その音が牝ジカの鳴き声に似ているので、牡は「カイヨー　ピンヨ」と鳴いてやがて笛の近くに寄ってくる。鹿笛を使う場合、最初は地面に向かって低く吹いてみる。これは近くに牡ジ

写真51　鹿笛（上からⓐⓑⓒ）
ⓐ静岡県榛原郡川根本町長島、松原勝二さん使用
ⓑ静岡県浜松市天竜区水窪町向市場、川下勘三郎さん使用
ⓒ長野県飯田市上村程野、宮澤俊雄さん使用

カがいる場合を想定してのことである。はじめから大きい音で笛を吹くと、近くに牡ジカがいた場合、驚いて逃げてしまうからである。こうして近くに牡ジカがいないことを確かめてはじめて大きな音を出し、近づいて来ると笛を吹くのをやめる。やがて牡ジカは猟師の近くまでやってきて立つ。それをすぐには狙わずに、まず枯れ枝を少し折って音を出す。牡ジカはその音を牝の物音だと思って音のする方へ近寄ってくる。そこを狙撃するのである（川下勘三郎さん・明治三十六年生まれ。川下さんの鹿笛は佐久間町今田の竹十という猟師から譲り受けたものだという）。

②長野県下伊那郡大鹿村下青木――この地の鹿笛は大きさ・形ともに水窪町のものとほぼ同じであるが、台が竹で作られており、振動膜はシカの腹子（胎児）の皮だという。吹き方も水窪町の場合と同じである（菅原源吉さん・明治三十九年生まれ）。

③静岡県榛原郡川根本町長島――この地の鹿笛は写真51ⓐのとおりで、台はシカ角の又の部分で作り、振動膜はガマガエルの皮で作られている。台の横の最長部が六・二センチ、最も厚い部分が一・三センチ、その厚い部分に直角に径六ミリ・長さ二・八センチのスズダケの吹き口がさしこまれている。台はシカ角を最上としたが、カシの木を使うこともあった。この地では、かつてシカの発情期に山中に穴を掘り、その穴の中で鹿笛を吹いて牡ジカを寄せたという。「ビー」という牝ジカの鳴き声を出すと、牡は「カニロー」と鳴いて寄ってくるという（松原勝二さん・昭和二年生まれ）。

④大分県佐伯市宇目町――小枝の出たグミの木を台に使ってその小枝の芯に穴をあけて吹き口にした。振動膜はシカの腹子の皮またはガマガエルの皮を用いた（岡本久光さん・明治三十九年生まれ）。

⑤宮崎県西臼杵郡五ヶ瀬町波帰――スズダケを一節残して二寸ほどに切り、さらに、節のない方を斜めに切り、斜面の真中に笹で弁をつけて笛にした。秋、ススキの穂が出始めるころ笛で牡を寄せた。牡は「カンヒョー」

と鳴き、牝は「ピーン」と鳴いた（矢野勇さん・明治三十九年生まれ）。

⑥奈良県吉野郡十津川町川津――笛の振動膜にはカエルの皮がよいが、カエルの皮を使うと「ナガモノ」（ヘビ）が出て困ると言い伝えた（野崎常久さん・明治三十七年生まれ）。

⑦静岡県伊豆市湯ヶ島長野――この地でも、シカの角を台とし、スズダケの吹き口をつけ、ヒキガエルの皮、またはシカの腹子の皮を張った。ただしこの地には、ある猟師がヒキガエルの皮の鹿笛を吹いたらオロチが出てきたので以後シカの腹子の皮を張るようになったという言い伝えがある（浅田武さん・明治三十二年生まれ）。

ちなみに、松山義雄は、右に紹介した湯ヶ島のものと類似の伝承を次のように紹介している。(44)

遠山谷の猟師の中には、鹿のはらごの代りにいぼひきた――ひきた蛙の皮を張る人もあるが、この笛を吹くと蛇が集まってくるという言い伝えがあって、どの猟師もこの笛を吹くことを嫌っている。また、遠山谷の程野では、雌鹿の耳の皮を張るのがよいとも言われている。

ヒキガエルの笛がヘビ・オロチを呼ぶという伝承は、食物連鎖にもとづく伝承として注目すべきものである。静岡市葵区口坂本に「割石」というところがあり、シカ狩に関する伝説が残っている。昔、シカ狩の名人・五郎左が、そこでヒキガエルの皮を張った鹿笛を吹いてシカを呼ぼうとしたところ、大蛇が出てきて巨石を七巻き半巻いた。五郎左が銃で撃ったところ、大蛇もろとも巨石が真二つに割れた。それからこの地を割石と呼ぶようになった。――カエルとヘビの天敵関係・食物連鎖にもとづく伝説の一つである。

⑧和歌山県西牟婁郡すさみ町追川――以下は同地の根木彦四郎さん（明治三十八年生まれ）の体験と伝承による。

鹿笛の台はカシ・吹き口はスズダケ、カエルの皮を張るとハビ（マムシ）が寄ってくると伝えて、シカの腹子の皮を使った。シカはどの方角からやってくるのかわからないので、せめて背後に対する注意を断つために崖状地を背にする地形を選んだ。鹿笛を使う時間帯は夕方か夜明けで、「雲すかしでシカが見えるところ」をよしとした。鹿笛はまず地面に向かって吹き、しばらく様子を見てから少しあげて吹く。牡ジカが近づいてきた場合、さらに効果的な射程距離に寄せるために、牝ジカが森の地面の小枝を踏む音を模擬的に出す。小枝を土につけるようにして置き、拇指の腹で圧して折ると牡ジカは逃げてゆくが、拇指の爪先で圧して折ると寄ってくる。爪を使って折る音が、牝ジカが枯枝を踏む音と似ているというのである。――この微細な伝承こそ、笛鹿狩猟民俗の蓄積伝承である。発情期の牡の鳴き声は遠くで聞くと「カンヨー」と聞こえるが、近くで聞くと「ウォー」と聞こえる。シカの皮は周参見（現・すさみ町）の仲買人が買い求めに来たり、角は漁師が擬似餌を作るために求めに来た。ムラでは角を削って煎じ、熱さましに使った。

⑨徳島県三好市東祖谷字名頃――同地の名頃敏太郎さん（明治二十五年生まれ）は以下のように語っていた。鹿笛の台にはシカの角の又の部分を使った。振動膜にはシカの腹籠り（胎児）の皮を使った。しっかり張り止めるために、台に溝を刻んで糸で縛った。発情期は九月中旬から十月中旬の間で、笛を使う時間帯は午後三時ごろから夕方にかけてだった。二〇メートル前まで寄せたことがあった。

⑩徳島県海部郡海陽町塩深――以下は同地の東田万次郎さん（明治三十五年生まれ）の体験と伝承による。鹿笛の台は、ツノマタと称してシカの角の分岐する広いところで、そこを底にして、根の方から穴をあけ、先を吹き口にする。膜は「袋子」（胎児）の皮で、毛が生え始めのものがよいとされた。振動膜は三味線の糸を使って固定した。「ススキの穂が出始めるとシカのサカリ（発情）だ」と言い伝えた。笛鹿猟の季節である。日の出前か日の暮れる前でなければ笛を吹いても牡ジカは出てこない。笛で牝の鳴き声を模して、牡を呼ぶ。牡

の鳴き声は遠くで聞くと「コンヨー」と聞こえて美しい。近くで聞くとこわいくらいだ。鹿笛はまず、座って土にくっつくようにして吹く。枯枝を折ってその音で寄せる。一〇間ほどのところへ来ると動かない。

⑪高知県香美市物部町明賀――以下は同地の中山正義さん（明治三十六年生まれ）による。二の又の角で台を作って錐で吹き穴をあけ、シカの腹子の皮を張った。腹子の皮は毛を剃ってよく洗ってから板に貼って干した。使う時には水でもどしてから張った。地形や距離によって立って吹くところとしゃがんで吹くところとがあった。比較的近い時にはしゃがんで吹いた。牡ジカの声を遠くで聞くと「カンヨー」と聞こえるが、近づくと「ウー」と聞こえる。

⑫長野県飯田市上村上町――以下は同地の清水千里さん（昭和七年生まれ）の体験と伝承による。鹿笛の台にはカシの木を使う。長さ二寸・幅一寸・厚さ二分ほどの半楕円形で、それに長さ八分ほどのスズダケの吹き口をつける。振動膜にはヒキガエルの内皮を使う。春先に剝いで干しておき、使う時に水でもどして張る。牡ジカを呼ぶ時には、木陰で地面に這い、地面に向かって吹く。体を動かすな、と教えられた。

⑬長野県飯田市上村程野――以下は同地の宮澤俊雄さん（昭和十五年生まれ）の体験と伝承による。鹿笛の台は、シカ角（写真51ⓒ）・サクラの木・マユミの木などで作った。振動膜にはイボビキタ（ヒキガエル）の腹皮・シカの陰嚢・シカの袋子（胎児）の皮・仔ジカの皮・シカの耳の内皮などを使った。これらを干しておき、使う時には水苔で水分を与えてもどしてから張る。フィルムで試みたこともある。山では次のようにして使った。「シカは一里先の音を聞く」と称して注意をはらった。穴を掘り、穴の中に柴を敷き、その柴に向かって吹けと言われた。いま一つ、大木で背を隠し、前方を柴で囲む「トヤ」に籠る方法もあった。トヤでは銃を立てて置く。音を立てないようにする。吹き方は末広にしぼって吹け、と言われている。鹿笛は一度に吹くのは三回まで、それ以上吹くものではないと言われている。穴でも、トヤでも笛を吹く時には牡ジカに対して尻を

向けるようにして吹けと教えられた。決まる時には一回の笛で反応がある。反応があったら枯枝を折ってさらに近くに寄せる。枯枝の太さはマッチ棒三、四本ほどのものがよい。片手で折る。爪を掛けて折る。逃げられた場合には「シノビガエシ」という呼び返しの笛の吹き方がある。それは、低く、二回吹くのである。ここには事例⑧と並ぶ、詳細な技術伝承が見られる。

⑭長野県飯田市上村下栗小字屋敷——以下は同地の胡桃澤菊男さん（昭和五年生まれ）の体験と伝承による。鹿笛の台はヒノキで作った。振動膜はヒキタ（ヒキガエル）の腹の内皮を使った。干しておき、使う時に水で濡らしてから張る。狩場に入る手前に、いつも鹿笛の皮（膜）を濡らす場所があり、そこは「濡らし沢」と呼ばれていた。発情期の牡ジカは尾根筋を歩く。鹿笛は「ポワーアー」と吹く。

個人や集団で対象獣や対象魚を追ったり待ち受けたりして行う狩猟や漁撈がある。もとよりさまざまな捕獲具や漁具、それにまつわるくふうがこらされるのだが、人が獲物と直接的に対峙するこの形は狩猟・漁撈の基本である。狩猟においては猟犬の使用もある。

これらに対して、狩猟・漁撈においては長い間に対象となる生きもの、利用する生きものの生態・習性を利用してさまざまな捕獲法が開発伝承されてきた。それらは、狩猟で言えば、特定の生きものを人の知恵によって騙し、誑《たぶら》かして誘い捕獲するもの、また別に、特定の生きものの習性生態を熟知して、それを利用して別の生きものを捕獲するものもある。総じてみると、「誑誘・誑使型」とでも呼ぶことができる。以下のものがある。Ⅰ．捕獲物操掠型　①鷹狩——タカにウサギやキジを捕獲させておいて人がその獲物を横どりする形。②鵜飼猟——鵜にアユを捕獲させておいて人がそれを掠めとる形。次に、Ⅱ．食餌誘引型——対象鳥獣の好む食餌を罠・檻などの中にセットして誘引して捕獲する形。①檻（熊檻はクマをハチミツなどで誘引する）②抑圧罠（イノシシは甘藷などで誘引する。

イタチ罠なども ある)[45]漁撈関係ではさまざまな魚種その他の対象に対して多様な筌《うけ》・餌を使う。

さて、右に見たⅠ・Ⅱに対して、Ⅲ．発情期誘引型がある。それには以下のものがある。①擬似鳴声誘引型――生きものの鳴き声を擬似的な音を出す笛によって発生させて異性を誘引するもの。その筆頭にあがってくるのが牡ジカを対象とした笛鹿猟なのである。他に雉子笛猟などもあげられる。②囮《おとり》誘引型――漁撈関係ではサケ溯上河川における「ツナギメス」漁がある。メスザケを囮として繋いでおいて次々と寄ってくるオスザケを漁獲するものである。こうした囮猟は鳥類に対しても行われている[46]。

右に概括した、誑かして獣や鳥を誘引捕獲したり、鳥を誑かして使って鳥が捕獲した獲物を横取りしたりする狩猟や漁撈は生業という面から見ると生きものの生態や相互関係・棲息環境、気象条件と生きものなどとのかかわりを熟知し、技術的くふうを重ね、体験の中で試行し、伝承を蓄積してきた結果の文化だということになる。しかし、おのおの生きものの生命維持という面から見ると別の景色も見えてくる。

右の中で、当該の主題でもある笛鹿猟は特別重い意味を持つ。第一にシカが哺乳動物であり、その姿態の優美さ、とりわけ、目・瞳の澄明さ、仔ジカの愛くるしさなどは人の心を打つものであること、秋の夜の牡ジカの遠鳴きも心に沁みる。その上、笛鹿猟はシカの発情期に行うものである。鹿笛猟師はシカの恋路を阻害する者であり、シカが子孫を残すいとなみを破砕する者となる。しかも、鹿笛の振動膜には多くシカの腹子（胎児）の皮が使われてきた。シカから猟師を見れば猟師とは何とひどいことをする輩か――ということになる。残酷この上ないことである。猟師たちは、口にすることは少ないが、だれもが必ず、いくばくかの葛藤・心の痛みを抱いている。その語りを耳にしたこともあった。猟師たちは、葛藤を抱きながらも暮らしのために猟を続けてきたのである。それは、宮沢賢治の『なめとこ山の熊』[47]に登場する猟師・小十郎の心情と同じであった。

先に紹介した「シカの愁嘆口説」では、仔ジカの運命を心配する牡・牝の親ジカ（①）、腹ごもりを持つ牝ジカを思う牡ジカ（④）、腹にいる三月の仔を思う牝ジカ（③）、牝ジカ（母）と仔ジカを思う牡ジカの痛切な思い（②）などが語られている。ここには人のシカに対する思いの投影がある。これらは、伝播・歌唱の中で、殺生の抑止を誘い、猟師たちには自省を促したことであろう。誤射発心譚も同じくである。

誤射発心譚事例③の中で、誤射したわが息子の霊を鎮めるために、また、射殺してきた千頭の獣どもの霊を鎮めるために、伝猿丸太夫作の「奥山にもみぢふみわけ鳴く鹿の声聞く時ぞ　秋は悲しき」を唱するという。「もみぢふみわけ鳴く鹿の声」は発情期の牡ジカの声である。この歌の悲哀と哀切の響きは「笛鹿猟」を知る者にとって一層深いものとなる。それゆえに鎮魂・鎮撫の唄ともなる。鹿笛素材の吟味・伝承、振動膜湿化の技術、笛鹿猟の経験者が伝える、じつに微細で周到な笛吹きの実践、その時間帯、おのれの身の構え方、笛吹きの回数・膜のしごき方、牡ジカの反応を得た後の枯枝の扱い方など、まさに驚くべきものである。

シカの異常増殖の時代に入り、これからの笛鹿猟の復活はまずあり得ない。笛鹿猟は遠い昔の物語となり、やがて忘れ去られるのかもしれない。

2　禁忌伝承と諏訪信仰

毛皮を得るため、肉を得るため、角を得るために人はシカ狩をした。猟師と呼ばれる人びとは暮らしを支えるためにシカ狩をした。生きるために他の生きものの生命を絶つことに葛藤を抱かないものはなかったはずだ。ある者は伝猿丸太夫作の「奥山にもみぢふみわけ鳴く鹿の……」を唱えて千丸供養をした。また、ある者は諏訪大社で発する「鹿食免」の神札をもっておのれの内部の心の葛藤を鎮めた。そしてまた、「業尽有情　雖放不生　故宿人身　同仏果」（鳥獣は放任しておいたとしても永久に生きるものではない。狩猟によって鳥獣の命を絶つことが一見不善に見えても、殺生した鳥獣の肉を人が食べてやることは鳥獣の霊を救って生かすことになり、結果的には仏に帰依してよい報いを得る善行と同じである）という「諏訪の勘文」をよりどころとしておのれの心のバランスをとった者も多かったはずである。『沙石集』第一巻にも「生類ヲ神明ニ供ズル不審ノ事」と題する話があり、「諏訪の勘文」と同じ内容が語られている。

長野県飯田市上村下栗小字屋敷の胡桃澤菊男さんは、シカやイノシシがヌタを打ちにくる「ヌタ場」で獣を待ち受けて狙撃すれば効率のよいのはわかってはいるが「ヌタ待ち猟は行うものではない」という禁忌を語り、それを守ってきた。もとより猟師の中には「ヌタ待ち」や「ショバ待ち」をする者もいたが、ヌタ待ち猟の禁忌は、猟師の獣に対する思いの一端を語るものであり、それは結果として獣の種の保全にもつながった。

静岡県浜松市天竜区水窪町に麻布山（一六八五・一メートル）という山がある。麻布山の神は風神で、台風除けの効験があるとされている。[48] 同町針間野の林実雄さん（大正十年生まれ）は猟師で、シカ・クマ・イノシシその他を対象としてきた。林さんは麻布山のシカについて次のように語っていた。――「麻布山のシカは耳が切れている。耳の切れているシカは獲ってはいけない」。また、同町小畑の守屋鎌一さん（昭和十年生まれ）も、耳裂けジカを見ると、「麻布山のシカだなあ」と語りあい、これを獲ることはなかったという。このことに注目する時、麻布山周辺の猟師の中には、耳裂けジカ、麻布山のシカを狙撃対象とせず、その命を見逃す慣行があったことが考えられる。

柳田國男の『一目小僧その他』の中に「鹿の耳」があり、さらにその小節に「生贄の徴」という文章がある。[49] それは、諏訪大社の「耳裂鹿」の話で次のとおりである。

七五の鹿の頭の中に必ず一つだけ左の耳の裂けたのがまじっていた。「兼て神代より贄に当りて、神の矛にかかれる也」ともいって、これだけは別の俎の上に載せた。「諸国里人談」には「両耳の切れたる頭一つ」とあって、いずれが正しいかを決し難い。兎に角にこれは人間の手を以て切ったのでないから直接の例にはならぬが、耳割鹿でなければ最上の御贄となすにたらなかったことは窺はれる。

ここには「片目の魚」同様、「耳裂鹿」は神に選ばれたものだとする認識がある（写真52）。麻布山と諏訪大社は中央構造線でつながっており、麻布山の耳切れジカ（耳裂けジカ）伝承と諏訪の「耳裂鹿」を結ぶ水脈は否定できない。また、「風」と麻布山、「風」と諏訪大社のかかわりにも共通性がある。『日本書紀』持統天皇五年八月の条に「辛酉に、使者を遣して龍田の風神、信濃の須波、水内等の神を祭らしむ」とある。これにより古代、諏訪の神は龍田と並んで風の神として知られていたことがわかる。諏訪大社には薙鎌・風の祝・御射山祭など風祭りにかかわる神事や伝承があり、また狩猟とも深くかかわる鹿頭献供の「御頭祭」がある。古代、竜田の風神祭の祭料として「鹿角二頭・鹿皮四張」が献納されていたという。風祭りとシカとはつながっている。また、「耳裂鹿」・「七十五の鹿頭」・「鹿角二頭」など角つきの鹿頭が、「贄」として高い価値を認められていたことがわかる。中村生雄は『今昔物語集』に見られる三河国の話として、「国ノ者共風祭ト云フ事ヲして、猪を捕り、生ケ乍ラ下シテケルヲ見テ……」などをふまえ、風祭りとイケニエについて考察している。[50]

「麻布山の耳裂けジカ」については別な角度から考えておくべきであろう。ここには「麻布山の耳裂けジカ」は、麻布の神に選ばれたシカ、麻布の神の御贄となるべきシカだという認識が見られる。猟師がこれをみだりに捕獲することは許されなかったのである。これを敷衍すれば、麻布山のシカは獲ってはいけないということになる。「麻布山のシカは耳が裂けている（切れている）」という伝承は、麻布山のシカは信仰による禁猟のシカだということに

写真52　耳裂けジカ。長野県茅野市、守矢史料館

なる。シカはもとより移動する動物ではあるが、麻布山の神域が、信仰にもとづく伝承上の禁猟区になっていたと考えることもできるのである。シカの増殖が進み、個体数が激増し、多様で甚大な獣害が出ている現今では考えにくいことではあるが、信仰にもとづく伝承上の禁猟区が、資源保全・種の保全に大きく貢献していた時代があったことはまちがいなかろう。それは、大井川上流部右岸、田代諏訪神社の神饌として調達されるアマゴとそれを漁獲する谷、大井川支流の明神谷との関係と相通じるところがある（「魚・貝」の章参照）。諏訪神社の神饌にするアマゴを漁獲するために、平素は明神谷を禁漁の谷として人びとはこれを守ってきた。そのことは、アマゴの資源保全、種の保全に貢献してきたのである。

先に引いた柳田國男の文章の中に「七五の鹿の頭」とあるのは、かつて諏訪大社の「御頭祭」に献供されていたものである。菅江真澄は天明四年（一七八四）三月六日（酉）、諏訪の上社で「御頭祭」を見て次のように記している[51]。

……前宮といふ処に十間の直会殿ありて、鹿の頭七十五、真名板のうへにならぶ。このなかに、耳さけの鹿は神矛にかかるといへり。歌にいはく、「かねてしも神のみそなへ耳さけの鹿こそけふの贄となるらめ」……。

現在では「御頭祭」は四月十五日に上社前宮で行われ、剝製の牡ジカの首が他の神饌とともに献供される（写真53）。本来は旧暦三月酉の日に行われていたので「酉の祭」とも通称される。諏訪の信仰は、水・風・狩猟・農・軍など多岐に及んでいるが、旧三月酉、新暦四月十五日という日は、まず、農の始まりを思わせる。しかし、そこに必要な信仰要素が複合・底流してきているのであ

写真53　諏訪大社・上社前宮における御頭祭

る。例えば、「七十五の鹿頭」について松山義雄は以下のように記している。[52]

東は遠州の千頭の辺から、北は遠山谷北端の地域に至る地域の間で、鹿頭を毎年十二個奉献することになっていたと言われる。この鹿頭の輸送にあたっては、〝諏訪明神行き〟としたためた布の送り旗をつけて路上に置いておくと、通行人が自分の行く先までずつ、鹿頭を運んでくれるのが習いであった。

鹿頭が人びとの善意によって諏訪大社まで送り届けられていたというのである。静岡県浜松市天竜区佐久間町今田の高橋高蔵さん（明治四十一年生まれ）は先人から聞いた話だとして次のように語っていた。――諏訪大社に献供される鹿頭には送り旗のほか、牡ジカの角の間にシデ（垂）をたらした注連縄が張られていた。これらの鹿頭はいずれも猟師によって捕獲されたシカのものであり、猟師たちはいずれも、「諏訪の勘文」の内容を想起し、諏訪の神に祈りをささげたことであろう。

諏訪大社の系譜を引く各地の諏訪神社の中にも鹿頭を供えたり、「鹿食免」のもとにシカ肉を共食したりするならわしがあった。

①埼玉県秩父市尾田蒔・諏訪神社：鹿頭祭
②長野県下伊那郡天龍村坂部・諏訪神社：かつて鹿頭を献供したという伝承がある（鈴木愛正さん・明治二十九年生まれ）。
③静岡市葵区田代・諏訪神社：猟師たちが豊猟を祈って瑞垣に鹿頭を掛ける習慣があったとされる。昭和五十一年に宮司の滝浪文人さん（大正五年生まれ）に調査していただいたところ、三の叉の角をつけた頭蓋骨が一個発見された。

④三重県伊賀市諏訪の諏訪神社では、明治三年までは一月五日（もとは二日）の宗旨祭にシカの肉を供え、氏子の代表数名がそれを食べるという形がとられていたが、明治四年以降、「羽」をもって数えるウサギの肉に替えて現在に至っている（茶本嘉郎さん・明治四十三年生まれ）。

全国各地の諏訪系神社のシカに関する伝承をさぐり直してみる必要があろう。

注

（1）幡鎌一弘「神鹿の誕生から角切りへ」（奈良の鹿愛護会監修『奈良の鹿――「鹿の国」の初めての本』あをによし文庫・京阪奈情報教育出版・二〇一〇）。
（2）渡辺伸一「近代における奈良の鹿――「共存」への模索と困難（一八六八〜一九四五）」（奈良の鹿愛護会監修『奈良の鹿――「鹿の国」の初めての本』あをによし文庫・京阪奈情報教育出版・二〇一〇）。
（3）柳田國男「椿は春の木」初出一九二八（『豆の葉と太陽』創元社・一九四一、『柳田國男全集』12・筑摩書房・一九九八）。
（4）環境省近畿地方環境事務所『大台ヶ原自然再生事業　苔むす森をふたたび――一〇〇年先を見すえて』二〇〇七。
（5）柴田叡弌・日野輝明編著『大台ヶ原の自然誌・森の中のシカをめぐる生物間相互作用』（東海大学出版会・二〇〇九）。
（6）柳田國男『後狩詞記』初出一九〇九（『柳田國男全集』1・筑摩書房・一九九九）。
（7）松山義雄『続・狩りの語部――伊那の山峡より』（法政大学出版局・一九七七）。
（8）早川孝太郎『猪・鹿・狸』初出一九二六（講談社学術文庫・一九七九）。
（9）平林章仁『鹿と鳥の文化史』（白水社・一九九二）。
（10）森浩一『日本の深層文化』（ちくま新書・二〇〇九）。
（11）藤原茂樹「春は皮服を著て――北国のうた・まつり・芸能」（上野誠・大石泰夫編『万葉民俗学を学ぶ人のために』世界思想社・二〇〇三）。

(12)菅江真澄「委寧能中路」(『菅江真澄全集』第一巻・未来社・一九七一)。
(13)平林盛得「空也」(乾克己ほか編『日本伝奇伝説大事典』角川書店・一九八六)。
(14)金井清光氏は春日山・御笠山という固有名詞があるところから、これらは中世に奈良で歌われた歌謡であろうとしている(『民俗芸能と歌謡の研究』東京美術・一九七九)。
(15)岡田精司「古代伝承の鹿」(直木孝次郎先生古稀記念会編『古代史論集・上』塙書房・一九八八)。
(16)辰巳和弘『高殿の古代学——豪族の居館と王権祭儀』(白水社・一九九〇)。
(17)柳田國男前掲(6)に同じ。
(18)早川孝太郎前掲(8)に同じ。
(19)野本寛一『軒端の民俗学』(白水社・一九八九)。
(20)早川孝太郎前掲(8)にも「以前はどこの家でも、軒に鹿の角をつるして、蓑掛けにしてあった。そうかと思うと土間の厩の脇の小暗い所につるして、作りたての藁草履が引っ掛けてあるのだった。大黒様の真黒に煤けたのにつるして、枝の一つ一つに種袋が結びつけてあった」といった記述がある。私が全国各地の山村を歩いた昭和五十年代まではこうした情景が普通に見られた。こうした鹿の角は、奥山と、その力と、それにある種の憧れを抱く里人の心を結ぶ素朴なよりどころになっていたのである。
(21)松山義雄『狩りの語部——伊那の山峡より』(法政大学出版局・一九七七)、同『続・狩りの語部——伊那の山峡より』(法政大学出版局・一九七七)、同『続々・狩りの語部』(法政大学出版局・一九七八)。
(22)こうした考え方は丸山直樹氏の平素の主張であるが・二〇一七年四月、八木洋行氏を通じて筆者はこうした内容の草稿を読ませていただく機会を得た。
(23)宮沢賢治「鹿踊りのはじまり」初出一九二四(『注文の多い料理店』新潮文庫・一九九〇)。
(24)池田彌三郎「陸中岩泉のしし踊り」初出一九三五(『池田彌三郎著作集』第三巻・角川書店・一九七九)。
(25)折口信夫「乞食者詠の一つの註釈」初出一九二四(『折口信夫全集』第一巻・中央公論社・一九六五)。
(26)野本寛一「猪・鹿にかかわる神事と芸能」(『焼畑民俗文化論』雄山閣出版・一九八四)、引佐町教育委員会『川名のシシウチ行事——国選択無形民俗文化財記録保存報告』(一九八八)、浜松市教育委員会『滝沢のシシウチ行事——国選択無形民俗文化財記録保存報告』(一九八八)。
(27)野本寛一「狩猟・農耕の民俗複合――模擬狩猟儀礼を緒として」(『東アジアのなかの日本文化に関する総合的な研究』東北芸術工科大学東北文化研究センター・二〇〇七)。
(28)『諏訪大明神絵詞』には諸本があるが、ここでは金井典美『諏訪信仰史』(名著出版・一九八二)所収の、梵舜本・権祝本の対照によった。
(29)武井正弘編著『年内神事次第旧記』(茅野市教育委員会・二〇〇〇)。
(30)櫻井弘人「三遠南信地域のシカウチ神事と諏訪信仰――鹿の霊性に寄せて」(『伊那民俗研究』第二十三号・二〇一五)。
(31)藤森栄一『縄文農耕・藤森栄一全集』第九巻(学生社・一九七九)。
(32)「縄文時代のマメ」(『大阪府立弥生文化博物館・平成24年度秋季特別展・縄文の世界像――八ヶ岳山麓の恵み』図録(大阪府立弥生文化博物館・二〇一二)。
(33)中沢道彦「縄文農耕論の今日的意義と中部高地における縄文時代の植物利用」(『大阪府立弥生文化博物館・平成24年度秋季特別展・縄文の世界像――八ヶ岳山麓の恵み』図録・大阪府立弥生文化博物館・二〇一二)。
(34)今栄蔵校注『芭蕉句集』(新潮日本古典集成・一九八二)。
(35)井本農一・堀信夫ほか注解『芭蕉句集』(完訳日本の古典・小学館・一九八四)。
(36)竹内勉『民謡――その発生と変遷』(角川書店・一九八一)。
(37)柳田國男「神を助けた話」初出一九二〇(『柳田國男全集』3・筑摩書房・一九九七)。
(38)折口信夫「国文学の発生(第四稿)・唱導的方面を中心として」初出一九二七(『折口信夫全集』第一巻・中央公論社・一九六五)。
(39)折口信夫「歌及び歌物語」初出一九二九(『折口信夫全集』第十巻・中央公論社・一九六六)。
(40)高崎正秀「唱導文芸の発生と巫祝の生活――俵藤太物語を中心として」初出一九三二(『高崎正秀著作集』第五巻・桜楓社・一九七一)。
(41)柳田國男前掲(37)に同じ。
(42)松山義雄前掲(7)に同じ。

（43）正林護「鹿笛は語る」（『古代合衆国・九州』九州歴史大学事務局・一九九一）。
（44）松山義雄前掲（7）に同じ。
（45）この類型については野本寛一『生態民俗学序説』（白水社・一九八七）の中で、「鷹狩」「鵜狩」について詳述した。
（46）野本寛一『民俗誌・海山の間・野本寛一著作集Ⅴ』（岩田書院・二〇一七）。
（47）宮沢賢治「なめとこ山の熊」（『宮沢賢治全集』7・ちくま文庫・一九八五）。
（48）野本寛一『自然と共に生きる作法――水窪からの発信』（静岡新聞社・二〇一二）。
（49）柳田國男「一目小僧その他」初出一九三四（『柳田國男全集』7・筑摩書房・一九九八）。
（50）中村生雄『祭祀と供犠――日本人の自然観・動物観』（法蔵館・二〇〇一）。
（51）菅江真澄「すわのうみ」（『菅江真澄全集』第一巻・未来社・一九七一）。
（52）松山義雄前掲（7）に同じ。

クマ

はじめに

クマはわが国に棲息する野獣の中で最も大型で、哺乳綱食肉目クマ科に分類される。北海道にはエゾヒグマが棲息し、ニホンツキノワグマは青森県から山口県に及ぶ脊梁山地に棲息する。四国では隔離状態で棲むとされ、九州では絶滅したとみられている。エゾヒグマが河川に溯上するサケを捕食する様子はしばしばテレビで放映されるし、エゾヒグマが時に、ウシ・ウマ・ヒツジなどに危害を与えることも知られている。また、クマがアリやハチミツを好むことも知られている。クマは動物系の餌のみならず、ブナ・コナラ・ミズナラ・クリ・ヤマブドウなどの木の実、フキ・タケノコ・ブナの新芽なども好んで食べる。ここではエゾヒグマにも若干はふれるものの、ニホンツキノワグマを主たる対象とする。

ニホンツキノワグマは漆黒の体毛に覆われ、前胸部に純白の、三日月型の月の輪を印すという特異な造化の意匠を纏っている。人里離れた奥山に棲み、神秘感すら与える姿態を持つニホンツキノワグマ（以下、クマと記す）は、人里やマチに住む人びとの空想をかきたててきた。冬季穴籠りをすること、牝グマは穴籠り中に一～二頭の仔グマを出産し、春、母グマは仔グマを連れて穴から出るといった生態はこの国の人びとにさまざまな想像や刺激を与えてきた。

写真１　クマ出没注意の看板。鶴岡市、村山市、遠野市

西洋系医薬品が普及する前、熊の胆《くまのい》（胆嚢）は薬の王者であり、クマはその提供者だった。クマの伝承像は里びとの中で肥大化、増幅した部分もある。一部には「隈（くま）」や「曲（くま）」との字音上の混同もあるが、クマタカ・クマワシ・クマゼミ・クマバチ・クマデ・クマワニ・クマネズミ・クマビル・クマワラビなどは、大きさや力の強さを強調する接頭語として「クマ」が使われた例である。

民俗学はこれまでもクマに対する関心を示し、さまざまな成果をあげてきた。千葉徳爾は狩猟儀礼を中心として多くの成果を示してきたし[1]、佐久間惇一も多面的な調査を行った[2]。赤羽正春氏はクマの生態伝承に着目した[3]。また、田口洋美氏が越後三面《みおもて》において季節のめぐりの中で人とクマとのかかわりを描いた仕事は貴重である[4]。この他にも多くの成果がある。

現今、気候変動や生活様式の変化、山村の極度な過疎化、人の棄捨する残余の甘味食品、残飯類の誘引などによってクマの人里接近の度は増した。そうした中でクマの人的被害は顕在化しつつある（写真１）。一方、自然と人との乖離性が増す中で、クマの観念化は加速しつつある。

クマと人のかかわりについて学ぼうとすれば、まず、猟師の体験と伝承を窓口とすることになる。ここでは手のとどく過去の伝承資料を中心として人とクマとのかかわりをなるべく多面的に探ることにした。

一　熊猟師の体験と伝承

クマという大型獣、なかんずくニホンツキノワグマについての理解を深めるために、ここでは、まず、クマに接する機会が最も多かった猟師の体験と伝承に耳を傾けることから始める。事例番号①から㉛を示しているが、一部に引用資料を示したものの、その大方は筆者の直接的な聞きとりによっている。クマにかかわる多面的な要素を検討しなければならないので、扱う要素や分量において各事例の均一性を欠くところがある。

まず、事例①で、山形県西置賜郡小国町五味沢小字樋倉の佐藤静雄さん（大正七年生まれ）の総合的な体験と伝承を示し、クマをめぐる民俗の概略を紹介して、以下は、およそ北から南へと資料を並べた。二節の「熊話《くまばなし》からの学び」の中では、本節との間を往復しつつ、別の資料も加えて分析を進めることとする。

⑴山形県西置賜郡小国町五味沢小字樋倉

当地は朝日山塊西南斜面を水源とする荒川に沿う最も奥深い地であり、マタギは、山越えで三面川水系の奥地をも狩場としてきた。同地の佐藤静雄さんは、狩猟・採集・渓流漁撈・農耕（水田稲作・畑作・カノ＝焼畑）を複合させて暮らしを立ててきた人である。以下は佐藤静雄さんの体験と伝承である。

この地の狩猟には十月十五日から四月十五日までの間に、ムササビ・テン・ウサギ・ヤマドリなどを対象として行う個人狩猟と、四月十五日から五月十五日までの間、春クマを対象として集団で行うクマ狩があった。クマ狩集団は四、五人から多い時は一〇人で、樋倉マタギのテリトリーには、荒川水系と三面川水系の二つがあった。

荒川水系は、西朝日岳と袖朝日岳の中間点から平岩山、そして長井市の五貫沢を下り、丸森峰から不動山（九三三メートル）、白太郎山（一〇〇二・八メートル）、柴倉山からまた、袖朝日岳への県境ラインを結んだ範囲だった。この範囲の中で、角楢沢のつまり、標高六五〇メートルの位置および、針生平の向かい山中、標高六〇〇メートルほどの位置にクマ狩小屋があった。

三面川水系は、岩井沢上流部の大上戸沢水源ガッコ沢と中俣沢の合流点、畑沢の水源より南、巣戸々山の西南斜面標高六〇〇メートルほどのラインから末沢峠を越えた位置以北といった範囲だった。小屋は末沢川の上流部、標高六〇〇メートルの東南斜面にあった。新潟県村上市三面マタギの勢力もこの範囲には及んでいなかったのである。猟期には、まず荒川水系上流部の山々で猟をし、一通り荒川水系を終えてから三面川水系の奥山に入るというかたちが多かった。三面川水系でも最初は末沢に入り、そこを終えてから岩井又沢へ入るのである。毎年、九月末から十月初め、マタギ小屋の小屋掛けに出かけるのが常であった。

マタギ小屋はおよそ次のごときものであった。地形にもよるが、南北三間、東西二間の広さで、南側の中央に三尺幅の出入口を作ってムシロを垂らした。屋根も壁面も萱《かや》（ススキ）で、ここに一〇人ほど泊まる。小屋の中央にイロリを作るのだが、イロリの西辺がヨコザでヤマサキ（頭領）の座となる。次席は東辺で、北辺はその次となる。一見、北辺が上座のように見えるが、ここは、南の入口から風が吹き込むので煙いために下位となる。四辺のうち最下位は南辺である。入口から雪が降り込んでくるからである。新米の若い衆の座はイロリの南辺となる。薪はブナまたはイタヤで、小屋に入ったところの左側に積んである。右奥隅には飯などを置いた。小屋は二年使うと傷みがひどくなる。

マタギの衣類はおよそ次のとおりだった。下は木綿のモモヒキをはき、その上に麻で織ったタッツケ（裁着）をはいた。麻のタッツケは雪がつかないと言われている。上は「ドンブグ」と呼ばれる綿入れ半纏である。山を歩く時は暑いのでこれでよかった。寝る時はカモシカの皮がよいとされた。カモシカの皮で作った沓《くつ》を履いたこともあったが、滑りやすくふんばりが効かなかった。ただし、夜寝る時は暖かくてよかった。カモシカの皮は、背皮にすると雪がつくし、暖かすぎるので、背皮にはイヌの皮をしょった。腰皮にもイヌの皮を使い麻紐で腰につけた。寸法は尺×尺五寸だった。春クマ狩にはT字型をした鉄のカンジキをつけるのが普通だった。

普通一週間の泊まり込みであるからそれなりの食糧を用意しなければならなかった。米・味噌・塩、それに、ダイコンの干し葉、サトイモのズイキなどである。米一斗に味噌をワッパ（メンパ）に三個分を一荷の基本とした。マタギの食糧としては、コナモチが好まれた。コナモチとは糯《もち》種の屑米を粉にして蒸して搗き、カマボコ型にして切ったものである。コナモチは固くならなくてよいと言われている。ズイキは一寸刻みにして味噌汁に入れた。佐藤さんの泊まり込みの最長記録は二〇日間だったという。二〇日泊まり込むと髯はのびるし、イロリの火に燻されるので顔中真黒になる。途中で獲物を里に運び、帰りに食料を運びあげなければならないのであるが、この運搬係には猟の下手な者が当たった。

クマ狩のために入山する折は、まず一同で上手の徳網のはずれにある山の神に参り、そこからは里言葉を禁じ、「山言葉」に切り替えた。山から下る折も同様にこの山の神を境として山言葉を里言葉にもどした。佐藤さんは次に示すように四〇語以上の山言葉を記憶している。大正七年生まれで四〇語以上の山言葉を記憶している人は稀であり、佐藤さんこそは最後のマタギだと言ってもよかろう。

以下佐藤さんが今も記憶している山言葉を記そう。上に里言葉、下に山言葉を示す。

①クマ↓シシ　②牡グマ↓シカ　③一歳グマ↓ワカメ　④二歳グマ↓ヤライ　⑤仔連グマ↓コツキ　⑥一歳仔グマ付↓ワカメツキ　⑦二歳仔グマ付↓ヤライツキ　⑧胆嚢↓キンチャック　⑨肺↓アカフク　⑩膵臓↓タチ

⑪心臓↓ホナ　⑫血↓ヤゴリ　⑬手足↓エダ　⑭内臓↓ウチドーグ　⑮男根↓サイタチ　⑯女陰↓サッペ　⑰皮を剝ぐ↓ナラス　⑱クマ狩↓シシヤマ　⑲狩場↓クラテ　⑳命中↓ヨオヨオ　㉑糞↓シダミ　㉒脱糞↓シダミホロキ　㉓追い込む↓フテル（クマが追い詰められたことに気付いて寝て動かぬ状態になることを指す）㉔山に泊まる↓スノ　㉕寝る↓フス　㉖弾道↓ヤミチ　㉗山刀↓キリハ　㉘槍↓ナメ　㉙椀↓モッツオ　㉚鍋↓クマ　㉛箸↓テコ　㉜笠↓アマブタ　㉝引返す↓ムジル　㉞サル↓アカッペ　㉟トリ↓サライ　㊱蓑↓ケンタイ　㊲米↓ハミ　㊳塩↓カリ　㊴味噌↓クサリ　㊵和尚↓カックイ　㊶目↓クバリ

右によればこの地にはかなり体系的に山言葉が残っており、マタギ集団は遅くまで山言葉を使っていたことがわかる。山言葉を間違えたり、山中で里言葉を使ったりすると先輩のマタギから厳しく叱責されたという。

ヤマサキはクマの習性や狩猟技術、捕獲儀礼などを熟知していなければならないのであるが、山の地形や気象条件などについての知識もなければならない。例えば雪崩について――二、三日晴れると雪が乾く。その上に新雪が降った場合は雪崩が起きやすい。そんな時ブナ林を歩くとビシビシと雪がしまる音がする。ヤマサキから、「急な斜面を歩くな」「雪庇の上を歩くな、峰を歩け」などと教えられた。吹雪に遭うと体力の弱い人からやられる。ある時、激しい吹雪に遭い、比較的体の弱いマタギが命を落とした。ところが、自分たちも危険になったので死者を峰の松の木に縛っておいて山を下り、吹雪がおさまってから死体を迎えに行ったことがあった。ヤマサキはこのように咄嗟の判断をしなければならないのである。この地では、山で死んだ者は山の神の前を通してはならないと言われており、死体は山の神の後ろ側を通るようにして運んだ。また、山で唄を歌うと山の神が雪崩を起こすとも伝えた。

樋倉マタギのクマ狩の布陣は図1のとおりである。この図は、沢を挟んだ両斜面を狩場としているのであるが、一つの狩場のまとまりのことを「クラテ」と呼ぶ。例えば、「針生のクラテ」「角楢のクラテ」といった呼び方をする。

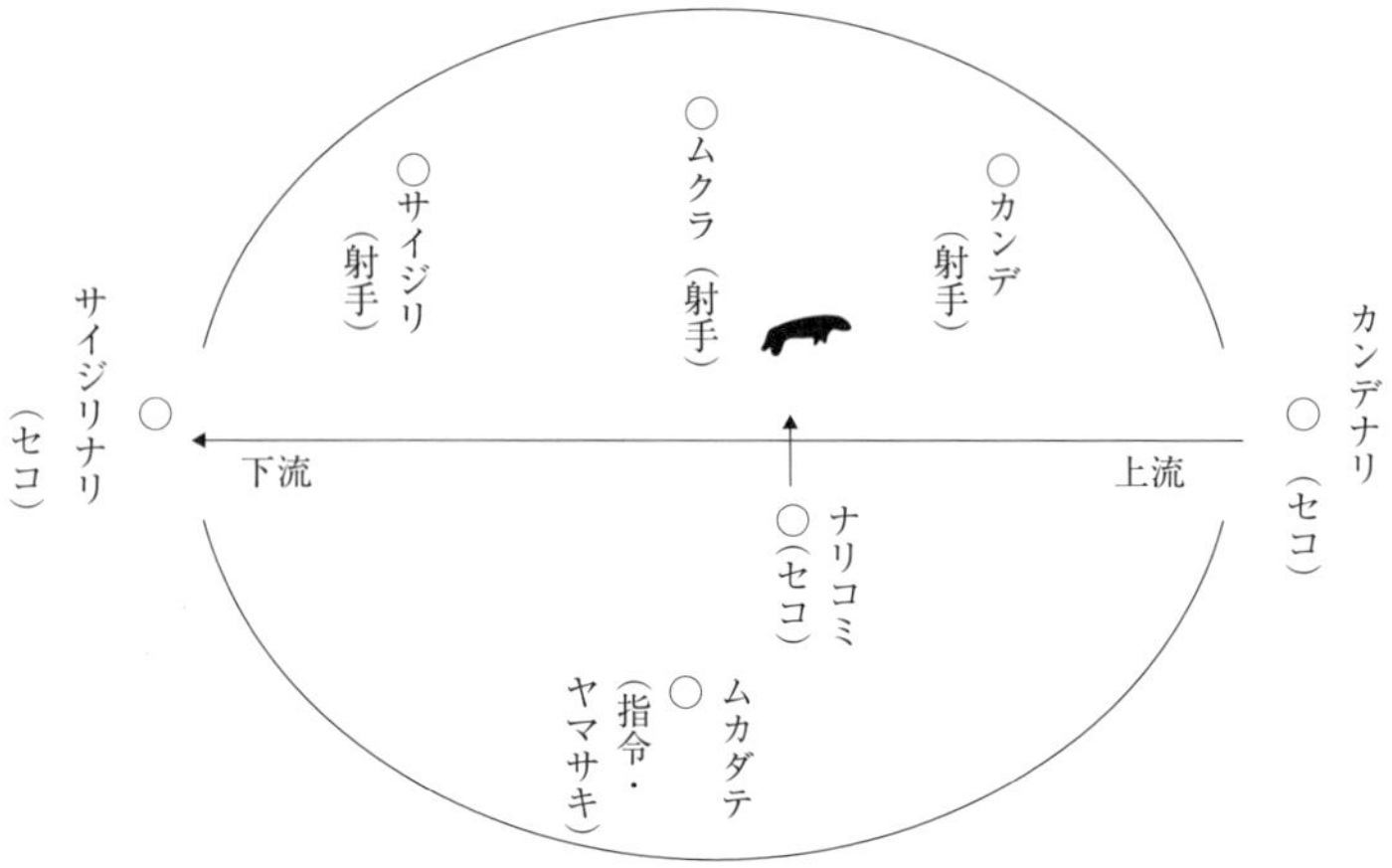

図1　樋倉マタギ　クマ狩の布陣

この布陣による集団狩猟は雪上で行うのが条件である。射手の中で最も腕のよい者は中心的な持ち場につくのであるが、これを「ムクラ」と呼ぶ。ムクラの上流側に配置する射手を「カンデ＝上手」、下流側に配置する射手を「サイジリ」と呼ぶ。向かいの山に「ムカダテ（向立て）」を置く。ムカダテは射手やクマのいる山に相対する山に立ち、クマの動きを観察しながらその動きを模倣するようなかたちで、それを向かい山の射手に伝達する役で、これには山のこと、狩猟のことに最も明るいヤマサキが当たった。

ナリコミとは「鳴り込み」の意で大声を立ててクマを追うセコ（勢子＝追い子）の役目を意味している。ナリコミは、本来、クマが動かなくなった時ムカダテ側から入れるものであるが、カンデナリ・サイジリナリも、「カンデナリコミ」「サイジリナリコミ」の略で、随時セコとして働くのであるが、同時にクマがクラテから逃れ出ることを防ぐ見張り役も務めることになる。雪が消えてヤブになると、この猟法は威力を失う。弾が細枝にさわってそれてしまうことがあるので、そんな時は弾が通る道に当たるヤブを山刀で伐っておかなければならない。

クマを仕留めた時は「ヨオ　ヨオ　ダ」と大声で叫んで仲間に知らせる。クマを仰向け、皮を剥ぐのであるが、皮に刃物を入れることを「皮目を立てる」という。①まず、下唇から下に向かって刃物を入れるのであるが、山刀を入れる前に「シバシタソワカ」と三回唱える。唱え終わると下唇から一気に股間まで切る。下唇から刃物を入れるということは、ニホンツキノワグマの「月の輪」を切ることになり、クマの生命を絶つ呪力が期待されていたものと思われる。続いて②仰臥状での右手を爪先から根方へ、③左手、④右足、⑤左足の順で刃物を入れ、全体の皮を剝がす。皮を完全に剝ぎ取ると、それをいただき、そのまま広げてクマの体に皮を掛ける所作を三回くり返す。

それが終わると解体に移る。解体は次の順序で行う。①腹の内皮を裂く。②肝臓と胆嚢を取る。③心臓を取り出し、「ホナワリ」と称して心臓に十字を三回刻む。心臓は山の神に供える。④ヤマサキが呪文を唱え、一同は拍手して礼拝する。⑤仰位右手（右肢）を切る。⑥仰位左手を切る。⑦仰位右足を切る。⑧仰位左足を切る。⑨頭を切る。⑩胴を二分する。⑪胴前半体を縦に二分する。⑫胴後半体を縦に二分する。

獲物の分配はヤマサキも含めて平等に行う。マタギ小屋に泊まる時は肝臓や肺などを煮て食べた。骨は分配し、血は腸詰めにして里へ持ち帰り、マタギの宴会の時に煮て食べた。血の腸詰めは次のようにして作った。棒を使って大腸を裏がえし、よく洗う。血と脂とを交互に入れて両端を縛る。これを持ち帰って煮てから切って食べるのである。肉の処理には二種類の方法があった。夏まで保存しようとする場合は甕か樽に塩漬けにし、当面食べる分は味噌煮にするが、汁がなくなるまで煮詰めてから甕に入れ、石のオモシをしておいた。塩漬け肉は田植時にもどして煮て食べることもあった。肉は目方で均等分配した。山から運びおろす時にはヤドメ（イヌツゲ）と呼ばれる針葉樹の葉で包んだ。肉は小国の町から仲買人が買いに来ることもあった。

熊の胆は、売った金を分配する場合と、干しあげた現物を分配する場合とがあった。熊の胆を商品にするには、コタツの中へ吊っておき、揉みながら板に挟んで形を整えた。熊の胆は春早く獲ったものほど良質だと言われ、青草を喰った熊の胆はよくないとされた。胆汁を使うからである。

クマの皮も売りものであり、この地のマタギは自分たちで皮張りをした。まず捕獲したクマの大きさに応じて広げたクマ皮の縦横よりも長い一五センチ角のスギ材を組んで長方形の木枠を作る。これを「ケタ」と呼ぶ。ケタ枠を依りどころとして縦に三本、横に五本の細角材を等間隔に結びつけ、さらに、クマの毛皮の胴体部の幅・丈にそって四寸ほどの余裕をとった寸法で、「ホケ」と呼ばれるスギの棒材を長方形になるよう細角材に結びつける。クマ皮の手足・頭部おのおのの先端にロープをつけてケタ枠に縛ってびっしりと張る。頭部は上の横木の中央部に三箇所くくる。クマ皮の胴部外周には等間隔に穴をあけ、糸縄（ミゴ縄即ち藁芯の縄）を通してホケにくくりつけ、たるみのないように張る。こうして、一〇日から半月かけて乾燥させるのである。もとよりケタ枠に張る前のクマ皮の脂を取り除かなければならない。脂取りは、山刀をよく研ぎ、四、五人の者が約二時間かけて丁寧に脂を除くのである。取った脂はフライパンに入れて火をかけ、油にする。これを髪の毛につけると髪が黒くなると言われている。

この地ではかつてカモシカも捕獲した。カモシカは二人の巻狩がよいとされていた。カモシカは、冬は警戒心が強いが、夏は動かない。カモシカの皮の鞣《なめ》しはコヌカを使って脂を除き、草鞋を履いて皮を踏むという方法をとった。また別に明礬《みょうばん》を桶に入れ、その中にカモシカの皮をつけておき、桶から出して踏むという方法もあった。

クマ皮は牝のものより牡の皮の方が良質とされた。それは、牝は仔を産み、仔に乳を吸われるために腹の毛が薄く少なくなるからである。そのように、毛の少なくなっている牝グマの腹の毛の状態を「ヒバラ」と呼んだ。

クマの冬眠穴籠りは冬至から春土用までだと言われているが、前年、ブナの実が豊穣の年は二〇日ほど早く穴から出るという。この地ではブナの実のことを「コノミ」と呼ぶ。ブナ林の雪解け水はブナの幹の根もとの周囲から広がってゆく。雨が幹を伝って落ちるのでそこから雪が消えてゆくのである。このようにして雪解けが径五メートルほどになると、積雪二メートルの場合にはブナの幹を中心に、深さ二メートル、径五メートルの円形の穴ができていることになる。このような穴は「根まわり穴」「根開き穴」などと呼ばれる。冬籠りの穴から出たクマがこのような円形穴に入って前年の秋落ちて幹の根もとにびっしりとたまっているブナの実を夢中になって食べていることがある。穴から出たクマは腹をへらしており、ブナの実は最高の御馳走だということになる。このようなクマは一人で行っても狙撃できるものだという。いわば檻の中のクマを撃つようなものである。

樋倉から奥の山の中心樹木は、ブナ八〇パーセント、シダミ（ナラ）二〇パーセントといった比率である。「ブナの実が不作の年はクマが里に下りる」と言われている。ブナの花は固まっており、花の多い年は遠くから見てもそれがわかる。そんな年はクマが里に下りることはない。先にもふれたが、春、穴から出たクマがブナの青葉を食べ始めると胆の歩止まりが悪いという。ブナの葉は春クマの好物であり、ブナの芽吹きは標高の低いところから高いところへと移動するのである。春クマもそれを追って低いところから高いところへと移動するのである。逆に、ブナの実は高いところから実り始め、実りは次第に低いところへと移動する。秋クマは、ブナの実入りにそって高位から低位へと移動するのである。その他、クマはクリの木の下へもやってくる。

この地には、「クマは大寒・小寒に獲ってはいけない」「寒のうちはクマの穴をのぞくな」というマタギの掟があり、これは厳正に守られてきた。この禁忌伝承は、「クマは寒のうちに仔を産む」という伝承にもとづくもので、種の保存、資源の保全を目的とした伝承である。しかし、穴グマを全く獲らなかったわけではなく、三月、雪が固まってから「穴見」をしたという伝承もある。穴見には三月末から四月初めに出かけた。巣穴は、ミズナラの木が最も多く、次いでブナ、その次が岩穴だった。最も高い位置の穴は高さ四メートルほど、低いものは根穴である。仔を産む牝グマは根穴、高い穴は牡、仔連れグマの穴も低い。一に出るのは仔なしグマ、二番はヤライ（二歳グマ）で、三はワカメ（一歳グマ）と言われた。ワカメはゼンマイ採りのころに出てきた。高い穴のクマは木を叩くと出てくるが「腰をはずしてから撃て」と教えられた。そうしないとクマを撃っても穴の中にもどってしまうからである。穴の中に棒をさしこみ、ひねってみて毛がついてきたら穴を鑿《うが》って撃つという方法もあった。母グマが仔グマを離すのは「イチゴバナレ」と称して二年目の初夏、イチゴが実るころ、仔グマが夢中でイチゴを食べている時に別れるものだという。

(2)青森県むつ市川内町畑

当地は恐山《おそれざん》山地の南麓に当たる。以下は同地の岩崎五郎さん（昭和六年生まれ）、大沢誠一さん（明治四十四年生まれ）の体験と伝承による。

クマは、冬眠から醒めて穴から出ると、さまざまな植物を少しずつ喰う。この地ではミズバショウのことをオオバコと呼ぶが、これは下剤となり、冬眠中にたまった糞を下す。カタクリの芽をフクビラと呼び、これも下剤効果があるので食べる。人も山菜として食べるが食べ過ぎてはいけないと伝えられている。この地では、クマ狩は明治時代はマタギを中心に全村をあげて行われたとされるが、後に個人のマタギを中心とし、おのおのムラびとの助力を得るというかたちになった。クマが獲れた場合、捕獲者の配慮により、ムラびと全員で熊汁の恵みに与る伝統がある。人びとは酒や精白ヒエを持って集まった。「熊汁はクマの力をいただくものだ」と伝えられていた。毎年、熊汁をいただくとゼンマイ採りや農作業が始まった。

なお、クマを捕獲した猟師は、クマを解体した後、自家において、剝いだクマ皮の上に膳にのせたクマの頭を据え、和紙を二枚重ね両面ともに精細な呪的切り込みを入れた四角の幣（ハタとも）を飾る。そうした後に、猟師は「ウカベトナエ」「ヨマゴト」などと呼ばれる祭文を唱してクマの霊を祭ったのだという。祭文は家伝、口伝で文字化されてはいない。大沢さんは「四つ熊を獲ると七代祟る」という禁忌伝承を語る。

千葉徳爾も当地に入り、当地のマタギは青森県三戸郡田子の工藤次郎兵衛と岩崎佐十郎が移住したもので、南部藩領主のお抱え猟師だったことを確かめてはいるが「ウカベトナエ」や「ヨマゴト」の詳細については言及していない。(5)「ウカベトナエ」は、クマの頭と毛皮を整えて「霊を浮かべるトナエゴト」を唱し、クマの霊を祭る儀礼を行っている点に大きな特色がある。対象は山の神ではなく、クマの霊なのである。「ウカベ」は、射殺したクマの霊を浮かべ、送ることで、後に、送られたクマの霊が、肉体・胆・毛皮などを復活させて人間界に再来することを願ったものと考えられる。「ヨマゴト」は、「ヨミゴト」「ヨゴト」に通じる「禱言」であり、この儀礼にあっては「ヨミガエリゴト」であった可能性が否定できない。

(3)青森県中津軽郡西目屋村砂子瀬

当地は岩木山と白神山地の間にある山のムラである。以下は同地の鈴木忠勝さん（明治四十年生まれ）の体験と伝承による。

クマを捕獲した場合、一同は被りものをとり、クマを頭北仰位に据え、礼をする。まず顎から腹へかけて真中を裂き、次に手足の皮を剝ぐ。全体の皮を剝ぎ終えると二人のマタギが剝いだ皮を持ち、逆にまわって、クマの頭部に尾部の、尾部に頭部の皮を掛ける。これを「サカサガワ」という。このときサキ（首領シカリ）が「千マル、二千マル、三千マルまでとりかかる」と唱える、次に「サンベンヒラキ」と称して心臓に十字を入れる。シカリはこの時「サンベンヒラク」と誦する。対して一同が「ヨシヨシ」と応じる。サンベンとは心臓のことで、サンベンヒラキをしなければ動物は死なないと伝えている。サンベンヒラキが終わると、肝臓・心臓・首肉を細かく刻んで混ぜ合わせ、串ざしにし、クマを得た土地の神、狩猟の名人で神格化されているギョートク様、山の神様に供える。土地の神とギョートク様には先端に首の肉を刺して他の肉を三切れか七切れ、山の神様には先端に首肉を刺して一二切れ供える。シカリが「一にはタタゲの神様（土地の神）にあげます。二にはギョートク様にもあげます。三には山の神様にあげます」と唱えてあげる。山の神の一二切れは山の神は女で子だくさんだからだと伝えられていることによる。「十二山の神」ともかかわる。

(4)青森県西津軽郡深浦町大山

当地は追良瀬川ぞいの稲作のムラであるが、狩猟・河川漁撈も盛んだった。以下は同地の前田正男さん(大正四年生まれ)による。

当地のクマ狩は集団狩猟で、時期は四月二十日から五月二十日までの間だった。捕獲儀礼は次のとおりである。クマを仰位にし、まず月の輪に刃を入れて下方におろす。次に右手、左手、右足、左足の順に刃を入れて皮を剝ぐ。皮を剝いだら、頭部を尾部に、尾部を頭部にと逆にしてクマの体に皮を掛ける。次に心臓に十字を刻む。

(5)岩手県岩手郡雫石町鶯宿《おうしゅく》小字切留

当地は真昼山地モッコ岳(一二七八メートル)東麓のムラである。以下は同地の横田捷世さん(昭和十八年生まれ)の体験と伝承による。

堅雪渡り、雪渡りができるころ雫石の町から崖山を見ると、雪解けの土や岩肌が雪の中にV字をなして点々と見える。マタギたちは、それを見て「カラスが出てきたから、そろそろクマ狩に出てもいいぞ」と語り合う。

そのころ、家の裏山のブナは芽を吹いている。ブナ林の下の堅雪の上にはブナの葉芽・花芽のカッツア(カラ=苞葉)が赤茶色に散り敷いている。ブナ林のブナの木の根もとの雪が木自身の熱や幹を伝う雨水などで解けてドーナツ型の穴をなしている。この穴は、地方によっては「根開き」「根まわり穴」などと呼ばれる。ここに前年のブナの実が落ちてたまっている。ブナの実は「ブナクルミ」とも呼ばれ、その味はクルミに似て美味、クマの大好物である。

生母内沢上流部のクマは穴の口を塞いでいた雪が消えると穴から出る。上流部のクマは、根まわり穴のブナの実や、その周辺の雪を掘ってブナの実を喰う。これを「ホリバミ(掘り食《ば》み)」と呼ぶ。ホリバミをしながら山の低い方へ下るのである。なぜなら、雪は下から消え、ブナの芽は標高の低いところから高い方へと順に開いていくからで、高位置のクマはブナの芽を目指して下方に向かって移動するのである。下方に至ったクマは、今度はブナの芽を喰いながら順に高いところへ上っていく。ここには気温の変化とブナの発芽にともなうクマの移動があり、人の狩猟活動がこれに連動するという生態構造が見られる。ブナの実は八年に一度豊作になると言われている。ブナの実の豊作の翌春には、出グマの、「ブナの実からブナの芽へ」という移動がより顕著に見られる。とはいえ、「出遊び一週間」と称して、穴から出て一週間以内に捕獲しないと、クマが胆汁を使いすぎるので熊の胆《い》の価値が下がってしまう。

雫石町鶯宿小字切留は戦前一三戸、現在は七戸で猟師が三人いる。クマを捕獲すると、頭北伏位に寝かせ、その背に銃口を交差させるかたちに銃をおき、トリキシバ（クロモジ）の枝の太いところを長さ尺五寸ほどに切り、上部の皮を剝き、白木の周囲を羽状に削り出して削り掛けを作る。これを伏位のクマの右肩上の雪の上に挿し立てる。続いてシカリが「四方阿弥陀」を唱える。「北は御仏の浄土　南は九品内　西は弥陀の浄土　東は冥護三界　これにて熊は成仏するものなり」「南無西方無量寿岳仏」（三回）と唱える。一同低頭。山の神には獲物をたまわった御礼の祈りをささげる。肉も骨も均等分配だが、頭は「トメ矢」（狙撃者）がもらう。心臓・肝臓は塩焼きにする。肉・骨を分ける時、四分の一から九分の一ほど別にしておき、これを「モテナシ」すなわちムラの共食用にした。

クマ狩の前日に、「ムジリ」と称してクマの偵察に行き、方向・位置を判断した者に一人前が与えられた。祖父の横田金太郎が熱心な熊猟師だったので、横田家でモテナシをすることが多かった。

モテナシの熊汁は土間にある味噌を煮る二斗釜と竈を用いた。ムラの人びとに「骨かじりに来い」と声をかける。人びとは、ドブロクと漬けものを持って集まってくる。

宿では、まず背骨を二節ずつに切断、肋骨一本を半分に切って味噌味で煮る。人びとが骨をかじり終わってからネギを入れる。ネギ以外には、ゴボウ、ダイコンを入れた。

モテナシには、鉄砲撃ちの両親と妻は必ず来ることとされていた。その他は、切留の者なら誰が来てもよいことになっていた。

モテナシをした後は、板の間の床がクマの脂で滑りやすくなった。横田さんは、子供のころ何回も滑って転んだことがある。当地には肉を雪の中に埋めると腐るという言い伝えがあり、肉を保存する場合はタライの中に雪を入れ、その上に肉をのせておいた。横田さんの子供のころ、母屋の北側の軒下にはクマの頭蓋骨が五個並んでいた。横田家は代々狩猟の家だったことがわかる。この地でも、クマ狩・クマのモテナシが終わるとゼンマイ採り・農作業が始まった。

⑹岩手県岩手郡雫石町大村

当地は和賀岳（九一三メートル）東北斜面を水源とする南畑川ぞいの谷である。以下は同地の檜山善六さん（昭和八年生まれ）の体験と伝承による。

クマ狩の狩場は毒ヶ森（九一九メートル）・駒頭山（九四〇メートル）である。猟期および狩猟法には二種があった。一つは「シノビ」と呼ばれる単独行で、これは十一月十五日からクマが冬眠の穴籠りをする冬至前までである。穴籠り前のクマの摂餌活動は盛んで、クマが最も好むものはブナの実であり、シノビ猟師はブナの実がたくさんあるところを歩く。春、ブナの花が遅霜にやられることがあるが、そんな時ブナは不作になる。しかし、総じて山の低い方では早く雪が解けて早く花が咲くため遅霜にやられることが多いが、高いところは花が遅いので霜の害は少ない。シノビのクマ狩は高いところのブナ林をめぐることになる。

平成七年はブナの実のナリ年で、檜山さんは毒ヶ森のブナ林でシノビで一四〇キロのクマを捕獲した。しかし、熊の胆はカラだったという。盛んな摂餌活動で胆汁を使い果たしていたのである。冬眠前の秋グマは総じて胆汁が少ないのであるが、ブナ林のクマに比べてナラ林のクマの方が胆汁の残存率が高いという。檜山さんの体験によると、ナラ林のクマの胆汁の残存率は五〇パーセントほどだという。シノビ猟は追い風でクマを狙うことはできない。人の臭いが風に乗るからであり、向かい風を条件としなければならない。風雨が強いほど獲物に近づきやすくなる。シノビウチ（撃ち）の条件はクマもウサギも同じである。向かい風だと、クマで五、六メートル、ウサギで二メートルまで近づくことができる。

毒ヶ森・駒頭山のクマが冬眠を終え、穴から出るのは概ね四月十五日であるが、「雪崩が起こるとクマが穴から出る」と言い伝えている。雪崩が起きて雪がなくなったところに出て遊んでいるクマを狙うのが春クマ猟で、檜山さんの春クマ猟は、三人組で行うものである。谷の下方から、一人がどちらかの尾根筋につき、いま一人が対岸の山腹につき、もう一人が川筋につく。こうして上流に向かって谷をつめてゆき、捕獲するという方法である。これを「サンペーを張る」と呼ぶ。雪山なのでクロモジの木で作ったカンジキを履く。昭和六十年からはトランシーバーを使うようになったので行動が迅速になった。シノビウチもサンペーも、クマ狩の時には絶対クマ以外の動物は狙わない。銃の音などでクマが逃げるからである。

熊の胆とクマの頭の蒸し焼きは薬用として珍重された。熊の胆は、ナマの胆を金網の笊に入れ、薪ストーブの上に吊って乾かす。三尺ほどの紐で吊り、一五日かけて次第に下げ、尺八寸ぐらいまで下げる。固まり始めたところで二枚の板に挟んで一カ月ほどかけて形を整える。仕上げたものは、秋田県北秋田市阿仁、仙北市西木町の薬種仲買人が買い取りにきた。クマを山で解体する時には猟師たちは血を飲み、クマの血を自家用薬として確保した。入山の際、カタクリ粉または米の粉を用意してゆく。カタクリ粉や米の粉にクマの血を吸わせ、固めて持ち帰った。

クマの肉は町内で売れたし、進物にもした。「年祝い」などにも利用された。乾燥保存しておいたホオの葉を水のがコツである。クマの肋《あばら》を味噌だけで煮てかじる方法もある。
でもどし、それに包んで藁苞に入れて届けた。腿肉や背肉は醬油漬けにしておけば一年間はもった。味噌味でダイコンと煮る。生肉はダイコン・タマナとともに味噌味で煮る。クマの肉は薄く（五ミリほどに）切って長時間煮るのがコツである。クマの肋《あばら》を味噌だけで煮てかじる方法もある。

⑺岩手県和賀郡西和賀町湯田長松

湯田長松は八戸のムラだったが冬季の学童通学が困難だったために解村し、高橋家は昭和四十九年に湯之沢へ転居した。以下は高橋仁右衛門さん（大正九年生まれ）の体験と伝承である。

当地のクマ狩は春クマ狩のみである。春クマ狩も四月十日から春土用までの間は概ね「捜《さが》し山」と称して、穴から出たばかりの出遊びのクマを狙う。春土用から五月五日までの間が本格的な春クマ狩となる。高橋さんは、春クマの単独猟と巻狩を「雪あんばい」即ち、雪の条件から次のように伝える。「雪上を歩いてみて雪が鳴らない時は一人猟（単独猟）」、「雪上を歩いてみて雪が鳴る（雪の湿り気が増している）時は巻狩（セコがつく集団狩猟）をする」。

四月十二日は山の神祭りの日であり、春クマ猟の始まる時期でもある。マタギ一同はその日、狩に出てノウサギ・ヤマドリなどを獲り、血のついたものを山の神様に供え、春クマ狩の本格的な入山に際しての豊猟を祈願する。猟師たちは宿をもちまわりにして宴を開く。

さて、クマを仕留めた場合、射止めた猟師は大声で「サチオイ　サチオイ」と叫ぶのが決まりとなっている。山で解体する場合が多かったが、家まで運んで解体することもあった。家ではまず神棚に神酒を上げ猟の御礼をした。解体に際しては、まず刃物を顎の中央から入れ、月の輪が左右対称に割れるように切り、尻まで進める。次に仰位にして左前足の先から中へ、次に右前足、続いて左後足、右後足の順に刃を入れて皮を剝ぐ。肉を裂く前に胆囊の位置の上に神酒を供え、胆囊に胆汁がたくさん入っていることを祈る。肉・熊の胆は平等に分配される。解体が終わると、肝臓・心臓をナマで食べあい、ガラ（骨）汁を作って宴会を開く。

クマの頭蓋骨は藁で蒸し焼きにしてから粉にした。そして、その粉と脳味噌を混ぜて練り、径五センチほどの丸餅状に固めて干しあげる。神経衰弱・ノイローゼの者が、必要に応じてこの団子を砕いて粉にして飲むと効用があるとされている。クマの血は、解体時にそのまま飲むこともある。血は油こく、少し塩気がある。山で解体した際、血を家に持ち帰る方法として、腸詰めにする方法と和紙に血を吸わせる方法とがあった。腸詰めにしたものは産後の肥立ちの悪い女性、血圧の低い人、立ちくらみのする人などが食べた。クマの血を吸わせた半紙は、紙をちぎって傷口に貼ると血止めになると伝えた。現在は、血をストーブで乾燥させ、粉にして保存する。飲みすぎると酔うといい、一度の分量は盃に半分ほどが適当だという。クマの脂はアカギレ・火傷・痔の薬になるという。

当地には、熊猟師について次の伝承がある。――母グマを撃つと仔が死んだ親にタノック（しがみつく）。その様子を見れば誰でも心を打たれる。その時が猟師をやめるか続けるかの分岐点だ。ここで銃を捨てることができなければ一生猟師を続けることになる。

猟に出る時はイヌの皮を背皮として着た。犬皮を鞣《なめ》すにはコヌカを炒って脂を除くという方法をとった。戦前はカモシカの皮を背皮にした。猟に出て山で泊まる時、暖かくてよかった。戦前は冬季、イヌの背皮を着る老人が多かった。マタギは狩猟中メアテの指示とオイコの追い声以外は声を立ててはいけないので、意思伝達には「オソを立てる」と称して口笛で合図をした。

(8)宮城県加美郡加美町漆沢

当地は鳴瀬川の水源に最も近いムラである。以下は同地の佐藤喜六さん（大正九年生まれ）の体験と伝承による。

クマ狩のことを「クマ山」と呼んだ。クマは冬至一〇日前に穴に入り、春土用の一〇日前に穴から出ると伝えた。

クマ山の狩場は半森山周辺だった。クマ山の方法には二種類あり、その一つは一月に穴グマを狙うもので、いま一つは出グマを狙うものである。穴グマ狩を中心に行った。クマの穴はナラの木のウロが多かった。クマの穴を見つけると、穴の入口に径五センチほどの木を並べ立ててから葡萄蔓で縛って穴の入口を塞ぎ、次の日、イヌを連れていって捕獲した。この密閉法は、クマが穴に入っている時には、穴の外のものは引きはするが押しはしないというクマの習性をふまえたものである。

熊の胆は金と同等の価値があるとして慎重に調整した。当地には、「熊の胆は人肌で暖めなければうまく仕上がらない」という言い伝えがあり、熊の胆を竹の皮に包んでから布で包み、二〇日から三〇日間年寄に直接肌につけて背負わせて固めた。こうして熊の胆が固まったところで絹秤《きぬばかり》にかけて猟師仲間で均等に分けた。

クマを捕獲した場合は山の神に礼砲をあげた。山の神の祭りは四月十二日と十月一日で、この日は木を伐るなと伝えた。山の神は女だと称し、漆沢の山の神にはイチョウの木も、雌の乳房のある木があり、他地からも、乳や子宝祈願の参拝者がやってきた。小牛田の山の神は漆沢の山の神の妹だと言われている。漆沢の稲荷社のイチョウは雄の木である。

(9)秋田県仙北市西木町戸沢

当地は秋田マタギのムラだった。以下は同地の鈴木久二さん（大正十四年生まれ）の体験と伝承による。

鈴木さんの狩猟対象は、マタギとしての集団狩猟の場合はクマ、個人狩猟の対象はヤマドリ・ウサギ・それに川にやってくるカモだった。鈴木家は代々マタギで、祖父の文蔵は狩猟儀礼に精通していた。父の友之助（明治二十九年生まれ）は、マタギで、かつ薬・毛皮の行商をしていた。熊の胆はもとより、熊の骨を焼いたものを解熱剤・風邪薬とした。毛皮は、クマ・カモシカ・キツネ・タヌキ・テンなどで、戸沢で集めた皮を青森県野辺地の毛皮屋

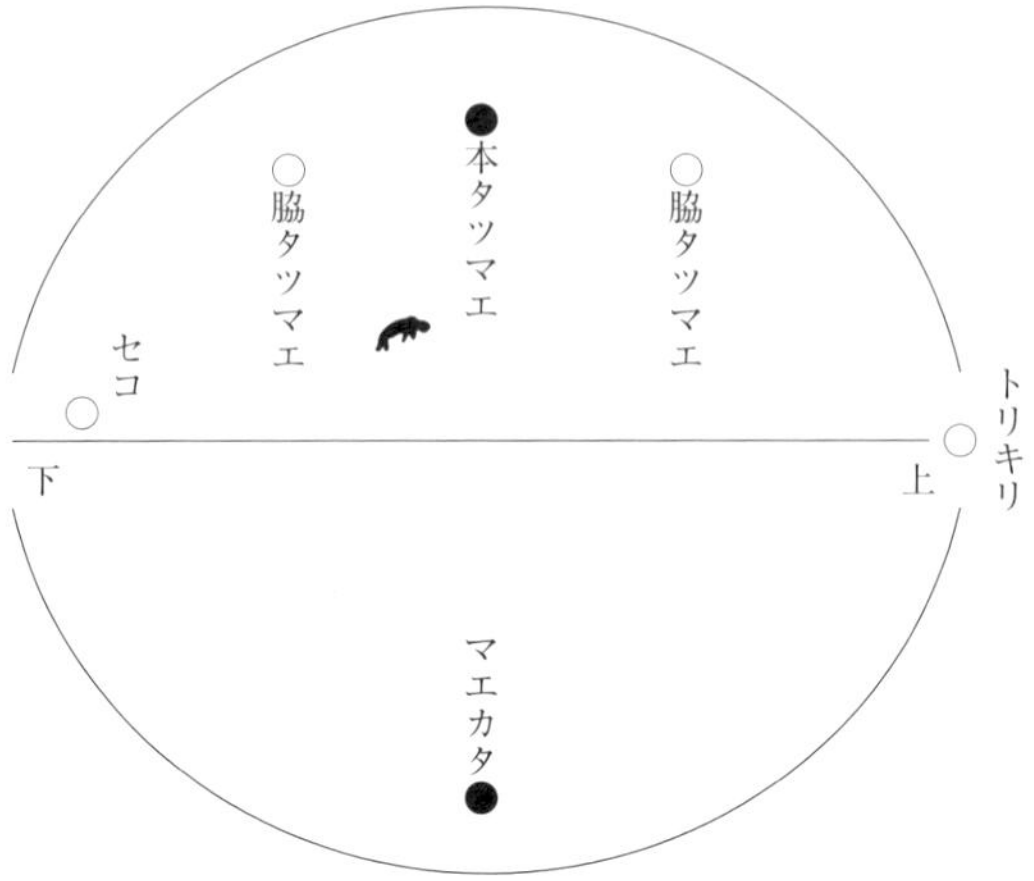

図2　戸沢マタギの布陣a

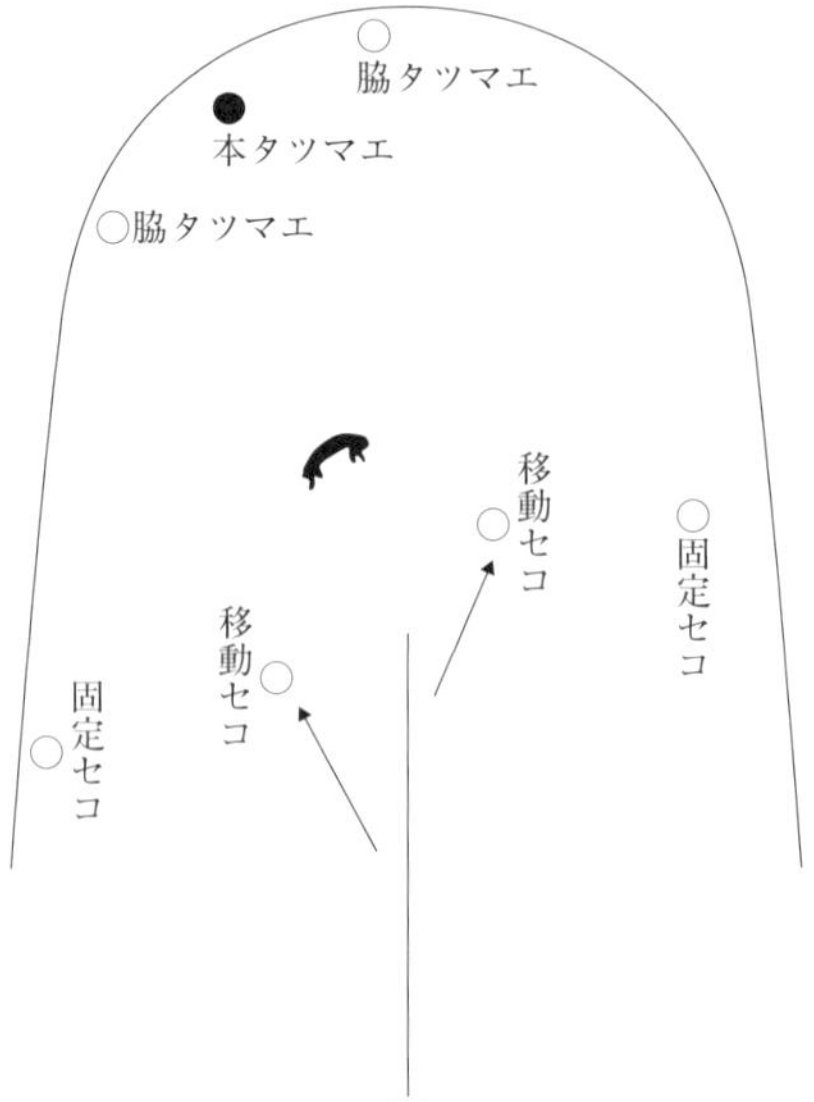

図3　戸沢マタギの布陣b

へ送り、鞣して、裏をつけたうえで戸沢へ返送させ、行商に出ていたのであった。行商の行先は、岩手県盛岡市・カラフト・大阪などだった。

クママタギは春土用すぎの四月二十日から五月十日までの間に行われた。旧暦四月八日、森吉山（一四五四・二メートル）に登り、モロミ（モミの木）の一枝をいただいて帰り、乾燥させておく。そしてマタギに出る時、水垢離《みずごり》をとり、モロミの葉を焼き、神に参ってから出発する。まず、「山見」と称して見まわり役にクマの位置を確認させておいてシカリ（首領）を中心として作戦を練る。そして、風向を念頭において布陣した。図2のような布陣を基本としたが、地形によって図3のような布陣を敷いた。クマを仕留めると、頭を北にして、仰位にし、皮を剝いで、皮の頭部が体の尾部に、皮の尾部が体の頭部に当たるようにして体に皮をかぶせる。解体時にモチグシを二本作り、ブナの巨樹の前に祭壇を作ってあげ、シカリを先に、マタギが後に並んで山の神様を祭る。モチグシに使う植物はトリキと呼ばれるクロモジの枝である。二本の枝におのおの心臓・肝臓・肺・背肉・足肉など一二種類の肉片を刺して火で焙る。焙り始めたらいくら熱くても途中で手から離してはいけない。このことをもって「持ち串」と称するのだという。山の神は女だと伝えた。十二月十二日は山の神祭りで、この日はシトギ団子を三個供えた。

マタギは鉄砲をかついではいけないと言われ、平素は背負い、獲物を追う時は抱いて歩いた。お産があった家の男は猟に出てはいけないとされ、専業のマタギは家にお産があると親戚の家に泊まりに行った。また、マタギ・伐採人・炭焼は「寒中にマメを炒ってはいけない」「寒中にクルミを割ってはいけない」と言われた。音の刺激が雪崩を誘発すると信じられており、「音の忌み」が行われてきたのであった。

⑽秋田県北秋田市阿仁打当

当地はマタギのムラとして広く知られている。以下は同地の鈴木辰五郎さん（明治三十七年生まれ）の体験と伝承による。

クマを捕獲すると、まず皮を剝ぎ、体の左手を下に、頭を北にして横たえる。シカリ（首領）はクマの皮を持ち、体の腹の方に立って唱え言をする。そして、毛皮の頭部が体の尾部に、尾部が頭部にゆくようにして皮を体にかぶせる。次に、左手切断→右手切断→左足切断→右足切断の順で解体し、腹を裂いて胆を取る。山の神には心臓・肝臓・首肉を供える。最初の日の獲物に対しては、三本の串に右の三種の臓器片・肉片をおのおのトリキ（クロモジ）に一切れずつ刺す。日が変わると一串に各種を二切れずつ刺したものを三本用意する。こうして、一串に三種一二切れを刺すところまで進むと、また一串三切れにもどす。この串をモチグシと呼び、火で焙る。クマの頭と皮を並べ、シカリはその前でモチグシを持って祈る。

⑾秋田県北秋田市阿仁打当

以下は無形の民俗資料記録・第一八集『狩猟習俗Ⅰ』(6)による。

ケボカイ。これは撃ち取った獲物の熊とカモシカに対するだいじな神事である。熊の場合は次のようである。まず、熊の頭を北にして、あおむけにする。使った猟具はすべて南手にたてる。シカリが塩をふり九字を切り、次の唱えことばを三度唱える。この時解体に使う小刀を腹の上にのせて行う場合もある。「大もの千びき　小もの千びき　あと千びきたたかせ給えや　ナムアブランケンソワカ」。皮を剝ぎ終わると、剝いだ皮を手にとり反対にしてかぶせる。次に小枝でシカリが熊の尻のほうから頭のほうへ三度なぜて、次の唱えことばを七回唱える。「ナムザイホウ　ジュガクブシ」。さらに「コウメヨウ　シンジ」を三回唱え、最後に「これより後の世に生まれて　よい音を聞け」と唱える。これらの唱えことばは祟《たた》りをふせぎ、熊を成仏させるために引導をわたすものであるという。伝説では、この教えを受けるために万事万三郎が、高野山にはいったという。…(中略)…モチグシ。熊を獲った時の特別の祭事である。これは熊の解体が終わってから行う。初めて熊を獲ったときは、くろもじの木を削って串をつくり、心臓三切れ、左の首または背肉三切れ、肝臓(またはその他の肉)三切れずつの九切れの肉を三本の串に刺し、右手に持ったまま焚き火で焼いて、山神に供える。このモチグシは、山神に供えるとともにシカリ自身もいただき、その他のマタギたちにも分けられる。またこのモチグシは二回目は、それぞれの肉を五切れずつ十五切れ、三回目には七切れずつ二十一切れ、四回目には九切れずつ二十七切れ、五回目は十二切れずつ三十六切れとなる。以後六回目以上はまたはじめにもどされるとされており、その時はシカリが次のような唱えことばを唱える。「十二のモチ串　十二もどして　あと十二本　たたかせたまえや　アブランケンソワカ」……。

なお、ケボカイ・モチグシなどについては田口洋美氏による、阿仁打当の鈴木松治さん（大正九年生まれ）からの聞き書きもある。[7]

⑿秋田県北秋田市阿仁打当

以下は武藤鉄城『秋田マタギ聞書』[8]で旧大阿仁村打当、当時六二歳の泉利三郎さんより昭和十八年に採録したもの。

毛ザキの時の祭文（毛ザキは解剖のこと。獲物の頭は北に、左肢を下にして唱える。）「東はメイコサンガイ　皇国仏神　西は弥陀の救い　極他世界　南は世界念仏　北は釈迦に申す下ろす　千代経るに此の里に立ち出でて射つ者も射たる者も　一時《いっとき》の魂《たま》をふれん　このニンド、あいブッカ追え　南無アブラウンケンソワカ（三唱）」。持串　肝と頸肉を、ひといろ三つに切り串に刺す。持串をやる前、その家では鍋をかけることはできない。それをマキリ（小刀）の切先にとって食わせる。

⒀秋田県仙北市西木町上檜木内

以下は武藤鉄城前掲書において旧西木村上檜木内浦子内・鈴木信一さん・アサノさんより昭和十八年に採録したもの。

皮を剝ぎ終えると「浮かべの法」を行う。又鬼の流派に、日光派と高野派があるが、日光派は獲る一方、高野派は浮かべる。浮かべるは供養するの意味である。二十年前に当時九十五歳であった門脇宮五郎爺から聞いたその浮かべの法は、「ヤスの木の下で　ヤスヤスと　朴の木の下でほのぼのと　ホノ十二　クラマキ十二匹二歳叩かせ給え　十二カグラ」であった。

⒁秋田県由利本荘市鳥海町百宅《ちょうかいまちももやけ》

当地は鳥海山東麓山中にある隔絶された盆地集落である。以下は同地の佐藤運一郎さん（大正三年生まれ）の体験と伝承による。

集団狩猟に出る時、鳥海山主峰境のツナギ沢の山の神に参拝し、そこからは山言葉に変えた。帰りもそこが境になった。クマを仕留めた場合、まず皮を剝ぎ、皮の頭部が北になるようにして地面に広げる。そして、クマの体を、頭が南になるように敷いた皮の上に仰向けて置く。シカリ（首領）は皮で肉を包むようにしてクマの左手を自分の左手で持つ。そして、右手でオコナイ（儀礼）をした。次に心臓の部分を三回叩き、下顎から開いて肺・肝臓などを取り出して刻んで焙り、山の神に供えた。

⒂山形県西置賜郡小国町長者原

当地は福島県境の飯豊山（二一〇五・一メートル）、烏帽子岳（二〇一七・八メートル）・北股岳（二〇二四・九メートル）などの北斜面を水源とする玉川上流のムラである。長者原は一二戸、最盛期一五戸のムラである。以下は藤田俊雄さん（明治四十五年生まれ）・同栄一さん（昭和六年生まれ）の体験と伝承による。

クマ狩・カモシカ狩はマタギ集団で行われた。首領をヤマサキと称し、銃を持つ者七、八〜一〇人、セコを含んで二〇人を超えた。ヤマサキは春の土用に「山見」に入り、ブナの芽の萌え具合で出猟日を決めた。泊まり込みの猟に出かける場合は山へ入る気持ちになった時から山言葉を使った。出発に際しては越後屋の前からは必ず山言葉に変えた。例えば、頭＝バケ、血＝アカ、死＝サキノル、笠＝アマブタ、塩・味噌＝ショッパイ、雌熊＝メガ、仔熊＝ヤライ、大便＝シダミホロキ、和尚＝カックイなどだった。先輩のマタギから山へ入ったら唄を歌うなと言われた。また、にぎやかなことをしてもいけないと言われた。それは、山の神様は女で、山の神様が唄を聞くと気をゆるめて、マタギを雪崩から守ることを忘れてしまうからだという。

写真２　熊汁の共食。山形県西置賜郡小国町小玉川、昭和 30 年代（提供・藤田栄一氏）

　クマを捕獲した場合は、頭を上流に向けて仰位に寝かす。皮を剝ぐことを「サナデル」という。コガイ（山刀）を持ったマタギがおのおののクマの四股を一本ずつ持ち、手足の爪先から刃を入れ、中央に向かって毛皮を裂き進める。それが済むと、尻から下顎に向けて刃物を入れる。完全に皮を剝がし切ってしまう前に、皮を体に三回ペタペタとぶっつける。それが終わると皮を離し、四股の部分を寄せる。次に腸を出し、隔膜を切り、心臓を取り出して刃物で十字を入れる。心臓に十字を入れることは生の終止を意味する。次いで胆嚢を取り出す。続いて以下のようにする。手足を切る→頭を切る→胴を二つに切る。十字を入れた心臓と、頭を据えて山の神に御礼の礼拝をする。マタギとして初山入りをして獲物を獲った時には片貝の不動院の法印さんを招いて湯立てをしてもらった。

肉・骨は現物を、胆・毛皮は売れた金を均等分配した。捕獲した日、ムラの長老を招き、猟をした者で祝盃をあげる。熊祭り用の肉・内臓をとっておき、翌日か翌々日ムラびとすべて、女性も子供も招いて熊汁を食べる熊祭りを行う（写真2）。熊鍋・熊汁は祭り宿の家で作る。使用する鍋は「ゼンマイナベ」と呼ばれる。採取してきたゼンマイを茹でる二斗鍋で、熊肉・内臓・骨・ネギ・ダイコン・アザミ・麩・豆腐を入れる。熊汁は参加者全員に、小さなドンブリに入れて分与される。熊祭りは、近くは五月四日と定められ、長者原一三戸、泉岡一二戸、小玉川一八戸のすべてが参加する。クマ狩に参加しなかった家からは酒やドブロクが届けられる。平成二十六年、熊祭りに参じたく思って連絡したところ三・一一の福島第一原発事故による放射能汚染拡散に対する配慮によって熊祭りは中止されていた。

⒃山形県西置賜郡小国町金目

当地は荒川水系金目川左岸、一五戸のムラである。以下は同地の斎藤達美さん（昭和四年生まれ）の体験と伝承による。

春の土用、ブナの芽がほどけないうちにクマ狩に出た。狩場は孫守山（一一〇八メートル）・荒沢山（一〇三九メートル）だった。一五戸すべてから男たちが参加した。男たちは水垢離をとり、ムラはずれにある十二山神神社に参拝、そこからは、バケ＝頭、ヤゴリ＝血、シダミ＝大便など山言葉を使った。狩は一泊で、寝具としてゴザを持参した。クマを捕獲するとまず皮を剝ぐ。皮の頭部で本体の尾部を、皮の尾部で頭部を覆うように掛けながら「千匹友引き」と三回誦する。次に解体し、心臓に十字を入れる。さらに七切れの肉片を串焼きにして山の神に供え、猟師たちも食べた。大腸を裏がえし、水でよく洗って中にクマの血を詰め両端を縛る。里に下り、肉を各戸均等に分け、仕留めた者の家を宿として熊汁を作る。宿にムラ中のすべての人が集まってそれを食べる。熊汁は、大鍋に、内臓・血の腸詰め・骨・ダイコンなどを入れて味噌味で作る。一同は熊汁を食べる前に宿の山の神を拝む。熊の胆は当番が順に干しあげて完成させたものを各戸に均等に分配した。

⒄山形県鶴岡市大島

以下は無形の民俗資料記録・第一八集『狩猟習俗Ⅰ』(9)において鶴岡市大島地区で採録されたもの。

仕留めた熊は、いったん上手のほうに頭を向けて生きているような形に這わせ、それを前にして山の神を拝む。……皮を剥ぐ。そのあと熊の胆を取り出し、再び熊をあおむけにすると四足を持って地揚げをしたあと、皮とからだを反対に、つまり皮の頭部は上手、胴体の頭は下手になるように置き、「この熊は熊野権現の使いの熊じゃない。ナニ山の神の使いの熊じゃわい。アブラウンケンソワカ　アブラウンケンソワカ　アブラウンケンソワカ」と唱える。これが引導である。皮を剥ぐ時に月の輪を切り取る。これはクマを倒した男に与えられる。

⒅山形県鶴岡市関川

当地は摩耶山(一〇一九・七メートル)西麓、出羽街道ぞいの山中のムラで狩猟も盛んだった。以下は野尻伝一さん(昭和七年生まれ)の体験と伝承による。

関川は、戦前五七戸、現在は四八戸で、クマブチ(クマ狩)には各戸の男たちが出た。集団狩猟のことを「クマ巻」とも呼んだ。銃を持つ者一〇人をふくんで、多い時には六〇人、少なくとも四〇人は参加した。クマ巻は堅雪のうちでブナの芽のふくらむ春の土用を基準にして芽のふくらみ具合を見ながら土用三番＝土用から三日目、土用五番＝土用から五日目といった具合に親方が狩猟日を決定した。狩場の摩耶山へ入る時、銃を持つ者は鼠ヶ関川の右岸を歩き、セコ方はマンサクや朴の杖をつきながら左岸を歩く。セコは、狩場に入る直前に右岸に渡る。狩場の入口で親方は山に礼拝する。

クマを狙撃すると、雪上に仰向けに寝かせて皮を剝ぐ。剝いだ皮を本体にかぶせながら「千匹万匹」「千匹万匹」と唱える。この時、クマが舌を左側に出して噛んでいると続いてクマが獲れると言い伝えられている。皮掛け儀礼の後に、胸の肉を二切れずつ二本のトリキ（クロモジ）の枝に刺し、それを雪上に挿し立てて山の神にささげ、一同で山の神を拝む。これが終わると、解体にかかる。血を飲む者もいるし、ワッパ（曲物）の飯に血を吸わせて家に持ち帰る者もいる。解体した肉はセコたちが柴で包み、藁縄で縛って里まで運ぶ。

「一番鉄砲（狙撃者）が宿をする」という決まりがあったが、宿は負担が多いので避ける傾向があった。実際には下組では野尻家、向組では五十嵐家が宿をすることが多かった。クマが捕獲できた場合は、山を下って空砲を二発放つことになっていた。老人や子供たちは提灯をつけて迎えに出た。山中、雪上で山の神を祭ったトリキの肉串は当屋（宿）の神棚に立て、人びとはこれを拝んだ。串の肉は宿礼として当屋に贈られた。熊汁は当屋のイロリに八升鍋をかけて煮た。熊肉も汁も貴重で、「舐める」という食べ方だった。そのかわり、ムラ中の者にいきわたるようにした。

熊汁は、ゼンマイ採取、農作業の前にどうしても食べなければならないものとされていた。クマが獲れなくて一〇回も出猟を重ねた年もある。ヤマサキ（親方）の家から元気な男たちが回を重ねて山に入った。皮張り役が三、四人選ばれて皮張り（剝いだ皮を乾燥・精製するために木枠に張る）をした。脂肪のことを「アゼ」と呼んだ。アゼは、アカギレ、ヒビの薬になったが、これをとるのは皮張り役の役得だった。皮は売り、現金を分配した。

熊の胆の精製はベテラン二人が担当し、イロリで一週間かけて仕上げた。なるべく平たく広げ、分配しやすくしなければならなかった。熊の胆精製の宿には薪が運ばれた。

このような伝統的なクマ狩も熊汁の共食も、昭和四十五年をもって終了した。男たちが出稼ぎに出るようになり、クマ巻ができなくなったからである。

⒆山形県鶴岡市越沢

当地は⒅の関川に隣接するムラである。以下は同地の伊藤佳之さん（昭和三十年生まれ）の体験と伝承による。越沢は八三戸から一〇〇戸の間で変動があったが、組に分かれていた。伊藤さんの組は二六戸の時代が長かった。最も多い時代には、猟師は全体で二〇人いたが、現在は三人である。

堅雪のころ、春の土用ごろのブナの芽のほぐれあんばいを見てクマ狩に出る。山の入口でヤマサキ（親方）が祈りをささげ、山の神に神酒をささげる。クマを捕獲すると山で解体した。クマの膵臓をトリキ（クロモジ）に挟んで雪上に立てて、山の神に祈りをささげる。血は飲んだり、ワッパの飯にしみこませて里に持ち帰ったりした。クマ肉は猟に参加しない家にも分配したので、どの家でも熊鍋・熊汁にした。クマの肉、ネギ、ダイコン、アザミの若葉を入れた。クマの肉は薄く切って長時間煮るのがコツである。「クマ肉を食べると夏も元気ですごせる」「クマの肉を食べるとその年を健康に生きることができる」などと言われている。クマ狩が終わると、ゼンマイ採りと農作業が始まる。

⒇新潟県魚沼市大白川

当地は南会津の只見と境を接する山地で、六〇戸から七〇戸の間を推移し、猟師が二〇人はいた。同地の住安正信さん（昭和二十六年生まれ）の狩猟体験と伝承に耳を傾けてみよう。大白川は新潟県魚沼地方の深い奥地で、福島県の只見町からは六〇里越の山で隔てられている。春の土用になるとクマブチ（クマ狩）の準備にかかる。

狩場である守門《すもん》岳（一五三七メートル）・浅草岳（一五八五メートル）・六〇里越えの山にかかる一合目の位置におのおのブナの巨樹が聳立していた。山の神の祭り木で、そこは里山と神の領《うしは》く山の境界だった。クマ狩で山に入る時には、狩組で一本のトリキ（クロモジ）の枝を用意し、猟師個々がおのおのの和紙にウマの姿を墨刷りの板木でおしたものを紙捻（こより）につけ、トリキに結びつけた。新参者の絵馬は下方につける。トリキは紙の房のようになり、それは山の神を招く御幣でもあった。紙絵馬の数は猟の参加人数の確認になるといわれた。ウマは山の神の乗り物なのである。祭り木のもとにトリキを立てて山の安全と豊猟を祈るのだが、これを「山入りのイクサガケ」という。祭り木のもとでイクサガケをしてから後は「山言葉」を使うことになっていた。

クマを見つけると、トリキの枝に紙絵馬を吊って雪上に立て、「トートメ」（跡止め）と称し、クマの動きの停止を祈る。クマを捕獲したらまず雪崩の心配のない平らなところに移す。そこでクマを頭北臥位に寝かす。首領が臥位のクマの上に重なるように乗り、クマの頭に自分の顔をつけ、両手でクマの両耳を持ち三〇秒ほど秘かに呪文を唱える。その間猟師たちは首巻をとり脱帽する。この儀礼を「シシカタ」と呼ぶ。シシカタが終わると安心するものだという。丸ものを持って下るなと教えられており、シシカタが終わるとそこで解体し、大分けをする。その折、切った膵臓を串に挟んで立て、首領が、「山は岳々四八岳青葉にくれる」と唱え、これを「タチ祭り」と呼ぶ。膵臓が太刀に似ているからである。クマが獲れた場合は里の入口で空砲を鳴らし、「ダイマイ獲れた。今もどる」と大声で叫ぶ。年寄りや子供たちは猟師たちを迎えに出る。熊迎えである。

参加した猟師には三割の肉と骨が均等に分配される。七割の肉と骨はダイマイブルマイ（大枚振舞）として村落各戸に分与する分と、村落で作る熊汁用に当てる。出猟者は氏神十二山神神社に集まり、クマの胃袋を茹でたものの酢味噌和えと肝臓を茹でて塩和えしたものを神饌として感謝の祈りをささげ、後に出猟者もこれをいただく。参拝者にも分与された。翌日、ダイマイブルマイの一環として熊汁を作り、全戸から男一人ずつ集まって共食する。

会場は、古くは首領の家、長く公民館だったが平成十年にはムラびとのすべてが体育館に集まった。ゼンマイを茹でる大鍋に、肉・骨・イチョウ切りのダイコン・ネギ・ニンジン・車麩《くるまふ》、それに、解体時に作ったクマの血と脂肪の腸詰めも入れた。腸には串で穴をあけた。味付けは味噌と醬油である。男性に限るという伝統は山の神を女神とする信仰とかかわる。女性や子供たちが疎外されているように見えるが、各戸でも、ダイマイブルマイで分与されたクマ肉を種とした熊汁を食べるようになっていたので問題はない。熊の胆はよく干しあげ、月遅れの端午の節供をヨワケ（胆分け）の日とし、猟師が集まって計測しながら平等に分けた。

㉑新潟県村上市山熊田

同地は山中を繋ぐ出羽街道ぞいのムラで狩猟も盛んだった。以下は大滝正さん（昭和七年生まれ）の体験と伝承による。

山熊田は戦前三〇戸、戦後は三七戸になった時代もあったが、平成二十六年には二〇戸になった。この地は狩猟採集の盛んなムラで、クマの巻狩も行われた。巻狩には各戸の男が全員参加するのがならわしだった。堅雪になってブナの芽がふくらむ春の土用がクマ狩の出動基準となっていた。クマはブナの花を見て穴から出るという言い伝えがあり、最も効率的にクマ狩をくり広げるために、親方はブナの葉芽・花芽をよく観察し、その結果をふまえて出猟の日を定めた。土用二日、または土用三日といった数え方で狩仲間に正確に出猟日を伝えた。狩場に入ると、親方は狩場の向かい斜面雪上でクマの動きをマチバ（射手）に指示伝達した。これも、堅雪の雪上なればこそ可能なことである。これを「マエカタ」、「メアテ」と呼ぶ。最も腕のよい猟師が本マチバにつき、その左右に間隔をとってシカイマチをおく。クマの逃走を防ぐ見張り役を「シシオイ」と呼び、その他はセコになった。

クマを狙撃すると、山中の平らな場所へ運んで仰向けにおき、皮を剝ぐ。剝いだ皮の頭部を本体の尾部へ、皮の尾部を本体の頭部にまわして逆さにして本体にかぶせる逆さ皮掛けを行いながら「千匹万匹」「千匹万匹」と唱える。「千匹万匹もどってこいよ」という意味である。本来はこのようにしたのであるが、現在は逆さ皮ではなく順皮を掛ける。この儀礼がすむと解体して里に運んだ。

解体の時、血と脂肪を交互に小腸に詰め、腸詰めにした。クマを捕獲すると里近くで空砲を鳴らすので、老人や子供たちは「山迎え」と称して提灯をつけて猟師たちを迎えに出た。クマが獲れると熊祭りをした。クマ肉の八割は各戸均等分配用にあて、二割は熊祭りの熊汁用にあてた。都合でクマ狩に出られなかったイエにも肉を分与した。

熊祭りは、各戸の男たちが全員トヤ（当屋）に集まって行う。トヤの土間にシナの皮を蒸す大釜を据え、中にクマ肉、骨（ドンガラ）を入れて、味噌味で汁にする。これを全員で食べるのである。山熊田には、トヤをする家が二、三軒あった。女性や子供は、各戸に分配されたクマ肉を使って熊汁を作って食べる。「クマ狩・熊祭り＝熊汁が終わると、ゼンマイ採りと農作業が始まる」「熊汁は、クマの力をいただくことだ」と言われている。

(22)新潟県村上市岩崩

当地は三面山地の入口に当たる。以下は同地の青山友春さん（昭和二年生まれ）の体験による。

クマを捕獲したら仰向けにし、腹から顎に向かって刃物を入れ左手を裂き、次に右手、左足、右足の順で裂いて皮を剝ぐ。皮を剝いだら皮の頭部を体の尾部へまわし、逆さ皮を行い、全員で、皮を三回ずつ撫でながら、「いい皮　いい皮」と唱える。ムラに帰ってから背肉を一串に一二切れ刺したものを七串作って焼き、山の神にあげた。

(23)福島県南会津郡只見町田子倉

昭和三十六年始動の田子倉ダム建設のために田子倉は昭和二十八年に離村を完了した。以下は同地出身の渡部完爾さん（大正十四年生まれ）の体験と伝承による。

堅雪でブナの芽がホキルころ、日を定めてクマブチ（クマ狩）に出かけた。いまはダムの下に消えた田子倉は、只見川水系白戸川河畔にある一四戸のムラだった。ムラの男で健康な者はすべてクマブチに出かけた。一週間の山泊まりで出かけるのだ。白戸川左岸にイクサギ沢があり、そこに、「イクサギ」と呼ばれるブナの巨樹があり、鉄剣・鉄鳥居などが供えられていた。イクサギとは、クマ狩にかかわる祈りや相談をする場所の祭り木のことで、ここが里山と奥山（神の山・狩場）との境界をなしていた。一同はここで、ヤマサキ（親方）を中心に山の安全、雪崩除け、豊猟などを祈った。そして、ここを境として里言葉から山言葉に変えた。

クマを仕留めると、雪崩の危険性のない平らなところまで運び、そこでクマを仰向けに寝かし、猟師たちはその周囲に立って両手をあげ、「ヨー」「ヨー」と大声で叫んだ。その声を「トナゴエ」と称した。解体中、山の神に膵臓を献供した。

よく洗った大腸に、血と肝臓を刻んだものを詰め、山小屋で茹で、塩をつけて食べた。山を下りると、ヤマサキの家の内土間の竈に大鍋をかけ、肉、ダイコン、ゴボウ、ニンジン、バレイショを入れて味噌味で汁を煮た。熊汁用の肉は、各戸分配肉九割に対して一割をあらかじめ用意していた。ムラ中の老若男女がここに集まり、熊汁を共食した。熊の胆も各戸均等に分けた。

㋐同じ只見町でも倉谷の船木正一さん（大正三年生まれ）は次のようにした。皮を剝ぎ、その皮の頭部が本体の尾部にかかるように皮を逆さにまわしてクマにかぶせた。

㋑檜枝岐《ひのえまた》村の平野惣吉さん（明治三十三年生まれ）は、皮掛け儀礼は行わず、耳の毛と拇指のつけ根の毛を切って木の又の部分にあげて山の神に感謝した。

⑷福島県耶麻郡西会津町弥生

当地は阿賀川右岸に注ぐ奥川支流久良谷川ぞいのムラで、昭和二十一年に、二一名の希望者が入植した開拓のムラである。小椋安光さん（大正十四年生まれ）は木地屋集落の弥平四郎から入植した。現金収入が得られる熊の胆を求めてクマ狩にも力を入れた。以下は小椋安光さんの体験と伝承による。

クマの冬眠は冬至から春土用までだと伝えられる。春の出グマを狙うのであるが狩猟組は七、八人、二晩か三晩の泊まりで行った。猟場は高森山（一一五一・三メートル）を中心に立石山（九八九・六メートル）・高陽山（一一二六・五メートル）にも及んだ。クマ狩に出発する時と、獲物を獲った時には山の神に神酒を供え、捕獲した時にはバッケの肉即ち頭の肉と脳味噌を山の神様に供えた。米は一日六合、一升二晩を基準とし、味噌・タクアンを持ち、獲ればウサギなども食べた。クマ狩の布陣は図4のようにして分担した。ブッパは射手、メアテはクマの動きを射手に知らせる役割で、三人のブッパからよく見える位置をとる。オッカエシはクマがブッパからはずれないよう

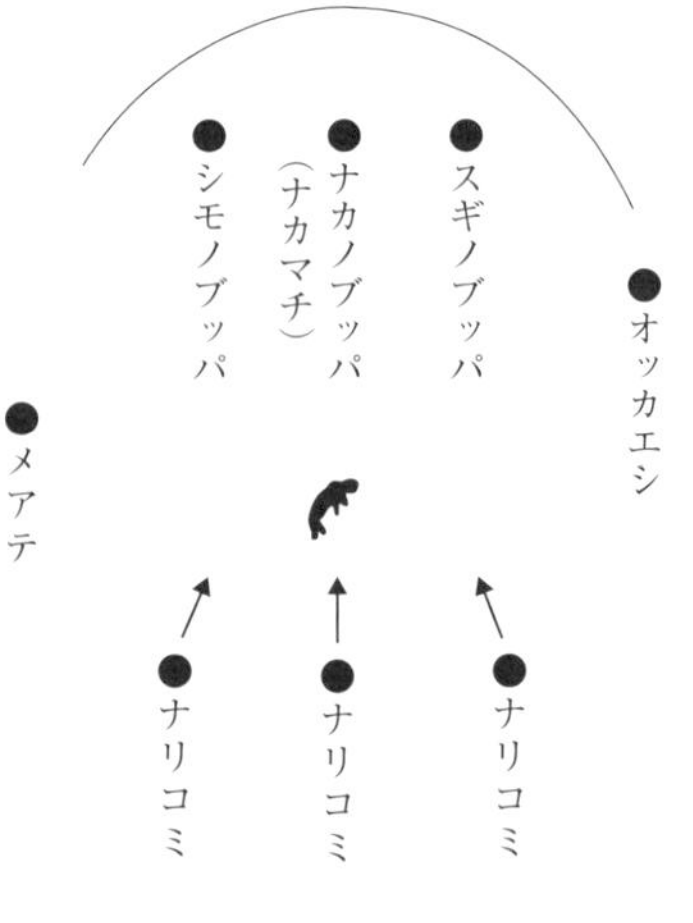

図4　クマ狩の布陣。福島県耶麻郡西会津町弥生

写真3　熊の胆の目方を計る専用秤。福島県耶麻郡西会津町弥生、小椋安光家

に、ブッパの方にクマを追う役割である。大クマは山で解体するが、普通のものはムラに帰って解体した。ムラの入口で山の神を拝み、「ホー　ホー　ホー」と大声を出した。解体や宴会は「一槍《いちやり》」と呼ばれる仕留めた猟師の家で行った。現在は宿代一五〇〇円を払う。解体では皮剝ぎのことを皮目タテという。一槍の家で解体した際、脳味噌を生煮えにして酢をかけ、猟師たちが車座になって一槍の者から順に右まわりに食べた。食べる時には護符をいただくようにおしいただいて食べるものだとされていた。

熊の胆即ち胆嚢に関する伝承も豊かである。熊の胆は、モノを食べた熊の胆嚢はその仕上がりがナマの五分の一から六分の一になるのだが、モノを食べていない熊の胆嚢はナマの四分の一に仕上がるという。そして、六分の一のごときものは「水胆《みずい》」と呼ぶ。熊の胆を干して仕上げるのは猟師仲間でも経験豊富な年配者に委ねた。胆の上部を麻糸で縛って吊ることを「エッリ」という。エッリをする時に胆の上部が乾燥してしまわないように、縛る部分にクマの脂を添える。これを炭火で乾燥させる。ほどよく乾燥したところで板に挟み、縄を巻きアンカか炭火で平らに干す。熊の胆の調整には二週間かかる。秤で計ってから分配するのだが、平成八年現在で、一匁二五〇〇〇円だった。仲間の数に分けるのだが、大・小が出るのでくじ引きをし、大きいものを当てた猟師は差額を出す。熊の胆は万病に効くと言われるが、特に腹痛・発熱・二日酔などによいとされる。安光さんは熊の胆専用の秤を持っている（写真3）。クマの肉や毛皮の代金も均等に分配した。クマの肉は骨のついたまま味噌で煮る方法があった。クマの他にはサルを撃ち、肉は食用に、頭は乾燥させて女性の血の薬にした。また毛皮は袖なしの背皮に使った。

⑵⑸岐阜県大野郡白川村飯島

当地は両白山地東、富山県境のムラである。以下は同地の木下時雄さん（大正十二年生まれ）の体験と伝承による。この地の伝統的な狩猟構造は表1のとおりであり、十月十五日から寒前までは個人狩猟でウサギ・ヤマドリ・テ

表1　岐阜県大野郡白川村飯島の狩猟構造

月	10月	11　月	12　月	1　月	2　月	3　月	4　月	5月
日	10/15		12/22	1/6　1/20	2/3	3/21	4/18	5/5
暦			冬至	小寒　半寒	節分	彼岸中日	春土用	
熊			←冬	眠		トバタフミ→		
狩猟	ウサギ・ヤマドリ・テンなどの個人狩猟			カモシカ巻狩集団 / ウサギ・ヤマドリ・テンなどの個人狩猟		熊穴狩犬かけ個人狩猟	熊巻狩集団狩猟	

ンを獲り、寒の前半にカモシカの集団狩猟を行い、寒の後半から彼岸前までは再びウサギ・ヤマドリ・テンなどを対象にした個人猟にもどった。そして、「彼岸になればクマがトバタ（戸端）を踏む（穴の入口に出て様子を見る）」といって、彼岸の中日から土用前まではイヌを使った個人狩猟で穴にいるクマを対象に「穴狩」をした。この地でもクマが穴から出るのは土用だと言い伝え、土用から五月五日ごろまでは、雪のないところにいるクマを集団狩猟の巻狩で捕らえた。

　飯島猟師の猟場の一つに富山県南砺市利賀村と境を接する三ヶ辻（九六六メートル）・芦倉山（一一二三・六メートル）などの西南斜面の小芦倉下の谷があった。その狩場は下から上へ、ソエモン（ナラ林）・オクエモン（ナラ林）・シモノアラシ（ナラ林）・一本栃（ナラ林）・ナボイ（ナラ・ブナ混交林）・オヒバ（ブナ・ヒノキ・メズ混交林）と、クマの集まる場所が連なっていた。穴から出たクマは前年の木の実（ナラ・ブナ）やアザミの根を食べる。雪解け前線を追ってクマは上へ上るのであり、したがって猟師も雪解け前線を追うことになる。猟師は前日「クマ見」にゆき、確かめておいて翌日巻狩をする。ウチバに二、三人を立て、セコ（ヨビコ）に三人、このほか「ムカイダチ」と称して向かいの山でクマの移動を知らせる役があり、これを一、二人で行う。捕獲すると内臓のタチ（膵臓）を山の神にささげる。寒の前半にカモシカの集団巻狩を雪上で行う点は三面マタギの方法と一致している。この時期のカモシカの毛皮が優れているという伝承はこの地でも根強く生きている。春クマの狩猟法が二種ある点がこの地の大きな特色であり、対象獣種と猟法の組成も変化に富み、合理的である。同じ白川村の荻町・平瀬・御母衣などには「イテダマシ」という狩猟語彙が生きている。射手の取り分として、クマを射た者が均等分配以外にクマの頭をもらうことになっているのである。

㉖静岡県静岡市葵区田代

当地は大井川右岸最上流部のムラで、南アルプス至近である。以下は同地で狩猟に力を入れた滝浪作代さん（明治三十九年生まれ）・一乗さん（昭和十七年生まれ）父子の体験と伝承である。

当地では単独猟のことを「シノビ」と呼ぶ。シノビの対象は、カモシカとクマが中心で、イノシシを狙うこともあった。期間は十月・十一月で、オクヤマ（奥山＝一五〇〇〜二〇〇〇メートル以上の針葉樹林帯）で発情期のカモシカを狙うか、スソヤマ（裾山＝一〇〇〇〜一五〇〇メートルの夏緑広葉樹林帯）で餌をあさるクマを狙うかのどちらかだった。クマは、ナラヤマ（ミズナラ中心）、ブドウ山、水飲み場などに現れるので、そうした場をシノビでめぐるのである。山へ入った折、どこにナラの巨樹があるかを確かめておき、そして十月、ナラの実が実るころ、そのナリ具合を確かめに行く。「クマは渡り生きもので、餌のある場所を移動する」と語る。井川の夏緑広葉樹林にはナラの木が多い。田代の人びとはナラの木のことを「ドヂモリ」と呼び、ドヂモリは伐採して河川流送をする時におのれの重量で沈んでしまうと言い伝えている。この不思議な方名は「土地守り《ともち》」から来ているのではなかろうか。ナラ類の中でも、とり立てて目立つ巨樹、長い年月その地に根ざし、根を張り、枝を張って聳え、その土地を守り続けてきたナラ類の巨樹を「トチモリ」と呼んだことから来ていると考えてよかろう。トチモリのナラの巨樹は、多量の実をつける。それがクマを呼び寄せる木となり、シノビ猟の目じるし、記憶すべき木ともなったのである。

作代さん・一乗さんの頭の中には狩場の中のドヂモリの分布図ができていたのである。シノビの秘訣は音を立てずに歩くことであり、歩く時、絶対に柴や木の枝をつかまないことだという。タバコも禁物である。尾根越えの時一気に尾根に立たず、向かいの斜面から手前に視線を移動させてから慎重に……。「シノビ」に対して集団狩猟のことを「オオリョウ（大猟）」と呼ぶが田代の場合、オオリョウの対象は、カモシカ・シカ・イノシシだった。

クマは最高の獲物である。クマを仕留めることを「シャチドメ」と称し、獲れた時にはまずスボー（銃の筒）を洗い、「シャチ祝い」と称してクマの心臓に刃物で十字を入れる。シャチドメの後、続いてクマを狙うのはよくないとされ、ヤマドリ↓ウサギ↓シカ↓クマなどと順次大きな獲物を狙うものだと言い伝えられていた。当地の捕獲儀礼・解体儀礼は「シャチドメ」「シャチ祝い」ともに右に見るとおり比較的単純なものだが、他に、「ヨーニモライ」という祈願がある。クマ・イノシシ・シカ・カモシカを問わず、山を「ヒトタテ」（一週間単位一回の泊まり込み）まわっても一頭のシャチ（獲物）も得られない場合に行う祈願呪術である。そんな時には「オコゼエンマ」と呼ばれる魚型（オコゼ型）の紙幣を作ってスズダケに挟み、絶対に人から見られない場所に立てて山の神にシャチを願うのである。立てたオコゼエンマを他人に発見された場合は二度とシャチが得られなくなると言われている。それほど厳しい呪術だとされている。オコゼエンマとは「虎魚絵馬《おこぜえま》」の意である。山の神とオコゼ、猟師の豊猟祈願とオコゼの関係についてはつとに柳田國男が注目している。[10] イノシシをメルクマールとする宮崎県椎葉村の猟師がオコゼを珍重したことは『後狩詞記』[11]に見えるが、クマをメルクマールとした秋田県仙北マタギもオコゼを山に持参した。そうした中でも、オコゼ型の幣を立てる当地の豊猟祈願は注目されるところである。「ヨーニモライ」という民俗語彙の意は「夕荷貰い」である。

㉗長野県飯田市南信濃池口

当地は標高六五〇メートルの高地集落である。以下は同地の松下唯繁さん（明治二十九年生まれ）の体験と伝承による。

唯繁さんは春から秋までは焼畑、晩秋から冬にかけて狩猟という生業複合で暮らしを立てた人だった。狩猟は「ウツマチ」という一人猟で、仲間もいないし、イヌも使わない。対象獣はイノシシとクマだった。ウツとは獣道《けものみち》のことで、ウツマチ猟とは、猟師は移動することなく、獣が餌場や水場に姿を現すのをじっと待って狙撃する方法である。二六歳から八五歳まで毎冬ウツマチ猟を続けて、イノシシが毎年平均八〜九頭、クマは六〇年間で一三頭だった。このほか猟期中は、旧暦十四・十五・十六日の月夜どきに限ってバンドリ（ムササビ）猟を行った。シカも二頭獲ったことがある。

唯繁さんのウツマチの特徴は、自分の家から一・五キロの圏内にある「ヌタバ」（一般的にはイノシシやシカがヌタを打つ湿地・水場を指すが、ここではクマ・イノシシが水を飲みにくるところ）六箇所、ヤマブドウの群生地二箇所、ヤマナシの木のもと二箇所を舞台にしたところにある。この一〇箇所を適宜めぐってウツマチをしたのである。食物・毛布などを持って行き、一箇所のマチ場に三日間泊まり込みをする。狙撃点は約三〜五間離れたところである。じつは、これらのマチ場は唯繁さんが父の仲次郎さんから教えられたものである。代々伝承されてきたマチ場には確かに獣どもが顔を出すのだが、それにしても忍耐力のいる仕事である。握り飯を喰い、時はブナの実をナマで食べながら待つ。冬眠前のクマは食欲が旺盛で、好物のヤマナシやヤマブドウを狙って里近くまで下ってくる。ヤマナシの場合、クマが木にのぼってナシを食べているところを下から狙う。クマが木の上で脱糞すると、それが水をこぼすように落ちてくる——と唯繁さんはウツマチ猟の思い出を語る。イノシシはクダリジシが二時半ごろ水場に現れ、クマは三時ごろ水場に現れた。ウツマチは、イノシシやクマの生態を熟知していなければ成功しないのである。

獲物が獲れるとクマ・イノシシともに折り幣を立て、「ナムサチ山の神」と唱えて祈った。特にクマを獲った場合には家に帰って銃の先に神酒をかけて祭り、飯田市南信濃和田の山肉商「星野屋」を呼んで値を決めてもらった。

唯繁さんが最初に獲ったクマは一二貫で四七円だった。二〇貫で三〇円のこともあった。クマは熊の胆に対する予測で値をつける習慣で、猟師、山肉商双方の駆け引きがあった。

㉘長野県飯田市上村・南信濃地区

当地は南アルプス聖岳（三〇一三メートル）、茶臼岳（二〇八〇・四メートル）にほど近く、中央構造線ぞいにある。狩猟が盛んでクマ狩にも力を入れてきた。先に、池口の松下唯繁さんの「ウツマチ」について報告したのであるが、当地では単独で山を移動して行う狩猟のことを「ネライ」と呼び、クマについてはイヌを使わないで、穴籠りの前の、旧猟期開始の十月十五日から穴に籠る直前までこれを行った。ネライに対して集団狩猟のことを「オオリョウ（大猟）」または「モンテイリョウ（門弟猟）」と呼ぶ。当地には、若者が狩猟の師匠に入門し、一門がグループを成して狩猟活動を展開する慣行があった。モンテイリョウという語彙はここから発した。オオリョウ・モンテイリョウの主たる対象は冬季のイノシシ・シカだった。クマは、よいイヌがいて、冬眠中のクマが時に水飲みに出た跡をとめて（跡をつけて）発見した場合に捕獲した。首領（師匠）をしていた上村下栗の胡桃澤栄一さん（明治三十六年生まれ）は、クマをネライで一三頭、オオリョウで四八頭捕獲したというのだから、オオリョウのクマ狩も大きな成果をあげていたことがわかる。

㋐クマは冬至に穴に入るが、最後にタラの実を喰ってから穴に入る。十二月中旬から次の場所を目当てにしてネライを行った。ⓐクリ山（四〇〇〜一〇〇〇メートル）→ⓑミズナラ林（八〇〇〜一三〇〇メートル）→ⓒヤマガキ（焼畑の出作り小屋の跡には必ずヤマガキがあったので、クマがそれを狙ってくる。四〇〇〜八〇〇メートル）→ⓓヤマブドウ（四〇〇〜一〇〇〇メートル）。熊の胆は仲買人が求めに来た。クマを捕獲すると家まで運び、前向きに座らせ、山の神幣を切って、肝臓片を串に刺したものとともに立て、神酒を供えた（長野県飯田市上村上町・清水千里さん・昭和六年生まれ）。

㋑クマは冬至に穴に入り、春の土用に穴から出る。穴には樹木のウト（洞）と岩穴とがある。ウトはトチノキ・トガノキが多い。爪跡があるからわかる。クマを捕獲したら丸のまま家へ運び、玄関で前向きに座らせて神酒を供える。胆は山肉商星野屋に売った。クマが獲れると人を寄せて肉をふるまい、宴会をした（長野県飯田市上村下栗屋敷・胡桃澤菊男さん・昭和五年生まれ）。

㋒クマを捕獲したら丸のまま家に運ぶ。玄関の前に後肢を投げ出したかたちで座らせる。注連縄《しめなわ》を張り、オタカラ（幣）を立てる。次いで、塩で自分を浄めてからクマも浄め、塩を供える（写真４）。「三つグマ（母グマが二頭の仔グマを連れているもの）を獲ると祟る」と言い伝えている（長野県飯田市南信濃下中根・大澤順治さん・昭和十一年生まれ）。

㋓「三つグマを撃つと縁起が悪い」と伝えた。カキを喰い過ぎたクマの胆嚢には胆汁が少ない。胆汁のない熊の胆のことを「ツル胆《い》」と呼んだ（長野県飯田市上村程野・前島正一さん・大正八年生まれ）。

写真４　座位にて祭られるクマ。両手に御幣、前に供物。長野県飯田市南信濃下中根、大澤順治家（提供・大澤順治氏）

㋔猟に出る前に老婆の夢を見ると必ずクマが獲れた。「三つグマは狙うものではない」と言われている。戦前にはクマが獲れると禰宜《ねぎ》様を頼んで祭った（長野県飯田市上村下栗・胡桃澤栄一さん）。

㉙長野県下水内郡栄村和山

和山は秋山郷の最も奥にあるムラで信濃川水系中津川右岸、標高八五〇メートルの地である。以下は同地で狩猟に力を入れた山田重数さん（大正二年生まれ）の体験と伝承による。

重数さんは一五歳の年から父の重之助（明治十八年生まれ）についてクマ狩に出た。クマ狩は、一月から三月までの穴グマ猟と、四月十日から五月五日までの出グマ猟の二種類で、秋クマは獲らなかった。

㋐穴グマ猟＝クマは冬眠のために穴に入る前に盛んに餌をあさる。穴に入るのは冬至直前で、穴に入る前に「ケブシ」を行う。ケブシとは毛干しの意で、ブナまたはナラの枝を折り、厚さ八寸、五尺四方ほどの棚を作ってその上で毛を干してから穴に入る。クマが巣を作る木は、ブナ・ナラ・トチ・サワラ・シナ・マツなどである。牝は穴の中で仔を産むため、穴から出た場合の仔グマの安全を求めるところから、危険箇所は選ばないが、牡グマのものは急傾斜地にもある。クマの穴には ⓐ根巣、ⓑ高巣、ⓒ石穴、の三種類がある。高巣は高さ五、六メートルにも及ぶ。クマは自分が寝やすいように穴の中にシャクナゲ・サワラなどの枝を折って敷く。穴が雪に埋もれている時でも、クマが呼吸し、中のごみを吐き出すかたちになるので穴のあるところは雪上に汚れが出る。そうした箇所を注意して見てゆけばクマの穴が発見できる。クマは高巣に入る時には爪を立てずに注意深く入るが、穴から出る時には爪跡を残す。したがって、木の幹に爪跡がついているものは出グマの跡だと知れる。

穴グマ猟は二人で出かける。クマ穴を見つけたら、穴の口から木の枝を挿しこむ。枝は径五～七センチで、支枝を鉤状に残したものである。穴にこうした棒を挿しこむとクマは必ずその枝を中へ中へとたぐりこむ。次々と枝を入れると穴の口が次第に狭まる。穴口が、やっとクマの頭が出るくらいになったところで、一人がその穴口の裏側にまわって、ヨキ（斧）で幹に穴をあける。そして、その穴に棒を入れてクマを突つくのである。するとクマは本来の穴に枝を挿しこまれて狭くなっている穴口からやっと頭だけを出す。そこを狙撃するのである。重数さんたちの狩猟範囲は檜俣川以南、新潟県境をなす佐武流山（二一九一・五メートル）から白砂山（二一三九・七メートル）のラインから西の斜面、中津川上流の魚野川までの広域である。その範囲内で、重数さんの頭の中に入っているクマ穴は、およそ五〇箇所だった。一月から三月の間に穴見をすることをこの地では「アタリ」と呼んだ。

㋑出グマ猟＝四月十日ごろから、穴を出た出グマを対象とした出グマ猟を行った。出グマ猟は、五人の集団狩猟だった。重数さんが参加し始めたころには、紺の雪袴の下にモモヒキをはき、上は紺の綿入れ筒袖の「山衣《やまぎ》」をつけ、それに、カモシカまたはイヌの着皮を背中につけた。足にはガマまたは羅紗のハバキ、カモシカの毛皮で作った沓を履いた。狩の出発に際してはムラの山の神、十二神様に神酒を供えて豊猟を祈ってから出発した。三泊の泊まり込みで、そのころ狩猟範囲に、佐武流二箇所、高沢一箇所、渋沢一箇所の計四つの狩猟専門の小屋があった。小屋は、サワグルミの皮を剝いで屋根・壁にした三角小屋や、岩陰を利用したものだった。食糧は、米・アワ・味噌・塩・野沢菜の干したものなどだった。五人の役割分担は「ヤバ」（射手）二人と「セコ」三人で、布陣配置は図5のとおりである。ヤバの中で腕の確かな者を「ホンヤバ」とし、次ぐ者を「ワキヤバ」または「カタヤバ」と呼んだ。三人のセコがホンヤバを目標にクマを追いあげてゆくのである。この方法は同じ雪上狩猟でありながら、谷を挟んだ対岸の山から指令役がクマの動きを模擬行為等で知らせるという、東北のマタギが行う方法とは異なるものである。

捕獲儀礼としては次のものが注目される。捕獲したクマを狩小屋に運び、小屋に帰ると一同は飯盒で飯を炊き、その飯を木の枝で搗いて餅状にする。餅状になったものを、一辺二寸、厚さ一寸ほどの三角に固め、これを三個作って山の神に供えた。大きいクマは山で解体、普通のものはマルで出した。解体は、クマを仰臥させ、まず顎の下から月の輪を切るかたちで肛門に向かって刃を入れ、次いで前肢、後肢の順で刃を入れて皮を剝ぐ。中にはクマの血を飲む者もいた。肉・胆嚢は現津南町大赤沢の仲買人に売ったが、熊の胆は、

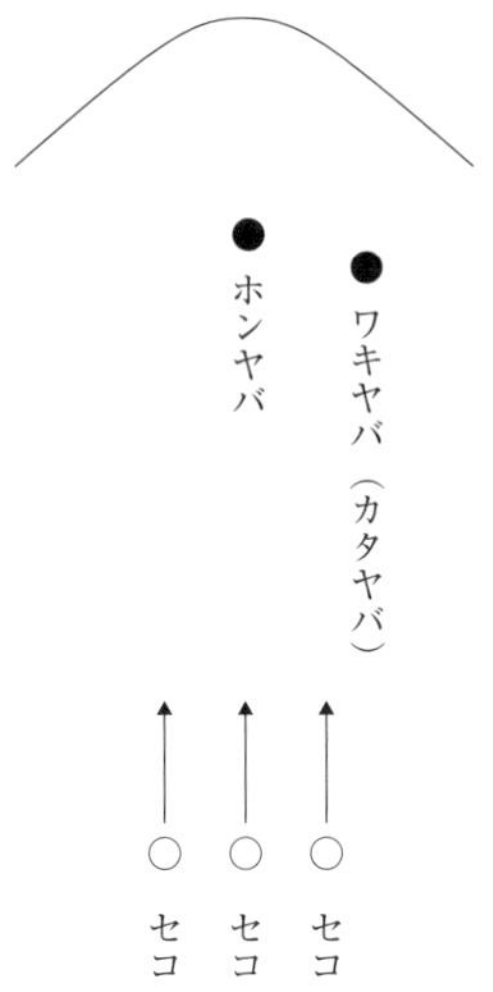

図5　和山の出グマ猟布陣

時々は干して自分たちで五等分することもあった。皮は小赤沢の皮張り専門の者に売った。収入はすべて均等に分けた。『秋山記行』には、里人から淋病の薬にするためにクマの陰茎を干したものの注文があったと書かれている。(12) 和山の氏神は、十二神様、即ち十二山の神で、二月十二日が祭日である。この日は和紙に、「十二山の神」（文字）・「山川安全」（文字）・熊の胆（墨絵）・弓矢（墨絵）などを書き、ミズナラの木の枝につけて山の神様に供えた（写真５）。祈願旗の一種であるが、これに使う木の枝は、和山と屋敷がミズナラ、上ノ原と小赤沢がカツラ、と、同じ秋山郷の中でも二系統が見られる。

写真５　熊の胆を描いた祈願旗を雪上に立てて山の神にクマの豊猟を祈る。長野県下水内郡栄村

(30)福井県小浜市上根来

当地は小浜市街地の南南東約一四キロ、標高二〇〇メートル、旧サバ街道・針畑峠の麓集落である。峠を越えれば滋賀県高島市朽木小入谷である。同地に住む岩本重夫さん（大正十三年生まれ）は、冬季の穴グマ猟に力を入れてきた人である。以下は岩本さんの体験と伝承による。

岩本さんのクマ狩対象地は、百里ヶ岳（九三一・三メートル）の東南斜面、即ち滋賀県側と、福井県おおい町名田庄木谷の白倉谷一帯の山であった。一口にクマの穴といっても、穴にはいくつかの種類がある。岩穴と木の穴があるのだが、その木の穴には、倒木の根の部分にできる穴と、立木の空洞に入口をつけた穴とがある。前者は「クボテ」と称し、ブナの倒木の根にできやすく、立木の空洞に入口をつけたのは「ゴーライ」と呼び、これはミズナラが七〇パーセント、ケヤキが三〇パーセントといったところで、ミズナラが圧倒的に多かった。ケヤキは、ほんの少しでも枝を打つと幹がウト（空洞）になると言われている。

岩本さんは、「クマが仔をはやす穴は、岩穴かクボテだ」という。牡をはじめとして仔を持たないクマがゴーライに入るのである。ゴーライのある木は、径一・五メートルほどで、入口の穴は平均、地上二メートルほどのところにあり、南側に口のついているものが多い。高いものは三メートルもあるというのだから驚く。ゴーライの入口の穴は径三五センチほどで、小さく見えてもクマが入るだけの大きさはある。クマは自分の頭が入りさえすれば、その径で体のすべてを穴に入れることができるのだという。その穴の周辺にはクマが噛んだ痕があるので、それと知れるのだという。

岩本さんの口から「帖つけ穴」という言葉が頻繁にとび出す。「帖つけ穴」とは、自分の頭の中に記憶されているクマの穴のことであり、狩場全体の地図の中におけるクマ穴の分布図に登録されている穴のことである。〇〇の尾根の〇筋目の谷を下った左斜面のミズナラの木の穴、百里ヶ岳山頂から南へ〇〇メートル下った尾根の東のブナの倒木のクボテ、といった具合である。岩本さんの頭にある帖つけ穴は、百里ヶ岳＝一八、木谷＝一八、その他＝二四の計六〇箇所ほどである。クマが穴に入るのは冬至一〇日前だという。穴グマ猟は二人でもよいが、三、四人で行くことが多かった。そして、穴グマ猟には必ずイヌをつれてゆく。百里ヶ岳なら百里ヶ岳、木谷なら木谷で帖つけ穴をめぐるわけであるが、どの穴にもクマが入っているわけではない。穴にクマが入っているか否かを発見するのがイヌである。イヌが、クマの入っている木を発見した場合、まず木の根をぐるぐるまわって、次に木の幹に前足を掛けて立ち、クンクン鼻を鳴らしてから吠えるのである。穴が雪に埋まっている場合は、雪を掘りながら吠え続けるのでそれと知れる。

ゴーライにクマが籠っていると判明した場合、直径一〇センチほどの棒を三本穴の入口から中に向かって突っこむ。クマは穴の中に入ってきたものはすべて中へ中へとひっぱりこむ習性を持っているので、その棒をひきこみ、棒の間から穴の入口に向かって首を出す。穴口から頭が出ると、昔はヨキや槍を使って捕獲したものだというが、岩本さんの時代には、銃口を一五センチ離してクマの耳を狙撃するという方法をとった。簡単なようでも狙い時がむつかしい。クマの頭が一定以上外へ出てからでないと、狙撃後に体全体を木の穴から運び出すことができないからである。クマの体をじょうずに外へ出すことができない場合にはゴーライを破砕しなければならないのである。穴をつぶすと、その穴には三～五年間はクマが入らないと言われている。

時にはとり逃がすこともあるが、逃げられた穴にも三年目には入るという。また、棒を突っこんでもクマが穴口から頭を出してこないこともある。そんな時には、穴の中に向かって発砲するのであるが、煙が穴口から出てくればクマは死んでいるが、煙が出てこなければまだ生きているのだという。

クマ狩のいでたちは、法被《はっぴ》・ズボンに、シナ皮のハバキ、それにカンジキをつける。雪上を早く歩くためにこの地のカンジキは平らなものではなく、前後を上へ湾曲させてある。母グマが仔グマとともに入っているクボテ近くをカンジキを履いて歩くとグーグーと音がするので、穴の中の母グマは一時、仔グマを離すらしい、と岩本さんは語る。

獲物はクマもイノシシも、ロープか藤で、まず首を縛り、それを口にまわして口を縛って端を引き綱として引くのである。いずれも仰向けにして引くのであるが、斜面の登りは「一寸引き」と称して、なかなか進まず骨が折れる。下りは仰向けた獣の腹に乗って滑りおりるのだが、クマはスキーのように走るのに対してイノシシは滑りにくい。滑りすぎて危険な時は獣の頭を雪の中に突っこむと止まる。

雪の季節の狩猟には雪崩の危険性がある。この地では雪崩のことを「ナゼ」という。毎年、雪が二メートル積もるとナゼが起こるところは決まっている。ナゼの起こるところは、木のないススキ山で、雪がススキの上を滑るのである。「ナゼの直前にはブーンといういかい音がする。獲物はナゼの危険性のあるところにはいない」という。

この地の猟師は捕獲したクマを自分たちで解体することはなく、マルのまま仲買人に売った。仲買人は遠敷の山内治三郎という人だった。解体しないのだから解体儀礼は行わないのだが、捕獲儀礼も行わなかった。ただし、この地には「熊の荒れ」「熊荒れ」という言葉がある。クマを殺すと雪か雨が降る、手負いが動くと雪が降る、というのである。岩本さんたちがクマ狩に出てから雪が降り始めると、留守番をしている妻のかねさんや、母のはなさんたちは「降ってきたからクマ獲ったなあ」と語りあった。不思議なことに、クマかイノシシを獲ると、ほんのしばらくでも雪か雨が降ったものだという。猟に出た重夫さんの帰りが遅い時、かねさんは、姑のはなさんとともに必ずムラはずれまで迎えに出た。

⑶1広島県庄原市高野町上里原

当地は島根県境の大万木山（一二一八メートル）の南斜面を水源とする木地山川ぞいの山のムラである。以下は同地の長桜斎さん（昭和七年生まれ）の体験と伝承である。

一八歳の年からクマ狩に参加した。初雪が降ると、「ミキリ」と称してクマの足跡をたどり、冬籠りをする穴を確かめておく。そして、二月十五日までに、穴籠りしているクマを捕獲するのである。しかし、穴から出ているものを狙う場合もあった。当地には、クマは一発で殺すものではない、という言い伝えがある。「一番槍を刺しておいてトドメは翌日に刺せ」という古い言い伝えがある。この伝承の背後には、「クマが苦しめば苦しむほど熊の胆が大きくなる」という認識が伏流している。捕獲したクマの大きさを確かめるのに梯子を使う方法がある。クマを吊ってみて梯子の段数を比べてみるのだが、梯子がモノサシになっているのである。何段目まであるかを判定し、獲物が大きければ喜び、自慢し、祝う風習があったのだ。また、このように、クマを梯子に吊るすと熊の胆が大きくなるとも伝えられた。吊ることは血ぬきにもつながったはずだ。熊の胆は竹の皮に包み、時間をかけてコタツの中で乾燥させた。

斎さんは三〇歳の冬、二頭の仔のついたクマ（三つグマ）を撃ったのだが、その時を限りにクマ狩をやめた。その時母グマからとった脂が今でも残っている。脂はクマの皮下脂肪を煮て採ったもので、アカギレ・ヒビの薬にしている。また、品評会に出すウシの毛の艶出しにも使う。瓶の中の脂は固まっておらず、指先につけて手の甲でのばしてみると、手の甲に脂のテリが広がった。匂いも悪くはなかった。肉はもとより食用にしたのである。

二　熊話《くまばなし》からの学び

(一)　クマの生態と狩猟形態

ニホンツキノワグマ・エゾヒグマともに狩猟対象とされたが、本州ではニホンツキノワグマを対象とした。クマ狩については東北地方で「マタギ」と呼ばれた狩猟集団による集団狩猟が広く知られているのであるが、実際の狩猟形態は多岐にわたった。その多様な狩猟形態はすべて、クマの生態、即ち冬季の穴籠り、その前後の摂餌活動、季節循環、降雪・積雪環境・地形環境などと連動しているとみてよかろう。クマの生態や環境と狩猟形態の連動は地域によって多様な差異が生ずる。その実態は先に示した事例のとおりである。

各地の熊猟師が異口同音に語るところは、「クマは冬至に穴に入り、春の土用に穴から出る」という伝承である。若干のズレはあるとしても、これはクマの生態を語る基本的な目安となろう。穴入り前のクマは旺盛な食欲を示し、冬籠りに耐える脂肪を身につけるために積極的な摂餌活動をする。ニホンツキノワグマの場合その対象は、ブナの実、ミズナラ・コナラの実、ヤマブドウの実、ヤマナシの実などとされる。事例(6)の中心はブナの実、(26)はミズナラの実と地域によって異なる。これらの木の実につくクマを狙って単独で山をめぐる狩猟形態を「シノビ」(事例(6)岩手県、事例(26)静岡県)、「ネライ」(事例(28)長野県)などと呼ぶ。秋グマを対象とした単独猟でも、事例(27)(長野県)のように、一定のポイントについて待ち続ける「ウツマチ」という狩猟法もある。

右の秋グマ猟は銃を使うものであるが秋グマ猟には罠猟もある。田口洋美氏は、昭和六十年に閉村した新潟県三面村で行われていた「オソ」と呼ばれる罠猟について以下のように報告している。[13]

クマが頻繁に通る尾根筋の平らなところに、シバで両側に柵を立て、クマがその柵の中を通ると吊り上げられていた天井部分が落ち、クマを圧死させるという仕組みになっていた。オソキリは秋の彼岸からはじまり、雪が降り積もるころに終わる。オソジマイという。オソの製作は二人一組が普通で、一日あたり午前と午後で二枚作るのがやっとであった。オソを切ると一週間ぐらいおきにオソにクマが掛かっているかどうかを見て歩いた。

クマが穴に入る前には摂餌・毛干し・排泄・尻止めなどが行われる。穴の種類については事例(1)ⓐミズナラ・ブナの根穴ⓑ高穴ⓒ岩穴、事例(28)㋑ⓐ木の洞とⓑ岩穴、事例(29)ⓐ根巣ⓑ高巣ⓒ石穴など各地で伝えられるが、事例(30)(福井県小浜市)が最も詳細である。ⓐ木の穴㋐「クボテ」ブナの倒木の根㋑「ゴーライ」ミズナラ・ケヤキの立木の洞、地上二メートルのところに入口がある。牡グマや仔を持たないクマが入る。ⓑ岩穴。他に土の穴もあると言われる。母グマが仔グマとともに籠るのはクボテか岩穴で出入りがしやすい穴だという。

冬グマ即ち穴籠り中のクマを対象とする地も多い。事例(30)(福井県)では穴グマ狩のみで他の狩猟法は伝えられていない。事例(8)(宮城県)では穴グマ狩と出グマ狩とを行い、穴グマ狩は一月に行い、密閉法という独自な方法を行っていたことがわかる。また、事例(25)（岐阜県白川村）は彼岸の中日から土用までの間、まだ穴に入っているクマを個人で捕獲している。事例(31)（広島県）では二月十五日までに、確かめておいた穴籠りのクマを共同で狩猟している。これらの事例からすると冬グマ、穴グマは、新雪が多く降り積む季節は避けて大雪前や雪が固まり始めるころクマ狩を行っていたことも考えられるのだが、事例(29)（長野県秋山郷）では「アタリ」と称する穴籠りのクマの穴見を一月から三月まで行っていたこと、事例(30)と併せると、「秋グマ猟」・「春グマ猟」に対して穴籠りグマを対象とする「冬グマ猟」という概念が成立することがわかる。

森俊氏は「立山町芦峅寺の熊狩」について以下のように述べている。(14)

当地の熊狩りには、冬眠中の熊を捕獲する穴熊狩り、冬眠から目覚め餌を求めて徘徊する熊を集団で包囲して撃ち手の待つ尾根近くへ追い上げて撃ち取るマキ狩り、仲春にクサバで草を食む熊に単独で近づいて撃ち取るシノビ狩りの三つがある。穴熊狩りは主として胆嚢（クマノイ）を目当てにするが、マキ狩りとシノビ狩りは毛皮を目当てにする。

事例(7)岩手県の西和賀町湯田長松の高橋仁右衛門さんは四月十日から春土用までを「捜し山」と称して出遊びのクマ、本格的始動を始める前のクマを捜して単独猟を行う。事例(25)岐阜県白川村飯島の木下時雄さんは春彼岸から穴の入口でトバタ（戸端）を踏むクマの様子を見るという。これは春土用までの間でこれを単独猟で追う。事例(5)岩手県雫石町の横田捷世さんは、前年のブナの実などを掘って食べる「ホリバミ」という語彙を伝え、さらに「出遊び一週間」という厳しい狩猟語彙を伝えている。出遊び一週間以内にクマを捕獲しないと熊の胆の胆汁が減ってしまい熊の胆の価値が低くなるというのである。事例(1)でいう「熊の胆は春早く獲ったものほど価値がある」というのも同義である。

出グマを対象とした集団狩猟はさまざまな儀礼様式をともないながら長く続いた。熊の胆・クマ皮・クマ肉などの確実な獲得のためには、地形、気象環境、植生とクマ狩の関係、かかわる技術の伝承などにとって集団狩猟は極めて有効だったと言える。集団狩猟は非積雪地帯にもあったが、東北地方や新潟県・富山県・岐阜県などの積雪地帯では、山に堅雪があり、若葉が茂りきらない季節は、クマの雪上移動を対岸の山などからもよく観察できることから、この堅雪の季節において極めて有効だったと言える。若葉が生長してしまえばクマの姿が見えなくなり、共同狩猟は不可能となる。各地で共同狩猟の期間を春土用から五月五日〜十日とするのはそのためである。青森県西津軽郡鰺ヶ沢町一ツ森字大谷の猟師・吉川隆さん（昭和二十五年生まれ）は次のように語る。——オオカメノキ（ムシカリ＝落葉小高木）の葉が開くと遠目がきかなくなり、クマ狩はできなくなる。この時期をもってクマ狩を終了するのが一般的ではあるが、森俊氏によればその後の時期にも一部にはシノビ猟があったことがわかる。

堅雪の季節の集団狩猟の形態にも二種類あった。その一つは「マタギ」とも呼ばれる専門的な狩猟集団によるものである。いま一つは銃を持つ狙撃者を含み、村落各戸からセコなどとして男が必ず参加するというものである。事例⒃山形県西置賜郡小国町金目、⒅山形県鶴岡市関川、㉑新潟県村上市山熊田、㉓福島県南会津郡只見町田子倉などがそれであり、これについては後に述べる。

クマ狩の多様な狩猟形態はすべてクマの生態や環境と連動している。猟師の狩猟形態の選択は、猟師が恵みとしてクマの何を得ることを目的とするかによっていたといってもよかろう。

クマの恵みの中核は「熊の胆」である。秋グマは穴籠り前の旺盛な摂餌活動の展開によって胆汁を使い果たすとされ、よって秋グマ、とりわけ穴入り前のクマの熊の胆は相対的に価値が低いとされる。しかし、胆汁が少なくても熊の胆としての価値がないわけではない。田口洋美氏は「タテシ（穴グマ猟）が熊の胆を得るには最もいい猟法であった」と記し、「ムラダテ」（均等分配）についても述べている[15]。

熊の胆を中心とする場合、ものを食べない冬熊の胆が良質で、それも、穴入り直後に比して穴を出る直前の熊の胆が最高であったことは論を待たない。冬グマに次ぐ春グマも、トバタフミ、出遊の最初のものから日を経て摂餌活動が活発化するにつれ、胆汁が少なくなるのは当然である。

クマ猟師が冬グマに集中しなかった理由は多々ある。第一に、地形・気象などの環境条件である。事例㉖静岡県・㉘長野県などでは南アルプス山麓の急峻な地形環境、積雪状況、広域性などがかかわっていた。しかし、㉘ではシカ狩・シシ狩などの折、イヌがクマの穴をつきとめた場合のみ共同のクマ狩を行っている。さらには、「毛皮重視」からの長い伝統をふまえ、寒中、寒前半の雪質を利用して行われた「カモシカ猟」の盛行がかかわっていた部分もあろう。そしてまた、事例⑴に示したとおり、「クマは大寒・小寒に獲ってはいけない」「寒のうちはクマの穴をのぞくな」という禁忌伝承も忘れるわけにはゆかない。この伝承は、「クマは寒のうちに穴の中で仔を産む」という生態伝承にもとづいたものと考えられる。穴グマ猟は最も効率のよい猟法ではあるが、仔連れの穴グマを捕獲し続ければ種の絶滅につながるのである。

クマの穴籠りについてはさまざまな生態伝承がある。穴入り前の毛干しや穴籠り中の尻止めなどである。秋田県北秋田市阿仁根子の佐藤佐吉さん（明治四十一年生まれ）は、クマは肛門を固めるのに松ヤニを喰い、冬眠後の便が出て固まったものも「マッ」と呼び、これが薬種として売れたと語る。青森県の砂子瀬マタギ・鈴木忠勝さんも同様に語り、これを「ツペ」と呼んだという。武藤鉄城は旧仙北郡白岩村の渡辺栄吉からの聞き書きとして穴入り前のクマは姫小松の脂気の強い部分を喰うと記している。[16] 静岡市葵区井川にも同様の伝承があった。出グマの尻止めの凝固物が入手できることは稀であった。

クマが冬籠りをする前には尻止め以前に腸の中のものをすべて排泄しなければならない。静岡県榛原郡川根本町千頭の猟師・小長谷吉雄さん（明治四十五年生まれ）は次のように語る。――クマは冬至に穴に入る。クマは穴に入る前にタラの実を喰う。タラの実は下剤であり、冬眠の前に腸をカラにするのである。下痢した糞があれば近くに必ずクマの穴がある。出グマの時期は四月の中旬で、穴から出るとタラの芽を喰う。

出グマも冬眠中の腸を掃除しなければならない。ミズバショウやヒメザゼンソウの催瀉効果とその効用については赤羽正春氏が述べるところである、(17)本書事例(2)でもミズバショウ・カタクリの芽についてはふれている。他に若干の報告もしたことがある。(18)出グマが「ベコの舌」と呼ばれるミズバショウを食べることについては武藤鉄城の報告もある。

クマはブナという植物と深くかかわる。秋グマとブナの実、春グマと根開き穴の前年秋のブナの実（事例(1)）、ブナの実のホリバミ（掘《ほ》り食《ば》み）（事例(5)）、ブナ胆（事例(5)）などについては既にふれた。ブナの芽（花芽・葉芽）とクマおよびクマ狩についても紹介したことがあるが、本書の事例(5)(18)(21)(23)などによってそれはよくわかる。入山儀礼の祭り木としてブナの巨樹が選ばれたこともこうしたことと無縁ではなかろう。

ブナの芽生えは標高の低位置から高位置へ、ブナの実入りは高位置から低位置へと移る。雪解けも低位置から高位置へと移る。春グマの移動は、ホリバミ・ネアナバミなどをしながらブナの芽を求めて上から下へと下り、ブナの発芽にそってまた下から上へと上る。このことは事例(1)山形県小国町、事例(5)岩手県雫石町などによく語られているのだが類似の動きは、(25)岐阜県白川村にも見られる。

(二) 狩猟儀礼

狩猟活動にかかわる儀礼は、対象獣の種類、地域、時代などにより差異があり、一様ではない。しかし、多くの事例を見つめると、狩猟儀礼の特色や類型の骨格が浮上してくる。

シカの節、図2（七五頁）はそれをまとめたものである。図は、クマ・シカ・イノシシなどわが国における大型獣を対象とした調査資料によるもので、クマ以外の獣にかかわるものをも含んでいるのだが、ここではまず、クマにしぼって話を進める。右の大型獣にかかわる儀礼を事例に即して見ると、Ⅰ狩場での儀礼＝狩猟活動の現場において行われる儀礼、狩猟活動随伴儀礼とも言える。Ⅱムラ・イエでの儀礼＝狩猟現場ではなく、狩猟者の住むムラの中やイエで行われる儀礼、の二本の柱から成っていることに気づく。以下の細部についてここでは先に示した事例によって確かめてみよう。

クマの場合、Ⅰは「山」という場を舞台とする。Aの入山儀礼は、ムラの外縁に位置する里山と、クマ狩をする奥山との境界ないしはそれに準ずる場で行われる。最も典型的な入山儀礼は事例⒇新潟県魚沼市大白川の例で、境界にある祭り木＝ブナの巨樹のもとで、トリキ（クロモジ）の枝に紙絵馬をつけて祭りを行い、ここを境として里言葉から山言葉に改めた。事例㉓福島県只見町では「イクサギ」と呼ばれるブナの巨樹のもとで山の安全と豊猟を祈って、ここから山言葉を使った。⒁秋田県由利本荘市百宅ではツナギ沢の山の神で祈りをささげ、言葉を変えた。⑴山形県小国町樋倉では徳網の山の神で祈りをささげている。山中の山の神、山の神の祠などの中には、里山と奥山の境界に祭られたものもあったはずである。巨樹・巨石・渓流などが境の象徴として意識されたのである。入山に際しては山の安全と豊猟、出山に際しては、豊猟と安全を感謝したのである。

入山儀礼・帰村（出山）の儀礼にかかわり、山中で「山言葉」を用いる例が広く見られた。言葉の切り替えは境界において行われたのである。山言葉は、「沖言葉」や沖ノ島のごとき神域での「忌み言葉」と同系の、慎しみの言葉、忌みの言葉である。沖言葉が、漁師、船乗りなど海にかかわる忌み言葉であるのと同様、山言葉は、実際には猟師の間に深く浸透していたのであるが、本来は、猟師に限らず、深山に入る者はすべて山言葉を使わなくてはならなかったのである。このことは鈴木牧之の『北越雪譜』に見える。[19] 事例⑴では山言葉を間違えると厳しく叱責された、

とあるが、柳田國男は『日本の祭』の中で以下のように述べている。(20)

山で大きな野獣と闘ふべき人々、東北でいふマタギなどが、やはりこの水の祓を特に重んじて居た。ただに物質上の穢れだけで無く、山言葉の金條を無意識に犯したといふ場合にも、やはり谷川に身を浸すことを強制せられ、又は何十杯も冷水を頭から掛けられた。

また、佐久間淳一は山形県小国町五味沢周辺の例として「山言葉を間違ったりすると、水垢離をとらされたり、槍や杖でなぐられた」と記している。(21) 水垢離、水の祓いは忌みを破ったことの浄めなのである。『北越雪譜』には、山にて山言葉を使わなければ山の神の祟りがあると記されている。

山中で働く者、とりわけ獣を対象として狩猟活動を営む者は、山の神の領《うしは》く、山の神の領域に入らせていただくわけであるから、里での暮らしや言葉を改め、身を慎しんで事に当たらなければならないという民俗思想がここには見られる。山の自然を統括する山の神から恵みをたまわる謙虚さがここに示されており、その象徴が「山言葉」なのである。事例(1)には四一の山言葉を示したのであるが、本来は山言葉を広汎に集成し、その他の忌み言葉をも併せてその分析をしなければならなかったのである。入山儀礼の一つに言葉の切り替えがあったことは重要であり、忘れてはならない。そして、事例(20)(23)などに示された、入山儀礼の実際、その場の確認などは重要で、これについてはさらなる事例収集が必要である。

狩場での儀礼の中で中核をなすのは「臨場捕獲解体儀礼」である。獣を捕獲した山で行う儀礼に注目しなければならない。これには二本の重要な柱があり、その第一は捕獲・射殺した獣の霊の鎮祭、これは、鎮送、再生祈願につながる場合がある。この柱は、クマに対してとりわけ顕著なものである。第二の柱は山の神に対する儀礼で獲物を与えてくれたことに対する謝意を示すものだと言えよう。

写真6　クマの皮掛け儀礼（提供・田口洋美氏）

まず、先に紹介した事例の中で捕獲山地におけるクマの霊に対する鎮祭要素を確認してみよう。事例(1)「シバシタソワカ」(2)「ウカベトナエ」・「ヨマゴト」(3)頭北仰位　(5)「四方阿弥陀」・クロモジの削り掛け・頭北伏位　(9)頭北仰位　(10)頭北面東・祭文　(11)成仏祭文・頭北仰位　(12)頭北面東・仏教系祭文　(13)「浮かべの法」(14)頭北　(17)引導　(20)「シシカタ」(28)㋐㋑㋒クマの座祭り――。死したクマに対して「シバシタソワカ」「四方阿弥陀」「ウカベトナエ」「引導」などが行われていたことは、クマの霊の鎮祭が重く見られていた証であり、総じて仏教の影響が強く感じられる。また、解体前、クマを横たえるのに「頭北面西右脇臥《づほくめんさいうきょうが》」という釈迦入滅の姿と脈絡を持つ「頭北」に執着する例が多いことも霊の鎮祭と仏教との脈絡を思わせる。祭文の詳細が知れないので山の神との混合があるかもしれないのだが、「ウカベトナエ」や「浮かべの法」には仏教以前の匂いもある。

ここで注目したいのは「逆さ皮」「皮掛け」「毛ぼかい」などと呼ばれる儀礼である（写真6）。本体即ち肉や骨・内臓を解体する前に、毛皮を剝ぎ、それを、本体に対して頭尾を逆にして掛ける「逆さ皮」と、逆さにまわさずに順に掛ける「順皮」とがある。事例の中では以下のようになっている。「逆さ皮」＝(3)(4)（青森県）(9)(10)(11)(14)（秋田県）(16)(17)（山形県）(21)(22)（新潟県）(23)㋐（福島県）、「順皮」＝(1)(15)(18)（山形県）「クマの血」の項事例㋕（新潟県）――順皮掛けに比べて逆さ皮掛けの方が圧倒的に多く、しかも広域に及んでいることがわかる。

剝いだ皮を順に掛けるか、逆に掛けるかの違いはマタギ組の流派の違いによるものだと言われている。秋田県北秋田市阿仁町比立内のマタギ・松橋時幸さん（昭和九年生まれ）によると、日光派系は「順皮」、高野派系が「逆さ皮」だという。逆さ皮儀礼が内包するものとして、この国に行われている「逆さの呪術」を考えてみることができる。例えば子供の夜泣きを封じる呪術として、鶏の絵を描いてこれを逆さにして貼るというものがある。朝を運びくる「太陽を迎える鶏」の活動を封じて子供を静暗の世界に鎮めこむ呪いになっているのである。また、四月八日に、虫除けとして、「ちはやぶる卯月八日は吉日よかみさげ虫の成敗をする」と墨書して厠《かわや》や厨《くりや》にこれを逆さにして貼る習慣がある。いずれも、活動の停止を呪禱するのである。逆さ皮はクマのこの世における活動の停止を意味するのである。

また、ホナワリ（1）、サンベンヒラキ（3）などのように心臓に十字を刻む儀礼がある。（4）（15）（16）（26）などにもこれが見られるのだが、これも生命の停止の刻印である。逆さ皮とサンベンヒラキは生命断絶儀礼の重層だと言えよう。

皮掛けのことをケボカイとも称する。「毛祝い」の意で「ホカフ」は「ホク」（祝く・禱く・呪く）の再活用で、神に祈ることを意味する語であるが、皮掛け儀礼を凝視する時、この儀礼の背後には、一旦この世で命を断たれ、霊を他界に送られたクマが毛皮を纏って、再生し、再度この世に出現することを願う祈りが込められているように見える。この点に重きを置くと「順皮」も「逆さ皮」も関係ないことになる。「毛皮」によって実体を象徴させるのだという見方は、人も毛皮に頼って寒さに対応する北の文化、雪国の文化、北の民の発想だと見ることができる。クマの毛皮は、ここでは、カモシカの毛皮・サルの毛皮・シカの毛皮などあらゆる毛皮類の象徴になっているのである。毛皮を利用する文化圏の儀礼だと称してもよかろう。

クマは他界から、毛皮や肉・熊の胆・血などを持ってこの世に至り、人びとのためにそれらを与え、霊は送られて他界にもどり、時を得て毛皮・肉体を復活させ、またそれをともなって人界に再来する、という思想が底流しているのではあるまいか。

「皮掛け儀礼」はアイヌのイオマンテ（クマの霊送り）と地下水脈でつながっていると考えることはできないだろうか。イオマンテは「飼い熊送り」であるが、アイヌの彼方には「狩り熊送り」もある。佐藤宏之氏は「熊送り」については次のように述べている。[22]

ユーラシア大陸と北アメリカ大陸の北部の狩猟採集民社会の間には、クマ送り儀礼が広く存在するが、これらの地域のクマ送り儀礼の主体は狩りクマ送りである。一方、ウリチ・ネギダール・オロチ・ニブヒ・ウイルタといったアムール河口部からサハリン・北海道にかけての少数民族の間には、狩りクマ送りだけではなく、飼いクマ送りが認められることがよく知られている。

基本的には両者は植生や食料資源構造に連動するもので飼い熊送り儀礼地帯はシベリア型で、食料資源が乏しい地帯であるが、北海道だけは例外だとしている。皮掛け儀礼は、むしろ、狩り熊送りの一種だと言えそうである。なお池谷和信氏もマタギとアイヌの熊儀礼の比較をしている。[23]

この北につながる皮掛け儀礼は、新潟県までで、以西には見られない。これは、山の神に対する儀礼ではなく、クマ自体、クマの霊に対する儀礼である点も重要である。そして、この流れは先に確かめてきた仏教系の儀礼とは別の水脈につながるものであることにも注目しておきたい。

クマ自体を祭るものとしてはこの他、事例(28)長野県飯田市上村の㋐㋑㋒に示したクマの着座祭があるのだが、これは他地に類例もなく、意外に新しいものとも考えられる。しかし、ここに見られるクマへの敬意の眼ざしは、捕獲誇示の心意と錯綜はするものの重い意味を持っている。(31)広島県庄原市の梯子吊りにも捕獲誇示の要素が見られる。事例(2)陸奥山中の「ウカベトナエ」の、熊頭の祭り方にもクマへの敬意が込められている。

さて、ここで、「皮掛け儀礼」に際して誦される呪言についても考えてみなければならない。事例(3)「千マル、二千マル、三千マルまでとりかかる」、マルとは獣の頭数を数える時に使う。「千マル供養」などの例がある。⒃「千匹、友引き」、「ヒキ」を同音反復させながら、同類、この場合、多くの仲間を連ねてこの世に再来することを祈る。事例㉑では「千匹、万匹」と誦するのであるが、これは「千匹、万匹もどってこいよ」という意味だと伝えている。してみると、⒅の「千匹、万匹」も同義だと考えることができる。また、「クマの血」の項の事例㋕でも次の呪言を示している。「千匹、万匹　帰ってこいよ」（新潟県新発田市滝谷新田）。これらによれば、「皮掛け儀礼」が「クマの霊送り」「熊送り」であることが考えられる。クマの生命を奪い、生を終止させはするものの、「皮掛け儀礼」によって、他界に送られたクマの霊が肉体に毛皮を纏って、しかも仲間をひきつれて再来することを冀《こいねが》う儀礼であったと考えられるのである。こうした本来の心意が、「三千マルまでとりかかる」という、直接的狩猟願望へと展開していったと考えることができよう。㉒の「いい皮　いい皮」はやや流れを異にするが、これは明らかな「皮ぼめ」であり、北の匂いが滲む。

　こうして、クマの霊に対する儀礼に注目してみると、仏教的な色彩を帯びた供養的鎮祭儀礼と、仏教以前ともいうべき北方系の熊送り的鎮祭儀礼、古層の生命観による儀礼が混在していることがわかる。

　クマを捕獲した山中での儀礼対象のいま一つの柱は山の神である。その実際については事例の中で示しているが、全体を見るといくつかの特色に気づく。

　山の神に対する豊猟感謝の献供物は多様であるが、その中心の一つに肉片を串に刺して供えるかたちがある。秋田県仙北市西木町戸沢や北秋田市阿仁打当ではその串を「モチグシ」と称し、これはトリキ、即ちクロモジを使う⑼⑽⑾⑿。⑼戸沢では山中のブナの巨樹のもとに祭壇を仮設し、二本のトリキにおのおの心臓・肝臓や背肉・足肉など一二種の肉片を刺して焙ったものを供えた。モチグシの肉片の数や構成などには差異がある。事例⑶（青森県西目屋村）では首肉を中心に一二切れ、事例⒅（山形県鶴岡市）では二本のトリキに二切れずつ、など事例で示したとおりである。一二種・一二片など「一二」を重視する例が見られるがこれは十二山の神とのかかわりによるものと思われる。「一二」は一年の月の数である。

この他、特定の臓器を重視する例も見られ⑴（山形県小国町樋倉）では十字を刻んだ心臓を、⒂（山形県小国町長者原）では十字を入れた心臓とクマの頭を供える。⒆（山形県鶴岡市越沢）、⒇（新潟県魚沼市大白川）ではトリキに膵臓を挟んで立てる。また、㉓（福島県只見町）では解体中、山の神に膵臓を供えた。遠く離れた㉕（岐阜県白川村）でも同様に膵臓を供えた。当地では膵臓のことを「タチ」と呼んでいる。タチとは「太刀」の意で、膵臓の形が太刀に似ているところからの呼称である。静岡県の大井川中・上流域ではイノシシの膵臓を「タチ」と呼び、解体時にこれを山の神に供える。長野県飯田市南信濃、下伊那郡泰阜村ではイノシシの膵臓を「ケン」（剣）と呼び、宮崎県椎葉村では「クサナギ」（草薙）と呼び山の神に供える。いずれも膵臓を長い刃物の呼称で呼んでいる。その形状が刀に似ているからである。

事例㉘㋐では肝臓を供え、㉓㋑では毛を供えている。㉙では飯を搗き固めたものを供えた。

秋田県の「モチグシ」にトリキが使われ、山形県や新潟県でも膵臓を山の神にささげる際にトリキを使っている。さらには事例⑸（岩手県雫石町）では捕獲直後、クマを鎮祭する際にトリキの削り掛けを立てている。削り掛けはアイヌの民俗ともつながる。また、⒇（新潟県魚沼市大白川）では、入山儀礼に際してトリキシバに墨刷りの絵馬を結んで立てている。こう並べてみると、トリキ・トリキシバ・クロモジがクマにかかわる儀礼にとっていかに重要な存在であったかがわかる。

クロモジはクスノキ科の落葉低木で幹や茎を削ると芳香を放つ。現在も爪楊枝や、和菓子に黒皮を残したクロモジの楊枝を添えることは広く行われている。クロモジ・トリキについて、つとに注目したのは柳田國男だった。柳

田は、『神樹篇』の中の「鳥柴考要領」の中で以下のように述べている。(24)

京都でも之は鳥柴といふ名称が行はれて居た。さうして其名の起りも不明では無かった。多くの鷹匠の家の伝書、又は上流武家の間では、鷹狩の獲物の鳥を人に贈るのに、必ず一定の樹の枝に結はへ付けて持って行く作法があったが、中でも四季を通じて最も普通に用いられたのがこのクロモジの木であった故に、それで鳥柴といふ名が生れたのであった。……私はそれから一歩を進めて、以前は人ばかりか神様に狩の獲物を奉る場合にも、やはりこの木を選択したかと考へて居る。

また、「榊葉の香をかぐはしみとめくれば……」という神遊びの古歌をふまえて、古層の「サカキ」がクロモジであった可能性を説いている。神を招き、また神の心を慰めるための指標要素には色・香り・音などがある。削り掛けや御幣の白、常緑のサカキやマツ、煙の色と動き、笛や太鼓、鈴の音、加えて香りを考えてみなければならないのである。クロモジは、その葉・皮を蒸留してクロモジ油を採り、香水・石鹸・化粧品などの香料にする。クロモジをトリキ（鳥柴）として鳥に添えたのは防臭力をたのんだ面もあった。先に諸例で見たトリキの事例を数えてみてもクロモジが北のサカキ、クマ狩にかかわるサカキであることは間違いない。柳田はまた次のようにも述べている。

アイヌは之を知り、医療呪禁の用にも供して居た。ただ是をイナオの木として用ゐる風があったかどうかがまだ確かめられない。

アイヌのイナウと本土の削り掛けの共通性はいうまでもないのだが、事例(5)（岩手県雫石町）で、クマの捕獲儀礼に際してクロモジの削り掛けが用いられていた事実は重く受け止めなければならない。

柳田はまた、山陰地方でクロモジを福木と称し小正月の餅を刺した例や、西美濃で飯の固まりをクロモジに刺して神に供える例などもあげ、神にささげる諸物をクロモジに刺して供えるかたちがあったことを考えている。静岡県伊豆市湯ヶ島小字長野では小正月にクロモジの枝に団子を刺して飾り、ドンドン焼きの火で団子を焼いて食べる。石川県白山市白峰でも小正月に、クロモジの枝に繭玉を刺して飾っていた。これらも当然この範疇に入る。北の「モチグシ」および同系のものが、柳田の提言の範疇に入ることは確かである。これらが献供であるのに対して神籬系のものもある。鳥取県八頭郡智頭町上板井原では、正月に「コヅミギ」と称して次のようなものを作った。庭に打ち込まれている牛の繋ぎ杭に、ヌリダ（ヌルデ）・フクギ（クロモジ）・クリの木のおのおの二メートルほどのものを縛りつけ、これに米粒を包んだオヒネリを一二個、閏年には一三個括りつけた（平尾新太郎さん・明治四十一年生まれ）。焼畑の火入れに際して、焼畑予定地の上部中央にクロモジの枝を立てて火の安全を祈る儀礼があった。実施地は、静岡市葵区田代、静岡県榛原郡川根本町梅地、長野県下伊那郡天龍村坂部などである。

静岡県榛原郡川根本町梅地・長島から静岡市葵区井川にかけて、クロモジは猟師が神様からたまわった木だとする伝承がある。クロモジは、雨の中でも雪の中でも着火しやすい木だというのである。積雪地帯ではクロモジを輪カンジキの素材の一つとしても大切にしてきた。島根県隠岐郡知夫村仁夫《ちぶにぶ》では、冬季体を暖め、健康を得るためにクロモジの木の煎じ汁を風呂に入れる習慣があったという。隠岐にはクロモジ茶もある（川本巌さん・昭和八年生まれ）。クロモジ＝トリキの民俗はさらに探索し続ける必要があろう。

狩猟儀礼の中には、猟場である山ではなく、イエまたはムラの中で行われるものもある、それにもまた、豊猟祈願と豊猟感謝の儀礼がある。事例(9)（秋田県仙北市）では、旧暦四月八日に森吉山に登り、モロミを一枝いただいて帰り、乾燥させておく。出猟の際、水垢離をとり、モロミの葉を焼いて神に参ってから出発する。事例(7)（岩手県西和賀町）では、本格的なクマ狩に入る前、四月十二日山の神祭りの日に予祝的な猟でノウサギ・ヤマドリなどを獲り、血のついたものを山の神に供えてからもちまわりの宿で宴を開く。

山からムラへもどってからの豊猟感謝の儀礼は例えば事例(20)（新潟県魚沼市大白川）で述べたとおりである。ムラ即ち生活圏内での儀礼は、豊猟祈願や山の安全祈願にとどまるものではなく、クマの霊の鎮祭儀礼もあった。その典型は事例(2)（青森県むつ市川内町畑）の「ウカベトナエ」であるが、これについては「クマの頭」「クマの霊威」とのかかわりで後に述べる。

(三) クマの恵み

1 熊の胆

「クマは捨てるところがない」という言葉を各地で耳にした。秋田県北秋田市阿仁根子の獣系家伝薬行商人佐藤佐吉さん（明治四十一年生まれ）がクマの部位ごとに薬種として売ったのは、熊の胆を中心に一一種に及んだ。短冊状にして干しあげたクマの肉を入れるとその品目は一二種だった。

他に毛皮も利用され、生肉も食されたのだが、各地で、クマを狩猟対象とし、クマに執着した第一の目的は薬餌の王者、「熊の胆嚢」「熊の胆」の獲得だった。薬効は、胃腸病・腹痛・気付・強壮などを中心に「万病に効く」と伝えられ、医療・薬品が未発達だった時代、時を遡るほどに熊の胆への信頼、依存度は高かった。

鉄砲管理という側面以上に、近世、津軽・盛岡・秋田藩などでは熊の胆上納を中心に、毛皮上納などを求めるがゆえの猟師の管理があったことが研究されている。[25] 熊の胆は藩主等の利用にとどまることなく、贈物、流通品としても極めて価値が高いものとして周知されていたのである。熊の胆と金が等価値だという基準は長く、広く伝承されてきたのであるが、平成に入って熊の胆が払底した折には、熊の胆が金の七倍になったと聞いたことがあった。

熊の胆の大きさは体の大きさと比例するものではなく、摂餌活動と深く連動するものであることは前節でもふれた。ガラばかり大きく胆汁のない胆のことを事例(28)（長野県）では「ツル胆」と呼び、ナマの胆に対して仕上がりの目方が六分の一と極めて少なくなってしまう。摂餌活動直後の胆のことを事例(24)（福島県）では「水胆」と呼んだ。このように、熊の胆に関する民俗語彙が存在することは、人びとの熊の胆に対する強い執着を示すものである。

事例(6)（岩手県雫石町）の檜山善六さんは、ブナ林のクマの熊の胆は皆無に近くなることもあるが、ナラ林のクマの胆汁の残存率は五〇パーセントほどはある、と語る。橘礼吉氏は白山麓などの伝承として「秋、ナラの実が多かった年は胆が重い。秋、ブナの実が多かった年は胆が軽い」と記し、新潟県津南町ではナラの実のなった年の熊の胆は硬く質もよい、ブナの実の多い年には胆が柔らかく質も悪い、と類似の伝承を記している。[26] 熊の胆、胆汁の量と質はクマの食物にも左右されるのである。事例(28)(エ)（長野県飯田市程野）にはカキを喰い過ぎたクマの熊の胆は「ツル胆」になるという伝承があるが、橘氏は「秋、信濃柿が多く実った年は胆が軽い」という白山麓の伝承を記している。[27] 右によって熊の胆と食物に関する狩猟語彙の伝承の確かさが知れる。

貴重な熊の胆の整形・乾燥・精製には各地でことのほか注意を払ってきた。総じて経験豊富な長老に託される場合が多かった。熊の胆整形の技術は種々伝えられるが、胆汁をなるべく均質に、平らに乾燥させることを心がけた。そのためには温度調節が重要である。事例(6)（岩手県雫石町）のような方法もあり、(8)（宮城県加美郡）には、熊の胆を人肌で温めるという特殊な方法が語られている。秋田県北秋田市阿仁根子で獣系家伝薬の行商をなりわいとした佐藤佐吉さん（明治四十一年生まれ）は次のように語る。——熊の胆はまずイロリの火棚で乾燥させた。小さいものは一週間から一〇日、大きいものは三週間ほど棚に置いた。そして、ドンブリに湯を入れてその湯で胆をもみほぐしてから、板に挟んで型をつけながら本式に乾燥させた。事例(24)（福島県耶麻郡）には熊の胆のナマの目方と完成後の目方の比較が示されており、「エツリ」という技術と民俗語彙が示され、縛る部分にクマの脂を添えるという詳細な技術が語られている。

事例(31)(広島県庄原市)には、クマが苦しめば苦しむほど熊の胆が大きくなるという伝承が語られている。事例(7)(岩手県西和賀町)では解体に際して、刃を入れる前に熊の胆が大きからんことを祈って胆嚢の位置に神酒を供えたという。また、事例(29)(長野県下水内郡)では二月十二日、十二山の神神社の祭日に、和紙に熊の胆を墨で描いたものをミズナラの木の枝につけて供えたという。筆者も昭和五十六年に同地の栄村屋敷の山の神神社境内の雪上に挿し立てられた同様の熊の胆の絵を見たことがあった(写真5)。

学びの旅を続けているといろいろなことがある。事例(29)の山田重数さん(大正二年生まれ)から渓流漁撈や狩猟のことを学ぶために平成五年三月二十七日、長野県下水内郡栄村和山の民宿に泊まったことがあった。夕飯時、そこには当主のほか数人のムラびとが集まって酒も出ていた。さまざまな山の暮らしについての語りを聞くうちに夜も更け、酔いもまわってきていた。私は、明日の学びもあるので席を辞そうとした。すると、当主が、もう少し飲んでゆけと勧めてくれた。明日も勉強だから宿酔《ふつかよい》になるとまずい、と辞退すると、後で絶対に宿酔にならない薬をやるから最後まで付き合うようにと勧められた。それから盃も重なり、話も深くなった。最後に、当主は酒の入った私の盃の縁に小さな黒いものを付けた。瞬時に酒は黄色になった。熊の胆である。私はこの黄色くなった苦い酒を飲んで床についた。まことに不思議なことに翌日はじつに爽快だった。

平成二十四年四月十九日、山形県西村山郡朝日町宮宿の熊猟師・岡崎勇夫さん(昭和十八年生まれ)からクマ狩の話を聞いた。その折、「山菜のキドさで冬の穢れを落とす」という、雪国の民俗の深層にかかわる重い内容を負った言葉を教えられた。別れ際に、勇夫さんは小さな綿きれに包んだ、貴い熊の胆の小片を一〇片ほどくれた。万病に効くと言われ、金の目方以上の価値を持つ熊の胆である(写真7)。――旅嚢のポケットに収められたこの秘薬は私のその後の旅を守ってくれている。

２　クマの血

体内を循環する真赤な血、血液は人の生命の根元にかかわる象徴として重視されてきた。よって、人は他の動物の「血」に関しても深い関心を寄せてきた。とりわけこの国の最も大きく、強力な獣であるクマの血に寄せる思いは深かった。以下に臨場的な事例を示し、次いで、先に示した各地の事例をも含めて考えてみた。

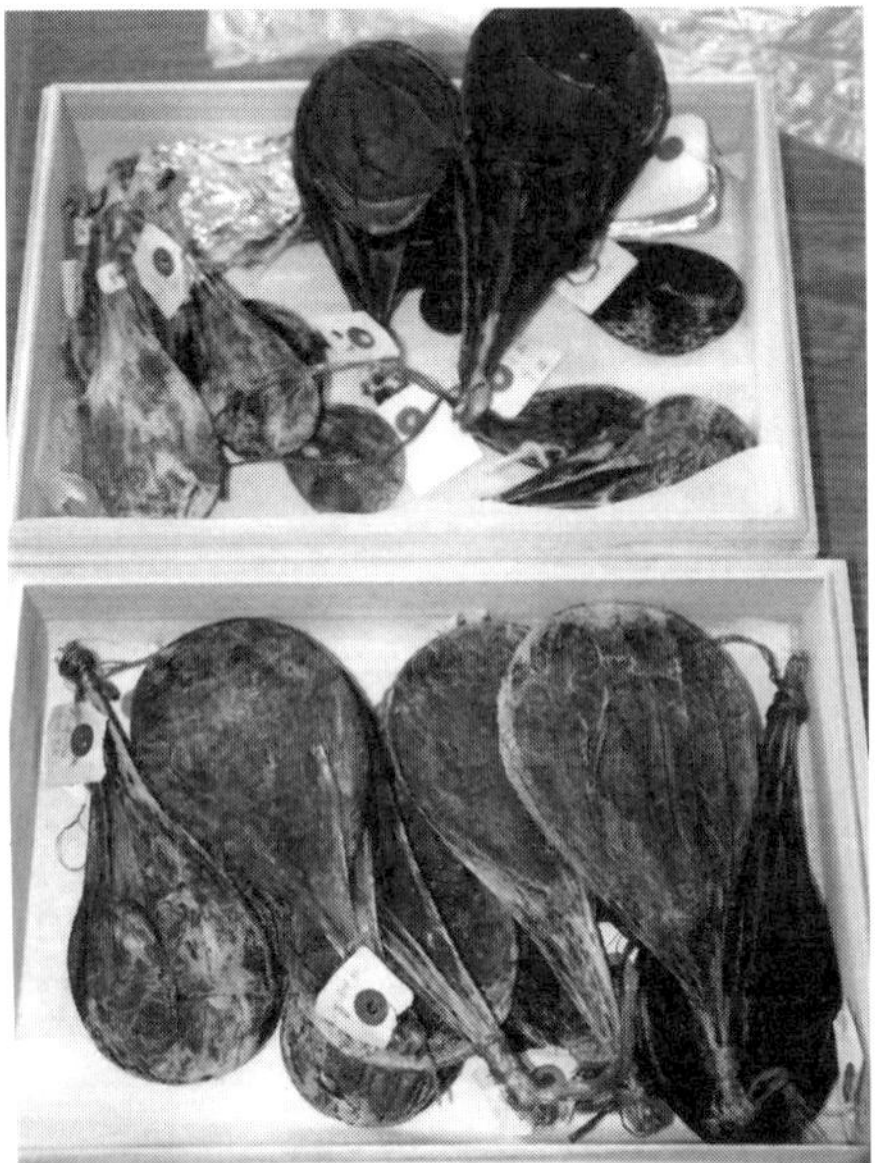

写真７　熊の胆。山形県西村山郡朝日町宮宿、岡崎勇夫家

㋐クマを捕獲すると下顎部に穴をあけ、ロープを通して雪上を引き、里におろした。仰位に据え、月の輪の上に酒を供え、祈りをささげてから月の輪に刃物を入れた。小便袋と大腸を捨て、他の臓器を取り出す。アバラ骨の部分に血がたまるので参加した猟師は茶碗一杯ずつ血を飲む。血は赤いヨーグルトのようで、薄い塩味がする。残余の血は捨てないで、新聞紙に塗って凝固・乾燥させ、後に粉化して肝臓病・切り傷の薬にする。小腸はマタギたちの食用にするので皺を伸ばしながら傷をつけないように取り出す。そのために、解体に使う山刀の先端にダイズを刺しておく（岩手県和賀郡西和賀町沢内小字若畑・小森紀美雄さん・昭和十六年生まれ）。

㋑首を麻綱で縛って雪上を引き、里に運んで解体した。アバラ骨のことを笊《ざる》と呼んだ。笊に血がたまるので、マタギも女たちも笊に口をつけて血を飲んだ。残りの血は、肉とともに味噌で煮た。里で煮る時はダイコンを入れたが山では血と肉を味噌で煮た（秋田県仙北市西木町上檜木内・鈴木喜代治さん・昭和九年生まれ）。

ⓤ首をロープで縛り、親方の家まで運んで解体した。月の輪から刃を入れ、アバラにたまった血を、盃をまわして飲んだ。肉は平等に分けた後、血の腸詰め・骨・手足のヒラ（ゼラチンがある）にゴボウを入れ、マタギの熊鍋にした。腸詰めは腸の中身を捨ててよく洗い漏斗《じょうご》を使って血を詰め、一定間隔を腸で縛って作る（秋田県鹿角市夏井・阿部勝夫さん・昭和二十二年生まれ）。

㊁肩口から心臓を狙う。息のあるものは喉笛を切る。血は弁当箱の蓋で飲む。血は香ばしく薄塩の味がする。マタギは捕獲儀礼後、頬肉を少しずつ食べる。クマの肉は薄く切って長時間煮るのがコツである。秋はダイコン・ゴボウ・ネギ・脂を入れる。焼肉にする時にはニンニクショウガをつける（山形県西村山郡朝日町宮宿・岡崎勇夫さん・昭和十八年生まれ）。

㋔大ものは山で皮を剥ぎ、四つ割りにしてヒバの枝葉を敷いて雪上を運んだ。四つ割りの上下の基準はアバラ骨の下から三番目だった。山でアバラにたまった血を飲む者は塩を加えて飲んだ。里では百尋《ひゃくひろ》（小腸）汁を食べた。百尋を刻み、ダイコン・バレイショ・ネギとともに味噌で煮た。肋骨を切って三時間煮て、割り箸で残肉をしごいて取り、ニンニクのたれをつけて食べた。肉は雪中に埋めて保存した（福島県南会津郡南今津町田無沢・星春雄さん・昭和十一年生まれ）。

㋕当地ではすべて山で解体した。前肢のつけ根を狙うと心臓にぬける。息のあるものは山刀で喉笛を突く。血

写真８　クマの剝製、毛皮に囲まれる佐久間進さん。新潟県新発田市滝谷新田

をぬくことが大切である。頭を東に向けて仰位に置き、親方が月の輪から下に向けて裁ち目を入れる。皮を剝ぎ、その皮をいま一度体に掛け、「千匹万匹帰ってこいよ」と唱えてクマの霊を送る。血はその場で飲む。初猟の者はコップ、もとはユズリ葉で飲んだ。山泊まりの場合は解体したものを雪の中に埋めた。クマの肉は半日煮るとよいが、臭い消しのために半日ダイコンおろしに浸けるとよいと伝えられている。煮る時は干しダイコン・ネギ・ハクサイなどとともに煮る（新潟県新発田市滝谷新田・佐久間進さん・昭和二十五年生まれ）。

㋖クマもシカも山で腹を割って臓物を出す。シカはガスがたまっている。血は塩を入れて飲むと臭わない。獣肉は一晩雪に浸けておくとうまくなる（栃木県日光市湯西川・伴聡さん・昭和十一年生まれ）。

右に、クマの血について臨場的な聞きとりを示し、併せてクマ肉の食法などにもふれてきた。以下血にかかわるいくつかの問題をまとめておく。

〈解体現場と飲血〉　凝固する前に液状の血を飲むことのできるのは解体現場に限られる。解体は、捕獲した山中と、里の両方で行われる場合があるが、いずれの場合も飲血が行われる。事例㋐㋑㋒は里で、㋓㋔㋕㋖は山で飲んでいる。当然のことながら山の方が血の鮮度は高い。注目すべきは、㋐㋑㋒㋔でアバラにたまった血を飲むとしている点である。アバラとは胸部を構成する肋骨部で、血液がたまりやすい。胸部は心臓も含むことになる。㋑では肋骨部を「笊」と呼び、マタギも女たちも笊から直接クマの鮮血を飲んだという。いかにも始原の匂いがし、クマの血の生命力・薬効・呪力を、貪《むさぼ》るように導入せんとしていたことがわかる。㋐茶碗、㋒盃は、クマの血を受ける様が儀礼化していることがわかる。

クマの血は薄い塩味がすると㋐㋓で味覚印象が述べられている。また、㋔㋖によればクマの血を飲む時に塩を加える慣行があったことがわかる。

〈初猟と血の儀礼〉　㋕によると、初猟、即ち、猟に参加して初めてクマを獲った場合には必ず血を飲むこと、しかも本来はユズリ葉で飲むものだったというところがいかにも古層の儀礼を思わせる。ユズリ葉は本来、暖温帯性で福島県以南に分布すると言われ、広く正月飾りにも用いられる。長い葉を器状に丸めて使うのである。初猟と血の関係は深く、次のような例もある。ⓐ若いマタギが初めてクマを仕留めると、仲間がその皮を剝いで、初猟のマタギの後方から血のついたクマの皮をかぶせた。初猟のマタギは合掌してそれを受けるものだとされた（山形県鶴岡市田麦俣・渋谷賢造さん・明治三十年生まれ）。ⓑ初めてクマ狩に参加したマタギに対して捕獲したクマの、血のしたたる皮をかぶせる儀礼があった。皮をかぶせるのみならず、故意に血を塗りつけることもあった。解体に際しては、肝臓に十字に刃を入れて山の神に供えた（山形県西村山郡西川町大井沢出身・富樫音弥さん・明治三十六年生まれ）。若いマタギはこうした「血の洗礼」ともいうべき儀礼を受けて、獲物を授かること、獲物の命を絶つこと、血の意味を認識したのである。

〈血の腸詰め〉 次いで、クマの血にかかわるその他の受容方法をまとめておこう。事例㋒に「腸詰め」という方法が見られる。これはクマを里におろしてから行っているのであるが、現実には、「腸詰め」という方法は、クマを山で解体する場合、液体である血を里まで運びおろすのに至便な方法だった。㋒（秋田県鹿角市）の腸詰めの内容は血液のみであるが、随所を腸で縛るというのが特色である。総合事例の中にも腸詰めは登場する。事例(7)（岩手県西和賀町）では血のみの腸詰めを里に運び、肥立ちの悪い女性の薬にした。(16)（山形県小国町金目）の腸詰めも血液のみである。事例(23)（福島県只見町）では血液と、肝臓を刻んだものを混ぜて腸詰めにしている。(1)（山形県小国町樋倉）、(20)（新潟県魚沼市大白川）、(21)（新潟県村上市山熊田）などは、血液と脂肪を交互に詰めるというくふうをしている。右により、クマの血を腸詰めにするという慣行がクマ狩地帯の広域に及んでいることがわかり、その内容にも変化があることが知れた。(20)(21)などにおいては、腸詰めが、村落共同体のクマ肉共食儀礼、「熊汁」で食されていることも注目される。

⒇では、腸詰めを煮る際、串で穴をあけたとある。ここで想起されるのが、秋田県雄勝郡羽後町仙道で、最後の鷹匠として活躍した武田宇市郎さん（大正四年生まれ）から聞いた「シカ汁」の話である。雪の降り続いた後に捕獲したヤマウサギの腸を、糞を出さないままで煮る。煮え始めてくると腸が膨張するので、爪楊枝や竹針で点々と穴をあけて空気と水分をぬく。水分がなくなるまで煮つめて味噌で味つけをし、南蛮（トウガラシ）をふりかけて食べる。これはヤマウサギにおいてのみ可能で、イエウサギの場合、たとえ一冬山に放置したものでもこうした食べ方はできないという。獣の腸にも注目しなければならない。そして、この国に独自な腸詰め文化があったことにも驚かされるのであるが、クマの血の腸詰めには、始原の腸詰めともいうべき様相が感じられる。

〈クマの血――吸着乾燥保存〉 青森県中津軽郡西目屋村砂子瀬のマタギ・鈴木忠勝さん（明治四十年生まれ）から、山で解体したクマの血を握り飯に吸着させ、里に持ち帰って乾燥保存して薬用にしたという話を聞いたことがあった。事例㋐では新聞紙に吸着乾燥させ、乾燥粉化の後、肝臓・切り傷の薬にしたという。事例⑹（岩手県雫石町）の檜山さんは、カタクリ粉・米の粉に吸わせて里に運び、⑺（岩手県西和賀町）の高橋さんは山中解体時に和紙に血を吸わせ、乾燥保存しておき傷口に貼った。現在は血をストーブで乾燥させ、粉にして保存する。⒅⒆ではワッパ（曲物）の飯に滲みこませて家に運んでいる。クマの血液を山中から里に運ぶのにじつにさまざまなくふうがなされていたことがわかる。

秋田県北秋田市阿仁打当は阿仁マタギの根拠地だったが、阿仁根子は、マタギが捕獲したクマの熊の胆を中心としたさまざまな獣系薬を売り歩く薬種行商人の基地だった。「根子のフリ出し」として知られている。同地に生まれ育ち、獣系家伝薬を売り歩いた佐藤佐吉さん（明治四十一年生まれ）はクマの血について次のように語る。――心臓を開くと血が寒天状をなして出てくる。それが固まったものを鉄板の上にのせて、天日で二、三日乾かすか、火で乾燥させる。乾燥したものを粉にして目方を定め紙に包んで売った。貧血、顔色の悪い人、虚弱体質の者に薬効があると伝えられていた。岩手県宮古市川井小国ではクマの血を「ヤグル」と称し、精力剤とした。

〈**血ぬきと獣肉**〉魚食の盛んなわが国には魚の鮮度を保ち、料理の味をひき立てるための技術の一つとして漁獲後直ちに血をぬく「活締《いけじ》め」という技術がある。ニワトリやイエウサギなどについてもこの技術が適用される。それはノウサギ・ヤマドリ・キジなどについても行われていた。大型獣のクマ・イノシシ・シカなどにおいても、それらの肉の味をよくするためには、まず血をぬかなければならないという伝承知は広く行きわたっていた。ウサギ・シカ・イノシシなどは括り罠で捕獲されることもあるのだが、括り罠で命を落としたものが、鉄砲猟のものに比べて味が落ちるということは広く語られている。事例㋓㋕などには「血ぬき」の慣行が窺える。

長野県飯田市上村程野の宮澤俊雄さん（昭和十五年生まれ）は、クマを含む猪鹿猟について次のように語る。——弾の当たりどころによっては血ぬけが悪いことがあるので、山刀で喉笛を切って血を出す。血ぬきが不じゅうぶんだと肉に血の臭いがつく。解体時に、内臓にかかわる部分を切る時にはサスガ（山刀）の先にダイズを刺し、大腸や小便袋に当たって臭いが散らないように注意する。今では刃先にアズキ大の鉄玉のついたものもある。当地には、クマは一晩吊るせ、という伝承があり、梯子などに吊って屋根に立てかけて二、三日置く。ここには、「祭る」「見せる」という要素も窺えるが「肉をうまくする」という要素もある。

「血ぬき」はイノシシ・シカにおいても盛んに行われたのであるが、イノシシについては後にふれる。クマ肉をより美味に食べるための伝承は多々伝えられているが、調理以前の技術にも注目しておかなければならない。血ぬきもその一つであるが、他に、事例㋔㋖などを見ると肉を一晩雪に浸けておくという技術があったことがわかる。㋕ではクマ肉を半日ダイコンおろしの中に浸けておくのだという。

3　熊汁・共同狩猟と共食

東北地方でクマ狩について学び始めた昭和五十年代から、クマ狩はマタギと呼ばれる狩猟集団、あるいはそれに準ずる狩猟者のみが行うものだと思い続けていた。こうした集団の存在、活動、そこで伝承された技術や儀礼が重要なものであることはまぎれもない事実である。しかし、平成二十年代に入って、新潟県村上市山熊田から山形県鶴岡市関川を通る山中の出羽街道ぞいのムラムラを初めとして、新潟県魚沼市大白川から福島県南会津郡只見町にかけて、山形県西置賜郡などでクマ狩について学び直してみると、いわゆるマタギを見つめるだけでは見えてこないものがあることを学んだ。

狩猟の中心には銃を持ち、その扱いに熟達した複数の猟師たちが当たるものの、セコ（追い子）その他に当たる者も参加しなければならない。ムラ組を構成する全戸から男子が参加したり、ムラのすべての男たちが参加するというかたちがあったのだ。いわばムラ中総出である。事例の中からこのかたちを選ぶと、⒃（山形県小国町金目）⒅（山形県鶴岡市関川）㉑（新潟県村上市山熊田）㉓（福島県南会津郡只見町田子倉）などである。これらは、いわば村落の共同クマ狩とでもいうべきものなのであるが、これらに共通するところは、獲物の均等分配や、「熊汁」（熊鍋）の共食である。

こうしたかたちに、次の形式を加えて考えてみなければならない。それは、村落の中での狩猟集団がクマ狩を行うものの、肉の一部を分配したり、熊汁（熊鍋）を村落共同体で共食するというものである。老若男女のすべてで共食するかたちと、男の代表が共食し、女性や子供は分与された肉でおのおの家において熊汁を食べる、というかたちがある。

事例⑵（青森県むつ市川内町畑）猟師がクマを捕獲すると、ムラの人びとは酒やヒエを持って猟師の家に集まり、

「熊汁」のふるまいに与る。このかたちに類似のものが、九州山地のイノシシ猟地帯にある。(5)(岩手県雫石町切留)猟師仲間がクマを獲ると宿では一三戸(戦前)のムラびとすべてを招いて「熊汁」をふるまい、これを「モテナシ」と呼んだ。「骨かじりに来いや」という招き方とドブロクを持って集まる様は宮崎県椎葉村のイノシシをめぐる共食と酷似している。(15)(山形県小国町長者原)猟師集団がクマを捕獲するとムラびと全員を招いて熊汁をふるまう。これを「熊祭り」と呼んでいる。(19)(山形県鶴岡市越沢)猟師がクマを獲ると猟に参加しない家にも肉を分与する。家々では「熊汁」を食べた。(20)(新潟県魚沼市大白川)猟師たちがクマを獲ると、「ダイマイブルマイ」と称して全戸に熊肉を分与した。全戸から男子一人を招いて首領の家で熊汁をふるまった。各戸では家族で熊汁を食べた。秋田県仙北市西木町上檜木内ではマタギがクマを獲ると、その一部を使って熊汁を作ってムラびと全員で共食した。

近世、津軽藩・盛岡藩などにおいてクマ狩や熊猟師が藩権力によって管理されていたことなどを考えると、共同狩猟、熊汁共食の民俗の展開については慎重に考えなければならない部分があるのだが、この民俗が内包するいくつかの小主題を意識化しておく必要はあろう。

〈山の恵みの公平享受〉 まず注目されるのは、クマを捕獲した場合、その恵みを猟師だけで独占しないで肉の分与、熊汁(熊鍋)というかたちでムラびとすべてで享受できるようにしていた点である。これは、例えば、山中で山言葉を使用するマタギ系の慣行と照応させてみる時、クマは山の神からの恵みであり、それは独占されるべきものではない、という心意が広く底流していたことによると考えられる。宮崎県東臼杵郡を中心とした周辺山地一帯には本書のイノシシの章でも示すとおり、イノシシ捕獲に際しては「鎌サシ」「刃サシ」などと称して猪肉の分与に参じたり、「シシ宿」で、焼きジシ・骨汁・シシ粥などのふるまいを共食する慣行があった。恵みの享受・共食の慣行が、クマとイノシシ、北と南、と異なるものの、みごとに一致しているのである。

山形県西村山郡西川町石田の柴田市郎さん(大正四年生まれ)から聞いた「サケノスケ」の話も浮上してくる。柴田さんは若いころ、最上郡の鮭川流域で次の話を聞いたことがあったという。――ある漁師が舟でサケの投網漁をしたところ、長さ五尺で目が金色の大サケがかかった。気味が悪くなりそのサケを逃し、また網を入れた。すると、再度同じサケがかかった。いま一度放し、網を打ったところ三度目にも同じ大サケが入ってきた。舟にあげてみると舟幅の四尺を大きくはみ出していた。この大サケを食べたその男は間もなく死んだ。サケを組合員に分ければよかったなどと語られている。

漁獲物・猟の獲物など自然の恵みはひとしく恵まれるべきものなのであるが、現実のいとなみの中ではさまざまな差異が生じてくる。しかし、クマ・イノシシ・大サケなどの大ものについては、その恵みの一部ではあっても共同体を構成する人びとがひとしく享受すべきものであるという心意が民俗として生き続けてきたのではあるまいか。

〈共同狩猟・共食の慣行〉　先に、クマにかかわる共同狩猟の事例を紹介したのであるが、共同体における共同狩猟の実際は、イノシシ・ウサギなどの方が広く行われてきた。イノシシについて言えば、山地を生業舞台としていた焼畑実践地域における害獣としてのイノシシを狩るかたちがあった。秋、ヒエ・アワなどの稔りに先立って実施する地が多かった。銃を所持する者が狙撃点に立ち、ムラびとの多くがセコになった。狩猟後、肉の分配や共食も行われていた。ムラガリ（村狩＝集落狩）＝静岡県浜松市天竜区水窪町大野・静岡県榛原郡川根本町壱町河内、ソウガリ（総狩）＝静岡県浜松市天竜区佐久間町相月、ヤマオイ（山追い）＝高知県吾川郡仁淀川町上名野川、モヤイガリ（催合狩）＝徳島県三好市西祖谷山村、コガイ（講狩）＝鹿児島県肝属郡旧大根占町馬場・半ヶ石では山ン神講の旧暦一月十六日の数日前各戸から男たちが総出で「コガイ」と呼ばれる共同狩猟を行った。山ン神講の日に獲物を共食した。半ヶ石では戦前この他、「青年狩」「入営狩」（出征兵歓送の宴のための猪肉確保を目的とした共同狩猟）を行っていたという。カル（狩）＝沖縄県石垣市川平では村落を囲む猪除けの石垣の中に栽培してある甘藷を狙って侵入したイノシシを共同狩猟で捕獲し、ムラびと全員で共食する慣行があった。
ウサギの共同狩猟をする地は多いが、ここでは二例だけ紹介しておこう。

①福島県大沼郡三島町大石田。秦正信さん（昭和十九年生まれ）――初めてウサギの巻狩（共同狩猟）にかかわったのは昭和三十四年、一五歳の時だった。銃を持つ者の他、追い子（セコ）などの人足として各戸一人ずつ参加した。巻狩の時期は二月上旬からで、一冬七回から一〇回雪上で行った。猟場は高尾原・向山・カシオ沢などだった。巻狩の目的は、キリおよびスギの植林に害を与えるウサギの駆除である。会津桐の産地として知られる三島町の人びとにとってウサギの害は深刻だった。昭和三十四年には一八羽のウサギが獲れ、巻狩が済むと数戸の家に分かれ、獲物を共食した。肉・骨・ダイコン・バレイショ・ネギ・ゴボウ・豆腐などを大鍋に入れ、味噌味で煮た。昭和五十年までは仲買人がウサギの皮を求めてやってきた。巻狩は昭和末年まで続いた。

②長野県下高井郡木島平村馬曲・芳澤定治さん（大正十年生まれ）――シミワタリになり雪上を歩けるようになると馬曲（戦前五〇戸、現在二三戸）では、小学校五、六年から大人まで、出られる者はすべて出て共同でウサギ狩をした。鉄砲ブチが毛無山（一六四九・八メートル）の山頂近くに並び、セコが下から「オーラホイ　オーラホイ」とウサギを追いあげる。ウサギは、少ない年で三〇羽、多い年には五〇羽以上獲れた。公会堂を会場として大宴会を開く。野菜を持ち寄り、ウサギの肉を入れて兎汁を作るのだが、その時骨を叩いて団子にし、これも汁に入れた。酒はムラの予算の中の「ウサギ追い」の費目や寄付によった。

この共同狩猟は、本格的な農の季節を迎えるための力を養うものであり、ムラびとたちの紐帯を強め、親睦を深めるものでもあったが、害獣としてのウサギを駆除するという側面もあった。

イノシシやウサギに比べてクマは捕獲しにくい大型獣ではあるが、共同狩猟から共食へとつながる、始原の時代以来の伝統の共通性があると認めることができよう。

〈クマ肉の呪力と春の始動〉　クマの共同狩猟をしたり、熊汁を共食してきた各地の人びとの体験や伝承に耳を傾けていると、「熊汁を食べるとゼンマイ採りが始まり、次いで農作業が始まる」という言葉を異口同音のように聞く（事例⑵青森県、⑸岩手県、⒅山形県、㉑新潟県など）。クマ狩は堅雪になってから行うのだから当然と言えば当然のことなのだが、もう一つ注目すべきことがある。「熊汁はクマの力をいただくものだ」（⑵青森県むつ市川内町畑㉑新潟県））、「年三回熊汁を食べると健康で過ごせる」（秋田県仙北市西木町上檜木内）、「クマ肉を食べると夏を元気で過ごせる」「クマ肉を食べるとその年を元気で過ごせる」（⒆山形県）――など、クマの肉の呪力に対する期待、クマ肉を入れた「熊汁」に対する強い執着である。事例⒅（山形県鶴岡市関川）、㉑（新潟県村上市山熊田）で、クマがどうしても獲れない年に、男たちが総出で一〇回以上も出猟したことがあるという同じような話を聞いた。この、クマに対する強い執着の中核は、熊の胆でもなく、クマの皮でもなく共食すべき「熊汁」に対するものである。⒅にあるように、たとえ少しでも、舐めるようにしてでも、ゼンマイ採りと農の始まる前に、熊汁によってクマの呪力を体内に導入しなければならないという信仰に近い思いがあったことがわかる。ムラの男たちが獲ったクマを、年寄や子供たちが、提灯をつけて迎えに出る「熊迎え」、「坂迎え」「山迎え」はいかにも村落共同体の儀礼を象徴する情景である。

ゼンマイ採りは採集民俗であり、農業は、狩猟・採集といった始原以来のいとなみに比べれば新しいのだが、これらを複合させてきた時代は長かった。ゼンマイについては若干の報告をしたことがある[28]が、ゼンマイは、始原の人びとにとって、現代人の想像が及ばないほど貴重な保存食だったのである。大量採取・大量保存が可能で、湯でもどせば、美味で優れた食物である。農耕以前の時代、ゼンマイの比重は現在よりはるかに高かったのである。とりわけ冬中深い雪に閉じこめられる雪国の人びとにとってゼンマイは貴重なものだった。してみると、春グマ、出グマのクマ狩、その肉の「熊汁からゼンマイへ」という自然暦・季節にそったいとなみは、始原の時代・縄文時代以来の伝統であった可能性がある。そこに農のいとなみが繋がるのである。

クマ肉・熊汁の呪力に対する期待、それは、ゼンマイ採取とその加工や稲作・畑作にかかわる厳しい労働に耐えぬく体力を求めるものでもあった。「共食」は村落共同体を構成する成員全員で生きぬく紐帯を強めるものでもある。家族の成員や共同体の成員の絆、紐帯を強めるために稲作農耕社会ではさまざまな食を共にするのだが、「餅」を用いることが多い。ムラ組で一つの釜で蒸したモチ米を一つの臼で搗き、一つの大きな餅にし、それを神仏に献供した後、戸数分に切り分け、各戸に配布する。各戸ではそれを家族各個に切り分ける。各個はそれをいただくことによって、家族およびムラ組の成員としての意識を自覚し紐帯を強めるという民俗がある。(29)

熊汁以外でも、先に見たとおり、イノシシ・ウサギの共同狩猟にともなってその共食が行われ、これらもまた、共同体の結びを深めてきたのだが、熊汁は、対する呪力の期待度においてはるかに高いものがあった。クマはわが国最大、最強と意識された野獣である。さらに、イノシシやウサギに比べて人界に距離を置く。そして、冬季、雪に埋もれ、穴に籠る。のみならず牝は穴籠りのうちに出産・増殖して春、穴から出る。猟師は、籠りによるクマ再生、籠りのうちでの増殖を時に実見し、多くの人びとは伝聞する。人びとはクマのこうした生態に神秘力を見てきたのだ。とりわけ、雪国に暮らす人びとはおのれの冬季の冬籠りの体験からクマへのある種の親和性や憧憬の心意を底流させてきたのだった。

(四) 狩猟活動の中の葛藤――種の保全そして共感――

クマはイノシシに比べて出産する仔の数が少ない。「三つグマ」という表現がある。三つグマとは母グマが二頭の仔グマを連れた状態で、クマは一度の出産で二頭の仔グマを産むのが普通だとされている。事例(28)(長野県飯田市南信濃上村）の㋒㋓㋔には三つグマを狙ったり捕獲したりすることの禁忌伝承が語られている。三つグマ捕獲のタブーは、少ない仔グマを殺すことは種を絶滅させることであり、恵みの断絶を語っているのである。三つグマ捕獲の禁忌伝承は、静岡市葵区田代・静岡県浜松市天竜区水窪町・奈良県吉野郡十津川村・同天川村・岐阜県大野郡白川村・同高山市清見町などにもある。長野県下伊那郡大鹿村下青木の菅沢源吉さん（明治三十九年生まれ）は「三つグマを獲ると火事になる」と語り、石川県小松市小原の伊藤常次郎さん（大正十一年生まれ）は「母仔グマを獲ると山が荒れる」と伝えていた。

事例(2)（青森県むつ市）では、「四つグマを獲ると七代祟る」と伝えている。事例(4)（青森県中津軽郡西目屋村砂子瀬）のマタギ・鈴木忠勝さん（明治四十年生まれ）はさらに四つグマ捕獲禁忌伝承を語り、次の伝説を聞かせてくれた。──昔、あるマタギ組が大川の奥のバフリ（柴の根を掘った熊穴）で三匹の仔グマを抱いた母グマを発見した。首領であるシカリは、「仔グマはせっかく生かしておいても母グマを殺せば乳がなくなるから死ぬだろう。だから皆殺してしまおう」と言った。一人のマタギが「一頭だけは残すべきだ」と抵抗したが、シカリは四つグマをすべて殺してしまった。シカリが家へ帰ってみると、やっと片言を話すようになった子供が、「ナニカミエタモンダカ　ピカシカオソロシ」（何か不思議なものが見えて何か光った。おそろしいことだ）と叫んで、たちまち死んでしまった。それから八人の子供が次々と死んだ。よってシカリはマタギをやめ、紺屋になって、もらい子に世話してもらったという。

これは仔連れグマの捕獲を禁ずる鮮烈な伝説である。四つグマ、即ち、三頭の仔連れは稀少であるだけに禁忌伝承が深み、凄みを増すのである。なお、砂子瀬では、寒中のクマ狩を避けたという。このことは、クマが寒中に穴の中で出産するという生態伝承をふまえたものである。新潟県村上市三面でも寒中のクマ狩を避けたと伝えられる。なお、事例(1)（山形県小国町樋倉）でも「クマは大寒・小寒に獲ってはいけない」「寒のうちはクマの穴をのぞくな」

という禁忌伝承が伝えられていた。

右の禁忌伝承群には、種の保全・資源保全と命の継承・仔育てに対する共感などが渾然とした深い思いが込められている。

こうした禁忌伝承とは別に、事例(7)（岩手県西和賀町）で語られた仔連れグマについての次の話も胸に響く。——母グマを撃つと仔が死んだ親にタノツク（しがみつく）。その様子を見れば誰でも心を打たれる。その時が猟師をやめるか続けるかの分岐点だ。ここで銃を捨てることができなければ一生猟師を続けることになる。事例(31)（広島県庄原市）の長桜斎さんは三〇歳の時三つグマを撃ったのだが、その時を機に猟をやめたという。ここには深い葛藤が刻まれている。

宮沢賢治の「なめとこ山の熊」の中にそうした狩猟伝承の投影を含むと思われる次の部分がある。[30]

熊「おまへは何がほしくておれを殺すんだ。」

小十郎「ああ、おれはお前の毛皮と胆《きも》のほかにはなんにもいらない。それも町へ持って行ってひどく高く売れると云うのではないしほんとうに気の毒だけれどもやっぱり仕方ない。けれどもお前に今ごろそんなことを云われるともうおれなどは何か栗かしだのみでも食っていてそれで死ぬならおれも死んでもいいような気がするよ。」

熊「もう二年ばかり待って呉《く》れ、おれも死ぬのはもうかまわないようなもんだけれども少しし残した仕事もあるしただ二年だけ待ってくれ。二年目にはおれもおまえの家の前でちゃんと死んでいてやるから。毛皮も胃袋もやってしまうから。」

……そして熊は約束を守った。

後藤興善が採録したという伝説に次の話がある。(31)

数百年の昔、岩木川の上流川原平にジョウゾクといふマタギの名人がゐた。暗門の滝に大熊がゐて時に人にいたづらなどをするので彼はそれを捕らうと思つて二疋の犬を連れて出かけて行つた。大熊は滝の下に寝てゐた。彼は犬とともに追つたが獲れなかつた……その夜ジョウゾクの家をトントンと叩いておとなふ者がある。誰だといふと暗門の滝の熊だといふ。ジョウゾクは早速タテをとつて向はうとした。すると、「まだまだお前に殺される自分ではない。タテを置いて話を聞いて呉ろ。」といひ、「自分は今暗門・岩木山・八甲田山等津軽の七山に七疋づつ子を産んで分家しやうと考へてゐる。後三年かかるがそれまでマタギをやめて呉ろ」と願った。……三年の終の日になった。その夜約に違はず熊がやつて来た。「お蔭で七つの山に分家することが出来た。もう思ひ残すことは無い。明日は自分を獲りに来て呉ろ。」といひ、そして「自分が死んだ後にはかふいふ作法でこの唱へごとでまじなつて呉ろ。」と頼んだ……

「なめとこ山の熊」と右の伝説を並べてみると、クマが猟師に対して捕獲の延期を申し出、猟師がそれを容認すると、クマが約束を守る、という共通点があることに気づく。「なめとこ山の熊」では、「し残した仕事」とあり、後者では「出産と分家」という目的が示され、それを果たすための期間は前者で二年、後者で三年となっている。

秋田県の阿仁マタギの中には冬籠りを終えたクマが穴から出る順を伝える次のような口誦句があったという。(32)——一にウゲヅキ　二にニセサンゼ　三にナミモノ　四は大モノ　五に遅いがワカゴモチ。以下はこの口誦句を採録した太田雄治氏の解説による。——「ウゲヅキ」は二歳グマで母グマとともに最初に穴から出る。仔グマは二歳の冬眠まで母グマの乳で育てられる。よって、母グマは痩せて空腹なので一番早く出る。二番目に出るのは二歳から三歳の育ち盛り、三番目は七、八歳の並のクマ、四番目は大グマ、最後に出るのはその冬出産した若子持ちだという。母グマは牡牝二頭の仔を産むことが多いというが二歳の夏、「イチゴバナレ」と称して、牝の仔グマが夢中で山イチゴを食べているうちに母はそれを離し、次の冬は牡の仔グマと冬眠し、明けて五月ごろ三歳になったその牡グマを相手として身ごもるのだという。岐阜県高山市清見町三ツ谷の中屋隆三さん（明治四十三年生まれ）も同様の生態伝承を語っていた。

「なめとこ山の熊」、岩木川上流部の伝説で語られた捕獲延期の期間、二～三年と、右に紹介したクマの生態伝承を照応させてみると二年という期間は牝の仔グマの生育・仔別れの期間、三年は牡の仔グマの生育・仔別れの期間だということがわかる。牡の仔グマとの別れは二サイクル目の妊娠につながっている。「イチゴバナレ」は熊猟師のあいだで広く語られるところである。前出の鈴木忠勝さんは、「イチゴバナレ」の時期はちょうど夏の土用と一致すると語る。「捕獲延期」を申し出たクマは妊娠した牝グマだということになり、猟師が「仔育て期間の保障」を求められたことにもなる。ここにも、猟師の葛藤と種の保全へのメッセージを読みとることができる。

㈤　獣の頭

獣の頭、とりわけ大型獣たるクマ・イノシシ・シカなどの頭首は、猟師はもとより、直接猟にかかわらない人びとにとっても関心を呼ぶものだった。クマの頭について考えるには、まず他の大型獣の頭首を供える神事・儀礼についても見ておかなければならない。

〈シカ〉　菅江真澄の『すわのうみ』、天明三（一七八三）年三月六日の項に以下のようにある。(33)

けふは酉の日なりければ、須輪（諏訪）御かんわざにまうでんと出ぬ。……前営といふ処に十間の直会殿ありて、鹿の頭七十五、真名板のうへにならぶ。このなかに、耳さけの鹿は神矛にかかるといへり。歌にいはく、「かねてしも神のみそなへ耳さけの鹿こそけふの贄となるらめ」……

旧暦三月の酉の日に行われたところから「酉の祭り」とも呼ばれ、シカの頭首を供えるところから「御頭祭」とも呼ばれる神事は、現在は上社前宮で四月十五日に行われる。シカの頭首は今では剥製五頭～七頭が三方に載せられ、取次手渡しの献供の様式で神前に供えられる（写真9）。狩猟神としての神能が広く知られる諏訪大社の神事ではあるが、御頭祭は五穀豊穣祈願だとされている。祭日の旧三月酉の日を見ても、この時が農の始まりと合致していることがわかる。してみると、シカの御頭は、五穀豊穣祈願のための献供物だということになる。

写真９　献供される鹿頭。諏訪大社、御頭祭

〈イノシシ〉　宮崎県西都市銀鏡《しろみ》、銀鏡神社の大祭が十二月十二日から十六日にかけて行われる。十四日にシメ立てが行われ、立てたシメの前に献饌の棚を作る。その棚に大祭一週間以内に捕獲されたイノシシの頭首をシイシバの上に載せ、並べて供える（写真10、二五九頁写真14）。年によって頭数は異なる。供えられた頭首は、大祭終了後撤饌し、頭から肉を剔り出す。その肉と米と混ぜて粥を作り、直会《なおらい》で食す。

宮崎県児湯郡西米良村狭上《さえ》に狭上稲荷神社が鎮座する。同社大祭は十二月最初の土・日に行われ、その折神楽が奉納される。大祭に際してここでもイノシシの頭首が献供される。頭首は、三方に載せ、饌物手渡しの献供様式によって供えられる。撤饌後、肉を抉り出し、米・ヒエ・アズキとともに塩を加えて八升炊きの釜で煮る。これを「シシズーシー」と称し、祭主・猟師・氏子らもともにいただく。当地には祭日でなくてもイノシシの頭首を供えてイノシシの豊猟を祈る猟師があるという。宮崎県東臼杵郡椎葉村尾前、尾前六所神社の大祭は旧暦十一月十五日で、ここでもイノシシの頭首や肉が供えられる。イノシシの頭首が供えられた年には、神事、神楽が始まる前に、猟師によって「シシマツリ」を行う。その際、祭文が唱されるがそれはイノシシの霊鎮めではなく、山の神、山の神の眷属、死した猟犬を神格したものなどへの献供である。

写真10　献饌用の猪首。宮崎県西都市銀鏡、銀鏡神社

右に見たとおり、諏訪の鹿頭にしても九州日向山地のイノシシの頭首にしても、獣の霊を鎮めるものではなく、五穀豊穣や豊猟、その他山の暮らしの安定を祈って神に献供されたものであることがわかる。イノシシの場合は、食料としての恵みでもあり、害獣的側面の抑止による農の豊穣にもつながった。

〈クマ〉　右に見た鹿頭・猪頭に対してクマはどうであろうか。ここでまず頭に浮かぶのは、事例(2)（青森県むつ市川内町畑）の「ウカベトナエ」である。祭祀の座を定め、皮を整え、そこにクマの頭首を据え、幣紙を刻んで「ウカベトナエ」の祭文を唱上するのである。対象はクマであり、クマの霊を浮かべるための儀礼である。武藤鉄城採記の事例(13)（秋田県仙北市西木町）に「浮かべの法」という語が見えるが、クマの頭のことも皮のことも記録されていない。しかし、ここで頭を祭った可能性は否定できない。というのは、隣接する北秋田市阿仁打当での事例(10)の鈴木辰五郎さんは、山中で、クマの頭と皮を並べ、シカリがモチグシを持って祈ったという。この儀礼は、クマおよびクマの霊を対象とした「ウカベ」だったと思われる。山の神には別途にモチグシをあげているのだから、こちらはクマの霊が対象になっていると見てよかろう。事例⒂（山形県小国町長者原）では十字を入れた心臓と頭を据えて山の神にお礼の礼拝をする、とされるが、この頭についてもさらに考えてみる必要があろう。

秋田県仙北市田沢、字田沢沢口の奥に玉川ダムがある。旧田沢村蒲谷地はダムに沈んだムラである。地主芳見さん（昭和二十年生まれ）は昭和五十三年十二月に転出したのだが、それまではクマ狩をしていた。玉川にはクマを仕留めると、解体前に、クマの頭に神酒をかける儀礼があったという。これは、山の神に対するものではなく、クマとクマの霊に対するものである。

クマの頭蓋骨は薬用に供された。蒸し焼きにしてから粉化し、これを飲むと頭痛や脳の病気の薬になると伝えられた。先に登場した鈴木辰五郎さんは以下のように語った。――径一尺・深さ一尺ほどの素焼きの甕の中にクマの頭を入れ、隙間に米糠を詰める。さらに、甕の上に山型に米糠を盛りあげて点火し、蒸し焼きにする。辰五郎さんは一六歳から一九歳までのあいだ、頭痛と鼻血に悩まされたが、当時、クマの頭一つを六円で買って蒸し焼きにして頭痛の薬にした。粉化して常用したところ、三カ月で全快したという。岩手県宮古市小国には、クマの頭を塩焼きにして頭痛の薬にするという方法が伝えられていた。

福島県喜多方市山都町川入は木地のムラだった。小椋藤作さん（昭和二年生まれ）はクマの集団狩猟を行ってきた。当地ではクマの頭蓋骨を魔除けとして床の間や居間に飾る習慣がある。小椋家の床の間にもクマの頭蓋骨が据えられていた。新潟県村上市山熊田の大滝正さん（昭和七年生まれ）もクマの頭蓋骨を魔除けの呪物として大切に守っていた（写真11）。

事例(25)（岐阜県白川村）ではクマを狙撃した者がイテダマシとしてクマの頭をもらったという。山形県米沢市大平にも同様の慣行があり、同地の大竹勇夫さん（昭和十年生まれ）は、猟師だった叔父が持ち帰ったクマの頭の蓋骨が三個保存されていたという。一方では薬種として利用されたクマの頭蓋骨が一方では祭られたり保存されたりしていたのであるが、その始原はさらに探究しなければならない。北海道オホーツク沿海で先住した狩猟民が残した網走のモヨロ貝塚遺跡から祭られたクマの頭蓋骨群が出土している例（写真12）を見ると、頭蓋骨を祭る習慣の古さがしのばれる。

クマの頭蓋骨についてはいま一つ重要な聞きとり資料がある。以下のとおりである。――高知県香美市物部町明賀の岡村金太郎さん（大正八年生まれ）は、多い年で、一年三頭のクマを獲った（昭和二十年）。クマは霊威が強いので供養しないと祟るとして、家で解体してから一頭ごとに祭った。祭り方は、上顎骨と下顎骨を分離し、花原山の頂から両側の下りにかかるところおのおの一地点に分離した片方を埋めた。埋める時に次のように唱えた。「この上顎と下顎が行き合うまで祟りを

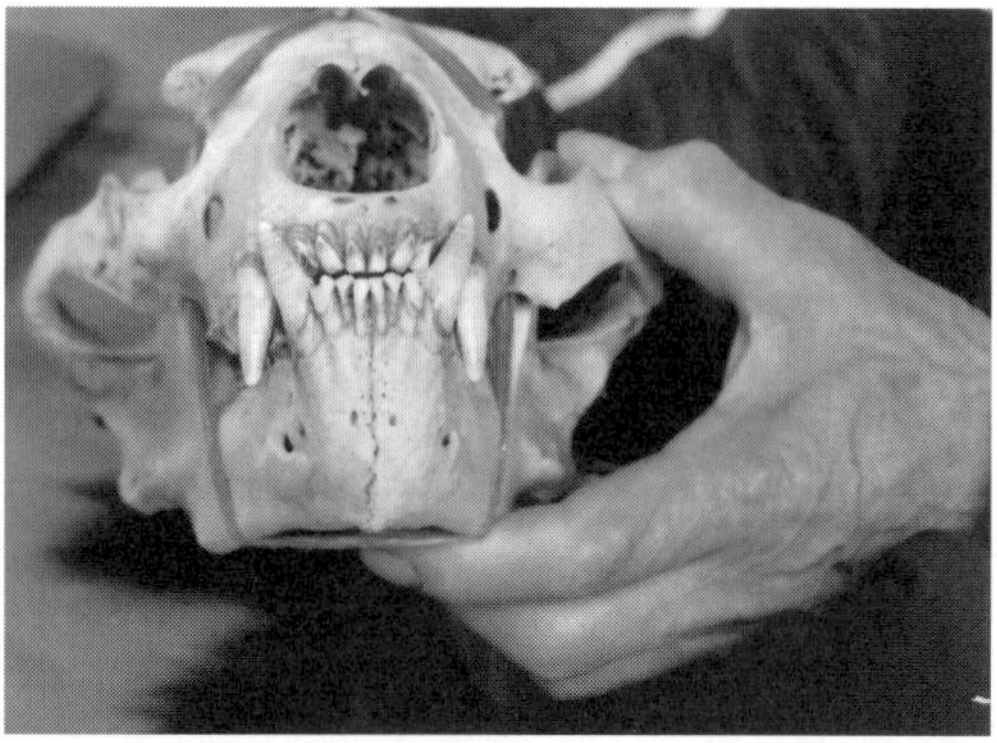

写真11　魔除けとして保存されるクマの頭骨。新潟県村上市山熊田、大滝正家

写真12　集列状態で出土したヒグマの頭骨。北海道網走市モヨロ出土、モヨロ貝塚館

なすな」。顎骨は代々同じ場所に埋め重ねてきたのでそこは塚をなしていた。上顎塚と下顎塚は意図的に離されていたのである。

なお、日向山中に見られるイノシシの頭首献供儀礼に対してイノシシの節で述べる「イノシシの首――二つの祈り」の中に奄美諸島の「霊送りのためのイノシシの首」がある。これは、クマの霊送りに通じるところがある。列島の北と南の端に獣種は異なるものの通底する民俗思想とそれをふまえた儀礼があったことは注目される。これについてはさらなる資料収集をふまえた検討が必要である。

三　クマと人――対立像と親和像――

1　社会変容とクマの野獣性

岩手県の遠野と釜石を結ぶ古道、釜石街道の要所に、標高八七七メートルの仙人峠がある。私がこの峠を越えたのは昭和五十二年八月末日のことだった。遠野側の麓集落足ヶ瀬の田面木清左衛門さん（明治二十九年生まれ）は、「仙人峠」は、本来は「千人峠」だったと語った。峠近くに鉄穴《かなあな》があり、落盤のために千人が犠牲になったことによるのだと言われ、峠通過には、その霊鎮めの儀礼が行われていたという。

田面木家を辞する時、長男の忠一さんが、「今年は仙人峠の山でクマが四頭獲れた。そのうち一頭は線路に出て轢かれたものだ」といって、クマ除けの笛と中国製の爆竹四個を峠に向かう私に渡してくれた。私は教えられたとおり笛を吹き、要所で爆竹を鳴らして峠を越えた。

静岡県浜松市天竜区水窪町《みさくぼ》西浦と長野県飯田市遠山谷との間に青崩峠《あおくずれ》（一〇八二メートル）があり、静岡県側の、最も峠に近いところに、今は消えてしまった辰野戸という木地屋のムラがあった。その辰野戸に馬宿があり、駄賃つけの時代、馬子たちの間で、「辰野戸の馬宿に泊まるとウマがクマを怖れて痩せる」と語り伝えられていたという。青崩峠の西には熊伏山（一六五三・三メートル）という山もあり、辰野戸はクマの棲息域に最も近いムラだった。右の馬子たちの伝承は心に残ったものの、実感は湧いてこなかった。ところが、平成十八年、北海道足寄郡足寄町上塩幌で松壽友由さん（大正五年生まれ）の語りを聞いてから辰野戸の話が私の心の中で重みを増した。中川郡本別町仙美里は北海道にしては雪が少ないとされており、ウマの冬季放牧が可能だった。それゆえに、戦前、ここに「仙美里軍馬補充部」が置かれたとのことである。松壽家では戦前から農耕馬としてペルシュロンを常時四、五頭飼っていた。当面農耕に使うウマは四月から十月まで舎飼いをした。十一月から三月までは共同牧場に放牧したのである。農耕に使わないウマは通年放牧となる。

共同牧場は全塩幌の農家が共同で営んでいた。共同牧場には柵はなかった。ウマは夏も冬もミヤコザサを餌とした。一〇日に一回見回りに行き、塩を撒いた。冬季はウマにも厳しい季節なのだが、ウマにとって最も恐ろしい季節は冬ではなかった。それは、エゾヒグマが冬眠していない四月から十一月の間である。クマはウマを倒すと内臓だけを食べてほかは残す。クマが出ると関係者は毎日牧場へ行って火を焚いてクマ除けをしなければならなかった。一方、猟師を雇ってクマ撃ちをしてもらった。クマが獲れると、肉はムラびとたちで食べ、熊の胆は猟師のものになった。

岩手県滝沢市鵜飼の駒形神社（鬼越蒼前神社とも）の祭礼として道行きする「チャグチャグ馬ッコ」――その連なって進む馬々が首に吊っている鳴《な》り輪《わ》の深い響きが折々耳底に甦る。鳴り輪は何のためにつけられているのであろうか。岩手県花巻市石鳥谷町戸塚小字蒼前、家号「蒼前」、蒼前神社とも深くかかわってきた「馬の家柄」藤原家の当主・昭男さん（昭和二十年生まれ）は以下のように語る。――まず、荷馬車引きのウマが闇夜に道を進む時、対向の歩行者に馬車が進むことを知らせるためだという。藤原家で山馬を飼っていたことを思い出し、尋ねてみると、もちろん山馬にも鳴り輪をつけたという。こちらはオオカミ除け、クマ除けのためだとのことだ。また、現在は、山菜採りのために山に入る人の中には、クマ除けのために鳴り輪をつけて行く者がいるという。冒頭で紹介した笛も、爆竹も、そして鳴り輪も、音によって人の所在を知らせ、事前にクマに人を回避させる伝統があったことがわかる。

山菜採りで山に入った人がクマによって死傷に至る悲報を毎年のように耳にする。人とクマとの関係は、狩猟者と狩猟対象といった関係のみではない。農作物に対する食害は、シカやイノシシに比べれば少ないものの、人身被害・食害などを含めて人とクマとの対立の関係もあるのだ。

田口洋美氏は二〇〇六年執筆の「東アジアの中の日本の狩猟」において以下のように述べている[34]。

> 周知のように、昨年はクマの掻動に明け暮れた一年であった。十二月中旬、環境省は昨年の有害鳥獣捕獲によるクマ類（ヒグマ・ツキノワグマ）の捕獲頭数は五〇五九頭に達したと発表した。そのうちツキノワグマの捕獲数は四七三二頭で、八割に当たる四五七八頭を殺処分したという。そして年間のクマ類による人身被害、死傷者は一四七名（内死者五名）に上ったことも併せて発表した。この捕獲数や人身被害は、私が狩猟に関する仕事を始めて以来最大の数字である。……現在生じているクマの出没要因は専ら木の実の結実不良や里型化したクマといった自然変容説に偏っている。このような考え方は、自然の側が変わったのであり、ともすると人間はその被害者であるという見方を助長しかねない。むしろ筆者は、人間の変化に対する自然（野生）の反応であると考えている。つまり、我々人間の急激な変化に問題があり、人間が加害者であり被害者でもあるということである。

田口氏の説くところには共感できる。

木の実のナリ年、ウラ年のことはしばしば説かれるところであり、山に接する村落の過疎化、高齢化、村落崩壊による耕作放棄地の増加、里山帯の荒廃などによる人と獣との緩衝帯の機能喪失もある。そうした中で、クマは時に人工食物等の味を覚える。人工の甘味食品の味をクマに知らしめたのは人である。人は林業や農業でクマの棲息域を圧し、開発を進めた。狩猟圧もこれに加わっていた。ところが、社会変容により今度は山から人は潮がひくように姿を消しつつある。

阿仁マタギの一大根拠地、秋田県の北秋田市阿仁打当で、昭和五十年代、シカリ(首領)を務めたことのある鈴木辰五郎さん(明治三十七年生まれ)からクマの集団狩猟について多くの教えを受けた。辰五郎さんの時代までは集団狩猟が盛んに行われていたのである。平成二十六年七月、久しぶりに打当を訪れた。鈴木家は辰五郎さんの孫の英雄さん(昭和二十二年生まれ)が狩猟の家の九代目を継いでいた。英雄さんによれば、平成二十六年現在で山を走りぬくことのできる猟師は英雄さんを含めて四人しかいないとのことだった。当然のことながらクマ狩の形態も変わり、狩猟活動も減少する。また徳島県の山地では猟師が高齢化し、山を走ることができなくなり、猟師の多くが走る必要のない罠猟に転換していた。現在の若者は猟を好む者が少なく、とりわけ解体を忌避する傾向があると言われる。肉牛飼育・養豚が増え、流通が発達して、美味な牛肉や豚肉が国の隅々まで行きわたっている。獣肉・獣への執着度が格段に低下してきているのである。

平成二十九年四月五日、採集民俗を学ぶために山形県米沢市で最も南の山中のムラ大平を訪れた。福島県の吾妻山(一九一〇・二メートル)の北々西斜面麓に当たる。同地の大竹勇夫さん(昭和十年生まれ)は以下のように語った。——平成二十三年三月十一日の東日本大震災、その折の福島第一原子力発電所の事故による放射能の拡散があった。猟師たちはクマやイノシシの食物連鎖による獣肉の放射能汚染を怖れて狩猟活動を停止した。獣類は増殖を続けて移動する。大平周辺の山にもクマが増えてそのクマが植林のスギの皮を剝く。よいスギの木ほど好んで皮を剝く。

樹液がうまいのである。皮剝きの被害はスギの木が最も盛んに水をあげる六月から七月にかけてで七月が最も激しいという。クマはここでは明らかに害獣としての側面を示している。また、福島県内で増殖したイノシシが山形県側に棲みつくようになったのでこの冬は何回もイノシシの肉を食べたのだと語る。このように、人為に起因して獣の棲息圏に変動が生じ、生態系も変容するのである。

クマに襲われた人的被害については、その対処法をも含めて米田一彦氏による詳細な調査の成果がまとめられた[35]。また、クマの生態や生息域、狩猟の公共性などに関する田口洋美氏の新著も登場した[36]。クマの総合研究は進展しつつある。

2　社会変容とクマの抽象化

人とクマとの関係は悲惨な対決に終始するというものではなく、両者の親和性を示すものもある。まず、その話から始めることにする。鈴木牧之の『北越雪譜』[37]の中に「熊人を助《たすく》」という話がある。冬季、ソリで雪山に焚木伐りに入った男が誤って谷底に落ちてしまう。男は傍にあった岩窟《いわあな》に入って寝所にしようと思って入ると、そこはクマの穴だった。

熊は起きなほりたるやうにてありしが、しばしありてすすみいで我《わし》を尻にておしやるゆゑ、熊の居たる跡へ坐《すはり》しにそのあたゝかなる事巨燵にあたるごとく全身《みうち》あたたまって寒さをわすれしゆゑ、熊にさま〳〵礼をのべ猶もたすけ玉へと種々《いろいろ》悲《かな》しき事をいひしに、熊手をあげて我《わし》が口へ柔《やはらか》におしあてる事たび〳〵也しゆゑ、蟻の事をおもひだし舐《なめ》てみれば甘くてすこし苦し。しきりになめたれば心爽《さはやか》になり咽《のど》も潤《うるは》ひしに、熊は鼻息を鳴らして寝《ねいる》やう也。さては我を助《たすく》るならんと心大におちつき、のちは熊と脊《せなか》をならべて臥しが宿の事をのみおもひて眠気《ねむけ》もつかず、おもひおもひてのちはいつか寝入《ねい》りたり。……

こうしてクマの手を舐めて長期間をクマの穴で過ごす。その間、雪車哥《そりうた》など、全く人の気配はない。雪が消えるころ、クマは男を人の足跡のあるところまでつれてゆく。クマは次第に馴れ、可愛くなったとも、飼犬のようになったとも語られているが、そのクマは大グマだったという。

石原和三郎作詞・田村虎蔵作曲に成る「キンタロウ」は明治三十三年六月、『幼年唱歌（初の上）』に収載発表された。

1・マサカリカツイデ、キンタロウ、クマニマタガリ、オウマノケイコ、ハイ、シィ、ドゥドゥ、ハイドゥ、ドゥ、ハイ、シィ、ドゥドゥ、ハイ、ドゥドゥ。

2・アシガラヤマノ、ヤマオクデ、ケダモノアツメテ、スモウノケイコ、ハッケヨイヨイ、ノコッタ、ハッケヨイヨイ、ノコッタ。

鉞《まさかり》を担いでクマにまたがり、クマと相撲をとる童形の金太郎、そのイメージは右の唱歌に集約されている。金時・公時は『今昔物語集』『古今著聞集』などに源頼光とかかわって登場するが、クマと相撲をとる場面は、正徳二年（一七一二）初演と伝えられる近松門左衛門の「嫗山姥《こもちやまうば》」が最初だと言われている。そこで金太郎は、磐石を持ちあげ、クマと四つに組み、片足を持って投げとばす。そして、その直後、母に乳をねだるという、「怪力」と「童幼性」を併存させる不思議な存在として描かれている（写真13）。[38]

以後、童髪で、動物を相手にする金太郎の絵図が板行されるようになる。近代に入っては明治二十九年刊、巌谷小波作『日本昔噺第貳拾編・金太郎』もそのイメージ形成に力を持った。

写真13　楊斎延一画「英雄武者競　金時と山姥」（提供・南足柄市郷土資料館）

『前太平記[39]』には、頼光が、足柄山に立ちのぼる赤色の雲気によって童形の金太郎を発見し、老嫗が「夢中赤竜来って妾に通ず」と金太郎誕生の秘密を語る場面がある。この部分には『史記』の高祖本紀の影響が感じられるが、『広益俗説弁[40]』には、「公時は山神・山姑《やまうば》の子にて一生妻子なく、頼光の没後に逐電す」とある。右に見るとおり、金太郎の母は山姥だとする伝承は色濃い。山姥は、恐怖の存在として伝える向きもあるが、反対に、恵みをもたらす存在としての伝承も根強い。山姥は、人にとって欠くことのできない多くの山の恵みを産み出し、育んでくれる女性山神の一類型であることはまちがいない。例えば、高知県の山中には、山姥が焼畑農民に助力したという伝説が点在する。石川県小松市小原では、焼畑の火のことを「赤虫」と称し、火入れ前に「赤虫の這わぬように……」と延焼防止の呪言を唱えた。『前太平記』の「赤竜」はこれに通じていると見ることもできる。そして、「金時の火事見舞」の慣用句に象徴される金太郎の赤色もまたこれと無縁ではなかろう。金太郎の持つ鉞は山林開発具の象徴であり、呪具である。相撲でクマに勝ち、鉞を担いでクマにまたがる赤色の金太郎は、樹木と焼畑の火を管理し、焼畑作物を荒らすさまざまな害獣から焼畑を守る、焼畑の守り神としての性格を持つと見ることもできる。焼畑に対する害獣の王者は現実にはイノシシである。金太郎絵図の中には大猪にまたがるものもあるが、金太郎が慴伏《しょうふく》させるべき動物はクマに収斂されている。クマはわが国最大、最強の野獣と認識されているからである。焼畑は大いなる山野開発であったのだが、それは、山姥や金太郎の許容の範囲、獣どもと共存できる範囲に制御すべきものだったのである。唱歌「キンタロウ」、金太郎絵図における人とクマとは親和の関係にある。

宮沢賢治の「なめとこ山の熊」[41]にも注目したい。この作品における童画的情景の一つとして、母グマと仔グマが淡い月光を浴びてやさしい会話を交しながら、向かいの谷の白々としたひきざくらの花（コブシの花）を余念なく眺めている場面が描かれている。主人公の猟師・小十郎はこれを見て胸がいっぱいになる。この場面をプロローグとして、小十郎とクマとの間で会話がなされ、約束が結ばれ、その約束が果たされる。作品の中には「小十郎はもう熊のことばだってわかるような気がした。……」とある。この作品に込められたものについては述べたことがある。[42]

クマの人的被害については先にもふれてきたのであるが、大多数の日本人にとってクマは自らの生活からは遠く離れた世界に棲息する獣であり、時に観念の生きものと化す。昔話や童話・絵本などで獣、生きものが擬人化され、人語をあやつる場面には誰もがなじんでいる。そうした中でも、クマはとりわけ、野獣性を捨象したさまざまな形で山から遠い人・都市民の日常世界に浸透している。

平成二十九年四月六日、岩手山々麓を歩き、十和田八幡平四季彩ライン（花輪線）の平館駅に至った。駅前の食堂に立ち寄ろうとすると折り畳み椅子に座したクマのぬいぐるみが迎えてくれた。クマが出ているのは「開店」の表示である（写真14）。川原目方面での調査を終えて電車に乗ろうとした時には、もうクマは収納され、姿が見えなかった。写真15は私の散歩道にある奈良市中辻町のカラオケ店である。ここでも、開店している時には二匹のクマのぬいぐるみが店頭に姿を現しているのだが閉店中にその姿を見ることはできない。クマのぬいぐるみが情報伝達

写真14　岩手県平館駅前の食堂

写真15　奈良市中辻町、カラオケアズサ

写真16　クマの歓迎。ANNE・MARIE CAFE

写真17　テーブルを飾るクマ。ANNE・MARIE CAFE

を担っているのである。

近鉄奈良駅に近い東向北通りに「ＡＮＮＥ・ＭＡＲＩＥ　ＣＡＦＥ」という軽食喫茶の店がある。まず、大きなクマのぬいぐるみが歓迎してくれる（写真16）。そして、テーブルごとに個性あるクマのぬいぐるみが配されている（写真17）。店主の、マスコットのクマへの入れ込みのほどがわかる。

銀行の相談窓口に小さな「リラックマ」が飾られているのを見たこともある。リラックマは平成十五年九月に誕生した。サンエックスでコンドウアキによってデザインされたものである。やさしい感触の布地はケモノの毛を超えたやわらかい触感を与え、幼児から成人にまで広く受容されている（写真18）。大小さまざまなリラックマが誕生し、ぬいぐるみのみならず、絵本・漫画・グッズなど多様な展開を見せている。

今をときめく「くまモン」は、熊本県庁が平成二十二年から「くまもとサプライズキャンペーン」で使用している熊本県のＰＲマスコットキャラクターである（写真19）。平成二十三年には「ゆるキャラグランプリ」の王者になった。熊本県は過酷な大震災に襲われたのだが、「くまモンシール」が貼られた商品を買うと一枚一円が熊本震災復興支援に自動的に回されるようになっている。くまモンは大活躍である。

現今の、クマのぬいぐるみ、マスコットキャラクターとしてのクマのひろがりは、『クマのプーさん』『くまのパディントン』『3びきのくま』『くまの子ウーフ』など数多くのクマの絵本と共鳴するところがある。

マスコットとしてのクマのぬいぐるみの淵源は「テディベア」だと言われている（写真20）。「テディ」とは、アメリカ合衆国第二十六代大統領セオドア・ルーズベルトのまたの名である。大統領は一九〇二年十一月、ミシシッピーへクマ狩に出かけたのだが、不運にも、追い込まれて木につながれた仔グマしか狩猟対象になり得なかった。テディはこの仔グマを撃つことを拒んだ。助けられた仔グマのことがクリフォード・Ｋ・ベリーマンによっ

写真18　リラックマと少女

写真19　くまモンを背負う

て漫画化されワシントンポストに掲載された。このクマはその後も多くの漫画に登場して大統領の名を負って「テディベア」となり、やがてぬいぐるみになった。アメリカはもとより、イギリス・フランス・ドイツなどでも量産され広く愛されるに至っている。クマのぬいぐるみは、さまざまな名前を与えられ、容貌や姿態を少しずつ変えていった。『テディベア大百科』[43]には、目・鼻・口・爪の変容から服装に至るまで写真入りで詳細に示されている。クマのぬいぐるみ、マスコットキャラクターとしてのクマはこのように展開され、わが国の現今にも強い影響を与えているのである。

写真20　くつろぐテディベア

わが国には、庚申猿や猿ボボ、歌舞伎の着ぐるみなどは見られるが、文化や民俗としてのクマのぬいぐるみはなかった。

童話に登場するクマやマスコットキャラクターとしてのクマは、当然のことながら、野獣性は捨象され、造形化、擬人化されている。多くの獣の中で、クマのマスコット化、ぬいぐるみの愛玩化が顕著になった要因は、クマの生態伝承や姿態が深くかかわっているのではないかと思われる。クマが冬籠り・穴籠りをし、母グマは冬籠りの穴の中で出産する。春、出穴の後、誕生した仔グマを連れ歩き、いつくしむ。先に紹介したとおり、「イチゴバナレ」といった口誦句が定着するほどに「仔別れ」「仔離れ」を劇的に印象づけていることなど、伝承がクマの慈愛・仔育てのイメージを膨らませてきた。最近、牡グマ（成獣）と仔グマの厳しい関係も報告されてはいるが、牝グマ・母グマの母性愛に満ちた伝承像・イメージは根強く定着している。

クマが蜂蜜を好むことは広く知られている。南アルプス山麓、大井川・天竜川上流域のムラムラではニホンミツバチを巣箱に誘導・定着させて行う採蜜が盛んである。この地域はツキノワグマの棲息域で、クマは、人びとが設置した採蜜の巣箱を狙う。したがって人びとは、クマが近寄れない崖に巣箱を設置してクマの難から巣箱を守っている。有害駆除の檻型罠の餌にも蜜蠟を使う。それほどにクマは蜂蜜を好むのである。クマがあの大きな体で蜜やアリを舐めている姿、伝承からそのイメージを膨らませたとすれば、それは滑稽味を帯びて愛らしくさえある。『北越雪譜』のクマのしぐさに繫がるものがある。いま一つ、クマのまろやかな体形とつややかな毛並、ゆったりとした動きなどもクマの愛玩化を促したものと思われる。

ぬいぐるみのクマ、マスコットキャラクターとしてのクマが広く受容されつつある現今の社会状況についても考えておかなければならない。人と自然との距離は総じて、年々隔たりを増しつつある。効率至上主義や経済のグローバル化に煽られる競争の連続、格差とその常態化、未婚者・単身者の増加、つきまとう商業主義、過度なIT依存、——こうした状況の中で人は常にストレスを背負って歩み続けている。空白感もある。「癒し」「癒される」ということばが流行語のようにさまざまな場面で日常的に使われている。「癒す」は本来、「病む」状態からの回復を示す語である。「癒し」への希求が社会全体の願望のようになっているのが現況だとすれば、社会が病み、個々が病んでいることになる。ペットブームにも繫がるのであるが、クマのぬいぐるみに対する幅広い受容は、この状況と無縁ではなかろう。クマのぬいぐるみやマスコットキャラクターを否定するものではない。しかし、人為に対する原自然を見つめ、クマではなくても原自然と交感することを忘れたくないと思う。

注

（1）千葉徳爾『狩猟伝承研究』（風間書房・一九六九）、同『続・狩猟伝承研究』（風間書房・一九七一）、同『狩猟伝承研究・後篇』（風間書房・一九七七）、同『狩猟伝承研究・総括編』（風間書房・一九八六）。
（2）佐久間惇一『狩猟の民俗』（民俗民芸双書96・岩崎美術社・一九八五）。
（3）赤羽正春『熊』（ものと人間の文化史144・法政大学出版局・二〇〇八）。
（4）田口洋美『新編・越後三面山人記――マタギの自然観に習う』初出一九九二（山と渓谷社・二〇一六）。
（5）千葉徳爾『狩猟伝承研究・後篇』（風間書房・一九七七）、同『狩猟伝承研究・総括篇』（風間書房・一九八六）。
（6）文化庁文化財保護部編『狩猟習俗Ⅰ――秋田県・山形県・茨城県』（無形の民俗資料記録第一八集・国土地理協会・一九七三）。
（7）田口洋美『マタギ――森と狩人の記録』（慶友社・一九九四）、同『マタギを追う旅――ブナ林の狩りと生活』（慶友社・一九九九）。
（8）武藤鉄城『秋田マタギ聞書』（常民文化叢書(4)・慶友社・一九七七）。
（9）前掲（6）に同じ。
（10）柳田國男「山の神とヲコゼ」初出一九三六（『柳田國男全集』8・筑摩書房・一九九八）。
（11）柳田國男『後狩詞記』初出一九〇九（『柳田國男全集』1・筑摩書房・一九九九）。
（12）鈴木牧之『秋山記行』一八二八擱筆、初刊一九三三（宮栄二校注『秋山記行・夜職草』平凡社東洋文庫一八六・一九七一）。
（13）田口洋美前掲（4）に同じ。
（14）森俊『猟の記憶』（桂書房・一九九七）。
（15）田口洋美前掲（4）に同じ。
（16）武藤鉄城前掲（8）に同じ。
（17）赤羽正春前掲（3）に同じ。
（18）野本寛一『季節の民俗誌』（玉川大学出版部・二〇一六）。
（19）鈴木牧之『北越雪譜』の中の「山言葉」初出一八三七（岩波文庫・一九三六）。

(20) 柳田國男「日本の祭」初出一九四二（『柳田國男全集』13・筑摩書房・一九九八）。
(21) 佐久間惇一前掲（2）に同じ。
(22) 佐藤宏之「クマ送り儀礼に見る社会的威信と階層化社会――北太平洋北岸狩猟採集民社会の比較民族考古学」（岡内三眞、菊池徹夫編『社会考古学の試み』同成社・二〇〇五）。
(23) 池谷和信「東北マタギの狩猟と儀礼」（池谷和信・長谷川政美編『日本の狩猟採集文化・野生生物とともに生きる』世界思想社・二〇〇五）。
(24) 柳田國男「鳥柴考要領」初出一九五一（『柳田國男全集』19・筑摩書房・一九九九）。
(25) 村上一馬「弘前藩における猟師の処遇と収入」（『東北芸術工科大学東北文化研究センター研究紀要』13・東北芸術工科大学東北文化研究センター・二〇一四）、同「熊胆の上納を催促される猟師（マタギ）――『盛岡藩家老席日記　雑書』から」（『東北歴史博物館研究紀要』15・東北歴史博物館・二〇一四）
(26) 橘礼吉『白山奥山人の民俗誌――忘れられた人々の記録』（白水社・二〇一五）。
(27) 橘礼吉前掲（26）に同じ。
(28) 野本寛一「ゼンマイ前線を追って」（『生態民俗学序説』白水社・一九八七）、同「ケの汁とゼンマイ」（『季節の民俗誌』玉川大学出版部・二〇一六）ほか。
(29) 野本寛一『栃と餅――食の民俗構造を探る』（岩波書店・二〇〇五）。
(30) 宮沢賢治「なめとこ山の熊」初出一九二四（『注文の多い料理店』新潮文庫・一九九〇）。
(31) 後藤興善『又鬼と山窩』（書物展望社・一九四〇）。
(32) 太田雄治『マタギ――消えゆく山人の記録』（郷土の研究②・翠楊社・一九七九）。
(33) 菅江真澄「すわのうみ」天明十四年（一七九五）の見聞（『菅江真澄全集』第一巻・未来社・一九七一）。
(34) 田口洋美「東アジアの中の日本の狩猟」（『季刊東北学』第一〇号・東北芸術工科大学東北文化研究センター・二〇〇七）。
(35) 米田一彦『熊が人を襲うとき』（つり人社・二〇一七）。
(36) 田口洋美『クマ問題を考える――野生動物生息域拡大期のリテラシー』（山と渓谷社・二〇一七）。
(37) 鈴木牧之前掲（19）に同じ。

(38) 近松門左衛門『嫗山姥』(『近松全集』第七巻・岩波書店・一九八七)。『嫗山姥』第四「源頼光逐行」にある。
(39) 藤元元撰著『前太平記』(叢書江戸文庫・校訂板垣俊一・国書刊行会・一九八八)。『前太平記』の刊行年は不詳。
(40) 井沢蟠竜『広益俗説弁』初出正徳五年＝一七一五(平凡社東洋文庫五〇三・一九八九)。
(41) 宮沢賢治前掲(30)に同じ。
(42) 野本寛一「生態伝説と民俗モラル」(『生態民俗学序説』白水社・一九八七)。
(43) ポーリン　コックリル著、むらかみゆうこ訳『テディベア大百科――世界一くわしいテディベアの本』(日本ヴォーグ社・一九九三)。

イノシシ

はじめに

イノシシは偶蹄目の獣《けもの》で、日本にはニホンイノシシと小型のリュウキュウイノシシが棲息する。前者は、北海道、東北の一部、北陸の一部を除いた全国の山林に棲息するとされるが、地球温暖化その他の環境変化でその棲息圏は積雪地帯とされる地域に、次第に拡大しつつある。リュウキュウイノシシは、奄美大島・加計呂麻《かけろま》島・徳之島・沖縄本島・石垣島・西表《いりおもて》島に棲息する。雑食性で繁殖力も強い。

イノシシは、日本の大型獣の中では最も人との距離が近かったと言えよう。ウシ・ブタなどの家畜肉食との距離をとる時代が長かった中で、鳥やウサギに比して肉の量も多く脂肪もある猪肉《ししにく》は極めて魅力あるものだった。古代の儀礼的狩猟から中世の巻狩へと続く流れ、庶民の獣とのかかわりなど検証すべき問題は多いのだが、近世にお いて猪肉の「牡丹鍋」や「薬食い」が盛んだったことは広く知られている。そこに至る水脈と基層は無視できない。牛鍋のベースに猪鍋《ししなべ》があったことは言うまでもない。しかし、肉食禁忌、獣肉穢視の思想は長く潜在し、私が各地をめぐっていた昭和四十年代から五十年代には、獣肉・畜肉を煮る時には鍋を屋外に出し、仮設カマドやコンロに掛けて煮たという体験談を多く耳にした。こうした事実はあるものの、猪狩《ししがり》や猪肉の摂食、共食などは驚くほど盛んだった。猪肉の魅力は強かったのである。ここでは、まず、民俗伝承に注目した。

猪

日本列島は山地が多く、その山襞で暮らす人びとが多かった。彼らは焼畑を営み、山田を耕した。秋に稔る焼畑作物も、イネも、そして琉球弧では甘藷もイノシシによる甚大な被害を受け続けてきた。食肉をもたらすイノシシを捕獲することは農作物に対する害獣防除の目的を果たすことにもなったのだが、イノシシを徹底排除すればやがて猪肉は食べられなくなる。つきつめてゆけばそこには葛藤がある。

奈良県吉野山中から伊賀山地にかけては「ツナヌキ」と称するイノシシの毛皮の沓《くつ》を作って履く習慣があった。また、南アルプス山麓にはイノシシの毛皮を方形に小切って焦がし、猪除《ししよ》けに使う例も見られた。イノシシにかかわる民俗は地味ではあるが多様である。琉球弧から南九州に連綿するイノシシの民俗には日本文化の基層を探るためのさまざまな示唆が底流している。イノシシにかかわる捕獲儀礼や、猟犬に関する伝承の全国的な鳥瞰も必要なのだが、紙幅の関係で別稿にゆずる。

一　イノシシを食べる

1　首肉への執着

クマ・イノシシ・シカ・カモシカなどわが国に棲息する大型獣はすべて狩猟対象となってきた。いずれもその肉を食用にしたのであるが、クマ・シカ・カモシカは毛皮・胆・角などの利用も目的とされた。イノシシは肉以外の利用目的の比重が軽く、食肉獲得の比重が重かった。肉の味も、大型獣の中では最も美味だとされている。イノシシは農作物に対する食害も甚だしいので、イノシシ捕獲は、獣肉の獲得、害獣の駆除という両面の目的を果たすことになった。猪肉の中で、最も美味だとされる部位は首肉だと伝えられている。

柳田國男の『後狩詞記』にも次のように記されている。(1)

ツルマキ　絃巻。猪の首の肉なり。輪切りにしたる所絃巻に似たり。味最美なりとす

九州山地では首肉のことを「クルマゴ」と呼ぶ例が多い。クルマゴは「車皮《くるまかわ》」の転だと思われる。他に宮崎県五ヶ瀬町では「コエダケ」（肥竹）とも呼ばれる。椎葉村大河内の大河内神楽に先立ち「板起こし」と呼ばれる重要な狩猟系儀礼があるのだが、古くはその板起こしにクルマゴが使われていたという。また、西米良村村所の村所八幡神社の神楽でも、イノシシの頭とともにクルマゴが供えられていたという。そのクルマゴは直会《なおらい》で共食されていた。そしてまた、捕獲した猪肉の分配に際しては、クルマゴを均等割りにする例が多く見られた。山梨県南巨摩郡身延町大垈《おおぬた》ではイノシシの首肉のことを「クビツル」（首絃）と呼び、ここが最も美味だと伝えている（佐野秀章さん・明治三十三年生まれ）。静岡県浜松市北区引佐町寺野の松本武さん（明治三十八年生まれ）は猪肉は「ガンタ」（首肉）が一番うまいと語る。大分県臼杵市野津町西神野では首肉のことを「ウノ」と呼び、最も美味だと伝えた。沖縄県石垣市伊原間の玉木勇さん（明治三十七年生まれ）も「カデラ」（首肉）が最もうまいと語っていた。各地でイノシシの首肉に執着してきた様子がよくわかる。

イノシシの肉をより美味に食べるためには調理法以前に、血ぬきや解体技術も重要な条件となった。さらに、水浸け・吊りさげなどさまざまな処理がなされてきた。また、貴重な肉、動物性蛋白源をいかに保存し、いかにしたら長期にわたって食べることができるのかといったくふうもさまざまになされてきた。そうしたさまざまな面につき、人びとがどのようにしてきたのかを具体的に語る事例を紹介してみよう。

なお、イノシシの食法については、この章の中でも述べている。

2　肉食い・モツ食い・骨齧《かじ》り

①猪肉の臭気を消すために、内臓をぬいたイノシシを一週間ほど土に埋めておく方法があった。また、「イブシ」（燻し）と称して「オカギサマ」（イロリ）の上方に皮を剝いだイノシシを一週間ほど吊るしておいてから食べるという方法があった。肉のついた肋骨《あばらぼね》を二時間から三時間水炊きする。塩を入れないで煮ると骨ばなれがよい。煮てから塩を加えて食べる。これを「ユニ」（湯煮）と呼んだ。猪肉とアワを塩味で煮こんで粥を作る。冷めてから食べた方が味がよい。これを「シシガユ」（猪粥）と呼んだ。猪肉の半煮えは体に障るとしてよく煮て食べた（山梨県南巨摩郡身延町大垈・佐野秀章さん・明治三十三年生まれ）。

②イノシシを捕獲したらまず「ハラカキ」（腹裂き）をして、内臓を出してから綱で縛って川の淵の中に浸けた。ダニを除くためと、肉の味をよくして保存性をよくするためである。イノシシの腸を家に持ち帰り、ぬるま湯に塩を入れてよく揉んで洗う。これを数回くり返してから刻んで炒める。炒めたものをネギ・コンニャクと煮る（静岡県浜松市北区引佐町渋川・滝本勝義さん・明治三十九年生まれ）。

③猪肉で最も味のよいのは三歳の牝の肉で、それも十二月のものがよい。発情期の牡の肉はまずい。猪肉はイノシシの脂でじゅうぶんイビって（炒めて）から水洗いをし、ダイコン・ネギと煮るのがよい。心臓や「セダマ」と呼ばれる背骨の両側の肉はサシミにして生で食べた（静岡県浜松市北区引佐町川名・前島要次郎さん・明治二十八年生まれ）。

④祖父の松次郎は、「獣はハラワタを食べてやるとはじめて成仏するものだ」と語り、内臓を食べることを重視した。イノシシをはじめシカ・クマともに内臓、特に百尋《ひゃくひろ》と通称される小腸を食べた。百尋は裏返しにして大井川できれいに洗った。正月用にダイコンを土中に埋めておいたのだが、そのダイコンとモツを煮た。猟

師仲間にとどまることなく、近隣の人びとにも「モッ喰いに来い」と声を掛けた。モツのみならず、イロリに五升鍋を掛け、骨のスープを作り、これも共食した。近隣の人びとは酒を持って集まった（静岡県榛原郡川根本町梅地・筑地松己さん・大正十三年生まれ）。

⑤「煮鳥《にとりや》焼き猪《じし》」という口誦句が定着している。イノシシの食法としては塩焼きが最も美味なものとされ、ヂロ（イロリ）で焼いて食べる方法が歓迎された。皮下脂肪と肉がつながる部分を冬季味噌に漬けこみ、夏、薄切りにして生で食べた。イノシシの骨とコバダイコン（焼畑でとれたダイコン）を煮こんで食べた。イノシシの骨と内臓を塩味で大釜に入れて煮た。これを「猪《しし》の塩汁」と呼んだ（宮崎県西都市上揚・浜砂久義さん・大正八年生まれ）。

⑥中瀬家では寒猪《かんじし》の肉を甕に入れて塩漬けにして保存した。来客の折にはその寒猪の肉を塩出ししてから猪汁《ししじる》にしてもてなす習慣があった（宮崎県東臼杵郡椎葉村竹の枝尾・椎葉ハルさん・明治二十四年生まれ、柳田國男に『後狩詞記』の資料を提供した当時の椎葉村村長・中瀬淳の次女）。

⑦味つけをした猪肉を、燗をつけたドブロクの中に入れて食べる。これを食べている時はあまりにうまいので頭を叩かれてもわからないほどだという（宮崎県東臼杵郡椎葉村竹の枝尾・中瀬守さん・昭和四年生まれ）。

⑧猪肉はそのまま食べずに陰干しにして使った。皮下脂肪も干しておき、ともに薄切りにして米を浮かして粥にして食べた（宮崎県東臼杵郡椎葉村向山日添・椎葉武義さん・明治三十七年生まれ）。

⑨猪肉は塩焼きを最上とする。味噌漬けにして保存することもあった。「スジヒキ」と称して皮下脂肪を細幅に切ってツヅラカズラ（カミエビ＝アオツヅラフジ）の蔓に通し、それを輪型にして風通しの良いところに吊って乾燥させた。皮下脂肪の厚さは六〜八センチ、こうして乾燥させたものを稗雑炊に入れたり野菜炒めに使った。稗雑炊には肉も入れた（宮崎県東臼杵郡椎葉村尾前・尾前善和さん・昭和九年生まれ）。

⑩獣はすべて血ぬきがうまくゆかないと肉の味が落ちる。とりわけイノシシは血ぬきが重要である。解体の際、

毛皮を剝ぐとその下に膜がある。膜を断つ時に臓器に傷をつけないように注意する。小便袋は当然であるが、胃・小腸・大腸と下へゆくほど臭い。右手に「サスガ」（山刀）を持って左手の人差指と中指の間にサスガの刃を挟んで調節しながら刃先を動かす。イノシシはハラヌキしたものを一晩水に浸けておくと臭いが消え、肉もうまくなる（静岡県浜松市天竜区水窪町西浦・望月満彦さん・昭和十年生まれ）。

⑪イノシシを捕獲したら内臓を出し、山に雪がある時なら腹部に雪を詰める。雪がなければ冷水に一日から半日浸ける。さらに、肉を足で踏んで揉むとうまくなる。皮下脂肪は肉といっしょに食べる。食法は、猪鍋・塩焼き・猪汁で、猪汁にはうどんを入れる（徳島県名西郡神山町神領・阿部昇さん・昭和二十三年生まれ）。

⑫血ぬきをし、毛を焼いてから解体する。一晩水に浸けることもあった。矢負いのイノシシにはガスがたまる（徳島県美馬市木屋平・荒川晴源さん・大正十一年生まれ）。

⑬イノシシを捕獲したら八五度ほどの湯を全体にかける。南京袋か古毛布に包んで五分ほど蒸す。毛とシブ皮を剝ぐ。ウブ毛を包丁で剃る。これは皮下脂肪を食べるためである。顎から尻まで裂き、内臓を取り出す。その際精嚢を傷つけないようにする。傷つけると臭いが肉全体につく。肉は水洗いして一晩軒下に吊るしておいてから小切る。血ぬきは重要だが、最近猟師が高齢化して減少し、罠猟が多くなった。罠にはワイヤーの括り罠と檻罠とがあり、括り罠に掛かって時を経たものは血ぬきができず、食べられない。ピンク色の肉は食べられるが、蓬《よもぎ》色になったものは食べられない（高知県長岡郡大豊町久寿軒・西岡育さん・昭和十年生まれ）。

⑭イノシシを捕獲すると、イノシシにドンゴロスを掛け、そこに熱湯をかけて蒸してから毛を剃る。皮下脂肪を食べるためにこうするのである。当地では皮下脂肪のことを「オジ」と呼び、「イノシシはオジが多いほどうまい」と言われている。オジは肉とともにボタン鍋に入れる。心臓はサシミにすることもあるし、ボタン鍋に入れることもある。ロースのことを「鞍の下」と呼び、この部分を叩きにする。叩きといっても、カツ

オの土佐づくりと同じ方法である。実際に叩くわけではなく、炭火で鞍の下の肉の周囲を焙り、それを薄く切って生姜醤油をつけて食べるのである（高知県高岡郡檮原町茶や谷・中岡俊輔さん・昭和二十一年生まれ）。

⑮イノシシの肉一キロにつき湯飲み茶碗半分の塩を使って塩揉みして藁苞に詰める。これを炊事場の天井に吊るしておくと苞から汁が落ちた。食べる時には真水で塩ぬきをしてから煮て食べた。この苞のことを「シッン」と称した。残肉のついた骨・腸・皮下脂肪をつけた皮に、ミカンの葉・ヨモギを入れて汁にする。大腸・小腸などの内臓を包んでいる脂肪を刻んで鍋で炒る。これを壺に入れておき、野菜炒めの時に使った（沖縄県八重山郡西表島祖納・高道正文さん・大正六年生まれ）。

⑯イノシシの骨・内臓と血をヨモギ・オオタニワタリ・パパイヤ・チョウメイグサ（長命草）などとともに煮て食べた。イノシシの血に塩を入れて油で炒ったものを「チイリチャー」と呼んだ（沖縄県八重山郡西表島大原・西大舛高一さん・大正六年生まれ）。

⑰ウムザ（猪）の肉を塩揉みしてスグリ藁の苞（バルフタツツミ）に入れ、苞を横にして汁が落ちないようにして裏座に吊っておき、食べる時に真水で塩ぬきをして煮た。こうしておけば一か月もった。また、ウムザの肉をマース（塩）で揉んで甕で保存すれば一か月もつ（沖縄県石垣市平久保・浜崎まんとうさん・明治四十年生まれ）。

⑱ウムザ（猪）は牝の方がうまい。肉のうまくないウムザには「ズグ（デイゴ）ウムザ」といって肉がザクザクしているものと、「サニン（月桃）ウムザ」といって臭いのあるイノシシとがある。旧暦三月にタブの実を喰ったイノシシには臭いがある。罠で獲ったウムザはうまくない。猪肉でうまい部位は「カデラ」（首肉）と前肩肉である。イノシシの腰の部分の肉のことを「ウチナガニ」と呼ぶ。ここは生でサシミにして食べることができる。内臓を巻いている脂肪を鍋で炒って油を採る。大きいウムザで一升ほど採れたことがある。テンプラなどに用いる。ウムザの肉とダイコンで汁を作る。ヤマシシ汁という。シシノイ（猪《しし》の胆《い》）のことを「ンゴー

ル」と呼び、乾燥保存しておき、胃腸の薬にした。牡イノシシの睾丸のことを「タニフル」と呼び、サシミまたは塩焼きにして強壮剤とした（沖縄県石垣市伊原間・玉木勇さん・明治三十七年生まれ）。

⑲ウムザ（猪）には「フーギウムザ」といって骨組が大きく、六〇～八〇キロで牙も太く、下山に棲むものがいたが絶滅した。これに対して「ギーナマウムザ」と呼ばれ、大きくても五〇キロほどだが肉づきのよいウムザがいた。「ティスウムザ」ともいい、これは山頂に棲息していた。牡のウムザの皮は軟らかい。皮を焼いて皮を食べる。皮を茹でて、その茹で汁の中に皮を一晩浸けておくと軟らかくなるので翌日調理して食べる。牝の産後のウムザの皮は食えない。内臓を巻いている腹脂を煮て油を採る。一升以上採れたこともあった。これは料理に使える。腹皮はサシミにして食べるとうまい（沖縄県石垣市川平・大屋實さん・明治四十五年生まれ）。

⑳猪粥《ししがゆ》は、猪肉の汁を作っておいて、その中に米を入れて煮る。その米も、粳《うるち》一升に糯《もち》一合五勺を入れるとよいと言われている。イノシシのワタは冷水に入れ、そこから煮込んでゆくのがよい。ワタが煮えてからダイコンを入れる。上のダイコンが食べられるようになるまで煮るとよい（大分県佐伯市宇目南田原・岡本久光さん・明治三十九年生まれ）。

㉑肝臓に近いところについている脂肪を「ワタカブ」と呼びズーシー（雑炊）に入れる。内臓を巻いている脂肪を「セキ」と呼び、これも刻んでズーシーや粥に入れる。イノシシの肉や皮下脂肪を冬の捕獲時に陰干しにしておき、米の粥に、ニラ・ネギとともに入れる。干し肉や干した脂肪はその年の十月ごろまであった。この粥は熱冷ましによいと言われた。猪肉とヒエを塩味で稗ズーシーにし、丸麦・イノシシ・塩で麦ズーシーにした（宮崎県東臼杵郡椎葉村向山日添・椎葉武義さん・明治三十七年生まれ）。

㉒イノシシの肉は塩焼きにした。内臓はヒエ三分の二、米三分の一のズーシーにした。猪の胆は、胃の薬、水当たり、食当たりの薬として米粒ほどずつ飲んだ。イノシシの鼻を乾燥保存しておき、マムシに咬まれた時

鼻の穴から息を吹きかけると脹れがひくと言われている（宮城県西臼杵郡五ヶ瀬町波帰・矢野勇さん・明治三十九年生まれ）。

3　イノシシを食べる伝承知

調理以前の処理として「血ぬき」が重要であることはいうまでもない。それは魚類の活締《いけじめ》に通じる。したがって、プク猟（矛猟）（二四六頁に詳細）や銃によって捕獲されたイノシシに比べて罠にかかったイノシシの味が劣るとするのは当然である。イノシシの肉をより美味に食べるために調理以前の処理として水浸け（②⑩⑪）、土中埋め（①）、燻し（①）、吊るし（⑬）といった方法が行われていた。解体時に消化器、腎臓、精嚢などを傷つけないように細心の注意をはらう。刃先にダイズ・シイの実などを刺して粗相を防ぐ方法が各地に伝えられている。獣肉の臭い消しにはネギ・ゴボウ・ヨモギの葉・柑橘類の葉などが入れられた。イノシシがサワガニを食べることからジストマを恐れ、肉の生食が忌まれてきたのであるが③⑭⑱⑲などでは特定部位の肉を刺身にして食べている。⑭ではカツオの土佐づくり同様の方法で「鞍の下」（ロース）の肉を食べている。保存法としては味噌漬け（⑤⑨）・塩漬け（⑥）・塩揉み（⑮⑰）・干し肉（⑧⑨㉑）などが見られ、干し肉の有効利用には驚かされる。

腸を中心とした内臓食については②④および西表島の事例（⑮）などでふれているが、これは全国的に盛んだった。静岡県賀茂郡西伊豆町大城、神奈川県足柄

写真１　マルで売られてゆく前のイノシシ。神奈川県足柄上郡山北町玄倉、山口家

写真２　イノシシのモツ煮。神奈川県足柄上郡山北町玄倉、山口家。ダイコンにもモツの味がしみ込んでうまい

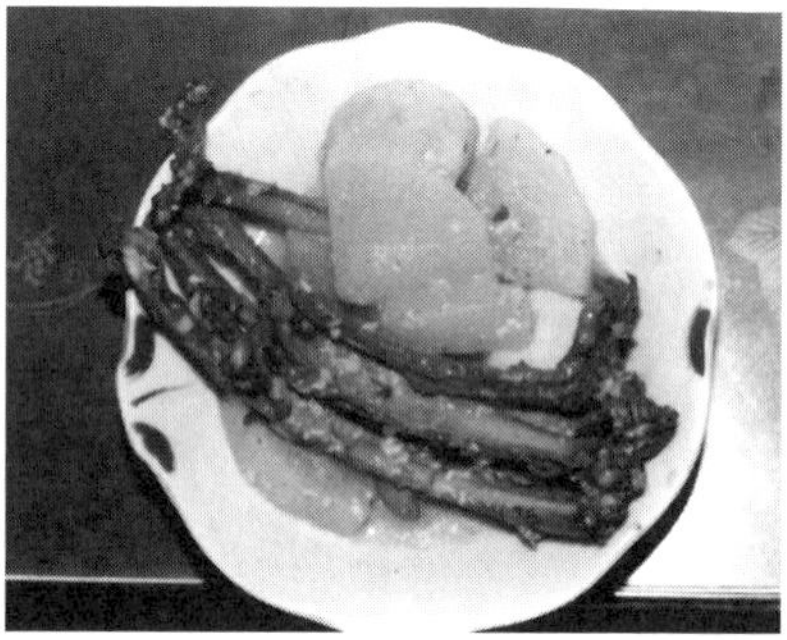

写真３　塩味で調理されたイノシシの骨とダイコン。宮崎県西都市銀鏡、銀鏡神社大祭直会の食

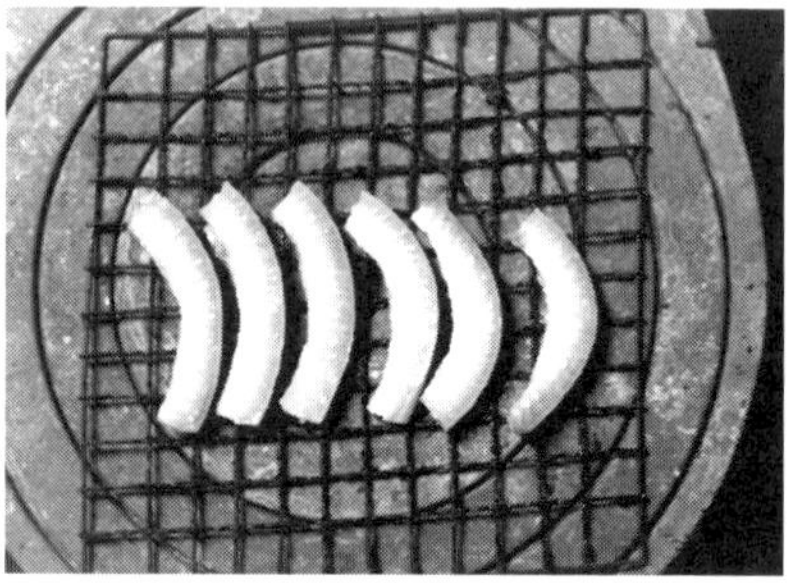

写真４　イノシシの皮下脂肪を焼いて食べる。静岡市葵区田代、滝浪一乗家。四国の猟師から伝えられた方法

上郡山北町玄倉で「猪のモツは七色の味がする」という同じ口誦句を聞いたことがあった。写真１はマル（皮剝ぎや大切り・小切りをしない状態）で売られてゆく前に玄倉の民家の柿の木に吊られているイノシシである。モツは抜かれ、既にモツ煮されている。写真２は家で猟師の宴に供されたモツ煮である。琉球弧でも内臓食は盛んであるが、ハブを好んで食べるイノシシの腸にはハブの毒牙が残っているから気をつけなければならないという伝承がある。イノシシの内臓食が普及した要因の一つに、猪肉が貴重だった時代、稀少な肉はマルで肉屋に売って現金化したり、大切りしてムラびとに売ったりして、猟師仲間、あるいは家族などでは内臓を食べるという方法がとられていたことがあげられる。

九州の日向・肥後山地では「分配と享受」の項で後述するとおり、近隣・友人などとの共食に際して、残肉のついた肋骨、その他の骨を塩だけで味つけして残肉を齧り、汁を飲み、後に汁に穀物を入れ、粥にして食べるという方法があった。内臓を巻いている脂肪から油を採って利用したことについては⑱⑲でふれたが、毛焼き・毛剃り解体圏における皮下脂肪食も盛んだった。中で、四国山中には皮下脂肪を刻んで焼いて食べる風があった。静岡市葵区田代の猟師は四国の猟師から伝えられたとして写真4のようにイノシシの皮下脂肪を焼いて食べていた。白々として餅片のように見えた。味はもっちりとして舌ざわりもよかった。

クマは捨てるところがないと言われるが、これまで見てきたとおり、イノシシもまた、じつにみごとに食べ尽くされてきたのである。こうした獣の食法は、命あるものの命を奪って生を継がなければならない人の存在にとって、むしろあるべき姿である。現今、害獣駆除の対象となるシカが、捕獲後直ちに殺処分、埋棄されるということは悲しいことである。

なお、イノシシの鼻や胆嚢を薬効伝承をもって利用してきた例もある。以下に記しておく。

イノシシの鼻は独自な形態で桁はずれた嗅覚を象徴する。のみならず、それは頑強で、土砂を突き崩し掘鑿する力を持つ。ミミズやヘビ、とりわけマムシを好物として捕食することは広く知られ、本書でも「マムシ」の章でこのことにふれている。イノシシはマムシの天敵であることから、マムシの咬傷に対するイノシシの鼻の呪力や薬効が伝えられる。それ以外にもイノシシの鼻の呪力や薬効は多く伝えられている。以下にそれを示す。

①鼻を干しておき、黒焼きにしてイノシシの脂と混ぜて練り合わせ、腫れものの吸い出し、棘の吸い出しにする（鹿児島県大島郡天城町山）。奄美大島・徳之島には同様の伝承が多い。

②鼻は焼いて使う。腫れものに貼り、サシコミには飲む（同平土野）。

③乾燥保存しておき、煎じて熱冷まし、子供の疳の虫に服用した。なお、薬用ではないが腰鉈の紐通しにも使った（静岡県賀茂郡西伊豆町大城）。

④イノシシの鼻を乾燥保存しておき、風邪をひくと煎じて飲んだ（静岡県伊豆市湯ヶ島字長野）。
⑤乾燥保存しておき、火傷の薬にした（兵庫県宍粟市一宮町倉床）。
⑥竹や木のソギ（切り株の突起）を踏んで、それが中で折れこんだ場合、乾燥保存しておいたイノシシの鼻を次のように使う。削ってそれを焼いて灰にする。その灰を飯粒と捏ねて傷口に貼付し、ホウタイで縛っておくと二、三日で吸い出される（大分県臼杵市野津町西神野）。
⑦マムシに咬まれた時、乾燥保存しておいたイノシシの鼻を煎じてその汁で洗う（長野県飯田市上村下栗）。
⑧イノシシの鼻を乾燥保存しておき、黒焼きにして喘息の薬にした（鹿児島県肝属郡旧大根占町段）。

熊の胆の薬効は広く知られるところであるが、猪《しし》の胆《い》（胆嚢）の薬効も熊の胆の薬効に準ずるものとして各地で広く利用されてきた。それゆえ、猟師仲間の分配に際して役割に応じて配分される単位としているところもあったが、医薬品の普及によって猪の胆に対する関心は薄くなった。

二　分配と享受

広い山野を自由に跳梁し、時に猛進するイノシシを捕獲するのは容易なことではない。狩猟仲間で役割を分担し、猟犬も使って猪狩を行う。捕獲したイノシシは仲間の納得がゆくように分割・分配されなければならない。地方により狩猟集団によって分割・分配の約束、慣行があった。全国各地の分配慣行の資料は多々あるが、ここでは日向山地のごく一部の例を表示し（表1）、それを緒にして話を進めることにする。山の恵みとしてのイノシシを捕獲した場合、猟師仲間だけでその恵みを分配、享受するわけではない。その恵みの一端は狩猟に参加しないムラびと

表1　イノシシの獲物配分・日向山地

資料	伝承地	仕留めた者	偵察者	勢子	イヌ（飼い主）	イヌ	運搬者	宿の妻	その他	伝承者
①	椎葉村不土野	イダマシ／頭・山刀三返しつき、イイゲ骨の肉・シリホ（尾）	トギリダマシ／一人分	セコダマシ／一人分	イヌノタマシ／一人分			火の神ジシ／ソジ（背肉）	シシヤドでは焼きジシ・骨汁・シシ粥を準備する	椎葉喜蔵（明治43年生）
②	椎葉村尾前	イダマス／頭・耳を倒して耳の下から切る	トギリダマス／トギリをしてイノシシが出たら半ダマス	セコダマス／一人分	イヌダマス／一人分		カリダマス／骨	火の神ジシ／カマゲタと尻の肉	狩猟参加者に分配する分をタマス、近所などへのみやげをハザシと呼び、前者八割、後者二割とする	尾前善則（昭和4年生）
③	椎葉村大藪	イダマス／肩つき前足一本	トギリダマス／一人分		イヌダマス／一人分			射手の妻に肉付きのイイゲ骨（肩胛骨）		浜砂善次郎（明治40年生）
④	西都市上揚	イテダマス／クサワキ―胸肉両側	トギリダマス／一人分	セコダマス／一人分	イヌダマス／成犬一頭一人分	イヌのニク／尾の周辺	シカタダマス／背肉から指四本分の左右のアバラ七本分	肉付きのメシゲ骨（肩胛骨）	クルマゴは均等割	浜砂久義（大正8年生）
⑤	諸塚村七ツ山	ウチモギ／前肩肉の左右いずれか		セコボシ／一人分	イヌボシ／一人分				ツルマキは猟師が直会で食べる	橋本徳光（昭和17年生）
⑥	西郷村島戸	一の矢のホシ／頭・山刀三返しを含む		セコボシ／一人分（ヒトホシ）	イヌボシ／一人分（ヒトホシ）				テツノボー（無鑑札者）でも参加していればヒトホシもらえる	森田次夫（昭和4年生）

たちもさまざまな形で享受するという慣行が見られる。ここではそうした部分にも言及する。

1　猟師のタマス分け

イノシシを仕留めた者の取り分をイダマシ・イダマス・イテダマス・ウチモギ・一の矢のホシなどと美しい言葉で呼び、それがどこでも、最も優位に定められていることがわかる。また、おのおの役割に応じた配慮がなされていることもわかる。表中の分配は狩猟参加者全員に与えられる均等分配の上に、さらに役割や働きに応じて加えられるものである。

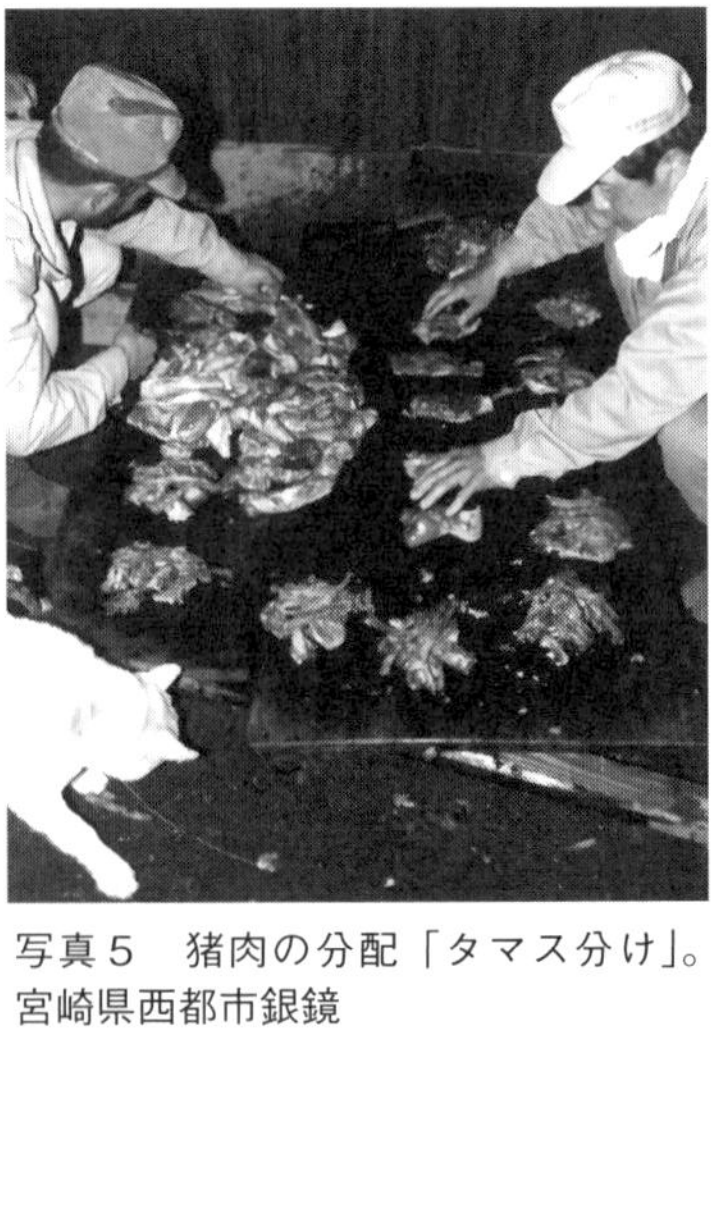

写真5　猪肉の分配「タマス分け」。宮崎県西都市銀鏡

「タマス」は『後狩詞記』の中で「猪肉を分配する為、小切りにしたるものを云ふ」と中瀬淳によって説明されているが、柳田はそれに次のような注釈を加えている。――「此説明は少しく不精確なり。タマスは分け前といふことなり。一タマス二タマスは一人前、二人前なり。役により一人にて二タマスを得る者もあり」[2]。表1④の浜砂久義さんは一人前のことを「ひとさかり」ともいうが、それが本来のタマスなのである。また事例②に見られる「タマス」と「ハザシ」のちがいなども参考になる。

柳田がタマスに注目し、沖縄県国頭《くにがみ》地方で食物を少年少女に分配する際、各自の分け前をタマシということ、うどん一食分のタマ、樹木伐採の一玉二玉などの例をあげながら「何にもせよ霊魂のタマシヒといふことと、個人私有の概念を為すタマス・タマシとは、是から追々にその根本を一つにすることが判明して来るやうな気がする」と述べたことは広く知られている[3]。また別に、柳田は「自分の推測では、タマス・タマシの元の意味は簡単で、今日関東で使ふ一ボッチ二ボッチなどの、ボッチといふ言葉などと同じものかも知れぬ」とも述べている。ここで浮上してくるのが、表1⑤⑥に見られる「ホシ」「○○ボシ」という語である。日向山地の「ホシ」「○○ボシ」と柳田の「ボッチ」が繋がってくるのである。

写真5は「タマス分け」の様子である。こうして、狩猟に参加した者は、表1の役割分担などをふまえて公平に、恵みを分与されたのである。

2 刃差しと骨噛み

山の恵み、イノシシの享受についてはさらに述べなければならない。宮崎県東臼杵郡諸塚村七ツ山本村に住む後藤つなさん（大正九年生まれ）は、次のように語る。――イノシシを捕獲した猟師の家で解体分配などを行う時、解体現場に立ち会っているだけで「ヒトホシ」の猪肉がもらえた。これは大正初年までのことだった。昭和初年、諸塚の塚原から七ツ山まで馬車が通っていたが、道路が悪かったのでたびたび馬が死んだ。つなさんは、その馬肉のホシをもらったことがある。鹿児島県大島郡大和村大棚（奄美大島）の元好美さん（昭和四年生まれ）は、この地には解体を見に来た人に対しても「マブリダマス」（目守りダマス）と称して猪肉を分与する習慣があったという。鹿児島県大島郡瀬戸内町古仁屋の加納広文さん（大正十四年生まれ）はこれを「ミリダマス」と呼んでいた。

宮崎県東臼杵郡椎葉村葛の元出身の椎葉ツルノさん（大正十二年生まれ）は、次のように語る。――イノシシを捕獲し、解体・分配する宿が判明すると、鎌か鉈を腰にさしてその家に行った。タマスをもらいに行くのである。こうして鎌か鉈を腰にさしてゆく者には誰にでも良い肉を少し分けてくれた。タマスをもらいに行くことを「カマサシ」（鎌さし）と称した。もらった肉は塩焼きにして食べたり、出汁に使ったりした。この慣行は昭和二十年まで行われていた。

恵みの分配は山にかかわるものだけではなかった。谷川健一は以下のように述べている。(4)

水俣の漁村では地曳網漁が盛んでありました。私は小学生のころ、朝早く起き、弁当箱のような容器をもって漁師が砂浜で地曳網を引いている所に行きますと、必ず小さい魚を分けてくれました。海の漁の場合も山の猟の場合も同じですが、そばに居合わせた者に獲物を分配するしきたりがあるのです。この分配の慣行は古代に遡るにつれてきわめて厳密になっていきます。かつて鹿児島県の黒島では、とれた魚を村中の者に全部分配しました。赤ん坊にまで分配したのです。この分配というのは民俗学的に非常に重要なテーマだと私は思います。要するにその背景には人間の取得した獲物はまず神のものだという観念が前提としてあるわけですね。

表1⑥の森田次夫さんは次のように語っていた。——森田家では父の代からイノシシを自分の家で解体する時には、その場にやってきたムラびとのすべてに肉を分け与えていた。父は、山のものは家で飼っているものではないから分けるものだと語っていた。山のものは山の神からいただくものなのだ。

表1の②に見える「ハザシ」は「鎌さし」と同義で、「刃ざし」、即ち刃物を持参した者に肉を分与するというものである。椎葉村向山日当の甲斐馨さん（大正五年生まれ）も、猟師のタマスとは別に近隣や知人に分ける肉をハザシと称していた。ここで言葉として示されている刃物は狩猟参加の儀礼的象徴となっているのである。「猪の首」の項で示している、六所神社における「シシ祭り」の場で儀礼的なハザシが行われていたことにいま一度注目しておきたい。「マブリダマス」「ミリダマス」「鎌さし」「刃ざし」、儀礼的ハザシを並べてみると山の恵みの分配・均等享受という民俗思想が根強いものであったことがわかる。

右に見てきた猟師仲間でのタマス分けや「鎌さし」「刃ざし」といった肉の分配・分与とは別に、近隣・共同体などで「猪宿《ししやど》」のごときイエを中心として行われ続けた「猪汁《ししじる》の共食」という形の山の恵みの享受があった。以下に若干の事例を示そう。

①椎葉村不土野・椎葉喜蔵（明治四十三年生まれ）家＝近隣者・友人に対し、「シシの骨噛み来ない」といって招待する。招かれた者は、焼酎を持参する。シシヤド（猪宿）は、ⓐ焼きジシ、ⓑ骨汁、ⓒシシ粥、を用意する。骨汁は大釜で塩だけを入れる。残りの汁で稗ズーシーを作る。

②椎葉村松木・黒木久男（大正十四年生まれ）家＝「噛みに来んか」といって、近隣者・友人などを誘う。招かれた者は、ヒエまたは米を二合ずつ持参した。大釜に骨を入れ、塩だけで味をつけた。残った汁にヒエや米を入れて稗ズーシーを作り、皆で食べた。

③椎葉村栂尾・黒木利光（昭和十二年生まれ）家＝「骨噛み来んか」と近隣者・近くの親戚・友人を招く。招かれた者は、焼酎を持参する。骨は塩味で煮、食べ終えると汁に米・トウキビなどを入れて、ズーシーにして皆で食べた。

④椎葉村向山日当・甲斐馨（大正五年生まれ）家＝「骨噛みに来てくれ」「噛みに来てくれ」といって、近隣・親戚・友人を招いた。招かれた者は、焼酎を持参する。骨は塩味で煮た。骨を食べた後、稗粥を煮て全員で食べた。

これらを見ると、招待→共食という形が見られ、共食の中心は近隣である。また、招かれて持参するものは、焼酎か穀物である。古くはヒエだったことが想定される。共食の内容は、ⓐ大釜で塩味をつけて煮た骨（骨つき肉）、ⓑ汁、ⓒ雑炊で、本来は稗雑炊だったものが、次第にトウキビ・米などに変わってきたものと思われる。これらの例を見ると、シシヤドでは、必ずこうした形で山の恵み・獲物を、共同体で共食してきたことがわかる。

右に見たような、山の恵みの享受、その共食の祖型を示すような例がある。

宮崎県児湯郡西米良村鳶の本の松尾直さん（大正十二年生まれ）は、十二歳まで熊本県球磨郡多良木町槻木に住んでいた。直さんは、以下に記す少年時代の体験・伝承を鮮明に記憶している。昭和九年までのことである。直さんの住んでいたムラは八戸で、黒木常平という地主の家があった。黒木家の当主は猟師で、よくイノシシを獲った。イノシシが獲れると、広い土間で解体分配した。イノシシが獲れた日には、ムラ中の住人全員、老人から子供まですべて黒木家の庭（ウチ庭）に集まった。その時、男たちは、ガラという、注ぎ口のついた二合入りの容器に自分の飲み分の焼酎を入れて持参し、主婦は自分の子供の数などに関係なく、誰も重箱一杯の米を持参した。

一同が黒木家の土間に集まると、解体が始まる。解体者は、イノシシをさばきながら、クサワケ・クルマゴなどと部位名称を呼びたて、その肉を示してから各部位ごとに、たとえ少しずつでも全員にゆきわたるようにして分け与えた。肉を受けたムラびとたちは基本的にはナマで食べたのだが、イロリで焼いて食べてもよいことになっていた。こうして肉の分配が終わると、土間の竈《かまど》にヒラガマを掛け、骨と内臓を煮たのであった。骨・内臓も分けてもらって食べ、その後、主婦が持参した米をすべてヒラガマに入れて雑炊にして、これも食べたのである。竈のあるこの土間の四囲には、約二〇〇個のイノシシのカマゲタ（下顎骨）が掛けられていた。こうして黒木家でイノシシが解体分与される場合、カマゲタの肉は黒木家の主婦に与えられるのが決まりとなっていた。

三　イノシシと竈

1　猪宿《ししやど》の妻と「火の神ジシ」

表1の項目の中に「宿の妻」という項目がある。ここに出てくる「宿」とは、「猪宿」と称して、イノシシの解体・分配から共食までを執り行う家のことである。これは前項の事例①〜④でも言及しているとおり、仕留めた者の家

が猪宿になることが多かったのであるが、その家の妻は極めて多忙で心労もあった。肉の分与はそのための配慮であった。表1の③④で、イイゲ（飯匙《いいがい》）骨、メシゲ（飯匙《めしがい》）骨、即ちイノシシの肩胛骨が分与されているのだが、これは肩胛骨の形が飯杓子《めしじゃくし》に似ており、この部位の肉付きの骨を贈ることは平素飯匙を持って家族に食物を分与している家刀自《いえとじ》に対する礼にふさわしいと考えられたからであろう。さらに注目すべきは、宿の妻に分与する肉を①②で「火の神ジシ」と称していることである。これは、家刀自が日常的に竈と深くかかわり、火の神と深くかかわっていることに起因すると考えられるのだが、竈神・火の神とイノシシとの強い結びつきについて考えておかなければならない。

イノシシのカマゲタ（下顎骨）を竈近くに並べて飾る習俗は西表島・石垣島・徳之島・奄美大島などに見られた。沖縄県の西表島・石垣島では竈の後ろに縄を張って下顎骨を掛け並べた。西表島の西大舛高一さん（大正六年生まれ）は以下のように語っていた。――イノシシを捕獲してその肉を食べた後、下顎骨を竈の後ろに吊りさげておく。旧正月の前にたまったアゴ骨を浜辺へ持って行って神酒をあげて祈ってから海に流した。大昔、イノシシは海の生きものだったと言われているから海にもどすのだ。石垣島川平の大屋實さん（明治四十五年生まれ）は、こうして並べたカマゲタが四四個たまると猪祭《ししまつ》りをしてカマゲタを海に流したものだと語る。大屋さんはこの猪祭りを三回行ったという。奄美大島大和村大棚の元好美さん（昭和四年生まれ）方ではカマヤの竈の上に針金を

写真6　竈の背後に吊り掛けられたイノシシの下顎骨。鹿児島県大島郡大和村大棚、元好美家

写真7　竈の裏側に掛け並べられたイノシシの下顎骨。鹿児島県大島郡瀬戸内町古仁屋、加納広文家

張り渡し、そこにカマゲタが並べられていた（写真6）。奄美大島瀬戸内町古仁屋の加納広文さん（大正十四年生まれ）方では勝手場の裏手に並べられていた（写真7）。

現在、宮崎県の椎葉村、西米良村その他では座敷のカモイなどにイノシシの下顎骨を並べ飾って捕獲数を誇示するような形が多くなっているのであるが（写真8、9）、千葉徳爾は椎葉村鹿野遊野老ヶ八重の那須平次郎（明治三十一年生まれ）からの聞きとりとして、「猟師はカマゲタを自慢する。二間も広く並べたのもあり、竈神様がお喜びになるといっている」と報告している(5)。また同氏は、沖縄県の波照間島で竈に飾ったカマゲタを見たと語っている(6)。こうした事例に椎葉村の「火の神ジシ」を加え、さらに先に見た熊本県球磨郡多良木町の例などを加えてみると、八重山から奄美、鹿児島・宮崎・熊本へと、「イノシシと竈神」「イノシシと火の神」「イノシシのカマゲタと竈神」を結びつける信仰のラインが存在したことが浮上してくる。

石垣島川平の「猪《しし》祭《まつ》り」と下顎骨の数の四四の「四四《しし》」には言語呪術的要素も匂うのであるが、「カマゲタ」と「カマド」は踏みこみ過ぎであろう。イノシシの下顎骨をカマゲタと称するゆえんは何だろうか。「カマ」はイノシシの牙である。半円形に湾曲したイノシシの牙の形、その鋭い切断力と突刺力から「鎌」が連想されたのである。ゲ

写真８　カモイの上に掛け並べられたイノシシの下顎骨。宮崎県児湯郡西米良村狭、狭上稲荷神社社務所

写真９　カモイの上に掛け並べられたイノシシの下顎骨。宮崎県東臼杵郡椎葉村尾前、尾前善則家

タは、鎌（牙）を下で受ける座なのである。西表島でも鳩間島でもイノシシのことを「カマイ」と呼ぶ。カマイは、「カマ」（牙）を持った猪《い》、という意味ではなかろうか。

ところで、イノシシの下顎骨を玄関、出入口に掛ける例が各地に見られる。このことについて、熊本県阿蘇郡高森町津留の元村幸敏さん（大正十三年生まれ）は、カマゲタのカマ（牙）が魔除けになるからだと語っていた（写真10、11）。家に侵入せんとする悪しきものをカマの呪力によって、阻止追放せんとするものなのである。

イノシシのカマゲタにかかわるこうした俗信は一旦おく。イノシシと竈神、イノシシと火の神、イノシシの下顎骨と竈神の結びつきは一体何によって発生したのか――この疑問について探索し、一つの仮説を述べてみたい。

写真10　玄関に掲げられたイノシシの頭骨。熊本県阿蘇郡高森町津留、元村幸敏家

写真11　玄関に飾られるカマゲタ。宮崎県東臼杵郡椎葉村松木、那須久喜家

2　西表島のプク猟と竈

鉄砲以前の猪狩はどのように行われていたのであろうか。天文十二年（一五四三）に鉄砲が伝来したとされる。それが狩猟者の手にわたって民間に普及するまでには長い時間が必要だったのだが、鉄砲普及後もすでに長い時が流れ、鉄砲以前の猪狩の実態はつかみにくいものとなってしまった。沖縄県、中でも西表島には、近代以降、鉄砲普及時代と思われる時代になっても「プク猟」（矛猟）、「犬狩《いぬがり》」「犬引き」「犬かけ」などと呼ばれる、イヌの力を借り、人が矛によってイノシシを突くという狩猟方法が実践されていた。幸いにも、プク猟の体験者、参与者から、体験と伝承を聞くことができた。プク猟・犬狩に注目する時、じつにさまざまな関連民俗が見えてきて、それが、この国の民俗文化を考える際、有益な示唆を与えてくれる。以下に事例を示そう。

①沖縄県八重山郡西表島祖納《そない》出身・高道正文さん（大正六年生まれ）——西表島にはイノシシのフク猟があった。「フク」とは矛《ほこ》のことで、柄の先に両刃の剣を固定したものである。この狩猟法は別に犬狩とも呼ばれるほどにイヌに頼るところが大きかった。イヌは六頭から七頭で、牡四頭、牝二、三頭だった。牝のことをハナイヌ（鼻犬）と称し、牝はイノシシの在り処や跡を嗅ぎつけ、探索する役割を担う。牡は攻撃を担い、中で一番強いイヌを大将イヌと呼ぶ。イヌがイノシシを止め、タテ（立）ている時に大将イヌはイノシシの背後に回るという形をとる。大将イヌがイノシシの首を噛んで捕獲に至ることもある。このように陸上でイヌがイノシシを巻いている時や、川の水の中でイヌがイノシシを巻いていて噛みついていない時にフクを使う。「シティフク」と称してイノシシに向かって矛を投げる方法と、「チキフク」と称して矛でイノシシを突く方法とがあった。祖納からサバニ（刳り舟）で白浜・崎山方面へ出かけることもあった。浜で舷を叩くとイヌも自分でサバニに乗っ

た。二泊でゆくことが多く、人の食糧は米・味噌・塩、イヌの食糧は甘藷だった。解体したイノシシの一部を食べた。ウェー（仔猪）はイヌの訓練用に使った。

捕獲したイノシシは現地で解体した。まず、俵型のウブイシ（大石）を二つ並べ、それを焼き床にしてその上でイノシシの毛を焼く。ヤンガラシ（鉈）で毛を剃ってから解体する。肉も内臓も塩漬けにしてムラに運ぶ。肉は祖納で売った。戦前祖納は二〇〇戸あった。骨と内臓はヨモギやミカンの皮を臭い消しとして加えて汁にして近隣のムラびとたちにふるまった。ムラびとたちは、飯を持って集まった。

プク猟・犬狩も古い狩猟法であるが、西表島にはいま一つ注目すべき猪狩の方法があった。それは「ヌーナーヤヒ」（野焼き）と呼ばれる方法である。ヌーナーヤヒは「原野撃ち」とも呼ばれた。狩場はムラから離れた崎山・カヌカワ付近の海辺の原野で、まず昼から夕方まで小区画を焼く。原野を焼くと、ハブを初めとするヘビ・カエル、その他の小動物が焼ける。ハブは逃げないので焼けてしまう。火が鎮まるとイノシシが、焼けた小動物を喰うために集まってくる。そこを狙撃するのである。一箇所で最低二、三頭は獲れた。これも、二個のウブイシの上で焼き、毛を剃って解体する。

西表島のリュウキュウイノシシは年に二度出産する。四月から五月にかけて生まれる仔を「タブノファー」（タブの仔）と呼ぶ。この時期に生まれた仔はタブの実を食べて育つ。八月に生まれる仔を「フグノファー」（シイの仔）と呼ぶ。シイの実を食べて育つのである。「ナリモノ」（山の木の実）のある時はカマイ（猪）もハンタル（肥える）という。フグノファーの方が多い。シイやカシの花の開花期に大きな台風が来ると花がやられて実がならないので、イノシシの子の餌がなく、餓死して山の中に腐臭が漂い、イノシシが減るともいう。野生のイノシシは一年で八斤《きん》（四・八キロ）しか肉が増えないとも言われている。カマイには「キフカカマイ」と呼ばれる、黒っぽく毛深くて毛が剛い、小型のカマイと「アハカマイ」と呼ばれる赤毛で大型のカマイがあるが味はあまり変わらない。

イノシシは稲作に害を与えた。山つきの水田の周囲に「カマイカキ」（猪垣）を築いて対応した。祖納のカマイカキは三キロメートルに及んでいた。高さは一・二～二メートルでサンゴ石の石垣と木柵とがあった。毎年三月ごろ部落総出でカマイカキの修理をした。秋の稔りのころにはカマイの田荒らしがひどくなるので、月夜に、銃の先に白布を巻いて照準を決め、イノシシを撃った。イネの稔りの季節になると部落から離れたナカラやウラウチ川の田には、田の番が交替で田小屋に泊まり、一斗罐を叩いた。石油をボロ布に滲みこませたものや、ためておいた小便をイノシシの出そうなところに置いたり撒いたりした。なお、正文さんは、少年時代から父の高道正吉さん（明治二十六年生まれ）や叔父の上亀英さん（明治三十八年生まれ）とともにイノシシ猟をしていたのだという。

②沖縄県八重山郡鳩間島・小浜安喜さん（明治三十八年生まれ）――イノシシのことを「カマイ」「ヤマシシ」と呼んだ。鳩間島にはイノシシはいない。猪狩はサバニで西表島へ通って夏冬通じて行った。鳩間島から西表島まではサバニで三〇分、エンジン船で一五分かかった。狩猟法は七頭のイヌを使う矛猟だった。イヌもサバニで運んだ。七頭のイヌの中には必ず牡の大将イヌを入れる。悪い猟犬はイノシシの臭いを嗅ぐとすぐに吠えるが良い猟犬はイノシシの臭いを嗅いでも吠えない。イノシシは追いつめられると石のそばに座る。前肢を立て後肢を折る。それを大将イヌが守って止めているので後ろに回ってイノシシの首を狙ってプク（矛）で突く。プクは長さ一尺で両刃、石垣島の鍛冶屋に打ってもらった。柄はカシの木で長さは五尺だった。西表島を歩く時にはいつもプクを担いで歩いた。猟犬の数は七頭が理想で、やむなくんば五頭にする。四頭や八頭といった偶数だと主が喰われるという伝承がある。次のような話がある。昔、ある猟師がイヌを八頭連れて歩いていた。道に迷ったので大木の根もとで寝た。夜中に気づくと、イヌが井戸で尾を濡らして火を消そうとしていたのでそのイ

ヌを殺した。イヌを八頭連れてゆくと災難がある。七頭連れてゆくものだと言われている。

イノシシを捕獲するとまず毛を焼き、剃りおとしてから解体する。狩場である西表島にも、鳩間島にもイノシシを焼く竈があった。獲物が多い時などは鳩間島へ運んでから焼くこともあった。イノシシを焼く竈は長さ尺五寸、径一尺ほどの俵型の石二個を一尺間をあけて並べたもので、木の枝を集めて焚き、二個の石をまたぐようにイノシシを乗せ、四つ足を持って体を返しながら満遍なく毛を焼いた。よく焼いた後、包丁で毛を剃り、解体する。この二個の石を「ピノカン」（火の神）と呼んだ。ピノカンには解体後「ハチ」（初）と称して必ず人が食べる前に肉を供えた。これとは別に、家の竈の後ろにイノシシの「カクチ」（下顎骨）を並べた。カクチのそばには猪《しし》の胆《い》を干しておき、腹痛・下痢などの時包丁で切って湯でもどして飲んだ。

「カマイは木の葉ほどある」とも言われたがマン（運）が悪いと全く獲れないこともあった。そんな時には山の神に対して願い口を唱えた。――「ウートート　アッアラ　マイサキ　ピョーシン　ナウシタボーリティ
カマイバ　トウラシ　タボーリ　ウートート」（尊い神様、明日、もっと先、マンを直してイノシシを獲らせて下さい。尊い神様）。

鳩間島の人びとは西表島で稲作をしていたので田小屋を持っていた。秋、稔りの季節にはイネをイノシシにやられた。イノシシ防除のカマイカキ（猪垣）は個人で高さ二メートルに及ぶ木柵を作った。さらに、人の汗の滲みた衣類を掛けたり、石油を撒いたりした。田小屋の前にイノシシが黒々と現れることもあった。西表島でイネを栽培するムラびとたちが力を合わせて「一斉狩」（共同狩猟）をすることもあった。一斉狩でイノシシが獲れれば、頭・足・骨・内臓に臭い消しのヨモギやミカンの皮をも入れて大鍋で「カマイノスー」（猪汁）を作って共食した。血は塩と油を加えて「チィリチャー」にした。他に「オトシヤマ」と呼ばれる圧倒式の罠猟もあった。

③沖縄県八重山郡竹富島・生盛太良さん（明治二十六年生まれ）・加治工政智さん（明治二十八年生まれ）――竹富島の人びとも西表島で水田稲作をした。竹富島の人びとの水田は西表島古見区の与那良にあった。田小屋は与那良に近い由布島に建て、そこに泊まり込んで西表島の田へ通った。内盛正玄さん（大正十四年生まれ）の時代には十二月に、苗代と猪垣《ししがき》整備のために一五日間通った。猪垣はサンゴ系の石垣に一部木材を使ったもので、西表で稲作をする者共同で行った。垣は高さ三尺三寸、田を囲む形にしたので長さは数キロに及んでいた。加治工さんの時代には、「イノシシは稲穂が稔らなければイネを喰わない」として穂の出始めに垣の修理をした。竹富島の上勢頭亨さん（明治四十三年生まれ）は次のような猪害除けの呪文と伝承を記録している。(7)

〈猪の呪文〉「まるてぃぬ神《かん》ぬ乗《ぬー》りおうる　黒者《くるむぬ》　赤者《あかむぬ》や　底《すく》ぬ七底《ななすく》　頂《しじ》の七頂《ななしじ》にどぅ居《びい》る　此所來《こういやくう》らしたぼんな」――田に猪がやってきて被害を受けないようにということで唱える。七本のススキを一束にして先の方を五合結びに結び、二本は頭・二本は前足・二本は後足・一本は尾として犬の形を作る。これを猪のよく通る道に置き、右の呪文を一息で唱え、息を三回吹いておけば田に猪は来なくなり、おもう存分米が収穫できるという。

これらによって、イノシシの害獣的側面への対応がよくわかるのであるが、イノシシはまた、人にとって食肉をもたらす獣でもあった。右の両面を持つイノシシの捕獲法は鉄砲のみではなかった。鉄砲以前のイノシシ猟に、「シチヤマ」という方法があった。ヤマとは、筏状の木組みの上に重石をのせ、イノシシが甘藷などの餌を引くとそれが落ちるように仕掛けたものである。この抑《おさ》え罠《わな》をカマイミチ（イノシシの通り道）に数箇所仕掛け、そこにイノシシを導くように「シチ」と呼ばれる木積みを作る。これとは別にワイヤーの括り罠もあるが、これは終戦後、台湾から伝えられたものだという。さらに古い、鉄砲以前のイノシシ猟に、イヌを使って矛で突く「プク猟」がある。イヌは、五頭または七頭で、イヌの中には「ハナイヌ」(鼻犬)と呼ばれる、イノシシの臭いを鋭く嗅ぎわける牝イヌを加える。また、必ずイヌの集団を指揮する大将イヌ、攻撃の主となるイヌを入れなければならない。イノシシはイヌに追いつめられると川の中に入って鼻だけ出して様子を見る。さらに追いつめられると川砂を噛んでイヌや人にかける。こんなことをしたイノシシが一〇〇〇メートル走ると肺の中に砂が入って死ぬと言われている。川から離れたところでは追いつめられると大木に尻をつけて戦う。そこをプクで突く。時を溯るほどにイノシシ猟においてはイヌが重要な役割を果たしていたのである。こうして見ると上勢頭亨さんが記録したススキで作ったイヌの呪物の重さもわかる。イノシシを捕獲するとサンゴ石の俵型の石を二つ並べて作ったイノシシの毛焼き用の竈で焼く。二つの石の上に丸太を二本置き、それに交わる形で丸太の上にイノシシを置いて、石の間で火を焚いてイノシシの毛を焼く。毛が焼けると残りの毛を剃ってから解体する。内臓・骨・血は、田小屋の竈に大鍋を掛け、ヨモギ・オオタニワタリ・長命草などを入れ猪汁を作り、仲間でそれを喰いながら酒盛りをした。

④沖縄県八重山郡西表島大原の西大舛高一さん(大正六年生まれ)――西大舛さんもイノシシのことを熟知している。フグノファー(シイの仔)とタブノファー(タブの仔)があり、台風が七・八月に吹くとシイの実が熟さないので「エー」(綾《あや》)即ちウリンボーが多く死ぬという。イノシシの大きさの計測法は、イノシシの口から肛門までの間を人差指と拇指を開いた尺とりの形で計るものだという。ここでもイノシシを獲ると、俵型の石を二つ並べた焼き床で毛を焼く。「イノシシの焼き上手は藁三束で焼く」という口誦句があるのだが、これは、藁三束でイノシシの体を返しながら体の毛の大方を焼いてから、カヤをかぶせて蒸し焼きにするのだという。沖縄の竈神が石を三個並べたものだということは広く知られている。火の神は三個の石の並列である(写真12)が、その根源は、地面に正三角形の各頂点に一個ずつの石を据えたもの、即ち竈の原形である。これが

三宝荒神と脈絡を持つことは柳田國男が指摘するところである(8)。

田小屋に泊まって猪番《ししばん》や、苗代田を荒らすカモ番をするという話を西大舛さんから聞いていた折、西大舛さんは、田小屋の火の神として三個の竈石を祭るのだと語った。その三個の石は、一個は海から迎えるものであり、いま一つは山から迎える。そしてもう一つは原野から迎えるものだと教えてくれた。

沖縄県・琉球弧には、石の竈の原感覚が根強く生き続けてきており、それはこのように田小屋に見ることができる。

⑤沖縄県八重山郡新城《あらぐすく》島出身・大舛久起さん（大正八年生まれ）――新城島上地から西表島の大原に移住した。移住前、新城島から西表島へ稲作の出作りに通った。南風見崎の豊原寄りのところには下地の出小屋集落があり、佐久田には上地の出小屋集落があった。新城の人びとは稲作に害を与えるイノシシを防ぐために、生の「ンギャタケ」（苦竹＝マダケ）で垣を作った。竹を人の背丈に切りそろえ、それを地面に挿し込み、横に三段の竹を入れてクズで縛った。この竹垣の耐久期間は二、三年で、田植直後と収穫前に、稲田にかかわる人びとが共同で垣の補修をした。こうした新城島の人びとの猪垣に対して西表島に定住している人びとの猪垣はサンゴ石を積みあげたもので、中には猪除けの垣と牧場の垣を兼ねたものがあった。牧場に良い草を生やすため、春先に草を焼いた。草を焼くとハブなどの小動物の死骸が臭うのでイノシシが集まった。昔、新城から出作りに入っていた人が牧場でイノシシの群れを見つけて、初め牝のイノシシの足を撃ったところしばらくして牡が寄ってきたのでこれも撃った。出てくるイノシシを次々撃ったので、田植にかかれず、サバニで新城島に運んだ

写真12　火の神。沖縄県国頭郡国頭村、与座家

という話がある。

しかし、戦前はイヌかけ猟かヤマ（抑え罠）が猪狩の主流だった。農閑期に西表島でイヌかけをした。五頭から七頭連れて行ったが、中に攻撃力の強いイヌを三頭入れた。股を嚙んだり、腹に喰いさがったりして最後に首を嚙む。こうして弱ったところをプクを刺して捕獲した。二個の石の上で毛を焼いてから解体した。血は塩と油でチィリチャーにした。肉の汁、肉と骨のゴッタ煮、腸を湯がいたものと肉でチャンプルーを作った。腹皮は塩をふって直火で半焼きにして食べるという方法があった。肉の一部は燻製にもした。

3　プク猟から見えるイノシシと火の神の仮説

事例の中からはさまざまな問題を読みとることができる。

〈民俗的生態集中〉　事例①④は西表島であるが、②は鳩間島、③は竹富島、⑤は新城島と、西表島周辺の八重山諸島から稲作や猪狩のために人びとが西表島へ集まっていたことがわかる。この他にも、建築材や、旱天時の飲み水を確保するために西表島へ入ることもあった。そうした動きは、黒島・波照間島・小浜島などからも見られた。西表島東北部山地の主峰、古見岳（四六九・七メートル）は西表島の象徴でもあった。木を恵み、水を恵み、イノシシを育む西表島の山は、山のない鳩間島・新城島・竹富島・黒島・波照間島などの人びとにとっては計り知れない魅力だった。また、山あるがゆえに水田稲作を可能にする西表島の存在は大きいものだった。ここに、西表島に対して周辺の島々に住む人びとの民俗的生態集中がくり広げられたのである(9)。

〈イノシシの害獣的側面〉　事例①②③⑤において、稲作をめぐってくり広げられた人とイノシシの対立、人の対応、イノシシの持つ害獣的側面についてふれた。猪垣の種類や、共同狩猟、イノシシの共食などにもふれている。こうした側面を持つイノシシは、一方では美味なる食肉をもたらす恵みそのものでもある。この構図は八重山諸島ものである。

の人びととリュウキュウイノシシの間のみに見られるものではなく、ニホンイノシシの棲息圏においても一般的な

〈**イノシシの生態伝承**〉　事例①④においてリュウキュウイノシシの出産が年二回行われ、仔猪《じし》の主要食餌をもって「タブノファー」（タブの仔）と「フグノファー」（シイの仔）と呼び分けていることがわかった。また、イノシシの餌となる木の実を実らせる前提となる「花」と台風の関係も重要な問題だった。例えばシイの花の開花期に大きな台風が来たり、台風の数が多かったりするとシイの実がならなくなるので、「エー」（仔猪）が死ぬ。イノシシの数が減ることになる。

奄美大島のイノシシ猟師は、その年シイの花を散らす台風の被害が太平洋側に出ているか、東シナ海側に出ているかを頭に入れて猪狩の狩場を決めたという。伊豆半島や紀伊半島の猟師は、海岸部でウバメガシをたくさん喰ったイノシシの肉は美味だと語る。イノシシは照葉樹林と深く結びついている獣である。クマ猟師は、ブナの実・ナラ類の実の実りを気にし、ブナの花の開花期の遅霜に気をもんだ。狩猟は対象獣種の餌を熟知していなければならない。

イノシシは雑食性だから木の実ばかりを食べているわけではない。ハブやネズミも喰う。事例①の「ヌーナーヤヒ」という狩猟法もまたイノシシの生態を熟知してのものである。それを溯源すれば、事例⑤の牧場の火入れ、あるいは山火事の跡のごときものに至るはずだ。

〈**犬引き猟・プク猟**〉　鉄砲時代、銃の時代になってもイヌは重要な狩猟のパートナーである。全国各地の猟犬の伝承は多彩であり、猟犬の民俗はまとめてみなければならない課題である。イノシシ猟について考えてみても、猟銃時代に比べて、矛や槍を猟具とした時代の方がイヌに頼る度合が深かったことはいうまでもない。矛猟にともなう猟犬の数、その理想的な数を七頭と断言する例が事例①②である。そして、そのイヌの集団の中に牡の大将イヌ

を入れるという伝承が①③に見られる。さらに、「ハナイヌ」（鼻犬）として嗅覚の鋭い牝イヌを入れるという伝承が①③に見られる。狩猟軍団をなすイヌの群れの中の役割分担は考えてみれば当然のことであるが、これも矛猟に注目する時より明確に浮上してくる問題である。跳梁・猛進するイノシシの跡をたどり、追いつめ、戦うイヌの集団、その合計数を「七」としたのにはそれなりの必然性があり、役割分担やイヌがイノシシの牙の犠牲になることなどを含んでのことであった。奄美大島や徳之島ではイノシシの霊を山に送る際、心臓を七切れに切って供える。奄美大島瀬戸内町古仁屋では七人の少女を招き心臓七切れを一切れずつ食べてもらう。宮崎県東臼杵郡椎葉村大河内ではイノシシが獲れると「七切れ祭り」と称して心臓の七切れを串ざしにしたものを猟師と家の女が食べた。山の神は女だからこうするのだと伝えている（椎葉司さん・昭和五年生まれ）。二者の間には脈絡が感じられる。

日向山地で、イノシシの牙の犠牲になった猟犬を山中の棚にあげて祀り、そうした猟犬の霊をコウザケ（コウザキとも）様と称し、猪狩の狩猟神として祀る。「イヌコウザケ」と呼ぶ地もある。宮崎県西都市銀鏡《しろみ》谷では、銀鏡を中心に「七コウザケ」を信仰している。「七コウザケ」とは以下のとおりである。①コウザケ＝山宮様（中原）、②コウザケ（轟の元の尾）、③コウザケ（小向・正光宅の上）、④イヌコウザケ（中島・元春小橋のたもと）、⑤コウザケ（中島・重郷宅の上）、⑥コウザケ＝登内の山の神、⑦コウザケ（登内・山竹シバ）。以上の七神で、七箇所に分散して祀られている。「七コウザケ」の信仰の中に、七頭の猟犬を使う猟銃以前の猟犬尊崇の心意が底流していることは認めてもよかろう。日向山地においてはコウザケ祭りその他の狩猟儀礼に「七切《ななき》れ肴《ざかな》」と称する猪肉の串が供えられる例が多く見られる。宮崎県西都市銀鏡の銀鏡神社の神楽第二八番「獅子舞」では「七鬼神」が登場して獅子を追う様を演ずる。それは、七コウザケがイノシシを追う様を思わせる。

「七」は聖数である。狩猟以外にも「七」を重視する民俗や儀礼は多いので狩猟儀礼の「七」をすべて直ちに猟犬の数と結びつけるわけにはゆかない。猪狩に関してだけでも、イヌの数以外でも「七」に関する禁忌伝承が種々見られる。沖縄本島の国頭村奥にはナナチジシ(七頭猪)の伝説がある。――昔、奥のアブントーバルにアラヂバル(焼畑)を拓いたところイノシシの害がひどいので猪垣を作って対応した。一日だけ垣の門を開けておき、そこへイノシシを導き入れて、翌朝これにイヌを仕掛けて共同で猪狩をした。ムラびとたちは六頭獲ったのでもう帰ろうとしたが、マシンドーガーという若者が、もう一頭洞穴に大きいイノシシがいるからそれも獲ろうと言ったので苦労して獲ってみると、それは真白い毛の生えた大イノシシだった。この地には、昔からナナチジシの最後のイノシシは神様で、これを獲った者には祟りがあると言われていた。マシンドーガーも材木の下敷になって死んだ。

静岡県浜松市天竜区水窪町・同北区引佐町などでは七人猟を嫌う。引佐町渋川では、昔、富士の裾野で七人猟をした猟師が帰って来なかったと語り伝えた。同天竜区龍山町白倉では七人猟師が七頭のイヌを連れて猟に出たが帰って来なかったと伝えている。天竜区佐久間町城西でも七人猟を嫌い、どうしても七人で行かなければならない時には人形を作って木に掛けてから狩を始めたという。早川孝太郎も「七人狩」「七人落ち」「七人塚」などに関心を寄せた[10]。狩猟については猟銃以前の犬引き猟と猟銃以後の人とイヌの役割分担、人(猟師)同士の役割分担、猟犬集団の中の役割分担などについて考えてみなければならない。「七」という数字についてはさらに事例収集を重ね、考察を深めなければならない。

イノシシ猟に矛を使った例は鳥取県八頭郡若桜町落折でも聞いたことがあった。イノシシ猟に使った矛の実物は沖縄県立博物館に収蔵されている。

〈イノシシの毛焼きと毛焼き竈〉 イノシシの毛を焼いてから解体するのか、毛つきの皮を剝いでから解体するのかは、獣利用文化の南方系か北方系かを分かつ。事例①~⑤、西表島を舞台としたイノシシ猟においてはすべて毛焼き解体、毛皮を利用しない暖地、南に連なる解体法である。毛焼きの床はすべて二つの俵型の石を使うもので、事例②にはその寸法も示されている。②ではこの石を「ピノカン」(火の神)と呼び、ハチ(初)として猪肉を供えている。この石は毛焼きの竈石だとも言える。①では狩場で毛焼きの竈石を使い、②③④⑤では田小屋近くで竈石を使って毛焼きをしている。その後、解体し、猪肉の一部、内臓や骨などは現場で食べ、肉の大方はイエや自分の島に運ぶ。鍋を掛け、食物を煮る竈の祖型が三個の石であるのに対して、毛焼きの竈は二個の石である。田小屋の竈もむき出しの石で、毛焼きの床と並んで始原竈の姿を示している。

イノシシの毛焼き解体圏では、捕獲されたイノシシはまず毛焼きの竈、毛焼きの石、ピノカンに迎えられるのである。ここに、イノシシと竈・イノシシとピノカンとの結びつきが始まる。猪肉がピノカンに供えられるのは当然のことであろう。そして、解体されたイノシシは三つ石の竈に掛けられた野の竈、田小屋の竈などで汁にして共食されることが多かった。こうした、イノシシと竈の出合い、人の体を養い、味覚を満たし、共同体をなす人びとの絆を強める共食の機をもたらす恵みとしてのイノシシは、自家でも祀られるべき存在であった。祀られる場は整備された自家の竈近くであり、肉も内臓も食べてしまった後、祀られる部位はカマゲタ（下顎骨）だった。吊りやすい形状もかかわってはいるが、それのみならず、カマゲタにはイノシシの力を象徴する牙、時にはイヌをも殺傷する鎌がついているのである。かくして、住居の竈屋や竈の後ろにカマゲタが吊り並べられることになる。

こうしたイノシシと火の神のかかわり、イノシシと竈とのかかわりは西表島・石垣島・沖縄本島・奄美諸島から宮崎県・熊本県へと繋がっているのである。このラインはすべてイノシシの毛焼き解体圏に属している。宮崎県椎葉村で猪宿の妻に分与される肉が「火の神ジシ」と呼ばれること、熊本県多良木町で、猪宿の妻にカマゲタの肉が贈られ、肉を食した後のカマゲタは竈のある土間の周囲に掛け並べられていたことなどと西表島の事例は繋がっていることがわかる。カマゲタは、竈から離れ、陳列の要素は増したものの、カマゲタを並べ掛けるという基本の形は日向山地を中心にしっかりと生き続けている。

右のような仮説にやっとたどりついたところだった。平成二十九年八月一日、奈良の吉野自然保護官事務所を訪

写真13　猪笹王霊神神札。奈良県上北山村天ヶ瀬

れ、自然保護官の菅野康祐氏から大台ケ原におけるシカの食害について教えを受けていた折、たまたま話題がイノシシに及んだ。その折、菅野氏から手渡されたのが写真13の神札である。「猪笹王《いざさおう》霊神守護」と文字を配し、その下に背中にクマザサを叢生させてうずくまるイノシシの絵があり、さらに、その下に「伯母峰一の峠《たわ》」とある。奈良県吉野郡上北山村天ヶ瀬の「一の峠宿坊」だった家に版木が伝わっていたのだという。伯母峰峠は吉野郡川上村と上北山村との境をなす標高九九一メートルの峠で、「猪笹王」と呼ばれる、背中に笹を負う巨大な古猪が伯母峰峠に出没したとされ、錯綜した伝説をまとっている。

伝説の究明は今は措くとして次のことに注目したい。上北山村・川上村などでは、先に紹介した「猪笹王」の神札を竈のある台所に貼っておけば暮らしの安泰が得られるという伝承があったという。どうやらここにもイノシシと竈の結びつきが認められそうである。吉野山中には、イノシシの毛を焼く慣行はなく、皮を剝いでツナヌキ（毛皮の沓）を作る文化圏である。イノシシと火の神・竈の関係はさらに追究を重ねなければならないのである。なお、沖縄県国頭村奥のナナチジシの白猪《はくい》、奄美大島のセンボレ（千群）の幻視にかかわって登場する白猪、ヤマトタケル東征伝中伊吹に登場する白猪、臼杵市猪《しし》の窟《いわや》の白猪（後述）、先に見た猪笹王などには山のヌシ的な共通性が見られる。

四　イノシシの首——二つの祈り——

1　神にささげるイノシシの首

宮崎県西都市銀鏡、銀鏡神社の大祭は十二月十二日から十六日にかけて壮大にくり広げられる(11)。斎庭《ゆにわ》の中心に高さ八メートルほどの竹の上部シイの柴を円筒状に固めてつけた「標《しめ》」が立てられる。標のもとに高さ一七〇センチほどの献饌棚が設けられる。この棚に、猟師たちから奉納されたイノシシの首がシイの柴を敷いた大型の折敷の上に据えられて奉納される。私が参じた昭和五十六年には四頭の首が献じられた。神の降臨する標の前の献饌棚に、神職によって献じられるイノシシの首（写真14）は明らかに供えものである。この首は撤饌の後、十二月十六日午前九時半ごろから銀鏡川の河原で行われる「シシバ祭り(12)」で重要な役割を果たす。イノシシの首を、以下のように、儀礼的に処理する。①毛焼き→②洗浄→③解体→④分配・調理（七切れ肴）。この形はこの地方の実際のイノシシ解体法を儀礼化したものである。撤饌された他の首は、肉を剔り出して「シシズーシー」（猪雑炊《ししずうしい》）を作って直会の食とする。

写真14　献供されるイノシシの首。宮崎県西都市銀鏡、銀鏡神社

宮崎県児湯郡西米良村狭に狭上稲荷神社が鎮座する。当社は日向・肥後山地に信仰圏を持つ狩猟の神、豊猟を叶えてくれる神社である。例祭

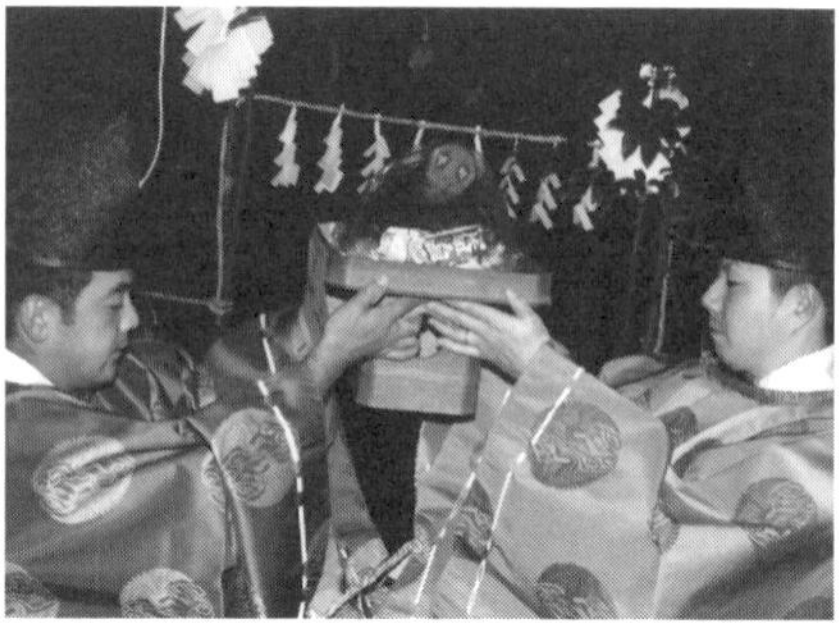

写真 15　猪首献供。宮崎県児湯郡西米良村狭、狭上稲荷神社例祭とイノシシ

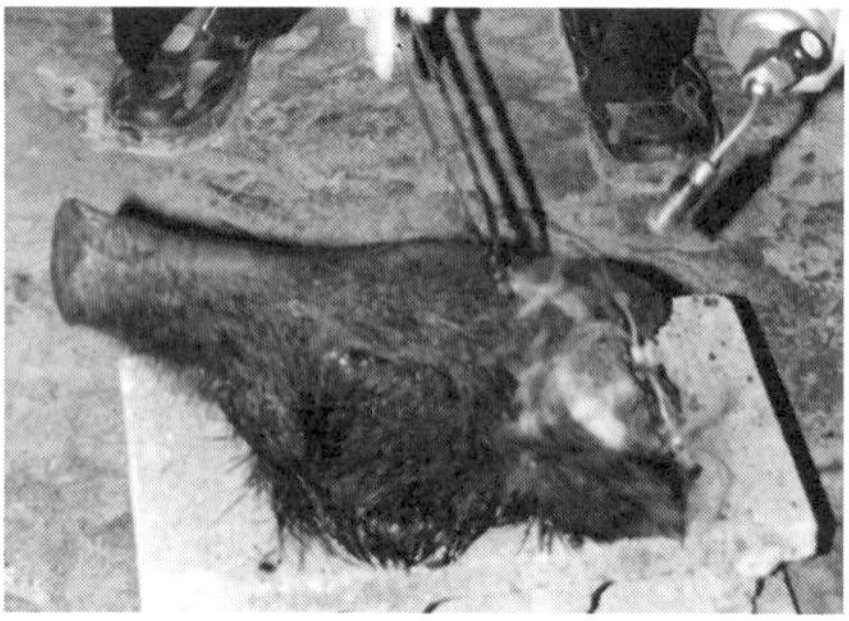

写真 16　猪首撤饌後の毛焼き

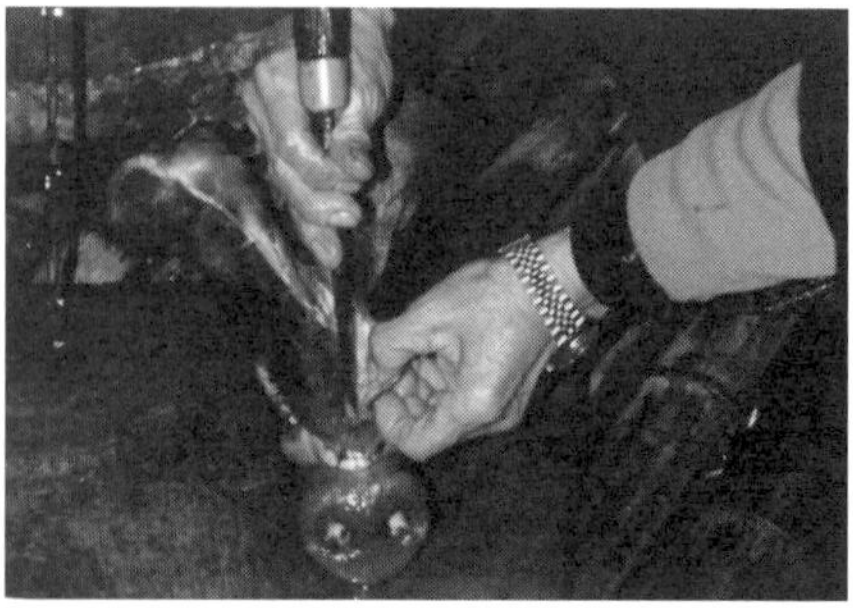

写真 17　猪首毛焼き後の解体、直会のシシズーシー用の肉を採る

写真 18　シシズーシー用の肉を煮こむ

写真 19　猪首の肉・米を入れてシシズーシーを煮こみ、刻みネギを加える

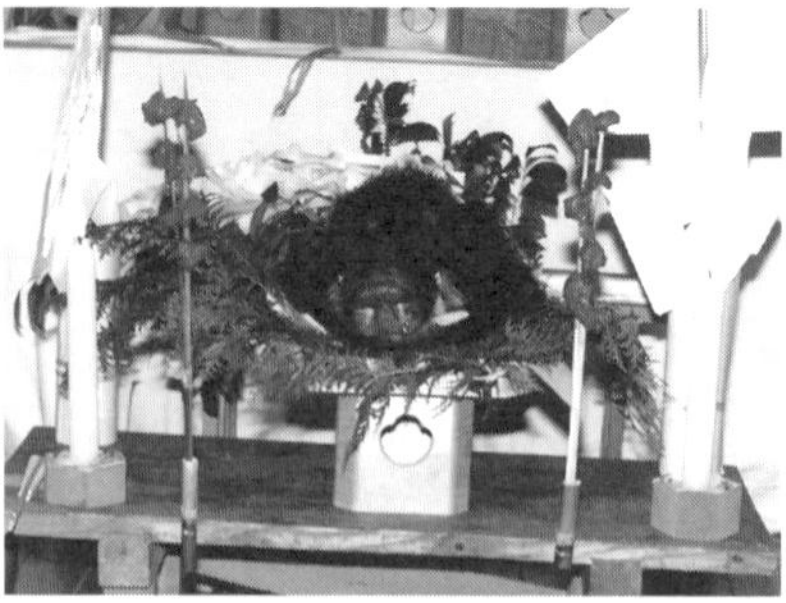

写真 20　シシ祭りに供えられたイノシシの首と猪肉（七切れ肴）。宮崎県東臼杵郡椎葉村尾前

は十二月五日で夜神楽が奉納される。ここでも猟師からイノシシの首が奉納される。ここでは、イノシシの首を三方に乗せ、献饌の様式によって神前に供える（写真15）。撤饌の後、石油バーナーで毛を焼き（写真16）、出刃包丁で解体し、肉を刳り（写真17）、「シシズーシー」（猪雑炊）を作って（写真18、19）直会の食とする。ここに登場するイノシシの首もたしかに饌物である。

宮崎県東臼杵郡椎葉村尾前の六所神社の例祭は十二月九日で夜神楽も奉納される。ここでも猟師たちからイノシシの首が奉納されるのであるが、イノシシの首が奉納された年には、神社の祭祀や神楽に先立って猟師によって「シシ祭り」が執り行われる。平成十二年にはイノシシの首とシカ肉が奉納されたので、猟師の尾前善則さん（昭和四年生まれ）によってシシ祭りが執り行われた。御神屋《みこうや》内正面に山の神の御幣とコウザキ様の御幣を立てた祭壇が設けられ、祭壇の前にはシダを敷いた三方の上に据えた大きなイノシシの首が供えられていた（写真20）。シシ祭りには、その猪首《ししくび》の鼻の前に小刀を突き立てるところから始まる。斎主たる猟師は烏帽子を冠り、「諏訪の祓」を唱え、続いて「シシ祭りの祭文」を唱える。この「シシ祭りの祭文」については分析報告したことがあるが[12]、その内容骨子は山の神やコウザキ様に対する豊猟祈願である。シシ祭りの祭文が終わると斎主は「板起こしの祭文」を唱える。終了後、俎板の上でこの年は鹿肉（本来は猪肉）を切り、「小猟師の祭り立て」として二叉の竹串に七切れの肉片を刺してコウザキ幣の前に供える。尾前のシシ祭りの特色の一つは「ハザシ」と称して猪鹿《いじか》の焙り肉を祝子や参加したムラびとたちが一切れずつ分与されてその場で食べるところである（写真21）。「ハザシ」「カ

写真21　シシ祭りのハザシ分与。
宮崎県東臼杵郡椎葉村尾前

マサシ」は別項で述べたとおり、山のサチ、自然の恵みをムラびとたちが公平に享受するという民俗思想にもとづく日常的営為である。ここではそれを儀礼的に実修したものである。ここでも、イノシシの首は尊い献供の品であることは瞭然としている。

神楽をともなう山のムラムラの年末の祭りに供えられるイノシシの首、その目的について見てきたのであるが、三例とも豊猟祈願の献供物であることが明らかになった。そのイノシシの首等の事後処理の形の中には、猟師やムラびとたちの日常的営みが儀礼化して組みこまれていることもわかった。

右の猪首《ししくび》・猪頭《ししがしら》の意義・目的に対して、同じイノシシの首でも、その扱いの目的が異なると考えられる事例がある。以下にそれを紹介してみよう。

2　霊送りのためのイノシシの首

鹿児島県大島郡天城町平土野（徳之島）の作山吉家さん（昭和四年生まれ）はイノシシの豊猟祈願から、山おろし（山から里への運搬）、解体の儀礼からイノシシの霊の「ヤマウクイ」（山送り）の儀礼までを実修してきたイノシシ猟師である。

〈山おろし〉　イノシシを捕獲して山から里の家まで運びおろす時に、まず、イノシシを東に向かって仰位に置き、シイの木（実のなる木なら他の木でもよい）の東向きの枝を折ってイノシシの上に置く。同時にシイの枝を銃の筒に挿して地に置く。東に向かって手を合わせ、「シュビユーカン　ユシ　アラチタボーレ」（首尾よく良いことがありますように）と祈る。祈り終えたら、手足を縛ったイノシシを両肩に担いで山を下る。

〈解体〉　家で湯を沸かしてイノシシの毛を剃る。イノシシを東に向け、腹の上で包丁の刃を左↓右↓左と返してから刃物の先を東に向けて置き、「奥山に育った大イノシシ小イノシシ　知らないもんが解くからあたりさわりのないように」と唱えて、縦に三回切り、「山おろし」の折の唱えごとを再度唱える。内臓を出し、心臓を妻に渡す。妻はそれを湯がく。主はイノシシの首を切断する。主は机の上に膳を置き、その上にシイの柴を敷いてイノシシの首を東に向けて据える。七切れに切った心臓と塩と酒を供える。

〈山送り〉「イノシシの霊を山へ送る」と称して、男女を問わず、七人の来客が果てるまで、順に来客に対してイノシシの肉をふるまい続ける。

写真22　イノシシのリュウマツリ。鹿児島県大島郡瀬戸内町古仁屋、加納広文家

イノシシ猟に先立って山の神に対して次のような豊猟祈願をする。「この銃の先に千匹《せんぴき》あたらちたぼうれ　あたったらトウジ（刀自）オッシェル」（この銃の先に千匹のイノシシを当たらせて下さい　当たったら妻をさしあげます）――まことに過激な祈願、願い口である。イノシシの捕獲が重なって九九九頭目の時には妻がイノシシに見えるとも言われている。作山さんは多くのイノシシを獲った。もう少しやると家内をとられるから猟をやめたと語っていた。

鹿児島県大島郡瀬戸内町古仁屋（奄美大島）の猟師・加納広文さん（大正十四年生まれ）は「リュウマツリ」（猟祭り）と称して以下のような儀礼を行ってきたという。――イノシシを捕獲したら毛を焼いてから解体し、首を切る。切った首は机の上に白紙を敷いて東を向けて据える（写真22）。その首に対して、イノシシの心臓の七切れを串に刺し、塩をふりかけたものと塩を盛ったものを供える。この七切れは、七人の女の子（小学生）に一切れずつ食べてもらって、後に御馳走でもてなした。

ここでは「リュウマツリ」と称しているのだが、イノシシの首を東に向けて据え、これに七切れの心臓や塩を供える点、七人の客を迎えてもてなす点など、天城町平土野の事例と共通しており、この「リュウマツリ」に、イノシシの霊を山に送る「山送り」の要素があることはまちがいない。瀬戸内町古仁屋の例に見られる七人の少女は見たての「山の神」だと見ることもできる。二例ともに方位の「東」を重視していることがわかる。とりわけ天城町の場合「東」が重層的に強調されている。これは、「アーリ」（上り）即ち、太陽の昇る東方重視の心意が強く示されたもので、東が太陽再生の方位であることがふまえられているものと見てよかろう。イノシシの霊を山へ送るのだが、それは鎮魂にとどまるものではなく、送られたイノシシの霊が、肉体をまとって再生してくれることを願う心意が底流していると見ることができる。事例数は少ないのであるが、奄美諸島に見られるイノシシの山送り儀礼は極めて重要な問題を語っているのである。なお、七切れの心臓や肝臓を山の神に献供するイノシシの捕獲儀礼は鹿児島県から宮崎県にかけては多く見られる。

「クマ」の節で、狩猟儀礼の中に、山の神に対するものと、クマの霊に対するものとの二大要素があることを指摘した。後者について「皮掛け儀礼」や下北半島の「ウカベトナエ」などを事例としてあげ、これらがアイヌの熊送りと脈絡を持つものであろうことを指摘した。本土や四国のイノシシをメルクマールとする地域、九州山地などにおいてイノシシの捕獲儀礼を見てきたのだが、その儀礼対象は山の神その他の狩猟神だった。ところがこの節で見たとおり、鹿児島県の奄美諸島の中で、徳之島・奄美大島において、イノシシの首を据え、それに献供物を供えてイノシシの霊を山に送るという重要な儀礼があることが明らかになった。北のクマ、南のイノシシ、おのおの列島の北と南の端に大型獣の首（頭）を据え、（クマについては「皮掛け」もある）、獣の霊を獣の原郷に送り返し、獣が再び肉体をともなって再生・還来することを冀う儀礼が行われていたことの意義は重い。遠く離れた奄美諸島でイノシシの首を据えてイノシシの霊を原郷に送る儀礼があったことは北の熊送りと併せて深く掘りさげてみる必要があろう。ここに示唆を受けて資料収集、深考を続けてゆけば、仏教以前からのこの国の生命観・生きもの観・再生観などを探ることができるはずである。
「イノシシと竈」の節で紹介したとおり、一旦、竈の後ろに祀ったイノシシの下顎骨を一定期間の後に海に送るという例も、ここに繋げて考えてみる時、そこに再生・再来を願う心意を読みとることもできよう。

五　イノシシ猟と神々

1　日向山地・狩猟神の諸相

九州山地における狩猟の主要対象獣種は『後狩詞記』に記述された内容、それ以前からイノシシだった。猟師たちはイノシシの豊猟を祈り、おのれのムラの神社にイノシシの首を献供して豊猟を祈った。そうした中で、例えば、宮崎県児湯郡西米良村狭の狭上稲荷神社は日向・肥後山地を信仰圏とする狩猟神として知られている。しかし、こうした神社の神々とは別に、日向山地には狩猟にかかわる民俗神、豊猟の祈りを受けてくれる民俗神が重層的に信仰されてきた。その総体については詳述したことがある(13)ので、ここではその信仰構造の骨格を示すにとどめる。ただし、ここで初めて報告する事例もある。

〈**山の神**〉　山の神は狩猟のみならず、焼畑・山樵など山にかかわる人の多様ないとなみを見とどけ、しかるべき人のあり方によっては守護・恵みをもたらしてくれる。山の神は樹木・生きもの・繊維素材・水・渓流魚・採集物・山での作物などすべてを生み出し、管理する女性の神である。宮崎県西都市上揚では「元一爺《もといちじい》の柴神楽《しばかぐら》」という話が長く語り継がれてきた。元一爺は猟師で、どうしてもイノシシを獲らせてほしいとして、山の神の前で真裸になり、手に榊を持って神楽を舞ったというのである。山の神様は女性なので男根を見ると機嫌がよくなるというのである。山の神は多様な恵みを生み出す「山」という場を管理する神であり、狩猟にかかわる民俗神の中で最も上位に位置し、その力が広域に及ぶ神である。

〈カクラ様〉「カクラ」は狩倉と表記されることがある。特定範囲の狩場を意味する語だと考えられる。カクラ様とは基本的には特定の狩場を守る神である。次の事例がある。西都市銀鏡の浜砂正信さん（大正十五年生まれ）方の裏山に、シイ・カシ・サカキの古木に囲まれた「古別当のカクラ様」の祠がある。茗荷原から河の口までの銀鏡川左岸のカクラを守る神だとされている。

〈ウヂ（獣道）を管理する神々〉獣、例えばイノシシを猟師のところまで導き、後押しをしてくれる神々で、「前引の神」と「後押の神」（西都市上揚）、「シシ引きの神」と「アト押しの神」（椎葉村松尾鳥の巣）、「ウヂ引きの神」と「尻指しの神」（西米良村蔦の本）などが伝えられており、『後狩詞記』には「ウヂ引きの命」「尻指しの命」が登場する。まことにおもしろい神々で、狩猟にとって「ウヂ」（獣道）がいかに重要なものであるのかがわかる。また、一頭のイノシシを授かるという恵みの背後には人知を越えた、神々の支援や導きがあるのだという山びとの思想がここには投影されている。

〈コウザケ様〉狩猟系民俗神は狩猟にかかわる「場」に関係するものが多いのであるが、コウザケ様は、「コウザキ」「犬コウザケ」などと呼ばれることもある、猟犬の霊を祀ったものである。イヌが狩猟における重要なパートナーであることは始原の時代から続いてきた。コウザケ様は単なる猟犬の霊などではなく、厳しい条件がついている。狩猟活動の中で、活動中に、イノシシの牙の犠牲になって命を落とした猟犬の霊でなければコウザケ様とはなり得ないのである。猟犬であっても、老いて猟師の家で死んだイヌなどはコウザケ様になることはない。不幸にして命を落とした猟犬は、山中で、絶対他人に見られないようなところに、木で棚を組み（写真23）、棚台の上に枕

写真24　コウザケ様。宮崎県東臼杵郡椎葉村不土野、椎葉幸一家

写真23　イノシシの牙の犠牲になった猟犬を風葬する棚、さらされた猟犬の霊はコウザケ様として祭られる。宮崎県東臼杵郡椎葉村向山日添、椎葉照毅さん復元

写真25　イノシシを捕獲するとイノシシの首毛をウツギに挟んでコウザケ様に供える。宮崎県東臼杵郡椎葉村大藪

石を置き、イヌの頭をその石の上に置いて横たえ、柴を掛け、顧みたり祀ったり、後日覗いたりしてはいけない。風葬の一種である。棚が崩れ、白骨化する。こうして猟犬の霊が浄化されたころ、頭蓋骨や枕石を里に迎え、コウザケ様として祀ったり、既に祀られているコウザケ様の座に加える。コウザケ様は猟の家にとって最も身近で、厳しい狩猟神となる。ムラ組で祀っている例も見られる（写真24、25）。

〈ニタ山の神〉「ヌタ場」という語は、日本語として一般化している。イノシシやシカが泥水を浴びる場であるとされるが、そこは、山中の水たまり、湧水地で泥のあるところである。なぜこれらの獣が泥水を体に塗りつけるのかについて、各地の猟師たちが語るところによれば、シラミ・ノミ・ダニなどを落とすためだとも、体に泥を塗ることによってカやアブを防ぐためだともいう。また別に、熱くなった体の熱を冷ますためだともいう。

九州山地ではこうした場所を「ニタ」と呼ぶことが多い。「ニタ山の神」とは、ニタ場を守る神のことである。ニタ山の神が坐《ま》すニタ場をめぐってはさまざまな伝承がある。沖縄の西表島ではヌタのことを「ミタヤン」、奄美大島では「ンタ」と呼ぶ。イノシシはただヌタをうつだけでなく、ヌタウチをしたあと、体を樹木にこすりつける習性がある。山梨県南巨摩郡身延町大垈の佐野秀章さん（明治三十三年生まれ）は、イノシシがヌタウチをしたあと体をこする木はモミ・マツなどのヤニの強い木で、泥をつけた体をその木のヤニによってさらに固めるのだという。カやアブなどの虫除けのためだともいう。宮崎県西都市銀鏡の猟師・西森齢治さん（大正三年生まれ）は、ニタズリ後、イノシシが木に泥をつけた高さによって、そこを通ったイノシシの大きさを推測して猟をしたという。体をこする木はマツ・モミ・トガなど、ヤニの出る木だという。宮崎県東臼杵郡椎葉村不土野では、ニタズリをしたイノシシが体をこすった木、またはその跡のことを「ズッタ」「ズリ」などと呼んだ。泥と木のヤニで毛を固めたイノシシのことを、「オカマワリ」と呼んだともいう。猟師はヌタ場・ニタ場に関心を持ち、一部には「ニタ待ち猟」という狩猟法が行われた。イノシシ・シカがニタ場にやってくるのを待って、狙撃するのでニタ待ち猟は効率がよいことになる。ところが、また一方には、ニタ待ち猟を否定する禁忌伝承もある。以下に、ヌタ場・ニタ場に関する伝承を示そう。

①ニタ山は北向きの窪地で、水の湧くところである。ニタ場には「ニタ山の神」がおり、ニタ場の木を伐ったり、そこで小便をしたりして汚すと必ず祟りがある（椎葉村竹の枝尾・中瀬守さん・昭和四年生まれ）。

②タカンダニ（宝谷）のニタ山の神＝竹の枝尾の西南にあり、一番厳しい神だと伝えられている。コバ伐り（焼畑予定地の樹木伐採）の時、この山を荒らしたので、六人の男が怪我をした。二人でやっと手がまわるほどのトガの木を伐ったのだが、倒れなかった。一週間後に大音響とともに倒れたという。シラカシ・アマガシ・オオバカエデなどの木が森をなしている（同）。
③ハイギダニのニタ山の神＝一つ戸の上の方にあり、シラカシ・ミズキ・コナラなどが森をなしている（同）。
④長松尾、尾立のニタ山の神＝ある男がこの山を荒らしたので、その祟りで鉈を足に切り込んだ。以後、オメーバー（サワラ）の木を祀った。サワラの他にカシ類があり、森をなしている（同）。
⑤入子蒔のニタ山の神＝宝谷の奥にあり、クリ・ミズキが森をなしている。ニタ場のことを「ニタツボ」と呼ぶ。ニタ山の神を祀る場合には、一回祀ったら以後、祀り続けなければ祟りがあると伝えている（同）。
⑥ソヤケのニタ山の神は、北向きで水が出ているところ、スギの古木があるところに祀られている。カバンサキの後のニタ山の神には、モミの木・クリの木がある。ニタ山の神の森は荒らしてはいけない、と言われている。また、ニタ山の神の森に猪罠をかけるものではない、と言い伝えている（椎葉村古枝尾・那須登さん・昭和四年生まれ）。
⑦臼杵俣と新橋の間、臼杵俣川右岸の山中に北向きの水場があり、カシ類の森がある。ここをニタ山の神と称し、木を伐ってはいけないと伝えられている。飯干山へ登る道の脇にもニタツボがある（椎葉村臼杵俣・椎葉ユキノさん・昭和六年生まれ）。
⑧タンノクチのニタ山の神＝北向きで水場があり、シラカシ・アマガシなどの森がある。この森に入るとホロシ（湿疹）ができると言われていたが、子供のころクリ拾いに行ってホロシができたことがあった。その時、父が裸にして呪文を唱えてくれた（椎葉村戸屋の尾・那須芳蔵さん・昭和四年生まれ）。

⑨宮山のニタ山＝窪地があり水が出ている。立ち枯れのタブの木とカシ類が森をなしていた。この森には入るなと言われていた（同）。

⑩ニタ場には水があり、大木がある。ニタズリをしたあと、その大木でイノシシが体をこする。イノシシはニタ場に集まるものだから、ニタ狙いをすれば必ず獲れるものだが、狩人はニタ狙いをするものではないと言われている。「ノサッタモノしか獲るな」（授けられたものしか獲ってはいけない）とされている（西都市銀鏡・黒木福督さん・昭和三年生まれ）。

『後狩詞記』では「ニタ」として、次の説明がある。[14]

山腹の湿地に猪が自ら凹所を設け水を湛えたる所をいう。猪は夜々来たってこの水を飲み、全身を浸して泥土を塗り、近傍の樹木に触れて身を擦るなり。ゆえにニタに注意すれば、付近に猪の棲息するや否や知り得べし。

この部分は中瀬淳の記述であるが、この中の一部に対して柳田國男が疑問を呈している。「ニタを必ず猪が自ら設けたるものとするはいかん。およそ水のじめじめとする窪み、有様によってニタというなるべし」としている。柳田の指摘が正しいと言えよう。ここに掲げた事例の数は少ないが、多くの示唆に富む伝承が詰まっている。これらによると、ニタ場、ニタ山の神の坐すところは古木の森（杜）をなしていることがわかる。ニタ場・ニタツボには水が湧いているのも特色である。その森は「禁伐伝承」や荒らすことの禁忌をともなっている（事例②④⑥⑦）、⑧⑨は「入らずの森」であり、これらの禁を犯すことによる祟りも語られている。ニタ場にニタ山の神が坐すことを語り、ニタ山（森）の禁伐や「入らず」を語ることは、山の人びとの心の底にニタ場・ニタツボは守り継がなければならないという心意が流れていたことがわかる。①⑥⑦⑧のニタ場は北向きである。山中の水場は北向きの方が水もちがよい。それも、木がなければ直ちに水涸れしてしまうのである。

事例の⑥と⑩では、最も効率のよい「ニタ待ち猟」が禁じられている。じつは、猪鹿《いじか》の猟をするということは、貴重な獣肉を獲得することにとどまらず、むしろそれ以上に山地の人びとの暮らしを支えた焼畑、その焼畑作物を無惨に荒らしてしまう害獣としての猪鹿に対する最も有力な対策になっていたのである。それにもかかわらず、ニタ待ち猟の禁忌をムラの伝承にしてきた事実は、山の人びとの深い心の葛藤を表示することになっている。心の深いところに底流する猪鹿徹底排除に対する抗いでもあり、種の保全や共存への願いでもあった。先に見たとおり、さまざまな禁忌をもって守られてきた「ニタ山」「ニタ山の神の森」「ニタツボ」は、猪鹿のみならず、さまざまな鳥獣、昆虫類に至るまでじつに多くの生きものが命を継ぎ、種を保全する場となってきたのである。ニタ山の神の森の周囲が焼畑として拓かれたとしても、休閑期間となればニタ山の神の森の草木の種が周囲に飛散し、山の生態系復原の基地になってきた。ニタ山の神の森は鳥獣から小さな生きもの、さまざまな植物に至るまでが生命を継ぐオアシスとなってきたのである。

遠く離れた長野県飯田市上村下栗小字屋敷の胡桃澤菊男さん（昭和五年生まれ）も「シカのヌタ（ニタ）待ち猟はするものではない」と語っていた。こうした伝承は各地に存在していたのである。

淵や滝壺に棲息するヤマメ・イワナなどが人語を語るという奇怪な伝説が、各地方の山深いムラムラに伝えられている。淵や滝壺はどんな旱天が続いても水が涸れることはない。これらの場所はヤマメ・アマゴ・イワナなどの渓流魚を中心としたさまざまな水の生きものが命と種を継ぐ貴重な場である。山深い地に生きる人びとは奇怪なヌシの伝説を語り継ぐことによって渓流に生きる生きものの種の継続、資源保全を図ってきたのである。(15) ニタ山の神の坐すニタツボと、ヌシの棲む淵や滝壺は山の人びとにとって守りぬかなければならない聖なる場だったのである。

なお、種の保全にかかわるいま一つの伝承を記しておく。静岡県浜松市天竜区水窪町向市場の猟師・川下勘三郎さん（明治三十七年生まれ）から聞いた話である。――昔、「耳キンさん」と呼ばれる耳のない、腕の良い猟師がいた。耳キンさんは常光寺山のネウツでヒケジシを狙うのを常としていた。ネウツとは両側が崖になって切り立っているケモノ道のことで、ケモノが移動するにはそこ以外に道はないというところである。漢字で書けば「山稜獣道」となる。ヒケジシとは、夜、餌をあさって夜明け方ネヤに帰るイノシシのことである。ネウツの手前でヒケジシを待ちうけてイノシシを狙撃すれば必ずイノシシが捕獲できるのである。耳キンさんは常光寺山のネウツで九九頭のイノシシを獲った。ところが、百頭目のイノシシはイノシシの姿には見えず、人間の姿、それも小間物屋の姿に見えたという。その日耳キンさんは家に着くなり寝こんでしまい、とうとう死んでしまった。

各地で語られる狩猟伝説の中には百頭目、千頭目に怪異現象や命の危機を語るものが多い。多くの命、必要以上の獣の命を奪うことへの戒めがこめられているのであるが、この場合は、獣が生命を維持する際、避けて通れない場で猟を続けたことへの戒めがある。その点でニタ待ち猟と共通するところがある。

2　土佐山中の猟良し様

高知県吾川郡仁淀川町上名野川はイノシシ猟が盛んな地だった。焼畑でトウモロコシを栽培していた昭和二十年代まではムラで「山追い」と称してイノシシの共同狩猟をしていた。以下は同地の片岡定一さん（明治四十二年生まれ）による。――当地には「スワサマ」「リョウヨシサマ」（猟良し様）と通称される狩猟神が祀られている。スワとは「須和」と書くのであるが、本来、諏訪であることはまぎれもない。

このように隔たった地まで狩猟神の「スワ」が通じていることには驚かされた。須和様は小さな石灰岩洞窟の中に祀られた小さな祠であるが、暗い洞窟がいかにも狩の神の座にふさわしい。祠の前の榊の枝にはビニールの紐に縛られたイノシシの耳や足がいくつも吊りさげられていた（写真26）。もとは耳や足を針金に通して吊っていた。イノシシが獲れると豊猟を感謝し、次の恵みを祈ったのである。当地でのイノシシの捕獲儀礼は、イノシシが獲れると「イラ毛」（首の部分の長い毛）を、割った木の枝に挟んで立て山の神に献供した。須和様の祭日は一月十五日で、この日は猟師たちは洞窟に酒肴を供えて参り、自分たちは宿で宴を開いた。なお、当地には流行病を防ぐ呪いとしてイノシシの足を玄関に吊る風があった。

3　豊後——猪《しし》の窟《いわや》

大分県臼杵市野津町西神野に「猪権現《ししごんげん》」と通称されるイノシシの豊猟祈願にかかわる聖地がある。熊野神社の聖域、猪権現の座は奥行き四メートル以上もある石灰岩洞窟である。その聖なる洞窟は高い崖状地にあり、そこに至るには太く長い鉄の鎖をたどって垂直な断崖を攀《よ》じ続けなければならない（写真27）。その崖の下には「猪権現の祠」と題する次のような掲示があった。——「久安二年（一一四六）以来狩猟の安全と豊猟を祈念して祀られているのがこの猪権現です。急峻

写真26　吊りさげられたイノシシの足と耳。須和神社の洞窟

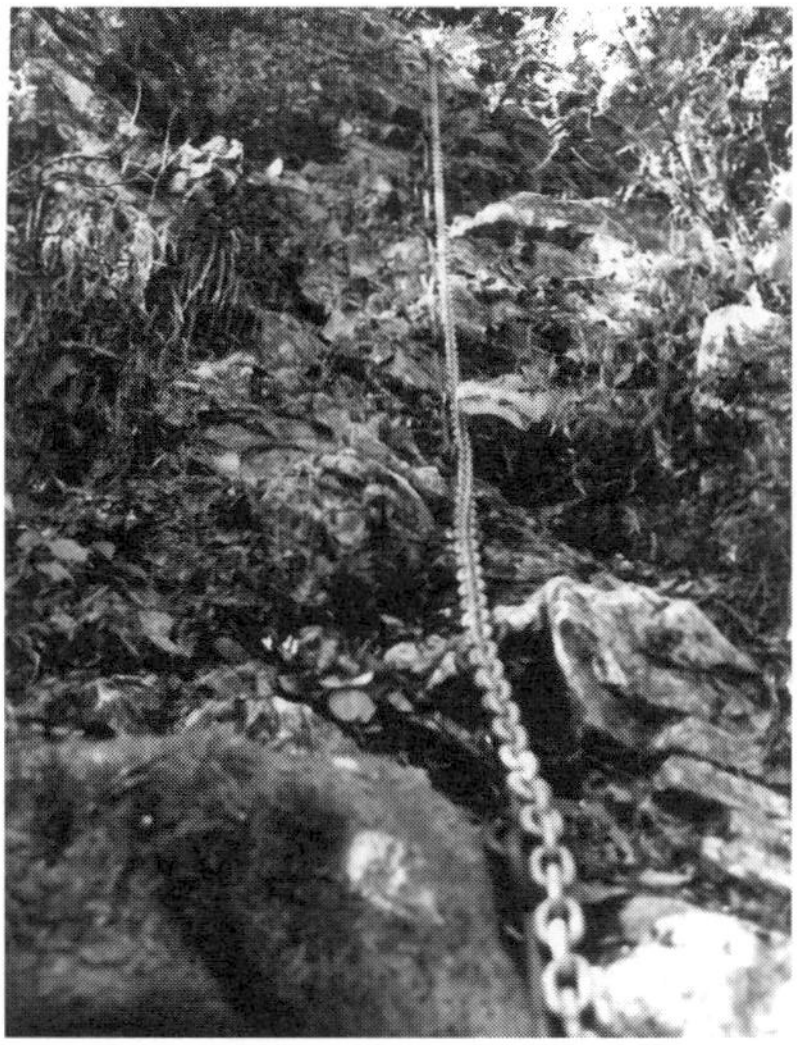

写真27　猪権現の窟に至る登攀崖と鎖

写真 28　白々と累積されたイノシシの下顎骨。猪権現の洞窟

写真 29　真新しい頭蓋骨も混じる猪権現の窟

写真 30　献供された下顎骨の山。猪権現の窟

の為昇降に充分注意してお参り下さい（女人禁制）。洞穴内は何百年の歴史を誇るハンターの聖域です。なお御祈願の方は社家までお上り下さい。護符を差上ます。御社参りには猪のアゴ・シカの角を奉納して下さい」

洞窟に参じ、一歩足を踏み入れ、散り敷かれたように地面を覆っている獣骨の白さに息を呑んだ。眼が闇になれるにつれ、その獣骨がイノシシの下顎骨であり、長い時の流れの中で古いものは破砕され、その上に新しいものが重なっていることがわかった（写真28）。私がこの獣骨の窟《いわや》、猪骨《ししほね》の窟《いわや》を訪れたのは昭和五十六年十二月二十五日のことで、それは爆発的なシカの増殖以前のことだった。したがって、窟内にはシカの角は全く見られず、そこはまさに「猪の窟」だった。真新しい下顎骨はおそろしげでもあった（写真29、30）。ここには夥しい数のイノシシの霊が鎮まっているのである。豊猟祈願のみならず、イノシシの霊の平安も祈られた巨大なイノシシの墓場でもある。

猪権現の信仰圏は大分県下はもとより、一部は宮崎県にも達していた。

大分県臼杵市野津町西神野の猟師・佐々木長市さん（明治三十二年生まれ）は窟参拝などについて以下のように語っていた。――毎年イノシシ猟に出かける前に猪権現様に、豊猟祈願のために参った。一冬に一、二回は参った。イノシシが獲れると願果たしとして下顎骨を持って窟に登った。猟師たちの間では、顎をあげるということは「カケバ」（掛け歯）、即ち牙を奉納することだと言われている。

猪権現の信仰にはさまざまな要素が錯綜・複合している。窟内に役行者《えんのぎょうじゃ》像が祀られているところや断崖登攀などからすれば修験道とのかかわりが感じられる。長市さんは次の伝説を語る。――昔、太郎坊・次郎坊という二人の猟師が日向から白いイノシシを追ってきた。ところが権現の穴のところまでくるとその白猪《しろい》が消えてしまった。窟の中には太郎坊・次郎坊の墓があると伝えられている。

この伝説の中には狩猟やイノシシについて考える場合のさまざまな示唆が潜入している。太郎坊・次郎坊という二人が白猪を追うという構図は、『後狩詞記』の中の「山神祭文猟直しの法」に登場する「大摩の猟師・小摩の猟師」に通じるものであり、また狩猟伝承にセットで登場する磐司・磐三郎を思わせる。このことの背後には、狩猟という始原的な営みは一人では成立せず、基本的に複数の人間の協力によって成るものであることを語っている。とりわけイノシシ猟においては共働を必要とする。神話の海幸彦・山幸彦も、本来はこの二者がおのおのの特技を生かしながら共働すべき存在であったことを前提としていたのである。

次に「白猪」である。『古事記』の倭建東征伝、「伊吹山」の条に、「この白猪になれるは、その神の使者《つかひ》にあらむ」として伊吹の神の神威を負うた「白猪」が登場する。奄美大島のイノシシ猟師は「センジレィ」（千連れ）、「センボレ」（千群れ）というイノシシの幻視伝承を語る。このことについて田畑英勝氏は次のように述べている。[16]

狩に行く時にはこんなボレジジシ（群れイノシシ）に会わないようにと祈る。また、何百、何千のイノシシの中には白いイノシシがいるという。その白いイノシシは神様の飼っているイノシシだといわれている。もしこんなイノシシがとれた場合には、その毛を去り、臓物を出して腹を天に向け、ねかせておいてイノシシの両足をパチパチたたき、天を拝んでから調理しなければならないという。

白猪は神のイノシシなのである。西神野の「猪の窟」の中に白猪が姿を消したこと、太郎坊・次郎坊の墓が窟の中にあるということは、この窟の狩猟やイノシシにかかわる聖地性を重いものにしていると言えよう。ところで、掲示の中に「女人禁制」とあったのだが、佐々木さんによると、少女なら猪の窟へ入ってもよいが、一五歳以上の女性はだめだという。猪権現様には「山の神」としての側面も感じられる。

大分県佐伯市宇目町南田原の猟師・岡本久光さん（明治三十九年生まれ）は猪権現のことを「神野《こうの》様」と呼ぶ。当地では、イノシシの下顎骨だけではなく、頭蓋骨全体を持参して窟に納め、社家で神札を受けて帰ったものだという。社家の広田家には長い間の「狩猟祈願帖」が保存されている（写真31）。

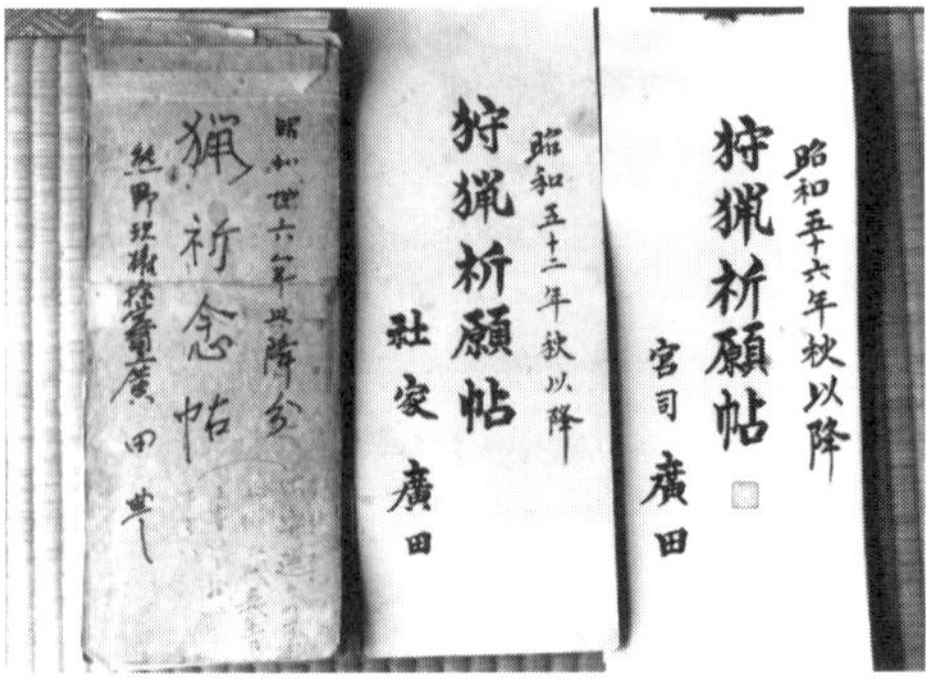

写真31　狩猟祈願受付帖。大分県臼杵市野津町、熊野神社

4　イエで祭る山の神

鹿児島県大島郡大和村大棚や瀬戸内町古仁屋、宮崎県東臼杵郡椎葉村、同児湯郡西米良村などでイノシシの下顎骨を炊事場や炊事場裏、座敷のカモイなどにずらりと掛け並べているのをたびたび見かけた。しかし、鹿児島県大

写真 32　安田精雄家の山の神。鹿児島県大島郡天城町山

写真 33　猪罠のバネ棒を持つ安田精雄さん

島郡天城町山（徳之島）の安田精雄さん（明治三十九年生まれ）のお宅へうかがった折、先に紹介した下顎とは全く異なる下顎骨を見た。それは写真32のごときもので、素朴ではあるが、これが神棚であり、祭られたものであることは即断できた。この下顎骨は狩猟神であり、山の神だということだった。安田さんはイノシシ猟師ではあるが、鉄砲猟師ではなく罠猟師だった（写真33）。その罠は、二枚の踏み板とワイヤーの括り輪を使うもので、長さ二メートルのツバキの木をバネとして使ってイノシシの足を括るものである。踏み板もワイヤーもバネ木も九〇斤のイノシシまでは心配なかった。狩場は天城岳（五三三メートル）で、「ンタ」（ヌタ場）を先輩から教えてもらってそれを基準にして「ヤーシーノミチ」（山猪の道＝ウツ）、主として傾斜地に仕掛けた。罠は多い時で四〇～五〇箇所仕掛ける。必ず毎日見回りにゆく。生きているものは四本足を固めて縛り、背負って家まで運び、家で血を抜き、家で解体する。イノシシの生き血は風邪薬になると言われている。生きているイノシシは口を括る。牡はその上にタオルを巻く。

　トドメを刺す時には、〽奥山に育った大イノシシ小イノシシ　知らない者が殺すから　あたりさわりのないように——と唱える。解体の前には、〽奥山に育った大イノシシ小イノシシ　知らない者が解くから　あたりさわりのないように

――と唱えてから解体した。解体の刃物を入れる時にはまず包丁を腹の上に置き刃を返しながら三回撫でる。肝臓の小片七切れを串に刺して焼き、神棚の下顎骨、即ち山の神に供える。奄美大島ではイノシシの皮も食べるので、解体前にソテツの葉で毛を焼く。毛が焼けると軽石でこすって白くする。こうして内臓を出してそのまま売ることもあるし、肉の一部を売ることもあった。肉を売り、家で骨まで切り出す場合は、ムラ中の者を招いて大鍋で「ヤシジル」（猪汁）をふるまった。ヤシジルはまず、家に祭った山の神と先祖の位牌に供えた。

天城岳の神様、山の神様は女の神様だと言われ、猟師は全島から参ったり、戦時中には武運長久を祈った。

安田さんは鉄砲猟師の山の神は、イノシシの下顎骨を棒に通して並べて祀る形式で、その下顎骨を次々と替えてゆくものだと語った。そして、棚に並べて祀る形は罠猟師のものだと語った。

六　ツナヌキの話

奈良県の吉野山地から三重県の伊賀山地にかけてはイノシシ猟が盛んで、イノシシの大きさを示すのに、そのイノシシから作ることのできる「ツナヌキ」（頬貫＝毛皮沓）の足数をもって語る習慣が根づいていた。三足もの、四足もの五足ものなどと語り、「大五足」は大イノシシだと言われ、大五足はあるが「六足もの」はないと言われていた。そして、沓底には毛を順の向きにしないで逆の向きに使って、傾斜地などで滑ることのないように作らなければならないなどと伝えられていた。

三重県伊賀市に諏訪という山中盆地の集落があり、諏訪神社を氏神とするだけに、ここは狩猟が盛んだった。この地の森川家は狩猟の名門で甚五郎（慶応二年生まれ）はイノシシ猟を得意とし、体格もよく宮相撲の横綱で「清の森」というシコ名を持っていた。甚五郎の長男が甚左衛門（明治二十二年生まれ）、その三男・三郎さん（大正十四年生まれ）

は十代から狩猟技術を身につけ、長じて谷家に入った。長い間、「ツナヌキ」の詳細について学ばなければならないと思っていたのだが、幸いにも、平成五年、谷三郎さんから「ツナヌキ」の民俗の総体を学ぶことができた。類貫は鎧兜、騎馬などとセットの平安時代の武者以来のものなのであるが、それが民俗として定着していたのである。

1　ツナヌキの製法

〈イノシシの大きさとツナヌキの足数〉　谷三郎さんが森川家から伝承した狩猟関係民俗の一つに「ツナヌキ」と呼ばれるイノシシの毛皮を使った沓の製法がある。

イノシシを捕獲するとまず解体して内臓を除き、皮を剝ぐ。剝いだ毛皮は釘で戸板に打ちつけて干す。ツナヌキは、その乾いた毛皮で作るのであるが、ツナヌキに使う皮はまず、図1のように裁つ。前肢と後肢の間の毛皮を八寸幅で輪切状に切る。幅の八寸という寸法は、人間の大人の足を包む沓を作るのに最も標準的な基準となっているのである。八寸幅の毛皮を、背と腹で切れば、左右の沓、すなわち、一足分の沓ができるのである。八寸幅を単位として、一頭のイノシシから何足の沓が作れるかが割り出される。ここから、イノシシの大きさを目算し、伝達するのに、「○足《そく》もの」という呼称が発生した。三郎さんはそれを次のように整理する。

①三足もの＝一〇貫目〜一五貫目
②四足もの＝一六貫目〜一八貫目
③五足もの＝二五、六貫目

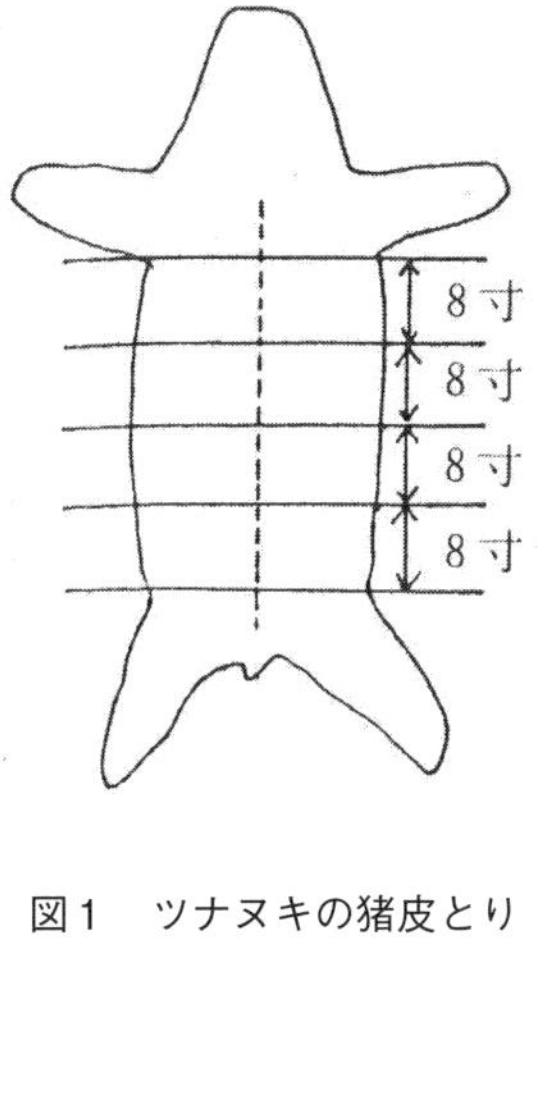

図1　ツナヌキの猪皮とり

イノシシの大きさを沓の足数《そくすう》で示す習慣は、奈良県吉野郡十津川村・天川村・五條市大塔町などにも見られ、かつて、この習慣が吉野・宇陀・伊賀地方でも広く行われていたことが知れる。現実のイノシシの体はどれもちょうど八寸で割りきれるものではないから、吉野では、「大三足」「大四足」などの呼称も用いられた。イノシシは五足ものまででそれ以上のものはない。右のように、これまで、イノシシの大きさを「〇足もの」と数え、イノシシの毛皮で沓を作ったという話は所々で聞いたが、その単位が八寸幅だという具体的な伝承を持ち、ツナヌキを自ら作り、自分で履いたという人は三郎さんが初めてだった。

〈ツナヌキの製法と寸法〉　この地ではカカトのことを「オモシリ」という。幅八寸のイノシシの皮の、背の部分をオモシリ側と決め、皮の柔らかい腹側を、爪先から折り返す側に当てる。毛の少ない、腹の皮の方が柔らかく、折り返しに都合がよいからである。幅八寸の皮をまず四寸幅になるよう二つ折りにする。続いて、オモシリ側の、上から三分の二のところから図2の③のように、斜めに鋏を入れる。二つ折りの両方ともにこれを行う。次に、④の斜線の部分を幅八ミリほど除去する。次いで、先に斜めに鋏を入れた部分をオモシリがあがる形で、しかも、それが、外にくるように、図2の⑤⑥のごとくに折り曲げる。◦◦◦印の部分には幅五ミリほどのイノシシの皮の紐を通して綴《つづ》る。こうしておいて、足を入れ、爪先の位置から皮を折り返して○○○印のところに麻または木綿の紐を通して縛るのである。ツナヌキには、皮の柔らかい牝イノシシの皮の方がよいと言われた。

谷さんがまだ森川家にいたころ、森川家では一冬に七〇～八〇足のツナヌキを作った。諏訪の人びとはもとより、丸柱・新居・高倉・槇山・信楽などからも森川家にツナヌキを買いに来た。山仕事・百姓仕事にも冬季はツナヌキが好まれたのだった。もとより、狩猟にもツナヌキを用いた。ツナヌキの季節は十一月から四月までである。一冬一足が普通だが、一冬に二足履きつぶすこともあった。

〈ツナヌキの使用法〉　三郎さんの弟で甚左衛門の五男に当たる藤本春正さん（昭和八年生まれ）は小学校一年生の

① 8寸幅の皮を用意する。毛は刈っておく。

② 8寸幅の皮を4寸幅に折る。

③ オモシリ（カカト）側の上から$\frac{2}{3}$の位置から斜に鋏を入れる。

④ 斜線の部分を除去する。

⑤ オモシリの部分を左図のように曲げて…部を皮紐で綴る。

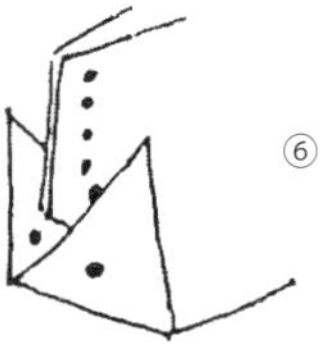

⑥ オモシリ部分の角度を変えて拡大したもの

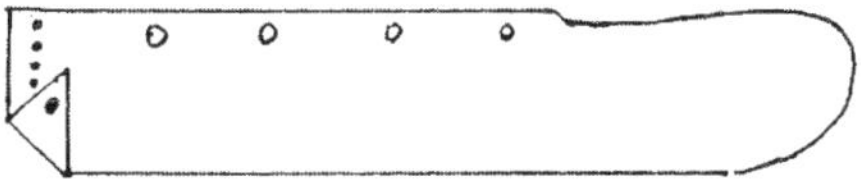

⑦ 足を入れ、爪先の部分を折り返し、○○○部に麻または綿の紐を通して縛り綴る。

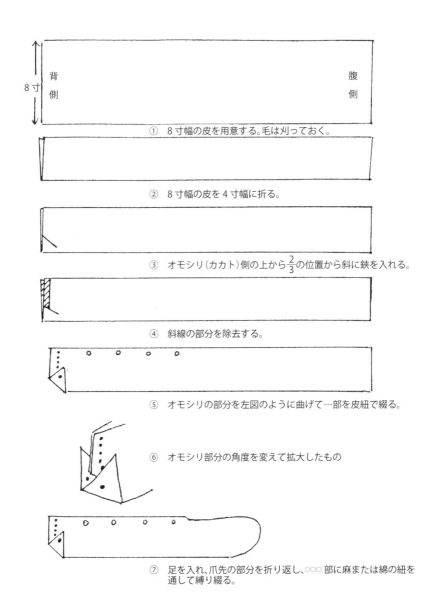

図2 ツナヌキの作り方

時からツナヌキで通学したという。子供用のツナヌキは、仔イノシシの皮で作るのである。三郎さんと春正さんはツナヌキの使用法とツナヌキの特徴について次のように語る。――ツナヌキを履くには、毎朝「シビ」（藁のハカマ）を入れかえなければならない。シビは保温と足の保護のために極めて有効である。ツナヌキは、乾くと縮み、濡れると伸びる。したがって、あまり硬くなった時は一旦水につけて干せばよいのである。作りたてのツナヌキは毛がスパイクの働きをして滑らないのだが、しばらく使って毛がなくなると滑りやすくなる。また、濡れている時は滑らないが乾いて固まるとよく滑る。

降雪・積雪地帯における冬季の藁沓は冬の履きものとして広く知られるところであるが、非積雪地帯で寒冷地の冬の履きものについての実態はあまり明らかになっていない。その調査が行きとどかないうちに大方は西洋式の靴の時代に入ってしまったのだった。諏訪および諏訪周辺で、ツナヌキを冬の履きものと規定して、草鞋・藁草履と対応させて利用してきたことは注目すべき民俗である。森川系猟師の優れた腕と多量の獲物があったことが、より遅くまでツナヌキの命を延ばしてきたことはまぎれもないのであるが、この地方にツナヌキを愛用する民俗伝統があったこともまちがいない。ツナヌキは、わが国の狩猟民俗文化の中でも注目すべき民俗である。のみならず、森川系猟師によって昭和十年代まで実用品としてたくましく生き続けたツナヌキは、夏の草鞋・藁草履に対応させて冬季の履きものの原姿を探究させる緒を与えてくれるものでもある。

〈ツナヌキの復元製作〉　谷三郎さんの伝えるツナヌキ製作の方法はまことに貴重である。この際是非復元的に製作していただくべきだと考えて平成五年三月三日、谷家を訪ねて製作を依頼した。この時期、既に猟期は終了していた。三郎さんは、あの山のあそこに捨てたイノシシの皮はまだ使えるはずだ、と語り、それを使って作ってみようと快諾してくれた。そして、できあがったら電話連絡してくれることになった。御連絡をいただいたのは三月十二日で、十三日なら家におられるとのことだった。十三日、まだ見ぬツナヌキの形状を想像しながら諏訪に入った。

三郎さんが取り出してきたツナヌキを見て驚きを禁じ得なかった。ツナヌキは、イノシシの毛を刈り除き、皮だけで作るものだと勝手に想像していたところ、眼前に、イノシシの剛毛に覆われたツナヌキが出現したからである。その形状は写真34、35、および図3~6に見るとおりである。イノシシの毛は粗剛であるとはいえ、その毛が残されていることによって保温効果も増すのである。シビを敷いたツナヌキに足を入れて履いてみると、足に親しみ、実に軽やかである。幻のツナヌキを眼のあたりにし、しかも、それを試履できた満足感は深かった。ひとしきり、谷さんの狩猟談に耳を傾け、満腔の感謝の礼で谷家を辞した。その日は雪で、その雪の中を歩いて同じ諏訪の城下辰雄（大正三年生まれ）家を訪ね、いま谷さんにいただいてきたばかりのツナヌキを自慢げに示した。辰雄さんも、じつに懐かしそうにそのツナヌキを眺め、コタツに座すと同時にツナヌキにひかれて山の履きものの話を始めた。

〈ソウビョウとアトビョウ〉　それは、ウマの皮で作った沓、「ソウビョウ」と「アトビョウ」の話である。その話を総合すると、ソウビョウとは「双鋲」、アトビョウは「後鋲」の意と思われる。ソウビョウは、外部沓底の前に太さ五ミリほどの鋲を五本、後ろに四本つけたもので、これは男性用、アトビョウはカカトの下に当たる部分に鋲四本をつけたものでこれは女性用だった。ともにスパイクシューズなのである。もとよ

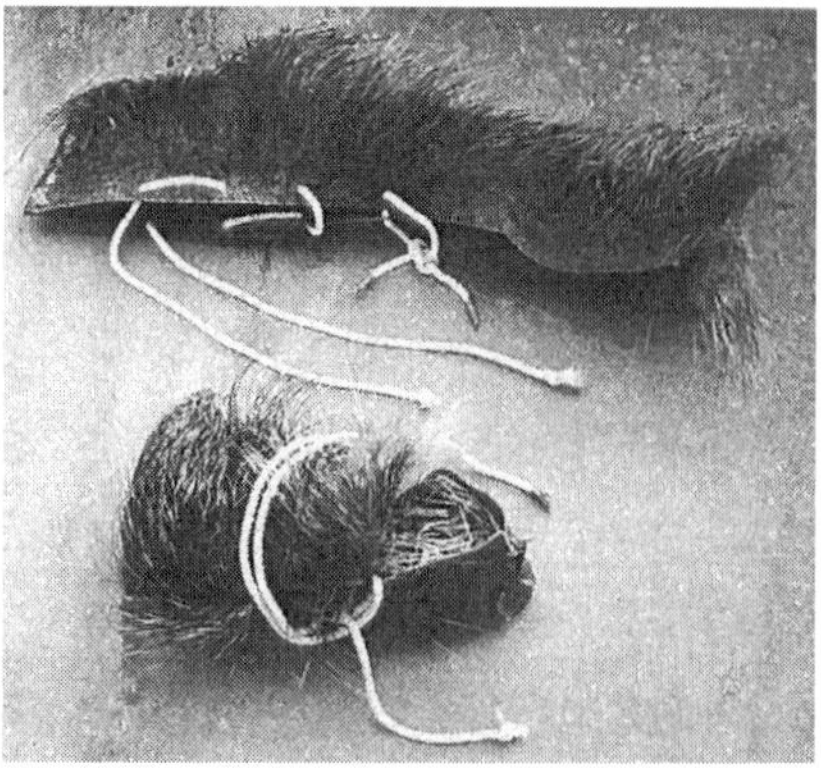

写真34　ツナヌキ

写真35　ツナヌキ着履

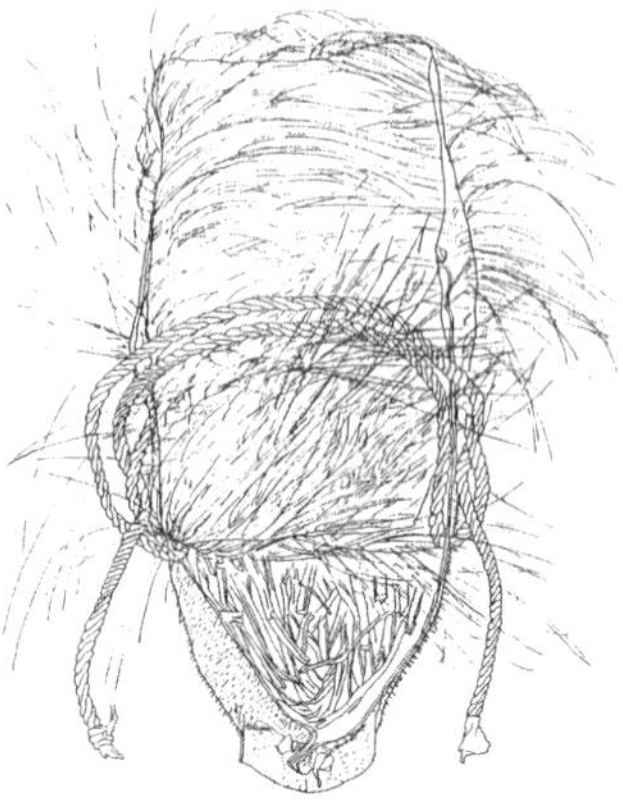

図４　ツナヌキ曲状上面図

0　10　20

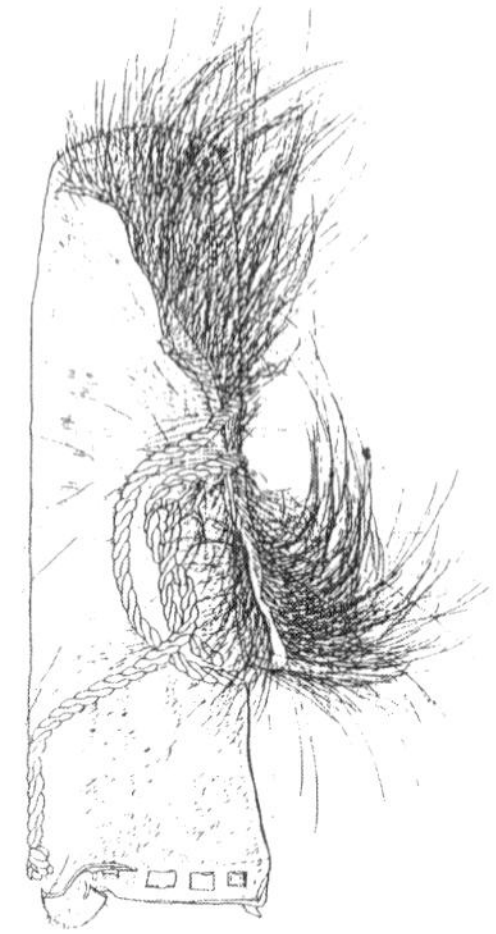

図３　ツナヌキ曲状側面図

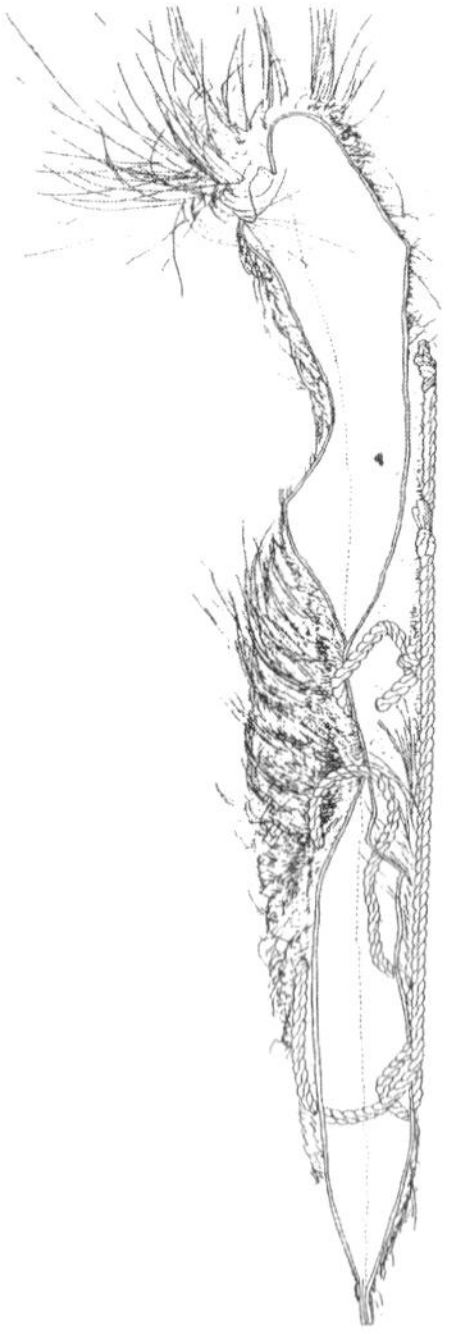

図６　ツナヌキ伸状上面図

0　10　20

図５　ツナヌキ伸状側面図

計測図・岸本誠司

り、これは冬の履きもので、ツナヌキと同様、藁のシビを入れ、「ウシカケ」と呼ばれる紺色のサシコタビを履いてからその上に履いたのであった。辰雄さんは、冬の割木作りにこれを愛用した。ソウビョウ・アトビョウは上野のマチに売っており、昭和五年ごろ、一足三円五〇銭した。ちなみに、ツナヌキは一円五〇銭だったという。多雪地帯でない、しかも寒冷な地の冬の履きものの総体がしだいに明らかになってくる。ツナヌキとソウビョウ・アトビョウは近い距離にある山の履きものだったのである。

2　ツナヌキの伝承

〈ツナヌキの体験と伝承〉　ツナヌキやソウビョウ・アトビョウに関する体験と伝承は右以外にもある。以下は三重県伊賀市旧上野市域の例である。

①ツナヌキは、秋が終わるころ行商人が売りに来た。ツナヌキは十二月から三月までの履きもので、山仕事に履いて行った。一冬に一、二足使った。毎日ワラシビを入れかえたが、特にモチワラのシビがよかった。スグリワラにする時シビを保存しておくのである。ツナヌキは、本来イノシシの皮で作るものだが、ブタの皮のツナヌキもあった。行商以外では、上野の町の油長・高井商店などの雑貨屋で売っていた。高山や喰代の猟師は雪が降るとイノシシ猟に出かけたが、彼らは必ずイノシシの毛皮のツナヌキを履いた（蓮池・岡森勇夫さん・明治四十三年生まれ）。

②秋の終わりに、イノシシの毛皮・ブタの皮のツナヌキを皮の状態で、何枚も重ねて風呂敷に包んで上野から行商人が売りに来た。イノシシに比べてブタ皮のツナヌキの方が硬くなりやすかった。硬くなったツナヌキは水に浸けておいて柔らかくしてまた履いた。ツナヌキは雪が降ると滑りやすくなるのでそんな時は縄でく

くった。イノシシの大きさを、○足ものと呼ぶ呼び方もあった。ウシの皮でできたソウビョウとアトビョウも上野で買ったことがある。ツナヌキにもソウビョウにもワラシビを入れて履いた（高山・的場義一さん・大正五年生まれ）。

③イノシシを○足ものと呼ぶ習慣があった。ツナヌキは冬の履きもので、硬くなると水に浸けては柔らかくした。行商人が売りに来るのを買った（上林・山村信男さん・明治四十二年生まれ）。

④ツナヌキは山仕事の時履いた。昭和二十年代までは、年寄りが二、三人履いていた（西条・松本保重さん・明治四十四年生まれ）。

⑤ツナヌキを作る皮屋にイノシシの皮を売った。皮屋はツナヌキを作って行商にまわった（法花・中貞文さん・大正五年生まれ）。

⑥名張のエビス祭りで昭和二十五年まではツナヌキを売っていた（上友生・高田政宏さん・昭和八年生まれ）。

⑦ツナヌキは一月から三月半ばまで履いた。ソウビョウはシカの皮で、底が牛皮だった。ソウビョウは上野西町の前瀬という荒物屋で買った。ソウビョウはツナヌキに比べて重かった（諏訪・堀正勝さん・明治四十二年生まれ）。

⑧雪が降ると足跡をたしかめてシシオイ（猪狩）をした。猟師仲間で皮を分け、自分でツナヌキを作った（喰代・浜田丑之助さん・明治三十四年生まれ）。

⑨父の金蔵は、上野のマチからツナヌキの材料を買ってきて、自分でツナヌキに仕立てて冬季、山仕事の折に履いていた。ワラスベを毎日入れかえていた。また、小学校の上級生にツナヌキを履いている者がいた（一之宮・福田久馬男さん・明治四十四年生まれ）。

⑩父はツナヌキの皮を買ってきて自分で仕立てて履いていた。毎日ワラスベを入れかえていた（千歳・中野修さん・大正九年生まれ）。

⑪祖父の兼吉や父の駒太郎が履いていた。自分も、少し借りて履いてみたことがあった。本来はイノシシの毛皮で作るものだがブタ皮で作ったものが多かった。毎日ワラシビを入れかえて履いた。ツナヌキが乾燥して硬くなると足を痛めた。硬くなったものを柔らかくするために川（水路）などに浸けた。ツナヌキを川に浸けておいてイヌやキツネにとられたという話がある。雪の日にはツナヌキが滑るので危険だった。危険防止のためにはツナヌキに縄を巻くのがよいとされた。ツナヌキは上野のマチで買った。イノシシの皮でツナヌキを作ったので、イノシシの大きさのことを三足ものとか五足ものとかいう呼び方をした。一頭から五足のツナヌキが作れるものは大きなイノシシということになる（西明寺・高嶋輝男さん・明治四十四年生まれ）。

⑫祖父の松次郎はブタ皮のツナヌキを履いていた。硬くなると水に浸け、湯でぬくめて履いていた。紐は麻紐だった（古郡・岸本政雄さん・大正四年生まれ）。

〈**ツナヌキとツラヌキ**〉　この地方のツナヌキは本来、イノシシの皮で作るものだったのであるが、事例①②⑪⑫に見られるとおり、ブタ皮がその代用として用いられていたこともわかった。ツナヌキという呼称は、本来ツラヌキであったと考えるべきであろう。『今昔物語』巻第十九第八に鷹狩の服装に関する叙述があり、次のように記されている。「肱ニハ赤キ革ヲ袖ニシタリ。袴ニモ皮ヲ着タリ。膝ニモ物ヲ巻タリ。貫《ツラヌキ》ヲ履タリ」。また、『源平盛衰記』義経参院事に、「大将軍義経は熊皮の頬貫《つらぬき》を履き、自余は牛皮を履く」とある。貫緒《ぬきお》を通して結ぶところからツラヌキという呼称が出たものと思われる。また、『源平盛衰記』によると、ツラヌキの素材として熊皮・牛皮が使われ、身分によってツラヌキに差異があったこともわかる。松山義雄によると、長野県伊那谷の三峰川ぞいの山地にはシカ狩の際、「とめ矢」の猟師がシカの脛皮をもらう習慣があったという。(17) それは、シカ皮でツラヌキを作る際、皮の厚い脛皮の膝関節部分を沓のカカトに使うことができたからである。こうして見ると、ツナヌキ（ツラヌキ）の素材が多様であったことがわかるのであるが、イノシシの大きさを、ツナヌキの足数で示す地域があることからして、イノシシの皮がツナヌキの素材の中心であったことがわかる。

3　ツナヌキと環境

当地のツナヌキに注目する時、わが国の狩猟民俗、皮革利用の民俗について大きな示唆を受けることになる。沖縄県の西表島・石垣島・沖縄本島北部、奄美大島・鹿児島県・宮崎県、熊本県の南半はイノシシを捕獲すると皮を剝ぐ前に毛を焼き、剃りおとして皮下脂肪を食用にする。四国では、解体の前にイノシシを熱湯に漬けるか、イノシシに熱湯をかけるかしておいて毛を剃って、皮下脂肪を食べる。四国にも愛媛県北宇和郡広見町のように毛焼きして皮下脂肪を食べる地もある。四万十川流域では皮下脂肪を「オジ」と呼び、これを美味とする。このように、毛焼き、毛剃りの後に解体し、皮下脂肪を食する地域に対し、本州では、イノシシを捕獲すると、まず毛皮を剝いでから解体し、皮下脂肪は食用にしないのが一般的だった。

わが国には、イノシシを、毛焼き・毛剃り解体する地域と、皮剝ぎ解体する二つの地域が存在することになる。前者は南方系の民俗であり、後者は、カモシカ・クマ・サルなどの皮を防寒の毛皮として利用する寒冷地、すなわち北方系の民俗の影響を受けたものと言えよう。イノシシは、粗毛・剛毛であり、本来、防寒用の毛皮には適していない。それは、イノシシが沖縄や奄美大島に棲息していることとも連動している。そのイノシシの毛皮を剝ぐというのは北の民俗の影響だと見てよかろう。参信遠くにざかい山地や岐阜・播磨などにもイノシシが多く、イノシシ猟は盛んであるが、イノシシの大きさを示すのに「〇足もの」という呼び方は伝えられていない。静岡県や長野県には皮剝ぎしたイノシシの皮を二～三寸四方に切ってそれを焼畑の周囲に吊ったり、竹に挟んで立てたりして、その毛を焦がして焼畑につくイノシシやシカ除けにする習慣は伝えられているが、イノシシの皮でツナヌキを作る習慣はない。吉野山中から伊賀山地にかけて、なにゆえに猪皮《ししかわ》のツナヌキが盛んに作られ、イノシシの大きさを示すのに「○足もの」という呼称が定着したのかは即断できない。しかしこの現実にはイノシシ棲息圏、皮剝ぎ解体圏、都からの距離と沓文化の影響、内陸的寒冷気候等が微妙にからんでいることはたしかであろう。今後の調査研究を待たねばなるまい。

七　害獣としてのイノシシ

獣害をもたらす獣として最も強く意識されてきた獣は、イノシシであり、シカやサルがそれに次いだ。しかし、現今、シカの増殖が甚だしく、その害も多面的になっている。また、サルの害も深刻の度を増している。

短足粗毛のイノシシは本来、非積雪地帯に多く棲息し、その被害も関東から中部・近畿・中国・四国・九州・琉球弧に多く見られた。

昭和二十年代前半までは全国各地で焼畑が行われ、山田の開発も行われていた。焼畑も、山田も、いわば、獣の棲息圏に深く食い込んで営まれたものであるため、イノシシ・シカ・サル・ウサギなど獣の害が当然多かったのであるが、現今は、山里の山林化が進み、獣類の人里への出現も激増しているのである。

1　猪害《ししがい》に対する即物的対応

(1)触覚―防御阻止物の設置

〈トタン垣〉　イノシシの侵入を防止する設備として、田畑の周囲にトタンの垣をめぐらす方法がある。イノシシには跳躍力がないので、高さは一メートルほどでよいのだが、鼻や前足での掘削力が強いので、トタンの根方を土

写真36　サンゴの石垣。沖縄県国頭郡国頭村ではサンゴが猪除けの垣に使われている

に埋め込む、などの工夫が必要である。シカ柵を兼ねる場合には、トタンを一・五～二メートル以上にしたり、トタンの上部にさらに寒冷紗やネットを張ったりして高さを保つ。

〈石垣〉　イノシシ防除の垣として最も広く知られているのは石垣である。石垣の様式は、地方、時代によって異なる。沖縄県八重山郡の「石垣島」という島名はイノシシ防除の石垣が顕著に発達していたところから命名されたものと考えられる。例えば、川平という海に面した村落は、村落の民家と畑地がイノシシ防除の石垣で囲まれていた。「イシガキブサ」（石垣補佐）と呼ばれる石垣の責任者を置き、旧暦一月の吉日を選んで「イシバライ」（石垣の修理）をした。石垣の要所、五箇所ほどで、イシガキブサは酒・米などをバショウの葉に盛って、イノシシが垣を越えてムラウチの畑に入らないように祈った。イノシシが石垣の中に侵入した時は共同狩猟を行い、イノシシの肉・骨を大釜に入れ、アオサ・ヨモギなどを加え、ムラ中で共食した。沖縄県国頭郡国頭村奥にも共同猪垣《ししがき》があった。垣番のことを「カキアタイ」と呼ぶ。奥部落の宮城久勝さん（大正二年生まれ）は最後に「垣アタイ」をした人で、同家には「西垣大垣台帳」が残っている。「垣アタイ用・一九五三年十二月一日調」と記され、「世渡海岸よりタチガミ川まで」と頭注し、番号・尋尺・屋号・備考、という項目にそって大垣全体を一番から六五七番までに割った分担が表示してある。例えば「三五一・参尋・定光屋、三五二・拾尋・前間」といった形で各戸が責任を持って猪垣の管理をしていたことがわかる。石垣を巡ってみると、巨大なサンゴ片を形よく積み重ね、崩れないように工夫していることがわかる（写真36）。垣の内は、定畑・焼畑であり、作物は甘藷・サトイモ・アワなどである。垣の素材は石・サンゴ片の他、竹・

木・金網などもあった。奥の大垣は一二キロあると言われていた。

右の他、イノシシ防除の石垣は日本各地に見られた。和歌山県新宮市相賀地区には高地水田のイネや畑作物を猪害《ししがい》から守るために一五キロに及ぶ猪垣が築かれていた。猪垣は幅一メートル前後、高さ一・五〜二メートルである。毎年秋の稔りに先立つ八月に相賀地区全体で日を定め、ムラ中総出で「垣まわり」をした。石垣周辺の草刈りをしたり破損箇所の補修をしたりした。普通は一日で終わったが、地震のあった年には、三、四日かかったこともあった。

静岡県浜松市北区引佐町三岳では猪垣のことを「イガキ」または「ゴウツイジ」（郷築地）と呼んだ。以下は同地の安間文男さん（大正五年生まれ）による。――イガキの高さ・幅は場所によって異なるが、高さ二メートル、幅一・五メートルほどで、途中木柵の部分もあり、随所に木戸口が設けられていた。イガキの管理範囲は各戸割り当て式で、一戸当たり二〇〜三〇間、別にムラ全体から六人の年間当番が選ばれ、イガキの管理に当たった。イガキの修理・点検は盆・正月の前に行われた。この他、静岡県榛原郡川根本町梅地・岐阜県下呂市小坂町正子などでも猪垣を見かけた。長距離に及ぶ猪垣の管理には、村落共同体が深くかかわっていたことがわかる。

〈**猪土居**《ししどい》〉静岡県浜松市北区引佐町三岳では、田畑へ侵入するイノシシを防ぐ土手のことを「シシドイ」（猪土居）と呼ぶ。地形・地質・時代などによってその様式に変化が見られる。同町谷沢では、土手の上にさらにクリ材による柵を立て、かつ、ドイの処々に三尺幅の陥穽《かんせい》を作った。陥穽の中には竹槍などを立てる。細窪福熊さん（大正二年生まれ）によると中代地区の周囲には二キロにわたってシシドイが築かれていたという。ドイは高さ・幅ともに二メートルほどで、二キロの間の一五箇所に陥穽が作られていたという。穴は径三尺、深さ六尺ほど、穴の蓋は箕、その上に土をかぶせ落ち葉で蔽ったものだった。この他、ドイの外側に溝を巡らすという形式もある。土手は消滅しても地名としてそれが残存している例もある。静岡県島田市の牧之原台地部分、同磐田市富里の磐田原には今でも「ししどい」という地名が生きている。

〈**木柵**〉イノシシ・シカの防除に木柵・木垣を使った地は多いが、以下に特色ある事例を紹介する。ハンノキ（榛《はん》の木）はその根に根粒菌があり、それが空気中の窒素を固定化し、肥料効果をもたらすところから、ハンノキの苗を焼畑の休閑地に移植する風習が全国各地に見られた。静岡市葵区大間では、輪作終了後の焼畑地に、二間間隔ほどにハンノキの苗を植えた。二〇～三〇年の休閑期間をおき、再度輪作を始めるに際してハンノキを伐採した。この地では、焼畑地の猪鹿除《いじかよ》けとして焼畑地の周囲に木柵を巡らしたのであるが、当地ではその柱と横木にはクリ材を用い、斜に、目塞ぎとしてハンノキの材を使ったのである。焼畑地の肥沃化、猪垣材という二面でハンノキが役立ち、二〇～三〇年という期間が理想とされていたのである。

奄美大島でも焼畑は盛んだった。しかし、ここでもまた、イノシシの害が甚だしかった。奄美諸島は照葉樹林帯で、とりわけシイの木が多い。シイの木を伐採して四～六年の焼畑を営むのであるが、休閑期間は最低で一五年だとされていた。一五年では再生したシイ類も決して太くはないのであるが、その年数のシイの木で、やっとイノシシを防ぐ猪垣を作ることができるというのである。立木を利用して伐木を結いつけた猪垣や、伐採した幹や枝を積みあげて猪垣の代替とするといった地方も見られた。

〈**猪堀**《ししぼり》〉畑地、焼畑などの周囲に溝を掘ってイノシシを除ける方法もある。この方法は、一見効果がないように見えるのであるが、嗅覚の鋭敏なイノシシは、溝の存在による空気の変化を察知して侵入をとどまるのだという。

〈**電柵**〉電柵は、現在広く普及している柵系の猪鹿除けである。問題点は、電力の及ぶ範囲に限られること、設置費用の問題、蓄電池式以外の場合、電源スイッチの管理などがある。夕刻入れて朝切るのであるが、この点は、個人の田畑は別として、集団の場合は、先に見てきた、猪垣の共同管理、垣番などの社会組織の伝統を継承していることになる。なお、長野県飯田市南信濃のドラム罐並立の垣は猪害には有効である。

(2)聴覚による抑止・音による防除

〈**シシオドシ**〉　広く知られるものに、例えば京都市の詩仙堂に設けられているシシオドシのごとき形式のものがある（写真37）。数節のマダケを切り、中央に回転軸を通して固定する。一方の節で落水を受け、水が満たされると傾いて水を吐出する。その反動でもう一方の端が石を叩いて音を出すという装置である。カーンという音がシジマを破る。「水の音響化」である。その名称からして、獣害をもたらす猪鹿を追う装置であったことは明らかなのだが、日本人は、これで、「静寂」を演出してきたのである。静岡県榛原郡川根本町ではこれを「ポンクリン」と呼んだ。和歌山県田辺市本宮町伏拝で見たシシオドシは、叩きを受ける部分がトタン板だった。シーソー部分を木製にし、一方を刳りぬいて水受けにし、一方に杵をつけたものもある。これは「ドッサリ」と呼ばれる。杵受けに臼を置き、穀物の脱穀・精白に用いた例は多い。これは「添水《そうず》」と呼ばれる。

写真37　シシオドシ。京都市詩仙堂

〈**鳴子**〉　鳴子は鳥害除けとして広く知られているのだが、獣害除けにも多く用いられた。出作り小屋・山小屋・田小屋・畑小屋などの中にいて、畑地に鳴子を吊るし、小屋の中から紐を引いて鳴らす方法である。鳴子の種類には次のものがある。①ホオ（朴）の板（長さ六〇センチ・幅三〇センチ・厚さ六センチ）の両側に下の節を抜いた長さ二〇センチほどの竹を一〇本前後ずつ吊るし、その板を畑に吊るす。小屋の中からその板の紐を引くと、複数の竹筒が一斉に板に当たって大きな音を出すのである。②一斗罐の外側四面に、長さ二〇センチほどの竹筒を吊るし、それを畑に吊るしておく。紐を小屋の中から引くと、畑の一斗罐がガランガランと音を立てるのである。静岡県榛原郡川根本町梅地の後藤定一さん（明治三十三年生まれ）は、シイタケにつくサル除けにこれを使って

写真38　石油罐の鳴子。静岡県榛原郡川根本町梅地

写真39　番木。岐阜県大野郡白川村

いた（写真38）。一斗罐の中に石を吊るす方法も盛んに行われた。③罐詰の空罐を数個まとめて鳴らす方法も盛んだった。中でも、次の話を耳にした時には胸が痛かった。焼畑の出作り小屋へ子供たちを連れてゆき、両手・両足に二個ずつ罐詰の空罐をくくりつけて寝かすと、子供たちが寝返りをうつたびに空罐が鳴り、それがシシオドシになった（静岡県葵区奥仙俣）。近代の所産である罐詰の空罐がこのように使われていたのであった。

〈番木《ばんぎ》〉　出作り小屋の軒下・軒先、あるいは耕地の周囲に二本の柱を立て、それに横六〇センチ・厚さ六センチ・縦三〇センチほどのホオやケヤキの板を吊るして、木槌や棒で板を叩き、大きな音を立てて獣を威す方法である（写真39）。全国各地の焼畑で広く行われた方法で、板の樹種や大きさはまちまちであるが、響きのよいところからホオの木が好まれた。獣の番をするところから「バンギ」（番木）と呼ばれた。半鐘の代替として、村落内での各種の情報伝達にバンギが用いられることもあった。岐阜県大野郡白川村の合掌造りの軒にもバンギが吊るされているが、これは、大家族の成員に昼食時を周知させるために叩いたものである。出作り小屋などではバンギの代替物として一斗罐を吊るしてこれを叩くことも多かった。

〈**人の声**〉 正式な出作り小屋とは別に、夜間、主としてイノシシを追うために詰める小屋のことを「タオイ小屋」（静岡県・長野県）・「ヨオオイ小屋」（静岡県）・「守《も》り小屋」（高知県）・「ヤライ小屋」（奈良県）などと呼んだ。長野県下伊那郡大鹿村大河原には「ヂヂさババサが向いの山でホーイホーイと呼び交わす！」という「大河原甚句」の歌詞がある。これはタオイ小屋におけるタオイ声（猪追《ししお》い声）のことである。また、早川孝太郎の『猪・鹿・狸』には、尻取文句として、「ホイは山家の猪追いさ」とある。(17)

「ホーイ」「ホイ」は害鳥獣を追う、追い声の基本である。奥三河の花祭りの囃し声の基本をなす「テーホへ テホへ」も害獣追いの声と無縁ではない。新潟県佐渡の鳥追い声には「テーホー テーホー」があり、岡山県旭川流域の猪追い声には「タアホイ タアホイ」がある。

奈良県や、三重県の伊賀地方では猪追い小屋のことを「ヤライ小屋」と呼び、イノシシを追う人声のことを「ヤライ声」と称する。ヤライとは「遣らふ」即ち、追放するという意である。これも「ホーイ ホーイ」という声だった。他に、焼畑地の夜間の猪追いには、「大唄」「大話」と称して、大声で唄を歌うこと、大声での会話などもなされた。さらには、ラッパを吹くといった行為もなされていた。他に、爆竹・威嚇銃なども行われた。音響系の現代的展開としては、爆音機・ラジオなども試みられている。

(3) 臭気・嗅覚を刺激する防除

〈**カガシ**〉 人の汗のしみついたものを焼畑の周囲に吊るし、これを「カガシ」と呼んだ（静岡市葵区閑蔵）。人の汗のしみた衣類を焼畑の周囲の柴にかぶせ、「カガセ」と称した（徳島県那賀郡那賀町岩倉）。カガシ・カガセは、人臭を獣どもに「嗅がせる」という意であることがわかる。したがって人体を模した案山子《かかし》は、本来、嗅がしであったことがわかる。同様のものを、宮崎県東臼杵郡椎葉村では「カジメ」、静岡県浜松市北区引佐町では「ソメ」、静

写真 40　人臭のしみついた衣類の猪鹿除け「カガシ」。鹿児島県錦江町根占小字川北

写真 41　定畑地を囲む「サゲジメ」。宮崎県西都市上揚

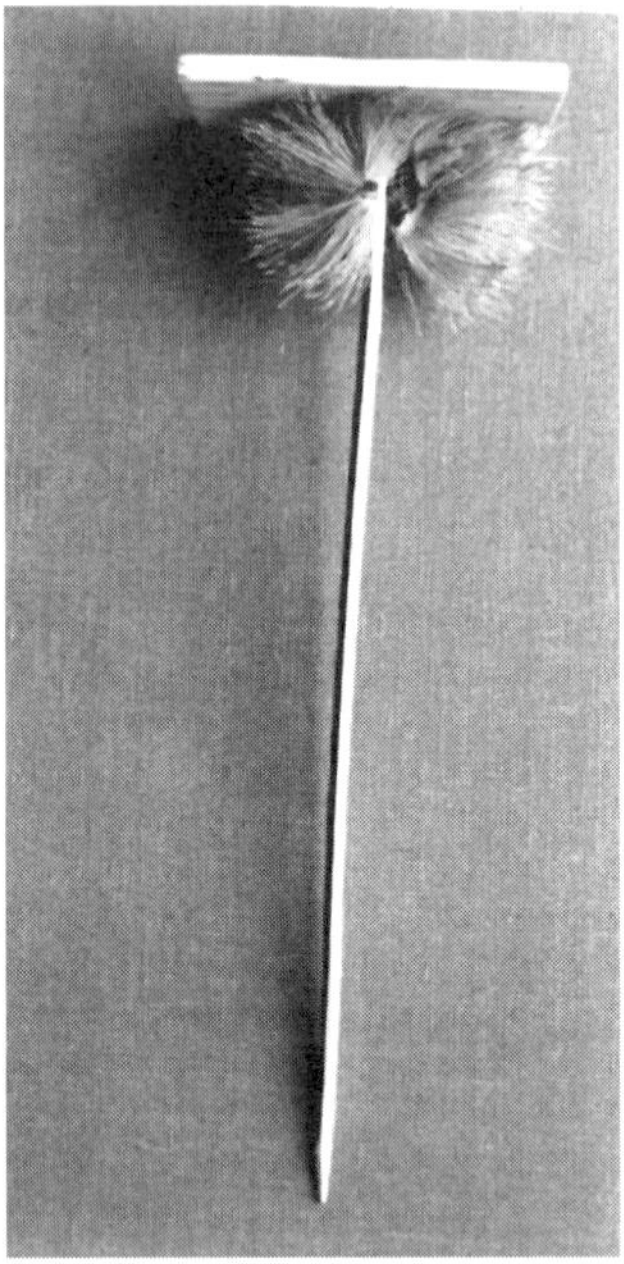

写真 42　ヤイカガシ。静岡市葵区田代

岡市葵区田代では「シモ」と呼んだ。いずれも、「締め」にかかわり、害をもたらす獣類を締め切って防除することを意味していた（写真40、41）。

〈ヤイカガシ〉　牡のイノシシの毛・川芎《せんきゅう》（強臭植物）・ヒノキの皮を叩いて混ぜ合わせ、それを分けて三〇～四〇センチのスズタケの先に挟み、おのおのを焦がして、八センチ四方ほどの板を雨除けとしてつけたものを、焼畑の周囲、二～三メートルおきに立て、三、四日おきに焦がしてまわった。その悪臭がイノシシ除けになると伝えた。これを「ヤイカガシ」と呼んだ（静岡県榛原郡川根本町長島）（写真42）。ヤイカガシとは「焼き嗅がし」の意である。静岡県では、節分に、ヒイラギの枝先にイワシの頭を刺し、これを焙り焦がしたものを戸口に挿すのであるが、この呪物のことをも「ヤイカガシ」と呼んだ。可視の害獣除けの防除物を、不可視の病魔・悪霊除けに応用した事例である。宮崎県椎葉村では、人の髪の毛をスズタケの先に挟んで焦がし、これを焼畑の周囲に立てて「ヤエジメ」と称した。「焼き締め」の意である。高知県吾川郡仁淀川町椿山では同様のものを「ケジメ」と呼んだ。長野県飯田市上村下栗では女性の髪の毛に牡イノシシの脂を塗ったものをスズタケの先に挟み、板の雨除けをつけたものを焼畑の周囲に四尺おきに立てた。一週間はそのままにしておき、以後、二週間おきに焦がしてまわった。これを「ヤイズリ」と称した。この他、イノシシの毛皮を四寸四方ほどに切り、その隅を針金で吊って棒の先につけ、焼畑の随所に立てて焦がすという方法があり、静岡県浜松市天竜区水窪町草木や、山をはさんだ長野県飯田市南信濃ではこれが行われていた。これもヤイカガシである。南信濃和田の山肉商・星野屋は、イノシシの毛皮の提供者となっていた。

〈カコ〉　木綿のボロ布を綯《な》い、夜間点火して燻し、これを「カコ」と呼んだ（長野県飯田市南信濃山原）。ボロ布で綯った火綱の周囲に稗糠をたっぷり入れた藁苞を作り、五箇所ほど固く縛って、夜間点火し、畑、焼畑へ置いた。これを「カコ」という（静岡県島田市雲見）。鳥取県八頭郡若桜町落折ではカコ系のものを「ホデ」と呼び、岐阜県下呂市小坂町・奈良県吉野郡などではこれを「カビ」と呼んだ。

他に、宮崎県椎葉村・奈良県五條市大塔町などでは焼畑の中で稗糠を燻し、「ヌカビ」と称して猪除けにした。また、静岡市葵区梅ヶ島・長野県下伊那郡天龍村大河内などではイノシシの皮を焚火の中に入れて焼いた。梅ヶ島ではこれを「イヤシ」と称した。イヤスとは、「燻す」の意である。

〈クタシ〉　使い古したショイダル（背負い樽）にイノシシの内臓と人間の小便を入れ、冬から秋まで漬けておき、これを「クタシ」と称した。クタシができると一つかみの麦稈（ムギカラ）の根と先を切って二つ折りにし、二箇所ほど縛って折った所に木の棒を挿し、箒状のものを作ってこれにクタシを付着させた。麦稈の穴にクタシの液が入るので効果が持続する。これを焼畑の周囲に立て、一週間ごとにクタシを注いでまわった（長野県飯田市上村下栗）。

イノシシの内臓や残肉を壺や桶に入れて腐らせておく。これを縦一五センチ、幅四センチほどの板の先にボロ布を挟んでそれにしみこませる。この板を長さ三〇センチほどのスズタケの先に吊って焼畑の周囲、二メートル間隔ほどに立てた。一週ごとに新しい液をしみこませた。これを「クタシ」と呼んだ（静岡市葵区田代）。クタシとは、「腐《くた》す」の連用形、腐らせたものというほどの意の古語である。焼畑の獣害除けに、クタシという呼称とその実体を使用する実例は、南アルプス山麓地帯に集中的に見られる。しかし、サメ（鮫）の内臓をよく腐らせてから焼畑の周囲に撒いて猪除けにするという例は、鹿児島県大島郡大和村大棚（奄美大島）に見られた。また、川魚を腐らせたものを使う例が静岡県榛原郡川根本町池ノ谷に見られた。

なお、臭気系の獣害除けの近代的なものとしてはコールタールの使用が広く見られた。

⑷視覚―光・形姿による防除

先に、嗅覚系の中で、カコやイヤシを紹介したのであるが、焚火は、嗅覚刺激を兼ねて視覚刺激にもなる。視覚刺激としては、カンテラが用いられることもあったが、近年は、シカ・鳥類・モグラなどに対してペットボトルが多用される。ペットボトルは風車状にし、音による刺激をモグラ除けにする例が多く見られる。ペットボトルを吊ってシカ・カモシカ・サルなどを除ける例もある。蚕座紙を吊る形があるがこれは、鳥類・シカなどの防除を意識したものである。工事告知用回転電灯は、視覚刺激としては最も強力であり、これは、イノシシ・サルに効力を持つ。

右に見てきたものは、イノシシを主要対象とした防除的対応であるが、対して、より積極的な狩猟法がある。狩猟系の中にも、捕獲装置設置系と、積極狩猟系がある。

(5) 捕獲装置設置型

〈陥穽《かんせい》〉 陥穽とはいわゆる落とし穴である。極めて原始的な方法であるが、これは概ね「ウツ」「ウジ」などと呼ばれる獣道に掘られるものと、奥三河で広く行われた、「ワチ」と呼ばれる柵の出入口に設置されるものとがある。陥穽の蓋にはさまざまな工夫があったが、穴の底に竹槍を立てるのが通例である。早川孝太郎は『猪・鹿・狸』の中で、この竹槍のことを「ヤト」と称し、麦稈を焚いて槍の先を焙って竹の脂肪を抜き去ったものを使ったとしている[18]。

〈猪籠《しし》め〉 猪籠めには、ワチ併設の落とし穴と、大型のイノシシ用檻罠がある。奥三河ではこの罠のことを「マセ」と呼んでいる。籬の字を当てるが本来は馬柵《ませ》の意であった。昭和五十年代、愛知県北設楽郡東栄町内には補助金を受けて設置した大型の檻罠が一〇箇所に設置されていた。もとは木造であったのだが、昭和五十年代には鉄骨と金網製だった。高さ二・二メートル、縦六メートル、横七メートルほどで、檻罠の中には甘藷を栽培してイノシシを誘引するようになっている。中でイノシシが甘藷を喰い荒らして針金を引くと、それに連動して落とし戸式の鉄柵が落ちてイノシシが閉じこめられるようになっていた。

〈罠〉

①括り罠　麻糸や木綿糸を渋柿で固めた糸または針金を使って括り罠を「ウツ」「ウジ」などと呼ばれる獣道に仕掛ける方法で、全国的に行われた。柳田國男の『後狩詞記』に見られる、ウヂ引の神・尻指の神は、ともに、括り罠と深くかかわる神である。

②重石《おもし》罠　「オシ」「ヤマ」「ヒラ」などと呼ばれ、イノシシ・クマ・ウサギなどを対象とするが、獣種によって規模が異なる（写真43）。『後

写真43　ウサギを圧する「ヒラ」。イノシシのヒラも同様にして大型のものを作る。静岡県榛原郡川根本町長島

狩詞記』には「ヤマ猟」として次のようにある(19)。

ヤマは猪が焼畑作りを荒し、又は樫の実をあさりに来る箇所に設くるなり。ヤマを設くることを上グルと云ふ。其の方法は、六七寸周りの木を六尺に切り、二十本ばかり組みて筏状と為し、両側に二本の俣杭を立て、これに横木を置き、ヤマの一端を三尺の高さに此横木へ釣り上げ、莢《さや》のままなる小豆を一握りばかりずつ結びて、四周とヤマの内に吊るし、中央の小豆を引き餌とし、猪がこの引き餌を咬《くわ》へて引きたるとき、ヤマが落下して圧殺する法なり。ヤマの上には荷石を括り付け押へとする也。

③跳ね罠　括り罠の輪をウツの平面上に置き、チンカラと連動させて木のバネをはじかせて括る形式の罠。

〈射具設置〉

①ウツ鉄砲　ウツ・ウジに「ヘヅナ」と呼ばれる蔓を張り、イノシシがその蔓に足や体を接すると、それに連動して銃の引き金が引かれるように仕掛ける。あらかじめ銃の筒を短くし、銃口の方向をウツに向け、高さもイノシシの胴体の高さに合わせて銃を固定しておく（写真44）。

写真44　ウツ鉄砲（模擬設置）。静岡県榛原郡川根本町長島、松原勝二家

写真45　イノシシ捕獲用のサゲヤリ。沖縄県国頭村中央公民館所蔵

②サゲヤリ　沖縄県の国頭地方で行われる。ウジに甘藷などを置き、その上の木に巨大な三つ又銛を吊るし、木陰の櫓から見張る。イノシシが甘藷を食べている時に銛型槍の紐を離して落下命中させる。サゲヤリの銛の刃の部分は一二・五センチ、柄はカシ（樫）で、全長一・一メートル、重さは一二キログラムに及ぶ（写真45）。これをシュロ（棕梠）の綱で吊る。古くはウジ弓を設置した地方もある。

⑹共同狩猟の実際

ヒエ・アワ・シコクビエ・トウモロコシ・サトイモなどの収穫期にイノシシの跳梁は極みに達する。それに先立ってイノシシの害を防ぐための共同狩猟が各地で盛んに行われていた。

①トウモロコシが稔るとイノシシにやられた。「イノシシは半道（半里）先からトウモロコシの匂いを嗅ぎつける」と言われていた。トウモロコシが稔り始めると、「作場荒らし追い」「ムラガリ」（村狩）と称してムラ中総出で猪狩《ししがり》をした。銃を持たない者はすべてセコになった。捕獲したイノシシは全員で食べた。五升鍋を二つ用意して、一つには肉、もう一つには残肉のついた骨を入れて汁にした。これとは別に、冬、雪が降った時など、ムラガリをした（山梨県南巨摩郡身延町大垈・佐野秀章さん・明治三十三年生まれ）。

②焼畑で栽培するトウモロコシが稔るころイノシシの食害がひどくなる。その直前に「ヤマオイ」（山追い）と称するムラガリをした。銃を持つ者が「ウチ」（狙撃点）につき、銃のない者はセコとなって共同狩猟をした。獲物は参加者全員で均等に分配した（高知県吾川郡仁淀川町上名野川・片岡定一さん・明治四十二年生まれ）。

③ここでは共同狩猟のことを「ムラガリ」と呼んだ。毎年秋の土用過ぎに「カリミチハライ」（狩道払い）と称して山道の草刈りをしてムラガリに備えた。一一六八メートルの青ナギ山の八〇〇メートルの位置を大野↓辻

の沢口↓立岩↓大久保↓青ナギ↓西浦境、とほぼ円形に四・五キロの山道を整備した。こうしておいて、焼畑作物の稔りの前にムラガリをした。銃のない者はすべてセコになった。捕獲したイノシシはコウゾを蒸す大鍋で煮てムラ中で食べた（静岡県浜松市天竜区水窪町大野・水元定蔵さん・明治二十二年生まれ）。

④ここでは共同狩猟のことを「ソーガリ」（総狩）と称した。ソーガリに先立ち、秋の彼岸の中日に狩道《かりみち》刈《か》りを行った。この日、相月三二戸から一人ずつ出て観音堂に集まり、ムラ総代の指示により、四つのグループに分かれて、コキュー平という山を目ざして道を開けた。こうしておいて、焼畑作物の収穫前にソーガリを実施した。銃を所有する者がマチバにつき、その他の者は、棒と弁当を持って、棒で草木を叩きながら、「ヤーイ　イクゾ」と大声をかけながら下から上へと追いあげていった。毎年、「十八丁」＝「ブナボッ」のヌタ場でイノシシが獲れた。獲れると、部落にある「シャチ山の神」と呼ばれる狩の神に赤いゴザオリ（折り幣）をスズダケに挟み、そこにイノシシのミノゲも挟んであげた。それからイノシシを狙撃した人の家に集まって解体し、料理してムラ中で食べた（静岡県浜松市天竜区佐久間町相月・栗下伴治さん・明治二十七年生まれ）。

⑤旧暦一月十六日は山ン神講で、その数日前に「コガイ」（講狩）と称してムラ中総出で猪狩をした。鉄砲を持つ者がマブシ（待ち場）につき、持たない者はすべて「ウメ」（セコ）になって追った。ウメは「コーコー」「ホーホー」と叫んで追った。獲物はムラ中で食べた。半ヶ石には講狩のほかにもう二種類の共同狩猟があった。その一つは「青年狩」と称して、若い衆の総会のために猟師の協力を得て行うもので、いま一つは「入営狩」と称して出征兵士を送る宴の肉を得るための狩だった。いずれも共食のための肉を得るものではあるが、「シシが悪さをするから講狩をする」講狩は害獣としてのイノシシを捕獲する意味もあると伝えられていた（鹿児島県肝属郡旧大根占町半ヶ石・小平熊助さん・明治四十二年生まれ）。

⑥山のカシやシイの実を喰い尽くしたイノシシは一月末から二月にかけて猪垣（イノシシ防除の石垣）の中の甘藷

を狙って垣の中に侵入する。このイノシシを共同で捕獲することを「カル」と呼ぶ。カルで獲れたイノシシは売ってはいけないとしてムラの総員で食べた。肉・骨・内臓のすべてを大鍋に入れ、臭い消しにヨモギとアオサ（海藻）を入れて煮た（沖縄県石垣市川平・大屋實さん・明治四十五年生まれ）。

⑦旧暦十月、アワ、イネの種おろしが終わった後、男たちが出合って朝から猪垣の修理をした。夕方、ヒノカンヤで長老が「垣の願い口」（猪垣の効用の願い）を唱えて祈った。その後、「カル」（ムラガリ）にかかり、銅鑼・鉦を叩き、イヌを使ってイノシシを追い出し、プク（槍）・鉄砲でイノシシを捕獲した。カルに参加した者はもとより、女たちも一箇所に集まって、大鍋で、肉も骨も入れ、アオサ・ヨモギを加えて味噌と塩で味つけした汁を作って全員で食べた（沖縄県石垣市平久保・浜崎まんとうさん・明治四十年生まれ）。

2　猪害に対する信仰的心意的対応

右に、イノシシを中心とした獣害、猪害《ししがい》に対する即物的対応・対策を見てきたのであるが、その多様性は驚くばかりである。ところが、現実には、こうした即物的対応以外に、信仰的心意的対応も存在したのである。以下にその事例の若干を示す。

⑴山犬信仰

宮崎県東臼杵郡椎葉村尾手納の甲斐忠作さん（明治二十四年生まれ）は次のように語っていた。——ある男が、山犬（オオカミ）の喰い残したイノシシを持って帰ろうとしたところ、山犬が怒って吠えたので、「焼きジシを千切れあげるからこれをくれ」と言ったら山犬は姿を消した。男は山犬との約束を果たすために、家に帰ってから猪肉を米粒ほどに切って竹の細串に刺し、火に焙って、山中の水の出るところへ行き、「これあげ申す」と述べて立てて

写真46　焼畑・山田の猪鹿除けに用いられた山犬（オオカミ）の絵姿神札

きたという。

ここには山犬信仰の原姿がある。オオカミ（ニホンオオカミ）はこの国の食物連鎖の頂点に君臨し、イノシシ・シカを捕食し、「大口真神」と称されたのであるが明治時代に絶滅したと伝えられる。

山犬即ちオオカミを神使とする神社が各地に点在する。三峯神社・宝登山神社・若御子神社・両神神社・猪狩神社・御嶽神社・大嶽神社・釜伏神社・諏訪神社（静岡市田代）・大井神社（同）・大井神社（同小河内）・山住神社・春埜山大光寺・鬼岩寺黒犬神社・中山神社・養父神社・木野山神社・貴布祢神社狼宮など枚挙にいとまがない。そして、これらの神社のほとんどが山犬（オオカミ）の絵姿神札を頒布授札している（写真46）。山犬神札の拝受者の多くは、焼畑・定畑・山田を作る農民で、作物をイノシシ・シカ・サルなどの獣害から守ってもらうためである。春迎え、秋の収穫を終えてからお送りするというのが本来の形だった。この信仰は、食物連鎖をふまえて発生したものであった。作物を盗み喰うイノシシ・シカ・サルを追うオオカミの力を、人間社会の盗難防止にまで増幅させ、山犬信仰は都市部にまで浸透したのであった。絵姿神札は、竹の皮、油紙・渋紙・新しくはビニールなどで覆い、竹に挟んで焼畑地・定畑・山田に立てるという形が一般的であった。絵姿の山犬を実物に見たてていたのであり、送迎についても生あるものとしての扱いをしてきたのであった。[20]

(2)イノシシ捕獲の予祝儀礼

農作物に被害を与えるイノシシの害を抑止・防除するために、現実の農の場でもなく、現実にイノシシが食害をなす中心的な季節でもない時に、予めイノシシを捕獲する様などを演じて、現実の獣害を抑止することを目的とする呪術儀礼がある。その総体については、「シカ」の章（表2）で示した表のとおりであるが、ここではその中から二例を紹介しておく。

①兵庫県篠山市今田町木津・住吉神社シシウチ

一月二日正午、長床で頭屋の引き継ぎ式が行われる。境内に、イノシシとシカの絵を描いた板（シシイタ）三枚が竹杭に結びつけられている（写真47）。直会が済んだところで男たちは庭に降り、手に手にシキミ（樒）の枝を持ち、獣の絵が描かれた板を挟むように八の字に並ぶ。男たちが集まった様は共同狩猟のセコ（勢子）の勢ぞろいを思わせる（写真48）。唱え詞を合図として男たちはお互いを激しく叩き合う。この行為は、農作物の害虫駆除を象徴するものだと伝えられている。

写真47　シシウチのシシイタ。兵庫県篠山市今田町木津、住吉神社

写真48　シキミの儀礼。兵庫県篠山市今田町木津、住吉神社

この伝承の背景には、シキミの煮汁が野菜類の害虫除けに使われたことや、シキミが墓地を荒らすイノシシ除けに使われたことと無縁ではなかろう。シキミの枝とセットで白い小石三個ずつが男たちに配られているのだが、これは、今年もこのように白く大粒の米がたくさん稜れますように、との願いを込めたもので、後に、シキミと小石は苗代田の水口に供えられる。叩き合いが終わると、年男がシシイタ（獣即ちイノシシとシカの絵が描かれた板）を弓矢で射る（写真49）のだが、矢が命中するやいなや男たちがシシイタを奪い合う。「シシウチ」と呼ばれるこの行事は、年の初めに農作物を荒らすイノシシやシカの捕獲・追放を模擬的・儀礼的に演じ、よって秋の豊作を予祝するものだと見ることができる。

写真 49　年男によるシシイタ弓射。兵庫県篠山市今田町木津、住吉神社

写真 50　海神祭におけるシシウチ。ウフシドウによるティール（イノシシ）弓射。沖縄県国頭郡国頭村比地、小玉森

写真 51　二人のシドウガミに追いつめられるイノシシ（ティールをかぶったイノシシ役）。沖縄県国頭郡国頭村比地、小玉森

②沖縄県国頭郡国頭村比地・小玉森の「海神祭」と「シシウチ」

旧暦の盆明け最初の亥の日、二人の海神と三人の山の神がウムイを唱えながら「クエナ」という、イノシシを射る舞を行う。クエナの時は二人の海の神がおのおの弓矢を持って舞う。ウムイが終わったところでティール（バーキとも呼ばれる背負い籠）をイノシシに見たててウフシドウ（男性神役）が登場して何度も射る（写真50）。さらに、「シドウガミ」と呼ばれる男二人が、ティールをかぶって逃げる。イノシシ役の男を追いまわす（写真51）。人びとはこの様子を見て爆笑する。最後に、イノシシ役が「キー」という奇声を発して終わる。ここに重層する弓射・追走の儀礼はイノシシの害獣的側面――その強さを象徴するものであり、害獣的側面を示すイノシシ追放の儀礼である。

注

(1)柳田國男『後狩詞記』初出一九〇九（『柳田國男全集』1・筑摩書房・一九九九）。
(2)柳田國男前掲（1）に同じ。
(3)柳田國男「食物と心臓」初出一九四〇（『柳田國男全集』10・筑摩書房・一九九八）。
(4)谷川健一『わたしの民俗学』（三一書房・一九九一）。
(5)千葉徳爾『狩猟伝承研究・総括編』（風間書房・一九八六）。
(6)座談会記録・千葉徳爾・加藤晋平・佐原眞『日本の狩猟民の生態をさぐる』（『歴史公論』一一四・雄山閣出版・一九八五）。
(7)上勢頭亨『竹富島誌　民話・民俗篇』（法政大学出版局・一九七六）。
(8)柳田國男「海南小記」初出一九二五（『定本柳田國男集』第一巻・筑摩書房・一九六三）。
(9)野本寛一「生態集中と民俗の生成」（『生態民俗学序説』白水社・一九八七）。
(10)早川孝太郎「参遠山村手記」（『早川孝太郎全集』第四巻・未来社・一九七四）。
(11)野本寛一『焼畑民俗文化論』（雄山閣出版・一九八四）。

(12)野本寛一『山地母源論1――日向山峡のムラから・野本寛一著作集Ⅰ』(岩田書院・二〇〇四)。
(13)野本寛一「狩猟のカミガミ」前掲(12)に同じ。
(14)柳田國男前掲(1)に同じ。
(15)野本寛一「渓流漁撈怪異伝説」前掲(12)に同じ。同「陸封魚アマゴ――資源保全の伝説」(『民俗誌・海山の間・野本寛一著作集Ⅴ』岩田書院・二〇一七)。
(16)田畑英勝『奄美の民俗』(法政大学出版局・一九七六)。
(17)松山義雄『続・狩りの語部――伊那の山峡より』(法政大学出版局・一九七七)。
(18)早川孝太郎『猪・鹿・狸』初出一九二六(講談社学術文庫・一九七九)。
(19)柳田國男前掲(1)に同じ。
(20)野本寛一前掲(11)に同じ。なおオオカミにかかわる民俗全般については菱川晶子『増補版・狼の民俗学――人獣交渉史の研究』(東京大学出版会・二〇一八)に詳しい。

キツネ

食肉目イヌ科に属するキツネは、古来、日本人と多様で深いかかわりを持ってきた。

日本民俗学はキツネにも関心を示し、これまでに多くの成果を得てきている。柳田國男の「狐塚の話」[1]「田の神の祭り方」[2]、柳田國男・早川孝太郎の『おとら狐の話』[3]や折口信夫の「信太妻の話」[4]、石塚尊俊の『日本の憑きもの・俗信は今も生きている』[5]、谷川健一責任編集・日本民俗文化資料集成⑦『憑きもの』[6]、吉野裕子の『狐・陰陽五行と稲荷信仰』[7]など枚挙にいとまがない。また、説話集成や民俗誌などには膨大な量の狐話やキツネに関する伝承が収載されている。これらで扱われている内容の大方はキツネの霊性伝承についてである（写真1）。ところが、キツネには霊的側面、霊性伝承とは別の側面もある。例えば森俊の「狐の民俗——特に食用、薬用としての狐を中心に」といった即物的一面に注目したものもある。[8]キツネにかかわる民俗の総体を把握する上で決定的に欠けているのは生態伝承である。小論ではその生態伝承を多量に示すことはできなかったが、それを集積する端緒を示している。

このことを意識しながら、福井県三方上中郡若狭町の『若狭町の戸祝い・キツネガリ調査報告書』[9]の収載事例に注目し、関連資料にも目を配りながら日本人とキツネとのかかわり、日本人の狐観を探ってみたい。なお、日本では北海道にキタキツネが棲み、本州・四国・九州にホンドギツネが棲息する（写真2）のだが、ここではキタキツネにはふれない。

表1　キツネの伝承

狐の伝承
- Ⅰ　生態伝承
  - 1　益獣性 — 野兎・野鼠などの捕食
    - (1)　大豆・植林苗←野兎←狐
    - (2)　稲・粟・大豆・萱←野鼠←狐
  - 2　害獣性
    - (1)　鶏・飼兎などの捕食
    - (2)　土葬死体暴取
    - (3)　食用野兎重視地域における狐の活動
- Ⅱ　霊性伝承
  - 1　善霊性
    - (1)　農の豊穣
    - (2)　豊漁
    - (3)　生活・屋敷の守護
    - （(1)〜(3)）— 稲荷信仰
  - 2　妖霊性
    - (1)　化騙（ばかしだます）
    - (2)　誑惑（たぶらかす）
    - (3)　憑依（きつねつき）
  - 3　超能力伝承 — 卜占（コックリさん）・飛脚伝説・鳴き声と吉凶
- Ⅲ　複合象徴伝承 — 霊性・形態・生態
  - (1)　尾の形・色と穀物の穂との類似性 — 豊作・豊穣・食つ根《けね》
  - (2)　顔 — 狡猾性
  - (3)　夜行性 — 不気味さ

稲荷信仰 — キツネ — 豊作・豊穣・食つ根《けね》

写真1　月岡芳年画「月百姿　吼噦」1886年。「吼噦」（釣狐）はキツネの妖怪「白蔵主」の説話をもとにした狂言の演目

写真2　本州、九州、四国に分布するホンドギツネ。開発と野犬の繁殖などの影響で激減している

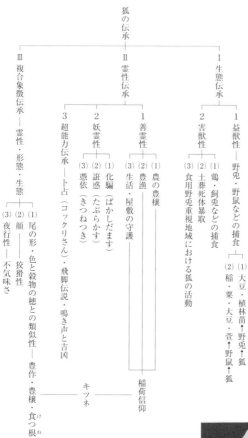

一　キツネの生態伝承

1　キツネとウサギ――キツネの益獣性と害獣性――

福井県小浜市上根来《かみねごり》は針畑峠をはさんで滋賀県高島市朽木小入谷《おにゅうだに》と境を接する山のムラである。同地の岩本重夫さん（大正十三年生まれ）は、農業・炭焼・木挽・狩猟・牛飼いなどを複合させて暮らしをたててきた。以下は岩本さんによる。――キツネは人里近くに棲み、折々人家に侵入して靴をくわえ出したり、ニワトリを狙ったりする。ある時、キツネが上根来の農家のニワトリを四羽獲ったのでそのキツネを狙撃したところ、翌日、ムラ中のニワトリを四〇羽やられたことがあった。こうしたことから、人びとは、やはりキツネには不思議な力、霊力があるのではないかと語りあったという。岩本さんによると、ウサギ狩に出かけてキツネを獲ることが多いという。それは、キツネがウサギを狙ってウサギのいるところへやってくるからである。昭和四十二、三年ごろ植林に対するウサギの食害がひどく、一冬に二回ほど集団でウサギ狩をしたことがあった。そのころ、キツネを獲ってはいけないという申しあわせをし、キツネが増えたらウサギが減ったという。

ウサギとキツネの天敵関係についてはさまざまな口誦があるが、右の体験談はこれを実証するものである。さらには、ノウサギをめぐって人とキツネが競合関係にあったこともわかる。キツネは毎年決まったところで子をはやす（繁殖する）とも言われている。毛皮としての価値はタヌキよりも低く、タヌキの皮が一匹七〇〇〇円だったころ、キツネの毛皮は一〇〇〇円だったという。キツネの毛皮はこのように安かったが、キツネの舌を乾燥させておき、寝小便をする子供にそれを煎じて飲ませると効くという言い伝えがあり、キツネの舌は珍重された。キツネがニワトリを盗み獲ること、時にイエウサギを獲る点などに注目すればこれは害獣の一種となる。上根来にも、古くはニワトリ小屋に、キツネ・イタチなどを除けるためにアワビの貝殻を吊るす習慣があったという（序章参照）。

焼畑に関する聞きとりをしていたころに、焼畑に栽培するダイズに対するウサギの食害が甚だしいことを耳にした。そしてそのウサギとキツネの関係が伝承されているのである。以下のような事例がある。

①「昨夜、マメがウサギを食べた」と紙に書き、ダイズ畑の中に吊るした（富山県南砺市利賀村阿別当・野原ことさん・大正四年生まれ）。

②焼畑のダイズ畑の中に「ウサギが喰ったとキツネが言った」と紙に書き、竹に挟んで立てておいた（岐阜県下呂市小坂町鹿山・成瀬一枝さん・大正六年生まれ）。

③ダイズを蒔く時に、「この山のウサギが言うにゃ　キツネがこの山のダイズを喰ってしまうそうだ」と唱えながら蒔くと、キツネが怒ってウサギをやっつけてくれるのでダイズに対するウサギの害がなくなると言い伝えた（静岡市葵区大間・中村錠作さん・明治三十五年生まれ）。

①はダイズとウサギの関係を直接的に示した威嚇表現であるが、②、③は、ウサギがキツネを天敵とする関係を前提としたものであり、②は、直接的にキツネの威を借りる形になっているのであるが、③はキツネを怒らせ、その怒りの勢いをも借りて、害獣たるウサギを駆除しようとする凝った形になっている。これほどまでに、ダイズ↑ウサギ↑キツネという焼畑地の食物連鎖伝承は熟知され、ウサギとキツネの天敵関係は広く認知されていたのである。この場面においては、キツネは、農民にとって、極めて有力な益獣として認識されていることは動かしがたい。

植林の苗木に対するウサギの食害も甚だしかった。

④ウサギは、植え付けて三、四年のヒノキの苗の根の部分の皮を喰ってしまうのでその木は枯死する。そのウサギの害を抑止するために、長九郎山に一つがいのキツネを放ったことがある。父惣次郎の時代には山にキツネが多かったのでウサギの害はなかったと聞いている（静岡県賀茂郡西伊豆町大城・市川至誠さん・大正五年生まれ）。

⑤宮崎県椎葉村の植林では主としてスギ苗がシカとウサギの食害を受けている。狩猟の盛んな椎葉には猟犬の数が多いためか、これまでキツネの数が比較的少ないとされてきた。それが、このところキツネが少し増えてきたと語るムラびとが多い。その理由として、植林の苗に害を与えるウサギを抑止するためにキツネを導入したり、キツネをイヌから守っていることなどがあげられる（宮崎県東臼杵郡椎葉村松木・椎葉英生さん・昭和十六年生まれ）。

⑥南アルプス山麓ではカラマツ（落葉松）の植林が盛んである。ノウサギが植林したカラマツの苗を喰うので営林署でそれを抑止するためにキツネを入れたことがあった。キツネを入れたらノウサギがいなくなった。また、棒で叩けば獲れるほどいたヤマドリもいなくなった。キツネは春先ニワトリを狙った。キツネの皮・テンの皮・ウサギの皮などは松沢の稲さという巡回してくる仲買人に売った。キツネを入れて植林に対する食害が減るのはよいのだが、猟師にとっては獲物のウサギやヤマドリが減ることは困ったことだった（長野県下伊那郡大鹿村釜沢・内倉仁さん・昭和十七年生まれ）。

④⑤ともに、山村の人びとの中にウサギがキツネを天敵とするという認識が広くゆきわたっていたことをよく物語っており、それが「植林」という生業現場で顕在化していることがわかる。ここでもキツネは益獣としての顔を見せている。この他にもウサギとキツネの関係についての伝承はある。

⑦キツネは、春、子育ての時ニワトリやイエウサギを獲る。山でキツネが増えるとヤマウサギが減る（静岡県榛原郡川根本町小長井・小長谷吉雄さん・明治四十五年生まれ）。
⑧春先にキツネがニワトリを狙うので金網を張って守った。キツネが増えるとノウサギが減る（長野県飯田市南信濃須沢・大澤彦人さん・大正十五年生まれ）。
⑨山にキツネが増えるとウサギ・ヤマドリが減る。「キツネはお稲荷さんだ」と伝えて撃つことをひかえた（山形県西置賜郡小国町五味沢・佐藤静雄さん・大正七年生まれ）。

右に焼畑のダイズを荒らすウサギとキツネの関係から、林業の場面でのウサギとキツネの天敵関係にふれたが、キツネは登場しないものの、ウサギとテンの天敵関係の伝承もあるので参考のために紹介する。

⑩焼畑の周囲にスギの枯葉を立てて、それをウサギに天敵のテンだと思わせてウサギ除けにした（岐阜県大野郡白川村荻町・佐藤盛太郎さん・明治三十五年生まれ）。
⑪スギの枯葉の赤いところでテンの形を作り、焼畑の周囲に点々と置き、ウサギ除けにした（石川県白山市白峰苛原・長塚吉之助さん・明治二十八年生まれ）。

植林のスギ・ヒノキの苗に対するウサギの害については述べたが、栽培キリ（桐）の皮もウサギの食害に遭うことが多かった。

⑫五〜六年までのキリ（桐）は皮が柔らかいのでウサギに齧《かじ》られることが多い。外皮をウサギにやられるとそのキリは商品にならない。冬囲い、雪囲いなどでウサギの害に対応するのであるが、ほかに、冬季から堅雪渡《かたゆきわた》りのころにかけてムラ中総出でウサギの巻狩りを行う習慣があった。銃を持った者がマチ場につき、一戸に一人ずつ出て追い子（セコ）を務めた。これを高尾原で行い、獲物で宴会を開いた（福島県大沼郡三島町大石田・五十嵐忠治さん・大正九年生まれ）。

なお、三島町は会津桐の産地として全国的に知られた地である。こうした生業環境でもキツネは益獣としての顔を見せていたはずである。

これまで食害をもたらすウサギの害獣的側面と、それを捕食するキツネの益獣的側面について述べてきたのであるが、食肉としてのウサギ、ウサギの毛皮利用という面に注目する時、ウサギとキツネの天敵関係は変わりないのだが、人にとってのキツネの存在は前者とは異質なものになる。ここでは人とキツネはウサギをめぐっての競合関係が成立することになり、ウサギの肉やウサギの毛皮に対する人の執着がより強くなるとキツネは人にとって有益なウサギを捕食する害獣的側面を示すという認識になる。

この国の積雪地では、堅雪《かたゆき》・堅雪渡り・凍《し》み渡りの季節を中心に少年たちや大人たちがウサギの巻狩を行い、その肉や骨を叩き、団子の汁を共食し、絆を強め、体力をつけて共同体や仲間がそろって春から夏にかけての繁忙期を乗り切る力にしたという例が多く見られた。もとより、冬季のウサギ狩や非積雪地帯のウサギ狩も見られるが、堅雪のころのウサギ狩が最も盛んだった。

⑬山形県村山市内赤石の黒沼儀太朗さん（昭和十二年生まれ）は次のように語る。――山の堅雪のころ、「ウサギ

の巻きボイ」をした。小学校四年生以上が総出で、ムラの猟師の協力を得てウサギの巻狩をした。百羽以上獲れたので、部落ごとに分配して子供会で会食した。当地には〝万作兎《まんさくうさぎ》〟という言葉があり、マンサク（万作）の花の咲くころのウサギの肉が一番うまいと語り伝えた。巻きボイはマンサクの花の少し前だった。

⑭秋田県仙北市生保内字石神の田口郁子さん（昭和二十五年生まれ）は次のように語る。――舅も夫も猟師で、堅雪の初めごろウサギの巻狩をし、堅雪で、ブナの芽が出るころクマ狩に出る。ウサギは、爺たちが集まってハモニカ汁にした。ハモニカ汁とは、ウサギの肉のみならず、骨も煮て、その骨を横にくわえて齧るところがハーモニカを吹く様に似ているところからの命名である。ムラびとたちはこのころドブロクを仕込んだ。もとよりこの季節以外にも、個人でもウサギを獲った。兎肉は貴重な食料だったのである。ウサギの共同狩猟・共食については別に述べたことがある。[10] 郁子さんは「キツネが増えるとウサギが減る」と語る。

⑮秋田県旧仙北郡田沢村玉川小字蒲谷地に生まれ、育ち、暮らし、玉川ダム建設にともない、秋田県仙北市田沢湖田沢沢口に転住した猟師の地主芳見さん（昭和二十年生まれ）も、ウサギを捕食した。「キツネが増えるとウサギが減る」と称し、ウサギの肉はうまいがキツネの肉はまずいとも言い、キツネが増えすぎると人びとはキツネを殺せと言った。役所にキツネの尾を届けると五〇〇〇円もらえる時代があった、と語る。

右のような事例に耳を傾けてみると、人とキツネとウサギの関係は、生業環境・食料構造・地域・時代・人の立場などによって変容し、揺れ動き、決して一様でなかったことがわかる。

先に事例⑦として、「キツネは、春、子育ての時ニワトリやイエウサギを獲る」という静岡県での生態伝承を紹介した。ニワトリは家禽であるが、ここでいうウサギもイエウサギである。長野県の伊那谷においては類似の伝承が松山義雄の『続々・狩りの語部』[11] に記されている。

狐は春さきになると繁殖期を迎え、三、四月の頃に出産する。生まれる仔狐の数は、三匹くらいである。繁殖期や子育ての時期になると、民家では飼育する鶏や兎を、狐にかつがれる（盗まれる）被害が俄かに多くなる。狐は肉食好きの動物だから。こうした生き餌を食べさせないことには子が育たないし、また母体ももたないからだと、大河原あたりでは狐の肉食の必要性が説かれている。

右のような生態伝承を口誦句として伝えている例がある。「キツネの子は、ニワトリを食わねば目が明かぬ」（広島県・福岡県三井郡）[12]。『カラー図説日本大歳時記』[13]の「狐」の項は山梨県笛吹市で育った俳人飯田龍太が執筆したもので、以下のように書かれている。

少年時、通称狐塚と称する塚の近くの大きな赤松の根方に何十羽分とも知れぬ鶏の脚や頭部の散乱しているのを見かけたことがある。古老は、間違いなく狐の仕わざだと言った。十何年か前、家で飼っている鶏を一夜に十数羽襲われたことがある。鶏舎に残された数羽の死骸もことごとく血を吸いとられていた。羽毛のあとを追うと、ところどころの畑中や草むらに点々と骸をかくし、三、四羽巣に持って行ったようだ。多くの被害のあるのは一・二月ごろ。狐の交尾期に当る。

この他、キツネは墓に埋められた死体を暴くという伝承や畑で稔ったトウモロコシを喰うとも言われる[14]。これらは明らかにキツネの持つ害獣的側面である。

2　キツネとネズミ

先にウサギの食害について述べ、ウサギとキツネの天敵関係について述べてきたのであるが、ネズミの食害も甚だしかった。これについては既に述べたことがある[15]のでここでは最小限の例示にとどめる。

①この地の民家の屋根は戦前まではほとんどがカヤ（ススキ）葺きだった。カヤは共同のカヤ山から採取するので、貴重な素材だった。ところが、ネズミがそのカヤの根を噛んでカヤ山を全滅させることがあった。またネズミはヒノキにも害を及ぼした。さらに、ノネズミの大群が稲田に入ることがあった。ひどい時には稲田の中にネズミが丸い巣を作り、中に仔がいることがあった。ネズミの害が甚だしい年には、ムラの若い衆が御輿状の籠に幣束を立てたものを担ぎ、ムラ中の者が列を作って上の古屋敷から下の大沢境の神送り淵のところまで、鉦《かね》・太鼓に合わせて、声をそろえて次のように唱しながら送った。〽チーチーやい　逃げろやい　ニャーニャー猫が送るわい――（静岡県賀茂郡松崎町池代・山本吾郎さん・明治四十一年生まれ）。

②ネズミは焼畑作物のアワを荒らした。八月一九日がネズミ送りの日と定められており、この日、各戸の子供たちはおのおのに、垂れたアワの穂とそれを狙うネズミの絵を半紙に書き、小竹に結びつける。子供たちはこの小旗を持って、〽何の神よ送るやい　ネズミの神よ送るやい――と唱えながらムラ中を歩き、歩き終えるとスギの生葉で作った御輿におのおのネズミの絵旗を挿し、ムラはずれまで囃しながら担いでゆき、早川の流れの中に御輿を投じて送った（山梨県南巨摩郡早川町奈良田・深沢金治さん・明治四十四年生まれ）。

①によるとネズミの害がカヤ・ヒノキ・稲田のイネに及んでいたことがわかる。②は水田のない焼畑地帯で、畑のアワがネズミに狙われていたと語る。右以外にも、ネズミは穂ニオ（穂つき稲叢）・稲籾囲い・米蔵の貯蔵米などにも害を与えた。対策は多様になされてきたが、中に、ムロノキ（ネズミサシ）・スギなど、突刺性の強い葉をもってネズミ除けにした例が見られる。②のスギ葉の御輿もこれと脈絡を持つ。

ノネズミの害はダイズにも及んだ。ダイズを直播するとハトにやられるので苗床で苗にしてから移植した。苗床にダイズを蒔くとノネズミにやられた。ノネズミは収穫後ハサ干しするダイズにもついた（長野県飯田市南信濃須沢・大澤彦人さん・大正一五年生まれ）。

先に、ウサギとキツネという天敵関係にはふれたのだが、当然、キツネがネズミの害を抑止すると考えられていたと見てよかろう。ネズミとネコの関係があまりにも一般化しすぎているために見逃されがちではあるが、とりわけノネズミとキツネは天敵関係にあったはずである。

『本朝食鑑』[16]によるとキツネの脂を膏薬にするために猟師が叢《くさむら》の中に罠を仕掛けたのだが、その餌として油煎りしたネズミを使ったという。柳田國男の「熊谷彌惣左衛門の話」[17]の中にも、佐竹家にとって大事なキツネが、新庄とか山形とかで、人のかけたネズミの油揚の罠にかかって殺された、という記述が出てくる。『日本俗信辞典　動・植物編』[18]には壱岐の事例として、「火事のあとには、キツネが焼ネズミを食いに来る」という伝承が収められている。松山義雄は『続々・狩りの語部』[19]の中に「狐の食い残し」の項を設けて次のように記している。

食い残しの多くは野兎であるが、このほかにてん、いたちなどの小動物や、雉、やまどりなども見られる。狐はこれらの動物を好んで食べるが、主食としてのハタネズミの存在も食性上、忘れてはならないものである。

ネズミはイエネズミ類とノネズミ類とに類別されるが、ここでいうハタネズミはノネズミ類に属す。先に示した事例①のカヤ・ヒノキ・イネにつくネズミも、②のアワにつくネズミもノネズミ類であり、松山流に言えば、それはキツネの好物、ノネズミとキツネとは天敵関係にあるということになる。よって、キツネは、稲作農民にとっても畑作卓越地帯の農民にとっても益獣的側面を示し続けてきたことになる。静岡県伊豆市湯ヶ島小字長野の浅田喜朗さん（昭和十五年生まれ）は、ノネズミはイネについたと言い、キツネがノネズミを捕食したとも語る。また、土地の猟師はキツネを捕獲することはなかったと語る。同地では昭和三十三年の狩野川台風の被害が甚だしく、スギの植林を伐採し、新たに昭和三十三年から三十八年までスギの苗を大量に植栽した。そのスギ苗にアカネズミと通称されるノネズミが大量についてスギ苗に甚大な食害を与えたのだがこの時代には既にキツネの個体数が激減していたのでネズミ対策は薬剤に頼ったという。湯ヶ島西平で育った宇田晴子さん（昭和二年生まれ）も、キツネはノネズミやウサギを捕食すると伝えていた。

3　キツネとイヌ

先に、宮崎県の椎葉村は狩猟が盛んで猟犬が多かったためにキツネの数が少なかったというムラびとの認識を紹介した。この話の底には「キツネとイヌの葛藤」があり、この場合、イヌがキツネの優位にあることを語っている。しかし、同じキツネとイヌの葛藤でも、キツネがイヌの優位に立つ例もある。椎葉村松木の稲荷神社の本殿は石灰岩洞窟で、祭りもその洞窟の中で行われる。その洞窟は山向うの滝というムラにつながっているという伝承があり、滝にも稲荷神社が祀られている。ある時、松木の稲荷神社の洞窟にイヌを入れたところ、そのイヌは毛がすべて抜け落ちた状態で滝の洞窟から出てきたと語り伝えられている。稲荷神の霊威伝承と見ることもできる。キツネとイヌの葛藤は、各地の狐話の中にも見られるが、両者の優劣は一定していない。

①サトウキビ畑の中にキツネがやってきた。イヌを仕掛けたところ、イヌは畑の中をくるくる回って惚《ぼ》けたようになった。キツネがイヌに屁を嗅がせたのだろうと語り合った（静岡県藤枝市源助・内藤正治さん・明治三十三年生まれ）。

①は上品な結末ではないが、キツネの優位性と霊獣性が語られている。

②昼間学校へ来ても眠り続ける女の子がいた。その子は子守奉公に行ってキツネに憑かれたと噂されていた。山犬を神使とする春埜山《はるのさん》大光寺へ行って刀と掛軸を借りてきて祭ったところ狐憑きが落ちたという（静岡県榛原郡川根本町梅地・望月泰典さん・昭和十五年生まれ）。

③近所に狐憑きの人がいると春埜山から御犬様（山犬＝オオカミ）の御幣を借りてきた。二人で行き、用足しの時など御幣を交替で持った。御幣を返しに行く時には、崎平→青部→徳山→田河内→春埜山というコースだった（静岡県榛原郡川根本町小長井・小長谷吉雄さん・明治四十五年生まれ）。

②③は山犬（オオカミ）の力によって人に憑いたキツネを落とすというものである。古典の中にもキツネとイヌの葛藤が描かれている。例えば『日本霊異記』下巻第二に、キツネが前世に自分を殺した人間にとり憑き病にしてしまう。ところが、病室にイヌを入れられ、キツネが逃げ出すというものである。稲荷信仰にかかわるキツネや、霊獣的なキツネはイヌより優位に立つが、山犬・オオカミや、普通のイヌでも、キツネの霊威が弱い場合は、山犬・イヌがキツネより優位に立つという両様があることがわかる。

二　人とキツネの共存地平

人とキツネが同じ地平に立ち、共存してゆこうという志向を反映する伝承が見られる。

①ある時、前山の人がヌタブラ段に地蜂（クロスズメバチ）の巣を見つけておき、自分の子供を連れて巣を獲り

に出かけた。ハチの幼虫を使ってハチノコ飯や、幼虫の煮つけをつくるためで、ハチの子は山の人びとにとって貴重な蛋白源であり、御馳走だった。人間の方がわずかに早かったが、ほぼ同時にキツネも地蜂の巣を獲りに来た。そして、キツネは子供の後ろで見ていた。地蜂の巣は八段あった。父親は、二段を残して六段を持ち帰ろうとした。子供が不審に思って尋ねると、「来年の分をとっておくのだ。こうしておくと来年も増えるのだ」と語って聞かせたのだが、じつはキツネの分を残しておいたのだという（静岡県榛原郡川根本町小長井・鈴木猶一さん・明治四十三年生まれ）。

②祖父の鶴太郎さんが関の沢でアマゴを釣っての帰り道、不思議な明かりが後をつけてきた。「これを食べて帰れよ」と言って二、三匹のアマゴを置くと明かりは消えた。これはキツネが魚をほしがっていたのだという（静岡県榛原郡川根本町梅地・望月泰典さん・昭和十五年生まれ）。

これらには、キツネと人との間で食素材をめぐる競合関係が前提としてあり、人は自然の恵みを人だけで独占すべきではなく、野のもの、山のものにも分与すべきであるという思いを読みとることができる。ここには、人とキツネとの共存の匂いがある。宮崎県・熊本県の山地にはセコボーズ・カリコボーズ・ヒョースボーなどと呼ばれる童形をなす、神以前の「モノ」の伝承が濃厚に分布する。多様な伝承を持つが、[20]例えば、宮崎県東臼杵郡椎葉村竹の枝尾の中瀬守さん（昭和四年生まれ）は次のように語る。――ヒョースボーの好物は、風呂・アケビ・相撲、それにスズメバチの巣の蜂の子。川端でスズメバチの巣を採って帰ろうとすると必ずヒョースボーがついてくる。巣の一枚の半分を置いてくるとよい。ここにも自然の恵みは、人が独占するものではないという心意が語られている。

「寒施行《かんせぎょう》」「狐施行」「野施行」などと称して、寒中に主としてキツネを対象として餌食を施す行事がある。夜間、キツネの棲みそうな叢《くさむら》や穴、山かげなどをめぐって油揚や赤飯などを献供して回る行事で、それが大阪府・兵庫県・

奈良県などで行われていた（写真3）。例えば、田村玲子氏は、大阪枚方市楠葉に住む祖母の小山富子さん（大正四年生まれ）が体験した寒施行を以下のように報告している。――「せんぎょ」といって、キツネ・タヌキ・ノウサギなどに餌を供えに行った行事である。冬になるとそれらの動物たちが餌がなくて困らないように、山裾へ油揚やお握り、赤ご飯（油揚を入れて醤油で味つけしたもの）をそなえたのだ。特に大寒の日は皆で提灯を持って、拍子木を叩いて夜中に回った。まず、淀川の河原に置き、別峰《べっぽう》の山、西山のお宮さん、そして、和気清麻呂のお宮さんから継体天皇の宮跡の所を回って野田から春日神社の方へ置いていった。暗い所で置いてゆくので野つぼにはまってしまう子供もいたそうだ。次の日、明るくなってから置いたところを見にゆくと、もうみんな食べられてなくなっていたという。この行事は昭和の初めごろまで続いていたそうだ。

吉野裕子は寒施行について以下のように説明している。(21)

狐施行は明らかに稲荷信仰に源をもつものであろうが、問題はそれでは何故、一年の中で大寒の時期、つまり旧暦の十二月中旬にこれが行われたかということである。まず考えられることは冬のさなか、野山に飢える狐を救うためということである。これは一般にひろく行なわれている解釈であって、たしかにこの時期の理由として妥当である。しかしもしこれを狐の生態――つまり狐は厳冬の時期に発情し、交尾以前は絶食、交尾が終って妊るとそれと同時に猛烈に食慾を増す、という狐の生態に合わせて行なわれていると解釈すれば、それはこの行事をこの上なくよく説明するのである。稲荷信仰における狐は重要な存在である。その大切な狐が妊って旺盛な食慾をも

写真3　奈良県五條市大塔町阪本にみられた狐の施行。2009年。提供・泉井春樹。

ち、しかも大寒の野外に食を得難くしている折柄、これを十分に供養することは信仰上の大事だったと思われる。

極めて妥当な説明であり、大筋において首肯するところである。寒施行・狐施行という注目すべき営みの背後には、稲荷信仰成立以前の原初的状況にさしもどしてみても、これまで述べてきた事例から次の側面を認めることができよう。ⓐ豊穣象徴としてのキツネへの期待　ⓑキツネの益獣的側面に対する希求　ⓒキツネの害獣的側面に対する鎮静・抑止願望　ⓓ共存的動物観にもとづく同調などである。この行事の中に濃厚に認められるわけではないが、各地のキツネ伝承を眺める時、ⓔとして、「悪しき馮霊獣的側面の抑止」も考えられる。当然のことながら、ⓐは稲荷信仰に直結するものである。キツネの生態を人の側から見つめる時、ⓑとⓒの対立・葛藤・撞着・矛盾は避けることができない。それは生業・生業環境・居住環境などの差異によって濃淡はあるものの避け難い事実である。

いま一つ、前節でふれたキツネの妊娠・仔育て期に見られる貪婪な食欲である。現実にはウサギ・ネズミ・鳥類などの動物性の餌食が必要となり、寒施行に献供される油揚・握り飯・赤御飯などとは異なるのだが、儀礼の心意としては理解できる。

交尾・懐妊・出産へとつながる時期に行われるこの行事は、キツネと同じく益獣的側面と害獣的側面を併せ、両義性を持ち、とりわけ人や家畜の命をも奪うという恐怖をもたらした「オオカミ」「山犬」にかかわる「狼の産見舞」という習俗[22]との共通性が見られる。これに倣ってみれば、寒施行・狐施行の中には、「狐の産見舞」「狐の産祝い」のごとき要素が含まれていると見ることができる。柳田國男は次のような例を記している。[23]

越中の滑川在の百姓八郎兵衛といふ者、家貧しくして営みを続け難く、親子三人で北国街道をたどって江戸へ出ようとした途中、狐がお産をするのを見て、憐れんでその狐の子を介抱してやった。

結末は報恩譚になっている。また、次のような例も記している。

下野の那須地方では、春の始めに狐塚の上で祭を営み、それを初衣祝《うぶぎいはい》などと謂って居た。斯うして機嫌を取って置けば種々の獣、就中狼の悪戯を、止めて貰うことが出来ると思って居たのである。或は又狼の産見舞などと称して、秋の末に赤飯を炊いて、山に持って行って狼に贈る風も弘く行はれて居た。(24)

キツネとオオカミとは、もとよりその生態が異なり、人との関係も異なるのであるが、ともに神使としての霊威が信じられてきた。『遠野物語拾遺』(25)二七九話には、小正月行事として、「狼の餅」「狐の餅」を作って供える風があったことが記されている。狐施行、狼の産見舞は別に、燕の雛孵り祝い(26)やムジナのお祝言(27)などとの関係で考え直してみる必要もあろう。そこには日本人の動物観のある側面を窺う示唆があるように思われる。

三　キツネの形態象徴

キツネが伏見稲荷大社、稲荷様の神使であることは広く知られ、民俗社会に浸透している（写真4、5）。そしてそれが、祭神、宇迦之御魂《うかのみたま》大神という食物神と結ばれていることも説かれるところである。五来重《ごらいしげる》は、狐＝キツネの語源が、ケツネであることを詳述している。(28)ケは、御饌津神《みけつかみ》の饌、ケシネのケ、即ち食物の意だとし、ツは連体格助詞の「の」で、ネは根元だと解している。キツネ＝ケツネは「食の根元」を象徴しているとするのである。この説は動かない。

しからば、なにゆえにキツネという動物が「食の根元」の象徴と見なされるに至ったのだろうか。それは、イネ科の穀物と深くかかわると見てよかろう。まず、キツネの体毛の色が、イネ科植物の稔りの色に酷似し、キツネの体の黄土色・黄金色をイネ科植物の穂の色の象徴と見たてることができるのである。これは白狐聖視以前の原感覚である。そのキツネの身体の中でも、尾の形状に特色がある。胴長（頭〜胴）四五〜九〇センチに対して、尾の長さが三〇〜五六センチ、といった資料もある。その尾もふくらみを示し、毛が豊かである。キツネの尾は、イネ科植物の穂の形状の象徴と見ることができる。イネ・キビ・アワなどの穂がそれだが、とりわけ、大きく稔ったアワの穂は色も形もキツネの尾を思わせる（写真6）。兵庫県養父市八鹿町日畑の西村哲雄さん（明治二十九年生まれ）から次のような話を聞いたことがあった。――モチ種のワセのアワの品種に「狐の尾」と呼ばれるものがあった。収

写真4　京都市の伏見稲荷大社。全国に約３万社あるといわれる稲荷神社の総本社

写真５　愛知県豊川市、豊川稲荷の霊狐塚

写真６　稔ったアワの穂。静岡市葵区井川

穫率は低いが味がよかった。「三杯知らず」とも呼ばれていた。モチ種のアワは餅にするとは限らず、その粘着性を好んで飯にもしたのである。アワの種類はその穂の形状と動物の体の部位の類似性から命名されることがある。アワの穂の先端が三つほどに分かれて丸まっている種を「猫足」と呼んで栽培した地は多い。それにしても、「狐の尾」と命名されたアワの穂の種類があったことは特に記憶しておかなければなるまい。

シッポ、動物のシッポ即ち尾のことを「尻尾」と表記する。シリヲだとすれば「尻緒」も考えられるのだが、宮崎県西都市上揚の浜砂久義さん（大正八年生まれ）は、シッポのことを「シリホ」「キツネのシリホ」と発音表現していた。これは明らかに「尻穂」である。日向山地には「シッポ」の語源をそのまま示す「尻穂」という語が生きていたのである。イナホ（稲穂＝秀《ほ》）、ナミノホ（波の秀）、ホノホ（火の秀）、イワホ（岩秀）などのホは、すべて「秀《ほ》」であり目立つ状態を示す。キツネの尻穂は、たしかに穀物の穂、しかも豊穣の穂を象徴するのに最もふさわしいと見るべきであろう。稔っても頭をあげがちなヒエやムギの穂に比べて、イネやアワは穂垂《ほだ》れる。その様はキツネの尻穂によく似ている。焼畑・畑作卓越地帯である日向山地や中部山地・関東山地には小正月にヌルデの木その他でアワ穂・ヒエ穂の模造物を作って秋の豊穣を予祝する民俗がある。稲作の希少な山地でも、稲荷信仰、穀物象徴としてのキツネの信仰は盛んだったが、これについてはアワの存在を忘れてはならない。

四　小正月の狐行事に見える錯綜

「キツネガリ」（狐狩り）という民俗行事がある。『日本民俗大辞典』のこの項目(29)の冒頭には次のようにある。

小正月の前夜に行う狐に象徴される害獣をムラから追い出し福を招く行事。狐がえりともいい、兵庫県・京都府・大阪府の北部から福井県・鳥取県にかけて分布している。狐狩りの方法は一様ではない。

要を得た説明である。福井県三方上中郡若狭町は、狐狩り行事の濃密な分布地域で、子供組による「狐狩り」が、各戸巡回の来訪神型の祝福行事「戸祝い」と併せて実施されるという特色を持っている。その詳細と全貌は『若狭町の戸祝い・キツネガリ調査報告書』[30]に詳述されているので、ここではその一部にふれるに過ぎない。

海士坂《あまさか》地区では、行事を「狐狩り」「戸祝い」と称し、両者を併せて行う。その際の唱え歌は次のとおりである。

「狐狩り」〽狐の鮨は　七桶八桶　八桶に足らんとて　狐帰《げ》る　帰《げ》る

「戸祝い」〽祝いましょか　今年の年は　めでたい年で　穂に穂が下がって　背戸には背戸蔵　門には門蔵　中には不動の黄金蔵　早稲は五升する　中稲は八升する　残り晩稲は一斗八升五合する　五合五合箕五合　箕で計り掻い分けて　福は此方へどっさり——各区の子供たちは横槌型・粥掻き棒型・削り掛け型などの祝い棒で用意された板や横棒（本来は板戸や敷居など）を叩きながら声をそろえて唱え歌を歌う。まず注意すべきは、唱え歌の名を狐狩りとしながら詞章の中では「帰る帰る」としている点である。戸祝いの方は、予祝・祝言そのものである。三田地区の行事名は「戸祝い」であるが、唱え歌の内容はキツネガエリと複合している。

〽祝いましょう　祝いましょう　今年の年は　めでたい年で　門には門蔵　内には内蔵　中には不動の黄金蔵あつまるように　狐の鮨は　七桶半　八桶に足らんとて　狐がえり　ガエリヤ——。

写真７　子供たちの新年の伝統行事「狐がえり」。2012年１月、兵庫県篠山市福住。提供・福住まちづくり協議会

前記報告書によって若狭町内の狐行事の呼称や唱え歌の中の表記を確かめてみると、二〇例（廃絶も含む）の中で、神谷の唱え歌の呼称が「キツネガリ」、小川の唱え歌の表記が「キツネガリをするわいや」となっている。これに前記の海士坂の例を加えてみても、キツネガエリとの錯綜はあるものの「キツネガリ」という表現にかかわるものが四例、その他は「キツネガエリ」だと見てよい。『日本民俗大辞典』の項目が「キツネガリ」であり、一般の理解としても「狐狩り」が定着している中で、一体なぜ一方で、「キツネガエリ」という表現や行事名が根強く伝承されているのだろうか。大森恵子氏が作成した「但馬地方の狐狩り・狐ガエリ行事の要因分類一覧表」[31]に収められている四八例の行事名称を見ると、「狐狩り」が三三例に対して「狐ガエリ」が一三例見える。

まず、一般化し、自然に受容されている「狐狩り」という行事名称にふさわしい内容や唱え歌を確かめてみよう。「兵庫県の篠山地方には、御幣をさした藁狐を竹の先にくくりつけ、鉦や太鼓で囃しながら走り回ったあと、ムラの上と下の川に流すムラがある」という報告がある。[32]これはたしかに儀礼的狐狩りになっている。また、谷川健一は、狐狩りにかかわる次のような唱え歌を引用している。[33]

〽狐を食ったらうまかった　ちいっとしっぽがにがかった――。

これらに見られる「狐を食う」はキツネを威す威嚇要素となっており、いかにも狐狩り行事にふさわしい唱え歌だと言えよう。さらに大森恵子氏の調査資料に次の唱え歌がある。[34]

〽キツネガリそうろう　われらなにかるいや――兎・狸・獅子（猪）狩り　田久日らの狐を隠岐の国にぼい出して　鍋やかなおもねぶらしょう　さんだいこもねぶらしょう　桑の木の弓で　てっしりことというて　ヨイヨイワー

（兵庫県城崎郡竹野町田久日）。

〽狐ガエリそうろう　鬼神谷の狐を須多仁谷に追い出して……（兵庫県城崎郡竹野町鬼神谷）。

これらにはキツネの追い出し先が歌いこまれている。

小正月に、稲作に害をなす鳥を追う鳥追い行事が子供組によって行われる。それが、東北地方から新潟県・長野県にかけて広く行われてきた。その唱え歌に次の唄がある。

〽朝島ホイホイ　鳥のないカクジ　粟喰う鳥　米喰う鳥と　ⓐ頭割って酢をつけて　ⓑ佐渡が島へぼってやれ（秋田県北秋田市阿仁打当・佐藤佐吉さん・明治四十一年生まれ）。

右の唄のⓐは先に引いた狐狩りの唱え歌の威嚇要素と同一発想であり、ⓑは追放先言い立てと通じている。威嚇表現は小正月のモグラ打ちやモグラ追いにも見られる。

〽キタナイ　キタナイ　ワタが出る　ワタが出る（熊本県八代市泉町樅木）。

横槌に縄をつけ、麦畑の中を引きずりながら、〽ツチンドが来たに　イグラどんは逃ぎょうよ、と唱える（静岡県浜松市天竜区水窪町西浦）。威嚇表現は小正月の、有害動物追放行事の唱え歌・唱え言に共通するものであることがわかる。

さて、先に若狭町の唱え歌を二例紹介したが、ともに「狐の鮨」が重要な素材となっている。いま一つ若狭町上吉田の例をあげよう。

〽狐の鮨は　七桶八桶で足らんとて　ほったらげろ　帰って参じましょう――。

若狭町の唱え歌のほとんどに「狐の鮨」が登場する。これらを谷川健一の引いた唱え歌と並べる時、キツネを「鮨にしてしまうぞ」と威嚇しているのだと考えてみることもできないわけではない。しかし、キツネの肉を鮨にするという食習は見られない。キツネの肉を使った鮨など、あったとしても小正月のご馳走にはなり得ない。のみならず、キツネの肉の食習は一般化していない。

一の1で、仙北市田沢湖の猟師・地主芳見さんの体験として語られている「キツネの肉はまずい」という証言（事例⑮）は重視すべきであろう。しかも「狐の鮨」は伝承地が御食《みけ》つ国若狭、新鮮な魚介類の産地であることに注目しなければならない。キツネに山の巣穴に帰ってもらわなければならない。狩猟・捕獲してしまうのではなく、ムラ里から姿を消してほしいという願望を儀礼化するとすれば、キツネに帰ってもらう理由を考えなければならない。小正月に際して、キツネが人との親和性を示すために鮨桶を持参するのだが、それが八桶に足りないことを理由としてキツネの世界に帰ってもらう、というドラマ仕立ての構成になっているのではあるまいか。ここには、キツネを、狩り・殺し、抹殺するという志向性は全く見られない。

この節の冒頭で引いた辞典項目には次のような記述がある。[35]

兵庫県西脇市では、この行事を狐がえりと呼び、子供が「オロロやオロロ、若宮の祭とて、狐がえりするわよ」

と唱えながら各戸を回り、御幣でお祓いを行っている。

『改訂綜合日本民俗語彙』(36)に「オロオオイ」という項目があり、その冒頭に「たんにオロロとも。兵庫県で正月十四日夜の狐狩りをいう。オロロはもと狐を狩る時の掛声だったらしいが、後に追われる狐の名のように考えられるようになった。」と記述され、この行事にかかわる次のような唱え歌が収載されている。

〽オロロや出て行け　藪いたち出て行け（印南郡誌）。
〽オロロやオロロ　わりゃそこで何しよるぞ　若宮様にやとわれて　ツツオダンゴ揉むわほいほい（民族一ノ二）。
〽狐狩りやオロロ　オロロやオロロ――。

ここに見られる「オロロ」は、この国において重い役割を果たし続けてきた呪言である。広く知られているのは子守唄の中で使われる「オロロンバイ」である。この語がなにゆえに子守唄の中で使われるのかと言えば、泣く子の霊を鎮静化するためであり、時に遊離せんとする嬰児の霊を鎮めるためでもある。また、興奮したり、暴れたりするウマを鎮める時に掛ける同系の掛け声「オーラ」「オラ」もウマの霊を鎮める呪言である。「オロロ」「オーラ」「オラ」などにかかわる民俗事例については既に述べたことがある。(37)こうした事例と併せて考えてみると、狐狩り、狐行事の唱え歌の中で使われている「オロロ」はキツネを狩る時の掛け声でもないし、キツネの名前でもない。それは、キツネが人間にとって不都合なしわざ、例えば家禽やイエウサギに危害を与えたり、人に憑いたり、人を化かしたりしないようにキツネの霊を鎮め、キツネを静かにキツネの世界に送るための呪言であることが明確になる。

以上、「狐狩り」「狐がえり」という対照的な行事名称とその行事内容や唱え歌の対照性について若干の事例を示した。このことついて金田久璋氏は、「「キツネガエリ」という呼称は稲荷神社のお使いとしての狐への遠慮があるように思われる」と述べている。[38]また、金田氏は若狭の「狐狩り」盛行について次のように述べている。[39]

石見・出雲・伯耆の狐筋圏に隣接して、もっとも過敏に他国の狐憑きの風聞被害に反応し、毎年悪獣のキツネを村境に追放するために民俗行事のキツネガリを継承してきたといえるのではないか。

さらに、同氏はキツネガリと若宮、キツネガリと地頭などとの関係にも注目している。また、大森恵子氏は、「狐狩り・狐ガエリの行事次第を分析したところ、「狐は悪さをするもの」と信じて村外へ狐を追い出すことに主眼をおくものと、「狐は神である」と信じて丁重な神送りを目的とするものの、二つの形態に大別できることが明らかとなった」としている。[40]ともに、見解はよく理解でき、同じところに帰結するのかもしれないが、いま少し回り道をする。

〈**狩られ、追われるキツネ**〉 小論冒頭に示した「キツネの伝承」分類表（表1）及びそれに基づく叙述にそって見ると、まず生態伝承の中での害獣性に注目しなければならない。家禽・飼兎に対する食害やノウサギ（ヤマウサギ）の利用度が高い地帯のキツネのウサギに対する食害は当事者としては深刻であろうが、人畜に対する狼害、農作物に対するイノシシ・シカの食害の大きさに比べてみるとその深刻度は相対的に低いと考えることもできる。人に対するキツネの害はキツネの妖霊性の方が大きい。化騙・誑はもとより、この国で広く、長く信じられてきたのはキツネの憑依性・狐憑きの問題だった。狩るべきもの、追放し、抹殺すべきものは人に憑くと信じられてきた憑依性を中心としたキツネの妖霊性だったのである。例えば小正月の豊穣予祝、家とヒトの幸い予祝と表裏性をなして、家や家人に付着している病魔、それを象徴する瘡《かさ》を除去してくれるのが「瘡取《かさど》り」＝カセドリであり、[41]ナモミ＝火斑に象徴される体の異常を取り去ってくれるのが「ナモミ剝ぎ」即ちナマハゲだった。小正月に追放しなければならないものに家人に憑くキツネの妖霊があったのであり、これを除去することによって新しい年をすこやかに生きられると考える人びとがいたのである。

〈**帰され、送られるキツネ**〉　キツネは守られるべきものであり、放逐すべきものではないとする認識は、稲荷信仰でキツネを神使とするところに発するという見方は広く見られるところである。その稲荷信仰とかかわるキツネの善霊性を信じ、農の豊穣や豊漁、屋敷守護などを願う人びとも多い。複合象徴伝承で、キツネの色と穀物の穂の形と色の示唆するところは、稲荷信仰にかかわる狐尊崇に底流するところである。狐施行・寒施行に見られるキツネとの共存地平の意識もここにかかわる。さらには、これまであまり顧みられなかった生態伝承の中の益獣性にも注目しておきたい。

右に小正月の狐行事の持つ二面性を整理してきたのであるが、狐行事は、常に割り切れない部分をひきずってきている。狐狩りに対して狐送りではなく「狐帰り」といった不安定な表現をとっている点、唱え歌「狐の鮨」の晦渋《かいじゅう》性、「オロロ」という深い願望を含む呪言と矛盾する文脈の唱え歌、「狩り」の内容をともなわない唱え歌や儀礼行為などを見る時、人びとの、キツネという動物とその伝承をめぐる葛藤や撞着を見逃すわけにはゆかない。そこにはキツネという動物、その伝承の持つ多面性、突きつめてゆけば両義性があるのだった。

その両義性は人畜を殺傷する一方で、焼畑作物や稲作に多大な食害をもたらすイノシシ・シカを捕食するというオオカミ＝山犬の持つ極端な両義性に比して見れば緩やかなところがある。また、小正月行事に登場する鳥追いの鳥やモグラ打ちのモグラに対する視線が放逐一直線であるのに対して小正月の狐行事で扱われるキツネは先に見てきたように複雑なゆらぎを背負っている。キツネはオオカミほど深刻な危害もなく、害鳥やモグラのごとく霊性を欠く存在でもない。多様な霊性を持つと信じられ、それゆえに纏《まと》っている伝承にも複雑なキツネの姿がある。キツネは日本人の動物観を鳥瞰する上で極めて重要な動物である。柳田國男の時代でさえ、それ以前に比べてキツネの数が減ったとされている。現今はさまざまな環境変化によりキツネの姿はさらに減少している。キツネが現実のキツネから離れ、実態と乖離《かいり》・観念化する傾向は徐々に進んできたのであるが、オオカミ（ニホンオオカミ）のごとく観念の世界の動物になる日が来るのが意外に早いのかもしれない。

最後に、狐観が、生業・生業環境・地域社会のありよう・信仰環境・生活様式や社会環境の変容・自然環境の変化などとのかかわりで、振幅やゆらぎをともなうものであることに重ねてふれておく。

注

(1)柳田國男「狐塚の話」初出一九四八（『柳田國男全集』20・筑摩書房・一九九九）。
(2)柳田國男「田の神の祭り方」初出一九四九（『柳田國男全集』20・筑摩書房・一九九九）。
(3)柳田國男・早川孝太郎共著『おとら狐の話』初出一九二〇（『柳田國男全集』22・筑摩書房・二〇一〇）。
(4)折口信夫「信太妻の話」初出一九二四（『折口信夫全集』第二巻［古代研究・民俗学篇1］中央公論社・一九七五）。
(5)石塚尊俊『日本の憑きもの——俗信は今も生きている』（未来社・一九七二）。
(6)谷川健一責任編集『日本民俗文化資料集成⑦憑きもの』（三一書房・一九九〇）。
(7)吉野裕子『狐——陰陽五行と稲荷信仰』（法政大学出版局・一九八〇）。
(8)森俊「狐の民俗——特に食用、薬用としての狐を中心に」（『加能民俗研究』第三十四号・二〇〇三）。
(9)若狭町伝統文化保存協会編『若狭町の戸祝い・キツネガリ調査報告書』（二〇一五）。
(10)野本寛一『季節の民俗誌』（玉川大学出版部・二〇一六）。
(11)松山義雄『続々・狩りの語部——伊那の山峡より』（法政大学出版局・一九七八）。
(12)鈴木棠三『日本俗信辞典　動・植物編』（角川書店・一九八二）。
(13)水原秋櫻子・加藤楸邨・山本健吉監修『カラー図説日本大歳時記』（講談社・一九八三）。
(14)松山義雄前掲（11）に同じ。

(15)野本寛一「鼠とのたたかい」(『生態民俗学序説』白水社・一九八七)。
(16)人見必大著・島田勇雄訳注『本朝食鑑』成稿一六九二(平凡社・一九七六)。
(17)柳田國男「熊谷彌惣左衛門の話」初出一九二九(『一目小僧その他』『柳田國男全集』7・筑摩書房・一九九八)。
(18)鈴木棠三前掲(12)に同じ。
(19)松山義雄前掲(11)に同じ。
(20)野本寛一「セコボーズの象徴性」(『山地母源論1――日向山峡のムラから・野本寛一著作集Ⅰ』岩田書院・二〇〇四)。
(21)吉野裕子前掲(7)に同じ。
(22)菱川晶子『増補版・狼の民俗学――人獣交渉史の研究』(東京大学出版会・二〇一八)。
(23)柳田國男前掲(17)に同じ。
(24)柳田國男「狼史雑話」初出一九三二(『狐猿随筆』『柳田國男全集』10・筑摩書房・一九九八)。
(25)柳田國男『遠野物語』初出一九一〇(『遠野物語拾遺』を加えての『遠野物語』増補版・一九三五)。ここでは新潮文庫版によった。
(26)野本寛一「昔話と環境」(『國學院雑誌』九十九巻第十一号・一九九八)。
(27)野本寛一監修『日本の心を伝える年中行事事典』(岩崎書店・二〇一三)。
(28)五来重「狐と初午」(『宗教歳時記』角川書店・一九八二)。
(29)久下隆史「きつねがり」(福田アジオほか編『日本民俗大辞典』吉川弘文館・一九九九)。
(30)若狭町伝統文化保存協会前掲(9)に同じ。
(31)大森恵子「但馬地方の狐狩り・狐ガエリ行事の要因分類一覧表」は、若狭町伝統文化シンポジウム『戸祝い・キツネガリ~来訪神　子どもたちによる祈り』(平成二十七年八月二十二日)においてパネラー発表資料として配布された。
(32)久下隆史前掲(29)に同じ。
(33)谷川健一『神・人間・動物――伝承を生きる世界』(平凡社・一九七五)。
(34)大森恵子『年中行事と民俗芸能――但馬民俗誌』(岩田書院・一九九八)。
(35)久下隆史前掲(29)に同じ。
(36)柳田國男監修・民俗学研究所編『改訂綜合日本民俗語彙』(平凡社・一九七〇)。

(37)野本寛一「馬の鎮めと子守唄――オロロンバイの水脈」(『牛馬民俗誌・野本寛一著作集Ⅳ』岩田書院・二〇一五)。
(38)金田久璋「若狭町の戸祝い・キツネガリの特徴」(若狭町伝統文化保存協会編『若狭町の戸祝い・キツネガリ調査報告書』二〇一五)。
(39)金田久璋「狐狩り候――民俗行事キツネガリの起源」初出一九九八(『森の神々と民俗』白水社・二〇一四)。
(40)大森恵子前掲(34)に同じ。
(41)折口信夫「春のまれびと」初出一九二八(『折口信夫全集』第二巻[古代研究・民俗学篇1]中央公論社・一九七五)。

モグラ

鼹鼠、土竜などと表記する。哺乳綱食虫目モグラ科の小獣で地下に棲息する。ミズラモグラ・アズマモグラ・コウベモグラなどがあるがここではモグラとして一括してあつかう。モグラ・モグラモチは、もぐって土を持ちあげる意であるが、「ウクロモチ」とも呼ばれた。畝《うね》や畔《くろ》を持ちあげるところからの呼称であろう。食虫目で、ミミズやケラなどを主食とするので農作物に対する直接的な食害はないものの、地下坑を掘って移動するために作物を持ちあげたり、根を枯らしたりして畑作物に害を与える。また、水田の棚田、段差のある田の畦やノリ面に穴をあけて漏水の要因を作ることによって稲作にも被害を与えてきた。そのため、人びとは、モグラの防除・駆除・追放に腐心し、さまざまなくふうを重ねてきた。それは、即物的な対応にとどまることなく、子供組がかかわるモグラ追放・鎮圧の年中行事にまでも及んでいる。

写真１　日本に生息する７種のモグラ類はすべて固有種である

一　モグラ対策の諸法

モグラの被害を受けないために、人びとはさまざまな防除、追放などの具体的な対応を行ってきた。モグラについては各地で聞きとりを重ねてきたのだが、平成九年から十四年にかけて三重県伊賀市、当時上野市の『上野市史・民俗編』(1)の編纂にかかわり、旧上野市域でモグラに関して詳細な聞きとりをすることができた。ここではその資料に、他地の伝承資料を加える形で話を進めてみたい。

〈音による追放・防除〉　モグラは、継続的な振動・振動音・鋭い音・大きい音などを嫌うということは各地で耳にした。

㋐風車《かざぐるま》前後：最初にそのことを聞いたのは静岡市葵区戸持という山のムラで農業を営む井口正一さん（明治三十七年生まれ）からだった。山から葉のついたスズダケを刈ってきて、モグラが悪さをする畑の中のモグラ道の上など随所に挿しておくと、やがて葉が乾燥する。乾燥した笹の葉が風に吹かれてカサカサ鳴ってその振動が地下に響いてモグラは居つかなくなる。同様の伝承は静岡市葵区大間、長野県下伊

写真２　畦に立てられたモグラ除けの風車。長野県飯田市上久堅（上）、福島県大島郡昭和村（下）

那郡大鹿村でも聞いた。このスズダケがやがてセルロイドの風車になる（写真2）。現在では全国各地の田畑で、器用に加工されたペットボトルの風車が風を受けて音を立て、モグラの嫌う振動の響きを伝え続けている。もとより、現在でもプラスチック製の風車も活躍している。

㋑鳴子《なるこ》：鳴子と言えば害鳥除けを想起するが、モグラ除けにも鳴子が用いられた。三重県の旧上野市域ではモグラのことを「オゴロ」と呼ぶ。縦二〇センチ横一五センチほどのトタン板に紐をつけ、長さ三尺前後の竹の先に結びつけたものを、一～二間おきに田の畦に立てる。鳥居出の前川謙一さん（大正七年生まれ）にこのことを聞き、同地の田畑をめぐってみたところ、収穫を終えた田の畦で、これが風に吹かれて鈍い金属音を出していた。近い音と遠い音が混じって響き、これがモグラ除けの鳴子であることを実感させてくれた。

㋒肥桶のチェロ：下肥を担いで運ぶ肥桶の耳（紐をつける部分）をオーコ（天秤棒）でこすって音を出す。夕方、尺八のような音を出すとよい（旧上野市服部・前川庄太郎さん・大正九年生まれ）。実際には「ギシギシ」「ガリガリ」といった音である。同様の伝承は、旧上野市の荒木・三軒屋・西条でも聞いた。天秤棒で肥桶の耳をこするというモグラ追いは、右の他、静岡県藤枝市花倉・秋山政雄さん（明治二十九年生まれ）、静岡県浜松市天竜区春野町平城の藤盛貞蔵さん（明治三十四年生まれ）、愛知県北設楽郡東栄町月の栗林知伸さん（明治三十四年生まれ）からも聞いた。ともに夕暮れ時に行うとよいと語っていた。旧上野市比自岐の貝増昌生さん（大正七年生まれ）は「オゴロは夕方に動く」と語っていた。

京都府南丹市日吉町田原の竹林八十郎さん（大正六年生まれ）から以下の話を聞いたことがあった。――イネが苗葉のころはシカにやられ、稔るとイノシシにやられた。肥タゴの耳を杖でこすって音を出す。その音がイノシシ除けになると伝えられ、それも宵闇に「タゴスリ」をすると効力があると言われていた。イノシシ除けにも番木やシシオドシ（添水《そうず》）など、音による防除があるのだが、これはいかにも呪的儀礼要素が強い感じがする。モグラ追いとイノシシ追いの共通性が注目されるところである。音による防除は他にもある。

㋓午前三時に起きてモグラの害のあるところを掛矢で叩く(静岡県牧之原市菅ヶ谷・菅沼英喜さん・昭和十一年生まれ)。

㋔モグラの害があるところへ朝早くトンカチを持っていって石を叩くとよい(広島県世羅郡世羅町小谷・桜井陽子さん・昭和三十四年生まれ)。

㋕モグラが土をあげたところを子供たちが横槌で叩く遊びがあった(静岡県藤枝市岡部町野田沢出身・曽根文夫さん・昭和十二年生まれ)。これは、横槌を使うモグラ打ち行事の基層を思わせる。

〈畦と遮断物〉 棚田や段差のある水田の間の畦にモグラが穴をあければ上の田の水が漏れてイネは枯れる。したがって田植前の畦塗りに際して、畦の中に諸物を埋め込んで、モグラを防ぐ方法がある。

㋐畦塗りの際、突刺性のあるスギの葉を塗り込む。また、二メートル間隔に棒を挿して塗り込む(旧上野市荒木・葛原隆三さん・大正十年生まれ)。静岡県伊豆市湯ヶ島でも同様にスギの葉を埋め込んだ。

㋑畦塗りに際して随所に板や石を埋め込む(岐阜県恵那市串原・藪下政俊さん・昭和十四年生まれ)。

㋒畦塗りの折、一〇メートルおきに板を入れて塗った(滋賀県米原市上野・滝沢一郎さん・昭和十二年生まれ)。

㋓畦塗りの時にはアシビの葉を埋め込む(静岡県牧之原市菅ヶ谷・菅沼英喜さん・昭和十一年生まれ)。

㋔アセボ(アシビ)の枝を八寸ほどに切ったものを畦に並べてその上に新畦を塗った(静岡県浜松市北区引佐町川名・山下治男さん・大正十三年生まれ)。

㋕畦塗りの時、波トタンを埋め込む(静岡県藤枝市中藪田・福井富士夫さん・昭和十年生まれ)。

〈モグラの穴塞ぎ〉 棚田の畦の場合、モグラの穴を丁寧に埋めなければならない。

㋐オゴロの穴に藁を詰める(旧上野市大滝・今森崇さん・大正十年生まれ)。猪田西出・下友生・比自岐などでも藁を詰めたというが、鳥居出の前川謙一さんは、藁が腐るとまたオゴロが来るとしてこのごろはビニールや廃油を入れている。

㋑モグラの穴には突刺性の強いムロノキ（ネズミサシ＝針葉樹）の枝葉を入れた（旧上野市高山・的場義一さん・大正五年生まれ）。

㋒オゴロの穴には石油を染みこませた布を詰め土で塞いだ（旧上野市上友生・高田政宏さん・昭和八年生まれ）。

㋓オゴロの穴には赤土を詰めた（旧上野市桂・藤永玲さん・昭和二年生まれ）。

㋔モグラの穴には樟脳・ナフタリンを入れた（長野県下伊那郡天龍村平岡・遠山金志さん・昭和五年生まれ）。

㋕モグラの穴にはダイジストンという農薬を入れて埋めた（鹿児島県出水市荒崎・江野金蔵さん・昭和七年生まれ）。

㋖モグラの穴にはクリのイガを入れてから土で埋めた（愛知県新城市長篠祢宜裏・村松光男さん・昭和七年生まれ）。

㋗モグラの穴にはスルメを少し入れ土で埋めた（静岡県伊豆市原保・石井しずさん・明治三十九年生まれ）。

〈モグラ道《みち》と挿しもの〉　モグラは地下のモグラ道を通って田畑を荒らす。モグラ道の発見は容易ではないが、モグラ道やモグラが通りそうなところにモグラが忌避する害物、嫌うものまたはモグラを阻止する呪力があると思われるものを挿し立てるという方法がある。

㋐モグラ道にシキミ（樒）・クチナシ（山梔子）の枝を挿した（静岡市葵区長熊・長倉てつさん・明治四十三年生まれ）。

㋑モグラ道にニワトコ（接骨木）の枝を挿した（静岡市葵区戸持・井口正一さん・明治三十七年生まれ）。

㋒モグラ道に竹のオドロを挿した（静岡県藤枝市新舟・村越熊吉さん・明治二十七年生まれ）。

㋓クチナシの枝を折って畑の随所に立てた（同）。

㋔クチナシの枝を七寸ほどに切ってモグラ道に立てた（静岡市葵区小布杉・寺坂すぎさん・明治二十三年生まれ）。

㋕モグラの通り道にヨグシ（魚串）を挿した（静岡県賀茂郡松崎町門野・松本きみさん・明治四十二年生まれ）。

〈その他のモグラ防除法〉

㋐モグラのことを「ドユー」（土竜）と言い、モグラが掘ることを「ウチス」と称した。ドユーは夜昼動くので、夜、フクロウ（梟）に捕獲してもらうことを願った。そのために、麦畑の畝の端に、長さ二尺ほどの又木を二本立て、その両方の又に長さ三尺の棒を掛け渡して止まり木状にする。これをトリイ（鳥居）と呼ぶ。こうしておくと夜、フクロウが来てこのトリイに止まり、モグラを獲ってくれるというのである（山梨県南巨摩郡早川町茂倉・深沢喜光さん・明治四十年生まれ）。

㋑鶏糞を畑の周囲に埋めるとイグラ（モグラ）除けになると伝えた（長野県下伊那郡天龍村大河内・田村良一さん・明治三十四年生まれ）。

㋒モグラはショウブ（菖蒲）を嫌うといって田の水口にショウブを植えた（山形県尾花沢市牛房野・佐藤雄和治さん・明治三十六年生まれ）。

㋓モグラ除けに石灰を撒いた（静岡県浜松市北区引佐町寺野・松本武さん・明治三十八年生まれ）。

㋔モグラはアラメ（海藻）を嫌うと称して畑の四隅にアラメを置いた（山梨県南巨摩郡早川町奈良田・深沢金治さん・明治四十四年生まれ）。

㋕岐阜県恵那市明智町大久手は川がなく、各戸で溜池を持ち棚田が多く、天水田もあった。漏水をもたらすモグラは稲作の敵だった。棚田のノリ面を「ボタ」と称し、新畦を塗る前の四月、モグラ追いを兼ねたボタ叩きをした。これを「モグラ叩き」と呼んだ。ボタ叩きの道具は大槌型の大コテで、これによってボタを叩き固めた。モグラは振動の痺れを嫌うと称して力まかせにボタを叩き固めた（保母清さん・昭和十一年生まれ）。

㋖「源三位頼政」と木の札に書いて棒につけ、畑の四隅に立てるとモグラ除けになる（静岡県榛原郡川根本町壱町河内・吉川美智雄さん・明治三十九年生まれ）。

㋗畦の上に点々と石油や農薬をたらす（愛知県豊田市足助川面・松井朗さん・昭和十三年生まれ）。

㋘畦塗りの時、竹筒に入れた石油を少しずつ垂らして土に混ぜて塗った（旧上野市上友生・高田政宏さん・昭和八年生まれ）。

㋙モグラ除けとしてモグラの穴に煮干しを入れた（静岡県浜松市天竜区水窪町大野・水元孝次郎さん・大正九年生まれ）。

㋚モグラ除けとしてモグラの起こしそうな場所に魚粉を撒いた（静岡県浜松市天竜区水窪町有本・守屋金次郎さん・明治三十七年生まれ）。

㋛モグラ除けにはウマの蹄を削ってモグラの穴に入れた（長野県飯田市上村下栗小字屋敷・胡桃澤菊男さん・昭和五年生まれ）。

㋜オゴラ（モグラ）による田の漏水を防ぐために、畦塗りの時、土をトロトロに練っておき、少し堅くなってから塗る。また、オゴラ除けとしてウマの蹄を削ったものを畦に塗り込んだ（長野県飯田市下瀬・上松壮人さん・大正十五年生まれ）。

㋝この他、特に注目すべきものに、田の畦にヒガンバナを植えるとモグラが来なくなるという伝承があり、以下の各地で伝えられている。①山口県周南市八代・久行信明さん・昭和十八年生まれ、②奈良県天理市萱原《ちさはら》・萱原利臣さん・昭和十三年生まれ、③愛知県豊田市足助《あすけ》川面・松井朗さん・昭和十三年生まれ、④静岡県藤枝市中藪田・福井富士夫さん・昭和十年生まれ。

ヒガンバナの鱗茎はアルカロイドという毒素を含有しているためにモグラがこれを除けると考えられる。ヒガンバナについて有薗正一郎氏は以下のように述べている。[2]

　筆者は、ヒガンバナは中国の長江下流域から人間が日本へ持ち込んだ植物であると考えている。その時期は佐々木がいう稲作ドミナント段階の稲作技術が日本に伝わった縄文晩期であり、ヒガンバナはその技術を構成する救荒植物として日本に渡来した。ヒガンバナは日本では人間が創出した空間に広く自生し、とりわけ水田の畔や屋敷地の周辺に多く自生するからである。

斬新な見解である。それにしてもヒガンバナは稲田の畦畔に過剰なまでに密着叢生している。ここには畦を侵すモグラ対策がからんでいたのではあるまいか。

〈モグラと食物連鎖〉

㋐当地ではケラ（螻蛄）のことを「キラ」と呼び、一般的に、キラは田の畦に穴をあけるものとして嫌われるものであるが、この地には、「キラはオゴロの餌」という口誦句がある。食物連鎖の伝承として注目される（旧上野市諏訪・堀正勝さん・明治四十二年生まれ）。

㋑オゴロはケラ・ミミズを喰うためにクマセ場（堆肥場）に集まった（旧上野市比自岐・貝増昌生さん・大正七年生まれ）。

㋒モグラはメメズ（ミミズ）とケラを喰う（静岡県浜松市北区引佐町寺野・松本武さん・明治三十八年生まれ）。

㋓茶畑の茶の木を改植し、茶の苗を植える時に堆肥を施す。その堆肥にミミズが集まるのでそこにモグラがつく。そのモグラを獲るために竹筒の罠（後述）を仕掛ける（静岡県掛川市居尻・佐藤雅之さん・昭和三十一年生まれ）。

㋔ミミズが湧かないと畑作物の収穫があがらない。ミミズが湧くとモグラがつく（長野県飯田市上久堅・木下善治さん・大正十二年生まれ）。

〈モグラ獲りの罠〉

㋐径一寸五分、長さ一尺ほどの竹筒に回転弁をつけ、モグラが直進して筒に入ったら弁が回転して出られなくなる罠をモグラ道に仕掛けた（静岡県藤枝市下当間・小沢重太郎さん・明治三十三年生まれ）。同様の罠を三重県旧上野市諏訪では、「ハナヅラ」と呼んだ。また、「オゴロモンドリ」（同比自岐）「モンドリ」（同猪田西出）などと称して盛んに仕掛けた。「モンドリ」とは、本来は返しのある筌《うけ》のことである。同様の竹筒罠は奈良県天理市萱原、愛知県豊田市足助川面など各地で盛んに使われた。こうした竹筒罠を祖形として、現在はプラスチック製の、径四センチ、長さ三十センチほどの筒の一方を塞いで五個ほどの通気孔をあけ、いま一方の口に弁をつけた新型のモグラ獲り罠が各地のホームセンターで販売されており、盛んに利用されている（写真３）。餌を入れないでモグラ道に仕掛ければモグラが獲れるのだ。

㋑木製箱型罠――小型の木箱の片方の面（扉）を吊り上げ、鳥罠のクビチ（首打ち）と同じチンチン棒を仕掛け、チンチン棒を受ける横木に糸をつけて、その先にミミズを括っておく。モグラがミミズを食べるとチンチン棒から横木がはずれて扉の板が落ちて入口を塞ぐというものだった（静岡県島田市笹間粟原・成瀬治宣さん・明治二十二年生まれ）。この罠は土中のモグラ道に仕掛けた。これと同じ形式の罠、その実物を愛知県北設楽郡東栄町月の栗林知伸さん（明治三十四年生まれ）方で見ることができた（写真４）。この形式の罠は製作に手がかかりすぎるようだ。

〈村落共同体とそのモグラ駆除〉

㋐オゴロを獲って区長に届けると区長がそれを買いあげた（旧上野市猪田西出・中森文雄さん・大正六年生まれ）。

㋑昭和十年前後、オゴロとカラスを区で買いあげた。ともに一匹・一羽一

写真３　モグラ捕獲用の筒罠。静岡県浜松市天竜区横川上百古里、栗田基夫家

写真４　モグラ獲りの木製箱型罠。愛知県北設楽郡東栄町月、栗林知伸家

銭ほどだった（旧上野市桂・藤永玲さん・昭和二年生まれ）。こうした方法は各地で行われていた。奈良県天理市萱原では区でモグラ駆除の費用が予算化されており、その予算でモグラ代を米として買い入れていた。各戸には前もって券を配布しておいた。子供などがモグラを捕獲すると、その券とモグラの後足一本を持って区長の家へ届けた。区長はそれと引き替えに米を五合渡した。昭和時代までは一匹米五合、平成に入ってからは一匹米二合となり今でも続いている。萱原では、モグラを見ると「米五合」と唱える時代が長かった。モグラは田の畦にも穴をあけて困らせたが、秋、十月から十一月甘藷、菜類にも害を与えた。作物の下を通ると根が浮いて作物が枯れる。モグラがネズミの穴を使って移動することもある（久保正夫さん・昭和五年生まれ）。三重県旧上野市東谷には「オゴロ料」「カラス料」という言葉が残っている。オゴロ一匹につき、カラス一羽につき、年貢から米三合がさし引かれた時代があったのだという。

これまでモグラに対するさまざまな対応を見てきた。モグラの行動を抑止したり、モグラの忌避するものを畦に塗り込んだり、穴に埋め込んだり、モグラ道に挿し立てたり、じつに多くのものを用いてきたことがわかった。用いられた諸物を概観すると、即物的効用、呪的効用などが渾然としていることに気づく。あまりに当然な板や石などは省き、およその特徴を確かめておきたい。

〈突刺性による遮断〉（1）スギの葉　（2）ネズミサシの葉＝ヒノキ科の常緑針葉樹で、針葉樹の中で最も突刺性が強いところからイモムロのネズミ除け、蚕室のネズミ除けなどに使われ、蚊遣りとしても焚かれた。他界と此界の境界木と認識された例もある。[3]（3）クリのイガ　（4）竹のオドロ

〈毒性伝承・薬性による遮断〉（1）樟脳　（2）ナフタリン　（3）ダイジストン　（4）石油　（5）廃油　（6）石灰　（7）アシビ＝馬酔木と書くごとく、動物はその毒性を嫌う。牛馬のダニ除けやダイコンの害虫、頭髪のシラミを除けるのにアシビの煮汁を使う地は多かった。（8）シキミを土葬墓に植え、墓に供えるのは古くは死体を

暴取するオオカミ除け、猪除けのためだったという。

〈薬効伝承による魔除け的呪用〉（1）クチナシ（2）ニワトコ

〈鹹水生物の臭気と力〉（1）スルメ（2）魚串（3）アラメ（4）ナマコ（5）煮干し（6）魚粉――こうして並べてみると「ナマコヒキ」（後述）のナマコは決して孤立するものではなく、「海」「鹹水」にかかわる生きものとして総合的に考えてみることができそうである。

〈ウマの力・その他のモグラ防除法〉　事例㋛㋜ではウマの蹄を削ったものをモグラ除けに使っている。これは、巨大な体、重い体重のウマ、馬蹄の力によって大地を踏み鎮める「ウマの力」に頼ったものと見ることができる。

二　モグラと年中行事

①新潟県魚沼市大栃山――一月十五日の早朝各家庭の子供たちは、藁などを叩く横槌の把《と》っ手《て》に二メートルほどの縄を縛りつけて家の周囲を引きまわった。その時次のように大声で叫びながら引いた。〽横槌どんの御前だ　モグラモチや内にか　外に出たらかっつぶせ――（大島寛一さん・明治三十八年生まれ）。

②静岡県浜松市天竜区水窪町西浦――当地ではモグラのことを「イグラ」と呼ぶ。一月十五日、「ツチンド」というモグラ除けの行事を行った。ツチンドとは、槌殿、即ち横槌のことである。横槌の把っ手に一間ほどの縄をつけ、子供たちはおのおのこの縄を持って麦畑の中を引きずり回りながら〽ツチンドが来たに　イグラどんは逃ぎょうよ――と大声で唱えた。柿は、「カキトル」と称して麦畑で干し柿を食べた（小塩光義さん・明治三十七年生まれ）。

①②に登場する横槌はモグラを打殺することのできる道具で、この場合、モグラを威嚇し、追放の予祝を行う呪具としてはまことにふさわしいものである。

③岩手県奥州市江刺区米里小字中沢——旧暦一月十五日に、「ナマコヒキ」を行った。ユンヅケ（ツマゴ・藁沓）に籾殻を入れ、縄で巻き固めてナマコ（海鼠）の形を作る。それにオモユ（重湯）をかけてヌメリをつける。子供たちはこの巨大化させたナマコの模造物に縄をつけて屋敷の周囲や田畑を引き回る。同時に棒で地面を叩きながら〽ナマコどののお通りだ　モグラそっちゃいげ——と大声で唱した（中山龍夫さん・昭和三年生まれ）。

④岩手県遠野市——「小正月、ナマゴヒキと謂って　ナマゴ殿のお通り、もぐら殿のお国替え。と言う文句を怒鳴りながら、馬の沓《くつ》に縄をつけたのを引《ひ》き摺《ず》って、家の周囲や屋敷の中をまわりあるく。是はもぐら除けのまじないだと謂われて居る」（『遠野物語拾遺』[4]）

⑤熊本県八代市泉町樅木——旧暦一月十四日に「モグラウチ」を行った。子供から青年までが各戸をめぐり、門口で「○○さんところのタカナの苗床はどこでござろうか。祝うてよかろうか悪かろうか。一つ二つの返答をください」と唱えると、家々では「祝うてくれ。祝うてくれ」と応じる。すると、子供たちが棒で庭や畑を叩く。その時子供たちは「キタナイ　キタナイ　ワタ（ハラワタ）が出る。ワタが出る」と声をそろえて叫んだ。一同は祝儀を受けて移動する（村川種男さん・明治三十五年生まれ）。

⑥宮崎県東臼杵郡椎葉村尾手納——旧暦一月十四日夜、子供たちが棒の先に藁苞をつけたもので各戸の庭や畑を打ちながら巡回し、餅をもらって歩いた。その時、声をそろえて〽菜園場のモグラウチ　モーグラ打ったら祝いましょう　祝いの国から三百軒の家を建て　モーグラ打って祝いましょう　銭出すか　餅出すか　出さんなら……——と唱した（甲斐忠作さん・明治二十四年生まれ）。

⑦長野県木曽郡大桑村長野――一月十五日のドンドン焼きに行く時に、〽モグラモチ　オダチ（俺の地・俺の田圃）で年ょとるな――と大声で叫んで歩いた（暮沼安彦さん・昭和二年生まれ）。

右に紹介したモグラウチ行事は、本来は旧暦、後に新暦の一月十四日または十五日に行われたものである。①②は横槌という農家の所有する打砕具を呪具として子供たちが屋敷や麦畑を引き回す形である。強力な槌を示し、逃げない場合はこの槌で打殺するという威嚇が示されている。槌は時に、モグラのみならず悪霊や大地を擾乱《じょうらん》するものを鎮める呪具ともなる。[5] ③④は岩手県のナマコヒキである。

宮本常一はナマコについて次のように記している。[6]

山口県大島では十五日にはこの行事はなくなっているが、呪言のほうは童謡になってのこり、土竜の害がはなはだしくなると海鼠の煮汁を畑にそそぐ風があって、年中行事ではなくなっている。

海に近い土地では実物のナマコが使われている点に注目しなければならない。宮城県の気仙沼では一月十四日は「ナマコトリ」と称して萱苞《かやつと》にナマコを入れて縄で縛り、子供たちが家々を巡回したという。海に近いところでは実質的にも儀礼的にも海のナマコが用いられていたことがわかる。それにしても、③のナマコの造形はみごとである。

⑤⑥は九州脊梁山地の例である。

ここに掲げた事例は多くの実践の中のごく一部であるが、東北地方から九州に及ぶ広域で旧暦および新暦の一月十四日・十五日に、ムラの子供たちが各戸を巡回する形でモグラウチをしていたことがわかる。一月十五日は小正月であり、古層の正月である。この日は「鳥追い」「繭玉」など、生業にかかわるいとなみを年頭にあたって予祝しておく日でもある。モグラウチは農に害を与えるモグラの害を年頭に当たって予め除去し、モグラを追放しておこうという農の豊穣予祝になっていると考えることができよう。

関東地方では十月十日に「トオカンヤ」（十日夜）という行事を行う。

⑧埼玉県秩父市大滝小字栃本――十月十日夜に子供たちは芋ガラを芯にして米俵をほどいた藁を使って何箇所もしっかり縛った藁鉄砲を作り、それを持って各戸を巡回する。玄関口や縁側の前の土をその藁鉄砲でひっぱたきながら、〽トオカンヤ　トオカンヤ　朝ソバキリに　昼団子　夕飯食ったらひっぱたけ――と大声で叫んだ。各戸では祝儀をくれた（山中国辰さん・大正八年生まれ）。

⑨共古日録巻六に依れば、群馬県北甘楽地方では、十月十日をトオカンヤといい、この夜は子供等藁にて太き縄をこしらえ、地面を打ちまわる。土龍除《むぐらもちよ》けの呪法だという。その歌の文句は　とおかんやいいもんだ　朝そばきりに昼だんご、夕飯食ってひっぱたけ（『年中行事覚書』(7)）。

この日をダイコンの年とりの日とする地もある。イネの刈りあげ、ムギの蒔きあげの日とする地もある。モグラ打ちの詞章からすれば「朝ソバキリ」―ソバキリは、ソバのハレの日の食法であるから新ソバの収穫祭であったことも考えられる。これと併せて稲作・畑作に害を与えるモグラを鎮め、地霊を鎮めたとも考えられる。

⑩茨城県桜川市大泉小字宿下――旧暦八月十五夜、子供たちは芋がらを芯にして藁を縛り固めた「ボージボー」と呼ばれる藁鉄砲を一人一本ずつ作る。宿下は二〇戸だった。子供は兄弟・姉妹で家ごとにまとまり、各戸を巡回して庭を叩きながら、〽大麦当たれ　小麦当たれ　三角ばったら蕎麦《そば》当たれ――と大声で叫ぶ。これを三回以上くり返すと各家人は銭をくれた。これを「モグラ打ち」と称した（船橋亮さん・昭和八年生まれ）。

藁鉄砲につけられた「ボージボー」という不思議な名称はどんな意味があるのだろうか。「榜示杭《ぼうじくい》」というものがある。境界標示木のことで、これは、無用の者、悪しきものを阻止・遮断する力を持つ。モグラ打ちの榜示棒は田畑や屋敷に侵入して悪さをするモグラを遮断し、追放する呪力を持つ呪具となっているのではなかろうか。唱えことばは、以降の季節に実入りしたり、播種・生長・稔りに至るオオムギ・コムギ・ソバがモグラの害にも遭わず豊作になること、即ち当たることを願うものである。

⑪茨城県土浦市矢作――お盆の十五日に「モグラウチ」をした。藁だけを使って径五センチほどの太い縄を綯い、縄の先端が開くように縒《よ》る。矢作は戦前五〇戸ほどだったが、二〇人ほどの子供たちがこれに参加した。子供たちは、声をそろえて〽ドウガンダ　ドウガンダ――と大声で叫びながら家々を巡回した。家々では小銭をくれた。「ドウガンダ」という意味はよくわからないし、自分が参加した年の翌年からこの行事は行われなくなったと語る。なお、当地には、「モグラが屋敷に土を盛るのは雨の前兆だ」という伝承がある（矢口真さん・昭和十年生まれ）。

「ドウガン」というのは「皮師」「皮細工」のことである。モグラの皮で財布を作ると金がたまる（静岡県藤枝市市場）という伝承がある。また、藤枝市花倉の秋山政雄さん（明治二十九年生まれ）は、日露戦争のころにはモグラの皮で防寒の耳当てが作られていたと語っていた。モグラにとって皮師は恐怖の対象となる。〽ドウガンダ　ドウガンダ　というのは、皮師の集団がモグラを追いたてる威嚇の構造になっているのである。

⑫内田邦彦の『津軽口碑集』(8)の中に以下の例がある。――「五月五日夜、蓬と菖蒲とを共に縄もて巻きたるものを以て家の周囲を歩みつつ地を打ちて、「モグラモチつぶし　モグラモチつぶし」と囃す」（小和巻・藤崎）。

右に見てきたとおりモグラ除け、モグラ追放を目的とした行事は、驚いたことに、年頭、小正月の予祝、田植前の端午の節供、八月十五夜――夏作・表作物の実入り・稔り前の願い、十月十日――秋の稔りに対する感謝に併せて冬作物・裏作物の豊穣祈願、と多岐に、しかも全国各地で実践されていたのである。

事例の中に登場する子供たちは、神の資格で、ある種の呪力をふるう呪具を持って各戸を来訪してくれたことになる。それゆえに、餅や銭が献じられるという形になっているのである。

ここで、いま一つの、モグラにかかわる訪れ神を紹介しておきたい。鹿児島県指宿市池田仮屋に「吉永のモイヤマ」と呼ばれる杜《もり》がある（写真5）。坂道の三叉路の角にあり、四坪に満たないほどである。杜は小さいが樹種はタブ・クス・アラカシ・エノキ・ツバキ・イチイガシなどから成る。この杜の中にモリガミさん・地神・内神さんなどの民俗神が祭られている。中に、径二五センチほどの球体の自然石があり、それを御神体として「ザッチュードン」というモグラを退治してくれる神が祭られている（写真5）。大変珍しい神様で、人びとがいかにモグラに悩まされていたかが思われた。同地に住む吉永隆巳さん（大正八年生まれ）はさらに貴重な話を聞かせてくれた。――折々「ザッチュードン」と呼ばれるモグラ退治をしてくれるという、呪力を持った旅人がまわってきた。布袋を担ぎ、杖をついて巡回してきた。その杖で地面を突き叩く呪的儀礼を行い、謝礼として米を受けとり、袋に入れて

写真５　鹿児島県指宿市池田仮屋「吉永のモイヤマ」とその御神体「ザッチュードン」

立ち去って行った。「ザッチュードン」という呼称は不可解で、異様だった。

吉永家を辞して長い道を歩いた。杖をたよりにして巡回する旅を続けるザッチュードンとは「座頭殿《ざとうどん》」のことではなかろうか。座頭とは、頭髪を剃った盲人で、琵琶や三味線を弾じて語り物を語ったり、按摩・鍼の施療をしながら巡回した者である。視力に支障のある者が座頭になることが多かった。視力に障害がある者は杖に頼り、杖の先からさまざまな情報を得て杖を使いこなす。このことから、座頭殿すなわちザッチュードンは、地下を荒らし農にさまざまな被害をもたらすモグラを杖の呪力で鎮圧する力を持つと信じられたのである。その杖は大地を攪乱させるすべての悪しきものを鎮める力があるとまで考えられることもあった。吉永のモイヤマに祭られるザッチュードンはその名称からして、巡回する「ほかいびと」の方が先行し、その名を負って定着したものと考えることができる。

モグラは昔話の中にも登場する「モグラの婿とり」という笑い話や、モグラと太陽の確執のテーマもある。あまりに太陽の光が強いので弓で太陽を射落とそうとして逆に地下世界に封じられるという骨子のものがある。例えば、大分県の国東半島には、モグラは本来地上で暮らしていたのだが、モグラがお日様に向かって放屁したので地下で暮らさなければならなくなり、モグラが地上に出るとお日様から睨まれて命を失うことになった。ところが、モグラは死んで人の役に立つ。モグラの死体を屋敷の四隅に埋めておくと、その家には魔ものが入らなくなるという。また、モグラを黒焼きにして金襴の袋に入れて身につけるとお守りになるという。――地下世界に棲息するモグラが太陽の光に当たると死んでしまうとする俗説的伝承は広く行きわたっている。ネコはモグラを獲りはするが、食べることはしないという伝承は各地で耳にした。短くて、意外にも汚れていない異様な手足や鼻、いかにも異界の生きものといった印象で転がっている屍を見かけることがある。白日のもとにさらされるこうした屍の姿と、平素地下にひそみ続ける実態から、モグラは太陽の射光によって死ぬという伝承が発生したものであろう。

モグラの黒焼きは痔や夜尿症、火傷・瘡《くさ》・結核その他の薬になるなど各地に多様な薬効伝承がある。(9) 三重県旧上野市下神戸ではオゴロを黒焼きにして牛の皮膚病の薬にしていた。また、モグラが屋敷を起こすと雨になるという口誦句も各地に伝えられている。

地下に棲み、土を動かすモグラは、姿を見せずに地を動かすという点で、地震に悩まされるこの国の人びとにとって、モグラの鎮圧は農のためばかりではなく、大地を振動させ、攪乱させる目に見えぬ力の鎮圧にもつながると考えていたことが推考される。年中行事で子供たちがモグラを鎮めるために大地を叩く所作は、ここにつながる部分も潜在したことであろう。

注

(1)上野市編集発行『上野市史・民俗編・上巻』(二〇〇一・民俗編執筆委員代表・野本寛一)。
(2)有薗正一郎『ヒガンバナが日本に来た道』(海青社・一九九八)。
(3)野本寛一「鼠とのたたかい」(『生態民俗学序説』白水社・一九八七)。
(4)柳田國男『遠野物語』初出一九一〇(『遠野物語拾遺』を加えての『遠野物語』増補版・一九三五)。ここでは新潮文庫版によった。
(5)野本寛一「民具呪用論」(岩井宏實編『技と形と心の伝承文化』慶友社・二〇〇二)。
(6)宮本常一『民間暦』(講談社学術文庫・一九八五)。
(7)柳田國男『年中行事覚書』(講談社学術文庫・一九七七)。
(8)内田邦彦『津軽口碑集』初出一九二九(池田彌三郎ほか編・日本民俗誌大系・第九巻『東北』角川書店・一九七四)。
(9)鈴木棠三『日本俗信辞典 動・植物編』(角川書店・一九八二)。

第Ⅱ章

鳥——トリ

ツバメ

―ツバメへの眼ざしと対応

それまでもツバメに関心は抱いていたのだが、私が、人びとのツバメに対するやさしい思い、ツバメとの共生感覚に心打たれたのは平成七年、鳥取県八頭郡智頭町上板井原の平尾家を訪れた時のことである。端午の節供について聞いている時のことだった。平尾新太郎さん（明治四十一年生まれ）は次のように語った。——端午の節供には糯《もち》米六：粳《うるち》米四の割合で、クマザサの葉を使って笹巻を作る。その際、三個の笹巻を「アガリドサノソラ」（寄りつきの間の天井）に「ツバメの分」として吊っておいた。ツバメは二回子をはやしたが、一番巣、二番巣と呼んだ。ツバメが巣立つと虫気（害虫の活動）が少なくなると伝えた。ツバメが笹巻を食べようはずもないのだが、何というやさしさだ。ツバメを歓迎する心が滲んでいるではないか。以降、各地をめぐるたびに人びとのツバメへの対応に耳を傾けるようになった。ツバメを迎える喜び、自分たちの家の中でツバメの雛が孵《かえ》った喜び、ツバメを送る心——ツバメの卵にかかわる伝承などじつに豊かなものがある（写真1）。

①春、ツバメがやってきて家の前で鳴くと、リンゴ箱の上に米をのせて歓迎した（青森県つがる市木造・長谷川隆美さん・昭和二十一年生まれ）。

②小正月の繭玉、十六団子、小正月に作る凍み餅は、ツバメが来るまでは食べてはいけないと言われていた。ツバメは春子と夏子を孵す。ツバメの巣には貝殻があると伝えられ、それがお守りになると伝えられていた。実際には、ツバメの卵の殻をその貝殻に見立てて出征兵士に持たせた。「ツバメは千里行って千里帰る」と言われていたので、帰還を祈ってのことだった（山形県西村山郡朝日町玉の井・川村実さん・昭和六年生まれ）。
③三月三日の雛祭りにキビと糯米半々の餅を搗き、のしてから切って藁で吊っておく。ツバメが来たら食べてもよいと伝えられていた（山形県村山市楯山《たもやま》・鈴木シケノさん・大正十四年生まれ）。
④小正月の十六団子と凍み餅はツバメが来てから食べるものだと伝えられている（山形県西村山郡朝日町立木・松田みつ子さん・大正十年生まれ）。
⑤春、ツバメが来て玄関の前で鳴いたら、お手掛け盆に米を盛って戸口に立ち、これを撒いてツバメを歓迎した（山形県鶴岡市関川・野尻伝一さん・昭和九年生まれ）。
⑥ツバメがやってきて家に入った日に赤飯を炊く家がある（山形県鶴岡市木野俣・本間光一さん・昭和二十九年生まれ）。
⑦ツバメが家に入って巣を作り始めると赤飯を炊く家がある（福島県南会津郡南会津町山口・月田禮次郎さん・昭和十八年生まれ）。
⑧只見町木沢の飯塚家では、ツバメが来て家の中に巣を作り始めると「ツバメモチ」を搗く（福島県南会津郡只見町只見・新国勇さん・昭和三十二年生まれ）。
⑨春、ツバメがやってきて玄関前で騒ぐと、盆に菓子などを盛って、「ツ

写真１　餌を求めるツバメの雛

バメ　ツバメ　いらっしゃい」と唱えて歓迎した。ツバメは二回子をはやす（新潟県村上市北大平・宇鉄タマヨさん・昭和三年生まれ）。

⑩ツバメが玄関の前で鳴くと、「ツバメ　ツバメ　よくいらっしゃいました」と言って、お手掛け盆にマッチと付け木をのせてさし出して歓迎した（新潟県村上市中継・板垣なおさん・昭和十八年生まれ）。

⑪春、ツバメが来ると、それは家で生まれたツバメが帰ってきたのだとして、障子を開け、丸盆を出して迎える。そのお盆は、正月に、米・カキ・昆布・松葉などを盛って年始客を迎えたものである。「カッコメ」「マイコブ」「クリコム」という吉祥口誦をふまえて年始客にさし出すのだが、実際に年始客がこれを受け取るわけではない。ツバメも家に幸いを持って舞いこむものだとして、大切な盆をさし出して歓迎したのである（新潟県中魚沼郡津南町大赤沢・石沢政市さん・明治三十六年生まれ）。

⑫ツバメの巣の下に棚板をつけて巣を保持した。雛が孵ると木器に飯を盛って棚に供えた（新潟県魚沼市大白川・浅井主雄さん・昭和三年生まれ）。

⑬ツバメが玄関に巣をかけるとその家は繁盛する。雛が巣立つと赤飯を炊いた（富山県南砺市利賀村上百瀬・南端喜代峰さん・昭和七年生まれ）。

⑭姑から次のように教えられた。――春、ツバメがやってきて巣をかけ、卵を生み、雛が孵ると、卵の殻を一個分だけ下に落とす。他の殻はどこかへ運んでしまう。一個分だけ落とすというのは、雛が孵ったことを家の者に知らせ、お礼をするのである。その卵の殻を保存しておいて粉にして飲むと安産の薬になる。岡田家では、玄関の板戸の上隅を一五センチ四方ほど切ってツバメの通い路を確保していた（愛知県豊川市八幡・岡田春江さん・大正十一年生まれ）。

⑮姑から次のように教えられた。――女は、ツバメの巣から落ちた卵の殻は跨ぐものではない。ツバメの卵の

殻は女の血の道の薬になるから保存しておくとよい。姑が寒の水で墨を磨り、アオダイショウ除けの呪歌を書いて貼っているのを見たがその呪歌は記憶していない（愛知県豊川市八幡・神道玉恵さん・大正七年生まれ）。

⑯ツバメが巣から落とす卵の殻は保存しておき、粉にして飲めば安産の薬になる（愛知県豊川市千両・宇野聖哉さん・大正十二年生まれ）。

⑰ツバメの卵が孵るとシデを切って吊った。一番子は普通五羽孵るが、六羽孵ると赤飯を炊いた（兵庫県美方郡香美町村岡区水上・西村千代子さん・大正六年生まれ）。

⑱ツバメの一番子は五羽孵り、二番子は三羽孵ることが多い。おのおの小豆飯を炊いた（兵庫県美方郡香美町村岡区山田・山本長太郎さん・大正四年生まれ）。

⑲ツバメは二回卵を孵す。一番子は五羽が多いが、六羽以上孵ると赤飯か小豆飯を炊いて神棚に供え、家族も食べた。卵の殻は、粉にして飲めば女の薬になると伝えた。ヘビ除けには線香を焚いた。ツバメは害虫を捕ってくれるので百姓のためによい（兵庫県美方郡新温泉町伊角・宮谷一枝さん・昭和三年生まれ）。

⑳ツバメは二回子を育てる。一番子は普通五羽孵るが、六羽孵るとオハギを作って近所に配った。卵の殻は薬になると言われた。アオダイショウ除けに線香を立てた（兵庫県香美町小代区秋岡・井上喜美子さん・昭和六年生まれ）。

㉑ツバメが六羽孵ると赤飯を炊いて祝った。火事が起こる家にはツバメが来ないと言われる。ナグサ（アオダイショウ）除けにはトタンで垣を作った。ナグサはネズミ獲りで家のヌシだと言われた（鳥取県東伯郡三朝町大谷・田中かよさん・大正三年生まれ）。

㉒ツバメは二回子をはやす。一番巣は普通五羽だが六羽雛が孵るとボタモチを作って神仏に供え、ツバメが立派に孵りましたと言って祝った（島根県雲南市三刀屋町粟谷・板垣正一さん・大正六年生まれ）。

㉓厩の戸は開放するのでツバメの季節にはツバメが四つも五つも巣を作った。ツバメはウマの背にとまって虫

を捕食する。ツバメの巣が多いと「厩繁昌《うまやはんじょう》」だと伝えた（岩手県遠野市佐比内・佐々木清さん・大正十四年生まれ）。

㉔厩は母屋続きの屋根の下にあった。厩にはツバメがたくさん巣を作った。ツバメは牛馬のためによいとして、ツバメが通うための窓が作ってあった（青森県十和田市長沼・長畑徳一さん・昭和二年生まれ）。

㉕厩は早く開けるのでツバメがたくさん入り、巣も多くかけた。二回雛を育てた。巣は風通しの悪いところへは作らない。ツバメの巣を守る板は、板目の方がよい。柾板を使う時には巣に対して柾が並ぶようにすると板が割れて落ちる。柾を縦にして巣をかけた梁などに交わる形につけるとよい（山形県最上郡戸沢村十二沢・秋保三郎さん・明治四十一年生まれ）。

㉖ウシを一〇頭飼っていた。その牛舎にツバメが三〇から四〇の巣を作っていた。ツバメはウシにつくハエを食べてくれるからありがたいとされていた（島根県仁多郡奥出雲町横田小字雨川・藤原フヂヨさん・大正十三年生まれ）。

㉗ツバメは二回子育てをする。母屋の二階の腕木に巣を作るとカラスにやられる。昭和五十六年の豪雪の後になくなった二つ屋という部落があった。二つ屋は最も多い時で八戸だった。ムラの「柴切り」（開祖）だとされる惣右衛門という家の妻が、ツバメに対して次のように語った。――「お前は毎年来るけれど何もみやげを持ってこない。たまにはみやげを持ってこい」。次の年、ツバメはカボチャの種のようなものを持ってきた。惣右衛門家ではその種をオオバコ原というところに蒔きつけた。やがて芽を出し、生長してカボチャのような実をつけた。その実を切ってみると中から黒いヘビが出てきた。この時から二つ屋には黒いヘビが多く棲むようになったと言われている（岐阜県飛騨市河合町角川小字中木・中斎徹さん・昭和九年生まれ）。

㉘ツバメが来る家には吉事がある。高齢の年寄りの中には、春になっても家にツバメが来ないと、「今年は自分が死ぬのではないか」と語る者もいた（鳥取県日野郡日野町横路・柴田久子さん・大正二年生まれ）。

㉙ツバメは二回雛を孵す。ツバメが来ると火事にならないと伝えた（岡山県真庭市苗代・長恒絢男さん・大正四年生

まれ)。

㉚ツバメは二回雛を孵す。「六羽三メオト」できたらゲンがよいと言い伝えた。ツバメにつくアオダイショウ除けにはタバコの吸い殻を使った。蔵には「ネズミ獲り」というアオダイショウが一匹いるのでいじめてはいけないと伝えていた(岡山県真庭市美甘油田・植田和子さん・昭和六年生まれ)。

二　ツバメと人——その関係の多様性——

〈ツバメの来る日〉　右に、各地の人びとのツバメとのかかわりを見てきた。候鳥であるツバメは春を告げる鳥である。福井県坂井市丸岡町一本田の中島藤作さん(明治四十二年生まれ)は、「ツバメが来ると雪が解ける」と端的に語った。長野県飯田市上村下栗小字小野は標高九九〇メートルの地である。同地の成沢徳一さん(昭和二年生まれ)は「ツバメが来ると半纏《はんてん》(綿入れ半纏)を脱ぐ」という自然暦を伝えていた。以下も徳一さんによる。——一番巣、二番巣をかけるのが普通だが、小野は標高は高いものの、陽当たりがよいので三番巣をかけることもあった。二番巣にはアオダイショウがつきやすかった。アオダイショウ除けには線香を三箇所ほどに立てた。ツバメの鳴き声を「土喰って　虫喰って　口渋い」と聞きなした。また、ツバメに対して悪いことをすると罰が当たると伝え、悪いことをした場合は、「親死ね　子死ね　弟は目つぶれ」と鳴く、と言い伝えた。静岡県伊豆市大平柿木の下山友一さん(明治三十九年生まれ)も「ツバメが来ると半纏を脱ぐ」という同じ自然暦を伝えていた。それは、修善寺の弘法様の縁日とほぼ一致していた。事例②③④には小正月の繭玉や十六団子、凍み餅、弥生の節供の吊るし餅などを食べてもよい解禁日として「ツバメの来る日」が定められていたのである。子供たちはツバメの姿、ツバメの鳴き声がじつに待ち遠しかったのである。「暦の立春」は春にはほど遠いものだった。雪国の人々にとってツバメの来る日こそが実感に満ちた立春だったのである。

〈**迎え、目守《まも》る者の思い**〉　事例の中には、民家の前や民家の中でくり広げられるツバメの営みに応じて示される人の側の心意表示儀礼が語られている。以下、ツバメの営みの時系列にそって事例を並べてみよう。——⑴飛来・来入歓迎＝事例①（米を供える）⑤（米を撒く・盆を使う）⑨（菓子など・歓迎のことば・盆を使う）⑩（マッチと付け木・歓迎のことば・盆を使う）⑪（障子を開け丸盆を出す）。まず注目すべきは、年中行事で最も重要な正月に、年始客を迎える儀礼にとって極めて重要な「盆」を使ってツバメを迎えている点である。米や付け木も人の贈答に用いられるものである。これをもって見れば、ツバメはイエイエにとって毎年時を定めて海の彼方の常世からやってくる重要な来客として扱われていることがわかる。⑨⑩では歓迎のことばも発せられている。春を運び、幸いを運んでくる者に対する丁寧な儀礼が行われていたのである。⑵家への来入祝い＝⑥（ツバメが家に入った日に赤飯を炊く）⑶営巣開始の祝い＝⑦（赤飯を炊く）⑧（ツバメモチを搗く）⑷孵化の祝い＝⑫（飯）⑰（シデを切って吊る）⑱（一番子も二番子も小豆飯）⑸増数孵化の祝い（一番子は普通五羽だが六羽以上孵ると特別に祝う）＝⑰（赤飯）⑲（赤飯か小豆飯）⑳（オハギを近隣に配る）㉑（赤飯）㉒（ボタモチ）⑸巣立ちの祝い＝⑬（赤飯）。

右のようにツバメに対する深い思いのこもった儀礼がこの国の広域において行われていたことがわかる。これらの民俗実修地・伝承地の多くが日本海沿いの雪国であることに心惹かれる。春を運ぶ鳥との交感が濃密だったのである。

〈**卵の殻と子安の貝**〉　次に注目すべきは卵の殻である。事例⑭で、ツバメは宿を借りたお礼として卵の殻を一個分だけ落とすというのである。類似の伝承を複数箇所で耳にしたことがあった。⑭ではツバメの卵の殻を粉化して飲めば安産の薬になるとしている。⑮では、卵の殻は女性の血の道の薬になるとし、女性は、ツバメが落とした卵の殻を跨いではいけないとしている。⑯でも殻は安産の薬だと伝えている。⑲では粉化して飲めば女の薬になるとする。⑳でも卵の殻の呪力を伝えている。

『竹取物語』の婿難題の条件の一つとして登場するものに、「燕《つばくらめ》のもたる子安の貝《かひ》」がある。子安貝は宝貝のことであるが、その形状が女陰に似るところから、この貝を握ってお産をすれば安産が得られるとする俗信がある。「燕の子安の貝」は『竹取物語』では現実には入手困難なものとして登場するのであるが、「燕」と「子安貝」の結びつきは決して荒唐無稽のものではなかった。「カヒ」は「貝」の意に限定されるものではない。卵のことを「カヒゴ」という。「カヒ」は卵の殻をも意味するのである。してみると事例⑭⑮⑯などは極めて重い意味を持つことになる。これらの現行民俗から遡及すれば、『竹取物語』に示された「燕のもたる子安の貝」とは、母ツバメが生み、温め孵化させた卵の殻そのものだということにもなる。ここで、「燕」と「子安」が結びついた要因を考えなければならない。——それは、ツバメが、生んだ卵を無事孵らせ、繁く、こまやかに雛の餌になるさまざまな虫を運び、人の住まいの中でみごとに雛を育てあげ、巣立つところまで逐一人の家族に見せてくれるからである。ツバメは人にとって、子生み・子育てのこの上ない、身近なお手本になってきたのである。ツバメはまちがいなく「子安の鳥」であり「育みの鳥」である。

斎藤茂吉の代表歌集『赤光《しゃっこう》』(1)に収められた「死にたまふ母」は挽歌の絶唱として読む者の心をうつ。母いくは、大正二年五月二十三日に他界したのであるが、歌を読み進めてゆくとその季節的背景が自然に心の中にできあがってゆくのに驚く。それは、属目の植物はもとより、暮らしの周辺にある小動物がごく自然な形で詠み込まれているからである。茂吉は、明治十五年、山形県南村山郡金瓶村（現上山市）の農家で熊次郎・いくの三男として生まれた。茂吉が挽歌の中に詠み込んだ小動物は、いずれも、母に対する思いを触発させる起爆物なのであるが、おのおのの小動物の背後には、日本人が継承してきた民俗の匂いがあることを忘れてはならない。以下、茂吉の「死にたまふ母」のなかのツバメの歌を緒としてツバメと人との関係について考えてみよう。

　のど赤き玄鳥《つばくらめ》ふたつ屋梁《はり》にゐて
　足乳根《たらちね》の母は死にたまふなり

「のど赤き」とは極めて主観的な表現であるが茂吉の心情はよく伝わってくる。この歌は一般に「涅槃図《ねはんず》」であると説かれている。茂吉の母の臨終にツバメが侍して悲しむ図であるというのである。しかし、茂吉の心象には、民俗的なツバメが生きていたはずである。茂吉の挽歌に登場するツバメは「子育ての聖鳥」としての印象がある。それが直ちに「足乳根の母」へとつながってゆくのである。

〈厩とツバメ〉　事例㉓㉔㉕はいずれも厩にツバメがたくさん巣を作って雛を孵したという事実を語っている。これらは東北地方の例であるが、㉖は牛舎、それも島根県の山中で類似の現象が伝えられているのである。岩手県花巻市石鳥屋町戸塚小字蒼前の藤原昭男さん（昭和二十年生まれ）の家の屋号は「蒼前」で代々ウマを飼い、馬事に精通した家柄だった。母屋続きの厩も大きく、南部馬・西洋馬併せて常に五頭ほどのウマがいた。厩は戸が開けてあるので毎年ツバメが入って二〇個ほどの巣を作っていたという。鳥取県日野郡日南町笠木の坪倉清隆さん（昭和六年生まれ）は常時四～五頭のウシを飼育していた。厩（牛舎）には毎年ツバメが来て一二、三個の巣を作っていたという。野外における牛馬に対するアブの被害は深刻で、ウマには尻掛け・サンド掛け・腹当てなどをした。また、厩や牛舎の梁から松束・杉束、その他の柴束などを吊るしておき、牛馬がおのれで背や首をそれらにこすりつけ、アブやハエの害に対応するといった形が各地で見られた。牛馬を問わず、日射も強く、アブなどの害虫の活動が活発になる夏季には放牧場から家の畜舎にもどし、厩肥の獲得をも兼ねて舎飼をするという対応は広く見られた。野外に比べて厩ではアブの数は少ないものの、被害はあったし、ハエに至っては被害は大きかった。事例㉓㉖ではツバメがアブやハエを捕食してくれる利点が語られている。ツバメが稲作に害を与える虫を捕食してくれることは広く知られているのであるが、ツバメはウシ・ウマなどの家畜に害を与える虫も捕食してくれる。畜産農家にとってもツバメが益鳥であることがここに確認できた。アオダイショウやカラスは、ウマやウシの棲む畜舎には入らない。ここに、ツバメと牛馬との広義の共生関係が見られ、家畜を中において、人とツバメとの共生関係も成立していたのである。大切な牛馬を害虫から守ってくれるツバメを、人は厩においても守ってきたのである。

事例の中に一見異質だと思われる伝説がある。それは事例㉗に含まれている。叙事展開に完結性がないように思われるのだが、それは、実在するムラ・イエにかかわる伝説だからであろう。「黒いヘビ」がある種の結末を暗示している。一般に、イエに幸いを運んでくるとされるツバメ、家の継続・隆盛につながる「安産」をもたらしてくれるカヒ（卵の殻）を恵み、イネの害虫を捕食してくれるツバメ――。ツバメは遠い海彼から長旅を続けてこの国を訪れてくれる。それなのに、そのツバメにみやげを求めるとはとんでもないことだ、という人びとの心意がこの伝説には底流しているのである。

〈ツバメの産卵回数と自然環境〉 静岡県浜松市天竜区春野町杉地区の増田彦左衛門さん（明治四十四年生まれ）は「ツバメは春の彼岸に来て秋の彼岸に帰る」といい、ツバメの一番子は一番茶のころ、二番子は八月、三番子は九月の初めに生まれ、三番子は育ちにくいという。旅立ちの季節を目前にした三番子は早く体を作らなくてはならないという本能からやかましく鳴き立てて親に餌を求める。このことから、この地方ではやかましくおしゃべりをする小娘たちのことを「ツバメの三番子のようにやかましい」と表現する。

静岡県榛原郡川根本町尾呂久保の土屋亀一さん（明治三十七年生まれ）は、尾呂久保では三番子を作らないという。春野町杉地区の中でも増田さんの住む杉峰は標高五〇〇メートル、土屋亀一さんの住む尾呂久保は標高七〇〇メートルである。この二〇〇メートルの高度差によって、三番子が育てられなくなるのである。ツバメの産卵と子育ては、緯度・標高・気温・地形・日照条件などによって差異が生じてくるのである。飛来時期も環境条件によって異なるので、飛来前線がある。土屋さんは、一番子は早いからヘビに喰われないが、二番子はヘビに喰われることが多いという。静岡県賀茂郡松崎町池代は東西に走る谷のムラである。斎藤さとさん（明治三十六年生まれ）は、谷の南側の家にはツバメが巣をかけないが、谷の北側、即ち南向きの家にはツバメが巣をかけるという。

ツバメの営巣や産卵・孵化の回数は地形や標高、日照条件などの自然環境と密接な関係を持っているのである。候鳥であるので南方との去来を基本とするが、静岡県の浜名湖、千葉県・京都府・熊本県などには滞留するものもあるが、異常気象で死に至ることもある。ツバメの産卵・孵化の回数を示すのには、「一番子」「二番子」、「一番巣」「二番巣」、「春子」「夏子」などの表現が用いられた。産卵の回数を「一腹《ひとはら》」「二腹《ふたはら》」という地もある。人家があってもそれが空家ならツバメは巣作りをしない。空家の場合、人に、ツバメの天敵たるアオダイショウやカラスから卵や雛を守ってもらえないことを知っているからである。

〈田植唄とツバメ〉　島根県邑智郡邑南町に伝わる田植唄に次の歌詞がある。

〽燕《つばくろ》の羽々そろへて遠く立ちよ
　遠くたちよせにゃ飼《やしな》ひ親の身は苦しい
〽羽をそろへて常磐《ときは》の国に——

また、『田植草紙』には次の歌が収められている。

〽燕《つばくら》に羽生えそろはば遠くたてや
　養ふ親の身は苦しみ
〽羽をそろへて常磐の国へたたれ
　燕親には心やすかれ
　羽をそろへてみな一ときにたたれ

この二つの田植唄には、新たに巣立ったツバメたちも親ツバメも、「羽をそろへて」ツバメの原郷である「常磐の国」、即ち「常世」へ無事に帰ってほしい、そしてまた来年も羽をそろえて来てほしいという人びとの祈りが込められている。常世からの使者でもあるツバメは毎年、時を定めてこの国へやってきて増殖を果たし、人びとのくり広げる稲作を支援してくれる。田植前後に水田および周辺を盛んに飛翔し、飛翔中に、メイガ・バッタ・セジロウンカ・ツマグロヨコバイ・ハナアブ・カメムシ類・キンバエ・クロバエなど、稲作に害を与える虫やその他の虫類を多く捕食し、雛の待つ巣に休むことなく運び続ける。泥田を耕し、泥田で田植をする農民と泥土で巣を作るツバメは泥土を扱う同士である。イネの害虫捕食者たるツバメは稲作の協力者でもある。ツバメが田植唄に登場してくるゆえんである。

人びとは農の協力者を歓迎し、宿を提供して子育てを見つめ、ツバメ・卵・雛を害をもたらすものから守ってきた（「アオダイショウ」の節参照）。人とツバメとの間には広義の共生関係が成立し、人は長い間それを守り続けてきたのだった。

〈神輿とツバメ〉　静岡県磐田市の矢奈比賣《やなひめ》神社の神輿《みこし》にツバメの装飾がついていることに注目していたところ、平成元年（一九八九）十月、福井県立若狭歴史民俗資料館の「若狭の四季――年中行事と祭り――」という特別展

写真２　田の神祭りの神輿につけられた麦藁のツバメ。福井県小浜市遠敷

示で貴重な資料を目にすることができた。それは、福井県小浜市遠敷池田・検見坂の、田の神祭りの神輿であった。同地の神輿が展示されていたのである。同地区の田の神祭りは毎年五月下旬に行われており、その時子供たちの担ぐ神輿は、漆塗り、金張りで立派なものであるが、屋根だけは麦藁で作られている。そして、屋根の四隅には、写真2のように、これまた麦藁で作ったツバメが挿し飾られていたのだった。麦藁のツバメは、素朴ではあるがみごとな造形感覚を示している。屋根を麦藁で葺いた神輿は、「イナムラ」に似ており、沖縄でいう「シラ」に通じる。それは柳田が説く、「稲の産屋《うぶや》」[2]に見たててもまちがいなかろう。元来、沖縄のイナムラ即ち「シラ」には、翌年の稔りのための稲種が込められていたものであり、若狭遠敷の田の神の神輿は、そのシラと同じ原理に支えられ、類似の形態を示していたのである。麦藁で作った屋根をかぶせ、その中に稲種を籠らせ、それを担いで練り囃し、稲霊《いなだま》を活性化させるという、古い時代の信仰形態をこの若狭の田の神祭りはよく残存させている。その古層の稲作信仰を思わせる麦藁屋根神輿の屋根の四隅に麦藁で作ったツバメが飾られることの意味は重い。ここに、日本の稲作農民のツバメに対する認識が明瞭に示されていると見るべきであろう。ツバメが田の神祭りと強く結びついているのである。ツバメは、単に春と緑を呼ぶ鳥ではなく、稲作の豊穣をもたらす鳥なのである。

若狭でこうした実感を深めたのち、平成三年六月二日、鹿児島県日置市日吉町、日置八幡神社の御田植祭を見た。通称「セッペトベ祭り」と呼ばれる祭りの概略は既に報告したことがある。[3]「セッペトベ」とは「精一杯跳べ」の意で、若者たちが泥田の中で土練り、泥こねをするところから来た名称である。泥田における土練りは、踏耕の名残をとどめながら水田の湿潤を願い、イネの豊作を祈るものである。このほか、「シベ竿《さお》」と呼ばれる、高さ一八メートル前後の青竹の先端にアカマツの鉋《かんな》ガラの房をつけたものが登場する。鉋ガラの房の先はかつては紅殻《べんから》で染め、現在は化学染料で染めてある。このようなシベ竿を神田の隅に立てるのであるが、先を赤く染めた鉋ガラの房を先端にとりつけた長い竿を立てるこの神事は、田植後の日照即ち「太陽の恵み」を祈願するものと考えられる。鉋ガラの房は太陽の象徴なのである。

写真３　日置八幡神社神輿のツバメ。鹿児島県日置市日吉町

　さて、この祭りで、神田の隅に設けられた御旅所《おたびしょ》まで神輿が渡御《とぎょ》するのであるが、その神輿の屋根の四隅にも写真3のように木製のツバメがつけられていた。ツバメの聖鳥性は各地の神社の神輿と結びついて深く浸透していたのであった。それは、単にツバメがイネの害虫を捕食する益鳥であるという認識にとどまることなく、常磐の国、即ち常世とこの国を結び、この国にやってきて、一番子・二番子、時には三番子まで育てて再度常世に帰ってゆくという認識にもとづくものであった。ツバメは、常世から増殖の呪力と増殖の幸いを運び来る鳥だったのである。増殖を象徴し、しかも時を定めて常世とこの世を往復する鳥は、まず稲作農民の心をとらえ、それがさらに一般化していったものであろう。「ツバメを殺すと火事になる」という禁忌伝承は広域に見られる。[4]

〈**ツバメの住宅難**〉　奈良市中ノ川町の池ノ畑伊平さん（明治三十七年生まれ）を訪ねた時のことである。池ノ畑家の玄関の大戸はまだ障子張りで、その障子

写真４　ツバメの窓。奈良市中ノ川町、池ノ畑家

の上部の一マス分の紙が切りとられて空いていた。伊平さんに聞いてみると、それは、ツバメが母屋の中の巣に通うための穴だと説明してくれた（写真４）。

かつてはこのような「ツバメの窓」（通い路）のある民家は各地でごく一般的に見られた。前述の事例⑭にも見られる。ところが、今ではこうしたツバメの窓は全く見られなくなった。そして、その伝承すら消えつつある。昭和三十年代末にアルミサッシが出始め、それは見る見るうちに普及し、その技術は年を追って精巧になった。民家の建て替えにともなって大戸障子や板戸は瀟洒なアルミ製の引き戸やドアにかわった。内ニワ、土間も消え、住居全体に密閉性が進み、床も改善された。ツバメの通う窓口は閉ざされ、糞や餌となる虫類を落下させ、床や畳を汚すツバメは新時代の住居からは閉め出された。全国のツバメはどこでも、おしなべて住宅難である。ツバメは危険性の多い軒端・屋根つきの門・倉庫の軒・ガード下などに営巣せざるを得なくなっている。

まことに残念ながら人とツバメの共生時代、人とツバメの蜜月時代は終わった。さりとて、この国の多くの人びとに、再度ツバメと同じ家に住みなさいとは言えない。しかし、先人たちが長い時間をかけて培ってきた、ツバメと共に生きる心、ツバメへのやさしい眼ざし、ツバメが眼前でくり広げていた子育てに対する共感を忘れるわけにはゆかない。先人たちは、ツバメと共に生きる中で、じつに多くのことを学び、やさしくやわらかい気持ちを身につけてきたのである。喪失したものの補いはどこかでつけなければならない。

注

（1）斎藤茂吉『赤光』初出一九一三（日本の詩歌8『斎藤茂吉』中央公論社・一九六八）。
（2）柳田國男「稲の産屋」初出一九五三（『柳田國男全集』21・筑摩書房・一九九七）。
（3）野本寛一『稲作民俗文化論』（雄山閣出版・一九九三）。

ツル

一　ツルの民俗模索

1　ツルの里「出水《いずみ》」へ

ＪＲ鹿児島本線「出水駅」ではツルの飛来期間に「只今のツルの飛来数」という掲示板を立てている。私が同地を訪れたのは平成二十八年十一月二十七日のことだった。掲示板には十一月一日現在の数が示されていた。総数一一、八七二羽、下に昨年の飛来数一七、〇〇五羽（過去最高）とあり、さらにその下に平成二十八年の内訳がある。ナベヅル＝一一、六一七羽、マナヅル＝二四四羽、クロヅル＝八羽、カナダヅル三羽とあった。これによって当地に飛来するツルの中心がナベヅルであり、マナヅルがそれに次ぐことがわかる（写真1、2、3）。昭和二年、四四〇羽、昭和四十四年、タンチョウヅル一羽を含む三、九〇八羽という記録に比べれば、現在の飛来数は驚異的な数字である。地元の人びとは、折紙の千羽鶴の呼称に因んで、現況を「万羽鶴」と称している。

出水干拓東工区

ナベヅルは、首の途中から下が鍋煤《なべすす》のような濃い灰色をしていることから命名された。全長＝九一～一〇〇センチメートル、翼長＝五三センチメートル。シベリア東南部やアムール川流域を繁殖地とする。マナヅルは、頭から首の後半は白、首の前から背は銀白色、腹から脚のつけ根には黒みがある。目の周囲が赤で塗られたような印象である。バイカル湖からウスリー川流域を繁殖地とする。

出水を中心としたツルは、大正十年（一九二一）、「鹿児島県のツル」として天然記念物に指定され、昭和二十七年には「鹿児島県のツルおよびその渡来地」として特別天然記念物に指定されている。年々保護意識は高まり、保護施策も充実してき

写真１　ナベヅルの飛翔。出水干拓東工区上空

写真２　つがいと子の３羽で落穂を啄むマナヅルの家族。出水市荒崎

写真３　ナベヅルの群行。

ている。現在、ツルの保護区域として出水市の荒崎および出水干拓東工区の水田と、農家からの借りあげ一〇四ヘクタールの保護区域を二箇所設置している。(1) 保護区の周囲には防風・遮光ネットを張り、ツルを刺激から守っている。また、保護区に出入りする車輌には厳しく消毒を施す。北海道のタンチョウヅルや山口県周南市八代のナベヅルを含め、わが国のツルはすべて、保護対策下にある。ツルの渡来地に暮らす人びと以外の多くの日本人にとってツルは観念化された鳥、伝承上の鳥となってしまっている。しかし、わが国における大型鳥、コウノトリやトキの消滅とその復活への努力、復活の実態もまた広く知られるところである。多くの日本人の暮らしとの距離が甚だしいツルは、日本人にとって民俗的関係よりは文化的関係の方が強いのかもしれない。ここでは鹿児島県出水市・阿久根市、山口県周南市八代の人びととツルとのかかわりを緒としながら、民俗誌的、一部には文化誌的なツルにも言及してみたい。

まずはツルと接し、ツルと暮らしてきた人びととの体験と伝承に耳を傾けてみよう。それはあくまでも、保護下のツルと人との関係である。

2　暮らしとツル

①ツルは十月中旬に来る。矢筈岳（六八七メートル）を目標にして来る。月夜の晩に来る。イネは、ツルに喰われないように早稲の農林一八号を栽培し、ツルの飛来前に収穫した。糯種は収穫が遅れたが量も少ないし、その割にツルの害はなかった。昭和四十年までコムギ・ハダカムギを田麦として水田に栽培した。また、イネを収穫した跡にはナタネも作った。他にソラマメ・四月豆（オタフクマメ）も栽培した。これらの作物は基本的にはツルの食害に遭った。少年時代、冬休みや日曜日に、ツルの番（ツル追い）をするのは子供の仕事だとされていた。一斗罐を棒で叩いたり、大声を出したり、手を叩いたりして追った。時間帯はツルが摂餌活動

をする午前八時から午後五時までの間で、ツルが塒《ねぐら》に帰るまでの間だった。

ツルの番、ツル追いをすべき期間は十二月から三月までだったので、冬休み以外の時は、荒崎で田麦を作る家二〇戸が協力して、五人ずつ組を作って輪番でツルの番に当たった。ツルはムギの芽やマメ類のほかに以下のものを好んで食べた。イネのニロクバエ（ヒッジ生えのことで、第二の禄、余禄、二禄生えの意か）、カエル・タニシ・ケラ（螻蛄）・ミミズなど、ツルが最も好むものはケラだと言われている。それゆえ、ツルはケラを求めて畦を崩すので畦塗り、畦の補修にも手間がかかった。ナベヅルは夫婦または夫婦に若子づれの三羽といった固まりが多い。首の白いのが雄、チョコレート色の首が若子、薄いチョコレート色の首が雌だ。ツルの個体数が増加してからドジョウ・カエル・在来種のタニシがいなくなった。

ツルの北帰行はサクラの花の蕾のころであるが、二月でも暖かい南風が吹くと帰る。帰る前には、ツルは一週間分の餌を食べると言われている。今ではツルの北帰行のためにイワシ五〇箱を用意すると言われている。帰りは阿久根市脇本の笠山（六九四・一メートル）の上方を旋回しながら上方へ昇る。一〇〇〇回旋回するとも言われている。そして北へ向かってゆく。ツルはたしかに美しいが、ムギをツルから守るためにツル追いをしていたころには「早よ帰ればよか」と思っていた（鹿児島県出水市荒崎・江野金蔵さん・昭和七年生まれ）。
②ツルは早稲収穫後の十月中旬に飛来する。飛来は出水市中心部の西南、熊本県水俣市との境にある矢筈岳（六八七メートル）を目ざして飛来する。V字型に飛んでくる。一旦矢筈岳に至るとUターンして、干拓地に入る。干拓地といってもそれは水田で、文化庁が農家から借り受けて使っているツルの餌づけ滞留地である。ツルが飛来し、Uターンして飛ぶ時には市街地でもツルの鳴き声が聞こえる。滞留する田の一画には塒《ねぐら》が作られ、塒近くには水場・餌場が作られている。ツルは家族単位で行動する。摂餌活動のための飛翔も、摂餌活動も家族単位である。夫婦、夫婦に若子一羽、夫婦に若子二羽、独身などである。ナベヅル九〇パーセント、マ

ナヅル八パーセント、カナダヅル・ハネグロヅル二パーセントだと聞いている。その他カモ、小型のワタリガラスも飛来している（鹿児島県出水市下水流・宮内勝海さん・昭和四十年生まれ）。

③藩政時代の最後の干拓地に曽祖父の時吉孫吉が入植した。時吉家は、農業と海苔栽培を兼ねていた。ツルの飛来は新海苔を採るための竿を立てる時期と一致していた。十月の中旬から下旬にかけてである。北で産卵が多かった年は飛来の数が多い。ツルは雑食である。農作物ではイネの裏作の田麦（コムギ）の芽と、ナタネの芽がツルの食害に遭った。子供のころ、「ツルがムギの芽を喰うから追ってこい」と言われてツル追いをした。ツルは畦のミミズもカエルも草の根も喰う。今ではムギの裏作はしない。ツルの飛来以前に稲刈りを終えていなければイネがツルの食害に遭ってしまうので文化庁がツルのために借りあげる五〇町歩の水田にはほとんど、コシヒカリ・イクヒカリなどの早稲の品種を栽培する。ツルの飛来前にコンバインで収穫作業を終えてしまわなければならないからである。人がツルに与える餌はコムギ・屑米など、小魚は、現在では淡水系の小魚ではなく海魚のキビナゴを与えている。ツルはケラ・ミミズ・カエル・草の根などを喰うために畦を返して畦に損傷を与える。ツルの糞は水田の肥料になるのだが、畔付近の水田は糞が多く、肥料分過多になる。そうした部分のイネは倒伏してしまう。広い水田に、ツルの糞が適度に、自然に残されたとすればそれは肥料として有効である。

ツルの北帰の第一陣はサクラの蕾のころ、サクラの満開のころにはほとんどが北へ帰る。本来は天気の良い日に旅立つものである。ツルは家族の仲がよく、常時連れそっている。多くのツルの中にはこの地に飛来中に命を落とすものもある。そうしたツルの供養は監視所の開所式、十一月一日に神職に祈ってもらう（鹿児島県出水市・ツル給餌担当・時吉秀次さん・昭和二十五年生まれ）。

④平成二十八年十一月二十八日午前十一時、小野さんは田んぼの中の畑に栽培されているソラマメとブロッコ

リーの畑の土寄せをしていた。これらの作物もツルの食害に遭う。畑にはツル除けのためにテグスと銀色の紐が張られていた。このような、ツル除けのためのテグスや紐の費用は県で負担し、現物は農協を通じて支給されるのだという。これらの作物に対してはツルのほかに渡り鳥も害を与えるという。また、ケラやミミズを好むツルが田の畦を崩すのにも閉口するという（鹿児島県出水市江内・小野笑子さん・昭和十六年生まれ）。

⑤阿久根市の検潮場のある漁港に南から流入している大橋川という川がある。その川を一・五キロメートルほど溯上したところ、遠見ヶ丘の東側に塩焚き小屋が五軒あった。塩焚き小屋は製塩の小屋で萱小屋だった。松島千代子さん（昭和六年生まれ）は阿久根高等女学校二年生の時、塩焚き小屋の萱運びをする勤労奉仕に出かけたことがあった。こんな奥まったところに浜も塩田もないのに塩焚き小屋があるのは不思議だった。塩焚き小屋の南は一面「ムタ」（湿地や湿田）だった。かつて潟が現在より南に深く湾入していたころの塩分がムタ田の下に大量にたまっていたのである。その鹹度の濃い潮水を汲みあげ、吸いあげて塩釜で煮つめて製塩したのである。塩の質は上質だと言われていた。ムタにはヒルはいないがドジョウはいた。しかし大橋川の下流に近い、塩分のない田にはヒルがいた。ムタ田、即ち湿田は南は深く、北は浅かった。南側の、深いムタ田では裏作など思いも及ばなかった。北寄りの浅いムタ田でナタネは栽培したが、ムギの裏作はできなかった。

松島さんの友人、潟ミエさん（昭和九年生まれ）は阿久根市鶴川内から波留の農家へ嫁いできた人で、ムタ田で稲作をしていた人である。ムタ田は、南は深く、北は浅かった。南のムタ田の作業にはモモ半分まで沈んだ。ここのムタ田は塩田の「潟ん田んぼ」とも呼ばれていた。このムタ（湿地）、ムタ田にはツルが飛来していた。「ムタ田の稲刈りが終わるとツルが来た」と潟さんは語る。大橋川とムタ・ムタ田はすぐれたツルの塒だったのである。松島さんも潟さんも、「塩田の潟ん田んぼには一〇〇羽から二〇〇羽のツルが来ていた」と語る。

松島さんは回想する。――ツルが飛来する潟ん田んぼ近くには木造の展望台が作られていた。阿久根の町に栄屋旅館という旅館があり、その旅館に、ツルを見物するためにやってくる客が宿泊した。客は、北九州や熊本の人が多かった。ツル見物の期間は十一月末から三月までで、時間帯は、朝、日の出のころ、ツルが摂餌活動のために舞い立つ時間帯だった。宿泊客は宿の女中の案内で展望台に向かった。寒い季節なので客は皆栄屋旅館の丹前を着ていた。舞い立ったツルは家族単位の集団ごとに随意の地に赴き、餌をあさり、落日とともに潟ん田んぼの塒に帰ってきた。こうしたドラマが展開されていた潟ん田んぼムタ田も埋めたてられ、今は新興住宅地と化している。類似の運命をたどったツルの飛来地、ツルの塒は全国各地に数多くあるにちがいない。そしてその多くは忘却の彼方に消え去っているのである。

ところで、潟ミエさんの実家のあった鶴川内はそのツルの摂餌活動の地にふさわしく「鶴」の名を負っている。鹿児島本線の東側、低山に囲まれた盆地で山下川・高松川という小河川が流れ、平地は水田である。ミエさんによると十月末から三月までの間は田に、二、三羽ずつのグループがやってきて餌を食べていたという。このことについては、また後にふれる。

3　ツルの来る盆地

山口県周南市八代はナベヅルの飛来地として知られている。その八代はJR岩徳線大河内駅の北方六・五キロ、温見ダムの東方三・五キロの山中にある小盆地である。東西の軸が西で微南となる約二キロの楕円と称してもよかろう。中心部の標高は三五〇メートル。東微北の上魚切に向かって標高を増している（写真4）。中央に自動車道路が通り、中間部にツルの観察監視所がある。監視所の南に大門山（ザーマ山）と呼ばれる小丘型の森山があり、大門山と監視所の中間にツルの餌場がある。餌場のある一帯を大坪と呼んでいる。餌場は、そこに二つのワラノウ（トシャク、即ちワラのイナムラ）があるのでわかる。餌場は給餌田で、面積は二反歩、三カマチ、収穫量は一六俵、この二反歩の田は、市が給餌田として借りあげたもので、この一六俵がツルの餌となる。餌は、籾・精米半々、それにムギも加える。ほかに養殖もののドジョウやタニシも与える。給餌はすべて三カマチの中で行う。ツル保護のために八代の盆地内で三〇〇町歩に栽培物・収穫の時期等の規制はかかってはいるが、個人管理の田に施設を作ったり、餌を撒くことはない。ツルの塒は大門山の裏側だという（写真5）。私が八代を訪れたのは平成二十九年二月十六日だった。当季のツルの飛来は五羽で、一組の番《つがい》二羽と若子連れの番だと聞いた。監視所から、子連れの三羽の姿を二〇〇ミリの望遠レンズでやっと認めることができたが写真撮影はできなかった。

以下は、少年時代からツルに親しみ、現在、ツルの監視員を務めている、周南市八代中魚切の久行信明さん（昭和十八年生まれ）の体験と伝承による。便宜上、通し番号をつける。

⑥平成初年、棚田を集約して耕地整理を行った。その結果、機械耕耘も可能になった。裏作もしなくなり、田植は五月、収穫は九月末から十月初めに

写真４　八代盆地東より西方を望む。左端の森山は大門山。山口県周南市八代

写真５　二つのワラノウのある地点の二反歩がツルの給餌田。正面の森山は大門山で、その裏側にツルの塒がある

終了し、ツルが来る前に田からイネが消える状態になった。五〇年前には裏作にムギを栽培していたので六月、ムギの刈り入れ後直ちに田植をするといった状態だったのでツルの飛来時に田にイネがあるのは珍しいことではなかった。もとより、「フケ田」（湿田）で裏作ができない田もあった。盆地の中の水の通り道を中心とした低地はフケ田だった。フケ田は荒起こしや代掻きにウシを使うことはできない。ウシが沈んでしまうからである。腰まで浸って人が作業をした。ウシの腹が田の水に浸っている状態も記憶している。田植は部落単位の手間替えで行われていた。フケ田が多いことは、人びとにとっては苦痛だが、ツルにとっては悪いことではなかった。「八代は湿地帯だった」という伝承がある。

ツルはムギの芽を喰う。少年のころ、家人からよく「ツルを追ってこい」と命じられた。ツルを追う田は家の周囲の二、三反歩だった。ツルは家族単位で移動する。人が近づくと逃げるほどだから声を出して追えばその時は飛び去る。しかし、またやってくる。ツル追いは、登校前と下校後に行った。ツルは雑食で、ほかに、田の畦を崩してケラやミミズ、昆虫の幼虫などを食べた。「ツルは土の中のものを喰い、サギは水の中で泳いでいるものを喰う」と言われている。右のような体験や伝承を生かし、現在の、ツルの給餌田を整備する時には三カマチの田の畦の幅を倍以上にして頑丈にした。ツルは西から来て西へ帰る。飛来時には盆地の東にある烏帽子岳（六九六・六メートル）が目標になったものと思われる。ツルの飛来は、八代盆地に初霜の降りる十月下旬、月夜に飛来して塒に入る。昼、直接餌場に入るものもある。ツルが帰るのは一番桜の花の咲き始め、春霞やもやっている日には帰らない。遠くまで見晴らしが利く晴れた日で、少し風のある日、朝は冷え込んでも昼暖かい日、盆地の中央、大坪に集まる。午前九時から十時の間に飛び立って旋回し、上昇気流に乗る。

当地にはツルを見た時に囃す童唄《わらべうた》が伝承されている。

〽つる　つる　鉤になれ　棹になれ　タイコノバチノフタになれ

じつは、旧熊毛郡熊毛町八代の唄として、町田嘉章・浅野建二編の『わらべうた』の中に、次のように記されている。

〽鶴　鶴　鉤《かアぎ》になァれ　竿《さアお》になァれ　たいころばちの　ふたになァれ

写真６　ツルの墓が集められた「瘞鶴地」。山口県周南市八代

注として次のようにある。(2)——「たいころばち＝本県東部の方言。竹の皮で作った菅笠の如きもの。バチは頭の意か。兵庫県赤穂郡でも田植笠をタイコロバチという。ふた＝笠の上部の形（への字形）か」。番匠笠と同じものと思われるが、竹の皮の笠を田植笠に使う慣行は四国を含めて瀬戸内海ぞいに広く見られた。「フタ」には検討の余地があるが、笠の先端をへの字に括ったものがあったとすれば、V字型飛翔、直列飛翔に加えて、V字型の変形としてのへの字型飛行があることを考えれば筋が通ることになる。ガンの飛翔についても類似の歌詞があるが、ツルの飛来地に伝わる童唄としては極めて貴重なものである。

ツルの墓について質問したところ、久行さんは「瘞鶴地《えいかくち》」の所在地を教えてくれた。「瘞」は「埋める」という意味である。「瘞鶴地」は盆地の西、信号を過ぎたところの南の小丘の上にあった（写真6）。そこには次のような説明板があった。「明治二十年、村の掟を犯して市尻の田で発砲し、鶴一羽を傷つけ、一羽を即死させた猟師がありました。此の時負傷した鶴はその後毎年此の地に渡来していましたが、遂に明治二十八年、春が過ぎてもシベリアへ帰ることができず、桃木峠に落ちてしまいました。これを見た近くの農民瀬来幸蔵さんは、あわれに思い、自宅に連れ帰り、五十余日の間看護に努力しましたが、そのかいもなく死んでしまいましたので、裏山の林の中に家族同様手厚く葬り、小さなツルの墓を自ら刻んで建て供養しました。大正十年、天然記念物に指定されたのを機会に現在地へ移し、此処を瘞鶴地として、その後此の地で死んだ鶴を埋葬し、旅で死んだ鶴の冥福を祈ってきました」。

ツルの供養地の中央には「瘞鶴地」と刻まれた二メートル余の石碑が建てられ、その周囲に自然石を墓標とした各地にあったツルの墓が集められている。その中には瀬来幸蔵が建てたと思われる石柱型の墓もある。「鶴よ安らかに眠れ」と刻まれたものもある。鶴肉の食習は密かに続いていたものであり、この説明板の中に、ツルをめぐる、人間同士の葛藤があったことがわかる。八代に飛来するツルが天然記念物に指定されたのを機に集められた墓は確認できるだけでも五基はある。説明板のごときもの以外、例えばキツネなどに襲われたもの、病を得たものなどもあったはずである。いずれも、ツルに対する人の深い思いが感じられる。『日本伝説名彙』[3]の「塚」の部に「鶴塚」(福島県喜多方市塩川町、滋賀県高島市安曇川町)、「鶴見塚」(熊本県宇土市旧轟村)などがあげられている。纏う伝承はおのおの異なるものの、ツルに対する人の思いという点は共通している。

ツルの死と鎮斎に関してはいま一つ別な流れの伝説群がある。ツルは雌雄の絆が強く、常に番で行動すること、親子、家族も同様であることについては事例等でもふれてきた。強く結ばれた番のツルの雌雄一方を射殺したり子ヅルを射たりした場合、番の一方あるいは親が強い愛着や執着にもとづく行動を示すのを見て心を動かされ、改心した猟師が、自分が射たツルを祀り鎮め、猟をやめるという伝説である。宮園薫氏は、長野県安曇野市穂高字古館の「鶴の宮」、山形県北村山郡大石田町田沢の「鶴子明神」などの例をあげ「鶴の宮」伝説としている。[4]

二　ツルの伝説と昔話

1　ツルと温泉

国土地理院地形図一：五〇、〇〇〇「出水」、鹿児島・熊本県境のライン上に、秋、ツルが「渡り」の目標にしてくると言われる矢筈岳（六八七メートル）がある。そして、その東約一・五キロメートルの鞍部に出水と水俣方面を結ぶ道路の矢筈峠がある。峠を熊本県側に下ってたどると「湯出」という地名があり、温泉の印が記されている。ツルの飛来地の近くに温泉がある。この温泉には「鶴の湯」の伝説があるにちがいないと思った。水俣まわりで湯出に入ってみようと思った。全国各地に、怪我をしたツルが温泉に浸っているのを見て、人もその温泉を利用するようになったという温泉の起源伝承が散在する。㋐青森県黒石市温湯には「鶴ハダチの湯」という温泉がある。「ハダチ」とは「羽立ち」の意で事の始めを意味する。「農ハダチ」という用法もある。㋑山形県鶴岡市温海の温海温泉は、ツルが足の怪我を癒したことによって知られた「鶴の湯」だと伝えられている。㋒山形県上山市鶴脛町の「鶴脛温泉」も、ツルが脛の傷を癒したことによるという伝承がある。他にも「鷺の湯」「鳩の湯」「鴻の湯」「鹿の湯」など生きもの

写真７　湯の鶴温泉。熊本県水俣市湯出

の温泉発見伝承は多い。伊豆や熊野には「猪」にかかわりを持つ温泉もある。

湯出川ぞいの道を遡上してゆくと温泉場にはまだ距離があろうと思われるところに雌雄のマナヅルの像があり「湯の鶴温泉」への表示がある。温泉場につくと、湯出川右岸にまた雌雄のマナヅルの像が立っている（写真7）。それとは別に「鶴水荘」の標石とともに立つ雌雄の鶴像もある。この温泉は「鶴の湯」ではなく、「湯の鶴」と呼ばれているのである。「湯の鶴温泉由来」の説明板には次のように記されている。「文治元年の壇ノ浦の合戦を最後に、水俣の山々に分け入ってきた平家の落人の一部が集落をなして住んでいたが、ある日、集落の一人が湯出川に出て川下を見ると、傷ついた鶴が次々と舞い降り、気持よげに川岸の水溜りにひたっているのを不思議に思い調べてみると、それが温泉であったことから湯の鶴の名前がついたといわれる」。

人が生きものの営み、行為を見てその行為から自然の恵みや効用を学ぶということは、生きものと温泉の関係に限ったものではない。例えば、赤羽正春氏は、春の出熊が催瀉植物のミズバショウやヒメザゼンソウを盛んに食べることなどをふまえ、「春、クマが食べる山菜は、人にとっても大切な山菜である。人は自然界から多くの山菜を選択して口に入れてきたが、クマが食べることで知った山菜もある」と述べている。(5)このほか、「籠りと再生」の生態を持つ生きものもあり、人はそこからも学んでいる。こうした「生きものからの学び」に注目することは、人と生きものたちが同一地平に生きるという自然界の基本を深いところで認識するという意味でも重要である。

2　ツルの穂落とし伝説

ツルにかかわる伝説は多いが、その中に、「ツルの穂落とし伝説」がある。長旅をしてこの国に飛来するツルがイネの穂を銜《くわ》えてきて特定の地点に落とす。ツルがイネの穂落としをした地点が稲作にとって重要な地点となったという骨子を持つ伝説である。この伝説については多くの研究者が心を寄せ、研究を重ねてきている。大林太良の

「穂落神」[6]、櫻井満の「伊雑宮の御田植祭と穂落神」[7]などがそれである。

ツルの穂落とし伝承地として広く知られるところとしては、㋐三重県志摩市磯部町上之郷・伊雑宮　㋑島根県大田市川合・鶴降山《つるふざん》（五三八メートル）にツルが降り、さらに降居田に稲穂を銜えて下った。㋒沖縄県南城市玉城百名——天孫御川《テンソンウカー》の下流の米地《メーヂ》に三本の稲穂を銜えたまま死んでいた一羽のツルをアマスのミチューが見つけてその稲種を受水《ウキンジュ》・走水《ハインジュ》の小マシ田（三穂田《ミフーダ》）に蒔き、さらに親田に移植した。——などがある。

伊雑の宮の祭日は、明治四年までは旧暦五月中の吉日だったというが、現在は新暦六月二十四日に行われる。この日御田植祭が行われる。御田植祭の踊込み唄に以下の部分がある。

〽昔真名鶴伊雑の千田に　稲穂落としたその祭り　〽御田の起りは神代の昔　鶴が落とした稲穂から　千田の
御池に稲穂が落ちて　神のお授けありがたや——

伊雑宮御田植祭には「ゴンバウチワ」と呼ばれる一八メートルにも及ぶ巨大な団扇《うちわ》が登場する。青竹はもとマダケ（真竹）、現在はモウソウチク（孟宗竹）。竹の伐り出しも、真鶴神社→青峰山→下之郷、と変遷した。岩田準一は文化年間の記録にはゴンバウチワは日の丸扇一二枚、もしくは九枚を集めたものだとしているが[8]、その後変遷があったようである。現在はモウソウチク上部につけられた団扇は径一五〇センチの円形、下部のものは長さ二メートルの団扇形をしている。上部円形には、島台に松、松の上方右に太陽、左に三日月、三日月の下には稲穂を銜えたツルが描かれている。下の団扇には、五色の帆船、その帆に「太一」と書かれている。現在のゴンバウチワの中には稲穂を銜えたツルが描かれ、伝説を裏づける形になっている。文化年間の日の丸扇の集合型にさしもどしてみると、一方では泥水を捏ねるこの祭りが、一方では稲作に不可欠な「太陽の恵み」を求めていたことがわかる。水田の泥水と太陽の力を得てはじめて、ツルが運んだとされる稲穂が生命を継ぎ、豊作をもたらし、人を養うことができるのである。

　昭和五十九年十月二日、沖縄県南城市玉城百名の米地《メーヂ》・三穂田《ミフーダ》を訪ねたことがあった。ツルが稲穂を落としたという伝承地に立ってみたかったからである。百名のバス停から海岸に向かって坂を下ると、舗装道路の三叉点に当たる。右の道をたどるとすぐに石で整えられた拝所がある。ここはメーヂ（米地）と称して、ツルがイネの穂を落としたところだと言われている。かつてはこの拝所の前が水田になっていたのであるが、今は道路整備によって田は見るかげもない。琉球神話の開闢神であるアマミキョがこのメーヂのイネを移して育てたのがミフーダ（三穂田）だとされる。道路からサトウキビ畑の中を二〇〇メートルほど歩くとミフーダである。ミフーダは受水・走水と呼ばれる泉井のそばにある。稲作の環境としては恵まれた場所である。ミフーダは受水・走水の水をそのまま引き入れた二坪ほどの田である（写真8）。新暦十月二日、ミフーダではイネの穂が出始めていた。この田が沖縄のイネの発祥地だと言われているのだ。

写真８　ツルが落とした稲籾を育てたとされる三穂田。沖縄県南城市玉城百名

　受水には清冽な水が滾々《こんこん》と湧き出ているが、走水は水が涸れているかのように見えるのだが不思議にも水音がはっきりと聞こえてくる。

　ミフーダから一〇分ほど歩いて浜に出る。そこは浜川と呼ばれる浜で、その渚には二メートル四方ほどの平岩があった。岩の周囲は寄せ返す波に洗われている。「ヤハサヅカサ」と呼ばれるこの岩は、昔、アマミキョが久高島から依り着かれ、初めて立った岩だと言われている（写真9）。白砂の渚で浄い波に洗われるヤハサヅカサの彼方にはアトギ島・タマタ島・コマカ島と続き、その彼方に「イチメーアルクボージマ」（一枚のクバ島）と呼ばれる平坦ではあるが、琉球王朝にとって重い意味を持つ久高島がある。直射日光を受け、この浄い景観の中に身を置く時、神が島づたいにこの地に依り着かれたという伝承が現実味を帯びて迫ってくる。久高島からアマミキョが依り着かれたというこの地に、ツルの穂落とし伝説にかかわるメーヂ・ミフーダの伝承が語り継がれている意味は大きい。

久高島は砂地畑の島で、畑作の島である。『琉球国由来記』『遺老説伝』、西米豊吉さん（明治四十四年生まれ）の伝承などは、穀類の種が久高島の伊敷浜に流着したとするもので[9]、その種はすべてムギ・アワ・キビ・マメ類などが中心である。久高島には水田は一枚もない。昭和五十八年に行った筆者の作物調査ではムギ・アワ・トーンチミ（唐黍）・甘藷・アズキ・ダイズ・エンドウマメ・ダイコン・サトイモその他の野菜類だった。琉球建国に深くかかわる聖なる島であっても水田がなければ稲作はできない。そして、琉球国に米（イネ）がなければまた南の国も立ちゆかない。稲作は水の湧く地、水の流れる地や湿地がなければ不可能である。久高島と沖縄本島の間において、至近距離にあって稲作ができる地が百名だったのである。アマミキョはそれゆえにヤハサヅカサに依り立ったのである。ツルもまた、川も湿地も田もない久高島に降臨することはあり得ない。

こうして見てくると、ツルの穂落とし伝説・ツルが銜えてきた稲穂を落とし、自らも降り立つ地は、湿地や水田のある地でなければならなかったのである。あまりにも当然のことではあるがツルの穂落とし伝説は、稲作適地環境において初めて伝承・定着が可能になるのである。

写真９　アマミキョが依り着かれたと伝えられるヤハサヅカサ。沖縄県南城市玉城百名

3　穂落としと落穂

ところで、一体なぜツルが稲穂を運ぶ伝説が語られ、ツルがこの国の人びとの主食となったイネ（米）栽培の起源を思わせるような伝説と結びついたのであろうか。季節循環と季節の合理性からすれば、稲種の籾蒔きをする季節に飛来する候鳥、ツバメの方がふさわしいことになろう。また、ツルの原郷、ツルがこの国を目ざして飛び立ってくる地はイネの稔らない寒い地、北の果てである。稲穂を持ちきたることは不可能である。ツルに稲穂を銜えさせたのは一にかかってツルの大きさ、その姿態の優美さ、マナヅルの色調の神聖さであろう。また、平素耳にしない「クオー」「クオー」という鳴き声でもあろう。現実的にはツバメと稲作は深いかかわりを持つのであるが、ツバメに稲穂は大きすぎる。「ツルと稲穂と大地」という垂直―縦の構図には神の垂直来臨、神の恵みのイメージもある。

さて、ツルと稲穂を強く結びつけた要因の一つとして、ツルが、収穫を終えた稲田で、好んで落穂を啄《ついば》む姿があったこと、それが人びとの目になじんだものであったことを忘れてはならない。ツルは落穂を銜える鳥なのである。精度の高いコンバインの普及は「落穂」の実際とその概念を遠いものにした。

鎌で稲刈りをし、稲架で乾燥させ、コバシや千歯扱きで脱穀した時代には、大量の落穂が生じていたのである。そして、ある時代には、この列島で、ツル・ハクチョウ・マガンなどの冬鳥と人との間では落穂をめぐって競合していたのである。

①非農家の人びとが落穂拾いのために巡回してきた。木綿の一斗袋を持って田を回っていた。落穂は一反歩につき千本あるとも言われ、また一坪に三本だとも言われていた（福岡県糸島市前原・泊清一さん・大正三年生まれ）。

②秋の収穫後、落穂拾いの婆さんたちが他地からやってきた。箒・チリトリ・一斗袋（色はさまざま）を持っていた。

「非人さん」と呼ばれていた（福岡県朝倉市黒川・渕上嘉興さん・大正十二年生まれ）。

③複数名でイネを刈り進める場合、一人四株幅の単位で進む。四株単位で刈って左に倒す。二列八株で一把とする。一把に束ねることをテドルという。「イネコヅミ」というものを作る。まず、基台に相当するものとして縦一列に、稲束の根方の上に穂を乗せながら並べる。次に、縦に並ぶ基台束の上に左右から穂を乗せるようにして束を並べる。こうして、五段から六段積み重ねてオイを掛ける。これが「イネコヅミ」である。脱穀の段どりがつくまでこのようにしておく。イネコヅミは脱穀を待つ間のもので、一〇日間ほどのものだった。イネコヅミの周辺には落穂が多かった。「ちゃんと拾わんと罰かぶる」と父に注意された。戦前までは「ホヒロイボー」「ヒロイコさん」などと呼ばれる所在の知れない老婆たちが二、三人で組を作って落穂拾いにやってきた。彼女たちは木綿袋をヨコセ（斜め）に担って、小型の箒と小型のゴミトリを持ち、風でフケ（風選し）て、袋に入れていた（福岡県柳川市三橋町垂見・大橋キミエさん・明治四十一年生まれ）。

④十月末、小学校二年生から高等科までの生徒が一斉に落穂拾いをして、それを干してから売り、学校の収入にした。イナゴも小学校二年から高等科までが午前中の露のあるうちに捕り、大釜で茹でて干してから売った（福島県大沼郡昭和村野尻・渡部一二さん・大正十二年生まれ）。

伝承展開の上からは、ツルが落としてくれた稲穂を人が、これを神からのたまわりものとして栽培する、ということになるのだが、この伝承の成立には稲刈りを終えた水田で落穂を啄むというツルの生態が強く影響し、その逆照射があったと見てもよかろう。

4　鶴女房

『日本昔話通観』15に、和歌山県紀の川市貴志川町の女性の語りとして、原題「鶴のおよめさん」という話が収

められている。(10)

昔、ある所に一人の男の人がありました。その男の人が一匹の鶴を助けたことがありました。ある時一人の女の人がその男の人の所にきました。そしておよめさんにしてくださいといったのでおよめさんにしました。およめさんが「私はこれからはたをおりますがみないでください」といって、その日から一しょうけんめいに織りました。そのおったのを男の人が町にもっていくのですが、とても高くかってくれるのにおどろいてしまいました。ある時、あのことばが急に不思議に思われ、はたを織っているのをみたくてしかたがないので、しようじのあなから見ますとつるが自分の毛をぬいておっていたのです。でも見られたのを知った鶴はすぐ空へまいながらとんでいってしまいました。

昔話で「鶴女房」と呼ばれているものである。報恩譚であり、異類婚姻譚でもある。全国に広く分布し、この骨子を持ち、変容をともなうものを含めると一一〇話にも及ぶという。(11)室町時代の物語、『鶴の草子』も鶴女房の一種であり、木下順二の『夕鶴』の骨格にもこれが用いられている。詳細な分析をする力も用意もないのだが、報恩譚や異類婚姻譚成立の基盤を考えるために、鳥類に引きよせて若干の思いを述べてみたいと思う。

これらの話には、「人の鳥類・異類に対する親和性」が大きくかかわっていることに気づく。富山県南砺市利賀村阿別当の野原ことさん(大正四年生まれ)から脚を折ったカワビチャ(セキレイ)を助けた話、その報恩譚を聞いたことがあった。日常歩く舗装道路でよくハクセキレイに出会う地点がある。近寄っても飛び立つことなく人の周囲を歩きまわる。人の周りにまつわりつくようなセキレイにたびたび出会い、カワビチャの報恩譚を思い出し、『日本書紀』の「嫁教鳥《とつぎおしえとり》」のことも思い出した。静岡県浜松市天竜区水窪町大沢の別所賞吉さん(昭和八年生まれ)は次のように語る。――セキレイのことを「セキリン」と呼ぶ。セキリンをいじめてはいけない。セキリンは屋根の石の下に巣を作り、七月に雛を孵す。セキリンはキビ（トウモロコシ）につく虫を喰ってくれる。

鳥インフルエンザが流行する前のことである。岩手県奥州市江刺区玉里の千葉静子さん（昭和十九年生まれ）は次のように語る。――平成に入って人首川に親子のハクチョウが三、四羽来始めたので夫が屑米を与えて餌づけをした。最大百羽以上来るようになった。籾やパンを手から受けて食べるようになった。可愛かった。一羽ごとに名前をつけて餌を与えている女性もいた。この話を聞いた時、多田さんの顔が浮かんだ。私の住む地の近くに灌漑用の溜池がある。冬季その池にはマガモがやってくる。町内の多田さんという婦人（故人）はマガモに餌を与えるのを楽しみにしており、濃緑と白の羽毛の模様が美しい雄のマガモを「ヨン様」と呼び、ヨン様が近づいてくるのをとても楽しみにしていた。――こうした、人が鳥に寄せる親和性、人と鳥との交感が、ツルの飛来が一般的で、日常的だった時代にはさらに深かったと見てよかろう。そしてそれが、鶴女房・ツルの恩返しの生成の一つの土壌となっていたにちがいない。

木下順二の「夕鶴」においては「与ひょう」の創出が大きな魅力となっている。しかし、与ひょう的なものの探索は不可能ではない。宮沢賢治に「雪渡り」という作品がある。(12) 四郎とかん子という兄妹がキツネと交流する話である。

するとに二番目の兄さんの二郎が「お前たちは狐のところへ遊びに行くのかい。僕も行きたいな。」と云いました。四郎は困ってしまって肩をすくめて云いました。「大兄《おおにい》さん。だって、狐の幻燈会は十一歳までですよ。入場券に書いてあるんだもの」。

生きものと交感・交流できる人間は、与ひょうのような利害を超えた無垢な心を持った人間か、子供のような、穢れのない純な心の持ち主だけである、というメッセージを読みとることができる。人は生涯、心の中の一部に、与ひょうのような心、子供のような心を持ち続けたいものである。そうした心が、生きものとの交感、自然との交感を可能にするのだという民俗思想ともいうべきものが厖大な昔話や伝説群の中に底流しているのである。

三　鶴亀の象徴性と基層

鶴亀を吉祥・長壽の象徴と見る思考はこの国に長く生き続けている。起源は中国にあるとされるが、この国で独自な展開を見せていることはまぎれもない。『古今和歌集』の仮名序には、「つるかめにつけて、きみをおもひ、人をもいはひ……」とあり、巻第七「賀歌」には、「鶴亀もちとせののちはしらなくに　あかぬ心にまかせはててん」という歌があり、題詞に、「藤原三善が六十賀によみける　在原しげはる」とある。還暦の賀歌に鶴亀が登場しているのである。『謡曲』「鶴亀」もこうした思想にもとづいて成ったものである。吉祥・長壽にかかわる鶴亀はじつにさまざまな場面で賀の心意、祝意を込めて多様に用いられてきた（写真10、11）。

静岡県藤枝市滝沢、八坂神社において、二月十七日、稲作予祝芸能の「田遊び」が奉納される。その演目の一つに「千万歳」がある。壽ぎの演目である。その詞章の中に次の部分がある[13]。

……前に立つは何々　鶴王こていに　錦の袋に　琵琶入れて持たせ　亀王こていに錦の袋に　琴入れて持たせ　おさかななんぞを召しけるに……（仙島本）。

「こてい」は「こでい」「健児《こんでい》」。「鶴王」「亀王」は吉祥・長壽を象徴するツル・カメを擬人的に表現したものである。謡曲「鶴亀」は、皇帝が春の節会に際して、群臣の拝契を受けてツルとカメの舞を見物するという筋立てである。つまりは鶴亀の祝福を受けるという形である。ここでは、鶴王・亀王が、琵琶と琴を演奏して主を祝福する形になっている。

各地で継承されてきたさまざまな民俗の中に吉祥・長壽の生きものとして鶴亀が歌いこまれている例は数えきれない。以下にそのごく一部を示す。㋐地搗き唄＝「……この家の屋敷は良い屋敷　鶴と亀とが舞い遊ぶ……」（高知県仁淀川町）。㋑万歳楽＝「……其田の実入りのよいこと、一町で一万、二町で二万の稗上げなさる、大福長者と、諸人に仰がれて、鶴は千年、亀は万年、早稲植え、やれやれめでたし……」（大分県）。㋒舟唄＝「……四方四角に倉を建て、門ははぶ屋根八つ造り。床の絵さんをながむれば、松竹梅に鶴と亀、下から亀が舞ひあがる。上から鶴が舞ひ下る。何を舞ふかとながむれば、御家数の鳥と舞ひ遊ぶ。御祝へ」（島根県）。㋓正月くどき＝「やれ目出度いな、何よりもって目出度いな。正月御祝ひに、松竹に鶴亀に、千代も万代もさて其外は限りなし」（神奈川県）。㋔小念仏＝「……三蓋松には鶴の巣籠り　羽掻きを休めて　下なる小池を眺めて見ればョ　女亀と男亀が　米の守りを口に啣えて……」（千葉県）。このように祝賀系の歌に登場する「鶴亀」は枚挙に遑がない[14]。

芸能詞章や民謡における鶴亀の登場と並んで暮らしの中の造形物の中に刻まれ、描きこまれた「鶴亀文」または「鶴」「亀」の意匠も夥しい。

写真 10　祝賀電報の装飾

写真 11　年祝いの座布団

写真12　ツルの正月飾り。奈良市出屋敷

そのおのおの造形文様の中に祝意や、長壽への祈りが込められている。「縮緬《ちりめん》地鶴亀松竹梅加賀友禅夜着」は背面上部にツルが、下半にカメが描かれており、優美というよりは力感にあふれたものである。中国の神仙思想にもとづく、蓬莱山という理想郷にマツ・タケ・ウメが茂り、ツルとカメとが遊ぶという伝承がこの国に根強く潜入し、生き続けている。婚礼祝いの島台として右の蓬莱山を形どったものが贈られ、室町・江戸と引きつがれ一部は現代にも生きているとされる。[15]結納飾りにも鶴亀の意匠は用いられる。結礼以外でも、年祝い、新築祝いなどに鶴亀の図柄は、必ずといってよいほど登場する。また、個人の名称の中にも、屋号、商標の中にも好んで「鶴」「亀」の名をつけた時代があった。

写真12は奈良市出屋敷の民家の正月飾りである。藁を使ったみごとな「鶴」の造形である。稲穂が垂れているだけに、ツルがイネの豊穣とこの家人の吉祥をもたらしてくれることを思わせ、穂落とし伝説まで思い出させてくれる。

日本人にとってのツルとカメ、そのカメも時を定めて遠い海の彼方からこの国の清浄な海辺に寄り着き、産卵を果たして海の彼方へかえってゆくアカウミガメは空想上の生きものではなかった。とりわけ、臨海部の人びとにとっては属目の生きものだった。

静岡県の遠州灘に面した砂浜一帯はアカウミガメの上陸・産卵地である（写真13、14）。御前崎市では海に漂流している木材で、カメの爪跡のついた木を「亀の枕」と呼ぶ。「木付き」と称して亀の枕にはカツオの群がついて大漁になることがたびたびあると言われている。これはカメのお導きだと称していた。亀の枕を船主の庭に祀る風もあった。また、不慮の死を遂げたカメは丁重に葬ってカメの墓を作る習慣もあった（写真15）。

御前崎市御前崎町には駒形神社が鎮座する。御祭神が伊豆から九十九頭のウマで海路をお渡りになっていたところ神馬が疲れて海に没したため、神様はカメにお乗りになって当地に上陸されたという伝承がある。また御前崎

写真13　孵化して渚を目ざすアカウミガメ。静岡県御前崎市
提供・御前崎市教育委員会

写真14　亀饅頭。静岡県御前崎市池新田

写真15　亀塚。静岡県浜松市南区坪井

写真16　駒形神社の神札。静岡県御前崎市下岬

の西側集落には、駒形様は漂着神だとする伝承がある（写真16）。――昔、駒形様が御前崎にたどり着かれた時、あたり一面綿の原であった。駒形様はワニガメ（オオガメ）の姿で陸にあがったところ、綿のトゲで眼を突いてしまった。それで御前崎生まれの者は皆、眼が片方細いのだと言い伝えている[16]。

これらの伝承に共通するところは、御前崎の人びとが祀る駒形の神は、アカウミガメの姿で、あるいは巨大なアカウミガメに乗ってこの地に上陸したということである。アカウミガメの上陸は新暦五月中旬、産卵は五月中旬から八月下旬の間である。孵化は七月下旬から十一月中旬に及ぶ。御前崎の砂浜は産卵地に最適であり、御前崎の磯は孵化し、海に入った仔ガメに対する餌の供給地として最適である。よって毎年、季節を定めてアカウミガメが産卵を果たすのに最適の地だったのである。御前崎はもとより、アカウミガメ産卵地の漁師たちは、みな異口同音に次のような伝承を語っていた。――大きな台風が来そうになると浜でアカウミガメの卵をさぐってみる。そして、その位置を確かめると、自分の舟を、その卵の位置より、より内陸側、海から遠くなるオカの奥へと移動した。このことによって漁師たちはナリワイを支える尊い舟を守ってきたのである。

また、「アカウミガメがより渚近くに産卵する年は台風の回数も少なく、大きい台風も来ない」、逆に、「アカウミガメが浜の奥の方に産卵する年は大きい台風が来たり、台風の回数も多かったりする」とも言われている。アカウミガメは気象予報士であり、海辺の生活者の強力な味方だった。「駒形様が綿のトゲで眼を突いた」という伝説には、アカウミガメが上陸、産卵する浜、その砂地は常に清潔にしておくべきであり、障害物を置いてはいけないというメッセージが込められているのである。ここには民俗的な環境保全の思想を読みとることができる。

ウミガメにかかわる浦島太郎の物語は、『尋常小学読本』巻三「うらしま太郎」や、「昔々浦島は助けた亀に連れられて……」で始まる小学校唱歌（明治四十四年）、それに先立つ石原和三郎作詞の「うらしまたろう」（明治三十三年）などによって日本人の心の中に根をおろしたのであったが、その系譜は、中世の『御伽草子』へと溯源できる。『御伽草子』の浦島は「亀の報恩譚」と「異郷訪問譚」が融合されたものであるが、その原型と考えられる『丹後国風土記』（逸文）では異郷訪問譚的要素はあるものの、報恩譚的要素は見られない。『日本書紀』雄略天皇二十二年の条に「浦嶋子の物語」があり、蓬莱山を訪れる部分はあるが報恩譚の要素はない。『万葉集』（一七四〇）に「水江の浦島の子を詠む」があるのだが、ここにはカメも登場せず、常世訪問が語られるだけである。

毎年季節を定めて自分たちの暮らすムラの浜に上り、産卵を果たして帰ってゆくウミガメは、海浜に暮らす人びとにとって、人界と、海の彼方の理想世界を結ぶ不思議な生きものとして印象された。ウミガメは、漁師にとっては舟を守ってくれる尊い存在だったのだが、同時に海の彼方の世界、蓬莱島であったり、海底の龍宮世界であったり、はたまた、常世、外つ国への憧憬をかきたてる生きものだったのである。

ツルもまた、毎年稲刈りの終わる季節に遠い北の空、その彼方から飛来して人びとのムラで冬を過ごし、毎年決まってサクラの花の蕾、咲き始めのころ、北に向かって旅立ってゆく。ツル・カメは、ともに、この国に定住する人びとにとっては「来訪者」であった。人びとは鶴亀の原郷は全く見たこともなかったのだ。そこを理想化しても不思議はない。不老長壽の世界と考えたのである。ツルもカメも、「原まれびと」「まれびと以前の聖なる存在」だったのである。この国の人びとの、まれびと的なるもの、常世的なるものを尊ぶ思想はツルやウミガメの生態によって培われたところがあるのではなかろうか。海彼、異郷の空、理想化された地から訪うものであるゆえに、ツル・カメは吉祥・長壽をもたらしてくれるという思想が生成・定着してきたのではあるまいか。島嶼・島国というこの国の環境は、まれびとや舶来の品々を尊ぶ民俗思想を生成してきたのである。

四　ツルの来るムラにて

ごく限られた事例からではあるが、多くのことを学ぶことができた。

〈ツルの飛来と北帰〉　ツルの群が北から飛来する時期は、保護のもとでは、早稲種のイネの収穫後ということになっているが、自然にまかせていた保護以前の時代、晩生のイネはツルの被害に遭う場合もあったはずで、人びとはそれなりの対応をしてきた。事例③では「ツルの飛来は新海苔を採るための竿を立てる時期と一致する」と語られる。これは「自然暦」であり、ツルと人とのかかわりの中に生まれた自然暦にも注目しなければならない。北帰の時期は異口同音にサクラの蕾のころに始まり、満開のころにはほとんどいなくなるという。ハクチョウについて学んでいた時、新潟県阿賀野市中央町の鈴木トシエさん（大正十五年生まれ）は「ハクチョウが北へ帰るのはサクラの蕾が膨らむころが盛りで、ハクチョウはサクラの花を見ることなく北へ帰ってしまうんです」と語った。いかにもハクチョウにサクラの花を見せてやりたいという思いが滲んだ言葉を思い出した。出水の人びともツルの北帰をサクラの蕾で語る。山口県周南市八代の久行さんは、「一番桜の花の咲き始め」と語る。大型候鳥のハクチョウとツルの季節循環はほぼ一致しているのである。

出水平野のツルの季節循環、飛来と北帰には、飛来の目標とされる山が伝えられている。飛来時には、熊本県境にある矢筈岳（六八七メートル）を目ざして飛来し、北帰には、阿久根市脇本の笠山（六九四メートル）の上方に集まり、旋回しながら上昇気流に乗ると伝えられている。また北帰前の旺盛な摂餌活動についても伝えられるところであり、保護時代に入ってからは小魚を与えるなど独自な配慮がなされている。

〈ツルの周日循環〉 極東ロシアから旅を続けてきたツルは自分たちで選んだ越冬地に落ち着く。ツルのサイクルは季節循環にとどまるものではなく、いま一つ、一日の循環がある。朝、ほぼ日の出とともに塒から飛び立ち、一日の摂餌活動にかかる。先の事例にも語られていたとおり、その行動は番、家族単位でくり広げられる。出水平野のように塒や給餌場が人工的に設定されるようになってもツルはその本能的習性によって朝日とともに飛び立ち（写真17）、夕暮れ時に塒に帰ってくる。このことは事例⑥に登場する塒、「潟ん田んぼ」をベースとして、餌場の鶴川内、その他への移動と塒への帰還に象徴される。こうした餌場が各塒を中心に四方、八方へと広がっていたのである。ツルの餌場は滞留中の季節変化によって異なった。古い時代のことで民俗事例とは称し難いが、ツルの周日循環、餌場の移動は『万葉集』に多く見られる。ツルは「たづ」と呼ばれることが多く、たづは歌語だとされている。一部には鵠《くぐい》、即ちハクチョウを含む場合もあるとされるが、以下の事例はツルと見てよかろう。

写真17　夜明けのツル。彼方は矢筈岳。鹿児島県出水市

・桜田へ鶴《たづ》鳴き渡る　年魚市潟《あゆちがた》潮干にけらし　鶴鳴き渡る（二七一）
・若の浦に潮満ち来れば　潟を無み　葦辺をさして鶴鳴き渡る（九一九）
・鶴が鳴き葦辺をさして飛び渡る　あなたづたづし　一人さ寝れば（三六二六）
・……海人《あま》のをとめは　小船乗りつららに浮けり　暁の　潮満ち来れば　葦辺には鶴鳴き渡る……（三六二七）

出水が潟の干拓地であり、阿久根の「潟ん田んぼ」もその地名が示すとおり潟である。潟・湿地帯の一部にツルの塒があり、海象の潮汐干満、大潮、小潮などによってツルの餌場が変わり、一日の中でもツルの飛翔移動が見られたのである。万葉歌によればツルが属目の風景の中にあったことがわかり、海の小魚や小動物が餌になっていたこともよくわかる。

〈**ツルの摂餌と人為**〉　事例および万葉歌などで見るとおり、ツルは雑食で、イネ・落穂・ムギの芽・マメ類・ナタネ・ブロッコリーなどの栽培作物・草の根、ケラ・ミミズ・カエルなどあらゆるものを食べる。事例①③⑦などは、ツルの保護時代ではあるが、主として冬作の中心作物たるムギの芽や葉を喰うツルを追っている。それは子供たちに課されることが多かったが、①では村落共同体が組織的に行っていた。いまひとつ、ケラやミミズが潜む畦の突き崩しという被害も多く語られている。保護以前のツルの実態を定かに知ることはできないのであるが、ツルの行動範囲が塒をベースにして拡散的であったこと、ツルが、番・家族単位で行動することを考えると、保護時代以上に被害が集中していたとは考えにくい。例えば、稲作に害を与える鳥を追放するための「鳥追い」の中にツルは登場しないし、「モグラウチ」に相当する行事伝承もない。

〈**愛されたツル・食べられたツル**〉　ツルに対する親和の眼ざしは、ツルの報恩譚や鶴女房の昔話などに見られる。また、ツルの穂落とし伝説や吉祥・長壽象徴としてのツルには、ツルを聖鳥とする認識も窺える。さらにはツルの墓やツルの宮もある。ところが、一方ではそのツルが狩猟対象となり、調理し、食されていた。永松敦氏は、宝永三年（一七〇六）に書かれた『稲富流鉄砲許可大事』所収のマタギの狩猟対象物に対する狙撃ポイント図の中にツルの絵図があることなどを確認し、「将軍家への白鳥・鶴・鮭（一番鮭・二番鮭）などを捕獲しては、近くの代官所などから山祝いと称する米などを下賜された」と述べている。その他、ツルやハクチョウを献上し、褒美米を得ていた記録を紹介している。(17) また、『日本俗信辞典　動・植物編』には以下のようにある。(18)――「ツルは肉も骨も癲病の薬」（栃木）、「神経痛にはツルの脚を煎じて飲むとよい」（大分）。江戸時代、ツルは三鳥二魚の筆頭にあげられる珍味で、吸い物や酒浸しなどにされていた。諸大名の正月の庖丁式にはツルの包丁が尊重されたという。冬鳥であるツルの肉は塩漬けにして保存され、利用された。『料理物語』（一六四三）などに詳細な調理法が記されているところから、鶴食はひそかに浸透していたものと思われる。(19) 右に見るとおり、ツルに対する眼ざしや、ツルの扱いは一様ではなく、人の立場・時代などによって多様なものであったことがわかる。

五　千羽鶴

折紙細工の鶴を千羽連ね、それに祈願を込めて社寺、祠堂、民俗神などに奉納する民俗がある。現今は、病気見舞や平和祈願などにも千羽鶴が力を果たしている。広島に原子爆弾が投下された、その爆心地から一・六キロの自宅において二歳で被爆した佐々木禎子さんは一〇年後白血病と診断された。回復の願いを込めて折鶴を折り続けたのだが昭和三十年十月にこの世を去った。折鶴は「禎子の鶴」として広島平和記念資料館に一二二羽が収蔵されている（写真18、19）。同館にはアメリカ合衆国のオバマ大統領が折った折鶴も展示されている（写真20）。

ツルは吉祥の鳥であり、それを千羽そろえることに意義があるとされているのだが、一枚の紙に多くの手数を

写真 18　千羽鶴に囲まれて建つ、佐々木禎子さんと折鶴を形どった「原爆の子の像」。広島平和記念公園

写真 20　2016 年に広島を訪れたオバマ米大統領が折った「オバマヅル」。広島平和記念資料館蔵

写真 19　佐々木禎子さんが折った「サダコヅル」。広島平和記念資料館蔵

かけて折り畳んでいく過程や、完成した鶴に息を吹き込んでふくらめるところなどにおいて、折った人、息を吹き込んだ人の魂・心・祈り・願いが折鶴の中に込められるところに大きな意味が存在するのである。したがって、一人で千羽折れば一人の魂や祈りが積み重ねられ、千人分の折鶴を集めて連ねたとすれば、千人分の魂や祈りが籠っていることになる。

千羽鶴に似た民俗として「千人針」をあげることができる。日露戦争時には「千人結び」と称し、日中戦争から太平洋戦争にかけて最も盛んになった「千人針」は、腹巻に使えるようなサラシの布に女性が一人一針ずつ赤糸などを使って縫い、結び玉を作る。千人分を一枚の布の中にまとめて武運長久を願った。死線を越えることを願って五銭《ごせん》硬貨を縫いつけたり、「虎は日に千里行って千里帰る」という伝承をふまえて糸の結び目で虎を作ったりした。縫う女性も寅年生まれの女性、とりわけ五黄の寅の女性が好まれた。現実には、千人針の腹巻はノミやシラミの巣になったというのだが、一つ一つの糸の結び目・結び玉に一人一人の女性の魂や祈りが籠められているので弾除けにもなり、武運長久が守られると考えられていたのである。

高崎正秀に「千人針考」という論考がある。(20) 昭和初年ごろ、女学校に千人針の依頼があったことや、街頭風景などから「千人針」の淵源を探るのである。以下のようにある。

千人針類似の習俗を、古代に探れば、先づ紐の民俗が著しく目につくであらう。

淡路の　野島が﨑の浜風に、妹《イモ》が結びし紐吹きかへす　（万葉集巻三、二五一　人麻呂）

海原を遠く渡りて年経とも、子らが結べる紐解くな。ゆめ　（万葉集巻二十、四三三四　家持）

かうした歌によれば、古くは旅の安全を祈って、その家なる妹が紐を結んで旅行者につけて出立させたことが訊る。即ち玉の緒の信仰で、女性の聖なる魂の一部を紐に結び込めて、これを男の旅衣に結び止めたのであったらしい。呪力を有する女性にして、初めて解き結び出来る神秘な紐結びがあったのである。……

民俗水脈の継続性に対して強く心を動かされる。戦争・出征という不幸な旅立ちの中で古層の民俗が生かされていたのである。してみると、千人針においては、糸の結び玉、その集合体にこそ意味があったことになる。

千羽鶴は、「千」「鶴」のみに価値があるのではなく、ツルを折る者の魂籠め、胴への魂籠め、息籠めに大きな意味があると考えてもよかろう。折鶴の胴に息を吹きこむ営みの世俗的な印象の奥にあるものを見れば、そこには「いきのを」（息緒・気緒）が見える。イキノヲは「命」を意味する。折鶴・千羽鶴に託す日本人の祈願方式は重いものである。

折紙や切り紙の基層には、「紙による信仰造形」である垂《しで》や御幣、形代《かたしろ》などの中に見られる、切る、折る（畳む）という造形技術があったものと思われる。奥三河、花祭りの「ビャッケ」（白蓋）や「ザゼチ」、遠山霜月祭りの中心をなす「湯立て」の竈上を飾る「湯殿」と呼ばれる天蓋、数多くの神々、民俗神を祀る美しく複雑な御幣、これらの紙の信仰造形物にはいつも圧倒される。宮崎県東臼杵郡椎葉村のムラムラで行われる夜神楽でもさまざまな紙の信仰造形物を見た。

「サダコヅル」「オバマヅル」などにより、折鶴・千羽鶴は日本からさまざまな祈りを抱いて世界各地を目ざして飛翔を始めている。

注

（1）鹿児島県出水市に渡来するツルの基本資料は、『出水平野のツルハンドブック・ツルと人との共生をめざして』（鹿児島県出水市・二〇一一）、『特別天然記念物・出水のツル』（出水市教育委員会・出水市教材開発委員会・二〇〇九）によった。

（2）町田嘉章・浅野建二『わらべうた――日本の伝承童謡』（岩波文庫・一九六二）。

（3）柳田國男監修・日本放送協会編『日本伝説名彙』（日本放送協会・一九五〇）。

（4）宮園薫「鶴の宮」（稲田浩二ほか編『日本昔話事典』弘文堂・一九七七）。

（5）赤羽正春『熊』（ものと人間の文化史144・法政大学出版局・二〇〇八）。

（6）大林太良『稲作の神話』（弘文堂・一九七三）。

（7）櫻井満「伊雑宮の御田植祭と穂落神」（櫻井満著作集10『道の島の祭り』おうふう・二〇〇〇）。

(8)岩田準一『鳥羽志摩の民俗』(鳥羽志摩文化研究会・一九七〇)。
(9)野本寛一「農耕――畑作の伝承と民俗」(古典と民俗学の会編『沖縄県久高島の民俗』古典と民俗学叢書8・白帝社・一九八四)。
(10)稲田浩二ほか編『日本昔話通観』15(同朋舎・一九七七)。
(11)宮岡洋子「鶴女房」(稲田浩二ほか編『日本昔話事典』弘文堂・一九七七)。
(12)宮沢賢治「雪渡り」初出一九二一(『注文の多い料理店』新潮文庫・一九九〇)。
(13)藤枝市滝沢・八坂神社田遊び保存会『滝沢の田遊び』(一九七九)。
(14)文藝委員会編纂『俚謡集』(文部省・一九一四)、町田嘉章・浅野建二編『日本民謡集』(岩波文庫・一九六〇)ほか。
(15)岩崎治子『日本の意匠事典』(岩崎美術社・一九八四)。
(16)野本寛一「伝説・昔話の環境論」(『生態と民俗――人と動植物の相渉譜』講談社学術文庫・二〇〇八)。
(17)永松敦『狩猟民俗研究――近世猟師の実像と伝承』(法蔵館・二〇〇五)。
(18)鈴木棠三『日本俗信辞典　動・植物編』(角川書店・一九八二)。
(19)川上行藏「鶴」(日本風俗史学会編『図説江戸時代食生活事典』雄山閣出版・一九七八)。
(20)高崎正秀「千人針考」(『高崎正秀著作集』第七巻『金太郎誕生譚』桜楓社・一九七一)。

生きもの民俗誌

第Ⅲ章

蛇——ヘビ

マムシ

一　暮らしの中のマムシ

マムシはクサリヘビ科の毒ヘビの一種で、ニホンマムシを指すことが多い。漢字で「蝮」と表記する。「真虫」の意だとも言われる。体長は六〇センチにも及び、頭は三角、敵対生物を咬み、管牙から毒をもたらす（写真1）。水辺に近い叢《くさむら》に棲み、ネズミ・カエルなどを捕食する。卵胎生で口から仔を出す。咬まれても血清等の処置をとれば生命にかかわることは稀だとされている（写真2、3、4）。

少年時代を過ごした静岡県牧之原市のイエは農家で、母屋の奥便所のほかに別棟の外便所があり、平素、家族は外便所を使っていた。小学校一年生の時、祖母の千代（明治二十六年生まれ）が夜、外便所に行き、マムシに足の踝《くるぶし》近くを咬まれたことがあった。痩せぎすの祖母の足は異様に脹《ふく》れあがって変色し、祖母は数日間寝こんだ。その折の処置は記憶していないが「秋マムシは怖い」「秋マムシには気をつけよ」と語っていた家族の言葉は心に残った。

高校二年の時には静岡県藤枝市岡部町朝比奈に住んでいた。夏休みに、焼津市に流出する瀬戸川の支流朝比奈川、その水源にスケッチに行き、腰を据えていたところ三角頭のマムシが出現したので石で殺すと続いて二匹も現れたので不思議な恐怖感と圧迫感に襲われ、その場を立ち去ったことがある。ムラびとたちが語る、マムシは一匹殺すと次々と出てくる、という話を実感したことがあった。

マムシは人を咬み、毒牙を持つ。その毒ゆえにさまざまな民俗や伝承を生成させてきた。以下、聞きとり資料を中心としてそれらを眺めてみよう。

写真1　マムシ

写真2　マムシ

写真3　ホンハブ

写真4　アオダイショウ

写真2〜4　マムシ、ホンハブ、アオダイショウの頭部の違い。猛毒を持つマムシとハブに対し、アオダイショウは無毒である。

1　諸国マムシ話

①マムシのことを「ハメ」「ハミ」などと呼んだ。「ハメは山椒の臭いがする」と言い伝えられている。また、交尾期に雌が鳴くともいう。雌が鳴くと雄が集まるので雌を鳴かせて雄を集めて捕る方法があるとも聞いた。ハメは口から仔を産むので、仔を産む前に牙を除くために咬みつく習性があるとされる。したがって、仔産みの季節、「秋ハメ」「秋マムシ」は怖いと言われている。秋、草刈りをした束を運んでいる時、その中から腹の太いハメが落ちてきたことがあった。腹には七・八匹の仔が入っていた。少年のころのことである。父がハメを捕ったことがあった。父はその場で皮を剝き、ハメの心臓・ニガタマ（苦玉＝胆嚢）・肝臓をナマのまま丸飲みにして、こうするものだと語った。その他の内臓は捨て、腹側を上向きにし、S字状の本体に金串を刺し、炭火で焙りながら樋状をなす溝部に醤油を注ぎ、焼きあげたものを家族で食べた。自家用として食べないハメは皮を剝いて干しておくと薬屋が巡回して買いとりに来た。頭のあるものと頭のないものでは値段が異なった。昭和三十五年ごろ、頭のあるものが一〇円、頭のないものが五円だった。また、専門のハメ捕りが回ってくることがあった。ハメ捕りはドンゴロスの袋を背負い、巻いた番線と鏝《こて》を持ち、石垣の中に番線を入れて捕っていた。袋の中には一四、五匹のハメが入っていた。祖母からはハメに遭遇した時に唱える呪詞を教えられた。――「我行く先に五色斑《ごしきまだら》の虫あらば山立姫にとくと知らせむ」。山立姫とはナメクジ（蛞蝓）のことで、ハメがナメクジに触れると体が溶けてしまうのでハメはナメクジを怖れるのだと言われている（奈良県天理市山田町・今西太平治さん・大正九年生まれ）。

②マムシのことを「ハミ」と呼んだ。ハミを捕るとまず皮を剝き、皮と体を別々に干しておいた。仲買人が干しハミを買うために巡回してきた。干した皮は保存しておき、腫れものができた時水でもどして腫れものの

箇所に貼った。雌の卵を丸飲みにする人もいた（奈良県天理市苣原・久保正夫さん・昭和五年生まれ）。

③夏季、マムシ捕りが回ってきた。目の細かい竹籠を背負い、先を割った竹の棒を使って捕獲し、籠に入れていた（滋賀県米原市万願寺・堀江信夫さん・昭和十一年生まれ）。

④マムシは八月に捕って皮を剝き、干してから焼いて食べた。また、焼酎漬にして皮膚病の薬にした。仲買人に売る人もいた（山口県周南市八代・久行信明さん・昭和十九年生まれ）。

⑤田植が終わってからの六月下旬から七月にかけてマムシ捕りが回ってきた。長靴を履き、布の袋を背負って、四尺ほどの竹の節を抜いたものに針金を通し、竹の先に針金の輪を作り、その輪の中にマムシの首を入れ、すかさず手もとの針金を引くとマムシの首を絞めるという形になっていた。自分が捕った場合は焼いて薬用にしたり、家族で食べたりした。昭和二十年代までは相良の太平薬局へ持って行けば買ってくれた。マムシの骨を粉化してメジロの餌にするとメジロが高音《たかね》を張ると言われている。程よく与えればよいのであるが、子供がたくさん与えすぎてメジロが死んだことがあった（静岡県牧之原市菅ヶ谷・菅沼英喜さん・昭和十一年生まれ）。

⑥マムシを捕ると皮を剝いて身は焼いて食べ、皮は干しておいて腫れものの薬にした。水でもどし腫れものの箇所に貼り包帯をしておく。マムシを焼酎漬にすることもあった。また、生きたマムシは下百古里《しもすがり》の蛇屋、荻家に持って行き買ってもらうこともあった。荻家では、マムシもシマヘビも桶の中に入れて飼っていた。荻家には体の弱い人が遠方からもヘビを買いに来ていた。荻家ではタヌキ・キツネも飼っており、タカの目なども置いてあり、薬局以前の山の薬屋だった（静岡県浜松市天竜区横川上百古里・栗田基夫さん・昭和七年生まれ）。

⑦藪田は湿地が多かったのでマムシの本場だった。マムシを捕ると皮を剝き、身は竹に刺して干し、粉化して飲めば肺病の薬になると伝えられた。別に焼酎漬にして火傷・傷・打ち身の薬にもした。焼酎漬にする場合は、まず魚籠《びく》に入れ、蓋をして数日間おき、脱糞させてから一升ビンを使って漬ける。また、マムシの尾を

乾燥させておき、歯痛の時その尾を口に入れると歯痛が治ると伝えた（静岡県藤枝市中藪田・福井富士夫さん・昭和十一年生まれ）。

⑧マムシを焼酎漬にする場合は、まず一升ビンの底に水を少し入れてからマムシを入れ、口栓に空気穴をあけて十日間ほど放置して腹中のものをすべて排泄させる。これを済ませ、よく洗ってから焼酎に漬ける。最低三か月置かなければ飲むことができない。精力剤として焼酎を飲む（山形県米沢市大平・大竹勇夫さん・昭和十年生まれ）。

⑨大水が出て水が溢れるとマムシがその水に乗ってムラに寄ってきて棲みついた。秋口にマムシを捕り、皮を剝いて干してから焼いて食べた。水田の水口に穴を掘り、その中に酒を注いでおき、叺《かます》を蓋にしておくとマムシが四、五匹集まる。それを捕るという方法が行われていた（茨城県土浦市矢作・矢口真さん・昭和十年生まれ）。

⑩磐田原台地の開墾地や天竜川の堤防などにはマムシがおり、人びとに危害を与えた。甘藷の畑にはよくネズミがつき、そのネズミを狙ってマムシがイモ畑に出没した。この地ではマムシ除けには紺のハバキ（脛巾）を着けるとよいと伝えられていた。紺の匂いがマムシ除けになると伝えているのである。また、マムシに限らずヘビ除けとしては藁と木綿のボロ布で作った「カコ」を燻すとよいと伝えられていた。カコは農作業中のブト（ブユ）除けにも用いられた（静岡県磐田市富里・本多正さん・大正十三年生まれ）。

⑪奈良県の吉野地方ではクズの根からの澱粉採取が盛んである。葛根掘りのいでたちは、紺股引・紺の脚絆・紺の刺し子足袋だった。紺は山入りの装束で、それはハビ（マムシ）除けになると言われていた。クズの蔓は「クズワフジ」と呼んだ。吉野では吉野杉の皮を剝き、杉皮を結束する時クズワフジが重要な役割を果たした。「山中ではクズワフジを裂いて使ってはいけない」という禁忌がある。蔓を裂く時に「シュー」という音がするのだが、山中でクズワフジを裂き、「シュー」という音を立てるとハビが寄ってくると言われている。「ク

ズワフジは家で裂け」とも言われている。「夏の土用にはハビの寄合がある。その日にはハビを一匹殺すとたくさん集まってくる」「土用のフキの根でハビが牙を抜く。ハビの牙が入っていることがあるから土用過ぎはフキを食べてはいけない」とも語り伝えた（奈良県吉野郡吉野町滝畑・上坂市次郎さん・明治十四年生まれ）。

⑫杉地区の中に「ハメ塚」と呼ばれるハメ（マムシ）の巣窟のごとき場所が一〇箇所ほどあり、ムラびとたちにはよく知られていた。ハメ塚にはハメが一〇匹ほど固まっているから近づいてはいけないと言われていた。ハメ塚は岩の近くで水気のあるところだった。ハメ塚以外の地ではハメを捕り、精力剤として食べた（高知県長岡郡大豊町杉・松下健一さん・昭和十五年生まれ）。

⑬マムシはすべてを利用できる。頭・皮・胆をおのおの串や棒に刺して干しておく。頭・胆は風邪を引いた時に煎じて飲む。皮はもどして傷に貼る。生血は飲み、骨も焼いて食べる。肉は当然焼いて食べる。内臓はフキの葉で二重、三重に包んでからイロリの灰で焼いて食べる（長野県木曽郡南木曽町吾妻・麦島定夫さん・大正十二年生まれ）。

⑭急に手が腫れあがることがあり、これを「マムシの落とし歯」と呼んだ。そんな時には腫れた手を和紙の上に乗せ、「天竺の東山のアカマムシ　茅生《ちば》えの草に通された　ワラビの恩を忘れたか」と三回唱えてから剃刀で腫れている部分を撫でる。こうすると、不思議なことに、紙の上に、ゴマ粒の一〇分の一ほどの黒いものが落ちる。やがて腫れがひく。子供のころ、祖父がやってくれた（富山県南砺市利賀村百瀬・南端喜代峰さん・昭和七年生まれ）。

⑮マムシのことをハビと呼んだ。胆嚢は小豆粒ほどでこれを「ニガタマ」（苦玉）と称し、乾燥させて保存した。骨も二寸ほどに切って乾燥保存しておいた。腹痛や熱が出た時にはこれらを煎じて飲んだ。ニガタマは芯熱を取り去ると伝えていた。もとより肉は食べた（三重県熊野市二木島新田・大原菊夫さん・大正三年生まれ）。

2　マムシ話から見えるもの

毒を持つ恐ろしいヘビゆえに、その力も根強く信じられてきた。それは、ヘビ類の持つ冬籠り、脱皮、再生という生態も深くかかわっている。少ない事例ではあるが、広域でマムシを捕獲し、皮を剝き、干し、自家で焼いて食していることがわかった。どこでも健康を増進する活力源と考えてきたのである。また、焼酎漬も盛んだった。

〈自家用食と薬用伝承〉　事例のほとんどで捕獲したマムシを自家で食べている。食法は事例で示してきたとおりである。愛知県豊田市足助町田振の近藤鎵《しず》枝さん（昭和十三年生まれ）は同町の四つ松から嫁いできた。実家にいたころ、夏、父がマムシを捕獲してくることがあった。そんな時にはマムシを醬油のつけ焼きにして、五人の家族に五等分して食べさせてくれた。マムシがいかに貴重で特別なものであったかわかる。

剝いた皮も乾燥保存して薬用にしてきた。腫れもの（事例②⑥）、尾を歯の薬にする（⑦）。本体を干しあげ、粉化して結核の薬にした（⑦）ともいう。①では心臓・ニガタマ・肝臓をナマで飲み、②では卵を生で飲んでいる。⑮では胆嚢・骨を腹痛・熱さましに用いている。活力剤としての伝承が強かったのである。焼酎漬にしてその焼酎を精力剤にすることは広く知られているが、⑦では本体も、火傷・傷・打ち身の薬にしている。⑦⑧によれば焼酎漬は生け捕りにしたマムシにじゅうぶん排泄させてからでなければ作れないことがわかる。アユも排泄を終えた暁闇の魚が美味で、イナゴも排泄を済ませてからのものを食べるのが本来だという。こうした原理性と一致する。なお、長野県下伊那郡阿南町和合の熊谷周文さん（昭和二十三年生まれ）は、マムシの焼酎漬けを作る時にはビンの中心にクロモジの小枝を入れたという。

〈マムシの流通〉　(1)薬屋系の、マムシの仲買人が巡回して干したマムシを買い集めにくるという形が広域に見られる。時を遡るほどに薬用としてのマムシの需要は多かったのである。中に、頭のあるものと頭のないものによって値段が異なったという例がある（①）。毒腺を頭部に含むマムシの頭は三角形なので、頭があればマムシの証明になるからである。⑵捕獲したマムシを薬局や蛇屋に持ち込んで買ってもらうという方法があった。中でも、事例⑥に登場する蛇屋が注目される。長野県飯田市南信濃和田の星野屋や、静岡県浜松市天竜区水窪町の四つ菱屋などは古くからの山肉商で、こうした商店には熊の胆《い》や鷹の眼も置かれ、薬局以前の山の獣系薬餌商を兼ねて社会貢献をしてきた。⑥に見られる浜松市天竜区横川下百古里の生きたマムシを扱う荻家もそうした役割を果たしてきたのである。近代以降も無医村や、隔絶の地ではこうした薬餌動植物を扱う家は地域にとって重要だったのである。

〈マムシ捕り〉 マムシが捕れる季節と、マムシが姿を隠す季節があるわけだからマムシ捕りだけで暮らしを支えることはできないのであるが、マムシ捕りを重要な要素として他の生業要素と複合させて暮らしを守ってきた人びとが各地に多数いたことがわかった。一部は薬種商と結び、一部には自分で、自分の捕ったマムシや他のヘビその他を鬻《ひさ》いで暮らしを立てている人びとがいたのである。彼らの捕獲道具の一部については事例で紹介したが、事例⑤のごときものは奈良山中でも用いられており、合理性と安全性の高いものだった。愛知県豊川市の『豊川市史民俗編』[1]にマムシに関する若干の調査結果を以下のように収載したことがある。

上郷と下郷の境、段丘の斜面をキシと呼び、そのラインをキシ通りと呼んだ。キシにはマムシが多いと言われていた。下長山の岡田やす子さん（大正十三年生まれ）は、マムシ捕りが南京袋と鉄製の燠《おき》バサミのような道具を持ってまわってきたという。花井町の松井敬司さん（昭和十六年生まれ）は、市道の清水のあたりにはマムシが多く、夏から秋にかけて蛇捕りがやってきたという。蛇捕りは臭いでマムシのありかがわかると語っていたという。八幡本町の神道敏夫さん（明治四十年生まれ）も、折々国府からマムシ捕りがやって来たと言い、そのマムシ捕りがマムシがいると甘酸っぱい臭いがするからわかると語っていたという。マムシは精力剤としての需要が多かったのである。八幡本町の岡田茂男さん（大正九年生まれ）は、昭和十二年、自家の馬を使って、一月の初午と豊川稲荷の秋の大祭に行われる桜の馬場の草競馬に出たことがある。競馬の一か月前から、ダイズ・カラコ（小麦碾きに出るカス）にマムシの粉を混ぜて餌として与えた。マムシの粉は興奮剤だという。マムシは父が捕り、皮を剝いて干しておいたものを茂男さんが薬研で粉にしたものだった。

常に咬傷と毒の恐怖に脅かされながら、紺のハバキや紺づくめのいでたちでマムシに対する防除に努めた⑩⑪。また、後述するように種々の防除対応にもつとめてきた。それは、マムシの薬効・マムシの生命力・マムシの呪力を導入しようという人びとの願望や欲求が強かったからである。このことは、マムシ捕りという専門職を生み、仲買人を生み、持ち込みを誘い、薬種商や蛇屋を生み、各地に極めて土着的で手堅い流通システムを形成・継続せしめてきたのだった。

二　マムシ防除の呪術儀礼と呪歌

1　マムシ防除の呪術儀礼

〈マムシとハッタイ粉〉　マムシの害を中心としてヘビ類を除ける呪術や年中行事があった。ここではまず、現実にマムシに遭遇した場面ではなく、家屋敷にマムシやヘビ類が侵入してくるのを予め防いでおく呪術儀礼、いわばマムシ除けの予祝儀礼の事例を以下に紹介しておこう。

①旧暦五月四日に新麦で香煎（ハッタイ粉）を作り、「長虫這うな」と誦しながら母屋の周囲を中心に屋敷に撒い

た（愛知県北設楽郡東栄町月・栗林知伸さん・明治三十四年生まれ）。

②五月六日に屋敷の中と自分の足に香煎をかけながら「ながなが這うな」と誦した（静岡県浜松市天竜区佐久間町相月・栗下伴治さん・明治二十七年生まれ）。

③新麦を収穫した時、香煎を作って一升枡に入れ、屋敷の中に撒きながら「ヘービもマムシもドーケドケ　おれは河原のおとむすめ　マンガのコーを真赤く焼いて尻から頭に突き通す」と唱えた（静岡県藤枝市三沢・戸塚清さん・明治三十七年生まれ）。

④七月十七日に麦香煎を作ってキチキチモンジ（ギシギシ）の実と混ぜ、それを家の周囲に撒きながら「ヘービもマムシもドーケドケ　マンガー焼いて尻から頭へ突き通す」と唱えた（静岡県御前崎市白羽薄原・高塚佐右衛門さん・明治二十七年生まれ）。

⑤八十八夜前後に苗代田を作り、焼米を作る。焼米のモミヌカができると、それを籠に入れて住家のまわりに撒きながら、「へんべまむし出て行け　くわがら虫がいま来るぞ」と唱えた（愛知県丹羽郡楽田村・田中鏡一氏報告『民俗』第十七号）。

⑥日はいつとも定まっていないが、高根谷では春苗代に蒔いたスジ（籾）の残りをしらげて米の方は味噌に入れ、糠は家のまわりに、「ヘイビもムカデもそっちに行け」と言って撒く（新潟県西頸城郡『西頸城年中行事』西頸城郷土研究会）。

⑦五月六日にヘビ除けと称して、小糠を煎って屋敷の周りに撒きながら「長虫這うな　長虫這うな」と唱えた。主としてマムシ除けである。マムシの胆は心臓の薬、マムシの頭を煎じて飲めば熱さまし、乾燥保存しておいた皮をもどして貼れば傷薬になると言われていた（静岡県浜松市天竜区水窪町大野・水元孝次郎さん・大正九年生まれ）。

まず注目されるのは、事例①～④で、新麦収穫後そのオオムギを炒って石臼で碾き、粉化して香煎＝ハッタイ粉＝ムギコガシ＝コッポーなど呼ばれるものを作り、それをマムシ除け・ヘビ除けとして母屋の周囲・屋敷に撒いていることである。②では自分の足にも撒きつけている。新ムギのハッタイ粉を仏前に供える地は多く、当然家族も食べた。香煎・ハッタイ粉は極度に乾燥しているので、食べると噎《む》せるという特徴がある。静岡県藤枝市花倉の秋山政雄さん（明治二十九年生まれ）は次のような戯《ざ》れ唄《うた》を誦していた。――〽吹けば舞ふ　舐めれば噎《む》せる香仙（香煎）寺　花（鼻）の大戸《おおど》（戸口）が白くなるらん。梅雨《つゆ》どきにはハラワタが腐ると言われ、香煎・ハッタイ粉を食べればその予防になると伝える地がある。香煎の強い除湿性・脱水性を前提としての伝承である。

マムシ・ヘビ類の防除呪物としてなぜ麦香煎・ハッタイ粉が用いられるのであろうか。それは香煎・ハッタイ粉がその乾性・吸湿性によって、湿性を好み、時に水性の象徴ともされるヘビ類の湿性・水性を奪取し、ヘビ類の行動力を奪うと考えたからではなかろうか。それは、毒ヘビの毒や呪力、ヘビの霊力を封殺する呪物だと考えられてきたのである。

事例⑤の焼米のモミヌカ、⑥⑦の糠も乾燥粉末であるところから香煎と同質のものと考えられていることがわかる。

〈マムシと灰〉　ハッタイ粉や糠など吸湿性、奪水性のある「粉」以外のものを撒いてマムシ除け・ヘビ除けにする例もある。

⑧正月飾りを一月十四日に焼いてその灰を水に混ぜ、屋敷の周囲に撒くと長ものが屋敷に入らない。四月八日の甘茶を屋敷の周囲に撒くとマムシが屋敷に入らない（静岡県賀茂郡西伊豆町沢田・鈴木善治さん・明治三十七年生まれ）。

⑨一月十五日のドンドン焼きで正月飾りを焼き、その灰を家の周囲に撒くとヘビが入らない（静岡県下田市白浜・斎藤徳次郎さん・明治三十三年生まれ）。

⑩二月一日に正月飾りを神社で焼き、その灰を家の周囲に撒くとヘビが家に入らないと伝え、これを行った（神奈川県足柄上郡山北町玄倉・山口さくさん・明治二十五年生まれ）。

⑪一月十五日のトンド焼きの灰を屋敷に撒くとマムシが入ってこない（大阪府河内長野市天見・田中キミエさん・明治三十四年生まれ）。

灰の奪水性・吸湿性・アルカリ性に正月・小正月の霊性・神性を加えてマムシ除け・ヘビ除けができると考えたのである。

2　マムシ防除の呪歌《まじないうた》

山中・原野・湿地などで突然マムシに遭遇することがある。もとより果敢に捕獲しようとする者もあるが、何とかして咬傷の難から逃れようとする者も多い。マムシの難を逃れようとする場合、先人たちの多くはまず呪歌《まじないうた》を誦して難を逃れようとした。その呪歌にはいくつかの類型があるので、以下に、その類型に沿って呪歌を紹介することにする。

(1)山立姫型

①われ行く先にニシキマダラの虫あらばヤマゾノ姫に教え知らさん　アビラウンケンソワカ（和歌山県田辺市中辺路町西谷・大内貞一郎さん・明治二十九年生まれ）。

②われゆく先にアララギのニシキマダラの虫をらば山田の姫に言うてとらする、ナムアブラオンケンソワカ――ここでは「山田の姫」はイノシシだと伝えている（和歌山県田辺市本宮町発心門・野下定雄さん・明治三十七年生まれ）。

③この山にニシキマダラの虫おるならば早く知らせよ山姫に　ナムアブラウンケンソワカ、と三回唱える。この地では「山姫」は、マメクジラ（ナメクジ）のことだと伝えている（奈良県五條市大塔町惣谷・戸毛幸作さん・昭和二年生まれ）。

④ヨモギマダラの虫おらば山立姫にかくと語らん（静岡県浜松市天竜区水窪町大野・水元定蔵さん・明治二十一年生まれ）。

⑤アカマダラわが行く先におるならばヤマトの姫に会うて告げるぞ、と三回唱える（静岡県伊豆市原保・石井しずさん・明治三十九年生まれ）。

⑥山田の中にカノコマジリの虫いたら山田の姫とたとうらん、マムシの時期に山へ入る時三回誦してから山に入った（静岡県藤枝市花倉・秋山政雄さん・明治二十九年生まれ）。

⑦カノコマダラの虫あらばタビタツ姫にかくと語らん、山小屋・出作り小屋などに入る時紙に書いて貼った（静岡県静岡市葵区田代・滝浪作代さん・明治三十九年生まれ）。

⑧われゆく先にニシキマダラの虫おらば山立姫に会うて語らん（徳島県海部郡海陽町宍喰・東田万次郎さん・明治三十五年生まれ）。

⑨山また山まで我が行く先におるならば山立姫に語り聞かしょう（宮崎県西都市銀鏡・西森齢治さん・大正三年生まれ）。

⑩この山にしこくまだらの虫おらば山立姫を呼んでとらする（宮崎県西臼杵郡高千穂町『高千穂町誌』）。

⑪まだ虫やわがゆくさきへゐたならば山たち姫に知らせ申さん（新潟県南蒲原郡・故羽柴古番氏報告）。

⑫あくまだちわがたつ道によこたへば山たし姫にありと伝へん（『嬉遊笑覧』）。

⑬この路に錦まだらの虫あらば山立姫に告げて取らせん（『四神地名録』）。

右に、マムシ除けの呪歌のうち、「山立姫型」とでもいうべき類型を列挙した。伝播伝承過程の中で驚くほど多様に変化してしまっているのであるが、そこから口頭伝承伝播のゆらぎと、何としてもマムシの被害を避けたいという願望の強さが伝わってくる。⑬が最も基本的であるように思われる。事例の多くは「虫」と「姫」との対応を骨子としているのであるが、その虫として、「ニシキマダラの虫」とするものが⑬を含めて①②③⑧に見られ、姫は「山立姫」とするものが④⑧⑨⑩⑪⑬である。

この類型の呪歌についてつとに考察を加えたのは南方熊楠であった。(2)中で、熊楠は、「まだら虫」はマムシ、「山立姫」はイノシシだと説いている。まだら虫がマムシであることはわかりやすいのであるが、「山立姫」はわかりにくい。じつは、マムシがチガヤの芽にさされて困っているところをワラビが頭をもちあげることによって助けたという昔話があり、「天竺のチガヤ畑に昼寝してワラビの恩を忘れたか」などという呪歌がマムシ除けとして誦されたのであった。いわば「ワラビの恩型」の呪歌である。熊楠は、これと関連させて山立姫の由来を次のように説く。

神代に萱野姫などと茅を神とした例もあれば、もと茅を山立ち姫と言うに、それより茅の中に住んで茅同然に蛇が怖がる野猪をも山立ち姫と言ったと考える。

熊楠の指摘のとおり、山立姫はイノシシだと考えてよさそうである。「山立姫」は呪歌の中に秘匿された隠語であり、猟師の山ことばとして発生したものと考えられる。秘匿の隠語を使うことによって呪力を強めているのである。マタギや猟師の別称は「山立」で、狩猟伝書にも「山立根元」などという表現が見られる。猟師即ち山立が、狩猟対象として常にその尻を追いまわし、関心を寄せるイノシシを、「山立の姫」と表現したことが考えられる。

この一群の呪歌は、明らかに「呪物秘匿」となっている。なお、マムシとイノシシの関係については後に述べる。

ところで、山立姫を「ナメクジ」（蛞蝓）だとする伝承もある。それは、「一　暮らしの中のマムシ」の事例①（奈良県天理市山田町）に記した呪歌に見られるのであるが、「マムシ防除の呪歌」事例③にも見られる。ここでは「山立姫」ではなく「山姫」となっている。ナメクジによってマムシを除ける呪歌にはさらに個性的なものがある。

⑭この山にマムシマダラがいたならば　メメヨシ小女郎に糸で引かせる（静岡市葵区田代・滝浪ふくさん・明治三十九年生まれ）。

「メメヨシ」とはナメクジの大きなものだと伝えている。マムシを含むヘビは、ナメクジの通った跡を通ると鱗が落ちて死んでしまう。ナメクジはカエルがこわいという「三竦《さんすく》み」の伝承をふまえたものである。ナメクジはカタツムリの近縁であるが殻を退化させた腹足類で、這った跡に粘液の筋をつける。ヘビ類はこの粘液を苦手とすると伝える。滝浪ふくさんの伝える呪歌の中の「糸で引かせる」の部分がこの粘液を象徴しており呪力を感じさせる。「ナメクジがヘビの周りを廻るとヘビは死ぬ」といった伝承もあるが実態が明らかにされているわけではない。なお、静岡県浜松市天竜区水窪町向市場の川下勘三郎さん（明治三十七年生まれ）は、ナメクジのことを「ヒメッコ」と呼び、山中のシカの落とし角をヒメッコが舐めて角を溶かすと語っていた。類似の伝承は各地にあるが、ナメクジとマムシ、ナメクジとヘビにかかわる伝承と無縁ではなかろう。

「三竦み」は広く各地で知られていた。例えば、中勘助の『銀の匙』[3]の中には「三竦みのおもちゃ」が登場し、勘助はそれが大好きだった伯母さんがヘビがきらいなので知らないうちにしまいこんでしまった、とある。このおもちゃが東京で市販されていたことがわかる。

中西進は、平安時代のはやり唄、〽力なきかえる　力なきかえる　骨なきみみず　骨なきみみず——をとりあげ、以下のように述べている。「三すくみの比喩は、生への意志においてもなお、何らなすところなく無力である地上者のありさまを、鋭く指摘する。そのナメクジをミミズにおきかえた時に、平安時代のはやり唄ができるのだと思う(4)。

事例⑥では、この呪歌を誦することがマムシの季節に山へ入る際の呪術的儀礼になっていたのである。静岡市葵区長熊の長倉てつさん（明治四十三年生まれ）によると、同地には、マムシの季節に山へ入る場合、山の入口に棒を立て、その棒にススキ（萱）の葉を結びつけながら、⑮この山にニシキマムシがいるならばこの萱にてしめ殺す、と誦してから入山したという。これも呪術的入山儀礼である。この呪歌は、「山立姫型」と後述の「蕨の恩型」の両方の要素を持っていると言えよう。また、八木洋行氏の調査によると、静岡県榛原郡川根本町には、入山に際して、山道に「晴明判」の星型（☆）を描き、真ん中に小石を三つ置いてから山へ入る習慣があったという。

(2)ワラビ（蕨）の恩型

マムシ除けの呪歌には「山立姫型」に対して先にふれた「ワラビの恩型」がある。

⑮チガヤ（茅）峠のカギワラビわが恩を忘れたか　アビラウンケンソワカ（静岡県浜松市天竜区佐久間町相月・栗下伴治さん・明治二十七年生まれ）。

⑯チガヤ峠の赤マムシワラビの恩を忘れたか　ナムアビラウンケンソワカ、と三回誦する（静岡県浜松市天竜区春野町杉・山本貞子さん・大正六年生まれ）。

⑰チガヤにさされたマダラ虫ワラビの恩を忘れたか（静岡県榛原郡川根本町坂京・上杉義雄さん・明治三十二年生まれ）。

⑱天竺のチガヤ畑に昼寝してワラビの恩を忘れたか　あぶらうんけんそわか（陸中・佐々木喜善・『人類学雑誌』三二巻一〇号）。

⑲日の峠駒の蹄のカギワラビ　昔の恩を忘れたか　アマダラマムシアビラウンケンソワカ（宮崎県東臼杵郡椎葉村竹の枝尾・中瀬守さん・昭和四年生まれ）。守さんは春最初に見つけた初ワラビの汁を足に塗っておくとその年はマムシの咬傷に遭わないと伝えている。

⑳向かいの山の赤マムシ　茅生《ちばい》の枝にさされて　ワラビの恩徳忘れたか（富山県南栃市利賀村阿別当・野原ことさん・大正四年生まれ）。

これらの呪歌にかかわる昔話については先にふれたが、その昔話や、右の呪歌と関連する異様な呪術がある。以下は、長野県下伊那郡泰阜村漆平野に住む木下さのさん（明治三十年生まれ）の伝承である。――マムシの季節に山へ入る時、「ナムアミダブツ　ナムアミダブツ」と唱えながら、指で右まわりに三つワラビの頭の形を描き、さらに左まわりに三つワラビの頭を描く。こうしてから山へ入ればマムシの害を除けることができるというのだ。この呪術が、先に紹介した昔話のような言い伝えをもとにして、「ワラビの恩」を誇示することによってマムシの害を防ごうとしたものであることは明らかである。木下さんはさらに語る。この呪術をかけて山に入った場合、山から出る時には指を逆にまわして呪術を解かなければならないことになっている。ある人が、呪術を解くことを忘れて家に帰ったところ、マムシが六匹のワラビの上に乗ったまま死んでいた。このようなことはよくないことだ。

それにしても、毒ヘビのマムシがチガヤの芽に刺され、チガヤの芽を恐れるということ、助けてくれたワラビに恩義を感じるという、この昔話・呪歌の骨子は奇怪である。こうした伝承は、ヘビの生態を知らなければ荒唐無稽のものとして棄捨されてもしかたがない感じがある。ハブの生態に詳しい中本英一氏は、ハブの脱皮について、「木の枝や蘇鉄の棘や石に鼻や頭をすりつけて皮膜を破り、頭部の皮がとれるとそれを木の枝や石などにひっかけるようにして早くて十分、遅いハブで四十五分以内に皮を裏返しにしながら奇麗に脱皮する」「完全に脱皮したハブは生命力が非常に強く、逆に不完全な脱皮をしたハブは二か月と生存できない」「脱皮直後のハブは皮膚が柔かいのであまり脱皮した場所から遠くへは行かない」と述べている。(5) 鋭い木の枝、ソテツ（蘇鉄）の棘・石の角などはヘビにとって両刃の剣である。脱皮のきっかけに不可欠なものであると同時に、それらは脱皮直後の柔らかいヘビの体を傷つけるものなのである。鋭いチガヤの芽先は、脱皮直後のヘビにおいてのみ危険なものだったのだ。ワラビが生長してチガヤに刺されたマムシを助けたという昔話の根底において、こうしたヘビの生態がふまえられており、脱皮の時期もワラビの萌え出る季節と一致する。この話の中では、ワラビの生長の早さも語られているのである。しかも、ワラビは柔らかいものの代表として登場しており、それは、因幡の白兎とガマの穂綿の関係を思わせる。『設楽』十五号によると、愛知県の北設楽地方には、春最初に見つけたワラビを、自分の足から足首にかけてつぶして塗りつけておくと、その年はマムシの害にあわないとする伝承があったと報告されている。事例⑲でも同様の呪術が行われており、この呪いが広域に及んでいたことがわかる。これも、「ワラビの恩型」の昔話や呪歌と共通土壌による呪術である。

(3) 知立《ちりゅう》サナギの大明神

右のほかにもマムシ除けの呪言がある。

㉑知立サナギの明神様、と三回誦する（愛知県北設楽郡設楽町田峰・柳瀬こわかさん・明治三十年生まれ）。

㉒知立サナギ大明神、と三回誦する（静岡県浜松市天竜区水窪町向市場・川下勘三郎さん・明治三十七年生まれ）。

㉓知立サナギの大明神ヘビもマムシも出ぬように、と誦してから山に入った（静岡県浜松市天竜区春野町杉・山本貞子さん・大正六年生まれ）。

㉔マムシ除けになるとて草履のはな緒を作るにヒキソをたてて横緒の上で結ぶ。その時次の言葉を三回唱える。「池鯉鮒猿投の大明神長い虫は御無用御無用　ナムアビラオンケンソワカ　オンアビラオンケンソワカ」（『設楽』十五号）。

愛知県知立市知立の知立神社はマムシ除けの効験があるとされ、これらの呪言は三河・遠州地方で広く行われた。これは呪歌ではなく呪言である。知立神社では今でもマムシ除け・ヘビ除けを願う者に対して「長虫除御砂　知立神社」と書いた紙袋入りの神砂を分与している。これを受けた者は、屋敷の四隅に砂を撒いてマムシ除け・ヘビ除けにする。

滋賀県近江八幡市島地区に標高三二〇メートルで円錐形の権現山がある。その頂に、愛知県知立市知立神社を勧請した池鯉鮒神社が祀られている。勧請年代は不明である。湿地帯でマムシの被害が多いこの地区の人びとがマムシの害を除けるためにマムシ除けの効験で知られる知立神社を勧請したことはまちがいなかろう。

「1　マムシ防除の呪術儀礼」の事例①②⑥などは呪言というべきであろうが、③④⑤などは口誦呪歌の形を示している。短歌形式の、いわゆる呪歌とは異なるものの、③は叙事性を持ち、一定のリズムをもって誦唱するに適した形として注目すべきである。④⑤は③に準ずるもので、これらはいずれも、ヘビやマムシを威嚇し、ヘビ・マムシに命令する形の表現をとっている。

事例③の「おれは河原のおとむすめ」の部分の意味が不明なのであるが、中田幸平氏の『野の民俗―草と子どもたち―』(6)に引かれた、次に示す東京都下の事例を参照するとそれが氷解する。――「蛇も蝮《どう》も退けどけ　俺は鍛冶

屋の婿どんだ　槍も刀も持ってるぞ」。また、静岡県榛原郡川根本町寸又では節分にマメを煎る時次のように誦した。――「ヘービもムカデもくっつくなこの子は鍛冶屋のオト息子」。これらから考えると、③の「河原のおとむすめ」も、本来は、「鍛冶屋の乙娘」だったことがわかる。さらに、③の「マンガのコー」がわかりにくいのであるが、これは、④と比べれば解決する。③④の「マンガ」は、千把扱《せんばこ》きの鉄の刃を意味しているのである。

ヘビの霊力を封じる呪物として、香煎・ハッタイ粉と並ぶもの、そして、むしろハッタイ粉以上に一般化しているものは「鉄」である。③および、中田幸平氏の事例や川根本町寸又の事例に「鍛冶屋」が登場するのはそのためであろう。マンガ・槍・刀は鉄の力の象徴である。してみると、事例⑤の「くわがら虫」の「くわ」即ち「鍬」も鉄の象徴だということになる。屋敷からヘビ・マムシを追放するための呪術は、ヘビ類の湿性・水性を呪奪するハッタイ粉という呪物と、呪言・呪歌によって相乗効果をあげるべく構成されている。その呪歌の中心的な類型の一つに、ヘビ類の霊力を封じると信じられてきた「鉄」にかかわるものを詠みこむものがある。それをさらに、威嚇・命令的に表現しているのである。

三　マムシの天敵

イノシシがマムシやハブを好んで捕食する話、いわばこれらの毒ヘビにとってイノシシが天敵だとする伝承は各地の猟師から聞いた。以下にそれを紹介する。

①イノシシがマムシをつかまえると、喜んで三尾根三迫《みさこ》とびまわってから喰う（宮崎県西都市銀鏡・西森齢治さん・大正三年生まれ）。

②イノシシがマムシを見つけると七カクラ（狩倉＝狩場）七オバネ（尾羽根＝尾根）を跳びまわってから食べる（宮崎県東臼杵郡椎葉村木浦・那須和美さん・昭和十年生まれ）。
③イノシシがマムシを見つけると、喜んで七谷七オバネ跳ねまわる（熊本県阿蘇郡高森町津留・元村幸敏さん・大正十三年生まれ）。
④イノシシがハミ（マムシ）を見つけると七尾七谷跳ねてから食べる（徳島県海部郡海陽町塩深・東田万次郎さん・明治三十五年生まれ）。
⑤イノシシがハビ（マムシ）を見つけると喜んで獅子舞（猪舞《ししまい》）を舞う。獅子舞をしている間にハビが逃げてしまう（奈良県吉野郡天川村九尾・柿平勇次郎さん・明治三十八年生まれ）。
⑥イノシシの鼻を乾燥させて、緒を通してさげているとマムシ除けになる（宮崎県西都市銀鏡・西森齢治さん・大正三年生まれ）。
⑦マムシに咬まれた時にはイノシシの鼻でこすると直る（同）。
⑧マムシに咬まれた時には乾燥保存しておいたイノシシの鼻を煎じてその液で傷口を洗うとよい（長野県飯田市上村下栗・胡桃澤栄一さん・明治三十六年生まれ）。
⑨マムシに咬まれた時には猪《しし》の胆《い》を煎じて飲み、煎じ汁で傷口を洗うとよい（同）。
⑩ハビ（マムシ）に咬まれた時にはイノシシの鼻を煎じて洗うとよい（奈良県吉野郡十津川村那知合・千葉由広さん・明治四十二年生まれ）。
⑪マムシに咬まれた時には保存しておいた猪の胆を水で溶かして傷につけたり飲んだりした（岐阜県本巣市根尾小字越波・松葉長之助さん・明治三十九年生まれ）。
⑫イノシシはハブを喰うので、イノシシの内臓を手でさわるとハブの牙の毒が入るといって、ハラワタを食べ

たりさわったりすることを避けた（鹿児島県大島郡瀬戸内町古仁屋・加納広文さん・大正十四年生まれ）。

⑬イノシシの糞には食べたハブの牙が入っており、毒があるから素足でイノシシの糞を踏んではいけないと言い伝えている（沖縄県西表島祖納・高道正文さん・大正六年生まれ）。

⑭平成十年ごろからイノシシが増え始めた。それにつれてマムシが減った（茨城県桜川市大泉・船橋亮さん・昭和八年生まれ）。

右の諸例により、マムシ・ハブとイノシシとの関係がよくわかる。①から⑤まではイノシシとマムシの関係、イノシシのマムシに対する執着を躍動的に、同一発想で表現伝承するものである。しかもそれが広域に及んでいることがわかる。一体なぜ、ヘビ一般とイノシシの関係は語られないのに、とりたてて、毒ヘビであるマムシ・ハブとイノシシの天敵関係が語られるのであろうか。事例⑥⑦などは誰が考えても実効があるものとは考えられない。ここでは、マムシの危害に対するイノシシの鼻の効用が呪術的な俗信にまで至っていることがわかる。⑥⑦以外に、⑧⑨⑩⑪でもマムシに対してイノシシの鼻が強調されている。イノシシは雑食性で嗅覚が鋭く、特色ある鼻で獲物を探索し、捕獲する。柔らかそうに見える鼻だが一定の掘鑿力もある。事例⑧の胡桃澤栄一さんも、⑪の松葉長之助さんもイノシシの鼻を持っていた。写真5は松葉さんが山仕事に際して砥石を網状のケースに入れ

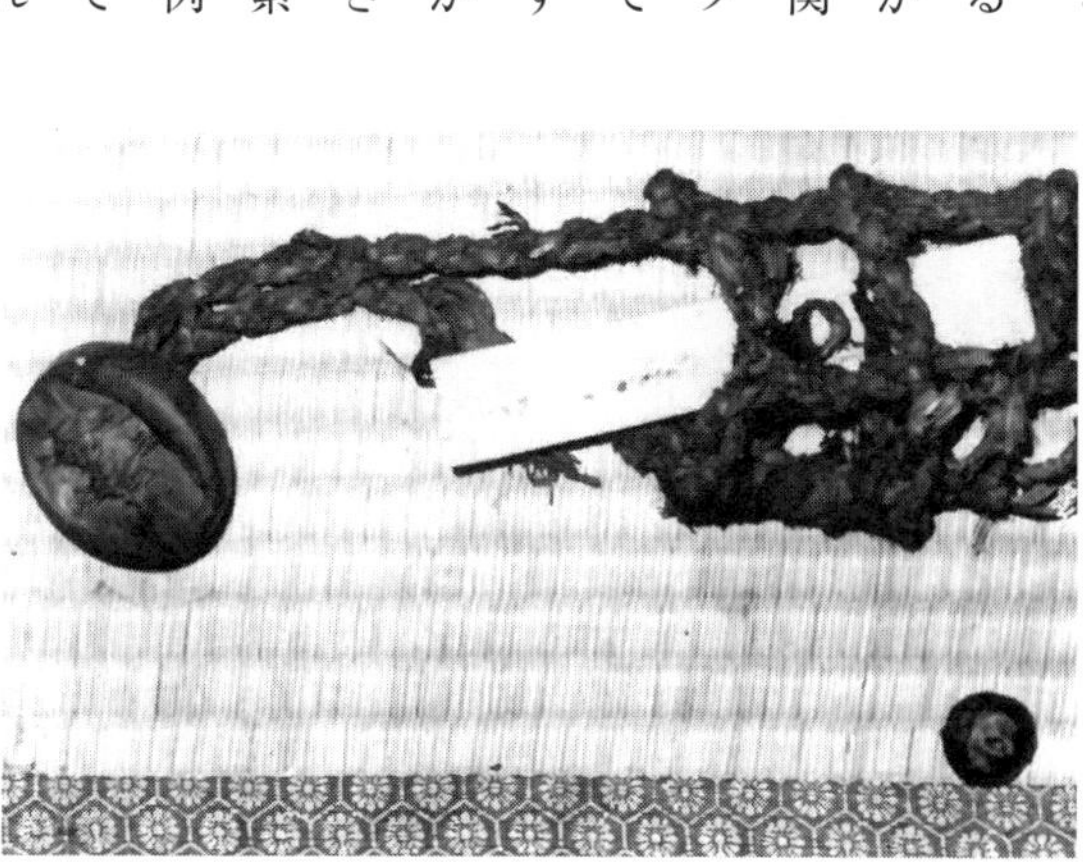

写真5　マムシ除けとして使われたイノシシの鼻の根付。右下はトチの実。岐阜県本巣市根尾

て持ち歩く時、根付として使い、併せてマムシ除けにもしたイノシシの鼻である。人に危害を与え命をも脅かすマムシやハブを難なく捕獲するイノシシやその鼻は、毒ヘビに対して強い呪力を持ち、薬効を持つと信じられたのであり、毒ヘビ抑止への願望も込められているのである。

注

(1)新編豊川市史編集委員会編『新編豊川市史・第9巻・民俗』(豊川市・二〇〇一、監修・野本寛一)。
(2)南方熊楠「猪に関する民俗と伝説」初出一九二三(『南方熊楠全集』1・平凡社・一九七一)。
(3)中勘助『銀の匙』(岩波文庫・一九三五)。
(4)中西進『谷蟆考――古代人と自然』(小沢書店・一九八二)。
(5)中本英一『ハブ捕り物語』(三交社・一九七六)。
(6)中田幸平『野の民俗――草と子どもたち』(社会思想社・一九八〇)。

ハブ

波布

ハブ咬傷――ハブに咬まれ、毒牙にかかった傷、その咬傷死亡率は、明治時代には一八パーセントにも及んだという。しかし、ハブ抗毒素およびその投与法の改良・医療水準の向上により、現在では〇・五パーセントにまで下ったという。咬傷被害数は例えば昭和四十四年にはハブ・サキシマハブを併せて四七三、昭和五十五年には二七七と報告されており、その恐怖がなくなったわけではない[1]。

写真１　ホンハブ

ハブはクサリヘビ科マムシ亜科の毒へビで、体長は二メートルにも達する（写真1）。夜行性で、おもに夕方から活動を始める。平地にも山地にも棲息し、樹上・水辺・人家周辺、耕地などで行動し、人家への侵入も多い。四〜六月と十、十一月が最も活発で、咬傷被害も多い。餌はネズミ、小鳥や爬虫類・両生類などである。奄美大島・枝手久島・加計呂麻島・請島・与論島・徳之島・沖縄本島とその周辺諸島を含む二六島に棲息する。琉球列島には、ほかに、同科のトカラハブ・サキシマハブ・ヒメハブの三種と、コブラ科二種、ウミヘビ科九種の毒へビが分布するが、クサリヘビ科以外の毒へビによる咬傷はまれである。ハブは日本産の毒へビ中最大で、もっとも攻撃的で危険である(2)。

まだ、沖縄へも奄美へも足を運んだことのなかったころ、鰹節作りの指導のため奄美大島で暮らしたことのある静岡県賀茂郡西伊豆町田子の北原熊太郎さん（明治二十七年生まれ）から以下の話を聞いたことがあった。――奄美大島で過ごしたのは十八歳、十九歳の二年間だった。「山を歩く時ゃ唐傘さして歩けってったもんだ。ハブが木から落ちてくるって、わしも隣村へ行く時にゃ傘をさして山道を歩いた」。

毒へビハブのことは若干承知はしていたものの、日常生活に迫るその恐ろしい生態を聞いて驚いた。

一　ハブと年中行事

鹿児島県大島郡大和村は、奄美大島の東シナ海側、西寄りの村である。この島に伝えられる年中行事とハブとの関係を、ムラの生業やハブの生態をもとにして考えてみたい。

近代以降、昭和二十年代までの大和村の生業構造は、ほぼ表1の項目のとおりであり、これに若干の養蚕や紬《つむぎ》織り、鰹節製造がかかわっていた。あくまでも農業が中心で、それも焼畑・定畑・稲作を併行するものであった。藩政時代以降、狭隘な土地のなかで換金作物たるサトウキビを栽培し続けてきたことにより、この地には、食糧確保のために、実と幹を食用にしたソテツを半栽培の形で守り、椎粥にするシイの実を採集するという慣習もあった。年中行事の基層を明らかにするには、表1の項目のすべてにわたって事例を上げて考察を加える必要があるが、ここでは紙幅の関係で、その一部をとりあげることになる。まず、年中行事の基層となる生業の諸要素とその生業暦については表1に示し、基層の実例の一つとして大和村の焼畑の特徴の一部をとりあげる。次に、自然環境という基層条件が年中行事といかにかかわるかの例として、ハブと年中行事について若干の考察を試みる。

表1　大和村の生業暦

区分			項目	1月	2月	3月	4月	5月	6月	7月	8月	9月	10月	11月	12月
農耕ほか			焼畑作業	伐採・乾燥		火入れ・耕起・植付け									
植物系食糧	栽培植物	芋類	甘藷				植付け					収穫			
植物系食糧	栽培植物	芋類	甘藷 シチリー植え			収穫(翌年)				植付け					
植物系食糧	栽培植物	芋類	里芋 遅植え		植付け		除草					収穫			
植物系食糧	栽培植物	芋類	里芋 早植え						収穫(翌年)					植付け	
植物系食糧	栽培植物	芋類	コーシャ		植付け		除草						収穫		
植物系食糧	栽培植物	穀類	粟		播種		除草			収穫					
植物系食糧	栽培植物	穀類	稲	苗代・田植準備		田植	除草			収穫					
植物系食糧	栽培植物	穀類	小豆		播種			収穫							
植物系食糧	栽培植物	穀類	麦(水田裏作)		収穫(翌年)								播種		
植物系食糧	栽培植物	穀類	麦(山地バテ)			収穫(翌年)								播種	
植物系食糧	栽培植物	果実類	蘇鉄				蘇鉄バテ焼き 花粉つけ				早採り(味噌用)		本採り(澱粉用)		
植物系食糧	採集堅果		椎										←→		
換金作物			砂糖黍(今里)	収穫(翌年)	植付け		除草				2度草				
換金作物			砂糖黍(大棚)		植付け		除草							収穫	
漁撈			鰹漁(今里)	準備	鰹漁(瀬戸内沖)				鰹漁(今里沖)				鰹漁(瀬戸内沖)		準備

〔注〕この表はおよそ昭和20年代までの状況について今里・大棚の伝承をまとめたものである。

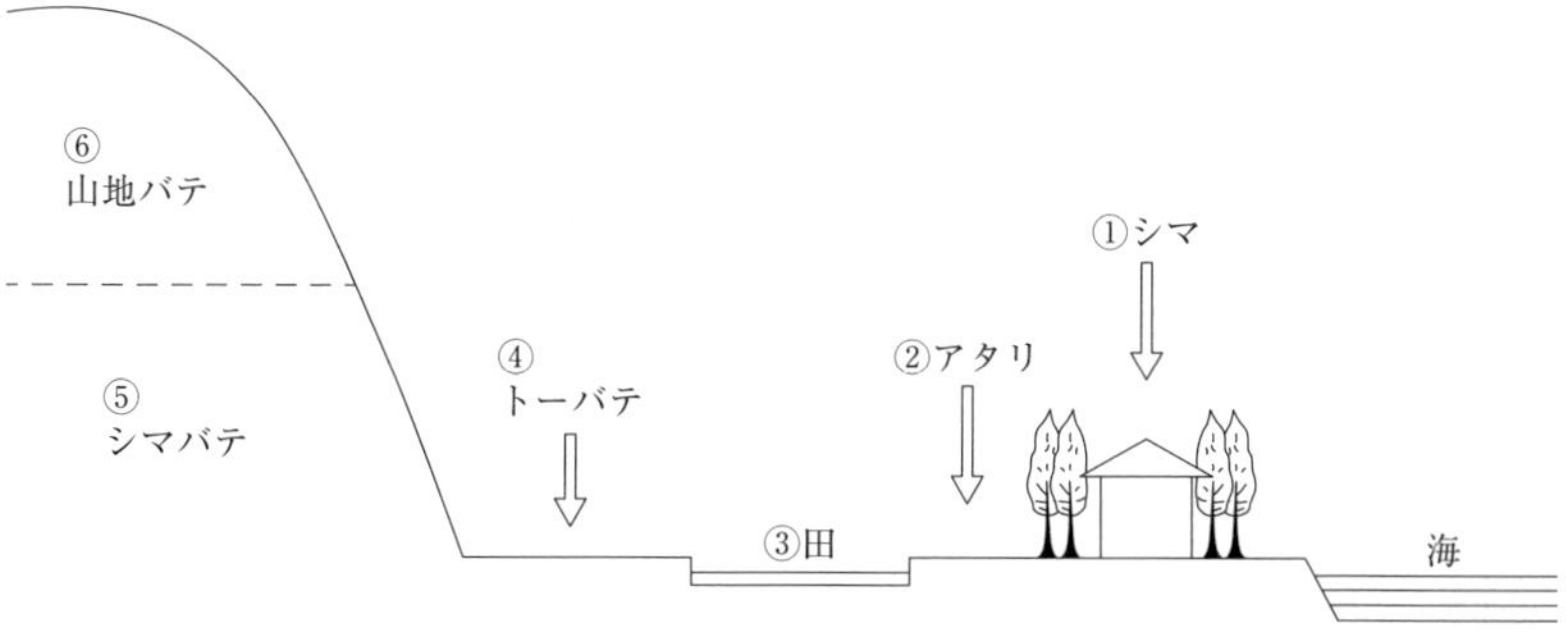

図1

1　大和村の生業暦と焼畑

大和村の生業暦の概略は表1のとおりである。以下、焼畑に焦点をあてて、生業の一部を眺めることにする。大和村今里・大棚における耕地構造およびその呼称を示したものが図1である。図の中の⑥山地バテ、⑤シマバテの二つが焼畑であり、さらに、シマバテのトーバテ（平畑）寄りの部分にソテツ畑がある場合が多く、そのソテツ畑でも焼畑が行われていた。もっとも、ソテツ畑は山の傾斜地のみでなく海岸の荒地などにある場合もあるが、これも焼畑の対象となった。集落から最も遠く離れた山地バテはシイの原生林を伐り拓いて焼く場合とその二次林などを焼く場合とがあったが、いずれも樹林を伐って焼くという形をとることが多く、これに対してシマバテはススキ原と灌木程度のものを焼く場合が多かった。地形的には一応このような展開を認めることができるが、現実には各戸の経済力ともかかわっており、耕地が少ないため、早く焼畑地を利用しなければならない家では、たとえ山地バテでも、三、四年休閑させるだけでススキ原の状態のところを焼くことになり、経済力の豊かな家では一五年以上も休閑させて、樹林を再生させてから焼くという形になった。奄美大島では、焼畑一年目のことを「アラヂバテ」（新地畑）と呼び、アラヂバテからほぼ四年間輪作し、輪作二年目から四年目までの畑地を「フルバテ」と呼んだ。四年前後の輪作で地力を喪失した地を「ハゲヂ」と呼び、ハゲヂは「アラシ」によって地力を回復することになる。「アラシ」とは、山を自然にまかせて荒らし、休閑させることである。

奄美大島の焼畑の特徴の一つは、初年度にイモ類を植えるため、火入れ直後に山地を耕起するところにある。このためにかなりの労働力が必要となり、一〇戸ないし一五戸の「ユイワク」（結い）で焼畑作業を行う場合が多かった。まず、焼畑予定地の樹木や草を伐採しなければならない。この伐採時期は表1のとおり旧暦一月から二月で、伐った樹木を乾燥させてから火入れをし、耕起・植付け・蒔付けへと仕事を進めた。火入れに際しては延焼防止の

表2　大和村の焼畑輪作と作物

実施地	一年次	二年次	三年次	四年次	五年次
大和村大和浜	甘藷	甘藷	（甘藷）		
	サトイモ	甘藷			
	甘藷	サトイモ			
	コーシャ	甘藷			
	コーシャ	コーシャ	（コーシャ）		
大和村大棚	甘藷	甘藷	アワ	甘藷	
	甘藷	サトイモ	アワ	甘藷	
	コーシャ	コーシャ	アワ	甘藷	
	コーシャ	コーシャ	甘藷	アワ	
大和村今里	甘藷	アワ	甘藷	アワ	（甘藷）
	ムギ（裏作）				

ために焼畑地の周囲の草木を一間（約一・八メートル）幅ほどさらって清掃した。この防火帯作りのことを大和浜では「トーゲバライ」、大棚では「ハテサレ」、宇検村では「キザライ」と称した。また、火入れ後の焼け残りを集めて再度焼き直すことを「ヒブスヤキ」と呼んだ。このように、焼畑作業にはなかなか手がかかったのである。

大和村の焼畑に限って見ても、稲作との関係、その他の生業との関係などから決して一様なものではなかった。表2はその事情をよく象徴していると言えよう。水田の最も多い大和浜における焼畑栽培作物はイモ類に限られ、しかも焼畑輪作は二年が基本で、多くても三年である。大和浜に住む平岡武豊さん（明治四十一年生まれ）は、焼畑初年度にサトイモを作る場合は十月に火入れをしなければならないと伝えており、大和浜では表1の早植え型でサトイモを栽培していたことがわかる。

次に大棚を見ると、輪作の中にアワ（粟）が組みこまれ、しかも輪作年数が四年になっていることがわかる。大棚における甘藷（サツマイモ）の二年連作は、「ヘラ」「アサリグシ」（鉄製掘具）による「サグリ掘り」で、蔓を二年間もたせる方法だった。これは沖縄県国頭村でも盛んに行われた方法で、必要な時必要なだけ収穫でき、イモさし（植付け）の労力が省けるという特徴がある。表1のシチリー植えの場合もサグリ掘りをして翌年収穫することになり、今里では、「トーバテ」（平畑）の一部に甘藷をシチリー植えにしておき、それから植付け用の蔓を切ったという。「シチリー」は、「遅植え」とも、「時期なし植え」とも呼ばれている。甘藷のサグリ掘りに影響を与えたものとしてサトイモのサグリ掘りがあったことも忘れてはならない。

表中の「コーシャ」はヤマイモとも呼ばれる蔓性のイモで、文化人類学でタロイモと併称される「ヤムイモ」である。大棚部落は大島郡でコーシャ栽培が最も盛んだったと言われるだけに、焼畑におけるコーシャの栽培も盛んだった。トーバテやアタリなどにコーシャを栽培する場合、連作はだめだと言われているが、焼畑のアラジバテに限っては二年の連作が可能であることも体験的に確かめられている。

次に今里の焼畑を見ると、輪作の二年目にアワが作られ、しかも一年目の裏作にムギが登場することがわかる。大和浜や大棚よりも水田が少なくなっているだけに相対的にアワやムギが増えてくるのである。表1のムギの項を見ると、ムギが水田裏作として栽培されたことがわかるが、これは大棚におけるムギ栽培であり、今里では、水田裏作型も少しはあったが、主として山地バテの裏作で栽培されていた。今里でも、山地バテにコーシャやサトイモを作ることもあったが、コーシャはトーバテやアタリに作ることが多かった。そして、今里における焼畑輪作が時には五年に及ぶことがあった点を大和浜の例と比較すれば、今里がいかに焼畑に対する依存度が高かったかがわかるのである。

2　農人とハブ

大正四年から十四年までの間の奄美諸島におけるハブの害は、死者一四七名、受傷者二七五九名に及んでいる。(3) 奄美ではハブのことを「ナガムン」「マヂムン」と呼んだ。ナガムンはその形状を意味する「長ムン」であるが、マヂムンの「マ」は「真」という意の接頭語、「チ」は神秘な力や霊威を意味しており、「軻遇突智《かぐつち》」「遠呂智《をろち》」「道速振《ちはやぶる》」などの「チ」に通ずるものと見てよかろう。ハブはその毒によって人を死に至らしめる恐ろしい存在であり、それが奄美の山野に夥しく出没し、人びとに多様な影響を与えてきたのであった。大和村大棚では、ハブに咬まれた者は、「コージ」という、米を蒸したものを重箱に入れ、部落中の家々にそれを分けながらハブに咬まれたことを告げてまわる習慣があった。そして、コージを受けた家の者は、それを口で噛んでから家の外へ投げるという呪《まじな》いをした。

「農人はハブに悩まされたものだ」と大棚の奥田和義さん(明治三十九年生まれ)はくり返し語る。甘藷の畑には甘藷を狙ってネズミが入り、そのネズミを狙ってハブが入るのである。ここでまず「ハブ→ネズミ→甘藷」という食物連鎖が認められる。アラヂをフルバテにし、それを休閑させて荒らす時、その中に甘藷が残る。そこに住みつくネズミを狙ってハブも住みつくので、フルバテからアラヂバテにおいてはハブの危険度も高い。かつて屋根萱はアラヂバテから刈ったので、萱刈りにもハブの危険性はつきまとった。表1にそって見てもハブの危険性が確認できる。四、五月のサトウキビの収穫期の一部にもハブの危険はともなった。大和村大和浜にはサトウキビを夏植えて一年半置くという方法があったが、この栽培法の場合は特にネズミが多く入り、ハブも多かったという。ここにも「ハブ→ネズミ→サトウキビ」という食物連鎖が見られる。ハブの研究で知られる高良鉄夫氏も、「ネズミによるサトウキビの食いあとが新しく、しかもネズミによる被害の多いキビ畑にはハブが多く、ネズミの喰いあとの

古いキビ畑にはハブは少ないといわれているが、およそネズミとハブとの関係を推察するに難くない」と述べている。(4)

奄美の食糧構造の中で重要な役割を果たしたソテツの実を豊かに得るには四月に雄株と雌株の花粉の交配をさせなければならなかった。ソテツ畑にはかなりソテツの実が残ったり落ちたりしているので、ここにもネズミが集まり、そのネズミを狙ってハブが集まった。しかも、ソテツの交配の時期はハブが冬眠からさめて餌をあさる時期なので危険度は高かったという。「ソテツの花が咲くころがハブの最も危険なころだ」という自然暦がある。ここにも「ハブ→ネズミ→ソテツの実」という食物連鎖が見られる。

シイの実の皮がまだ柔らかいころ、小鳥がシイの実をついばむ。その小鳥を狙ってハブは八、九月に木に登る。タカも小鳥を狙うが、そのタカをハブが狙うこともある。「ターヌヌデマキ」(タカの首巻き)と呼ぶ、ハブがタカの首に巻きついている様をよく見かけたという。ここには「ハブ→小鳥→シイの実」という連鎖がある。シイの実も重要な食糧であり、奄美では椎粥が重要な食物だった。シイの実は十月ごろから拾い始めたが、十一月から冬眠に入るハブにとって十月は冬眠準備の月であり、シイの実拾いに行ってハブに咬まれる者も多かった。そのほか、ウシ・ヤギの草刈り、ツワブキ採りに行ってハブに咬まれることも多かった。ハブは暑さにも弱いためツワブキの葉の下で涼んでいるのである。すべての作物の除草作業はもとより、焼畑地のイノシシ除けの垣作りなどもハブの危険をともなった。ハブの危険は山野のみにとどまることなく、屋敷や家の中にもあった。加計呂麻島では、一匹のハブが蚊帳の中に入って三人の子供を殺したという事実も伝えられている。奄美の人びとは、豊作を得、幸いを得るためにはまずハブを除けなければならなかったのである。

3　正月の大工神祭りとハブ

大和村には大工神の信仰が根強く生きている。正月二日が大工神祭りの日で、この日、大工の棟梁や大工の家では、一般に次のような形で大工神を祭る。すなわち、番匠ガネ・手斧・墨壺・墨さしを高盆に載せて、酒・ヒムン（干魚）・塩などとともに大工神に供え、男三人がサンゴン（三献）の儀礼で祭るのである。こうして祭るとハブの害にあわないと言い伝え、棟梁・大工以外の一般の農民は近くの棟梁の家の大工神を拝みにゆく。今里の安田トキマツさん（明治四十三年生まれ）によると、まず賽銭をあげて大工神さんを拝すると、棟梁家ではサンゴンの儀礼を行い、次に鰹の干物をへいだもの、酒、塩を出してくれる。盃をいただき、干物に塩をつけて食べる。一月二日にこのようにしておくと、その年は「夜山・アラ山へ行ってもハブにやられない」のだという。また大金久の元野順円さん（大正十四年生まれ）によると、棟梁方でマンビキのヒムンと盃、塩をいただき、ヒムンを食べ、塩を頭に塗りつけておくとその年はハブの害にあわないという。今里の森山チヨさん（明治三十六年生まれ）も、大工がハブ除けの呪文を吹きこんでくれた塩をなめたり、その塩を山に行く時体につけておくとハブの害にあわないと伝えている。『南島雑話』の中に「梁揚げ山神来る図」というものがあり、そこには草冠の山の神と大工神二人が描かれていて、(5)説明に、「於頓（御殿）の造文、又ふきかへの時、神山より下り来る。図の如き於頓の尺を取る。尺の取りまはし、早きこと目にもかからん程なり」とある。このほか「山の神の尺丈」と題した絵もある。小野重朗は、加計呂麻島西阿室で大正初期まで行われたという山からの神の来臨を報告しているが、その一つとして「ジョウギモチの神」をあげ、これが大工神と呼ばれたとしている。(6)こうして見ると、正月二日に祭られる大工神と、山から来臨する大工神が脈絡をもっていることは明らかである。大工神は山の神の系譜に属しているのである。大工神を拝むことがハブ除けにつながるというのは、大工神が山の神とつながっている点に要因があるのはたしかであるが、いま少し別な角度から眺めてみる必要があろう。

棟梁や大工はハブ除けの呪文を知っていると言われ、ハブは大工に危害を加えることは絶対にないと言われている。職人の中でハブ除けの呪力をもつものとしては他に鍛冶屋がある。鍛冶屋も絶対にハブの害を受けないと言われているのである。マムシ除けの呪言・呪歌に鍛冶屋が歌いこまれ、鉄製民具が詠みこまれている例を「マムシ」の章で紹介した。マムシ除けの呪言のポイントは「鍛冶屋」にあり、「馬鍬の歯」「槍」「刀」などの鉄製品の呼びたてにある。

ヘビが鉄分を嫌うという伝承は各地の伝説に多く見られるところである。たとえば、異類婚姻譚の中のオダマキ型に属する次のような伝説が静岡県浜松市天竜区水窪町にある。――西浦の七ツ滝のそばの家に一人娘がいて、そこへ毎夜通ってくる男があった。男が帰ったあとムシロを叩いてみると必ずヘビのウロコが落ちるので母親が不思議に思い、ある夜、糸まりの糸の先に針をつけ、男の髷《まげ》に挿しておいた。翌朝、男が帰ったあとで糸をたぐって行くと糸は七ツ滝へ入っていて、淵の中から、「お前は針を刺されているから、刺されたところから腐って死ぬぞ」とヘビの親が言っているのが聞こえた。息子のヘビが、「娘を孕《はら》ませてあるからいい」と答えると、親ヘビは、「あの娘は鉄の煎じ汁を飲めば腹の子がおりることを知るまい」と言った。娘の母はこれを盗み聞きして娘に鉄の煎じ汁を飲ませたところ、タライ一杯のヘビの卵が出たという。

また、池の主の大蛇を追放したり殺したりするために池へ鉄を投げこむという話が各地にある。静岡県榛原郡川根本町尾呂久保には、昔、大蛇の棲む池があり、部落名もこれにより「ヲロチクボ」とついたという。あるとき池の大蛇が子供を喰ったので村人たちが池に鉄を入れたところ、大蛇は逃げて、島田市川根町にある野守の池に移ったと伝えられる。山中の狭隘地では、耕地を確保するために池を干化することがあり、平野部では湿地の沼や池を干拓して耕地にすることがあった。そのような地には必ず、池の主である大蛇を追放するという伝説が生まれている。系統を異にする二つのヘビの伝説がともに「鉄」とかかわっている点に注目しなければならない。
ヘビと鉄の関係はさらに現実的な伝承として伝えられている。山形県鶴岡市羽黒町市野山では、マムシに咬まれた場合、石油で洗い、錆びた金物で咬まれたところをさするとマムシの歯がこぼれ出てくると言い伝えている。また兵庫県宍粟市一宮町倉床には、ヘビの霊力に当たって熱が出たときは鉄の錆びを煎じて飲めば治るという俗信がある。さらに静岡県下田市須崎では、家の周囲に鉄の粉や鉄くぎを撒けばヘビが入らないとしてこれを行ったという。

鍛冶屋は鉄を管理する者であるところからヘビ除けの呪力をもつと信じられ、ヘビ除けの呪言の中に鍛冶屋や鉄が歌いこまれたのであるが、さらに一歩進めてみると、大工もまた手斧・鋸《のこぎり》・鑿《のみ》・番匠ガネなど常に鉄の道具を身につけ、使う存在である。大工がハブ除けの呪力をもつとされ、正月二日にハブ除けの呪いを司ることの基層には、こうした事情もあると考えてよさそうである。

4　マーネアソビとハブ

大和村では四月初午の日に「マーネアソビ」をする習慣が広く行われていた。その概略は表3に示したとおりであり、四月の五日までに初午がある年は、「ミマーネ」と称して四月中に三回午の日遊びをするという習慣も根強かった。大和村の各部落に共通するマーネアソビの伝承内容は、①この日はハブ除けの日なので、ハブと類似の長い形状の竿・杖・縄などにさわってはいけないこと、②家で煙をたてないで、浜におりて遊び、食事などもすべて浜で行うこと、③ハッタイ粉を食べること、④ビラ（ニラ=韮）を食べること、などである。

表3　マーネアソビ・アズラネ等の概略

	実施地	行事名	月日	行事内容	食物
①	大島郡大和村今里	マーネアソビ	4月初午	「ナガモノ」（ハブ）除けのアソビで、この日は竿・杖・縄などの長いものを持ってはいけない。屋敷に置いてもいけない。家で煙を出してはいけない。ムラ人はすべて浜おりをして一日を過ごす。	必ず「ビラ」（ニラ）を食べる。ハッタイ粉を食べる。
②	大島郡大和村今里	アディラニ	4月の申か寅	「ナガモノ」および「イノシシ」のアソビで、朝早く「ヤマヂバテ」（焼畑地）に赴き、猪除けの「アディラ」を作って帰り、それ以後アソビをし、浜おりをする。ハブ除けの祈願をする日でもあるので、①と同様、竿・杖・縄などの長いものを持ってはいけない。	特になし。
③	大島郡大和村今里	ハマウレ ムシコロシ	4月	田へ行ってイネにつく「カメムシ」を取ってきて海へ流して浜おりをし、アソビをした。	特になし。
④	大島郡大和村名音	ウマンネー	4月初午	竿・杖・縄などの長いものを持たない。浜おりをし、アソビをする。	ニラとハッタイ粉を食べる。
⑤	大島郡大和村名音	アズアフェー	4月	田のイネを喰うネズミを追うためにハブを呼ぶ行事。親ヌルが田の畦を「トーゲ」で耕す所作を演ずる。屋敷に竿・杖・縄などの長いものを置いてはいけないとし、外に持って出て浜おりをし、アソビをした。	特になし。
⑥	大島郡大和村大金久	ウマーネアソビ	4月初午	太陽のあがる前に飯を炊き、浜おり、アソビをし、この日は、竿・縄など長いものを持ってはいけないとした。ハブ除けである。	ニラとハッタイ粉、麦飯を食べる。
⑦	大島郡大和村大金久	アズランフェ ムシカラシ	4月寅・辰	寅・辰の日から指を折りこみながら十二支を数え、指をハネ出して数えるエトの者が田に赴き、イネにつく「クロカミムシ」を取って海に流し、浜おりをし、アソビをした。	特になし。
⑧	大島郡大和村大金久	ハマヨレ	4月戊	太陽があがる前に飯を炊き、高倉の下で飯を食べてアソビをした。	特になし。
⑨	大島郡大和村大棚	マーネアソビ	4月初午	ハブ除けの日なので長い竿・杖などを引いてはいけない。浜おりをし、アソビをした。	ニラとハッタイ粉（コーセンモチ）を食べた。
⑩	大島郡大和村大棚	アズランフェ ムシカラシ	4月の寅か申	「エバン」（連絡係）が「アズランフェード」と大声で叫ぶと人びとは家の周囲の草を鎌の刃を先にむけて払った。イネの虫カラシと屋敷のハブ除けを兼ね、午後はアソビとなった。	特になし。
⑪	大島郡大和村大和浜	ウマネー	旧4月初午	竿・杖・縄などの長いものを持ってはいけない。ハブ除けとして浜おりをし、アソビをした。	ハッタイ粉を食べた。
⑫	大島郡大和村思勝	〃	〃	〃	〃
⑬	大島郡大和村津名久	〃	〃	〃	〃

⑭	大島郡大和村湯湾釜	〃	〃	〃	〃
⑮	大島郡大和村湯湾釜	アズラネ	旧4月	田のアゼ草を刈った。	特になし。
⑯	奄美市名瀬根瀬部	ウマンネー ハマオレ	旧4月初午	ハブの難を除けるために業を休む。	
⑰	大島郡瀬戸内町網之子	ウマネアスビ	旧4月初午	この日は昔罪人の首を切る日だったと言い、悪いことの起こる日として浜おりをした。	麦のコウセン（むぎこがし）とニラを必ず食べる。
⑱	奄美市笠利町佐仁	アジラネ	旧4月癸	家のまわりや道を掃除して一日遊ぶ。この日に長い竿や縄などを引くとハブが出る。	
⑲	奄美市名瀬有良	アジラネ	旧4月壬癸	ハブ除けとして、庖丁を家で使わない。縄や棒などの長いものを引かない。	
⑳	徳之島天城町松原	アジラネー	旧5月	ハブとネズミ除けの日で、死人やハブの厄に会った者は一日中浜に出る。	
㉑	徳之島徳之島町金見	アンダネ	旧4月壬	青物を家の中に入れるとハブが出る。	
㉒	奄美市住用町城	ムシカラシ	旧4月寅	家々で田の虫を一匹ずつ捕って海に流す。この日は家で炊事せず煙をたてない。部落中一人のこらず浜に下って一日遊ぶ。	

注　①〜⑮は筆者の調査、⑯〜㉒は小野重朗氏の『奄美民俗文化の研究』（法政大学出版局・一九八二）によった。

(1)ニラの伝承

この日にニラを食べることの由来について大和村名音の福村行男さん（大正十五年生まれ）は次の話を伝えている。

――ハミまたはマッタブと呼ばれる赤模様のあるヘビは人間に化けると言われている。名音に住んでいたきれいな娘が、ある時アラヂバテ（焼畑）のために山に行き、昼寝をしてしまった。そして、きれいな男と情を交した夢を見た。じつはその男はマッタブの化身であった。娘はめざめ、やがて妊娠したので不思議に思ってユタ（巫女）に見てもらうと、四月の午の日にニラを食べて潮干狩に行き、サンゴ礁の上を渡り歩けば子が堕りるだろうと言われた。娘がそのとおりにすると、籠一杯分のマッタブの子が堕りたといい、このことがあってから四月の初午の日にはニラを食べるようになったという。(7)

この伝説は、ニラという強臭植物による魔除けと、サンゴ礁を渡るという禊ぎによる魔除けを象徴的に語っていておもしろい。『日本書紀』景行天皇紀には、「一箇の蒜《ひる》を以て白き鹿に弾《はじきか》けつ。」「是の山を踰《こ》ゆる者は、蒜《ひる》を嚼みて人及び牛馬に塗る。自づから神の気に中《あた》らず。」という記述がある。ニラもヒルもユリ科の強臭植物であり、こうした強臭食用植物によって魔除け・厄除けをする呪術は、古くから広い範囲で行われてきた。

⑵ハッタイ粉の意義

次に、四月の初午のマーネアソビの日にハッタイ粉、すなわち麦香煎を食べる意義について考えてみたい。表3の中で、事例①④⑥⑨⑪⑫⑬⑭⑰において、本来は旧暦四月初午の日にハッタイ粉や香煎餅を食べているのである。このハッタイ粉はもちろんその年とれた新麦で作り、これを粉のまま食べることもあったが、何がしかの加工をする方が多かった。大和村大棚では、ハッタイ粉を練って臼に入れ、ふかした甘藷をまぜて搗き、丸棒状に固めてから切って食べた。これを「コーセンモチ」と呼んだ。今里では、同様にハッタイ粉と甘藷とを固めたものを「ムギカシ」と呼んだ。一体、なぜ四月初午のマーネアソビの日にハッタイ粉を食べなければならないのであろうか。「マムシ」の節において、香煎・ハッタイ粉が吸湿性・奪水性をもつことにより、それがマムシやヘビ類の湿性・水性を奪い、結果として、その行動力・呪力・霊力を抑止すると考えた信仰論理について述べた。糠や灰などもこれに準ずるものとしてあげた。また、梅雨時にハッタイ粉を食べる民俗についてもふれた。奄美大島で四月初午の日にハブ除けとしてハッタイ粉を食べるという民俗は決して孤立したものではなく、ハッタイ粉の吸湿力によってヘビを除けるという骨太い信仰論理を示していることがわかる。この季節はハブが冬眠を終えて積極的な活動を始める季節であり、ヘビの好む湿潤な季節でもある。ハブの霊力を極力抑えなければならない時期なのであった。

本土においてマムシ除けのために屋敷に香煎・ハッタイ粉や糠を撒く習慣を紹介したが、沖縄には、ハブのいない島の砂をハブの棲息する島の屋敷に撒くとハブが屋敷に入らないとする俗信があり、ハブのいない久高島の砂を本島からとりに来る者があったという話を久高島の西銘シズさん（明治三十七年生まれ）から聞いたことがあった。中本英一氏の実験によると、ハブの九〇パーセントまではアルカリ性土壌を嫌うので屋敷に消石灰（弱アルカリ性）を撒くとよいという。(8) 奄美大島にはハブ除けのために家の周囲にサンゴの粉を撒く習慣があるが、これは体験的に弱アルカリ性のサンゴを使ったことになり、あわせて、夜、白いサンゴの上にハブがいると発見しやすいという生活の知恵だったとも中本氏は述べている。南島を歩いていて島の聖地である御嶽《うたき》を拝し、そこに純白のサンゴの破片が敷きつめられているのに身のひきしまる思いをしたことがたびたびある。ヘビ除けのために粉状のものを撒くという営みは、南島と本土を貫く民俗である。アルカリという点からすれば、灰もまたアルカリであり、マムシ除け・ヘビ除けに実効があったはずである。神奈川県から伊豆半島にかけては、正月飾りを小正月に焼き、その灰をもってヘビ除けとする習慣が広く行われている。その一部はマムシの節で紹介した。

5　アズラネとハブ

四月の中・寅・辰などの日には「アディラニ」「アズアフェー」「アズランフェ」「アズラネ」などと呼ばれる行事が行われた。『南島雑話』には、「阿津良根祭《あつらね》」として、「他邑より来る人を防ぎ、又何にても長きものを忌む。若し他邑より殿ノカナシの外に御用封を持来るものも村童礫を打事有。長物を忌は返鼻除きの祭なればなり。是一日に限」と記されている。(9) この日にさまざまな要素が錯綜していることは表3によってもわかる。⑦⑩のムシカラシ、⑩⑮⑱の田の畦や屋敷のまわりの草刈りや掃除、②⑩⑱⑲⑳㉑と『南島雑話』の記事は、ハブ除けの要素を主張しているのである。

奄美においてアズラネの日がハブと深いかかわりをもっているのは明らかであるが、中でも表3⑤の名音の伝承には特に注目しなければならない。これはいわば「ハブカラシ」に対して「ハブオロシ」というべきものなのである。高良鉄夫氏は『ハブ』の中で、「明治半ばごろ、奄美大島と徳之島では野ネズミによるサトウキビの害がひどく、農家は非常に困惑した。ところでハブがこの野ネズミを駆除してくれるので、農家では、ハブを有益な動物と見なしていた。そこで野ネズミの被害の大きい時期は、ハブの駆除を喜ばない風習があったという[10]」と述べている。筆者も八重山諸島の小浜島で同様の伝承を聞いたことがある。名音では、この日、「親ヌル」「脇ヌル」「グチ」と呼ばれる男子神役が田の畦に赴き、親ヌルが長さ二〇センチ、幅八センチ、柄三〇センチほどのトーゲ（鍬）で畦を起こすまねをすると、「エバン」と呼ばれる連絡役が「アズランフェーチャッド」と大声で叫び、親ヌルがハブを呼ぶ行事をしたと村人たちに伝える。この日は浜で竿を立てたところにまでハブが出ると言われている。この日が②⑩⑱⑲⑳㉑のようにハブ除けの日であるとされる一方、名音のようにハブオロシの日とされるのは、「両刃の剣としてのハブの力」を象徴する実態だといえよう。

事例の中でいま一つ注目しなければならないのが②の今里の「アディラニ」である。今里では、山地バテ（焼畑）につくイノシシを除けるために樹木を伐り倒してそれを土手のように無造作に積んで焼畑地の周囲にめぐらしたものを「アディラ」と呼ぶ。大棚ではこのアディラのことを「アゼラ」ないしは「シムエ」と呼ぶ。木をメッタに伐り倒してアゼラを積むことを「アゼラシ」と呼んだ。アゼラは、木を整然と立てて蔓や綱で結んだ垣とは全く別の、原始的な木の土手である。焼畑の最も盛んだった今里におけるアディラが、稲作の畦ではなく、焼畑のイノシシ除けの畦であったことは重要である。今里では、この日は「イノシシとハブのアソビ」だと伝えている。

アズラネは基本的には田の畦の草刈りで、田植直後の田の浄めの神事であったと考えられる。小野重朗は「いわばアジラネ（アブシバレー）とシキュマ（五月ウマチー）とは稲の穂はらみ期の物忌みのはじめと終りとを画する儀礼であると言ってよいであろう[11]」と述べている。アズラネはこのように、発生的には稲魂とかかわるものであった。

ムシカラシと重層する地域がある点、『南島雑話』の記述のとおり他の村邑から侵入せんとする者を防ぐ点、表3⑩のように鎌の刃を先に向けて草を払う点などを総合すると、「アズネラ」「アディラニ」の日は本来、イネ・稲魂に悪影響を与える害虫・雑草、その他不可視の悪霊を追放遮断する日であったことが推察される。しかし現実にはハブ除けの日としての色彩が極めて濃厚になっているのは、田の畦草刈り、屋敷の周囲の雑草刈りをすることが奄美大島の農民にとって、恐るべきハブの危害を避けるのにかなり有効だったからであろう。そして、これは旧暦四月という時期が、冬眠から覚めたハブの活動が活発化する時期であることともかかわっている。そして、同じ四月の二つの行事（マーネアソビとアズラネ）をハブ除けとする地が見られることは、いかに奄美の人びとがハブを恐れていたかを強く物語るものである。

大和村今里では、マーネアソビ・アディラニに加えてムシコロシのハマウレ（浜おり）も実施した。古層の民俗には、このように、人間生活や農耕に害を与えるものを一つ一つ追放する儀礼の体系があったと考えてよかろう。

6　トモチとハブ

小野重朗は「ドンガ」「トモチ」の事例として、大和村志戸勘の例を次のように紹介している。(12)

アラシツ、シバサシの後の甲子の日がドンガで、墓参をし、改葬する日である。アラシツ、シバサシには墓に参るものではない。ドンガの八日目の辛未の日がトモチで、これが夏の遊びの果てる日だという。ドンガもトモチももとは八月踊をするものだった。どちらも新芋（甘藷）を掘って米とつきまぜてウムゴハン、ヒキャーゲを作って食べて一日ずつ遊ぶ。

大和村今里でもドンガから数えて八日目を「トモチ」「トモチアソビ」としている。この日は、サトイモ・甘藷・

モチ米を鍋でねり合わせ、茶碗に盛って食べる。これを「ヒキャゲ」と呼ぶ。ヒキャゲは、トモチアソビの日のほかに旧暦正月十八日にも作る。正月十八日は正月行事の果てる日で、夏の行事の果てのトモチと対応する。「ヒキャゲ」は「引きあげ」すなわち祭事の果ての日を意味する語で、それがやがてその日の食物を意味するに至ったものと考えられる。現在は、サトイモ・甘藷・モチ米のネリモチであるが、甘藷渡来以前にはサトイモとモチ米、さらに稲作以前にはサトイモのイモモチであったことが考えられる。その意味で、ヒキャゲは古層の食文化の伝統をとどめるものとして貴重である。今里の安田トキマツさん（明治四十三年生まれ）は、トモチは「ハブのアソビ」だと伝え、森山チヨさん（明治三十六年生まれ）は、「トモチの日はハブが集まって別れる日で、ハブはトモチの日以後隠れるので危くなくなる。ハブが帰る日だからこの日は山へ行ってはいけない。この日は家の中に籠っていなければならない」と伝えている。今里では、トモチの日をハブを送る物忌みの日として重視してきたのである。

以上、①正月二日の大工神祭り、②四月初午のマーネアソビ、③四月のアズラネ、④トモチと、四段階に及ぶ「ハブ関係年中行事」を見てきたが、年中行事の中に四種類ものハブ関係行事があるというのはまさに驚きである。正月の大工神祭りが、年頭にあたって一年間のハブの危害をあらかじめ除けておく、いわば予防呪術であることは確かである。これに対して、四月のマーネアソビとアズラネは、ハブの活動開始期におけるハブ除けであり、最も現実感に富むものであった。マーネアソビがもろもろの災厄を除ける忌み日でありながらハブをその中心に据えるのは、島人たちにとってハブの脅威が最も深刻で現実的なものだったからである。ムギの収穫時期・ハッタイ粉との関係はすでに述べたとおりである。アズラネとハブとの関係も前述のとおりである。今里におけるトモチがハブ送りであることから、大和村を中心としてハブと年中行事の基本構造を整理してみると、ⓐハブ除け予祝予防行事（正月の大工神祭り）→ⓑ活動期のハブ除け行事（マーネアソビ・アズラネ）→ⓒハブ送りの行事（トモチ）という形のあったことがわかる。旧暦八月ドンガから八日目のトモチは、ハブが完全に姿を消す日にはやや早いと思われるが、ここには、恐ろしいハブを一日も早く送りたいという願いが込められていると見てよかろう。

年中行事の基層には自然環境条件が強く根を張っている。焼畑農耕の甘藷、定畑のサトウキビ、ソテツ畑にはネズミがつきやすく、そこにはネズミを狙ってハブが集まった。ここに生態系の食物連鎖が民俗とかかわる土壌がある。半栽培のソテツにかかわる作業、採集食物たるシイの実拾い、稲作作業にもハブの危険がついてまわった。食物連鎖ではハブを捕食するものとしてイノシシがある。これについてはマムシの節でふれた。ハブの棲息する環境にはハブにまつわる民俗が生じ、年中行事が生まれるのである。年中行事という、信仰要素の強い上層民俗を正しく理解するには、どうしてもその基層条件・基層民俗に目を据えなくてはならないのである。最後に、ハブの危害を避けるために四回も年中行事を重ねながら一方ではその恐ろしいハブに頼る「ハブおろし」があったという事実をいま一度噛みしめておきたい。

二　ハブ除けの呪術と技術

ハブ除けの呪術や技術は多様である。先に奄美大島大和村におけるハブについての伝承・年中行事などを紹介したが、以下、沖縄県八重山地方および奄美の一部におけるハブにかかわる伝承を記すことにする。

①家の周囲の石垣や畑の石垣などの中にハブを見つけた時は、ススキ（薄）を削って先をとがらせて刺す。道でハブに遭遇した時にはススキで叩けばよい（沖縄県八重山郡竹富島・中里長生さん・明治三十八年生まれ）。

②道を歩いていて、ハブの危険を感じた時は、杖をつきながら次のように唱えた。「ヤマトゥヌチヂバリ　ボー

ズヌンヂタオスンガ　コノギンザ　ドゥシジュウナ　アタマカラチリルンド　ナカカラチリルンド　ナニダウチ　ナニダウチ」——このヘビは自分から除けないと頭から切れるぞ、中から切れるぞ、というほどの意で、ハブを威嚇恐喝するところに特徴がある（沖縄県八重山郡竹富島・中里ハルさん・明治四十二年生まれ）。

③ハブのいそうな危険な道を歩く時次のように唱えた。「クヌミチャバーミチリャ　アライクッカシャニ　ウマナビッティ　フンキラリッタ　ナーハラセッティルンド　マダイリヨー」——この道は私が通る道だから、歩いてくるうちにこの道にいて踏みつけられたら真ん中から切れるぞ、どきなさいよ、というほどの意で、これも威嚇型である（沖縄県八重山郡竹富島・崎山苗さん・明治二十六年生まれ）。

④トカラ列島の中ノ島からハブ除けの硫黄を売りに来た。その硫黄を屋敷に撒いてハブ除けにした。また、ハブがいるのがわかると、穴の入口で硫黄を焚いて団扇で煽いだ（鹿児島県大島郡大和村思勝・森永幸夫さん・明治四十三年生まれ）。

⑤人が死んだ時、ゴムの木によく似たカブリキという木と、ススキによく似た水草を採ってきて、門を塞ぐようにかけわたしてハブ除けとした（沖縄県八重山郡西表島祖納・高道正文さん・大正六年生まれ）。

⑥天城岳の神に長虫（ハブ）を屋敷のまわりに入れてくれるなと祈った（鹿児島県大島郡徳之島天城町山・安田精雄さん・明治三十九年生まれ）。

⑦煙草の煙管のヤニがハブの毒を消すとして、山から家に帰ってからでなくては煙管の掃除をしなかった。ハブに咬まれたら煙管の竹を割ってヤニをつけるとよいという（同前）。

⑧山でハブを見かけると、「ギーランクワン　マアガヌ　トオユンキイティ　ウマカアドキリョオ」と唱えた。「ギイラの子孫が通るからどいてくれ」という意味であるが、「ギイラ」とは「強い人」の代表である（鹿児島県大島郡徳之島天城町平土野・作山吉家さん・昭和四年生まれ）。

また『鹿児島県昔話』に次の話がある。——コデ様がハブの子を助けたところ、親ハブが、「今後、ハブに咬まれることはない。あなたの行き先は結構な時代になる」と言って帰っていった。それから、「ゴデ様である。ゴデ様の末孫どう」と言って歩けば、ハブに咬まれないようになった（鹿児島県大島郡瀬戸内町加計呂麻島）。

この二つには、特定の人名を唱することによってハブを除けるという点に共通性が見られる。いわば「系図の呪術」である。それは、「蘇民将来子孫の門」と表示するのと同類である。

⑨ハブに咬まれた時は、傷口を剃刀《かみそり》で十文字に切って、傷より心臓に近いところを、「イローラ」という髪をしばる紐で固くしばった（沖縄県八重山郡小浜島・大嵩秀雄さん・明治三十八年生まれ）。

⑩ハブに咬まれた者を蜘蛛の巣のあるところへ入れるとハブの毒がひどくまわるし傷が悪くなるといって、咬まれた夜は家の中へ入れずに一晩外庭に置いた。ハブに咬まれた時は毒を吸い出してから「イリガン」（入れ髪）で固くしばった（沖縄県八重山郡黒島・東盛おなりさん・明治三十七年生まれ）。

⑪ハブに咬まれると家の外に置いた。家の中へ入れると家にススがあるから悪くなると言った。傷口を切って「イリガン」でしばった。傷口をウカバキの葉でつつくとよい（沖縄県八重山郡西表島古見・仲本セツさん・昭和三年生まれ）。

⑫家の中に鳥やハブが入った場合、浜に下りて寝て、眠ったまねをして「コケコッコー　コケコッコー　コケコッコー　夜が明けた」と唱えてから起きて家に帰った。家を出る時には門に竿を横にわたし、七・五・三のシメをした（同前）。

これは、擬似睡眠・擬似鶏鳴でハブが家に入ったという悪い日を終了させ良い日を迎える呪術である。

以上のうち、⑩⑪には、女性がハブに咬まれた時「イリガン」でしばるという処置が伝えられているが、ここには、たとえ自分の髪が長くてもさらにイリガンを使って髷《まげ》を結った沖縄の女性の「髪」に関する習慣の秘密がひそんでいる。男の場合は褌《ふんどし》でしばるというのが通例であった。

先に、奄美大島でハブ除けに、家の周囲にサンゴの粉を撒く習慣があったことにふれたが、沖縄県八重山郡竹富島の大山きくさん（大正三年生まれ）から以下の話を聞いたことがあった。――家々の庭砂の敷きかえは正月と盆にそなえて十二月下旬と八月上旬に東の浜・北の浜から粗いサンゴ片の白砂を運ぶ。それ以外にも一日と十五日には屋敷内の掃除をし、古い砂を家の裏や横にまわして、前庭には常に新しい砂を敷くように心がけた。学校の卒業式の前などには「ミチトゥシ」と称して道路にも新しい砂を撒いた。新しい砂はハブ除けにもなり、夜歩きによい。家に侵入してくるハブも発見しやすい。

ハブについてはいま一つ心に残っていることがある。沖縄県八重山郡竹富島の生盛太良さん（明治二十六年生まれ）から聞いた話だ。当地では焼畑のことを「キーヤマ」と呼ぶ。全国各地の焼畑はどこでも樹林・叢林を伐採してから火入れをするのだが、竹富島では樹林を伐採しないままで火入れをする。樹木の繁茂も甚だしいのだが、伐採のために樹林に入ることは何よりもハブの危害を受けやすいのである。したがって、まず火入れをして、樹木を焼き、ハブを追ったり焼いたりして、その後焼畑予定地に入って焼けた木を伐ったのだった。太い木は燃料として女たちが家に運んでから焼け残りや細い枝を再度焼いたのだという。

注

(1)「ハブ咬症」(『沖縄大百科事典』沖縄タイムス社・一九八三)。

(2)「ハブ」(『沖縄大百科事典』沖縄タイムス社・一九八三)。

(3)中本英一「ハブ咬傷者資料」(『ハブ捕り物語』三交社・一九七六)。

(4)高良鉄夫『ハブ』(『全集日本動物誌』第一七巻・講談社・一九八三)。

(5)名越左源太『南島雑話1』(東洋文庫431・平凡社・一九八四)。

(6)小野重朗『民俗神の系譜――南九州を中心に――』(法政大学出版局・一九八一)。

(7)ヘビとの異類交合伝説は今里にも伝えられ、ニラによってマッタブの仔を堕ろしたと伝えている。『南島雑話』にもマッタブと女との交流が絵入りで記されているが、これにはニラの伝承はない。

(8)中本英一前掲(3)に同じ。

(9)名越左源太前掲(5)に同じ。

(10)高良鉄夫前掲(4)に同じ。

(11)小野重朗『奄美民俗文化の研究』(法政大学出版局・一九八二)。

(12)小野重朗前掲(11)に同じ。

アオダイショウ

青大将

アオダイショウ（青大将）は無毒のヘビで一メートルから二メートルにも及ぶ（写真1）。ネズミや小鳥などを餌とし、鳥の卵を呑む。背骨の一部に卵の殻を割る突起がある。日本全国に分布しており、人の居住する屋敷にも棲息し、草葺き屋根の時代には屋根裏やツシ（物置き場）に棲みつくこともあった。

私は幼少年期を静岡県牧之原市松本の農家で過ごした。鶏小屋の中に雌鶏が卵を生む巣床があり、その中に、いつも卵が一つだけ採り残されているのが学齢前の私には不思議だった。ある時、鶏小屋に入り、その卵を持ってみたところ、ずっしりと重いので驚いた。曾祖母のまみ（明治六年生まれ）に尋ねてみると、それは石でできているのだという。種卵だともいうがじつはニワトリの卵を呑みにくるアオダイショウ除けだと聞いてさらに驚いた。愛知県豊川市弥五郎の竹本兵十さん（明治四十二年生まれ）からもアオダイショウ除けに石の卵を置いていたことを聞いた。「石の卵」が流通するほどにアオダイショウの鶏卵に対する被害は一般化していたのである。兵十さんは、大きいアオダイショウは卵どころか、ニワトリを絞殺することもあったと語る。

豊川市八幡忍地の近田節治さん（明治四十四年生まれ）は、アオダイショウはマメクジ（ナメクジ）に弱いので鶏小屋にマメクジを置くとアオダイショウ除けになると語る。また、同市当古の石黒都良さんはアオダイショウ除けとして鶏小屋の周囲に石油を撒いたという。静岡県伊豆市湯ヶ島町でアワビの貝殻を鶏小屋に吊っているのをよく見かけた（序章写真2）。これは、イタチ除け、アオダイショウ除けのためだと聞いた。アワビの貝殻は反射光を放ち、また、眼と見たてられる孔が並んでいるところから伊豆半島ではアワ・キビなどの畑作物の鳥除けにもこれを使っていた。鹿児島県肝属郡旧大根占町池田では牛小屋の魔除けとしてアワビの貝殻を吊っていた。

アオダイショウについてはもう一つ少年時代の記憶がある。それは夏で、八畳間に蚊帳を吊って寝ていたのだが、夜中に家人が騒ぐので目を覚ますと、アオダイショウが蚊帳の吊り紐を伝って体をくねらせていた。ツバメの雛を狙っていたのである。そのアオダイショウは、母が枝切り鋏でそっと挟んで外に出し、殺しはしなかった。そのころ私は、「アオダイショウは家のヌシだ」という伝承は聞いていなかったが、大人たちはそうした伝承を承知していたことがわかる。私が育った地域には、マムシと、シロゴロシと呼ばれる白味を帯びた縞のあるヘビは薬用として食べる習慣があったが、アオダイショウの食習はなかった。近所の大人たちは、アオダイショウはまずいと語っていた。幼少年時代、アオダイショウに対する印象は悪かった。

写真1　アオダイショウ

ところが、民俗の学びを重ねるうちに、この国の人びとが葛藤を抱きながらもアオダイショウと共生的な関係を守りつつ暮らしてきたことを知った。愛知県豊川市八幡本郷の神道敏夫さん（明治四十年生まれ）から、同家で、屋敷に棲みついた、尾の切れたアオダイショウと、尾のあるアオダイショウを家のヌシとして大切に守っている話を聞いた。新たに神道家に入った嫁や婿が本当に神道家の人になるとヌシのアオダイショウが姿を見せてくれるというのである。アオダイショウはなぜそれほどに親和の眼ざしで見つめられてきたのであろうか。以下、アオダイショウとの葛藤も含めて各地の伝承に耳を傾けてみよう。

一　アオダイショウと食物連鎖

①家のヌシだと言われるアオダイショウが母屋の屋根裏にいた。姑に「追うなよ。追うなよ」と言われた。そのヌシが脱皮した皮で、雨に当たっていないものを保存しておくと金持ちになるとも教えられた。姑は白雪印の澱粉の罐の中にアオダイショウの脱けガラを入れて保存していた（愛知県豊川市稲束・寺部はつさん・大正二年生まれ）。

②家にはヌシのアオダイショウがおり、それがネズミを捕ると伝えた。ヌシのアオダイショウをいじめるものではないと言われた（愛知県豊川市小田渕・鳥居忠夫さん・大正十四年生まれ）。

③大きいアオダイショウのことを「サトマワリ」と呼んだ。家の屋根にサトマワリが棲みつき、それをヌシと称していた。ネズミが養蚕のカイコに害を与えていたが、アオダイショウはそのネズミを捕食してくれた。一方、アオダイショウはニワトリの卵を呑む。その対策として祖父が卵のそばにガラス片を入れておいたことがあった。すると、アオダイショウは鶏小屋に近づかなくなった。それを聞いた祖母が、「えらいことをしてくれた」と言って神棚に燈明をあげて祈っていた（三重県伊賀市印代・一川光雄さん・明治四十五年生まれ）。

④ヌシのアオダイショウが棲んでいた。そして、一年に一度は姿を見せた。アオダイショウはネズミを捕食すると言い伝え、脱けガラを「ハカマ」（袴）と呼んだ。ハカマをツシに置くと縁起がよいとも、財布に入れておくと金持ちになれるとも伝えた（三重県伊賀市上野紺屋町・福岡米蔵さん・明治四十一年生まれ）。

⑤当地ではアオダイショウのことを「アオナ」と呼んだ。アオナは、穀物を荒らし、養蚕のカイコを喰うネズミを捕食する。屋敷に棲みついたアオナは屋敷を守るヌシだから殺すものではないと言われていた。ツバメの一番子を「春子」と呼び、二番子を「夏子」と呼ぶ。その夏子の卵や雛がアオナに狙われることがある。ツバメは益鳥として歓迎されるので、ここではアオナは追わなければならない存在となる。ヌシのアオナは殺さないで追うのである（長野県飯田市上久堅小字森・木下善治さん・大正十二年生まれ）。

⑥アオダイショウのことを「ナブサ」と呼ぶ。ツバメが雛を育てるころには、よくナブサがやってきてツバメの雛を呑んでしまう。このナブサからツバメの雛を守るには巣のそばにニラを吊るしておけばよいと伝えた（静岡県浜松市天竜区春野町杉峰・増田彦左衛門・明治四十四年生まれ）。

⑦アオダイショウのことを「ナブサ」という。ツバメの巣につくので線香をつけて除けた。一方、ナブサは養蚕に害を与えるネズミを捕食してくれるので家に棲みついているナブサは家のヌシだとして大事にした。ナブサが巣につくとツバメが来なくなる（長野県飯田市上村下栗屋敷・胡桃澤菊男さん・昭和五年生まれ）。

⑧障子の時代には障子のマスを、ガラスの時代にはガラスを切ってツバメの通路を作った。「ツバメの来る家は火事にならない」と伝えた。一番子がカイワレ（孵化）するとスズメにかき出された。ツバメとスズメは仲が悪い。二番子はアオダイショウに狙われる。アオダイショウ除けには煙草を吸うキセルの「ズ」（ヤニ）をつけた藁の芯をアオダイショウがのぼってくるところに掛けておいた。またヘビの脱けガラを掛けることもあった。「ツバメは新しい家へ来る」とも伝えた（三重県伊賀市高山・的場義一さん・大正五年生まれ）。

⑨ツバメが門に巣をかける。アオダイショウ除けには線香を使うが、別に母屋の柴を収納したツシに家のヌシと言われるアオダイショウが棲んでいた。移動する時「ザー」という音がした。ヌシはいじめてはいけないと言われていた。脱皮した皮を煎じて飲めば薬になるとも、財布に入れておけば金がたまるとも伝えた（三重

県伊賀市朝屋・南出議さん・大正十五年生まれ）。

⑩萱葺屋根の時代、ツシに棲みついているアオダイショウを家主《やぬし》と言った。家主はネズミを捕ってくれるので殺してはいけないと伝えた。また、家主がいなくなると貧乏になるとも言い伝えた（奈良県天理市萱原・久保正夫さん・昭和五年生まれ）。

⑪ツバメの子育てをアオダイショウの被害から守るために、毎年、八十八夜前に竹に麦カラを編みつけて作ったヘビ除けの巣床を梁から吊るしてツバメを迎えた。ツバメはそこに巣をかけ、二番子まで育てて旅立った（大阪府河内長野市島の谷・堀切五十次さん・明治三十五年生まれ）。

⑫ネズミは穀類を荒らし、養蚕の繭にもつく。それをアオダイショウやヤマカガシが捕食するのでアオダイショウやヤマカガシは大事にした（静岡県浜松市天竜区水窪町針間野・田中為三さん・明治四十四年生まれ）。

⑬ツバメが巣をかけると豊作になる。イネの害虫を喰うからだ。二間の真ん中に巣を作るとアオダイショウの害にあわないが、九尺幅の中に作るとアオダイショウに卵を呑まれたり、雛を喰われたりする。八畳間の二間幅の真ん中だと、もうじきとどくという時にアオダイショウが落ちる。玄関は九尺なのでアオダイショウにやられる。アオダイショウが巣を狙っている時は杖ほどの棒の先に点火した線香を縛りつけてアオダイショウの頭に近づけると落ちる（愛知県豊川市財賀・山口まつさん・大正四年生まれ）。

⑭アオダイショウはネズミを退治してくれる。家のヌシであり、金の神だ。養蚕のカイコにつくネズミを捕食してくれるばかりではない。家の経済を支える「会津桐」に対して大きな害を与えるネズミを退治してくれる。冬季、キリ（桐）の木も深い雪に埋まる。二月の末から三月上旬にかけて堅雪になると固まって締まった雪と地面の間に隙間ができる。また、キリの木の周囲に根まわり穴もでき始めるこの時期にネズミが活動を始め、五年から十年のキリの木の皮を齧《かじ》ってしまう。皮がむかれてしまうのである。これによってキリの木が腐った

り、生長しなくなってしまう。硫黄合剤などで対応するのだが、古来の、アオダイショウに対する期待、願望もある（福島県大沼郡三島町西方・五十嵐久さん・昭和九年生まれ）。

⑮屋根裏に棲みついたり、屋敷に居つくヘビのことを「イエヘビ」（家蛇）という。イエヘビのほとんどがアオダイショウである。春コから晩秋コまで四季の養蚕をしたがイエヘビはカイコにつくネズミを捕食してくれた。イエヘビは家の守り神だから殺してはいけないと言われていた。屋根替えの時や家を解体する時にはイエヘビが姿を見せると言われている。ある家のイエヘビは一升ビンほどの太さがあったという噂がある（高知県長岡郡大豊町杉・松下健一さん・昭和十五年生まれ）。

二　アオダイショウをめぐる葛藤

アオダイショウを家屋敷のヌシだとする伝承は事例に見たとおりであるが、それは、事例以外でも東北・関東から九州に至るまで広域において語られるものである。その要因は、アオダイショウが穀類を荒らすネズミを捕食することによるのであるが、さらに、養蚕の命ともいうべきカイコや繭を荒らすネズミを捕食するというアオダイショウの力が加わって、アオダイショウに対する眼ざしがこの上なく親和的なものになっていったのだった。ここに穀物←ネズミ←アオダイショウ、カイコ・繭←ネズミ←アオダイショウという食物連鎖があり、ネズミにとってアオダイショウが天敵となっている関係がある。紙幅の関係で割愛したのだが、イネ・米に対するネズミの害に対して人びとはどのような対策で応じてきたのか、養蚕に対するネズミの害に対して人びとはどのように対応してきたのかについては既に述べたことがある。[1] アオダイショウを家のヌシとして遇した要因の一つとして、このヘビが、マムシやハブと異なり無毒のヘビであることもあげておかなければならない。脱皮した皮と金満を語る伝承も多い。

これは、アオダイショウによる鼠害抑止が結果的に富を増すことにつながるという心意とともに、脱皮・再生のヘビの力を見ての側面もあろう。

さて、人とアオダイショウの関係は右以外にもある。それは、冒頭でふれた鶏卵とアオダイショウの関係であり、ツバメとアオダイショウの関係である。ツバメはとりわけ人とかかわりの深い鳥であり、その深い共生的関係は本書でも別章でとりあげているとおりである。

鳥類の卵に強い執着を示すアオダイショウが、屋根裏や屋敷から至近の距離にあるツバメの卵や雛を見逃すはずはない。ツバメは、標高差・気温差などによって一番子のみ、一番子と二番子、一番子から三番子まで、と孵化、子育ての回数にちがいが現れる。ツバメの卵や雛がアオダイショウの被害に遭うのは事例⑤⑧に見るとおり、ヘビの活動期と一致する二番子である。人びとは、宿を貸し、同じ母屋でともに暮らすツバメ、稲作の害虫を捕食してくれるツバメは大切であり、その卵や雛を呑むアオダイショウは追わなければならない。しかし、そのアオダイショウは、穀物やカイコを鼠害から守ってくれるヌシである。人びとは、ここに葛藤、自家撞着の心境に至ったのである。大方が「殺さないで追う」「退避してもらう」という対応をとったのだった。追う方法として事例の中に登場したものおよびその他を見ても線香が最も多い。他に、ニラを吊ったり⑹、煙草のヤニで障害を作ったり⑻することもあった。これ以外に、ツバメにつくアオダイショウ除けには、ヨモギを吊る（滋賀県草津市）、ウマの沓を吊る（長野県飯田市）といった例もある。ウマの沓は呪術そのもので、ウマの踏圧力でヘビを脅そうというのである。⑪のように、事前に、アオダイショウを除けることのできる巣所を用意するものもある。⑬における観察は細かく、ツバメが八畳二間幅の中央に巣をかけてくれることを願っていた様子がわかる。

三　山野のアオダイショウ

猟師や焼畑、山林労務にかかわった人びとは家屋敷でのアオダイショウとのかかわりとは別のかかわり方や観察をしていた。静岡県浜松市天竜区水窪町向市場の猟師で焼畑にも力を入れた川下勘三郎さん（明治三十七年生まれ）は次のように語った。――アオダイショウのことをナブサと呼ぶ。ナブサがツバメの雛を狙う時には尾で巻いて捕る。それを除けるために線香を立てた。ナブサがウサギを狙う時には玉になる。ナブサがセキレイの雛を獲ったのでタバコのヤニを口に入れたら体が白くなって、呑んだ雛を口から吐き出した。太いヘビは餌捕りのヘビをつれて歩く。ヤマドリは地面に巣を作る。ヤマドリが卵を抱いている時アオダイショウがヤマドリを巻くことがある。親のヤマドリは、アオダイショウにぞんぶんに巻かせておいてから羽ばたきをする。羽ばたきをするとヘビの胴が切れる。ヤマドリはヘビが怖くないから地面に巣を作るのだと言われている。〽山は焼けても山鳥ゃ立たぬ　子ほど可愛いものはない――と歌われているとおり、山作（焼畑）で火入れをした時、卵が焦げるまで飛び立たなかった。焼畑の火入れとヤマドリの話は各地の焼畑経験者から聞いた。

静岡市葵区田代の望月初正さん（大正元年生まれ）は山林労務・河川流送・焼畑などに力を入れた人である。以下は初正さんの語りによる。――アオダイショウは結核の薬になると言われていた。木材運搬用の木馬には滑走をよくするために菜種油を塗ったのであるが、その油を舐めるために木馬のそばにアオダイショウが寄ってきた。この地には焼畑地に棲むアオダイショウを特に大事にする習慣があった。それは、アオダイショウが、焼畑作物を荒らすノネズミを捕食するからだという。

ここで想起されるのは、各地で行われていた、焼畑の火入れに際しての「焼《や》き触《ぶ》れ」である。即ち、火入れ前に、焼畑地内に棲息する「生きもの」に対して、火に焼かれることのない他の場所に移動することを命じ、勧めるためになされる大声の呼びたてである。以下に例を示そう。

①コバ焼くぞ　コバ焼くぞ　飛ぶ虫は飛べ飛べ　這う虫は這え這え（長崎県対馬市厳原町内山・白崎栄子さん）。

②この山にて不動の火印の火を結びかけるが　飛ぶ虫は飛べ飛べ　這う虫は這え這え　アブラウンケンソワカ　アブラウンケンソワカ　アブラウンケンソワカ（徳島県三好市東祖谷・名頃敏太郎さん・明治二十五年生まれ）。

③東方湿れ　西方湿れ　南方湿れ　中央湿れ　飛ぶ虫は飛んで逃げよ　這う虫は這うて逃げよ（高知県吾川郡いの町寺川・川村義武さん・明治四十一年生まれ）。

④ただ今このヤブに火を入れ申す　虫気全部立ち退きやってたもれ（宮崎県東臼杵郡椎葉村尾手納・甲斐忠作さん・明治二十四年生まれ）。

⑤ただ今このヤボに火を入れ申す　ヘビ・ワクドー（ヒキガエル）　虫ケラ　生あるものは速かに立ち退きやってたもうり申せ（宮崎県東臼杵郡椎葉村向山日当・甲斐馨さん・大正五年生まれ）。

⑥今日は火を入れるによってヘビ・ウサギ出よ（静岡県浜松市天竜区春野町川上・高田格太郎さん・明治三十四年生まれ）。

⑦飛ぶ虫は飛んでゆけ　這う虫は這ってゆけ（徳島県那賀郡那賀町岩倉・東山義定さん・明治三十六年生まれ）。

「焼き触れ」が広域に及んでいたことがわかる。立ち退きを勧められ、命じられるものは、飛ぶ虫・這う虫、昆虫から爬虫類、両棲類などすべてに及んでいるが、⑤ではヘビ・ワクドー（ヒキガエル）、⑥ではとりたててヘビ・ウサギと生きものの名があげられている。ヘビの中には当然アオダイショウも含まれており、静岡市葵区田代の例からすればアオダイショウは中心的であってもよいはずである。「大殿祭《おほとのほかひ》の祝詞《のりと》」の中に「這《は》ふ虫《むし》の禍《わざはひ》なく」とあり、

「御門祭《みかどほかひ》の祝詞《のりと》」の中にも「昆《は》ふ虫《むし》の災《わざはひ》」とある、「ハフムシノワサハヒ」とは一般にヘビやムカデの危害を指すとされている。這う虫は全面的に災禍をもたらすものと考えられているのであるが、それは通念として許容されよう。これに対して、焼畑にかかわった農民たちは、焼畑作物を荒らすネズミは焼け死ねばよいが、ネズミを捕食するヘビは逃げてくれと唱しているわけではない。這ふ虫、飛ぶ虫、生あるもののすべてを自分たちが一時的に使わせてもらう山地、しかも、生きものの生命を奪う火を放つ場からの立ち退きを願っているのである。この焼き触れの中に日本人の生きもの観の一端を見ることができよう。こうして焼き触れをしても、現実には、そのことばが飛ぶ虫・這う虫に通じるはずもなく、鎮火の後に、焼けたヤマドリの卵やヘビの死体に遭遇することもある。対馬市厳原町内山には、焼畑の火入れで子を宿して動けないマムシの死体が発見されたことがあった。それにかかわり祟りが起こったので、その一画は以後焼かなかったという場所もある。焼き触れには、もとよりそうした祟りを事前に避けようという面もあり、ネズミを捕食してくれるという生態を尊んでアオダイショウの退避を願う心意・生あるものへの思いなどが込められていたのである。

しかし、現実は複雑である。⑤の伝承者は、「ワクドーのおるところは焼畑の火入れの時に火の災難に遭わない」と語る。このことはヒキガエルを水のヌシと見たての伝承である。⑤のような焼き触れをした後、火入れをし、鎮火の後その焼畑地に、ゴトーの焼死体があっても、それは祟ることはなく、焼畑の作りがよくなると伝えている。

アオダイショウの異称は多々ある。佐賀県鹿島市七浦町塩屋の倉崎次助さん（明治四十一年生まれ）は次のように語っていた。――「イロリの鉤をゆすると上からエグチナワが落ちてくるから鉤をゆするな」と父から教えられていた。イロリの鉤をゆすることは火難を招くことにつながる。鉤をゆするという異常な行為は、イエのヌシであるエグチナワ（家朽縄＝アオダイショウ）の落下を招き、それは火災を含み、家運の衰退につながるのである。草屋根時代、エグチナワは屋根裏に棲みついていたのである。

永池健二氏は奈良県吉野町で、家や屋敷を守るアオダイショウを「カイトマル」と称した例を収集している。(2) カイトマルは「カイトマワリ」（垣内廻り）である。これは先に紹介した事例③の「サトマワリ」（里廻り）と同義である。ほかに事例の中にいくつか見られた「ナブサ」と同系のものは「ナクサ」「ナギシャ」「ナブッツァ」などを含め、青森県から沖縄県の広域に見られる。「隠《な》ぶ」「長《なが》」「薙《な》ぎ」など検討の必要がある。

注

(1)野本寛一「鼠とのたたかい」（『生態民俗学序説』白水社・一九八七）。

(2)永池健二「「かいとまる」という蛇の名」（櫻井龍彦代表編著『奈良県吉野町民間説話報告書』名古屋大学大学院国際開発学科・一九九七）。

第Ⅳ章

魚介──サカナ・カイ

アマゴ

はじめに

降海性のサツキマスの陸封型をアマゴと呼ぶ（写真１）。アメ・アメノウオ・ヒラメ・コサメなどとも呼ばれ、甘子・天魚・鯇などと漢字表記される。アマゴは、サクラマスの陸封型であるヤマメと並んで、河川上流部に暮らす人びとにとって大きな恵みとなってきた。サケ科の陸封型であるイワナはアマゴ・ヤマメよりもさらに上流部に棲む。これまた山中の恵みであった陸封魚とは、本来、海水・淡水を循環していたものが、地形その他の環境変化によって内陸や山中の淡水、渓流に封じこめられた魚である。

ここでは、ヤマメやイワナ、その他の淡水魚にも触れはするが、静岡県から大分県に至る太平洋側に注ぐ河川に棲息するアマゴに焦点をしぼる。ヤマメは日本海側や関東、九州の南部の河川に棲息するが、東北地方の河川や日本海に注ぐ河

写真１　アマゴ。奈良県十津川村

川の多くにはサクラマスが溯上した。サクラマス溯上圏の人びとにとってはヤマメより魚体の大きいサクラマスの方が魅力あるものだった。アマゴ溯上圏においても、長良川・熊野川・那賀川などにはサツキマスが溯上したのだが[1]、サクラマスに比べて溯上の量は少なかった。その他の河川でも、サツキマスの溯上は、早い段階で見られなくなった川が多かった。こうした状況を見ると、アマゴ棲息圏の人びとが、アマゴに強く執着してきた心意がわかる。海から遠く隔たった奥深い山中、流通の発達していなかった時代、そこに海の魚が運ばれてくることは稀だった。大型のマスも溯上してこないとすれば、山の人びとにとってアマゴは最高の魚であり、それは獣肉と並ぶご馳走であり、貴重な蛋白源であった。

一　アマゴ漁の実際――生態・環境との連動――

1　天竜川水系遠山川

遠山川は赤石山脈の聖岳（三〇一三メートル）に発し、南西を流れて平岡貯水池で天竜川に注ぐ。合流点は標高約三二〇メートル、長さ五七キロメートル。途中峡谷をなす。流域は遠山谷と呼ばれ、長野県飯田市上村・南信濃に属している。まず、この流域の人びとのアマゴ漁について記す。

遠山谷ではアマゴのことを「アメ」「アメノウオ」などとも呼ぶ。南信濃梅平の米山甚平さん（大正十三年生まれ）は、「三月のアメ釣り馬鹿」「三月のアメ釣り馬鹿、それを見るのも馬鹿」という口誦句を伝える。別に「二月の下手釣り」「三月の下手釣り」といった口誦句もこの谷ではよく耳にする。二月から三月にかけてはアマゴの餌が少ない。したがって、この時期のアマゴは腹をすかせているので、下手な釣り手でも釣ることができるというのである。静

表1　鎌倉勇さんのアマゴ漁（梶谷）

条件＼月	1月	2月	3月	4月	5月	6月	7月	8月	9月	10月	11月	12月
漁　期			←―	――	――	――	――	―→				
漁　場			←→ 家の前	←―	1km上流	―→	←―	2km上流―→				
漁　法 餌			←→ 釣り シマミミズ	←―	釣　　り 川虫	―→	←― 釣り・テンカラ 川虫・ミミズ	―→				
									←→ スリ			

表2　米山甚平さんのアマゴ漁（梅平）

1月	2月	3月	4月	5月	6月	7月	8月	9月	10月	11月	12月
		←→ タマリ淵(梅平)・ミミズ									
		←→	小嵐川・梶谷川合流点・ミミズ								
			←→ 小嵐川・カジカの卵								
			小嵐川	←→ 柳虫・カジカの卵							
				小嵐川	←― 青崩下・カジカの卵(塩漬)、ミミズ	―→					
							←― 小嵐川・青崩下・河原グモ・ミミズ	―→			
									←→ スリ(産卵)		

表3　柴原数男さんのアマゴ漁（名古山）

条件＼月	1月	2月	3月	4月	5月	6月	7月	8月	9月	10月	11月	12月
漁　期		2/15←―	――	――	――	――	――	――	―→			
漁　場		2/15←→3/3 藤四郎淵	←― 和見	←―	――	―→	和田 ←―	― 名古山下	―→			
漁　法		2/15←→3/3 釣り カジカ卵	←―	瀬・釣り・ミミズ			―→ ←―	←― 釣り・毛針 突きヤス・水鏡・夜間	―→ ←→ 釣り・クモ ―→			

岡県田方郡函南町には「三月ホダレヤマメ（アマゴ）」という口誦句がある。「三月のアマゴはボロ布にも喰いつく」というのである。また、和歌山県東牟婁郡古座川町松根の中地貞吉さん（明治四十四年生まれ）は、「三月のコサメ（アマゴ）は衣の袖にでもとびつく」と語っていた。

表1の飯田市南信濃梶谷の鎌倉勇さん（昭和三年生まれ）、表2の南信濃梅平の米山甚平さんの漁撈暦の魚種はアマゴにしぼったものである。両者は、自家の前を流れる川を基点として、季節のめぐりにつれて河川を溯上し、漁場を変えていることがわかる。梶谷は標高五八〇メートル、梶谷川は四三一・八メートルで小嵐川と合して八重河内川となり、四〇八・八メートルの地で遠山川に合流する。鎌倉さんは梶谷川を、米山さんは八重河内川から小嵐川へと溯上する。こうした移動は、水温とアマゴの関係にもとづくもので、水温に適応するアマゴの環境適応にそって人も移動するという形を示している。こうした原理は、広域漁撈活動をした、表5の飯田市南信濃和田中新町の山﨑清逸さん（昭和十一年生まれ）においても適用されており、移動空間がより広域に及んでいることがわかる。表にある北又と本谷の合流は標高六六五・六メートルである。また、アマゴ釣りに関しては、季節の推移によって餌を変えていることもわかる。ミミズや川虫の他に柳虫、ブドウ虫なども用いられるが、別にクモ類やバッタなども用いられる。クモやバッタは、現実のアマゴの摂餌活動と連動するものであり、毛針も虫の活動期と連動している。表3の南信濃名古山の柴原数男さん（昭和六年生まれ）のアマゴ漁は釣りと突きヤス漁である。釣りは基本的には溯上型であるが、夜間の突きヤス漁になると、また別に漁場に変化が見られる。餌の種類や毛針の種類の変化は、季節推移への対応のみならず、晴曇といった気象条件、清濁という水の条件によっても異なってくる。例えば表2の米山さんは、「雨降り前はセミ（川虫）、ササ濁りはミミズ」と語る。柴原さんは、毛針の素材にこだわり、キジの腋の下の毛、ヤマドリの胸毛の中から良いものを選ぶ。表1、2、3は自分の家の前を基点として河川を溯上し、漁場を移動させる型であるが、表4の南信濃飯山の遠山仁志さん（大正八年生まれ）の場合は、自分の家の前を定点と

表4　遠山仁志さんの漁撈暦（飯山）

魚種・漁撈	条件＼月	1月	2月	3月	4月	5月	6月	7月	8月	9月	10月	11月	12月
アマゴ	漁期			←	―	―	―	―	―	→			
	漁法			←	―	― 釣り	― ・	― 川虫	―	→			
アユ	漁期					←	―	―	―	→			
	漁法					←	―	― 投網	―	→			
								←	― ゴロビキ	→			
								←	― トモヅリ	→			
										←→ ヤナ			
ウグイ	漁期					←→							
	漁法					←→ 投網							
カジカ	漁期							←	→				
	漁法							← セセリ	→				
ウナギ	漁期								←	→			
	漁法								← ステバリ・	→ クマカジカ			

して、そこでアマゴ・アユ・ウグイ・カジカ・ウナギなどを漁獲する型である。もとより、表1、2、3などにおいても、表には示さなかったがアマゴ以外の魚種にも漁撈活動は及んでいる。

　産卵後に流れ下るアマゴのことを当地では「シリクサリ」と呼ぶ。米山さんは、これを焼いて妊婦に食べさせると安産が得られると伝える。シリクサリは、無事に産卵を終えた魚であるところからこうした伝承が生じたものと思われる。また、シリクサリは血の道の薬になるとも伝える。柴原さんは、シリクサレと呼び、シリクサレは麦蒔きのころで、魚体が黒くなると語る。シルクサレは谷の奥から始まり、徐々に下流に及ぶ。シリクサリ・シリクサレになる前の、産卵期のアマゴのことをスリアマゴと呼ぶ。遠山仁志さんはスリアマゴのことをサレッポーと称している。スリアマゴは、味はよくない。一部には「スリアマゴは獲るな」という伝承があったという（中新町・橘忠久さん・昭和十二年生まれ）。この伝承は重要である。産卵期のアマゴ漁獲の禁忌は種の保全、資源保全につながるからである。大町の荒井学さん（昭和三年生まれ）は、年寄りから「腹のある魚は獲るな」と教えられたという。「腹のある魚」とは卵をもった魚のことである。この伝承の中にも種の保全・資源保全の民俗思想をうかがうことができる。山﨑清逸さんは次のように語る。――ムギの穂が出揃うころのアマゴを「麦アマゴ」と呼ぶ。この時期のアマゴが最も美味である。産卵期のスリアマゴのことを「木の葉アマゴ」と呼ぶが、この時期のアマゴはまずい。産卵後のアマゴで黒くなったものをシリクサリ、サビなどと呼びオチアマゴと呼ぶこともある。これは産後の女性によいと伝える。

アマゴの食法としては、素焼き・塩焼き・味噌焼き・タレのつけ焼き・甘露煮・骨酒、近年はスシにもする（写真2）。米山甚平さんは盆魚として小型のアマゴを釣り、これを天ぷらにして食べたという。柴原数男さんは次のように語る。――カイコあがり、ムギコナシが終わった七月初めの農休みに渓流漁撈に力を入れた。アメノウオやクマカジカは、一旦焙ってからムギカラの苞に挿しておき、うどんの出汁に使った。

写真2　焼き上げられたアマゴとイワナ。長野県飯田市南信濃和田、山﨑清逸家

〈広域渓流漁撈〉　表5は山﨑清逸さんの漁撈暦である。山﨑さんは釣具店大沢屋の主でもあり、プロの渓流漁撈者である。表に見るごとく魚種も多種に及ぶし、漁場も遠山川の本谷・北又・兎洞など広域に及ぶ。二月十六日、北又へイワナ釣りに入るが、まだ雪があって足が冷える。足に藁を巻いて防寒しながら釣るのである。本谷奥のイワナは魚体が白く、梶谷奥のイワナは魚体が小さい。同じイワナでも兎洞や北又などのイワナは姿態がゴツい感じでこの魚種の原形を思わせるが、須沢や柿の島まで下ると姿が美しくなる。アマゴもイワナも兎洞や北又は泊まりがけで行き、一旦焙ったものを持ち帰る。広域で渓流漁撈活動を行う人びとはほかにもあった。それは、クマ・イノシシ・シカなどの大型獣を追う猟師である。南信濃八重河内此田の藪下平吉さん（昭和四年生まれ）は、冬季は狩猟、夏季は渓流漁撈を行った。狩場は梶谷川左岸の平森山（一八一一・八メートル）、朝日山（一六六七メートル）、小嵐川左岸の熊伏山（一六五三・三メートル）、そ

表５　山﨑清逸さんの漁撈暦（和田）

魚種・漁撈	条件＼月	1月	2月	3月	4月	5月	6月	7月	8月	9月	10月	11月	12月
アマゴ	漁期		2/16										
	漁場		南和田→大島		本谷		北又・兎洞						
	漁法 釣り餌		ブドウ虫・イタドリ虫			クモ		小さいバッタ					
					ミ	ミ		ズ					
						毛針(キジ・クジャク)							
イワナ	漁期		2/16										
	漁場		2/16	北又・梶谷奥									
	漁法 釣り餌			川虫・キジ毛針									
ノボリ (サツキマス) 昭和30年 ごろまで	漁期												
	漁場					遠山川							
	漁法					テンカラ							
アユ	漁期												
	漁場							遠山川・上村川・八重河内川					
	漁法							トモヅリ					
ウグイ	漁期												
	漁場	南和田				南和田							
	漁法	投網			投網		投網	ヒッカケ					
カジカ	漁期												
	漁場				遠		山	川					
	漁法				夜突き(ヤス)								
							投網・セセリ(水が濁った時)						
ウナギ	漁期												
	漁場					南和田							
	漁法					ステバリ(餌・ミミズ・カジカ)							

れに静岡県側の奈良代山（一六二四メートル）などだった。渓流漁撈の漁場は、梶谷川、小嵐川のほかに静岡県側の白倉川・草木川にも及んだ。梶谷川奥、白倉川奥でイワナを主要対象とした。白倉川上流に入る時は一、二泊だった。獲ったイワナは袋に入れ、砂をかぶせておき、焼いてから持ち帰った。七ツガマは梶谷川にも白倉川にもあり、草木川にはお七淵という淵があって、お七という娘が淵のヌシに引きこまれて死んだという伝説がある。冬は猟師・夏は漁師、という狩猟と渓流漁撈の表裏性を持つ活動は東北のマタギにおいても、九州脊梁山地の山びとにおいても見られるところである。

表５の山﨑清逸さんの伝承の中

でいま一つ注目すべきものは、昭和三十年ごろまでノボリ、川マスなどと呼ばれるサツキマスが溯上していたということである。ノボリは、五月、六月にやってきた。テンカラで掛けたのだが竿をひきまわされた。盥から尾が出るほどのものを獲ったこともあったという。ダム建設以前には、岐阜県の長良川や和歌山県の熊野川のようにサツキマスが溯上していた時代があったのである。

渓流漁撈も自然暦と深くかかわる。「麦アマゴ」「木の葉アマゴ」などもその範疇に入るものと言えよう。山﨑清逸さんは、「山吹の花が咲くころからアマゴ釣りに毛針が使える」という。また、米山甚平さんは、「柳の花が霞のようになると天竜アマゴ（白アマゴ）が釣れる」、「イタドリの茎が食べられるようになると、小嵐川の奥のトノセと呼ばれる魚だまりにアマゴがたまる」と語る。

近藤佐敏さん（大正十五年生まれ）は飯田市南信濃上須沢遠山川右岸に住む。屋敷の前には水田があり、その前は遠山川である。標高は五五〇メートルほどである。そして、ここからは本谷の渓谷も近い。こうした環境もかかわって、近藤さんは長い間渓流漁撈に力を入れてきた。主要対象魚種はアマゴ・イワナ・ウグイである。旅館・料理屋・一般家庭などに漁獲物を納めていたのだが、味がよく、骨が軟らかなアマゴが最もよく売れたという。近藤さんの体験した漁撈活動の話に耳を傾けていると、季節循環・漁場と河川環境・天象など、広義の環境と漁撈活動の関係がじつに合理的に構造化されていたことがわかる。

アカウオと通称するウグイはあまり獲らず、アメと通称するアマゴが最も多かった。アマゴについて見ると、三月は自家より下流部の梨元付近、次いで四月・五月・六月は、家の前の須沢から北又渡前（六六五・六メートル）までの間、さらに最も気温・水温の上がる七月・八月は左岸支流加加良沢（七〇〇メートル）、右岸支流北又沢（八〇〇メートル）、右岸支流兎洞などへ入った。右の季節循環と漁場の移動を見ると、水温の上昇を追って下流から上流へ溯上していることがよくわかる。七月半ばから九月上旬まではイワナ漁獲のために、左岸支流の加加良沢に入った。

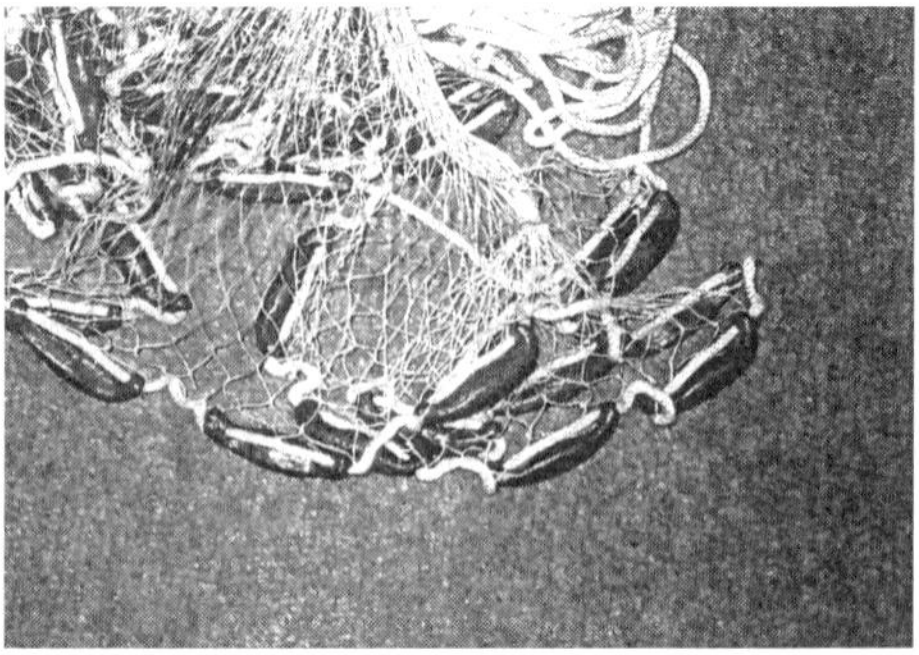

写真３　投網の錘。長野県飯田市南信濃上須沢、近藤佐敏家

北又渡までは日帰り漁、それより奥の沢では泊まり込み漁になった。昼間は釣り、夜は投網漁と、昼夜で漁法を変えた。

夜漁は投網漁であるが、月の盈虚と漁が密接にかかわった。夜間の投網漁は月がなければできない。したがって、四月から九月の間は旧暦の十日から二十日の月光のある間に限って夜に投網を打った。投網の素材はテグスではダメだった。浮いてくるのである。絹糸の四分目で、アマゴ・イワナともに対応できた。錘は鉛で一個三～五匁、自分で作った（写真３）。投網の素材の絹糸は、後にナイロンに変わった。投網は下流から上流に向かって打つ。淵で打つ場合、宵の口は淵尻で打ち、深更には淵の深いところへ打った。基本的には暗い方へ向かって打つのがよい。投網は小さい淵のほうが打ちにくく、大きい淵のほうが打ちやすい。

泊まり込み漁の折には漁獲物を串刺しにし、河原の木で焙ってから持ち帰った。焙り方は、魚の頭が串の上部に、即ち火から遠くなるようにして焙った。尺七寸ほどのアマゴやイワナが獲れた。これはマスと同じほどの大きさである。イワナの値段はアマゴの三割安となる。骨が硬いからである。アマゴは小沢に入ってスル（産卵する）が、イワナは本流でスル。アマゴのスリは彼岸前後で、産卵後のアマゴのことを「クサリッポー」と呼んだ。クサリッポーを干して焼き、味噌汁に入れて食べさせると産後の女性の肥立ちがよいと伝えた。この伝承には呪術的、類感的な匂いがある。アマゴ・イワナの内臓を塩辛にする習慣もあった。サブナギの下の仏淵にはアマゴが多かった。また、易老沢のノドノド淵にもアマゴが多く、投網で一日に二五匹獲ったことがあった。アマゴは冬は黒くなるのだが、冬でも黒くならない「シロアメ」と呼ばれるアマゴがいた。近藤さんは泊まりがけで釣りに入るたびに弁天の山の神、水神に祈りをささげた。漁獲物は、和田の紺屋旅館・ゆたかや・池田屋、木沢の千歳旅館などに納め、個人にも販売した。

木沢の齋藤七郎さん（大正十三年生まれ）によると、木沢には林要之助ほか数人の専門の川漁師がおり、本谷奥へ泊まり込みでアマゴ・イワナ獲りに出かけ、焙って干したものを飯田へ運んで暮らしを立てていたという。また、金子の呑べえという酒好きの人が岩小屋に住みつき、アマゴ・イワナを獲って下栗の井戸端などへ売りに来て暮らしを立てていたという。西沢渡の奥の燕沢の支流で、河川流送のための鉄砲堰を作った時、その下流で水が涸れ、肥桶何杯ものアマゴ・イワナが獲れ、飯場の衆が食べきれないほどだった。易老沢・兎洞の滝・加加良の滝などの滝壺には大アマゴがいると言い伝えられていた。木沢の近くでは「アカイオ」と呼ばれるウグイを釣った。餌は瀬虫である。「桜ウグイ」「藤ウグイ」という呼称があり、桜の花が咲くころ第二回目の寄りがあった。ウグイは焼いて食べた。

写真４　マチの孫たちを迎える日、アマゴ・イワナを焼く前島チエ子さん（大正８年生まれ）。長野県飯田市上村八丁島

２　大井川水系

静岡県の大井川中上流域のムラムラでもアマゴ釣りが盛んである。大井川は赤石山脈の間ノ岳（三一八九メートル）南斜面に発し、駿河湾西部に注ぐ。この流域ではアマゴのことを「ヤマメ」と呼びならわしている。

表６は静岡県榛原郡川根本町千頭小字馬場に住む梶山長次郎さん（大正十年生まれ）の河川漁撈暦である。長次郎さんは長くアマゴの養殖も続けた人で、渓流魚に関する観察や伝承は極めて詳細である。梶山さん

表６　梶山長次郎さんの漁撈暦（千頭）

魚種＼月		1月	2月	3月	4月	5月	6月	7月	8月	9月	10月	11月	12月
ヤマメ（アナゴ）	餌			←―――	―――	―――	―――	―――	―――	―――→			
				←ミミズ→	←袋グモ→	←川　虫→	←―――	川虫（水が少ない時）	―――	―――→			
							←―――	タナグモ（浮き釣り）	―――→				
	漁場			←オチイ沢→	←神光寺沢→	←―――	横	―――	沢	―――→			
	漁場害虫				←- - -	- - -	ヤ　マ	ビ　ル	―――	―――→			
								←―――	メジロアブ→				
ウグイ						←―――→	ズワイ						
ウナギ									←―――→	穴釣り			

の漁撈暦に耳を傾けていると、この地の自然環境と人びととの深く細かいかかわりがおのずから立体的に浮上してくる。それは次々と連鎖連綿し、尽きるところがない。

アマゴ釣りは三月から始まる。漁場は、千頭の下流、三盃の対岸、大井川本流右岸に流れこむオチイ沢である。餌はミミズ、ミミズの中でも「サクラミミズ」と呼ばれる赤みを帯びたミミズで、これはかつて、日本の農村の民家の多くが行っていた流し場に流し水を溜めて肥料にする慣行、その慣行にともなう水溜めの付近に棲息することが多かった。千頭小字寺野の大村福治さん（昭和三年生まれ）は、これを「ユリミミズ」と呼ぶ。湯山出身千頭在住の大村喜好さん（昭和七年生まれ）も「サクラミミズ」と呼ぶ。長島出身千頭在住の長島誠治さん（大正六年生まれ）は「サクラミミズ」または、「甲州ミミズ」と呼び、これがウシの糞の中にいると伝えて、長島の人びとは、これがアマゴ釣りによいとした。天狗石越えで静岡の町へ出た人の帰りに、誠治さんは洗沢などウシを飼っている地からわざわざ求めてきてもらったという。

四月になると漁場を神光寺沢に変える。神光寺沢は千頭の馬場と寺野の間を流れる支流である。この時期の餌は袋グモ（ツチグモ）である。桑野山の森下敏雄さん（昭和三年生まれ）は袋グモのことを地グモと呼ぶ。森下さんは子供のころ、遊び仲間と袋グモを茶畑で捕って互いに大きさを比べあう遊びをしたことがあるという。大村福治さんが袋グモを餌にして釣ったのはウグイだった。

梶山さんのアマゴ釣りの五月から九月の漁場は寸又川に合して本流右岸に注ぐ横沢となる。千頭付近の大井川の標高が三〇〇メートル、三・五キロほど上流の横沢の標高は三八〇〜四〇〇メートルになる。五月から九月までは石につく川虫を餌とするが、六月から八月は山の木に巣をかけるタナグモをも餌にする。袋グモでもタナグモでも、クモは水に沈むことなく水に浮く。大村喜好さんは湯山に住んでいたころ、ムラ付近の大間川でヤマメ釣りをした際、三月から四月末まではサクラミミズ、五月から八月までは山鳥の首の毛にクジャクの羽を添えた毛針を使い、七月・八月はタナグモや川虫を使った。ヤマメが羽化した小昆虫を狙う夏は、水上に浮くクモを餌にするという方法は合理的な方法だったのである。

梶山さんのアマゴ釣りにおける餌のくふうが環境と連動していることはまちがいないが、いま一つ注目すべきは漁場の移動である。千頭馬場の家を基準にしてみると、三月は下流部支流へ、四月は地元の支流へ、五月以降は上流の支流へと移っている。これは、水温差・水温を追っての移動である。環境条件の中に気温・水温の問題があるのだが、その一つが漁撈民俗とかかわれば右のような漁場の移動となるのである。

長島誠治さんの実家では犬間の向かい、本流左岸に流れこむ湯の河内（五六〇メートル）で炭焼きをしていたので湯の河内を中心にヤマメ釣りをした。餌の用意がめんどうだったのですべて毛針で通した。毛針の素材はキジの羽で、すべてのキジの胸には一枚だけ、絶対によい毛針になる羽があるものだと語り伝えられていた。誠治さんは兄の英雄さん（明治三十七年生まれ）にキジの羽を巻いてもらった毛針を使った。四月には犬間の本流→五月には湯の河内の、本流への合流点近く→六月には湯の河内とユウズク沢→七・八月には湯の河内の奥、といった具合に次第に上流へと漁場を移していった。これも水温を追っての移動であった。

十月のアマゴのことを「コリウオ」と呼んだ。産卵期の魚のことである。梶山さんはこの時期のアマゴは味が落ちるとして獲らなかった。このことは資源保全にかなうことでもあった。コリのことを「スリ」とも呼ぶ。小長井の小長谷吉雄さん（明治四十五年生まれ）によると、千頭一帯でのスリ（コリ）は十月だが、奥山（寸又方面）のスリは九月の彼岸過ぎから始まるという。小長井ではスリヤマメを投網で獲ることもあった。長島誠治さん、大村喜好さんはともにアマゴ釣りを八月末日でやめている。上流部のコリが九月から始まり、コリウオの味が落ちるということもあったが、これを獲らないことが結果として資源保全につながったことはまちがいない。

梶山さんの漁撈暦でいま一つ注目すべきことがある。それは、漁撈活動の阻害物である。七月・八月はメジロアブと呼ばれる小型のアブに悩まされる。三月下旬から九月までの雨上がりでヤマメが釣れるような湿気の多い時にヤマビルにやられる。二センチから六センチほどあり、水からのものが八〇％、木から落ちてくるのが二〇％ほどある。ヤマビルに吸いつかれると一週間ほどかゆい。ドクダミの汁・ムヒなどをつける。体に塩気がついていると吸われたところがイボウ（腫れて膿む）。多勢で山へ入る時は先頭を歩むとヒル除けになる。人の臭気によってヒルが落ちてくるのであるが、それは後に歩んでくる人のところに落ちるのである。梶山さんの若いころには、ヤマビルは茶畑にはいなかったが、今では山の中の茶畑でヤマビルにやられることが多くなった。イノシシやサルがもってくるのではないかという。小長谷吉雄さんはアマゴ釣りにはヤマビルに気をつけたという。血が止まらない時にはキザミタバコを傷口に当てた。後には足にビニールを巻いてヒルを避けた。この地には、「ヒル道は先、露道はあと」という口誦句がある。ヤマビルは川東にはいないと言われているが、今では見かけるようになった。それはカモシカ・ホンジカが持ってきたのではないかという。ヤマビルが睾丸についてえらい目にあったという者もいる。

川根本町には消滅した高地集落が点在した。大井川鉄道の終点千頭から大井川本流に沿って進み、寸又川沿いに二〇キロほど溯上した地点、千頭ダムの八〇〇～九〇〇メートルの左側一帯を「東側」と呼んだ。その東側に人びとが山中散居のように暮らしていたのだが、昭和二十年代以降すべて転出してムラは消えた。東側で暮らしていた人びとが、アマゴやイワナといかにかかわったかについての事例を示す。

現在、千頭の桑之実に住む榎田まささん（大正十五年生まれ）は東側小字尾崎で生まれ育った。ある年の夏、寸又川源流部、千頭山（一九四五・九メートル）の麓、柴沢の渡合まで父についてアマゴ・イワナ獲りに出かけたことがあった。尾崎からさらに一五キロ溯上した標高一一〇〇メートルの地である。一週間の泊まり込みで、米・キビ・味噌・塩・茶などを背負って行った。父の雄作さんは法印をしていたので、野宿する時には、寝る場所の周囲に石を並べるという呪術を行った。漁法は釣りと網の両方だった。一日一二〇匹獲れ、それを夜焙るのである。持ち帰った魚は売ったり自家用にしたりした。アマゴを焼く時にたれる脂は中耳炎の薬になると言われた。アマゴの食べ方の一つに、焙ってからすり鉢で擦ってオボロにして食べるという方法があった。

大村宇佐吉さん（明治四十一年生まれ）は昭和二十三年に東側小字尾崎から千頭に出た。毎年、七月下旬、三泊四日で寸又川の水源部にあるリンチョウ石小屋あたりまでアマゴ・イワナ釣りに出かけた。尾崎から約一八キロ、標高一五〇〇メートルほどである。米・味噌・塩・ネギ・飯盒などをボテに入れて行き野宿した。餌は川虫・ミミズで、毛針を使うこともあった。リンチョウ石小屋あたりまで入ると、イワナがよく釣れた。イワナのことをバカウオと呼ぶ習慣があるほどである。昼釣った魚を夜ハラワタを出して焙った。食用には、石焼と称して、焼いた石の上に魚・味噌・塩をのせて焼いて食べた。これが魚釣りの大きな楽しみだった。家に持ち帰った魚は、「菜籠」と呼ばれる目の粗い籠に並べ、ヒジロ（イロリ）で焙った。よく乾燥させたものを藁で一〇尾一連に編みつけておき、売ったり、自家用にしたりした。閑蔵の山の神祭りにはこうして乾燥させたヤマメ五、六尾を神饌として供える習慣があった。

アマゴは貴重な食品で、山の恵みとしてマチへ搬出されることもあった。焼き整え、一〇尾一連、一〇連を一束として仲買人が静岡のマチへ運んだ。東側や、井川の田代・小河内にはこうした流通アマゴに対応した釣り手もいたのである。

二　アマゴの腹に溢れるアワ粒――その神饌の象徴性――

1　アマゴの漁獲儀礼

静岡市葵区田代は旧井川村に属し、大井川右岸最上流部のムラである。ムラの北端山腹にある諏訪神社は嘉禎四年（一二三九）、信州諏訪大社の分社として創建されたと伝えられる。当社の大祭は八月二十七日で、大祭に献じられるアマゴの神饌は注目すべきものである。

田代は標高六八〇メートル、約八キロ溯上した地点、大井川右岸に明神谷の流れが合している。標高は約七八〇メートル。明神谷は大無間山（二三二九・三メートル）北斜面に発している。この明神谷は、古来、諏訪神社大祭に献じる神饌用のアマゴを獲る谷だとされ、平素は禁漁の谷とされてきた。明神谷とは「諏訪明神の谷」を意味する。神饌用のアマゴの漁獲調達には長く、四七戸を四組に分け、その四組が、ヤマメ（アマゴ）祭り――アマゴの漁獲と漁獲儀礼および大祭の神饌調進を担ってきた。

私が参与観察した昭和五十四年には、三組が当番で、望月伊作さん（明治四十二年生まれ）を司祭者として一一人が明神谷に入った。一部の者は八月十九日の午後から、他は二十日の午前四時から谷に入ってアマゴ釣りを始めた。「ヤマメ（アマゴ）祭り」と呼ばれている祭りは午前十一時半に始まった。祭場は「萱小屋」と呼ばれる明神谷の河原である。あたりにはハンノキの古木が繁り、神聖感がある。萱小屋という地名は、本来、ここに萱の仮小屋を建てて祭りを行っていた時代を偲ばせる。一一名の中の二名は、釣りをしないで萱小屋にとどまって「カワクラ」と呼ばれる神座を作る。カワクラは、木の種類は問わないが、太さ径三センチ、長さ一・七メートルほどの真直な棒を三本用意し、これで作る。三本を三角錐状に組んで、先端の交差部をシナの木の繊維で縛る。三本の根元には、おのおのクロモジの葉にシデを垂らした幣を立てる。カワクラの頂にも幣を立てる。ほかに本幣と祓い串を用意する。留守を守る二人は、カワクラの他に、アマゴを包んで運ぶツガの皮、荷を縛るシナの繊維、神饌献供に使うイタドリの葉なども用意しておく。十一時前、釣り手が獲物を持って下ってくると、一同でアマゴの腹を裂き、ワタを出す。エラを傷めると神饌にならないので注意深く進める。ワタは、ヤマメ（アマゴ）祭り終了後の直会のシオカラにするので丁寧に洗う。アマゴは、神饌用として大型のもの二五尾、他に「道者の魚」と称して大祭終了後に参拝者に分与するものを、おのおの細裂きのシナの皮に通して環状にする。それをカワクラの頂に吊るす。カワクラの下にシオカラを置くと準備完了である。

写真５　ヤマメ（アマゴ）祭り。アマゴを吊り下げたカワクラに向かって祝詞を誦する望月伊作さん。明神谷の河原にて

一同がカワクラの前に直立する中で、長老の望月伊作さんが祝詞をあげ、祓いを行ってヤマメ（アマゴ）祭りは終了する（写真５）。渓流魚の漁獲儀礼としては古風で注目すべき要素を含んでいる。カワクラは「川座《かわくら》」の意で、岩座《いわくら》に通じ、川魚の漁獲儀礼の名称にふさわしい。また、クロモジにシデを垂らした幣は、柳田國男が「鳥柴考要領」[2]で示唆した「榊《さかき》以前のサカキ」としての「クロモジ」を実証するものである。

祭りが終わると直ちに、外皮を剝いでナメしてあるツガの皮（三五センチ×九〇センチ）の上で、アマゴの口や腹に塩を入れ、同時に細かく揉んだイタドリの葉をも口や腹に詰める。また、大祭に神饌として

写真６　荷造りされたアマゴを担いで明神谷の萱小屋を後にする

アマゴを載せて献じるための大きくて傷のないイタドリの葉二五枚にも塩をふる。塩ふりが終わるとツガの皮を折ってアマゴとイタドリの葉を包みこみ、シナの皮でしっかりと縛る。このアマゴの包みにはクロモジの幣が挿される。伝承によると、塩が入手しなかったころ、イタドリの葉だけを腹に詰めてもアマゴは腐らなかったという。この地では、春先、イタドリの葉に塩をつけて食べたり、ドブ漬けにしたりした。イタドリの茎を塩漬けにして食べる地は多い。田代の人びとはイタドリのことを「イタンドリ」と呼ぶ。魚などの傷みをとる「傷みどり」の意だともいう。葉に酸味があるので魚が腐らないのだという。シナの皮は草鞋の芯縄、ショイコの綱などにも使う。ツガの皮は焼畑の出作り小屋の壁面や屋根に使う。祭りに使う植物が日常の暮らしの中から選び出されていることがわかる。荷作りが終わると直会で、アマゴのワタや小さいアマゴを刻んだものを味噌と塩で和えたシオカラを食べる。直会を終え、ツガの包みを棒に通して二人で担ぎ渓谷を下る（写真６）。一同がそのあとに続く。

こうしてアマゴは宮司家に届けられる。宮司は和紙で覆面して荷を解き、腹や口からイタドリの葉を取り出し、アマゴを洗い、塩をふり直して深さ一六センチ、縦二八センチ、横三九センチの楕円形の漬桶に移す。桶の底にイタドリの葉を敷き、アマゴを並べ、またイタドリの葉を並べる。こうして詰め終えて重石をかけ、宮司家屋敷内の祈祷所の中に納めておく。八月二十五日の朝までこのまま漬けこまれる。

2　アマゴとアワの神饌

八月二十五日午前八時、当番組の男たちは宮司家に集まり、神饌の調進にかかる。まず、この神饌のために焼畑で栽培された新アワ（粟）を竪臼で搗く。アワはワセ種、「サカアワ」と呼ばれるウルチである。その名称からしてアワ酒の素材となっていたことが考えられる。杵でこするようにして脱穀し、箕で簸出《ひだ》してはまた搗く。搗き終えたアワを、湯が沸き立っている釜の中に入れて粥にし、次第に固めていく。煮終えたアワ粥が冷めたところで、祈祷所からアマゴの漬桶を出し、重石を除いて中からアマゴを取り出す。次いで、アマゴのエラのところにある「アゲ」を除き、アワ粥を腹や口の中にびっしりと詰め、さらにアマゴの表面にもアワ粒をまぶす（写真7）。桶の底にイタドリの葉を並べ、次にアマゴを並べる。葉と魚を交互に重ねる。桶に詰め終えると、今度は重石をかけずに祈祷所の中に納める。二十五日夕刻、これを諏訪神社社務所に運ぶ。二十五日、二十六日、二十七日の間宮司は宮籠りである。

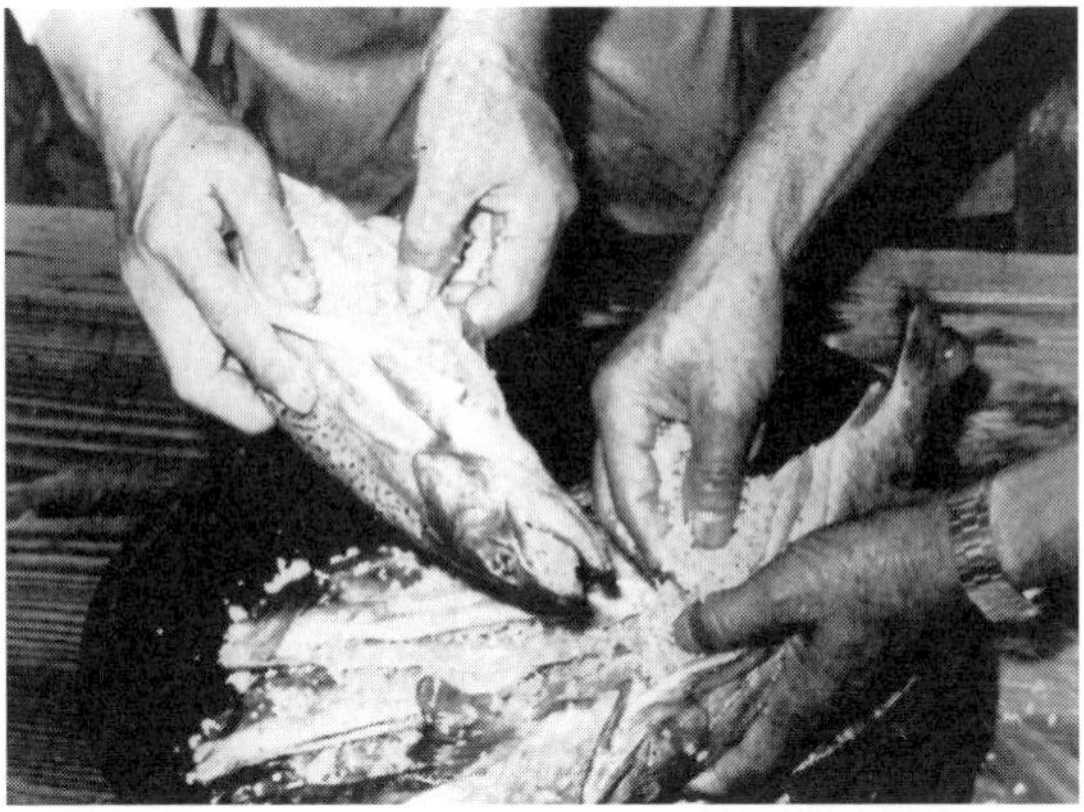

写真７　アマゴの腹の中に新アワのアワ粥を詰める。人の手と比べるとアマゴの大きさがわかる。静岡市葵区田代、諏訪神社宮司家

　二十六日午後一時、総代・役員・当番組など参集のもとで例祭が行われる。神饌の中には新アワの穂束がある。これが来年の神饌アワ粥用のアワの種となる。焼畑が盛んだったころにはイエごとにアワの穂を供えていたという。例祭の中で、田代神楽の中の「湯の幣」の舞が奉納される。参列者全員が紋付袴で平伏する。

例祭後、直会を終えて参列者は帰宅する。その後、宮籠り中の宮司は、午後四時半、三住ケ岳に夕日が沈むころ、アマゴとアワから成る神饌を本膳としてたった一人で献供する。献供の詳細は秘儀である。まず、本殿の神前右に内宮用として三方にイタドリの葉を七枚敷き、アマゴ七尾を盛り、スズダケの箸七膳をつけて供える。左には外宮用として三方にイタドリの葉を五枚敷き、アマゴ五尾を盛り、箸五膳を添える。右手前に神主用として三方にイタドリを三枚敷き、アマゴ三尾を盛って箸三膳を添える。残り一〇尾は同様にして、内宮用、外宮用の神饌の中間に諏訪神社眷属用として供える（写真8）。二十六日の祭りを例祭と呼んでいるが、本来は宵祭りであった。なお、三住ケ池と呼ばれる池があり、これを諏訪湖に見たてているのだという伝承もある。三住《みすみ》は「御住《みす》み」であったと考えられる。

二十七日正午からが大祭で、「二十日明神谷に至り、石走る滝つ瀬の河岸に三縒の糸以て釣得たる鯇《あめのうお》に今年の粟の初穂以て御饌物に仕奉り……」

写真８　アワ粥を腹に詰めたアマゴの神饌。静岡市葵区田代、諏訪神社大祭

と祝詞が奏上される。大祭が終了すると直会《なおらい》である。ここで、撤饌したアマゴや道者の魚を分かち合い、青笹の上に盛ってスズダケの箸で共食する。スズダケの箸はお諏訪さんの箸だとして平素の使用は忌まれている。

二十七日の直会でいただいた御神撰・道者の魚はただただ塩辛かった。伝承にもあるとおり、塩の入手が困難だった時代にはもっと塩が薄かったことも考えられる。また、漬けこみから食期までの時間がもっと長かったとすれば、アマゴとアワ粥は熟れて醗酵し、熟《な》れズシになるはずである。酢は使わないのだから本熟れである。「熟れズシ以前」の形として、アマゴの腹に米・アワなどを詰めて食べる形があった。

ⓐアマゴの腹を裂いて飯を詰め、それを釜の中の米の飯の上に乗せて蒸して食べる方法があった（静岡県浜松市天竜区春野町川上・高田格太郎さん・明治三十四年生まれ）。

ⓑアマゴの背を割り、飯を入れて姿ズシを作った（高知県土佐郡・吾川郡、徳島県三好市など）。

ⓒワタヌキのアマゴを塩漬けにしておき、腹にアワの飯を入れて漬けこんでおくと「クサレズシ」（熟れズシ）になったのでこれを食べた（岐阜県本巣市越波・松葉長之助さん・明治三十九年生まれ）。

右の中のⓒはアマゴとアワの熟れズシで、田代の人びとも古くはこのような熟れズシを食べていたことが考えられる。

田代諏訪神社大祭に献じられるアマゴとアワの神饌には深い祈りが込められている。それは、調進される神饌、献じられる神饌をつぶさに眺めることによって読解できるはずだ。アマゴの腹に詰められるアワ、その祈りの一つは『播磨国風土記』讃容の郡の次の部分と通底する。——「生ける鹿を捕り臥せて、其の腹を割きて、其の血に稲種《いねま》きき。仍《よ》りて、一夜の間《ほど》に苗生ひき。……」。アマゴの腹にアワ粒を入れることは、この年のアワの稔りをよろこび、翌年のあふれんばかりのアワの豊穣を祈ることになる。もう一つの祈りは、アマゴの腹にあふれんばかりに詰められたアワ粒を、アマゴの卵と見たてることだ。その大量の卵は、来るべき年のアマゴの豊漁を祈ることになるのである。水田もなく、海から遠く隔たった田代の人びとにとって、アワとアマゴは命の綱であり、アマゴは貴重なご馳走であり、蛋白源だった。この神饌の中には、山深い地に住む人びとの祈りが凝縮されているのである。

明神谷は信仰の力、田代の人びとの祈りによって守られてきた「信仰による禁漁区」だった。この谷で守られたアマゴは、この一帯に広く恵みをもたらすことにもなる。一帯において資源の保全、種の保存が図られてきたのである。

三　種の保全

1　渓流漁撈の怪異伝説

山深く分け入ったムラムラにはアマゴやイワナに関する怪異伝説が点在する。その実際に耳を傾けてみよう。

①桑野山にオンマワシという淵がある。ある日、そこに徳右衛門という漁師がアマゴを獲るために投網を打ちに行った。よく獲れたので帰ろうとすると、どこからともなく「徳右衛門もう一網」という声が聞こえてきたので急いで家に帰り、自分が獲った魚を見たところ全部片目の魚だった（静岡県榛原郡川根本町桑野山・森下敏雄さん・昭和三年生まれ）。

②ヨキ又川が安倍川支流の藁科川に合流するところに「道光淵」という淵がある。道光という男がその淵へ夜漁に行ったところ、アマゴが獲れすぎるほど獲れた。もう帰ろうと思ったところ、どこからか「道光もう一網」という声が聞こえた。道光は気味悪くなってそのまま獲ったアマゴを持って帰ったのだが、家に帰ってみるとアマゴだと思っていたのはすべて木の葉だった。このことがあってからその淵を道光淵と呼ぶようになった（静岡市葵区日向・佐藤孫作さん・大正十一年生まれ）。

③安倍川支流の中河内川沿い、奥池ヶ谷の下の方に「大塚の淵」と呼ばれる淵があった。ある男がその淵にアマゴを獲りに行ったところ、獲れて獲れて困るほどだった。帰ろうとすると「もう一網」という声がどこからか聞こえてきた。男は気味が悪いと思いながら帰って魚籠《びく》を見たところ、自分が獲ったアマゴはすべて木

の葉だったという（静岡市葵区上落合・浦田みちさん・大正十二年生まれ）。

右の事例に共通するのは、不思議な声の「もう一網」が聞こえるところである。次に①では漁獲物のすべてが片目の魚となっている。片目であるということが、神に選ばれ神に捧げられるべき魚で、人が口にすることのできないものである。②③では漁獲した魚がすべて木の葉になっているというのだ。ここには、人は自然の中から必要最小限の恵みをいただいて生きるべきもので、必要以上のものを獲ってはいけないというメッセージ、乱獲抑止のメッセージが込められている。「もう一網」と語る声の主《ぬし》は、アマゴの管理者である淵を守る水神か、渓流を含む山の管理者、山の神か、自然の摂理の中で人が生きてゆくことを見届ける神なのか。「もう一網」型の伝説は他にもある(3)。

④笹間、出本下の切久保沢の寺田のタル（滝）へ地名《ぢな》（川根本町の字名）の男がアマゴ釣りに来た。大アマゴが釣れたのでヨービク（魚籠）に入れて帰ろうとすると、どこからか「お前はどこへ行くのだ」という声がした。すると籠の中の魚が「おれは地名へ背中焙りにゆく」と答えたので男は気味悪くなり、アマゴを滝壺に返して家に帰ったという（静岡県島田市川根町三並・臼井徹治さん・昭和四年生まれ）。

⑤④と類似する伝説が遠く離れた宮崎県西都市上揚小字古穴手に伝えられていた。「雄魚《おいお》の淵」という淵があった。その淵名は次の伝説によるという。——今から一五〇年ほど前、古穴手に浜砂福左衛門という人がいた。福左衛門は冬は猟、夏は魚釣りをして暮らしていた。ある時、淵で釣りをしていたところ、今まで見たこともないほど大きいマダラ（ヤマメ）が釣れた。福左衛門は、これはこの淵の主かもしれんと思いながらマダラを籠に入れて暮れ方の家路についた。途中、青路の坂にさしかかったところ、淵の方から叫び声が聞こえた。

耳を澄ますと、「雄魚よーい、どけ行くか」と叫んでいる。すると籠の中のマダラが「俺は古穴手に背中焙りに行ってくるわい。雄魚よ、お前は達者で暮らせよ。まあえー（さようなら）」と答えたという。福左衛門は気味悪くなり、籠のマダラを川に放したところ、マダラは淵をめざして矢のように帰っていったという（宮崎県西都市上揚小字古穴手・浜砂久義さん・大正八年生まれ）。

マダラ（ヤマメ）もアマゴ同様サケ科の陸封魚である。「背中焙りに行く」という科白のある伝説は、大井川流域、日向山地にはこの他にもある[4]。古穴手のものは、「どけ行くか」の言葉の主が、雄魚とされているが、④⑤のいずれもが奇怪な声・会話が滝壺・淵の漁撈活動の抑止につながっていることはまちがいない。

⑥ある男が奥泉の奥の兎辻を通って大井川水系の栗代川へアマゴ・イワナ釣りに行った。途中で男は小僧に出会った。小僧が「あなたはどこへ行くのか」と尋ねたので「栗代川に良い淵があるというのでそこへ釣りに行こうと思う」と言うと、小僧は「淵で釣りをするのはやめた方がよい」と語った。男は自分の弁当を半分小僧にやってから小僧と別れて淵で釣りをした。やがて大イワナが釣れたので腹を裂いてみたところ、先刻自分が小僧に与えた弁当が出てきた。男は恐ろしくなって逃げ帰ったという（静岡県榛原郡川根本町千頭・鈴木猶一さん・明治四十三年生まれ）。

⑦神ノ木に住む二人の男が鵜飼漁をしながら赤倉の滝の滝壺に近づいたところ一人の僧が現れて漁をやめるように嘆願した。男たちは弁当の粟飯を僧に与えたところ、僧はしばらくして立ち去ったので、男たちは滝壺にウ（鵜）を放った。まもなく三尺五寸もある大きなアメノウオ（アマゴ）が浮かびあがったがウもアメノウオも死んでいた。アメノウオの腹を裂いたところ、腹の中には男たちが僧に与えた粟飯が入っていたという（三

重県熊野市赤倉『南牟婁郡誌』)。

⑥⑦は柳田國男の説く「魚王行乞譚(5)」の一種である。滝壺や淵のヌシである魚が化身して人語を語り、漁の中止を求めるのである。⑥⑦は、ともに漁師が与えた食物がヌシであるイワナ(⑥)、アメノウオ(⑦)の腹から出るという怪異を語っている。柳田は「譚」の命名に「行乞」「乞」を用いているが、実際には魚の方からの「食のもの乞い」の要素はない。ただし、「禁漁を乞う」要素はある。この類型の伝説の伝承モチーフは、魚類が命をつなぎ、種を継ぐ場である「滝壺」や「淵」における漁の抑止、禁漁にある。

⑧昔、犬間のある男が樫代峠を越えて、大井川の枝に当たる栗代川へ魚を獲りに出かけた。リュウゴンという淵で釣りをしたところ、大アマゴが釣れたので、男は喜んでそのアマゴを背負って山道にかかると、しばらくして、どこからともなく「お前はなぜそんなかっこうでつれてゆかれるのだ。早く逃げてこい」という声が聞こえてきた。すると背中のアマゴが「逃げて行きたいがこの男は九寸五分の短刀を持っているから危なくてとても逃げられない」と答えた。するとまた不思議な声が「その九寸五分には一箇所刃こぼれしたところがあるから、そこから逃げてこい」と語った。男が自分の短刀を調べてみると、たしかに一箇所刃こぼれがあった。男は急に気味悪くなり、大アマゴをリュウゴン淵に返して夢中になって走った。途中、「魚も返したしやれやれ、うれしいことだ」とつぶやいて一休みした。そこを今でも「うれしやすんど」(嬉し休ん処)と呼んでいる(静岡県榛原郡川根本町長島・大石為一さん・明治三十六年生まれ)。

事例④や右の⑧には、淵や滝壺のヌシのごとき「大アマゴ」の言葉があるのだが、それとは別にその漁獲されたヌシに対して語りかける不思議な声がある。その声は、「ヌシ」や「モノ」よりも上位にある「上部概念」者であると考えられる。それは、滝壺や淵を司る水神か、あるいは滝や淵までも統べる山の神だということになる。ここには、水神や山の神の力を集めて、滝壺や淵のヌシを奪取しようとする者に抗い、抑止をかけなければならない力が働いている。そこにはとりもなおさず、山地に生きる人びと、子孫のためにアマゴに象徴される山地の渓流の恵みを守り継がねばならないと考える山の民の深い心の投影がある。

⑨水窪の河内川に「木地淵」と呼ばれる淵がある。ここに巨大なアマゴがおり、源兵衛という男がいくたびもこの主を釣ろうと試みたが決して釣れなかった。源兵衛はある日、長釘を曲げて釣り針を作ってとうとうヌシのアマゴを釣りあげた。喜んで持ち帰り、火を起こして大アマゴを焙ったところ、姿形もないように溶けてしまった。その折飛び散ったアマゴの脂が着物についた箇所には点々と穴があいた。このことがあってから木地淵で魚を釣ってはいけないと言われるようになった（静岡県浜松市天竜区水窪町向市場・川下勘三郎さん・明治三十七年生まれ）。

⑩水窪川の支流白倉川に「鍋割の淵」と呼ばれる足場の悪い淵がある。源作という男が魚籠一杯にアマゴ・イワナを獲り、それを川砂の中に埋めて魚籠をカラにし、さらに多くの魚を獲りに出かけた。またほどほどに釣れたので、砂に埋めておいた魚とともに持って帰ろうとして砂を掘ってみると魚は一匹もなかった。魚は白倉権現の天狗にとられたのだと人びとは語りあったということだ（静岡県浜松市天竜区水窪町針間野・林実雄さん・大正十年生まれ）。

⑨には魚の言葉も不思議な声も出てこないが、これはヌシ伝説・ヌシの祟り伝説で、木地淵への禁足、木地淵の

禁漁をかたるものである。⑩は、①②③にも通じ、渓流魚の乱獲抑止の伝説になっている。このほか、静岡県浜松市天竜区水窪町や長野県下伊那郡天龍村の天龍水系にはカワランベ（河童）と蓼《たで》の伝説が点在する。(6)

⑪伊那小沢のある家に、頭にすり鉢をつけた手伝い人がきていた。「俺には蓼の汁だけは食わせてくれるな」とたびたび語っていた。ところがある日、家人がそれを忘れてその人に蓼の汁を出してしまった。すると、その人は「ギャー」と大声を出して天竜川の淵へ飛びこんだ。淵が真っ赤になったという。やがてその家は没落したそうだ（長野県下伊那郡天龍村平岡小字引ノ田・宮浦鯛治さん・明治十六年生まれ）。

蓼は魚毒の一種である。淵のヌシである魚や河童は水棲生物の象徴で、淵に魚毒の入ることを忌む。淵のヌシやカワランベと人との間の黙契を人の側が破って、淵に魚毒系物質を入れたり、魚族やカワランベに魚毒系物質を近づけたりすると、人と自然世界のバランスが崩れることを示唆しているのである。

淵や滝壺はどんな旱天でも水が涸れることはない。よって、そこは魚族をはじめとした水棲生物が命をつなぐ場であり、種の継承・資源保全の原点となる。特定の淵や滝壺は様々な伝説・伝承などによって守りぬかなければならなかったのである。

2　毒流しのパラドックス

抵抗力の弱い魚類の稚魚を絶滅させる河川の毒流し漁は古来、禁じられてきたところであった。それでも人目を盗んでの毒流し漁は行われていたのだが、それはうしろめたい違反行為だった。ところが、その忌避されるべき毒流し漁をムラ中総出で、共同体の総意として主として年に一回に限って共同作業として行い、獲物を各戸や参加者に均等配分する、という方法が全国各地でひそかに長い間継承されてきていた。もとより、この共同毒流しの時以外、個人的に抜けがけの毒流しをすることは厳しく禁じられていた。

「ナメ流し」「アメモミ」「根打ち」などと呼ばれる毒流しは、サクラマスが産卵のために溯上する青森県・山形県・新潟県などの奥深い山のムラで盛んに行われていた。メルクマールはサクラマスだったが、ヤマメ・イワナ・アユ・カジカなども獲れた。夏の渇水期、盆魚を中心とし、祭りの魚などにもしたのだが獲物は均等分配、共同毒流し以外の毒流しは禁じられていた。(7)

サクラマスの溯上がない、海から遠く離れたアマゴ棲息圏やヤマメ棲息圏の人びとにとってアマゴ・ヤマメ・イワナは、流通や冷凍技術の発達していなかった時代、想像以上に価値ある魚だった。このような山地の人びとも、アマゴ・ヤマメ・イワナなどを対象としてムラ総出の共同毒流しを行ってきた。以下に事例を示す。

①壱町河内川は大井川左岸に注ぐ。壱町河内では盆魚を得るために毒流しを行っていた時代があった。時期は盆の前、この時期は水が減る時期で、ムラ中総出で行った。毒流しのことを「毒入れ」と呼んだ。魚毒はサンショウ（山椒）の皮を煎じたもの、クルミ（胡桃）の根を叩いたもの、コハゼ（エゴノキ）の実を叩いたものを流したのだが、量は注意深く加減した。アマゴが浮いたり、ウナギも獲れた。獲物は二五戸で均等に分配した。この日以外、個人で毒入れをしてはいけないという不文律が厳しく守られていた（静岡県榛原郡川根本町壱町河内・吉川美智雄さん・明治三十九年生まれ）。

②毎年盆前に、盆魚としてのアマゴを主対象として来光川で毒流しをした。毒はサンショウの皮を刻んで大釜に入れて一晩煮る。これに炉灰を加えて薦に包む。その包みを川に入れて踏むのである。ムラ中の共同漁撈で獲物は均等に分けた。毒流しはこの時だけで、平素個人でやってはならないとされていた（静岡県田方郡函南町・

宗藤彦次郎さん・明治十五年生まれ)。

③五條市大塔町惣谷や篠原では、魚毒として、サンショウの木の皮を踏み臼で搗き、粉にして草木灰と混ぜて使う方法、オニグルミの根を粉にして流す方法が行われていた。大塔町惣谷の雨乞いは、ムラの老若男女すべてが、女滝・男滝二つの滝に赴き、滝壺に石を投げ込み、さらに滝壺にサンショウの皮の粉を入れるという変わった方法だった。こうして、浮いてくるアマゴ・アユなどを獲り、全員に、平等に分けたのである。雨乞いの「ナガシ」(毒流し)にはサンショウを使い、決してクルミを使ってはならないとされていた点に注目したい。クルミの根の皮は毒性が強く、大量に使うと魚が死んでしまうが、サンショウの皮は毒性が弱く、魚が一時麻痺するだけで絶対に死に絶えることはないという。種の保存への配慮が読みとれる。「ナガシ」は、雨乞いの「ムラナガシ」以外、個人で行うことは厳しく禁じられていた。惣谷の上流部に当たる篠原の「篠原滝」でも篠原の人びとによって「ムラナガシ」と称してほぼ同様の行事が行われていた(奈良県五條市大塔町惣谷・戸毛幸作さん・昭和五年生まれ)。

④盆魚のエノハ(ヤマメ)を得るために戸屋の尾と入子蒔の二つのムラで共同の毒流しを行った。毒はサンショウの皮と灰を混ぜたものだった。毒流しの場所は、本流は避けて、小さな沢を毎年とりかえて使うようにしていた。エノハを絶やさないためである。漁獲物は、参加者の宴会の肴にし、その他は各戸に均等分配した。右以外に個人で毒流しを行うことは固く禁じられていた(宮崎県東臼杵郡椎葉村戸屋の尾・那須芳三さん・昭和四年生まれ)。

盆前に盆魚を漁獲するためには夏の渇水期が好都合だった。盆にナマグサの魚を食することに違和感を抱くむきもあろうが、仏教以前の系譜をひく盆において魚は重要な食べものだった。例えば長野県飯田市や静岡県藤枝市で、

「盆にナマグサを食べなければもどってきた先祖様に口を吸われる」という伝承を耳にした。海から遠く、流通も発達していない時代、山の人びとにとってアマゴ・ヤマメなどは最高の盆魚になったのである。

アマゴ・ヤマメ・イワナは河川上流部の狭隘な峡谷に棲み、ひそかに命を繋ぎ、種を守る魚である。この魚の味、この恵みの子々孫々までの享受を望むとすれば、厳しい資源管理が必要である。アマゴ・イワナなどの共同毒流し漁には、「毒流しのパラドックス」が見られる。それは、アマゴの共同管理であり、渓流魚の共同管理である。アマゴを守り継ぐために、「アマゴを守るための毒流し」が存在したのである。

アマゴの腹に溢れるアワ粥——その神饌、アマゴをめぐる怪異伝説・毒流しのパラドックス、などには、奥深い山地に生きた人びとの深い伝承知が詰まっている。自給自足の時代、移動手段の未発達な地代、奥深い山地は豊かで桃源郷的要素を持ち得ていた。そんな中でも、奥地の隔離性は身にしみるところがあった。山の人びとの心の片隅に、陸封されたアマゴ・ヤマメ・イワナなどに対する秘かな共感のごときものがあったのかもしれない。この国が生き生きとするためには、山深い地に住む人びとがアマゴ・ヤマメ・イワナなどとかかわってきた思いと伝承知を見つめ直すことが必要であろう。

四　アマゴの食法

アマゴの食法についてはは随時ふれてきたが、焼く＝素焼き・塩焼き・味噌焼き・タレのつけ焼きなどがあり、燻製もある。素焼きにして串ざして保存したものは素麺・蕎麦などのダシに使った。煮る＝甘露煮、スシ＝古くは諏訪神社の神饌型の熟れズシがあったものと思われる。現今はアマゴを握りズシのタネに使う。アマゴメシ＝アマゴとゴボウを入れて醤油・酒などを調味料としてメシにする（長野県飯田市上村下栗小野・成沢徳一さん・昭和二年生まれ）。

明神谷のヤマメ（アマゴ）祭りに参じた折、アマゴの土手焼きを食べた。平石の周囲に味噌で土手を作り、その囲みの中にアマゴを置き、石を焼く。アマゴが焼けると味噌の土手を崩し、それをアマゴにつけて食べるのである。野趣に富んでうまかった。泊まり込みの山漁でもこの食法が楽しみだったという。このほか、アマゴのオボロ、アマゴの塩辛などについても紹介してきた。アマゴの油＝アマゴを焼く時に垂れる油を杯に受けて保存しておき、耳垂れ・中耳炎の薬にする。また乳児を持つ母親がアマゴの油を食べると母乳が出るようになるともいう（静岡県榛原郡川根本町長島・大石為一さん・明治三十七年生まれ）。

産卵後のアマゴで黒くなったものをシリクサリ・サビ・オチアマゴなどと呼び一般には食べないが、これを煮て産後の女性に食べさせると乳が出るとか、体によいとかと言い伝えた。静岡県浜松市天竜区春野町居寄の岩田文夫さん（大正九年生まれ）は、産卵後の下りアマゴのことを「スミンダ」と称し、産後の女性に食べさせると乳の出がよくなるという。

アマゴと母乳の関係を語る伝説がある。静岡県藤枝市の山間部大久保で語られている。——昔、弘法大師が大久保のタラクボ沢を通りかかって、千葉山へ行く道に迷い、畑で働いていたムラの女に道を尋ねた。女は問われるままに丁寧に道を教えた。大師は「何か困っていることはないか、お礼に何でもお教えしよう」と言った。女は「乳が出なくて困っております」と自分の悩みを語った。大師は川を指差し、「それならこの川のヤマメ（アマゴ）を捕って食べてみなさい。よく乳が出るようになるでしょう」と教えたという。その折、大師がついていた柳の杖を立てたところにその柳が根付き、弘法柳として守られた。また大久保川のヤマメ（アマゴ）を弘法ヤマメ（アマゴ）と呼ぶようになった（藤枝市大久保・平口猛志さん・明治四十四年生まれ）。

アマゴが貴重な蛋白源であったことが伝説化されているのである。大井川・天竜川流域の人びとの多くは、産卵後のシリクサリ・オチウオ・スミンダなどは産後の女に供することはしたが、産卵中の魚は獲らなかった。先にも指摘したとおり、スリについたアマゴを獲ることは資源再生を止めることになるからである。春野町居寄で使う「スミンダ」は産卵期に墨色、黒色になったアマゴの姿態にもとづく方名である。静岡市葵区田代の滝浪作代さん（明治三十九年生まれ）は産卵期になって黒みを帯びたアマゴのことを「クギョーサー」と呼んでいた。耳にした当初はその意味がわからなかった。やがて、それが「苦行僧《くぎょうそう》」であることに気づいた。黒い粗末な衣《ころも》を着て巡回し、難行、苦行に耐えて痩せこけた僧と、種を継ぐために産卵場所を探し、痩せて黒ずんだアマゴの姿が、山の人びとには二重写しになって見えたのである。黒みを帯びた魚体をサビ・クロソブ・スミンダなどと呼ぶ例はあるが、「苦行僧」という、擬人化し、思いを寄せた表現には心打たれた。

注

（1）野本寛一『山地母源論2――マスの溯上を追って・野本寛一著作集Ⅱ』（岩田書院・二〇〇九）。
（2）柳田國男「鳥柴考要領」初出一九五一（『神樹篇』所収『柳田國男全集』19・筑摩書房・一九九九）。
（3）野本寛一「陸封魚アマゴ――資源保全の伝説」（『民俗誌――海山の間・野本寛一著作集Ⅴ』岩田書院・二〇一七）。
（4）野本寛一「渓流漁撈怪異伝説」（『山地母源論1――日向山狭のムラから・野本寛一著作集Ⅰ』岩田書院・二〇〇四）。
（5）柳田國男「魚王行乞譚」初出一九三四（『柳田國男全集』7・筑摩書房・一九九八）。
（6）野本寛一「人と魚と淵――自然と交わる節度」（『自然と共に生きる作法・水窪からの発信』静岡新聞社・二〇一二）。
（7）野本寛一「マスの共同漁撈」（『山地母源論2――マスの溯上を追って・野本寛一著作集Ⅱ』岩田書院・二〇〇九）。

タニシ

田螺

はじめに

タニシ科に属する淡水産の巻貝タニシ（田螺）は、ツボ・ツブ・タヌシ・タノシ・タミナなどの方名で呼ばれ、かつては全国的に見られた。水田を中心として、水路・沼・池などに棲息し、日本人と深くかかわってきた貝である（写真1）。そのタニシが水田から姿を消して久しい。タニシの消滅について静岡県藤枝市下当間の片山正男さん（大正十三年生まれ）は次のように語る。――ツボが姿を消したのは昭和三十年代後半、ホリドール（農薬パラチオンの商品名）を使い出してからである。全国各地におけるタニシの消滅は、若干の差はあるもののほぼこの時代と見てよかろう。

そして、昭和五十六年、ジャンボタニシ（スクミリンゴガイ）が養殖用として、アルゼンチンから長崎県の島原へ導入された。食用適性を欠くジャンボタニシはやがて野生化し、水田に入り、稲作に害を与えるに至った。最大八センチにも及ぶこの貝は繁殖力が強く、平成十一年現在、茨城県まで北進し、日本人が親しんだ在来のタニシにとってかわり、帰化定着しつつある。ジャンボタニシの有効な駆除方法はなく、稲作農民を悩ませている。仮に強力な

写真１　田んぼのタニシ

駆除剤を使えば、在来タニシ復活の道は完全に閉ざされることになる。

タニシは稲作と深くかかわり、農民との共生関係を保っていたのである。日本人の主食たる米を生産するための広大な水田開拓は、タニシにとっては適切な棲息地の確保にほかならなかった。人は、タニシにその棲息地を提供することによって、タニシの一部を恵みとして享受してきた。タニシの棲息できる湿潤な水田は稲作にとっても適切な場であった。稲作システムを支える灌漑水路もまたタニシの棲息地である。溜池・水路・水田といった稲作を基点とした人為的なフィールド設備、燃料・肥草を得るための里山、用水確保のための河川などを総合的に見ると、日本人の自然利用の巧妙さに対して感嘆を禁じ得ない。稲作システムが内包する力はまことに豊かなものであった。これまで民俗学がタニシに無関心であったわけではないが[1]、タニシがあまりに身近な生きものであるがゆえに、総合的に研究されることはなかった。しかし、タニシが日本の水田から姿を消した事実をふまえると、今こそ、農民とタニシが共生した時代の体験と伝承を、タニシにかかわる基層・上層民俗の両面にわたって総合的に調査記録すべき最後のチャンスだと言えよう。タニシという小さな淡水産の貝を通して日本人の暮らし・自然観・日本人の思いなどが見えてくるはずである。

右のような視点に立ち、ここではまず、事例報告の集積を第一目標として、それに若干の分析・考察を加えた。事例報告を大別すると、その一つは地域報告で、それは、愛知県豊川市・静岡県藤枝市・三重県伊賀市（旧上野市）の三地域である。いま一つは、全国鳥瞰として東北から九州に及ぶ事例を示した。類似の内容は割愛し、田螺長者等の昔話の収載は紙幅の関係で最小限にとどめた。

一　フィールドⅠ——愛知県豊川市——

（一）聞きとりの報告

愛知県豊川市は豊川右岸下流域に属している。その水田地帯集落におけるタニシに関する民俗を調査した折、旧暦三月三日の雛祭りにタニシを供え、家族も共食する習俗があることを知った。しかし、同じ豊川市内でありながら、この日に、鹹水産のハマグリやアサリを供え、共食する地があることも判明した。そこで、豊川市一六地点、豊橋市二地点、旧小坂井町二地点について雛祭りと貝の関係を調査し、関連事項を表1のように表欄化してみた。

（二）事例から見えるもの

1　雛祭りとタニシ・その食法

表1によると、旧暦三月三日、ないしは月遅れの四月三日にタニシをお雛様に供え、家族も共食するという例が一一例見られる。タニシを雛祭りの日に食べるという例は全国的に見られるが、(2) 豊川地区はその典型的な地域であることがわかる。タニシの食法は、酢味噌あえ、しかもワケギを加えたものが多い。タニシの捕採期は雛祭りを指標とした田植前の耕起までの時期、それに田植後、さらに、イネの刈入れ後の三期に大別できる。事例⑪⑭には稲刈後の捕採がある。食法も、⑪はショウガを入れて煮るというものである。麻生田の松下保雄さん（大正十四年生まれ）は稲刈後佃煮にして食べたといい、市田中島の早川文夫さん（昭和十三年生まれ）は稲刈後塩茹でにして食べたとい

表1　雛祭りと貝（豊川市とその周辺）

	実施地	体験者	行事期日	浜ゆき	海浜	鹹水系 ハマグリ	鹹水系 アサリ	淡水系 タニシ	海浜からの距離（概数）	雛祭りとの関係・食法等の伝承
1	豊川市八幡本郷	岡田茂男（大正九年生まれ）	雛祭り 旧3/3					○	7.0km	旧3/3、前のウダンボーの打ち返しの折タニシを拾い、酢味噌あえにしてお雛様に供え、家族も共食した。
2	豊川市忍地	寺部はつ（大正二年生まれ）	雛祭り 旧3/3					○	7.0km	旧3/3、タニシとワケギの酢味噌あえを作り、お雛様に供え、家族も共食した。
3	豊川市稲束	寺部定敬（明治四十四年生まれ）	雛祭り 旧3/3				○（行商）	○	9.7km	旧3/3、タニシとワケギの酢味噌あえを作り、お雛様に供え、家族も共食した。現在はタニシがいなくなったのでアサリを使う。
4	豊川市千両	上松とし（明治四十三年生まれ） 同咲恵（昭和八年生まれ）	雛祭り 旧3/3				○（行商）	○	13.5km	としさんの時代にはタニシの酢味噌あえをお雛様に供え、家族も共食したが、咲恵さんの時代には前芝の行商人が売りに来るアサリを使った。
5	豊川市千両	松井あい子（昭和二十年生まれ）	雛祭り 旧3/3 新4/3					○	13.5km	新宿町へ嫁いできたが実家の千両では旧3/3にタニシとワケギの酢味噌あえをお雛様に供え、家族も食べた。
6	豊川市財賀	山口まつ（大正四年生まれ）	雛祭り 旧3/3				○（行商）		11.7km	沢田のタニシはカラスと人とが競合した。旧3/3は御馬の人がアサリの行商に来たのでアサリを買ってワケギと酢味噌あえにし、お雛様に供え、家族も食べた。
7	豊川市古宿	竹野みな（明治四十三年生まれ）	雛祭り 新4/3					○	7.7km	4/3タニシを酢味噌あえにしてお雛様に供え、家族も食べた。
8	豊川市御油	角田富次（明治四十三年生まれ）	雛祭り 新4/3				○（行商）	○	6.5km	母が国府・池下の方へ拾いに行き、タニシを一斗ほど拾ってきて近所にも分けた。4/3ワケギとともに酢味噌あえにしてお雛様に供え、家族も食べた。昭和三十五年からはタニシがなくなったのでアサリを買ってタニシの代わりにした。
9	豊川市白鳥	近田初音（大正二年生まれ）	雛祭り 新4/3					○	5km	4/3タニシとワケギの酢味噌あえを作ってお雛様に供え、家族も食べた。
10	豊川市下条	柳田文夫（昭和二年生まれ）	雛祭り 新4/3					○	10.2km	4/3タニシとワケギを酢味噌あえにし、お雛様に供え、家族も食べた。
11	豊川市弥五郎	竹本兵十（明治四十三年生まれ）	雛祭り 旧3/3	○	御馬		○	○	5.5km	旧3/3近隣四、五軒で牛車に乗り、弁当を持って御馬の浜にゆき、アサリを拾った。アサリはナマでお雛様にあげた。この日タニシの酢味噌あえもお雛様にあげ、家族も食べた。アサリはアサリメシにした。タニシは別に、稲刈りごろ生姜を入れて煮つけにした。

12	豊川市下長山	岡田やす子（大正十三年生まれ）	雛祭り 旧3/3	○	前芝		○	○	5.5km	旧3/3の前に前芝の浜へアサリ拾いに行き、お雛様にアサリを供え、家族はヌタまたは煮つけにして食べた。また、タニシも拾って、ヌタにし、これもお雛様に供え、家族も食べた。
13	豊川市為当	石黒都良（明治四十二年生まれ）	雛祭り 旧3/3	○	御馬		○		3.0km	旧3/3御馬浜へ行き、アサリを三升ほど拾ってナマでお雛様に供え、家族は酢味噌あえにして食べた。
14	豊川市桜町	伊藤保（大正十二年生まれ）	雛祭り 旧3/3	○	御馬または前芝		○		5.3km	旧3/3御馬また前芝の浜へ行き、アサリを拾ってワケギとともに酢味噌あえにしてお雛様に供え、家族も食べた。タニシを食べると目玉の色が黒くなると伝え、稲刈り後酢味噌あえにして食べた。
15	豊川市蔵子	佐野賀助（大正二年生まれ）	雛祭り 旧3/3	○	前芝		○		6.3km	旧3/3前芝の浜へ行き、ハマグリ、アサリを拾った。手掘りでコサエカゴに入れた。ナマのハマグリを大皿に盛ってお雛様に供えた。ハマグリがない年にはアサリを供えた。家族は汁にして食べた。
16	豊川市小田渕	鳥居忠男（大正十四年生まれ）	雛祭り 新4/3	○	御馬または前芝		○		5.0km	4/3御馬または前芝へ、その年の評判によってハマグリ・アサリを拾いに行った。ハマグリがとれればハマグリを、なければアサリをナマで皿に盛ってお雛様に供えた。家族はアサリ汁・アサリの煮つけを食べた。タニシは三・四月の雨後拾って茹で、藁灰で揉んでから酢味噌あえにして食べた。
17	豊川市三谷原	中村敏次（大正五年生まれ）	雛祭り 旧3/3				○（行商）		9.5km	旧3/3前芝の行商人からアサリを買い、スシの上にのせ、押しズシにし、お雛様に供え、家族も食べた。タニシはウダで五、六月に拾い、酢味噌あえにして食べた。
18	小坂井町平井	岡田軍二（大正九年生まれ）	雛祭り 旧3/3	○	前芝		○		3.3km	旧3/3前芝でアサリを拾ってヌタ、または煮つけにし、お雛様に供え、家族も食べた。
19	小坂井町中村	井上大石（大正八年生まれ）	雛祭り 旧3/3	○	前芝	○	○		2.5km	旧3/3前芝でハマグリ・アサリを拾い、皿に盛ってお雛様に供えた。家族は吸いもの・酢味噌あえ・煮つけなどにして食べた。タニシは汚いといって供えなかった。二月末、味噌あえにして食べた。
20	豊橋市前芝	前田千鶴子（昭和六年生まれ）	雛祭り 旧3/3	○	前芝	○	○		0.2km	旧3/3ハマグリ・アサリを拾った。ハマグリをナマで十個ほど皿に盛ってお雛様に供えた。他のハマグリは売り、家族はアサリ汁・アサリの押しズシを食べた。タニシは三・四月に拾い、茹でてから身を藁灰で揉んでワケギとともに酢味噌あえにした。

う。タニシの処理法で注目されるものに、事例⑯⑳に見える、茹でた後藁灰で揉んでぬめりを除くというものがある。手がかかる丁寧な方法で、全国的に見ても注目される。

タニシの棲息繁殖しやすい水田は「ウダンボー」、「ウダ」などと呼ばれる湿田で、裏作にムギを栽培するような乾田にはタニシは少なかった。輪中集落のように堤に囲まれた三谷原はほとんどが畑地で、水田も乾田が多かった。同地の中村敏次さん（大正五年生まれ）は、五・六月ごろ堤外のウダでタニシを拾い、ワケギを入れて酢味噌あえにして食べた。小田渕の鳥居忠男さん（大正十四年生まれ）の田は、乾田だったので小田渕本郷のウダを苗場として借りていた。そこで三・四月にタニシを採り、酢味噌あえにして食べた。下長山の岡田やす子さん（大正十三年生まれ）は、中新田にタニシが多かったという。人びとは、水田環境の特徴をふまえてタニシを捕採してきたのだった。なお、為当の石黒都良さん（明治四十二年生まれ）は、四・五月ごろウダンボーでタニシを採って砂糖味噌で煮て食べたというが、「田にニシンを入れると米がうまい。ニシンを入れるとタニシが増える」と語った。

2　タニシをめぐる諸伝承

事例⑭にも示したとおり、伊藤保さん（大正十二年生まれ）は、タニシを食べると目の玉が黒くなると伝える。なお、同地には、「茶眼の女の人はタニシを喰うと嫁に行けるようになる」という言い伝えがあったという。

中条町今宮在住の今泉光夫さん（大正四年生まれ）によると、同町の金中魚店ではムキミのタニシと殻つきのタニシの両方を売っていたという。今泉さんは豊根村上黒川出身であるが、同地では、タニシは風邪・眼病に効き、精力剤になると伝えたという。

行明の渡辺幸忠さん（昭和二年生まれ）は「土用タニシ」という言葉を伝えている。夏の土用にタニシを拾って酢味噌あえにして食べる習慣があったのだという。平尾小学校を卒業した財賀の白井広さん（昭和八年生まれ）は、同校卒業時の謝恩会には平尾の子供たちがタニシを拾ってきて酢味噌あえを作る習慣があったという。

右に見てきたとおり、タニシは、旧暦三月三日の雛祭りの行事食として重視されたばかりでなく、「土用タニシ」としても食べられ、謝恩会の御馳走になるなど行事・ハレの日の食物として重い意味を持っていた。のみならず、田植前・田植後・稲刈後など、棲息環境を熟知した上で随時拾ってケ（褻）の食物として利用した。一部に、眼の薬になるといった伝承もあるが、総じて、動物性蛋白源として重要な役割を果たしていたことがわかる。タニシが魚屋の店先に置かれていたことは、田を持たないマチの人びとの間にもタニシの食習が広く及んでいたことを物語っている。

3　浜行きと鹹水貝

表1に見るとおり、豊川市およびその周辺地域には、旧暦三月三日を中心に一部新暦四月三日に、お雛様にハマグリまたはアサリといった鹹水系の貝を供え、家族もそれらを共食するという例が見られる。事例⑪⑫⑬⑭⑮⑯⑱⑲⑳では、家人が御津町御馬の浜または豊橋市前芝の浜へ赴き、ハマグリやアサリを採取したという。この行為は、単なる貝の捕採ではなく、その底に「浜降り」「浜行き」といった儀礼的な側面が垣間見られる。それは、事例⑪のような形を一つの典型としたものだったと考えられる。事例⑯の鳥居さんも家族で出かけていたという。捕採具としてはアサリカキやコサエカゴが用いられた。コサエカゴとは、径・深さともに八寸五分ほどの目の粗い籠で、草とり、石拾いなどに使ったものだが、貝採りの際は砂が落ちやすいので都合がよかった。

お雛様に供える鹹水系の貝はナマで供えるのが一般的であったことがわかる。事例⑪⑫はアサリとタニシの両方をお雛様に供える。お雛様に供える貝は、総じて、海浜集落、ないしは海浜に近いところはハマグリ・アサリを、海浜から離れた地はタニシを、といった原理性を持っていたことがわかる。海浜から離れてはいても、海浜部の行商人が通える範囲においては鹹水系の貝を使うこともできたのだが、これは家々の経済事情にもよった。また、注目すべきはタニシがいなくなったので行商人からアサリを買うようになったという事例③⑧のごときものである。

4　海の記憶・海への執着

八重干瀬は、沖縄県宮古市池間島の北方一六キロ、周囲二五キロにも及ぶ巨大な礁原である。池間島の勝連メガさん（明治三十二年生まれ）は次のように語る。――旧暦三月三日は最もよく潮がひき、瀬が最も広く出る日である。若いころには、この日、手漕ぎの舟で八重干瀬に渡った。サザエ・タコ・アオブダイ・アイゴなどがよく獲れた。沖縄県石垣市宮良の後原トミさん（大正八年生まれ）は旧暦三月三日について次のように語る。――この日はハマオリと称して、豆腐・テンプラ・カマボコなどの御馳走を作って海岸に降り、貝や魚を獲って子供たちを遊ばせた。妊娠している女性は、この日ピー（干瀬）の水たまりを渡るとお産が軽くなると言い伝えた。宮城文の『八重山生活誌』には次のようにある。[3]

三月三日の節句をサニジといい、この日、女は海に下りて足を濡らす日だという習慣になっている。婦女子の浜降り＝当日婦女子は、貝を拾い、もずく、アーサ、などの海草採りをして、夜はその獲物で御馳走を作ることを楽しみにするくらいのものであった……。

鹿児島県肝属郡旧大根占町大橋出身の西本春徳さん（昭和十一年生まれ）によると、同地にも旧暦三月三日、女たちが海に行きサザエやミナを捕る習慣があったという。同県内之浦町辺塚では旧暦三月三日、ムラ中の者が海に出て貝捕りをし、その獲物で宴会を開いたとのことである（塩屋秀彦さん・大正九年生まれ）。

旧暦三月三日は、干潮が最も甚だしい日で、この日は女性が浜降りをする日であった。沖縄でいえばイノー（礁池)での、本土でいえば海岸での魚介類の捕採が最も為しやすくなる日である。女たちはこぞって潮干狩をした。「この日、女は海に下りて足を濡らすものだ」というのは、単に魚介類を捕採することの象徴的表現にとどまるものではなく、それは、「禊ぎ」の象徴的表現でもあろう。旧暦三月三日は、即物的・基層的には潮干狩の日であるのだが、信仰的・上層的には禊ぎの日であったといえよう。貝・魚・海藻で体を養い、禊ぎで心と体を浄め、子供を産み育てる女性の力を強める日だったのではあるまいか。女性の生理や出産も潮とかかわりが深いとされてきた。潮の干満が最も著しい旧暦三月三日を女の節供とし、雛祭りの日とした背景には右のような土壌があった。雛祭りの起源が穢れを祓い流す流し雛・形代流しにあったことも禊ぎと無関係ではない。また、「流す」という行為も、最も強い引き潮において最も有効となる。

豊川市およびその周辺における雛祭りの貝は、海を基点とした環境条件の中で選択されてきた。表1に集約した伝承からすると、貝の優先順位は、(1) ハマグリ→(2) アサリ→(3) タニシ、となる。タニシが鹹水系の貝の代替物として機能していることは明らかであろう。ここから、日本人の海への執着、はるかなる海の記憶を読みとることができる。タニシは、海から離れた地に暮らす人びとにとって、身近な御馳走であり、貴重な蛋白源でもあった。

二 フィールドII――静岡県藤枝市――

(一) 聞きとりの報告

静岡県藤枝市は東海道の宿場町であった「藤枝」「岡部」、さらにはJR藤枝駅周辺およびそれらの南に開けた平地と北側山間部から成る。

①四月三日、ツボをネギヌタにしたり、大根切干と煮たりしてお雛様に供え、家族も食べた。お節供が近くなると広幡方面からツボを売りに来た。ムキ身を一合枡で計って売っていった（大久保・平口猛志さん・明治四十四年生まれ）。

②上藪田・下藪田の女衆が節供の前にツボを売りに来た。ツボは、四月三日、ヒルヌタ・ネギヌタにしてお雛様に供え、家族も食べた。また、夏土用に、ツボの尻を叩いたものをゆで、スイツボと称してこれを吸って食べた（上大沢・青野りかさん・大正三年生まれ）。

③四月三日、ツボとワケギのヌタ、ツボの煮つけを作ってお雛様に供え、家族も食べた。母のいよは、節供の前にツボを拾い、一斗ほどのムキ身を用意し、山間部である朝比奈の玉取や青羽根、瀬戸谷の蔵田や大久保へ売りに出かけた。茶マキ（背負い式の籠）に入れ一合枡を持って行った。夏、夕立のくるころ、ツボの尻を包丁で叩き、殻のまま味噌汁に入れて身を吸い出して食べた。これをスイツボと称した。「ツボは壁に塗りこんでも三年生きる」という口誦句がある（高田・寺田覚雄さん・大正十一年生まれ）。

④稲刈後と三月の出水のころにツボを拾った。稲刈後に拾ったものは土のついたままカマスの中に入れて冬中保存した。「ツボは壁に塗りこんでも三年生きる」と伝えた。四月三日、酢味噌あえにしたり、醤油で煮つけにしたりしてお雛様に供え、家族も食べた。花見の肴にも使った。また、ツボのいる田はよい米がとれるとも伝えた（下当間・片山正男さん・大正十三年生まれ）。

⑤四月二日、宵節供にツボとワケギのヌタを作り、お雛様に供えた。別に、石でツボの尻を叩いておいて殻のまま味噌汁に入れ、身を吸い出して食べるスイツボという方法があった（潮・遠藤鉎一さん・大正六年生まれ）。

⑥四月二日、ツボの酢味噌あえをお雛さんの御馳走として供えた。四月のお節供以外にもツボを拾って藤枝のマチへ売りに行った（中藪田・福井金苗さん・大正十一年生まれ）。

⑦母のすずは、秋、ツボを拾って炭俵に入れ、ヌカミソ桶の隣に置き、正月の御馳走にした。四月三日にも食べた（鬼島出身・池ヶ谷清市さん・大正八年生まれ）。

⑧四月三日、ツボとワケギのヌタをお雛様に供え、家族も食べた。四月二日には葉梨から「ツボはどうだの」といってツボ売りが来た（五十海・下村和一さん・大正十三年生まれ）。

⑨四月三日、お雛様にツボとワケギの酢味噌あえを供えた。また、子供たちはスシを持って池田家のお雛様を見に行ったがそのスシのタネにツボを使った。ツボがたくさんいる田の方がイネもイグサもできがよいと伝えた（平島・藁科徳太郎さん・明治四十一年生まれ）。

⑩四月三日、ツボのヌタ、大根切干との煮つけを作ってお雛様にあげる。上伝馬の曽根魚店がツボを買いにまわったのでムキ身を枡売りして小遣にした。叔父の沢山文太郎はツボを売って農学校の月謝を稼いだ。ウナギ筌の餌にツボと糠を使った（城南・海野惣次さん・昭和三年生まれ）。

⑪稲刈後、田の足跡からツボを拾ってツトッコ（藁苞）に入れて納屋の軒先に吊ったり地べたに置いたりして四月三日に出し、酢味噌あえにしてお雛様に供え、家族も食べた。七月には、ツボの尻を石で叩いて穴をあけ、殻のまま味噌汁に入れ、身を吸って食べた。これをスイツボと言う。秋には煮つけたツボを飯に入れて炊いたツボ飯を食べた（前島・磯部鉄一郎さん・大正六年生まれ）。

⑫「内瀬戸のツボ拾い」と言われ、内瀬戸の人びとがツボのムキ身を一合いくらで売りに来た。四月三日にはツボとワケギのヌタをお雛様に供え、家族も食べた（前島出身・大畑三郎さん・昭和三年生まれ）。

⑬稲刈後カマス一杯ほどツボを拾い、佃煮にして町に売りに行ったことがある（東町・高橋孝四郎さん・昭和五年

生まれ）。

⑭一月二日のツボの夢はよくないとされた。「ツボの夢を見ないうちにおツボさんを食べるもんだ」と姑のとめに教えられた。姑は毎年、大晦日近くにツボと一合枡を持って田沼・駅前へツボの行商に出かけた。四月三日にはツボをタネにして三角や四角の木型で押しズシを作り、お雛様にあげ、家族も食べた（高柳・岡崎やゑさん・大正四年生まれ）。

⑮ツボを拾い、目籠で泥を吐かせ、鉄鍋でゆでて串で身をぬく。その時ツボの蓋が手につく。手についた蓋を早く取り除かないと、そこにイボができると伝えた。四月三日、大きいツボの身を半分に切り、それをタネにして木型で押しズシを作り、お雛様に供え、家族も食べた（高柳出身・杉本周さん・大正十五年生まれ）。

⑯稲刈後にツボを拾い、田に穴を掘って底にボロムシロを敷き、拾ったタニシをそこに埋めておく。四月三日に出してワケギのヌタにし、お雛様にも供え、家族も食べた（大新島・吉田義司さん・大正二年生まれ）。

⑰稲刈が終わるとツボ拾いをした。「ツボは壁に塗りこんでも三年生きる」と伝え、バケツの中に入れて保存した。四月三日にネギヌタにしてお雛様に供え、自分たちも食べた（源助・内藤善衛さん・昭和八年生まれ）。

⑱朝比奈川と葉梨川の合流点近くには「シルッタレ」と呼ばれる湿田が多かった。その湿田や、一年交替で計画的に潤乾を繰り返すその潤田で、ホーリ田・代掻きのころツボを拾った。四月三日のお節供にはワケギと酢味噌あえにしたり、握りズシのコ（タネ）にしたりした。お雛様に供え、家族も食べた。大ツボは、ゆでて身を出し、籠に入れて洗い、そいで煮つけてスシのコにした。ナマでも食べることができた（横内・石田覚次郎さん・大正二年生まれ）。

(二) 事例から見えるもの

1 ツボの食法

藤枝市ではタニシのことを「ツボ」と呼ぶ。この地域ではタニシ食が盛んで、水田にツボが棲息していた時代、ほとんど全市域において月遅れの雛祭り、四月三日に、ツボをネギヌタ・ワケギヌタ・ヒルヌタにしてお雛様に供え、家族も食べた。ツボと大根切干の煮つけ(事例①⑩)なども見られた。さらに注目すべきは、事例⑨⑭⑮などに見られるとおり、ツボをタネとして木型の押しズシを作ってお雛様に供えたり、共食したりする習慣があったということである。⑱では握りズシのタネにしている。

ツボを食べる日としていま一つ記しておくべきは、正月である。事例⑦⑭に見られるのであるが、⑭の伝承は詳細で、正月も、初夢、即ち一月二日の前、元日に食べることを伝えている。ツボは年間を通じて食されたのであるが、それを季節に応じて伝承しているのは⑪である。春のヌタ(酢味噌あえ)・夏のスイツボ・秋のツボ飯である。ツボの尻を叩いて殻のまま味噌汁に入れ、身を吸って食べるところからスイツボと呼称する(②③⑤⑪など)。全国鳥瞰事例⑮にも同じ方法が見られるが、夏という季節を特定し、スイツボという呼称をもって広くこれを行ったのは藤枝市域の一つの特色だと言えよう。②では夏土用にスイツボを食べるとしている。

2 ツボの生命力

藤枝市で、季節季節にツボを捕採したことは先にふれたが、その捕採季の一つとして稲刈後が当てられ、稲刈後に捕採したものを、泥のついたまま、カマス(④)・炭俵(⑦)・ツトッコ(⑪)・田に埋める(⑯)といった形で保存し、冬を越した後、三月（四月）の節供に食べるというものがある。この越冬保存と連動する形で「ツボは壁に塗りこんでも三年生きる」という口誦句（③④⑰）を伝えている点が注目される。実際に三年生きることなどあり得ないのであるが、土中に籠って冬を過ごすツボの生命力に対する驚きと賛美からこの口誦句が生まれたものとして見てよい。タニシの越冬保存の例は奈良県内でも見られたが、広幡・葉梨・大洲地区と藤枝市域に広く伝えられるこの口誦句の伝承は、当地方のタニシ観を端的に示すものと見てよかろう。当地方の人びとのタニシに対する強い執着は、このタニシの生命力、籠りの後の再生の力を潜在的に認識しているという部分もあろう。静岡県牧之原市菅ヶ谷の蓮池正夫さん（昭和十一年生まれ）によると、近隣の逸見定蔵さん（明治二十三年生まれ）は、実際に壁の中にツボを塗りこんだという。この行為は、後述するように、ツボの水霊性をふまえた家屋の防火・火伏せの呪術とも考えられる。藤枝市に見られる「ツボ」と「壁」との関係を強調する伝承の背後には、「ツボの生命力認識」とともに「ツボの火伏呪力認識」があったと考えられるが、この点についてはさらに調査が必要である。

3　ツボへの執着とツボの行商

藤枝市のツボにかかわる民俗の一つがツボの行商である。後にあつかう三重県伊賀市旧上野市域においてもタニシの買いとりや行商の例は見られるが、藤枝市ほど徹底的なものではない。藤枝市における行商の特色は、（a）平地水田地帯から山間部へという動きと、（b）平地水田地帯からマチへという二つの大きな動きがあることであり、しかも、魚屋の買いとりもあった（⑩）。例えば事例③の寺田いよさんが山間部の上大沢へいったとすると最短距離でも片道七・五キロ、①の大久保へ行ったとすれば片道二〇キロある。平地水田地帯から山間部へツボの行商が入るのは四月の節供（月遅れの雛祭り）の前であり、平地水田地帯からマチへの行商は、四月の節供前と⑭のように正月前だった。さらには、マチへは時を選ばず行商に行く例もあった（⑥）。藤枝市岡部町青羽根・蔵田・大久保は畑作卓越地帯で、ツボを捕採することは困難だった。行商は基本的に需給関係によって成立するものであり、このことは、当地域の人びとが広くツボを好んで食べてきたことを物語っている。茶マキ（背負い籠）・木綿袋・一合枡というのがツボ行商の用具で、ツボはムキ身だった。

4 海岸環境と雛祭り

愛知県豊川市の事例で、旧暦三月三日（新暦四月三日）にタニシとは別に鹹水系の貝、ハマグリ・アサリをお雛様に供え、家族も食べるという例をあげ、海についてふれた。豊川市と豊橋市前芝・御津町御馬の海岸の関係について考えるならば、当然、藤枝市と焼津市石津浜、旧大井川町域の海岸などとの関係について考えなければならない。藤枝市内で、雛祭りに鹹水系の貝を供えたり食べたりした例は一例も見られない。では、焼津市や旧大井川町ではどうなっていたのであろう。焼津市一色浜に近い、同市惣右衛門の良知一雄さん（大正十三年生まれ）は次のように語る。——旧暦三月三日、のちに新暦四月三日にはツボをゆで、ワケギと酢味噌あえにしてお雛様に供え、家族も食べた。四月三日か、四月五日の水天宮様の日に石津の浜へ浜行きをしたが、石津の浜にも一色の浜にも、アサリ・ハマグリなどの貝はなかった。また、焼津市西小川の長谷川繁さん（大正十四年生まれ）・同内田実さん（昭和五年生まれ）は次のように語る。——四月三日にはお雛様にツボのネギヌタを供え、家族も食べた。ツボは藤枝市平島まで拾いに行った。稲刈後に拾って脇屋の蔭にカマスをかけておくこともあったが、三月末に拾いにゆくこともあった。四月三日の神武さんか四月五日の水天宮さんに石津の浜へ浜行きをした。隣組・青年・中老・婦人会などのグループで出かけたが、浜には貝はなかった。焼津に隣接する旧大井川町下小杉の横山英一さん（大正十年生まれ）は次のように語る。——旧暦三月三日・のちに新暦四月三日にはツボとワケギの酢味噌あえを作り、お雛様に供え、家族も食べた。この日、旧静浜村の消防団などは、小杉の浜へ浜行きをした。相川・大洲・岡部方面の人びとも来た。浜は石浜なので、アサリもハマグリも採れない。初夏から秋にかけてナガラミは寄った。ナガラミはゆでて食べた。

藤枝市でも四月三日に浜行きをした例はある。例えば、大新島の吉田義司さん（大正二年生まれ）は次のように語る。――隣組・消防団・青年団などで焼津の石津浜へ浜行きをした。握りめし、カシワモチ・酒などを持って行った。一網いくらで地引網を引き、その魚を浜で食べたことはあったが、貝を拾ったことはない。浜行きは、昭和末年まで行った。

愛知県豊橋市前芝、同御津町御馬の浜は砂浜でハマグリやアサリが採れた。それらの浜の人びと、豊川市や小坂井町で浜に近い人びとが浜行きをして鹹水系の貝をお雛様に供えたり、行商人から鹹水系の貝を買って雛祭りに使ったのに対し、焼津市・旧大井川町海岸部はもとより、藤枝市の人びとは雛祭りに鹹水系の貝を供えることはなかった。雛祭りにはすべて淡水系のツボを使ったのであった。それは、海浜部、海浜部に近い距離でありながらも、浜が石浜で、貝の棲息に適さなかったからである。食文化・年中行事などが環境条件に強く規制されることがこれによってわかる。砂浜と石浜・潟・磯など海岸環境は多様である。豊川市の事例、表1の雛祭りの期日のほとんどが旧暦三月三日として伝承されているのに対し、ほぼ同時点の調査であるにもかかわらず、藤枝市の雛祭りはすべて月遅れの四月三日である。焼津市や旧大井川町では旧三月三日と新の四月三日を並列する例がある。焼津市・旧大井川町の場合、伝承者の世代で旧暦から新暦にかわったのである。豊川市および周辺の事例のほとんどが雛祭りを旧暦によって伝えるのは、その日が鹹水系の貝を得るための実質的な潮干狩りの日、干潮の甚だしい日としてその絶対性を意識する時代が長かったからである。雛祭りの饌食としてのツボの位置づけが相対的に高い藤枝市では、海の貝を捕採したり、意識したりする必要がないわけだから、旧暦への執着も相対的に軽く、雛祭りの日を潮の干満に無関係な新暦四月三日に移行するのも比較的早く無抵抗に行われたということになる。鹹水系の貝、アサリ・ハマグリが手に入らない藤枝市域においてはツボに対する執着がより強いものになったと見てよかろう。

三　フィールドⅢ——三重県伊賀市——

聞きとりは伊賀市の中でも旧上野市域の上野盆地や木津川・服部川流域およびその周辺山地で行った。当地は海から遠く離れた内陸部である。

（一）聞きとりの報告

①四月初めの田打ち前に婦人会がタニシ狩を行った。昭和十四年ごろは少年団もタニシ狩を行い、名張へ売りに行った。調理法・食法は次のとおりだった。泥を吐かせてから身を出す→ワタを除いて塩で揉む→ゆでる→乾燥させる→布袋に入れて保存する→食べる時水でもどす→煮つけにする。この地ではムラに不幸があった時、葬式を行う家に、式の前夜、ムラびとたちは各々乾燥させたタニシと干しゼンマイを持参する習慣があった（大滝・今森崇さん・大正十年生まれ）。

②タヌシはゆでて身をぬき、よく干して保存食にした。日中、手を入れてムラなく乾燥するように注意した。上野の町からタケノコ籠を自転車につけて買いに来る人がいた。殻はモミガラ・糠などを混ぜて叩き、畑の肥料にした（古山界外・北出千代子さん・明治四十二年生まれ）。

③田植前に婦人会・娘仲間・年寄などがタニシ拾いに出かけた。猪田神社の方に向かう谷でたくさん獲れた。ワラフゴ・竹フゴを持ち、一人ならオーコを背負い、五人以上だとリヤカーを引いて出かけた。屋敷のタンボ（屋敷用水井）で泥を吐かせる→ゆでて身を出し、ハラワタを除く→スリバチに入れて米糠をまぶしてよく揉む→

糸に通して玉簾のようにして干す→箕にあけ、ムシロの上でさらに干す、こうして保存しておいて煮つけることもあったし、ナマのものをゆでて煮つけにしたり、味噌あえにすることもあった。殻は叩いて植林のヒノキの根もとにモミガラと混ぜて施した。上野の名張屋からタニシ買いがまわってきたので売ることもあった（古山界外・松山艶さん・大正九年生まれ）。

④田起こしの前に拾い、身を出し、塩で揉んでから卵とじにしたり、佃煮にした。端午の節供の御馳走にした（諏訪・堀正勝さん・明治四十二年生まれ）。

⑤ゆでて身を出し、上野の町へ売りに行った。干して保存し、水でもどして味噌あえにした。殻は叩いて耕す前に田に入れた（法華・中貞文さん・大正五年生まれ）。

⑥四月、田起こし前に拾い、身を出し、ゆでて糸に通し玉簾のようにして干した。それを必要に応じ、水でもどして煮て食べた。殻は叩いて蚕糞と混ぜ、野菜の肥料にした（西山・山本和夫さん・大正六年生まれ）。

⑦拾ったタニシを竹籠に入れて一晩泥を吐かせ、味噌のヌタにして食べた。土用の丑の日に食べた（摺見・鈴木清さん・昭和二年生まれ）。

⑧田植前に拾い、サンショウ・チシャの葉・ハチクのタケノコなどとあえものにして食べた（東高倉西出・川森増一さん・大正十年生まれ）。

⑨稲刈後・田植前・田植後に拾った。モン日（モノ日即ちハレの日）にあえものにして食べた（比自岐・貝増昌生さん・大正七年生まれ）。

⑩七月・八月に拾った。身をゆでて味噌あえにした。盆には仏前に供えた（下神戸・森崎かへさん・明治四十五年生まれ）。

⑪五月初めに拾い、小糠で揉んでから洗い、味噌あえにした、端午の節供の御馳走にした（高山・里うめさん・大正十二年生まれ）。

⑫四月に拾い、タケノコ・ワラビと煮たり、サンショウと木の芽あえにした。花見の御馳走にした。上野の町に売りにゆくものもいた（花垣・勝島卓治さん・昭和十年生まれ）。

⑬田の草取りのころ、婦人会が事業資金を得るためにタニシ拾いをした。タニシは鯉屋にコイの餌として売った。ドジョウモンドリ（筌）の餌にタニシを使った（荒木・葛原隆三さん・大正十年生まれ）。

⑭芋掘り籠の中に入れ、タンボ（屋敷用水井）で泥を吐かせた。竹の串に刺して味噌田楽のようにしたのを東の隣家でもらったことがあった（三田・谷尾衛さん・大正十五年生まれ）。

⑮タニシ売りからタニシを買った。祖父が酒の肴として煮つけにして食べていた（福居町・寺村壽夫さん・大正八年生まれ）。

⑯梅雨のころ拾って味噌汁に入れた。タデを細かく刻み、タニシと味噌あえにしたこともある（岩倉・田中志かゑさん・大正六年生まれ）。なお、岩倉の杉本まさゑさん（大正五年生まれ）は、舟で川を渡り、向かいの長田の田へタニシ拾いに行ったことがあるという。

（二）事例から見えるもの

1　モン日とタニシ

右に旧上野市域のタニシ捕採・調理・食法・流通等に関する事例を見てきた。捕採期の中心は、田起こし前・田植前（事例①③④⑥⑧⑪⑫）であるが、田植後・梅雨期・七月八月、稲刈後などにも捕採されていることがわかった。タニシ捕採の特色として、婦人会・少年団・娘組などが仲間で捕採する慣行が注目される。マチの魚屋などに売れば一定の収入になり、それが集団運営の費用に当てられたのであり、時には集団の会食に使われたはずである。タニシが動物性蛋白源としてケ（褻）の食物として利用されたことはいうまでもないのだが、葬式（①）・端午の節供（④⑪）・盆（⑩）・土用丑の日（⑦）・花見（⑫）など、⑨にいうごとくいわゆる「モン日」（モノ日）の食物、儀礼の日、ハレの日の食物として珍重されてきたことに注目しなければならない。中でも、①には、海から遠く離れた山中という環境の中で、人びとがいかにして儀礼食の食品を確保してきたかという苦労とくふうのあとが偲ばれる。乾燥タニシと、干しゼンマイの煮つけが、緊急性のある葬儀にとってはまことに貴重な儀礼食品となったことがわかる。乾燥タニシとゼンマイを持ち寄るという共同体としての慣行にこの地の環境の中で育まれた伝統を見てとることができる。

2　乾燥保存と食法

ここで浮上してくるのが、タニシの乾燥保存という技術である。事例①②③⑤などにそれが見られるのであるが、①は塩、③は米糠で揉んでいる。生のタニシを煮て食べる場合も④＝塩、⑪＝糠で揉んでいたことがわかる。他地に比べて扱いが丁寧である。また、糸に通して玉簾のようにして干すという形が③⑥に見られる。形状的には糸栗と類似しており、手のこんだものである。タニシを動物性蛋白質の保存食として活用してきた内陸部の人びとの素材に対する思いや知恵に注目したい。

食法は煮つけの他に味噌あえがあるのだが、タニシとの組み合わせに、タケノコ・ワラビ・ゼンマイ・サンショウ・タデなど採集系の山菜が中心をなしている点も注目される。次に、タニシの流通についても注目しなければならない。①②③⑤などに、上野の町や名張の町に売りに出かけたり、上野の町からタニシ買いがまわってきていたことなどがわかり、⑮はそれを買った例である。農民だけでなく、マチの人びともタニシを賞味していたのである。

そうしたタニシの商品性は婦人会や少年団の活動資金ともつながった。婦人会会員一斉にタニシ拾いをするという行為を別の視点から見ればその日がタニシの口あけで、タニシが共同管理されていたと見ることもできよう。

タニシの殻を肥料として活用するのもこの地の特徴である。籾殻や蚕糞と混ぜて叩いて畑に施したり、植林の肥料にしたりしている。⑤では田に入れている。人が自然の恵みを循環的に利用してきた一例と言えよう。

3　タニシの童唄と童戯

右に見てきたとおり、旧上野市域にはじつに豊かなタニシの基層民俗があった。こうした民俗を土壌として上野ではタニシを素材とした童唄が歌われてきた。以下にそれを示そう。

ⓐ〽タニシどんタニシどん　のの参りせんかな　のの参りはするするけれど　去年三月にカラスとゆう黒鳥にドンデラかいてちょつかれて　その傷が雨が降るとシックラコ　シックラコとうずきます（諏訪・山本ゆうさん・明治四十年生まれ、稲葉絹子さん・昭和十一年生まれ）。

ⓑ〽ツブどんよ　ツブどんよ　お彼岸参りはさっせぬか　カラスと申す黒鳥に　手をつっつきつんまわされそれで今年は参られぬ（岩倉・田中志かゑさん・大正十年生まれ）。

ⓐⓑともにお手玉遊びに合わせて歌われたものだという。タニシの方名として、ツブが使われていたこともわかる。タニシをめぐる上層民俗としてまことに貴重である。ここで、旧上野市以外の各地に伝承されている類歌、タニシが登場する童唄を紹介しておこう。

ⓒ〽ツボどんツボどん　お彼岸参りに行かまいか　お彼岸参りに行きたいけれど　カラスという黒鳥が　足をつつき目をつつき　それで私はよう参らんわいな（愛知県丹羽郡旧西成村西大海道出身・野本とみさん・大正三年生まれ）。

タニシ拾いの時子供たちが歌ったもので、食法は酢味噌あえ、串ざしの味噌焼などだった。また魚屋が夕ニシ買いにまわってきたともいう。

ⓓ〽ツボどんツボどん　お彼岸参りに行こまいか　いやだいやだ　カラスという黒鳥が　足をつつき目をつつき　それでよう参らんわいも（愛知県名古屋市瑞穂区大喜新町・鈴木洋子さん・昭和十六年生まれ）。

子供たちが親指と人差し指で輪を作ってその輪を寄せ合う。一人のオニが童唄に合わせながら人差し指で輪を突いてゆく。唄が終わったところでオニの指を受けたものが次のオニになるという遊びをした。

ⓔ〽ツボどんツボどん　お彼岸参りに行かまいか　カラスというクソ鳥が　出ちゃつっつき出ちゃつっつき　そんならお前はぬけしゃんせ（静岡県牧之原市菅ヶ谷・蓮池正夫さん・昭和十一年生まれ）。

食法はワケギとツボの酢味噌あえで、これを三月三日にお雛様に供えた。子供たちが拳を寄せ合い、一人が唄にあわせて人差し指で拳を突いてゆく。唄が終わったところで指を受けたものが順次ぬけてゆき、最後に残った者が勝ちとなる。

右に、三重・愛知・静岡県の事例を紹介したのであるが、類歌がさらに広範囲に分布していたことは、柳田國男が「田螺の長者」[4]の中で、陸中中部、佐々木喜善報告のツブ長者の中に次の唄を記していることからもわかる。

ⓕ〽つぶ殿や　つぶ殿や　わがつまや　ことしも春になったれば　烏といふ馬鹿鳥にちっくりもっくり刺され

たかー。

ⓐとⓑは同じ旧上野市内でありながら大きなちがいを示していることに気付く。ⓐのシックラコ　シックラコという擬態語、ⓑつっつきつんまわされ、の同音反復など、唄として音韻効果が優れている点も注目される。そして、何よりも注目すべきは、ⓐ〜ⓕのすべてにカラスが登場している点である。冬季地中にもぐっていたタニシが春を迎えて姿を現す、それがカラスに狙われたのであり、カラスはタニシにとって天敵だったのである。そしてタニシを餌とするカラスと、タニシを食用とする人とはタニシをめぐって競合関係にあったと言える。ⓐの「三月」、ⓕの「春」以外、ⓑⓒⓓは「お彼岸参り」としてその季節を示している。このことは、(一)の事例で、タニシ捕採期の中心が田植前、田起こし前であることと照応している。童唄の内容は、タニシの生態、タニシとカラスの関係などの観察にもとづくものであると言えよう。また、ⓓⓔに見られる、拳の穴を順次人差し指でつつく形の遊戯は、カラスがタニシをつつく様を演じていると見るのが妥当であろう。

四　フィールドⅣ——全国鳥瞰——

(一)　聞きとりの報告

①田植の時拾い、ゆでて酢味噌をつけて食べた（青森県上北郡旧十和田湖町長沢・長畑徳一さん・昭和二年生まれ）。

②六月には酢で食べ、七月にはササゲとともに煮つけにした（岩手県岩手町南山形出身・白沢丑松さん・大正十四年生まれ）。

③春、田打ちのころツブを拾い、七輪の炭にホタテ貝の貝殻をのせ、その上にツブの身と味噌をのせて貝焼きにして食べた。ツブは腎臓薬になると伝えた（秋田県大仙市強首・佐藤時雄さん・大正十一年生まれ）。
④春先ツブ拾いをし、殻を石で叩いてから殻片を洗い除き、味噌汁に入れて食べた（秋田県大仙市長野・草薙喜一さん・大正十四年生まれ）。
⑤雪解けのころのツブを「春ツブ」と呼び、これを拾って殻を石で叩き、身を味噌で煮つめて食べた。「子持ツブは採ってはいけない」という言い伝えがあった（同千畑町戸島出身・三浦トシさん・昭和十年生まれ）。
⑥二月の初午の日に門口に魚とり網か笊を掛けておき、ツブを、屋根を越すようにして投げた。向かいの進藤家では昭和十年代までこれを行った。進藤家のおばあさんが「はい初午のツブ」と言ってツブをくれた。春ツブは棒の先に杓子を結わえつけて用水路で捕った。泥を吐かせ、石で叩いて殻を除き、味噌煮にして食べた（秋田県大仙市清水・森川チヤさん・大正十三年生まれ）。
⑦屋敷の種籾池にツブを入れておき、四月三日、酢味噌あえにしてお雛様に供え、家族も食べた。また田植後、拾って野ビルと酢味噌あえにして食べた（秋田県由利本荘市鮎川・佐藤末治郎さん・大正十一年生まれ）。
⑧田降り前の節供にツブを拾い、泥を吐かせ、ニンニクあえにした。旧鮎川村羽根沢の実家の祖母・加藤勢子（明治四十年生まれ）は「目の悪い人はツブを食べてはいけない」と伝え、目の悪い人はツブを神様にあげた（山形県新庄市升形・佐藤幸子さん・昭和七年生まれ）。
⑨雪が消えるとツブを拾って味噌汁に入れたり、アサツキと酢味噌あえにしたりして食べた（山形県最上郡鮭川村庭月・庄司庄一さん・昭和九年生まれ）。
⑩雪が消えるとツブ拾いをした。子供たちは最初に拾ったツブを母屋の屋根を越えるように力を入れて投げた。どこの家でもこれを行っていた。「火の用心」のためだと言われていた。泥を吐かせ、身をアサツキとともに

味噌汁に入れて食べた。ツブは目の悪い人の薬になると伝えた（山形県最上郡戸沢村十二沢・秋保三郎さん・明治四十一年生まれ）。

⑪五月上旬に肥（堆肥）ひきをした。堆肥の周りにはツブが集まった。泥を吐かせてから味噌煮にして食べた（山形県西置賜郡飯豊町上原・高橋要松さん・大正八年生まれ）。

⑫四月になるとツブ拾いをし、四月三日に酢味噌あえにしてお雛様に供え、家族も食べた（山形県西村山郡西川町石田・柴田市郎さん・大正四年生まれ）。

⑬「ツボはマナコの神様だから食べるとマナコが見えなくなる」という伝承があり、食べる家と食べない家があった。食べる場合には泥を吐かせ、煮つけにした（福島県喜多方市山都町高野原・佐藤不二男さん・大正二年生まれ）。同町川入の小椋きみのさん（明治四十五年生まれ）もツボを食べると目が悪くなると伝える。

⑭五枚沢にはタニシはいなかった。四月、炭運びの帰りに女たちが平地の水田からタニシを拾って帰った。タライに入れて泥を吐かせ、タニシだけ煮たり、ダイコンと煮たりして食べた（福島県喜多方市熱塩加納五枚沢・小椋光則さん・昭和三年生まれ）。

⑮田起こしのころ拾って、包丁の背で尻を叩いて味噌汁に入れたり、ゆでて身をぬき、油味噌で煮たりして食べた。アオを釣るのにタニシを餌にした（茨城県潮来市牛堀町永山・塙鋼一さん・昭和十二年生まれ）。

⑯四月・五月に拾い、ゆでて塩をかけて食べた（新潟県新津市子成場・四柳政一さん・昭和三年生まれ）。

⑰稲刈後にタニシを拾い、槌でつぶしてからよく洗い、一旦ゆでて佃煮にしたり、油で炒めたものをダイコンおろしと味噌で煮たりして食べた（新潟県上越市高森・山西きよさん・大正十一年生まれ）。

⑱タニシのことを「タヌシ」と呼ぶ。タヌシは「世の中良かれ」と言って田の中をまわると言い伝えられている。田打ち前の五月上旬に拾って味噌ダマリで煮しめて食べた（富山県南砺市利賀村岩渕・野原元治さん・明治四十四

年生まれ）。

⑲タヌシがいるとイネのできがよいと伝え、「人間は体だけで歩くが、タヌシはいつも家を背負って歩くから偉い」と語り伝えた（富山県南砺市利賀村阿別当・野原ことさん・大正四年生まれ）。

⑳田植前にタニシを拾い、タライに入れて泥を吐かせ、煮て食べた。外傷にタニシをつぶして貼ると熱とりになると伝え、タニシを食べると体が冷えるとも伝えた（富山市山田小字谷・毛利信一さん・昭和四年生まれ）。

㉑田の草取りの時タニシを拾い、ゆでて身を出し、黒豆とともに煮て食べた（石川県能美郡川北町中島・穴田敏久さん・明治三十九年生まれ）。

㉒田の草とりの時、山つきの汁田でタニシを拾い、ゆでて酢味噌あえにしたり、醤油で煮しめたりして食べた（福井県三方郡美浜町五十谷・武長初枝さん・昭和五年生まれ）。

㉓雪が消えるとタニシを拾い、殻のままゆがいて身を出し、塩揉みしてから煮つける。農作業の時山菜とともにおかずにした（滋賀県長浜市余呉町川並・桐畑幸さん・昭和十年生まれ）。

㉔五月初めにタニシを拾い、サンショウの葉を入れて煮しめ、三日・四日の広峰神社祭日の御馳走にした（滋賀県長浜市余呉町中河内・宮山くにゑさん・大正九年生まれ）。

㉕秋、稲刈を済ませ、イネが乾く間の一週間にタニシを拾い、ゆでてから身を砂糖醤油で煮つけたり、テンプラにしたりして食べた（京都府木津川市相楽・奥谷稔さん・大正十三年生まれ）。

㉖春先、田に水を張る前にタニシを拾い、タニシだけで煮るか、マナ（菜）と味噌あえにするかして食べた。この地ではタニシのことを「ヤマトダコ（大和蛸）」と称して大切にした（奈良県天理市上仁興・前田勉さん・大正十年生まれ）。

㉗稲刈後にタニシを拾ってタライに入れておき、二か月ほどの間、折々ゆでてサトイモやダイコンと煮たり、

ワケギと味噌あえにして食べたりした（奈良県磯城郡田原本町法貴寺・小西武夫さん・大正十年生まれ）。

㉘四月に拾って一週間水に入れ、ゆがいて佃煮にした。日中戦争中、タンノシ（タニシ）は腹薬になるといって母が慰問袋の中に佃煮を入れた。ぬくくなると土の中にもぐっていたタンノシが出るのでカラスがつつく。タンノシがカラスにつつかれて腹が立ったので「いつかはバチあてたる」と語ったという（兵庫県美方郡新温泉町浜坂字伊角・西村きみえさん・大正十一年生まれ）。

㉙旧暦三月三日にあわせて、その一日、二日前にタニシを拾った。泥を吐かせ、ゆでてから醤油で煮つめ、お雛様に供え、家族も食べた。お雛様はタニシが好きで、タニシを食べたいといって自分の耳とタニシを交換してタニシを食べたので、お雛様には耳がないと伝え、雛祭りにはタニシを供えるものだとしている（鳥取県八頭郡智頭町上板井原・平尾新太郎さん・明治四十一年生まれ）。

㉚荒起こしの次に荒掻きをする。その後に、タニシの這った筋がつく。この段階でタニシを拾い、二日間泥を吐かせ、ゆでて煮たり、串ざしにして焼いたりして食べた（岡山県新見市別所・西村広美さん・大正十年生まれ）。

㉛田起こし前にタニシを拾い、塩ゆでにして食べた（島根県津和野市徳次・山本亀一さん・大正三年生まれ）。

㉜タニシのことを「タヌシ」と呼ぶ。苗代前の三月・四月に拾い、ゆでて内臓を除き、煮つけたり、醤油をつけたりして食べた（徳島県名西郡神山町門屋・樋口義行さん・昭和三年生まれ）。

㉝田植後から七月・八月に拾い、泥を吐かせ、味噌煮にしたり、塩焼きにしたりして食べた（宮崎県北諸県郡三股町平山・木田三郎さん・大正八年生まれ）。

㉞タニシのことを「タミナ」と呼ぶ。田植前に拾って味噌煮にした。殻は叩いてニワトリの餌にした（鹿児島県肝属郡旧根占町滑川出身・黒江ふみさん・大正十四年生まれ）。

㉟タニシのことを「タンニャ」と呼ぶ。ゆでて味噌汁に入れたり、塩で煮たりして食べた。タンニャは脚気の

薬になるとして、ゆでて干しあげたものを本土に出ている者のところへ送った（鹿児島県奄美市住用町山間・渡辺ヤスエさん・明治四十三年生まれ）。

㊱タニシは稲刈後に拾って味噌あえにして食べた。当地には今でもタニシがおり、佐久地方の人がタニシ拾いに来る。田植直後に田に入るので苗が荒らされて地元の人びとは嫌うという。この時期に拾ったタニシを生簀で飼い、正月前に料理屋に出荷するのだという。タニシ拾いは、たくさん拾えば一日二万円ほどにもなるとのことである（長野県下水内郡旧豊田村笠倉・割田慧さん・大正五年生まれ）。

㊲塩島は松川が姫川に合流する地点のムラである。白馬岳（二九三三メートル）・杓子岳（二八一二メートル）・鑓ヶ岳（二九〇三メートル）などの東斜面を水源とし、合流点までの距離が短い松川水系の水温が低いので塩島にはツブ（タニシ）はいなかった。ツブを拾うために、小学校一年生から五年生まではビクを持って白馬村の神代までツブ拾いに行った。時期は代掻きが終わったころで、そのころ、ツブは田の表面に出ていた。ツブは、一・三日泥を吐かせ、身を味噌汁に入れたり酢味噌あえにして食べた（長野県北安曇郡白馬村塩島・塩島恒さん・明治四十四年生まれ）。

㊳タヌシは谷のフケ田（湿田）にいた。田植前に拾い、泥を吐かせ、ゆでて醤油をつけるか串にさして焼いて食べるかという方法だった（島根県飯石郡飯南町頓原宇山・渡辺辰江さん・昭和六年生まれ）。

㊴タヌシは年中拾い、ドベを吐かせてから、殻のまま醤油または味噌で煮、身を出して食べた。カワニラ（カワニナ）は雨があがると浅いところへあがり、岩盤などについた。カワニラは味噌汁に入れて食べたが、夏の月夜に子持ちになっていて、その時は食べにくかった。タヌシも同じころ子を持ったはずだ（広島県庄原市高野町上里原・長桜斎さん・昭和七年生まれ）。

㊵タヌシはフケ田にいたが食べなかった。カワニナは土用の丑の日に、夏負けしない薬だとして食べた。一晩

水に浸け、味噌汁にした（岡山県旧川上郡備中町志藤・芳賀恒治さん・大正十五年生まれ）。

㊶タニシもカワニナも味噌煮にして食べた。タニシは池の縁で採った。タニシを食べたのは小学校一・二年までである（岡山県旧川上郡川上町地頭出身・高平守さん・昭和二十九年生まれ）。

㊷ソーケ（笊）を持ってタノシ（タニシ）を拾いにゆき、旧暦三月三日に身を出してゆでてから炒った。炒ったタノシとハゼリ（アラレ）をお雛様に供えた。子供たちは「雛荒らしに来ました」と唱え、二・三人でムラの家々をまわり、タノシ・ハゼリ・みかん・干し柿などをもらった（岡山県津山市賀茂町物見・正宗浪子さん・大正七年生まれ）。

（二）事例から見えるもの

1　タニシの呼称と「タニシ長者」

タニシの呼称は地方によって異なる。その方名はいくつかの系列に整理できそうである。秋田県・山形県などではツブと呼ばれるが、調査事例地域としてとりあげた藤枝市をはじめ東海地方ではツボと呼ぶ地が多い。ツブ・ツボは同系で、小さくて丸いものを粒《つぶ》と呼ぶところから来ていると見てよかろう。事例㉞にタミナ、㉟にタンニャが見られるが、これらは、田蜷《たみな》・田蜷《たにな》の意である。ミナはニナの古名で巻貝のことである。右の二系はタニシという貝の形状によるものであるが、事例⑱⑲㉜㊳㊴㊵のタヌシは田主の意と思われる。富山県・徳島県・島根県・広島県・岡山県など離れていても同じタヌシという呼び方である。㉘のタンノシは「田の主」で、タヌシ＝田主をよりわかりやすく示すものである。その他タニシのことをタヌシと呼ぶ例は、茨城・三重・奈良・和歌山・山口などの県にも見られる。「タニシ」が「タヌシ」の転訛であることはほぼまちがいなかろう。⑱⑲のタヌシに関する伝承や、藤枝市の事例④の「ツボのいる田はよい米がとれる」⑨の「ツボがたくさんいる田の方がイネもイグサもできがよい」といった伝承は、タニシ＝田主説を裏づけるものである。

子宝に恵まれない老夫婦が、申し子としてタニシ息子を授かり、養育の後、タニシ息子が長者の娘を嫁に迎える。やがてタニシ息子は美男と化し、一家は幸せに暮らすといった筋立てを持つ「タニシ長者」「タニシ婿」などと呼ばれる昔話がある。例えば、新潟県長岡市では次のように語られた。――「爺と婆が子供がほしくて村の神に詣る。満願の日に神様の清水でタニシを拾い、つぶ太郎と名づけて大事に育てる。長者の家に奉公に行ったつぶ太郎に、爺と婆が香煎をやる。人にとられはしまいかと心配するので、長者が、香煎を盗む者はお前の嫁にしようという。夜中に長者の一人娘の口に香煎を塗っておく。長者は嘘と知らず娘を嫁にやる。家に帰って嫁がつぶ太郎を下駄で踏みつぶすと、きれいな若者になる。一生幸せに暮らす」。

柳田國男は、タニシ息子が水神様の申し子であるという事例に注目し、タニシを水神の使令とする信仰心意に着眼した。(5) タニシと水神の関係は後にふれるが、タニシ長者の主要構造は、タニシを子として迎えた家が幸いを得るという点である。このことは、田の主《たぬし》、稲作を守る田の主が寄りつく田、その田を持つ家、タヌシの寄りつく家には幸いがもたらされることを象徴するものであり、それはこの淡水産の貝を田の主と認識することと深くかかわっていると見てよかろう。

2　タニシの火伏せ呪力

長沢利明氏は「火防せの田螺稲荷―東京都墨田区江東橋―」という論考の中で、火伏せとタニシに関する事例を博捜し、その関係を解明した。(6) そこにほとんど説き尽くされているので、ここでは若干の事例を示すにとどめる。

富木隆蔵氏の『日本の民俗・秋田』に、「仙北郡や中仙地方では、この日（初午）、ツブ（たにし）を三つ、家の前から屋根越しに投げる。ツブは水の神の使いであるから火災の難から守ってくれる。新暦では雪の下でツブは取れないから旧暦で行われているようである」といった記述がある。(7) このめずらしい行事について体験者から直接話を聞きたいと思い、平成十年十一月、十二月の二度にわたり秋田県の中仙町をかなり細かく尋ね歩いたのだが、体験者は少なく、全国鳥瞰の事例⑥のみであった。これとは別に、山形県戸沢村において類似の行事（事例⑩）が行われていたことが判明した。⑥は初午の日であるが、⑩は雪どけ後最初に拾ったタニシを使う。両者に共通する点はタニシを屋根越しに投げるということである。水棲の貝たるタニシを屋根越しに投げるという行為はたしかに火伏せの呪力を感じさせるものである。初午と火伏せの関係は定かではないが『諸国風俗問状答』の「越後長岡領風俗問状答」に次の記述がある。(8)

> 初午早き年は火危とて人ごとに慎み、遅き年は火の患なしとて悦ぶ。又、指を折って数ふるに、朔日より五日までのうちに当れば、伏午にて其年火災なし。六日より十日までなれば、寝午にて慎多し。十二日は又伏にて災なしとす。午は火に旺なる故かくいふと見へ侍り。

長沢氏の論文の中心例となった田螺稲荷は東京都墨田区江東橋三丁目のビルの谷間にある（写真2）。同論文によると、この稲荷の社地の地主渡辺家の先祖は新潟の川

写真2　田螺稲荷への奉納旗。東京都墨田区江東橋

魚問屋で明治時代に東京に出た人だという。渡辺家が新潟にあった時火災にあったのだが、その際、タニシが土蔵の壁にびっしりとはりついて土蔵を火事から守ってくれたので、以後主人が感謝してタニシを祭るようになったのだとある。他にも、不動尊にタニシがびっしりとはりついて像を火災から守った事例などが報告されている。(9)タニシが水神の使令だとされたり、タニシが水霊の象徴だとされたりする信仰の一つの柱に「火伏せ」の呪力信仰があることが認められる。

3　水乞い・雨乞いとタニシ

秋田県湯沢市山田北土沢に山の神と十一面観音を祭った堂がある。土沢は雄物川左岸で大黒森山（六四二・三メートル）の東、檜山（六一三・一メートル）の北の山裾の谷の一つで、雄物川左岸に至るまでなだらかな棚田が続いている。堂の境内はスギの木の森で、遠方からもそれと知れる。堂に祭られている十一面観音は田螺観音と通称され、次のような伝説がある。(10)

慈覚大師が諸国行脚の途中、土沢に庵を結び、村人に仏の道を教え、また自ら巨大な桂の木で身の丈を越る十一面観音と千手観音の二体の像を彫り、それを村に残して弟子のえんじゅ坊とともに立ち去った。村人は立派な御堂に安置して信仰していたところ、永和（一三七五～一三七九）の頃戦火にあって堂が焼け落ちたが、不思議にもその焼け跡に二体の尊像が黒々と立ち残っていた。村人たちが運び出してみると、尊像全体におびただしい数の焼け焦げた田螺がついており、田螺が像を守ったことがわかった。村人は以後田螺観音として一層熱心に信仰し、御堂の池には大きな田螺をお返しに放してやり、田螺をとること、食べることを固く禁じたという。

タニシの力によって仏像の焼去を免れるという伝説の一つであり、タニシの水霊呪力を語るものである。土沢に住む佐々木キネさん（大正七年生まれ）は祖母のあさから、観音様はツブが好きだとも、ツブが観音さまだとも教えられた。また。土沢は三二戸だが、ツブを食べる人と、食べない人があったという。佐々木家では、観音様の池にツブを納めないうちはツブを食べてはいけないと伝え、きれいなところから拾ってきたツブを観音様の池に放ち、その後ツブを味噌煮にして食べたという。池には今でもツブがいるはずだとキネさんに教えられ、池を覗いてみると澄んだ池の中のスギの落葉の間にツブの姿が点々と見えた。土沢の谷の一番奥に民家が集まり、V字型に開けた谷の、水田が本格的に広がるその頭の部分に観音・山の神の森があり、その中に池がある。もちろん谷の水が水田を潤すのであるが、その谷の水の一部が観音様の池に導かれ、それが水田に配られるという形になる。十一面観音を火から救ったタニシの水霊呪力伝承とは別に、土沢の地形環境・農耕環境の中で田螺観音とその池、池にタニシを放す習慣を見直してみる時、また別の解釈ができる。田螺観音とその池は、土沢から山田一帯にかけての灌漑用水、農業用水を守る存在だったと考えることができよう。池へのタニシの放生は、その水霊呪力により農の水の豊かなるを願ったものだと考えることができるのである。

『諸国風俗問状答』の中の「越後長岡領風俗問状答」六月の項に雨乞いに関する叙述があり、次のように記されている。(11)

此国頸城郡によしがたてふ深山に霊池あり。ここにあるしらつぶ(白田螺)をとり来て祈れば忽ち験ありといふ。

また、この部分についての中山太郎の注には次のようにある。

雨乞に田螺を捕り祭ることは各地にある。此の越後の外に三河南設楽郡千里村、名古屋市中区正木町闇森八幡宮の尾切り田螺など世に知られてゐる。

こうして見てくると、タニシの水霊呪力信仰は、火伏せとは別に、主として農業用の水を求める雨乞い、水乞い系統のものがあったことがわかる。

４　タニシと眼

タニシの薬効に関する伝承も多く、全国鳥瞰事例でも、腎臓薬（③）・外傷薬（⑳）・腹薬（㉘）・眼病薬（⑩）・脚気（㉟）などがあげられる。[12]この他、愛知県北設楽郡豊根村上黒川出身の今泉光夫さん（大正四年生まれ）は、眼病、風邪に効くと伝えている。ここで注目しなければならないのはタニシと眼病の関係である。事例⑩や豊根村の例で、眼病の者がタニシを食べるとよい、としているのに対し、⑧⑬では、目の悪い人はタニシを食べてはいけないとしている点である。⑬では、ツブはマナコの神様だとしているのである。『甲子夜話』続編巻十五に次の記述がある。[13]

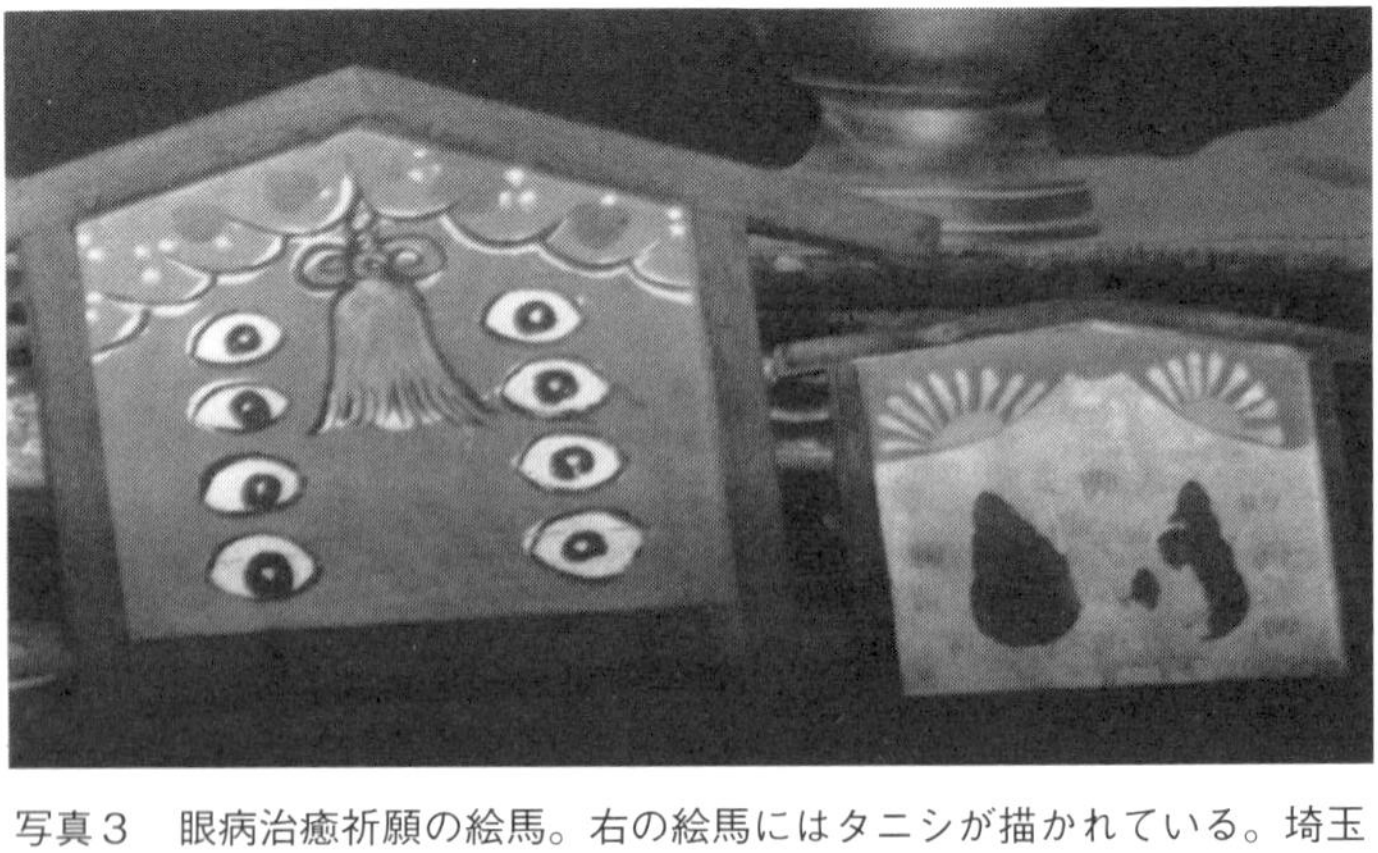

写真３　眼病治癒祈願の絵馬。右の絵馬にはタニシが描かれている。埼玉県幸手市、菅谷不動尊

信州にも不動堂あり。須賀の不動と称して霊像なりとぞ。眼を患る者、祈誓して田螺《たにし》を食せざれば必ず験《しるし》ありて平癒す。遠方にても須賀の不動と宝号を唱て立願するに、必ず応験あり。啻《ただ》に田螺を食するを止むるのみな

らず、これを殺すことをも慮りて、礫を田中に投ずるをせざるほどなれば、効験弥々速にして眼疾平快すと。昔此堂火災ありし時、寺僧像を担ひ出し、その辺の田中に投じて急を免れたり。火鎮てその像を取り上ぐれば田螺夥しく聚り、像を囲てありしと。

タニシの眼病治癒の霊力と同時に火伏せの霊力を語るものである。

埼玉県幸手市中の神明神社境内に菅谷不動尊の堂があり、この不動尊は「たにし不動」とも呼ばれている。眼病の者がタニシを食することを断ってタニシの絵馬を奉納して祈願すれば眼病が治癒すると伝えられている。堂内には、二匹のタニシを描いた絵馬、眼玉を描いた絵馬などが奉納されていた（写真3）。『甲子夜話』の記述内容とみごとに一致している。タニシと眼病の結びつきとしては、まず栄養面のことが考えられるのであるが、同時に、タニシの黒くて丸い形状と、眼球との関連が考えられる。ツブがツブラとかかわる点も見逃しがたい。

むすび

各章の資料から考えられることは考察の項に示したとおりである。雛祭りとタニシの間に濃密な関係があることが明らかになったが、これについては、さらに各地における詳細な調査が必要となる。この問題を基点とする時、旧暦三月三日と鹹水貝・淡水貝の関係が見え、「海の記憶」ともいうべき、内陸部の民俗と海とのかかわりを総合的に探索すべき緒が与えられる。その海は観念的なものではなく、豊川市と藤枝市の事例比較で確認できたとおり、常に具体的・個性的な海岸環境を窓口としたものなのである。

日本人の動物性蛋白質摂取の実態を正確に遡源把握しようとする時、タニシは無視できない存在である。藤枝市・伊賀市における行商や伊賀市の捕採の実態、乾燥保存の技術と伝承などは重要である。タニシの食習という基層民俗を土壌として、タニシにかかわる多様な上層民俗が生成されてきた。昔話のタニシ婿・タニシ長者群と「タヌシ」という呼称、伊賀市の章で紹介したタニシに関する童唄と童戯、そして、全国鳥瞰事例でふれた、火伏せ・水乞い・雨乞いの信仰や呪術など、橋浦泰雄の『月ごとの祭り』を見ると、十二月朔日カラスが鳴かないうちにタミナ（田螺）を三粒食うと水難をまぬがれるという長崎県の伝承が紹介されている。[14] タニシと水のかかわりを示す上層民俗はさらに広く探査されなければならない。

雛祭りと貝との関係からは、ややはずれるが藤枝市の事例⑨や全国鳥瞰事例㊷に、雛祭りに子供たちが他家を訪れる習慣が示されている。このことについては稿を改めたい。

福島県喜多方市熱塩加納五枚沢（標高四九〇メートル）や、同山都町川入（標高四六〇メートル）の水田にはタニシは棲息しないという。全国鳥瞰事例㊲長野県白馬村塩島の水田にもタニシはいなかった。自然環境的にタニシが棲息しない水田の稲作についても考えてみなければならない。しかし、それよりも、化学肥料や除草剤の多用による水田環境変化の方が問題であろう。タニシ＝田螺は、先人たちが命名したとおり、タヌシ＝田主である。タニシは現代水田環境の番人だと称してよかろう。タニシの棲息可能な水田水路の復活、タニシの復活は環境問題の一つのバロメーターだとも言えよう。また、二十一世紀に予測される人口の爆発的な増加とそれにかかわる食糧危機を考える時、水田の総合力・水田の複合力が再発見されるはずである。[15] タニシはそこでも小さな主役になるにちがいない。

注

（1）柳田國男「水の神としての田螺」初出一九一四『人類学雑誌』二十九巻一号・「田螺の長者」初出一九三〇（『定本柳田国男集』第八巻・筑摩書房・一九六二）・南方熊楠「田螺を神物とする事」初出一九一一『人類学雑誌』二十七巻八号・「水の神としての田螺」

初出一九一四『人類学雑誌』二十九巻四号（『南方熊楠全集』第二巻・平凡社・一九七一）・長沢利明『東京の民間信仰』（三弥井書店・一九八九）・安室知『水田をめぐる民俗学的研究――日本稲作の展開と構造』（慶友社・一九九八）など。
(2)全国鳥瞰事例⑦⑫㉙㊷や、谷垣桂蔵『但馬の民俗・年中行事〔二〕』（但馬文化協会・一九七三）などにそれが見られる。谷垣論文では但馬地方の雛祭りの供えものに広くタニシが用いられていたことが表欄式に報告されている。
(3)宮城文『八重山生活誌』（沖縄タイムス社・一九七二）。
(4)柳田國男「田螺の長者」前掲（1）に同じ。
(5)柳田國男前掲（1）に同じ。
(6)長沢利明「火防せの田螺稲荷―東京都墨田区江東橋―」（『東京の民間信仰』三弥井書店・一九八九）。
(7)富木隆蔵『日本の民俗5・秋田』（第一法規・一九七三）。
(8)秋山多門太報告「越後長岡領風俗問状答」一八一七年報告（屋代太郎弘賢編・中山太郎校註『校註・諸国風俗問状答』東洋堂・一九四二）。
(9)長沢利明前掲（6）に同じ。
(10)木崎和廣編著『羽後の伝説』（第一法規・一九七六）・稲雄次編著『秋田民俗語彙事典』（無明舎出版・一九九〇）。
(11)前掲（8）に同じ。
(12)南方熊楠は、前掲（1）「田螺を神物とする事」において、『会津風土記』により、タニシが瘧疾（おこり）の呪いに用いられたことを紹介している。
(13)松浦静山『甲子夜話』文政四年十一月甲子の夜起筆（東洋文庫三六〇『甲子夜話続篇一』平凡社・一九七九）。
(14)橋浦泰雄『月ごとの祭』（岩崎美術社・一九六六）。
(15)野本寛一「米魚両善・水田の複合力」（『現代農業』増刊「食べものクライシス・21世紀日本人は何を食べて生きるのか」農山漁村文化協会・一九九六）。

第Ⅴ章

昆虫――ムシ

コオロギ

一　季節推移と聞きなし

コオロギは漢字では蟋蟀と書き、「イトド」「チチロムシ」とも呼ばれた。直翅目の昆虫で、エンマコオロギ、ツヅレサセコオロギなどが身近で人びとに親しまれてきた（写真1、2）。中国にはコオロギを闘わせて遊ぶ「闘蟋」というコオロギ文化が定着しているが[1]、日本にはそれとは異なる素朴なコオロギの民俗があった。しかし、季節の民俗に心を寄せるものとして、『詩経』国風の「豳風《ひん》」「七月」にある以下の内容は心に残っている[2]。コオロギが秋の深まりにそって居場所を変えてゆく生態が記されているのである。

七月ハ在リレ野ニ
八月ハ在リレ宇ニ
九月ハ在リレ戸ニ
十月蟋蟀入ル二我ガ牀下ニ一

七月は野で鳴き
八月は軒《のき》で鳴き
九月は戸口で鳴き
十月蟋蟀は私の寝台の下で鳴く

古代中国人の季節感覚、感性の鋭さに驚かされる。日本の人びともまたコオロギを通じて季節の推移に敏感に反応してきた。衣類の破れた部分に端切れ布を当てて補修を重ねたものを「ツヅレ」（綴・襤褸）という。別に青森県などでは刺し着物（刺し子の着物）を指す場合もある。良寛の歌に次のものがある。

今よりはつぎて夜寒になりぬらしつづれさせてふ虫の声する

ここに歌われている「つづれさせてふ虫」は「ツヅレサセコオロギ」だと考えてよかろう。ツヅレサセコオロギは体長一五〜一八ミリ。エンマコオロギよりは小型で、八月から十月にかけて鳴く。寒さが次第に増すから、ツヅレを刺し、冬に備えよ——このコオロギの鳴き声を「ツヅレ刺せ」と聞きなす。聞きなしの土壌の中でこのコオロギは「ツヅレサセコオロギ」と命名されたのである。

〈季節の推移・向寒準備の聞きなし〉

①肩刺せ裾させ　寒さがくるぞ（三重県伊賀市諏訪・中沢仙太郎さん・大正元年生まれ）。
②カッコ刺せ　ツヅレ刺せ　寒さがくるぞよ（同・辻村志栄子さん・大正三年生まれ）。
③カッコ刺せ　ツヅレ刺せ（三重県伊賀市古郡・岸本政雄さん・大正四年生まれ）。
④カッコ刺せ　ツヅレ刺せ寒さがくるぞ（奈良市大柳生出身・今西ハナエさん・大正十二年生まれ）。

写真１　エンマコオロギ　提供・川邊透

写真２　ツヅレサセコオロギ

②③では、「カッコ」はカやブユを除けるための「カコ」＝木綿のボロ布と藁を綯って点火し燻すものを指し、来年使うものを作るのだとも語っていた。しかし、これは季節循環からしても切迫感がないし、防虫のカコの製作過程には「刺す」という作業はない。④ではカッコを木綿のボロ布だとしている。

⑤ツヅレ刺せ　紙貼れ（奈良市公納堂・近江ユリさん・明治四十二年生まれ）。ここにある「紙貼れ」というのは素焼きの抱き炬燵に紙を貼って、来るべき冬の用意をしろという意味だという。

⑥肩とって裾つげ　裾とって肩つげ（埼玉県加須市琴寄・小林昭子さん・昭和三年生まれ）。

⑦ツンヅリ　ツンヅリ　ツンヅリシャーテ　トーテキショ（父に着せよ）　カカキショ（母に着せよ）　イモーテニャー（妹には）ツンヅキショー（宮崎県東臼杵郡椎葉村竹の枝尾・中瀬守さん・昭和四年生まれ）。

中瀬さんは、ここでいう「ツンヅリ」とは「フセ」即ち継《つ》ぎ布《ぬの》のことだという。

「ツヅレ刺せ……」「肩刺せ……」などの聞きなしは、コオロギの鳴き声と人の営みを結ぶ「自然暦」になっているのであるが、「聞きなし」を口誦する形ではなく、コオロギの鳴き声を自然暦にしている例もある。愛知県新城市長篠小字祢宜裏の村松光男さん（昭和七年生まれ）は次のように語る。——当地ではコオロギのことを「チンチロ」と呼ぶ。「チンチロが鳴いたらコガラを積め」。

「コガラ」とは「コガラキ」（木枯木）、薪のことだが、ここではとりたてて風呂用の薪のことをいう。雑木山を伐採する時、コガラ用としてコナラの木を残しておき、暇を見て薪にする。その薪を、コオロギが鳴いたら、冬に備えて屋敷内に運んで積み整えるのである。また別に村松さんはチンチロをブト（ハヤ）釣りの餌にしたとも語る。

広島県庄原市上里原の長桜斎さん（昭和九年生まれ）はイワナ釣りの餌を季節の推移に応じて次のように変えた。

――五月から六月中旬＝チョロ（川虫）・ヤナギの虫・イカの塩辛→六月中旬から八月＝ギース（バッタ）・イナゴ→九月・十月＝コオロギ。

「カンナゴ」という呼称もある。「カマドウマ」に特定する地もあるが、長野県下伊那地方、愛知県三河地方、静岡県遠州地方で「カンナゴ」という呼び方をする場合はコオロギ一般を指す。長野県飯田市木沢の斎藤七郎さん（大正十三年生まれ）は「お盆を過ぎるとカンナゴが鳴く」と語っていた。「盆」は暮らしの節目となったのだが、それを季節の推移として実感させるのがカンナゴの鳴き声だったのである。コオロギが鳴いたら「ハンコ」（半纏）のつくろいを始める（長野県木曽郡南木曽町吾妻・麦島たづ子さん・昭和八年生まれ）。コオロギが鳴き始めると舅・姑の冬着のつくろいを始める（長野県飯田市松尾町・松島清子さん・大正九年生まれ）。

岐阜県の東濃地区ではクロスズメバチのことを「ヘボ」と呼び、その幼虫の食習が盛んで、山から巣を採ってきて屋敷の中に巣を置き、成虫に積極的に餌を与えて飼養する習慣がある。山から屋敷内に巣を移すことを「ヘボの巣を植える」というほどである。その山の巣を発見するのにコオロギが一役買うというのである。以下は岐阜県恵那市串原の藪下政俊さん（昭和十四年生まれ）による。――草を刈って積みあげておくと下にコオロギが集まる。そのコオロギを捕って、薄くて白いナイロンテープを首に吹き流し状に縛りつけ、スズダケなどの先につけておく。ヘボはそのコオロギをつかんで山の中の土中にある自分の巣に向かって飛ぶ。ヘボの巣のありかをつきとめようとする者は、ナイロンテープに目を凝らし、その後を追うのである。オオスズメバチの巣の探査も同様にする。藪下さんは、モンシロチョウの幼虫を捕食するクロスズメバチは益虫だと語る。

〈**季節推移・向寒準備以外の聞きなし**〉

①一升搗いて持ってこい　二升搗いて持ってこい　三升搗いて持ってこい（静岡県榛原郡川根本町長島・長島誠治さん・大正六年生まれ）。

②一升搗いて持ってけ　二升搗いて持ってけ　草履んなきゃ履いてけ　川が太けりゃつんもどれ（静岡県榛原郡川根本町桑野山・森下敏雄さん・昭和三年生まれ）。

米・ムギ・ヒエ・アワなど、自家で精白しなければならない時代が長かった。そうした暮らしの中から生まれた聞きなしである。

民俗学者にして詩人の金田久璋氏に「蟋蟀の歌」という作品がある。(3)

夕されば　暗い庭の片隅に集《すだ》き　夏の終わりの寝苦しいひと夜を　「テテトシ　ハハトシ　コハニクイコハニクイ」と　蟋蟀《てておし》は歌いだす　不遇を託つように　所違えば　違ったで　「テテトシ　ハハトシ　シュウタニクイニクイ　コジジュウタサシデテナオニクイ」とも　ひとしきりちちろは鳴きしきる……。

極めて生々しい聞きなしである。詩作品に登場する聞きなしを収集した金田氏によると、前者は福井県三方郡美浜町佐田、後者は福井県敦賀市疋田の伝承だという。

二　害をなすコオロギ・消えゆくコオロギ

1　害虫としての貌

福井市河内町は旧足羽郡美山町に属していた山のムラで、「河内カブラ」と呼ばれる赤カブの産地として知られている。河内カブラは焼畑で栽培される。私は、昭和五十五年十一月三日、同地の川原みつえさん（明治四十三年生まれ）がその年焼いて、盆の十五日に種蒔きをしたという三反歩の焼畑を見たことがあった。当地では焼畑のことを「ノ」と呼ぶ。カブを栽培する焼畑は「カブノ」である。カブノで収穫した「河内カブラ」は十月二十日ごろから十二月にかけて大野の朝市で売る。カブは二〇センチほど茎を残し、二個ずつカブと茎を差しちがいにし、四個一束として二箇所を縛って売る。カブノ（焼畑）の二年目を「フルハタ」と呼ぶ。カブ栽培の最大の悩みはエンマコオロギの被害である。とりわけ、カブをフルハタに栽培すると大量のエンマコオロギが発生してカブの芽を喰い切ってしまうので、大打撃をこうむる。カブノの初年を焼き拓くにしても、フルハタの隣に拓くことはできない。フルハタのコオロギが大挙して移動してくるからだという。現在、滋賀県長浜市余呉町中河内で焼畑による赤カブ栽培を実践している今北哲哉さんもエンマコオロギの被害に悩まされている。

奈良県吉野郡吉野町新子に住み、吉野川の河岸段丘に菜園を持つ古川美智子さん（昭和十九年生まれ）は次のように語る。――八月末にハクサイの種を蒔く。芽が三寸ほどになるとコオロギが鳴き始め、食害が始まる。ハクサイやカブに対するエンマコオロギの食害は各地で耳にしたが、鹿児島県出水市荒崎ではカボチャに対する被害を聞いた。

静岡県島田市川根町雲見の宮脇政一さん（昭和二十三年生まれ）は、エンマコオロギは赤カブ・ダイコン・ハクサイの苗を喰うといい、網をかけて防除すると語る。

九州椎葉村の焼畑地帯でも害虫としてのコオロギには手を焼いた。向山日添の椎葉クニ子さん（大正十三年生まれ）は次のように語っている。――「〝ギメ〟いうが、バッタやコオロギなんかも増えたら手が付かんかったですよ」[4]。カブ・ダイコンなどに害を与えるのである。

2　カマドコオロギの運命

生活様式の変化、住まいの変化などによって影響を受ける生きものは多々ある。密閉性の増した住宅の普及によっ

写真3　カマドコオロギ

て営巣の場が極度に減少しているツバメのことは広く知られているが、「カマドコオロギ」もその一つである（写真3）。梅谷献二氏によると、カマドコオロギは帰化昆虫で、その故郷は熱帯だったという。この虫が北漸し、この国の本州以南に棲息することができたのは、民家の火所として一般化していた「カマド」（竈）の存在によったのだが、ガス・電気の普及と台所の変化などによる急速なカマドの消滅によってカマドコオロギも姿を消していったのである。(5)

奈良県吉野郡吉野町の福富正一さん（昭和四年生まれ）は以下のように語る。――「クドさん」「オクドさん」と呼ばれる竈を使ったのは昭和三十九年までだった。当家のクドの焚き口は二箇所で、鍋釜を掛ける掛け口は三つあった。向かって左側は湯沸かし専用で、使い湯・冬の洗面用の湯などを沸かすために年中使っていた。真ん中は、飯炊き、茶粥煮などに毎日使った。味噌汁・副食・魚焼きなどにはカンテキ（七厘）を使っていた。右側の釜掛け口は大きく、味噌用のマメや茶、餅搗き用の米を蒸す時だけ使った。平素はここを使わないことが多かった。したがって、カマドコオロギは主として熱伝導のよいここに棲みついていたという。オクドさんの側には竈荒神の祠箱が祀られており正月には餅を供えた。オクドさんの周辺には土壁や土間もあり、カマドコオロギの産卵する場所もあった。しかし、福富家で言えば、昭和四十年以降は、カマドコオロギの棲家はなくなったことになる。

静岡県浜松市天竜区横川小字上百古里の栗田基夫さん（昭和七年生まれ）もカマドの周辺にカマドコオロギが集まっていたことを語り、「折々コオロギ飯を喰わされた」と冗談を言う。飯釜の中にカマドコオロギが迷い込み、それと知らずに飯を炊いてしまうことがあったのだという。
愛知県新城市長篠小字祢宜裏の村松光男さん（昭和七年生まれ）もカマドの周りに棲みついていたカマドチンチロ（カマドコオロギ）のことをよく記憶している。それは、少年のころ、親たちから「カマドチンチロはカマドの守り神だから殺してはいけない」と教えられたからである。この地ではエンマコオロギを餌にしてハヤを釣る習慣があった。エンマコオロギは大きいので釣りの餌にする時には羽と足を除いて使ったのだが、カマドコオロギはエンマコオロギに比べて小さかった。梅谷氏は、カマドコオロギは体長一八～二〇ミリ、全体が淡褐色で羽は短い、と記している。(6) ちなみにカマドウマはカマドウマ科で、カマドコオロギとは別種である。

注

（1）瀬川千秋『闘蟋――中国のコオロギ文化』（大修館書店・二〇〇二）。
（2）新釈漢文大系１１１『詩経・中』石川忠久（明治書院・一九九八）。
（3）金田久璋『詩集・賜物』（土曜美術社・二〇一六）。詩の中には以下のような表現がある。――……ことさらに親を想えばなおさら　憎らしいほど子が愛おしいのか　乳首を嚙み切るほどに　いっこうに乳離れもせず　泣き止まぬ面憎さ　はたまたさらに恨めしい子沢山　間引きの手暗がりを　忍び寄る妻問いの指を払って「コハニクイコハニクイ」と……。
（4）文・佐々木章、語り・椎葉クニ子『おばあさんの山里日記』（葦書房・一九九八）。
（5）梅谷献二『虫の民俗誌』（築地書館・一九八六）。
（6）梅谷献二前掲（5）に同じ。

ケラ

一　ケラと童戯

ケラは漢字で螻蛄と書く。直翅目ケラ科の昆虫で体長約三センチ。黄褐色ないし暗褐色で、前脚の先は発達し、モグラの手のように平たく土を握りやすいように変形している（写真1）。地中にトンネルを掘り、ミミズなどを捕食し、農作物の根を食べる。雄の発声器が発達し、土中で「ジー」と鳴く。水田の畦に穴をあけ、漏水の原因を作るので農業害虫の側面を持つ。

少年のころ、田の畦などでケラを見つけると、それを指でつまんで、異様に太短かく先の発達した前脚をしきりに動かす様子を眺めた。少年たちは、ケラが動かす前脚を、物の長さや幅を、人が手を動かして示す様に見たてて、「ケラ　ケラ　お前のチンチンどれくらい」と問いかける形で囃したて、ケラに答えを求める問答遊びに興じた。あまり品のよい問いかけではないが、この問いかけは、私の育った静岡県下では広く行われていたことを確かめている。東京都の周辺部から神奈川県にかけても同じ問答遊びがあり、『日本俗信辞典』[1]には次の例が示されている。

秋田県角館地方では、子供たちがこの虫の横腹を押さえ、「ケラ虫　ケラ虫　汝《んな》睾丸なんぼ大き」と言い、苦しさのあまりケラが足を左右に開くと、それを見て「こんきゃ大き、こんきゃ大き」と言って喜ぶという。

類似の例はさらに広域に及んでいたと見てよかろう。こうした計測問答遊びの事例は調査を重ねればまだ集積は可能だと思われるが、ケラの害虫的側面を抑止する内容を含むものとして次の事例には注目しておきたい。本書の序章で示した伊豆市の例をいま一度引く。

ⓐ「ケラ　ケラ　オテントサン拝め」「ケラ　ケラ　お前の茶碗はどのくらい」（静岡県伊豆市原保・石井しずさん・明治三十九年生まれ）。

ⓑ「オケラ　オケラ　太陽のお椀はどれくらい」（静岡県浜松市天竜区横川小字上百古里・栗田基夫さん・昭和七年生まれ）。

ⓒ「ケラ　ケラ　ナムナムセ　お前のお椀はどのくらい」（富山県南砺市利賀村百瀬・南端喜代峰さん・昭和七年生まれ）。

注目すべきものはⓐの「オテントサン拝め」とⓑの「太陽のお椀」である。ここには、土中に棲み、地下で生活し、田の畦に穴をあけ、漏水の原因を作ったり、作物の根を荒らすケラは「太陽」「太陽光線」には弱いはずだという認識が埋めこまれていると見てよかろう。それは、土中生活者である「モグラ」が太陽に弱いのと同質である。無邪気な、児

写真１　ケラ　提供・川邉透

童の遊びの中にもこうした要素が滲みでていることを確かめておきたい。

ケラにかかわる子供たちの遊びは計測問答だけではなかった。ⓑを伝承している栗田さんは、子供のころ、ケラを捕えると粘土の団子の中に閉じこめてケラが出てくるのを待つ遊びをした。長じてからは、毎日田の水見に回り、ケラが畦にあけた穴を塞いだ。ひどい場合は掛矢で締めた。愛知県新城市長篠小字祢宜裏の村松光男さん（昭和七年生まれ）は、農作業として大人たちが行う荒田起こし、クレ返しの時にケラを見つけて土の中にトンネルを作らせて遊んだという。さらに変わった遊びもあった。奈良県吉野郡吉野町窪垣内の本田繁幸さん（昭和三十二年生まれ）は吉野川の川土と砂が混じったところでオケラをつかまえ、コナラの実を糸で吊っておいて、オケラをつかみ、前脚でコナラの実を叩かせて遊んだ。オケラのパンチは強くて音を立てたという。

棚田や天水田に頼った岐阜県恵那市明智町の保母清さん（昭和十一年生まれ）は「オケラは畦に穴をあけて水もれを起こすから見つけたらすぐに殺せ」と父に教えられたという。ケラの害虫的側面を深刻に受けとめなければならない農耕環境の地もあったのである。

虫送りに際して実盛人形を作ってそれを先頭に鉦・太鼓で囃しながら稲作害虫を送る形がある。杉中浩一郎氏は田辺市中辺路町近露の事例を報告する。その囃しことば、送りことばの中に、「〽実盛殿のおん供せ　虫もケラもおん供せ」と叫んで田をめぐり、最後に実盛淵に投げ入れたとある。[2] 稲につく害虫と並べ、とりたてて、畦に穴をあける「ケラ」を追放すべき害虫として意識していることがわかる。

二　八重山童戯ニーラ・コンチェンマの示唆

ケラについてはいま一つ考えておきたいことがある。宮良當壮の『八重山語彙』[3]に記されている「ニーラ・コンチェンマ」［n'i:ra:-konts'-emma］［名］についてである。以下のように記述されている。

①けら（螻蛄）、ニーラは地底、コンチェンマはカンチ・アンマ即ちカンチと云ふ姉さんの義、此虫のみは地底数十尺の岩石の内よりも発見せらるることありと云ひ、井戸を穿鑿する者の驚き語る所なり。②子供の遊び方の一。海浜にて一童両手を以て顔を蔽ひ、砂上に伏せば、他童砂を其上に盛りて埋め、これを螻蛄に擬して下界の有様を尋問して遊ぶ。即ち人界と魔界、光明界と暗黒界との通話を試みるものなり。

ここには、ケラは地下世界、暗黒界のことを熟知するものだとする前提的認識がある。その認識の上に立って、ケラ役の子供を定め、砂に埋めて地下世界にいる擬態をとらせて問答するという形になっている。それは、同じ石垣島の盆行事、旧暦七月十三日から十五日までの夜行われる「アンガマ」における問答に通じるものがある。後生《ぐしょう》（他界）から眷属をひきつれて現世を訪れたウシュマイ（爺面・翁面）とアッパー（媼面）に対してムラの青年がもの陰にひそみ、手拭で覆面して声も尋常の声ではなく裏声に近い声で、後生のことを尋ねる。他界からの来訪者との問答にふさわしい声である。ウシュマイとアッパーはそれに対して答え、指導・助言や現代社会の批判なども行う。[4]こうしたムラ行事が「ニーラ・コンチェンマ」の遊びや問答に影響を与えているのである。

本土では害虫的側面を強く意識させるケラが、八重山では、地下を知るものと意識されていたのである。考え方によっては、ケラは地下水脈をも知っていることになる。柳田國男は『海上の道』[5]の中の「根の国の話」という章で、先に示した宮良當壮の「ニーラ・コンチェンマ」の記述を評価し、ほとんどそのまま引用している。「根の国」や「他界観」は別途に、本格的に考察しなければならないのであるが、ここで注目しておきたいことは「生きもの」の中に根の国、地下世界、ニーラ、ニーラスクなどを知るものがあるという認識である。

ケラの他にそれを示せば「ネズミ」が浮上してくる。想起するのは『古事記』の大国主神受難の場面である。地下世界を知るネズミが大国主神を地底の穴に導き、火難を逃れしむるのである。また、火事の前にはネズミがその家から去るという、現在も語られる火難予知のネズミの力がここに示されている。こうしたネズミの霊性については既に述べたことがある。(6)

三　ケラと比喩

ケラはこの国の庶民生活の中で意外にさまざまな場面で比喩的にその名称を使われたり、ことわざに使われてきた昆虫である。

①「螻蛄《けら》腹立つれば鶫《つぐみ》喜ぶ」・「螻蛄腹立ち」――ツグミ（鶫）を捕獲するためにケラを繋いでおく形式の罠があることから、一方が腹を立てれば一方が喜ぶ。両者の利害が対立する喩えに使う。モズを捕獲するバネ式の罠の餌にケラを繋いで使った。ケラはよく動くので鳥に感知発見されやすいのだという（茨城県土浦市矢作・矢口真さん・昭和九年生まれ）。

②「螻蛄《けら》の水渡り」――まねをしても成しとげがたいことの喩えにする。

③「螻蛄《けら》の哮《たけ》り」――自分が微力であることを考えないで強い敵に立ちむかうことの喩えにする。特徴ある前脚を振りたてるところからの着想であろう。「蟷螂」はカマキリの漢名であるが、「蟷螂の斧」と同義である。

④「螻蛄才《けらざい》」「螻蛄芸《けらげい》」――ケラは、飛・走・掘・泳・攀登と五つの才能があるが、一つも満足なものがないという認識から、多芸多才ではあるが、一道を究められない者を批判することばだとされている。しかし、この比喩慣用を無条件に受容することはできない。異様に発達した前脚にもとづくケラの土中の掘鑿力は、漏

水被害伝承からすれば、相当なものだと見るべきであろう。

⑤「螻蛄首《けらくび》」――日本建築の仕口の一種。建築部材の接合法の一つに差し込み部分の先を大きく、途中を細くして受け木に入れ、差し方が抜けないようにする方法。その差し込み部の元とくびれと先端の形が、ケラの前胸と後胸の境のくびれに似ているからこれを「ケラクビ」と呼んだのであろう。

また、これとは別に、槍の穂（鉄部）と柄の接合部、矢尻と矢竹の接合部も「ケラクビ」と呼ばれた。この国の多くの人びとがケラという昆虫を身近なものとしていたことがわかる。

注

（1）鈴木棠三『日本俗信辞典　動・植物編』（角川書店・一九八二）。
（2）杉中浩一郎『熊野中辺路・民俗』熊野路編さん委員会編（くまの文庫⑭・熊野中辺路刊行会・一九八九）。
（3）宮良當壯『八重山語彙』初出一九三〇（『宮良當壯全集』8甲・第一書房・一九八〇）。
（4）筆者は平成六年八月十九日に石垣市登野城のアンガマに、八月二十一日石垣市新川のアンガマに参じた。
（5）柳田國男「根の国の話」初出一九五五（『海上の道』『定本柳田國男集』第一巻・筑摩書房・一九六三）。
（6）野本寛一「鼠とのたたかい」（『生態民俗学序説』白水社・一九八七）。

ワタムシ

一 ワタムシ――その多彩な方名に注目して――

井上靖の自伝的作品に『しろばんば』[1]がある。その冒頭は以下のように始まる。

その頃、と言っても大正四、五年のことで、いまから四十数年前のことだが、夕方になると、決って村の子供たちは口々に〝しろばんば、しろばんば〟と叫びながら、家の前の街道をあっちに走ったり、こっちに走ったりしながら、夕闇のたちこめ始めた空間を綿屑でも舞っているように浮游している白い小さい生きものを追いかけて遊んだ。素手でそれを掴み取ろうとして飛び上ったり、ひばの小枝を折ったものを手にして、その葉にしろばんばを引っかけようとして、その小枝を空中で振り廻したりした。しろばんばというのは〝白い老婆〟ということなのであろう。子供たちはそれがどこからやって来るかは知らなかったが、夕方になると、その白い虫がどこからともなく現れて来ることを、さして不審にも思っていなかった。……

初めて『しろばんば』を読んだ時からこの虫のことが気になっていた。

「シロバンバ」は「ワタムシ」「ユキムシ」などと俗称されている。半翅目ワタアブラムシ科の昆虫で体長約二ミリ。白い綿のような分泌物を出して飛ぶところから「ワタムシ」とも呼ばれる（写真1）。井上靖は『幼き日のこと』[2]でもこの虫についてふれ、「伊豆の天城山麓の私の郷里の村では、冬の夕方になると〝しろばんば〟という白い小さい虫が薄暮のたちこめている空間を舞った」と述べている（写真2）。

井上靖の郷里・静岡県伊豆市湯ヶ島周辺では「シロバンバ」の伝承が生きているのであろうか。伊豆市筏場から長野下へ嫁いできた浅田くみさん（大正十年生まれ）は次のように語る。——シロバンバは晩秋から初冬の、おもに夕方舞う。曇った日には昼でも舞う。光が薄い時に舞う。ブト（蚋《ブユ》）がたくさん出るとお天気が変わるというが、シロバンバについてもそんな気がする。

湯ヶ島長野小字箒原の浅田喜朗さん（昭和十五年生まれ）は次のように語る。——同家には水車があった。晩秋の夕方、水車の水の飛沫が霧のようになるとそこにシロバンバが群がった。「シロバンバが飛ぶと翌日は雨が降る」

写真1　ワタムシ。岐阜県養老町。撮影・栗田佳葉

写真2　ヒバの小枝を持って「シロバンバ」を追う少年像。井上靖『しろばんば』記念として静岡県伊豆市湯ヶ島小学校内に立つ

と言い伝えていた。湯ヶ島、白壁荘の大女将、宇田晴子さん（昭和二年生まれ）にシロバンバのことを尋ねると、開口一番、「シロバンバは背中に綿を背負《しょ》ってます」と応じ、季節は晩秋と思われるが、午後も夕暮れ近いころシロバンバが出ると、子供たちばかりでなく、中にはおとなも混じって、手に藁稈心《わらみご》製の座敷箒をかざしながら、〽シロバンバ　シロバンバ　綿を背負《しょ》って　こいこい——と囃したてながら下田街道を走ったものだという。

いったい全国各地ではこの虫のことをどう呼び、子供たちはこの虫とどのようにかかわり、各地域にはこの虫に関するどのような伝承があったのであろうか。以下、まず、各地のこの虫の方名を確かめ、同類・同系の呼称のものを分類整理し、併せて各地の人びとのこの虫とのかかわりをまとめることにする。追って、そこから見える特色をまとめてみたい。

〈白系〉 シロバンバに見られるように、この虫を、「白」を冠して呼ぶ例は他にもある。「シロッコ」（白ッ子）——晩秋、シロッコの群を見つけると、子供たちは「シロッコ　シロッコ」と囃して追いながら走った（静岡県藤枝市西方出身・曽根由紀子さん・昭和十五年生まれ）。「シロッコムシ」（白ッ子虫）——「シロッコムシが出ると冬が来る」（静岡県島田市川根町雲見・宮脇政一さん・昭和二十三年生まれ）。「シロコ」（白子）——「シロコが舞うと雪が降り始める」（岐阜県中津川市阿木・吉村栄蔵さん・昭和十七年生まれ）。「シロコが舞うと天気が下り坂になる」（高知県土佐郡土佐町宮古野・田村今朝穂さん・昭和二十四年生まれ）。白系の呼称は虫がつけている白い蠟質物によるものである。

〈婆系〉 シロバンバ（白婆）はここにもかかわるのであるが、白い蠟質物から白髪の老婆を連想してのことであろう。この虫に「婆」をつける呼称がある。「ユキバンバ」（雪婆々）——「ユキバンバが舞うと雪が近い。ユキバンバが舞ったら鳴沢菜を早く漬け込め」冬支度の督促となっている（山梨県南都留郡鳴沢村・渡辺健一さん・昭和五年生まれ）。「ユキバンバが舞うと木枯が吹く」（山梨市三富徳和・名取喜代美さん・昭和三年生まれ）。「ユキバンバが舞うと雪が来る」（長野県飯田市南信濃尾之島・櫻井弘人さん・昭和三十四年生まれ）。山梨市上帯那では「ユキンバ」（雪婆）

と呼ぶ。「ユキカンボー」――「ユキカンボーが舞うと雪が降る」（静岡県浜松市天竜区水窪町向市場・美輪功平さん・昭和七年生まれ）。「ユキワタ」（雪綿）――「ユキワタが出ると寒くなる」（静岡県浜松市天竜区水窪町途中島・望月敬美さん・昭和十四年生まれ）。「シモバンバ」（霜婆々）――「霜の後にシモバンバが舞う」「アトバンバ」（後婆々）ともいう。「シモバンバが出た。冬が来る」と語った（長野県飯田市南信濃木沢・北島花江さん・大正十四年生まれ）。

〈雪系〉 ユキバンバも「雪」にかかわる呼称であるが、「ユキムシ」（雪虫）が最も広域で聞かれる。「ユキムシが出たから雪が近い」（山形県米沢市大平・大竹勇夫さん・昭和十年生まれ）。「ユキムシが出ると雪が降る」（岩手県岩手郡雫石町大村・檜山順子さん・昭和十一年生まれ）。「ユキボタル」（雪蛍）――「ユキボタルが出ると寒くなる」（岐阜県美濃加茂市出身・森川郁郎さん・大正九年生まれ）。「ユキフリムシ」（雪降り虫）――「ユキフリムシが飛ばないと冬が来ない」「ユキフリムシが出ると雪が降る」（栃木県日光市五十里・細井沢吉さん・昭和十四年生まれ）。「ユキップリムシ（雪降り虫）が舞うと雪が降る」（栃木県那須郡那珂川町大山田下郷・益子政夫さん・昭和六年生まれ）。「ユキンコ」（雪ん子）――「ユキンコが出ると雪が降る」（山梨県甲斐市下菅口・飯窪富明さん・昭和六年生まれ）。「ユキオコシ」（雪起こし）――「冬にしては暖かい日にユキオコシが飛んだ。ユキオコシが飛ぶと雪荒れがして風も吹いた」（長野県飯田市松川入出身・塚原千晶さん・昭和五年生まれ）。「ユキアボ」（雪虻）――「ユキアボ出ると寒くなり、雪が降る」。ユキアボが出ると子供たちは、〽ユキアボ　ユキアボ　一寸さがれ――と囃しながら追いかけた（長野県木曽郡南木曽町吾妻・麦島たづ子さん・昭和八年生まれ）。

ユキバンバ・ユキボタル・ユキンコ・ユキオコシ……この虫が雪の予兆に深くかかわって口誦されるだけに季節感が身に沁みて呼称も親しく美しい。もとより、綿のような白い分泌物をつけて舞う虫と雪の「白」とのかかわりも見逃せない。

〈粥系・飯系〉 この虫が尻に白い蠟質物をつけ、軽やかに固まって舞い漂うところ――その白色から、白米を使った白粥や白いい飯を連想しての呼称がある。「ケーケームシ」（粥々虫）——小学生の女児たちはケーケームシが舞うと、てんでに棒を持って〽ケーケームシ止まれ　この木へ止まれ　〽ケーケームシ止まれ　菊の花に止まれ——と囃したてた。また、「ケーケームシが舞うと雪か雨が降る」とも伝えた（長野県下伊那郡阿智村下清内路出身・小林ヤス子さん・大正十五年生まれ）。この事例は、手に棒を持って、ワタムシを囃すという点で、ヒバの枝を持って子供たちが囃す『しろばんば』の冒頭と共通している。飯田市今宮町の宮下智子さん（昭和十八年生まれ）は、ワタムシが舞うと子供たちは、「ワタムシ　ワタムシ　一尺さがれ」と囃したという。一尺は、子供たちが手を伸ばした高さの一尺ほど上にワタムシが舞っていることを前提としたもので、これも『しろばんば』の冒頭場面と共通している。

松山義雄は『山国のわらべうた』[3]の中で次のように述べている。

……飯田市周辺でいうわた虫で、十月下旬のくもり日から姿を現わしますが、わけても山国特有の初冬のどんよりとした日には、どこからこんなにわいて出たかと思うほどたくさんのわた虫がむらがって舞っています。そんな日には子供たちの間から、〽わたむし　わたむし　一尺さがれ——の声が聞こえてきます。一尺（約三〇センチ）さがれというのは、わた虫が子供たちの身長よりやや高めの空間を舞っていて捕えにくいからです。飯田ではこの虫をとらえるとわた（綿）の上にのせて、こんどは、〽わたむし　わたむし　わたーしょえ　とうたいます。遠山谷ではわた虫のことをべつに〝まんまん〟とも呼び、〽まんまん　出てこいよ　ちいちのまんまくれるで　わた虫は白くて小さくて、ちょうど、まんま——白いごはんを連想させるところから、この虫をまんまんと呼ぶようになったのだと思います。

「ママ」は飯のことで、「マンマ」は飯の幼児語として広く用いられ、飯の方言としても各地で用いられる。「マンマン」（奈良県）、「オマンマ」（静岡県）などもある。静岡県にはこのオマンマ系の呼称がある。

「オマン」(御飯)――「オマンが飛ぶとお亥の子様だ」(静岡県牧之原市蛭ヶ谷・長谷川しんさん・昭和十一年生まれ)。「お亥の子様」は、本来、旧暦十月の亥の日に行われた収穫儀礼を中心とする年中行事のことで、後に新暦でも行われるようになった。この地方では、この日、ボタ餅を作って籾摺《もみす》り臼《うす》に十二個(平年)供え、家族も食べた。糯《もちごめ》と粳《うるち》と半々にして小豆餡をまぶす家もあり、「イノコの芋餅」と称して、糯とサトイモを混ぜる形の、古層の収穫祭を思わせるボタ餅を作る家もある。

牧之原市蛭ヶ谷の鈴木正次さん(昭和二年生まれ)は「オマン」(綿虫)に関する次のような童唄を伝えている。――〽オマンこっちゃ来い　ボタ餅ょくれる　今日の亥の子でもっとくれる。以下の事例もある。「オマンが出ると寒くなる」(静岡県牧之原市菅ヶ谷・菅沼英喜さん・昭和十一年生まれ)。「オマンが舞うと天気が変わる」(静岡県浜松市天竜区横川上百古里・栗田基夫さん・昭和七年生まれ)。「オマンコ」(御飯子)――「オマンコが舞うと寒くなる」「オマンコは十一月下旬の夕方舞う」(愛知県新城市中貝沢・藤村長男さん・昭和十二年生まれ)。なお、長野県飯田市南信濃八重河内の山崎今朝光さん(大正十一年生まれ)もワタムシのことをオマンと呼ぶ。オマン系は、静岡県・愛知県・長野県の広域に及んでいたことがわかる。

〈渡来系〉　尻に白いものをつけて突然現れ、ひそかに固まって群れ飛ぶこの虫を、異国から来たものではないかという眼ざしで呼んだ例もある。「チョーセン」(朝鮮)――ワタムシが出現すると子供たちは野菊の花などを持って、〽チョーセン　チョーセン　この花へとまれ――と囃しながら追いかけた(静岡県浜松市天竜区佐久間町中部・平賀孝晴さん・昭和八年生まれ)。ここで使われた「チョーセン」は、例えば、渡来穀物のシコクビエのことを、「カラッピエ」(唐稗)、「チョーセンビエ」(朝鮮稗)などと称して渡来性・外来性を強調したのと同じものである。

「ムクリ」(蒙古)――「ムクリが舞うと雪が近い」(長野県飯田市上村中郷・柄澤正一さん・昭和三十八年生まれ)。「ムクリコクリ」(蒙古・高句麗)と対にして用いることが多い。子供を泣きやませる時に「ムクリコクリの鬼が来る」

と語る地方もあった。これは遠い元寇の潜在記憶にかかわる表現であるが、「ムクリ」は蒙古のことで渡来性を強調するものである。昭和三十八年（一九六三）生まれの柄澤さんがこうした古風な方名を伝えることは、遠山谷（長野県飯田市）という地の伝承力の強さを語るものである。

〈**綿系**〉　この虫を代表する呼称「ワタムシ」（綿虫）は広く各地で用いられる。「ワタムシが舞うと雪が降る」（広島県世羅郡世羅町小谷・桜井陽子さん・昭和三十四年生まれ）。「ワタボウシ」（綿帽子）――「ワタボウシが舞うと雨が降る」（長野県飯田市別府出身・中村恵美さん・大正十五年生まれ）。静岡県賀茂郡東伊豆町大川出身の浅田以知乃さん（昭和二十一年生まれ）は東伊豆町でも「ワタボウシ」と呼んでいたという。

〈**さまざまな方名**〉　先に紹介した「オマン」は一見女性の名前のような印象を与え、それも親しみを呼ぶ一因となっているのだが、女性の名前以外には考えられない呼称がある。「オナツ」――「オナツが飛ぶ日が続くと、せっかく乾燥しかけた干し柿に黴《かび》が生える」（高知県香美市物部町南池・小松茂彦さん・昭和十六年生まれ）。「オナツが舞う日が続くと干し柿が黴びる」「十個一串、十串で百個。十串を一連として暮れに出荷し、家族も食べた」（高知県香美市物部町明賀・笹清子さん・昭和六年生まれ）。

長野県飯田市立石は「市田柿」と呼ばれる干し柿の産地である。ここには、「ワタムシは十一月の暖かい日に固まって舞う。ワタムシが舞うと市田柿に白い粉が吹く前に黴びる」といってワタムシを嫌った（佐々木要蔵さん・大正七年生まれ）。高知県・長野県と遠く離れていても干し柿の黴とワタムシの出現する季節と気象条件との関係の共通性を語り伝えていることは興味深い。

「ヌカゴ」（糠子）は「ヌカカ」（糠蚊＝双翅目ヌカカ科に属する小昆虫の総称）の異称である。微細昆虫としての混同からワタムシを「ヌカゴ」と呼ぶ例がある。「ヌカゴが舞うと寒くなる」（静岡市葵区相淵・長谷川あきさん・昭和七年生まれ）。「ヌカゴが舞うと霜が降りる」（静岡県藤枝市岡部町野田沢出身・曽根文夫さん・昭和十二年生まれ）。

「オイノコバエ」(御亥の子蠅)――「十月の亥の子に米の団子を食べる。そのころよく舞うのでオイノコバエという」(徳島県名西郡神山町神領・阿部昇さん・昭和二十三年生まれ)。前述の静岡県牧之原市蛭ヶ谷の亥の日の伝承と共通するところがある。「ミケ」――「ミケが出るところクリの実が実る」「ミケはクリから湧くという言い伝えがある」(宮崎県東臼杵郡椎葉村竹の枝尾・中瀬守さん・昭和四年生まれ)。

「シモフリムシ」(霜降り虫)――「シモフリムシが出ると寒くなる」(栃木県日光市湯西川・伴聡さん・昭和十一年生まれ)。先に〈婆系〉の部分で「シモバンバ」を紹介した。霜という寒冷気象の予告となっているのであるが、霜の「白」ともかかわっている。

二 季節・気象の予告者

この小さな昆虫がいかに多彩な方名をもって人びとに親しまれていたかがわかった。この虫の群舞飛来期の中心は、十一月下旬夕方、曇天などの日だという。地方によって伝承に若干の季節的なズレは見られるが、ワタムシの出現を人びとは、季節循環・天候予兆、気象予兆の指標として認識してきたことがわかる。

〈冬の予兆〉 冬の到来＝静岡県島田市、飯田市南信濃木沢、冬支度としての鳴沢菜漬け＝山梨県鳴沢村、木枯が吹く＝山梨市、寒さが来る＝岐阜県美濃加茂市・静岡県牧之原市菅ヶ谷・愛知県新城市・静岡市葵区相淵、などがあり、この虫が秋から冬への季節の転換、寒さを象徴する冬の到来を予告する虫として認識されていたことがわかる。

〈雪の予兆〉 ワタムシの群舞を「雪」「雪の季節」の予兆とするものが圧倒的に多い。以下のとおりである。山梨県鳴沢村・長野県南信濃・山形県米沢市・岩手県雫石町・栃木県日光市・山梨県甲斐市・長野県飯田市松川入・

長野県飯田市上村中郷・広島県世羅郡世羅町などに見られる。

またこの虫が舞うと霜が降りる。この虫が出ると「お亥の子様」になるといった伝承もあるが、ワタムシが出るのが晩秋の温気のあるナマ暖かい日だとするところから高知県香美市物部町、長野県飯田市立石などでは、ワタムシが出る日が続くと干し柿が黴びるという同じ伝承を伝えている。また、この虫が舞うと天気が変わる。翌日は雨が降るという伝承もあり、これについては事例の中で示してきたとおりである。

古いフィールドノートを見ていた折、愛知県北設楽郡東栄町の伊藤勝蔵さん（明治三十四年生まれ）からの聞きとりの中に「オマン」と呼ばれるワタムシのことが出てきた。以下は勝蔵さんの語りによる。――フシノキは一月十五日に稗穂祭りに使う。女竹の先を三または五に割ってフシノキを薬莢型に切ったものを竹先に付けて稗穂に見立てて玄関口に飾った。ヒエの豊作を願うものである。フシノキの葉の茎にはコブ（瘤）ができた。秋、オマンと呼ばれるワタムシが飛び始める前にこの虫コブを採って結婚している女性はお歯黒に使って歯を黒く染めた。

フシノキはヌルデのことだが「五倍子《ふし》」と書く。ヌルデの複葉柄にヌルデノオオミミフシという一・五ミリほどの半翅目アブラムシ科の虫、白色の蠟物質に覆われて羽がない虫が寄生して虫癭《ちゅうえい》（虫コブ）を作る。この虫癭はタンニンを含有しているのでお歯黒にも使われた。お歯黒には鉄漿《かね》を使うことが多いが、東栄町では遅くまでフシノキの虫コブが使われていたのである。その採取期を語る自然暦が、オマン（ワタムシ）が飛び出す前、と語り継がれていたのである。お歯黒は既婚者の証となる習俗だった。私の曾祖母まみ（明治六年生まれ）は晩年までお歯黒を塗り続けていた。それは五倍子ではなく鉄漿だった。平素は剝《は》げて薄くなっていても外出の時には細い刷毛式の竹篦《たけべら》で丁寧に黒く塗っていた。

三　ワタムシの諸相

1　ワタムシと童戯

『しろばんば』に見るとおり、尻に白い蠟質物をつけたブユのような微細な虫が、晩秋の夕暮れ時、突然現れ、群をなして浮游するように舞う。しかも、子供たちにとってとどきそうだがなかなかとどかない微妙な高さ――子供たちは追いかける。概ね方名をくり返して追う。そして、囃す。声をそろえて童唄を歌いながら追う。〽シロバンバ　シロバンバ　〽シロッコ　シロッコ　〽シロバンバ　シロバンバ　綿を背負って　こいこい――〽ケーケームシとまれ　菊の花にとまれ　〽チョーセンチョーセン　この花へとまれ　〽ワタムシ　ワタムシ　一尺さがれ――ヒバ・花・箒・棒などを手に手に持つこともあった。どれも夕暮れ時、帰宅前の子供たちの心弾む楽しい遊びだった。調査地域を広げればこうした資料はさらにたくさん収集できるはずである。こうした、小さな虫、かすかな虫の動きにかかわる遊びがどれほど子供たちの心を豊かにしたことであろう。

2　害虫としての貌

長野県飯田市は「元結」の産地で元結を「モトギ」という。その素材は紙である。元結の糊つけなどは晴天が望ましい。「ワタムシが舞うと次の日は天気が悪い」と言われていたので、元結職人はワタムシを注意深く観察していた。飯田市はまた、リンゴの産地でもある。ワタムシはリンゴにとって大敵である。飯田市立石の佐々木要蔵さん（大正七年生まれ）は以下のように語る。――リンゴの木にワタムシの幼虫がつく。いくら消毒しても効果がない。

成虫はリンゴの果実について糞尿をするのでそこが黒くなってしまう。飯田市宮ノ上の北原良男さん（大正十五年生まれ）もリンゴ農家だが、ワタムシがリンゴを害すると語る。糞尿をするとそこが黒い疵になる。ワタムシの幼虫をアリが運ぶともいう。

これまで見てきたワタムシは、牧歌的で、人の側に害を与える生きものだとは考えられなかった。しかし、リンゴ農家にとっては、ワタムシは明らかに排除すべきものだったのである。こんなに微細な生きものまでも人からすれば両義性を持つ存在なのである。

3　二つのユキムシ

先にワタムシが降雪の予兆を告げ、「ユキムシ」とも呼ばれること、「雪」を冠したさまざまな方名があることを述べてきた。東北地方や北陸地方など雪国と通称される地域にこの虫の伝承がないわけではないが、こうした地方で「ユキムシ」というと、この虫ではなく、二月末から三月にかけての堅雪の始まる季節に積もった雪の上で見かける黒い虫を指すのだと聞き、困惑したものである。ホタルほどの虫だとも聞いた。福島県南会津郡只見町田子倉で暮らした渡部完爾さん（大正十四年生まれ）は、「ユキムシが出たから雪が落ちつく」ということばを先人たちからたびたび聞き、自分の体験からもそれを実感したという。秋田県仙北市田沢湖町生保内小字石神の田口郁子さん（昭和二十五年生まれ）は、「ホタルより小さめの黒いユキムシが出ると雪が降らなくなる」と語る。

ここに登場したユキムシという小さな虫は、クロカワゲラ科の昆虫の通称で、「雪渓虫」とも呼ばれるセッケイカワゲラを指す。黒色で体長は一センチ前後。「この虫が出るともう雪は降らない」として、雪国の人びとはこの黒い虫を見て春が近いことを思い、喜びを感じたのである。ワタムシは雪の季節の到来を予告し、ここでいうユキムシは雪の季節の終わりを告げてきたのである。実際に、二種類の虫から季節の推移を感知してきた人びとも少なくない。

ⓐワタムシは寒みが出始める時に舞う。ユキムシが出るともう雪は降らない（青森県つがる市木造町清水栗山・太田清二さん・昭和二年生まれ）。

ⓑワタムシが出ると雪が降る。ユキムシが出るともう雪は降らない（青森県三戸郡三戸町目時・上野あきさん・昭和七年生まれ）。

注

（1）井上靖『しろばんば』初出一九六二（新潮文庫・一九六五）。

（2）井上靖『幼き日のこと』初出一九七三（『幼き日のこと・青春放浪』新潮文庫・一九七六）。

（3）松山義雄『山国のわらべうた』（信濃路・一九七二）。

カメムシ

亀虫

カメムシとは半翅目カメムシ科の昆虫の総称である。亀虫・椿象と漢字表記する。触れると臭腺から強い悪臭を発するものが多い。イネ・果実類・野菜などの汁を吸って農作物に被害を与える。クサギカメムシ（楯型・体長一四～一八ミリ・茶色）など冬季人家に侵入して越冬するものがあり、これは作物被害とは別の障害を人びとに与えてきた（写真１）。アルミサッシの普及する前、草屋根の時代にはカメムシの侵入は想像以上のものだった。

写真１　クサギカメムシ

地球上に棲息するカメムシは五万種に及ぶという。この国で、稲作に被害を与えたカメムシに限ってみてもその種類は八〇種に及ぶという。色も形も大きさも多様である。したがって、後述する聞きとり資料の中に登場するカメムシについての厳正な同定はできない。越冬するカメムシと同居せざるを得なかった時代があり、その経験を持つ人びとも多かった。人びとはこの虫どもとどうかかわり、どのような伝承を重ねてきたのだろうか。

一　カメムシをめぐる伝承

1　多雪予告を中心として

①アネッコムシが多く出ると雪が多い。手に持つ時に息を吹きかけてから持つと臭くないと言われている（青森県西津軽郡鰺ヶ沢町一ツ森小字大谷・吉川隆さん・昭和二十五年生まれ）。

②アネッコムシが大発生すると次の冬は雪が多い。アネッコムシを持つ時は息を吹きかけてから持つと臭くない。シジミがアネッコムシを喰うのではないか。シジミのそばにアネッコムシのカスがある（秋田県北秋田市阿仁打当・鈴木英雄さん・昭和二十二年生まれ）。

③クセンコムシが多いと次の冬は雪が多い（青森市雲谷平・斎藤正美さん・昭和十年生まれ）。つがる市木造吹原ではカメムシのことをクサンコムシという。

④ヘクサムシが多く出ると次の冬は雪が多い。ヘクサムシはスギの木の近くで多く発生する（岩手県岩手郡雫石町南畑・檜山順子さん・昭和十一年生まれ）。

⑤女郎虫が多く出ると次の冬は雪が多い（山形県鶴岡市本郷・庄司二郎さん・昭和三年生まれ）。

⑥女郎虫（クサギカメムシ）が多いと雪が多い。息を吹きかけてから持つと臭くないとされる。青女郎（アオクサカメムシ）に小便をかけられるとヤケドのようになる（山形県鶴岡市温海川・今野建太郎さん・昭和二十三年生まれ）。

⑦カメムシが壁に集まるその高さが高ければ雪が多く、低ければ雪が少ない（山形県西置賜郡飯豊町黒沢・安部とりさん・明治四十二年生まれ）。

⑧ヘクサムシ・女郎虫がたくさん出ると雪が多い。指を嗅いでから持つと臭くないと言われている（山形県西置賜郡小国町荒沢・山﨑ミヨさん・昭和十一年生まれ）。

⑨ヘクサムシ・女郎虫が大発生すると雪が多い。ヘクサムシはスギの木の多いところに発生する（山形県西置賜郡白鷹町黒鴨・佐藤初子さん・昭和六年生まれ）。

⑩クサムシが多いと雪が多い。手に息をかけてから持つと臭くない。ブドウにつく（福島県南会津郡南会津町山口・月田禮二郎さん・昭和十九年生まれ）。

⑪クサギカメムシが大発生すると次の冬は大雪になる。「女郎虫、女郎虫」と言って持つと臭くない（福島県南会津郡只見町只見・新国勇さん・昭和三十二年生まれ）。

⑫ヘット女郎・姉さが多く発生すると大雪になる。自分の手を嗅いでからつかむと臭くない。スギの木の多いところに姉さがたくさん発生する（新潟県魚沼市穴沢・志田マサさん・昭和十四年生まれ）。

⑬ヘクサムシ、アネサムシが大発生すると大雪になる。「イイアネサ、イイアネサ」と誦しながら持つと臭くない（新潟県新発田市滝谷新田・佐久間進さん・昭和二十五年生まれ）。

⑭ワクサが多く発生すると雪が多くなる。壁際に集まって越冬する。自分の手を嗅いでからつかむと臭くない（群馬県甘楽郡南牧村熊倉・市川すき子さん・昭和十年生まれ）。

⑮クサムシが大発生すると次の冬は大雪になる。「お姫様」と言って持つと臭くない（栃木県日光市五十里・細井沢吉さん・昭和十四年生まれ）。

⑯クサムシが多いと雪が多い。「お姫様、お姫様」と言ってつかむと臭くないという（栃木県日光市湯西川・伴聡さん・昭和十一年生まれ）。

⑰ヘクサムシが多いと次の冬は雪が多い。息を吹きかけてからつかむと臭くないと伝える（栃木県那須塩原市鴨内・

君島仙一さん・昭和十五年生まれ）。

⑱オガムシがたくさん出ると次の冬は大雪になる。「お女郎虫、お女郎虫」と言って持つと臭くない（山梨県甲府市上帯那町・山本秀子さん・昭和七年生まれ）。

⑲ヘップリムシはクワの木につく。カズミ（クワの実）を食べる時にヘップリムシまで食べてしまったことがある。とても苦い（山梨県南都留郡鳴沢村・渡辺建一さん・昭和五年生まれ）。

⑳カメムシがたくさん出ると次の冬は雪が多い。「お姫様」と言って持つと臭くないと言われている（愛知県豊田市足助塩の沢・鈴木藤晴さん・大正八年生まれ）。

㉑カメムシをつまむ時には自分の指を嗅いでからつまむと臭くない（愛知県新城市貝沢・藤村長男さん・昭和十二年生まれ）。

㉒ヘッピリムシは臭いが、自分の手を嗅いでから持つと臭くないと言われている（新潟県村上市岩崩・青山友春さん・昭和二年生まれ）。

㉓ヘクサンボーが多く発生すると次の冬は大雪になる。ヘクサンボーのかたちから「裃《かみしも》」とも呼んだ。ヘクサンボーを持つ時にはヘクサンボーに息を吹きかけてから持つと臭くないと言われる（岐阜県高山市清見町字二本木・脇谷佳澄さん・昭和十一年生まれ）。

㉔カメムシが多いと次の冬は雪が多い。カメムシをつまむ時には指に息を吹きかけてからつまむと臭くない（岐阜県高山市国府町名張・松本誠治さん・大正四年生まれ）。

㉕女郎虫・ヘクサムシが多いと雪が多い。自分の鼻をつまんでからつかむと臭くないという（長野県飯田市上村中郷・熊谷貞夫さん・昭和十二年生まれ）。

㉖筵《むしろ》つきのカゴロジ（蚕床）を積んでおくとヘクサムシが大発生して越冬した。そんな年は雪が多かった（長野

県飯田市松川入出身・塚原千晶さん・昭和五年生まれ）。

㉗ヘクサムシが多いと冬は雪が多い。ヘクサムシは戸袋に入った。ダイコンの葉をやられた（長野県下伊那郡天龍村平岡・遠山金志さん・昭和五年生まれ）。

㉘ガメムシ・ヘコキムシが大発生する年は雪が多い。ガメムシが多い年は豊作になるという（滋賀県米原市上野・滝沢一郎さん・昭和十一年生まれ）。

㉙ヘクサンボーが大発生すると次の冬は大雪になる。背当て蓑のかたちがカメムシに似ているので、これをヘクサンボーと呼んだ。〽肩はサシ肩　臭いは良いし　なんで私を嫌うじゃろー　という唄がある（福井県勝山市北谷町谷・番戸平みつさん・大正十年生まれ）。

㉚女郎さんがたくさん出ると次の冬は雪が多い。「女郎さん、女郎さん」と言ってつかむと臭くない（兵庫県美方郡香美町村岡区山田・山本長太郎さん・大正四年生まれ）。

㉛ガーザイムシが多いと雪が多い。「お姫さん、お姫さん」と言うと臭くなくなる（兵庫県美方郡香美町香住区御崎・麻田光一さん・明治四十年生まれ）。

㉜オガムシがたくさん出ると雪が多い。「臭《く》さない、臭さない」と言って持つと臭くない（徳島県美馬市木屋平・荒川晴源さん・大正十一年生まれ）。

㉝クサムシがたくさん出ると次の冬は雪が多い。「お姫さんが屁をひった」と言ってつまむと臭くない（高知県土佐郡土佐町宮古野・田村今朝穂さん・昭和二十四年生まれ）。

㉞ハットウジイがたくさん出ると次の冬は雪が多い（岡山県新見市大佐町定藤・山川照夫さん・昭和二年生まれ、同旧川上村苗代・長恒絢夫さん・大正四年生まれ）。

㉟ハットウジイが多いと次の冬は雪が多い。「ハットウジイ、ハットウジイ、エーニョーボ、コーニョーボ」と

唱えてつかむと臭くなくなる（岡山県新見市別所・西村広美さん・大正十一年生まれ）。

㊱ハットウジイ・ベッピンが多いと雪が多い。家から追い出す時に「別嬪」などと言って丁重にやさしく送る。ダルマガエルはカメムシを捕食する（広島県世羅郡世羅町小谷・桜井陽子さん・昭和三十四年生まれ）。

㊲ホームシが多く出ると次の冬は雪が多い。人が近づくと死んだふりをする。ビンに集めて焼いた（山口県岩国市錦町稗原・竹原秀子さん・大正十年生まれ）。

㊳ホームシが多いと次の冬は雪が多い。藁屋根のころはホームシが多かった。「ホーヒメ、ホーヒメ」と呼びかけると臭くなくなる（山口県周南市鹿野字芋掘・神田重子さん・昭和五年生まれ）。

㊴ホームシが多いと雪が多い。ホーカする（息を吹きかける）と臭みがとれる（山口市阿東嘉年下火打原・城市和夫さん・昭和三年生まれ）。

㊵カメムシのことを「フー」と呼ぶ。アオクサカメムシはイネについて害を与える（鹿児島県出水市荒崎・江野金蔵さん・昭和七年生まれ）。

㊶カメムシのことを「フームシ」と呼ぶ。持つ時に息を吹きかけてから持つと臭くないと言われている。また「柿の種」と言って持つと臭くない。十二月上旬、祭りのころ積んだ茣蓙《ござ》にたくさん入る（宮崎県東臼杵郡椎葉村竹の枝尾・中瀬守さん・昭和四年生まれ）。

㊷ヘッタラムシが多く発生した年には真っ黒に固まって家の中に入ってくる。そんな年には大雪になる（福島県喜多方市山都町高野原・佐藤不二男さん・大正二年生まれ）。

㊸女郎虫が多く出ると雪が多い。イネにつく女郎虫はカエルが食べる（新潟県村上市北大平・宇鉄タマヨさん・昭和三年生まれ）。

㊹ワクサが多く出ると雪が多い。息を吹きかけてから持つと臭くない（群馬県甘楽郡下仁田町平原・大河原丑五郎さん・

大正十四年生まれ)。

2　作物害虫としての貌

右に、カメムシの多量発生と翌冬の多雪を語る予兆伝承に注目し、カメムシの方名を中心として関連伝承を示してきた。カメムシは一般的に臭腺から発する臭気によって嫌われるのであるが、現実には、栽培・半栽培の果樹やイネ・野菜などにつき、果実の液、稔るイネの液、野菜の液などを吸って吸着痕を残したり作物を枯らしたりして農作物に甚大な害を与えているのである。

ⓐヘップリムシは稔りにかかるイネについて液を吸う。ひどい時には米が黒くなる。消毒に頼るが、丁寧に草刈りをしておけば害が少ない(茨城県土浦市矢作・矢口真さん・昭和十年生まれ)。

ⓑオーガンはイネに害を与え、ひどい時には米が黒くなる。殺虫剤に頼る(静岡県牧之原市菅ヶ谷・菅沼英喜さん・昭和十一年生まれ)。

ⓒイネが稔る前の実の外皮の中には乳状の液が入っている。この液のことを「コメチ」(米乳)という。ヘクサムシがイネについてコメチを吸う。ヘクサムシは土手草(畦草)に隠れていて、田のイネの、畦に接する二列ほどにつく。日の出前に八割は交尾している。そこを狙って手でつぶしてゆくのである。ヘクサムシにコメチを吸われた実は米にした時に黒い斑点が目立つ。このような米が混ざると等級が落ちる。イネにつくヘクサムシは肩のいかった種類ではなく、茶色で細い体型をしている。イネにつくヘクサムシをトノサマガエルが捕食する。このことからか、子供のころ大人たちから「カワズを大事にしろ」「むやみに捕るな」と言われていた。「トノサマガエルがヘクサムシを喰いすぎて屁をこいた」という冗談がある。しかし、スガラ(クロスズ

メバチ）・アカバチ（キイロスズメバチ）・オオスズメバチの巣を探索する時、真綿をつけて飛ばせる時にハチを引き寄せる肉にはトノサマガエルの肉がよいと言われている。ヘビの中でもヤマカジ（ヤマカガシ）はトノサマガエルを捕食するので嫌われた。アオダイショウ（青大将）もトノサマガエルを捕食したが、これは養蚕の害をなすネズミや米蔵のネズミを捕食するのでイエのヌシだとして守った（長野県飯田市立石・佐々木要蔵さん・大正七年生まれ、同伊豆木梨洞・土屋諭さん・昭和三年生まれ）。

ⓓ緑色のヘクサムシはカキ・リンゴ・ナシ・イネに害を与える。果実には黒い斑点を残し、イネに大量につくと米が茶色になる。トウガラシにカメムシがつくと枯れてしまう。イネにつくカメムシはトノサマガエルが捕食していたのだが、農薬の使用や環境変化によっていなくなってしまった（長野県飯田市宮ノ上・北原良男さん・大正十五年生まれ）。

ⓔスギの実の多い年はカメムシが大発生する。七月中旬から八月上旬にかけてナシがカメムシの被害を受ける。カメムシを手で持つと悪臭を発するが、「お女郎虫」と呼んでから持つと臭くないと言われている（長野県飯田市上郷上黒田・加藤清人さん・昭和十一年生まれ）。

ⓕスギの実が多いとカメムシが里に下りる。屋内で越冬するのは茶色（クサギカメムシ）、リンゴやナシに害を与えるのは緑色のアオクサカメムシだという（長野県飯田市滝の沢・細澤恒雄さん・昭和五年生まれ）。

ⓖヘクサムシの害でナシが半作になったことがある。ヘクサムシがイネにつくと米が黒くなる（長野県飯田市座光寺・湯沢好英さん・大正十一年生まれ）。

ⓗもともと茶（クサギカメムシ）が多かったが、平成に入って緑（アオクサカメムシ）が増えてきた。カキの実に害を与える（奈良県天理市苣原・久保正夫さん・昭和五年生まれ）。

ⓘオガがイネの根方についてイネ株を枯らすことがある（徳島県名西郡神山町・東谷忠明さん・昭和十三年生まれ）。

ⓙカメムシを「ヒラクサ」と呼ぶ。ヒラクサがイネの根につき、液を吸って枯らすことがある。ヒラクサがお遍路さんの体につくことがある。そんな時には「お姫様がついた」と言った（高知県長岡郡大豊町久寿軒・西岡育さん・昭和十年生まれ）。高知県香美市物部町でもカメムシを「ヒラクサ」と呼ぶ。

ⓚ四月に日を定めて「ムシコロシ」と称し、稲田に赴き、イネにつくカメムシを捕って儀礼的に海に流してから浜でモノ忌みをした（鹿児島県大島郡大和村今里・森山チヨさん・明治三十六年生まれ）。

二　方名と防臭呪術

日常生活で人びとが最も多くかかわってきたのは人家に侵入し、時に越冬するクサギカメムシである。その悪臭ゆえに、人びとに強い印象を与え、地方ごとの呼称、方名も多岐に及んでいる。以下にそれを整理してみよう。

〈悪臭系〉　敵や抵抗物に遭遇すると悪臭を放つところから、「臭い」という語を含む呼称がある。クサンコ（事例③）、クセンコ（③）、クサムシ（⑩⑮⑯）、ワクサ（⑭㊹）。「ワ」は感動の「ワア」である。「屁」を含むものとしてヘクサムシ（④⑧⑨⑬⑰㉕㉖㉗）、ヘップリムシ（⑲）、ヘッピリムシ（㉒）、ヘクサンボー（㉓㉙）、ヘコキムシ（㉘）などがある。㊷のヘッタラムシは「屁たれ虫」の意である。⑱㉜のオガムシや害虫的側面の事例ⓑのオーガンなどは、「青香」「青香虫」と考えることができる。

〈美女系〉　後述の「褒めことば」とともに「褒め殺し」の一環として、美女系呼称で呼ぶ例も多い。姉っ子虫（①②）、姉さ（⑫）、姉さ虫（⑬）、青女郎＝アオクサカメムシ（⑥）、女郎虫（⑤⑥⑧⑨⑪㉕）、女郎さん（㉚）、お女郎虫（⑱害虫事例ⓔ）、お姫様（⑮⑯⑳害虫事例ⓙ）、お姫さん（㉛㉝）、姫（㊳）、別嬪（㊱）、女房（㉟）……。

これらを地域的に眺めてみると、姉っ子・姉さなど＝青森・秋田・新潟の各県、女郎虫・女郎など＝山形・福島・

長野・山梨・兵庫の各県、お姫様・姫など＝栃木・愛知・兵庫・高知・山口の各県、女房＝岡山県、別嬪＝広島県、といったところで、これらは好感度による眼ざしを受けたと思われる女性の呼称である。右によってこうした呼称が広く全国に及んでいたことがわかる。これは私が直接聞きとりをしたものに限っているので、さらなる調査を重ねれば伝承地はさらに広域に及ぶはずである。悪臭を放つカメムシをこうした呼称で呼びたてることは「褒め殺し」以外の何ものでもない。これらの呼称で呼びかけ、褒めてから持つと臭くないというのが基本であることは事例に見るとおりである。さらに「いい姉さ、いい姉さ」（⑬）、「エー女房小女房」（㉟）など修飾語をつけて褒めたてるものもある。

右に見てきたとおり、臭気の強いカメムシに対する「呪的褒め殺し」に登場する呼称は、女性、美女系が圧倒的に多いのであるが、男性もないわけではない。例えば、福島県大沼郡昭和村山神平の小椋甲子さん（大正十三年生まれ）は次のように語る。――クサムシ（カメムシ）が越冬のために家の中にたくさん入る年は雪が多い。「いい男、いい男」と言ってつかむと臭くない。

事例の中で示せば㉞㉟㊱（岡山県、広島県）に登場する「ハットウジイ」も男性である。この語義は難解であるが、「法度爺」と考えてもよさそうである。『改訂総合日本民俗語彙』[1]の中に「ハットウバリ」という語が収録され、以下のように解説されている。――「児 静岡県浜名郡地方で、通せんぼのこと。ハットは法度と書くのが正しく、語音が快いために児童語にまで拡張したものかと思われる」。ハットウジイは、悪臭を放って相手の動きを止めるカメムシを、通行禁止を指示する法度爺に喩えたのである。㉟は、臭いで相手の動きを阻止するハットウジイに、「良い女房、可愛らしい女房を世話するから通してくれ、臭いを止めてくれ」と呼びかける構造になっていると見ることができよう。このように見てくると、事例⑫の「ヘット女郎」も、法度女郎の変化と見ることもできる。

〈形状系〉「カメムシ」（亀虫）という呼称自体が形状呼称であるが、ガメムシ（㉘）も同じである。ヒラクサ（害虫事例ⓙ高知県）の「ヒラ」はクサギカメムシやアオクサカメムシの扁平な形状を示すもので、それが「臭さ」と結合したものである。袮㉓も、肩のいかったカメムシの形状を比喩的に示す呼称である。栃木県佐野市仙波ではカメムシのことを「ヒラッカ」（ヒラカとも）と呼ぶ。ヒラカは「平下駄」のことでこれも形状呼称である。

〈吹息系〉　事例㊲㊳㊴の「ホームシ」「ホーヒメ」の「ホー」は、人が対象物に息を吹きかける時の擬声語だと考えられる。これは㊴の「ホーカする」（息を吹きかける）と臭みがとれるという伝承と深くかかわる。「ホー」という擬声語が「ホーカする」と動詞として使われており、息を吹きかけることによってカメムシの臭気を消す呪術になっているのである。事例㊵では、カメムシのことを「フー」と呼ぶという。これは、息を吹きかける擬声語が直ちにカメムシの方名になっているのである。㊶「フームシ」もこれと同様である。

さて、人の住居で越冬しようとする臭いカメムシを指でつまんで屋外に捨てなければならない場面も多い。つまみ出す時に悪臭から免れるための呪術の一つに前述の「褒め殺し」があったわけであるが、いま一つの注目すべき呪術対応として「息を吹きかける」という行為がある。その対象として、カメムシが狙われるのは当然のことである。事例①②⑰㉓㊴㊶㊹など、青森県から宮崎県に至るまで広域に及ぶ。これが基本となるのであるが、自分の手に息を吹きかけるもの（⑩）、指にかけるもの（㉔）といったものもある。その他の呪的所作としては、㉕の「鼻をつまむ」は当然すぎる感じもあるが、自分の手を嗅いでから持つ（⑫⑭㉒）、自分の指を嗅いでから持つ（⑧）なども、臭気対応の呪的な所作として注目しておきたい。

息を吹きかけるということは、そこに起きる空気の動きによってカメムシの臭気を追うという即物的効果を超えたものである。「息」は「生き」に通じ、「生きの緒」（生命）にも通じている。息には霊力、呪力があるので、息を吹きかけるということの意味は重い。常光徹氏は『しぐさの民俗学――呪術的世界と心性』[2]の中で、「息を「吹く」しぐさ」をとりあげ、傷を治す時や山野の水を飲む時に息を吹きかけるなどの事例に細かく目を配っている。カメムシの呼称や消臭の呪的行為「息を吹きかける」なども、小さいことではあるが当然注目されるはずのものである。

三　屋内越冬と生態伝承

〈屋内越冬〉　カメムシ、とりわけクサギカメムシの大量発生は来るべき冬の多雪を予告した。このことが広域で伝承されてきたのは、クサギカメムシが人家の屋内で越冬しようとして降雪前に大挙して人家に侵入してきたからであった。人びとはこの臭い虫と向き合い、時には箒で掃き出し、時には指でつまんで外に捨てなければならなかった。それでも人と同居して越冬する虫も少なくなかったのである。事例⑦⑭㉖㊶㊷などはその間の事情をよく物語っているのであるが、特に⑦は生態観察が詳細で降雪量の予想にも現実感が湧く。⑭でもカメムシが壁際に集まって越冬することが語られている。

長野県下伊那郡阿智村清内路の野村宣鎮さん（昭和七年生まれ）が山中の大桜という地に持っている出作り小屋を訪れたことがあった。小屋といっても普通の民家であるその出作り小屋で大量発生したクサギカメムシが越冬する、そのカメムシを狙ってキツツキが外から土壁をつついてあけた丸い穴が点々と残っていた。それは高い位置だった。板壁にあけられた同様の穴を各地の神社で見たことがあった――キツツキがあけた穴、それが思い起こされた。あれは越冬するカメムシを狙った穴だったのだ。

〈スギとカメムシ〉　事例④（岩手県）、⑨（山形県）でスギの木とカメムシの関係が語られており、害虫的側面の事例ⓔⓕ（長野県）では、スギの実の多寡とカメムシの発生、家屋侵入の多寡が語られている。いずれも伝承者の体験にもとづくもので、その因果関係や科学的根拠が明確になっているわけではないが、複数例があがったので指摘しておく。

〈害虫としてのカメムシと食物連鎖〉　害虫としてのカメムシについては事例は少ないが先に述べたとおりである。中で、イネの被害についてふれた。カメムシが稔りを前にしての実の液汁を吸うために、稲籾を脱穀精白した米に吸汁痕がつき、米が斑点米やシイナ（死稲）、割れ米になったりする（ⓐⓑⓒⓓⓖⓘⓙ）。学研生物図鑑『昆虫Ⅲ[3]』の解説には以下のようにある。「斑点米の原因となるカメムシは八〇種近く知られている。主なものは、カメムシ科・ヘリカメムシ科・ナガカメムシ科に含まれている」とあり、「カメムシはイネ栽培の重要害虫だ」とも述べている。稲作に害を与えるものがカメムシ目の中で八〇種に及ぶというのだから、果実、畑作作物に害を与えるものまで含む「作物害虫」としてのカメムシの総数はさらに多種に及ぶ。事例の中に登場しているカメムシの種の同定は困難である。

さて、害虫事例ⓒⓓでは、イネにつくカメムシをトノサマガエルが捕食することにふれている。また、一般事例㊱では、ダルマガエルがカメムシを捕食するとしている。㊱の話者、桜井陽子さんは「生物多様性保全型農業」を営み、殺虫剤や農薬に頼らないで、カメムシの退治はダルマガエルに任せていることになる。害虫事例ⓓの北原さんもトノサマガエルが姿を消してしまったことに自省の表情を示していた。事例㊸では種は特定していないが、カエルがカメムシを補食することを語っている。ここまででは、カエル→カメムシ→イネという食物連鎖を確かめることができる。害虫事例ⓒでは、ここにヘビが加わっており、農にかかわる者には食物連鎖を見つめる葛藤の心情があったことがわかる。

リンゴ・ナシ・カキなどの果実を実らせて暮らしを立てている果樹農家にとってもカメムシの被害は深刻である。種は同じとは限らないが、悪臭に見舞われ、手痛い作物被害を受けながらも、この国の人びとは屋内に侵入し、越冬するカメムシに対して憎悪に満ちた徹底排除とは異なる対応をしてきた。美しいことばによる「褒め殺し」、ユーモアに満ちた呼称、消臭呪術などによって穏やかに追送してきたことがわかる。

注

（1）柳田國男監修・民俗学研究所編『改訂綜合日本民俗語彙』第三巻（平凡社・一九五五）。
（2）常光徹『しぐさの民俗学―呪術的世界と心性』（ミネルヴァ書房・二〇〇六）。
（3）石原保監修『学研生物図鑑　昆虫Ⅲ』（学習研究社・一九八三）。

樟蚕

クスサン――終齢期の幼虫――

一　室生犀星『白髪大夫』に学ぶ

室生犀星が昭和二十二年十月に発表した短編小説の一つに『白髪大夫《シラガタユウ》』がある。[1] 白髪大夫とは、「クスサン」と呼ばれるヤママユガ科、大型のガ（蛾）の幼虫で、終齢期には白い繊毛に蔽われ、体長一〇センチほどの毛虫になる（写真1、2）。白髪大夫という名称も、「白髪太郎」という通称もこの姿態による。シラガタユウはシラガダユウとも呼ばれ、一般には「白髪太夫」と表記されるが室生犀星の作品にかかわる部分は犀星の作品の表記に従って「白髪大夫」とする。クリの木につくところから「栗毛虫《くりけむし》」とも呼ばれ、またこの幼虫からテグスがとれるところから「テグス虫」とも称される。

犀星の作品は、後ろの山から庭にかぶさるクリの大木に群をなして棲息する白髪大夫の成長過程から繭ごもり直前の生態、繭ごもりの前後観察にもとづき、その変容を具《つぶ》さに描写したものである。白髪大夫の生態を通じて生あるものへの深い共感を描いている。この作品を読めば「白髪大夫」なるものがいかなる生きものであるかがよくわかる。

孵化したての小さな毛虫から次第に成長してゆくのだが、犀星は、その成長過程を板屋根に落ちる糞の音から感じる。それは、夏が来て春セミの声がしなくなると始まる。初めは粟粒ほど微かなしぐれの音だが、やがて、米粒の音、最後にはアズキ、あられの降るような音となる。一箇所に三合も四合もたまる。やや長くはなるが終齢期の生態描写の要点を引用する。

或日落ちて来た毛虫は普通の栗虫ではなくもはや完全な白髪大夫の姿に変ってゐた。乳白色の胴体にほんの少しばかり薄緑を溶かしたやうになり、蚕のやうなつやをふくみ、一面におなじ乳白色の毛をはやしてゐた。その毛は繊くやさしく又するどく立ってゐて一見美しい植物的な円光をもってゐた。……

繭ごもりを間近にした白髪大夫の描写として優れている。そして、幼虫もこの時期にしてはじめて「白髪大夫」の名を負うものであることがわかる。この時期の白髪大夫が、樹上から五匹も六匹も落ちてくるというのである。

犀星の観察した一匹は玄関の格子戸の桟と桟の間をひそかな隠れ場として糸張りと繭ごもりを始める。その近くには昨年・一昨年の繭もついたままで残っていた。

写真1　クスサン　提供・川邊透

写真2　クスサンの幼虫「シラガタユウ」
提供・川邊透

……粗雑だと見たかれの網のふくろは、精密な南京袋のやうな強さでむしろ手固くつゝむがれてゐた。……

白髪大夫は繭ごもり直後、ネズミの音かとまがうほど繭の中で音を立てて動くが、やがて頭を上にして涅槃の状態に入る。

犀星は特徴ある白髪大夫の繭のことを「網の袋」と表現している。たしかに白髪大夫の繭は網状である。横瀬夜雨の詩に「にしやどっち」(2)という作品があり、そこではこの虫のことを「白髪太郎」と表現している。「白髪太郎のあまんじゃく　網の牢屋に押し籠められて」とある。網状の繭にこもっている蛹のことを「網の牢屋に押し籠められて」と表現したのである。「あまんじゃく」とは、例えばこの虫がさまざまな果樹の葉を喰う害虫的側面を示すこと、カイコの繭が白色で密閉され、中の蛹は全く見えないのに白髪太郎の繭があまりに様相を異にしていることなどからであろう。白髪太郎の繭が網状をなし、中が見えることから「スカシダワラ」（透かし俵）と呼ばれることもある（写真3）。

写真３　「スカシダワラ」（透かし俵）とも呼ばれるクスサンの幼虫が作る繭。長野県飯田市上村中郷、柄澤正一さん採取

二　「白髪太夫」の伝承をさぐる

以下に、各地でクスサンの幼虫とかかわった人びとの体験と伝承を示そう。

①この虫にはトチの葉を大量に喰う害虫的側面がある。成虫である黒い眼玉模様のあるガを「トチノキチョウコ」（栃の木蝶子）と呼び、幼虫は「シラヒゲドウジ」（白鬚童子）と呼んだ（静岡県浜松市天竜区水窪町大沢・別所賞吉さん・

昭和八年生まれ)。

②幼虫の繊毛が白く長いので「クモノス」(蜘蛛の巣)と呼んだ。幼虫の腹からテグスが採れることは知っている(岐阜県恵那市串原・藪下政俊さん・昭和十四年生まれ)。

③幼虫を「シラヒゲ」(白鬚)と呼んだ。クリの木などにつき、網の繭を作る。繭を作る直前に腹から糸を採り出し、酢に漬けてテグスを作った。ミミズを餌にしてハヤを釣った。シラヒゲはクリの木に多くいた(岐阜県恵那市明智町・保母清さん・昭和十一年生まれ)。

④毛虫のことを「オコジ」と総称するが、クリやカキにつく「シラガオコジ」は害虫なので採って踏みつぶした。毛が刺さると手が痛かった。網の繭を作る(愛知県新城市長篠小字祢宜裏・村松光男さん・昭和七年生まれ)。

⑤クリケムシ(栗毛虫)はクルミ・クリ・ミズナラの葉を喰い、網の繭を作る(山形県鶴岡市大平・大竹勇夫さん・昭和十年生まれ)。

⑥毛虫のことを「ゲンダカ」と総称するが、クリ・クルミについて葉を喰う白い毛のゲンダカを「クリゲンダカ」と呼んだ。網の繭を作る(岩手県岩手郡岩手町鳴沢・国枝喜七郎さん・大正十四年生まれ)。

⑦手で田植をした時代、広い面積の田植を終えると、指先を摩耗させたり痛めたりすることがあった。そんな時、クリムシ(栗虫)が作る網の繭を指先にはめると弾力があって指を保護することができとても助かった(宮城県岩沼市早股須賀原・渡辺成子さん・昭和八年生まれ)。ゴム製の指サック以前の、伝承知が生かされた民俗的指サックである。

⑧クリケムシ(栗毛虫)が繭を作る直前に地面を這うのを多く見かけた。網の繭を作って繭ごもりをする適所を選んでいたのであろう。繭を作る直前に腹から糸を採る。一匹一メートルほど採り、三匹分を酢か酒に浸けてテグスにした。そのテグスでハヤを釣った。ヤママユガ(天蚕)のことは「ヤマオコ」と呼び、こちらは絹

の機織りに混ぜた（茨城県桜川市大泉・船橋亮さん・昭和八年生まれ）。

⑨ウメ・ヤナギ・サクラなどについて葉を喰う。「ウメケムシ」と呼んだ。網の繭を作るが、繭をかく直前に腹からテグスが採れる（静岡県牧之原市菅ヶ谷・菅沼英喜さん・昭和十一年生まれ）。

⑩クリケムシ・テグスムシのことを「シラガダユウ」（白髪太夫）と呼ぶ。ウメの木の葉を喰い尽くし、実がならない年もあった。木箸や火箸で挟むと首を振る。網の繭に入る直前に腹から糸を採り、引きのばしてテグスを作る。川虫を餌にしてアメノウオ（アマゴ）を釣った（長野県下伊那郡天龍村平岡・遠山金志さん・昭和五年生まれ）。

⑪幼虫をシラガダユウ（白髪太夫）と呼んだ。幼虫も成虫もオニグルミの木につき、その葉を喰う。多くのシラガダユウにつかれると実がならなくなる。旧和田村はクルミを特産とし、クルミヌキ屋＝クルミの実、石果の核から可食部の身を抜いて整えて出荷する商家が三軒あり、クルミを半栽培化したり、採集する農家も多かった。クルミの仲買人も活躍していた。このような地域の人びとにとってシラガダユウは生業の敵だった。シラガダユウを一〇匹以上捕獲して空罐などに入れて役場に届けると一銭もらえた時代があった（長野県飯田市南信濃梶谷・鎌倉勇さん・昭和三年生まれ）。

⑫「シラガダユウ」はクルミの木、トチの木について葉を喰う。大発生すると実のナリに害を与えることがあった。網の繭を作るが、繭ごもりの前には繭かきの適所を選ぶためか電線を伝うこともあった。腹からはテグスが採れる（長野県飯田市上村中郷・熊谷貞夫さん・昭和十二年生まれ）。

⑬テグスムシのことを「シラガドウジ」（白髪童子）と呼んだ。シラガドウジはトチの葉を喰う。大発生するとトチの実のナリが悪くなる。大発生するとトチの葉を喰う音が聞こえた。木から木へ移動することもある。毛にさわると手が痛かった（長野県飯田市上村下栗小字屋敷・胡桃澤菊男さん・昭和五年生まれ）。

⑭クスサンの幼虫は網の繭を作る。その繭のことを「スズラドウ」と呼んだ。キーホルダーにしている人を見

かけた（広島県世羅郡世羅町小谷・桜井陽子さん・昭和三十四年生まれ）。スズラドウとは「涼《すず》ら筒《どう》」の意ではあるまいか。風通しのよい、涼やかな容器という意味で、「透かし俵」に匹敵する美しい呼称である。

⑮クリケムシの卵がクリの木の上の方につくと次の冬は雪が多い。下の方につくと雪が少ない（青森県三戸郡三戸町目時・上野あきさん・昭和七年生まれ、秋田県仙北市小山田小字鎌足・小林徳五郎さん・大正五年生まれ、岩手県岩手郡雫石町切留・横田捷世さん・昭和十八年生まれ）。

三 「白髪太夫」の実像

1 方名――姿態と食樹――

クスサンとその幼虫に関心を持ち始めたのは井上靖の『幼き日のこと』(3)に出てくる次の一文を読んだ時からだった。

クリの木の葉が繁っている頃のことであるから、八月頃のことであったろうか。タダちゃんはクリの木によじ登ってテグス虫を捕えて来ると、それを殺して、体内からテグス糸をとり出した。テグス虫というのはクリの葉を食べている毛虫で、親指ぐらいの太さで、二寸ぐらいの長さがあったように記憶している。私は今でも毛虫は嫌いだが、幼い頃はもっとひどかった。……

室生犀星は「シラガダユウ」と呼び、横瀬夜雨が「シラガタロウ」と呼んでいる虫を井上靖は「テグスムシ」と呼んでいる。この他にもさまざまな方名で呼ばれていることは事例で見てきたとおりである。そうした中で、とりわけ注目すべきは幼虫終齢期に示すこの虫の白い繊毛に蔽われた姿態にもとづく呼称である。「シラガダユウ」「シラガドウジ」もそうなのだが、他に「シラヒゲドウジ」①「シラヒゲ」③「シラガオコジ」④「シラガドウジ」⑬など白鬚・白髪など白毛系が目だつ。白という点では「クモノス」も入ってくる。白鬚は自ずから男、それも老人を想起させるものであるが、一部は童子と結びついている。白髪は翁・媼に共通するはずであるが、太郎・童子と結びつき、太夫に冠される。太夫は最高の遊女を示す場合もあるが、神職・御師・芸能集団の中心者などを意味することが多いし、白髪とも結びやすい。静岡県藤枝市にはナミアゲハの幼虫で終齢期に入ったものを「ミカンバアサン」と呼ぶ例がある。こうした例に比べてみる時クスサンの終齢期幼虫を男系で呼ぶことに注目しておきたい。その要因はさらなる調査を待たなければならないのであるが、この幼虫の爆食性と、網繭がかかわっているのかもしれない。それ以前に、白髪・白鬚・白鬢の翁を思わせる擬人呼称の中に、この虫に対する人びとの親和性を読みとることができるのではなかろうか。この虫が害虫的側面を持っているにもかかわらず――。

幼虫の食樹にもとづく命名もある。クリムシ・クリケムシ・クリゲンダカ・ウメケムシなどがそれである。また、「オコジ」「ゲンダカ」といった毛虫一般の方名の上に、終齢期の姿態の特徴や食樹を冠する呼称、「シラガオコジ」「クリゲンダカ」などもある。

成虫の方名は「トチノキチョウコ」①がある。また、特色ある繭については「スズラドウ」⑭を学んだが、これらは調査を重ねればさらに多くを学ぶことができるはずである。

2　採集民俗と白髪太夫

この幼虫の食樹が多種に及ぶことは事例で見たとおりである。その中では、「クリケムシ」「クリムシ」「クリゲンダカ」などの呼称でもわかるとおり、また、室生・井上の作品・事例③④⑤⑥⑧⑮とクリが中心的な食樹であることはまちがいない。クリは、自生の山グリも、栽培グリもあるのだが、カキ・ウメなどは栽培種である。

ここで特に考えてみたいのは、クリ・トチ・クルミといった採集系堅果・石果などを恵みとして暮らしに生かしてきた人びととクスサンの幼虫との関係である。この国の山村、とりわけ、落葉広葉樹林帯の山地で暮らしてきた人びとは、常に多種の生業要素を複合させて暮らしを支えてきた。その中には必ず縄文時代以来の採集要素が入っていた。クリの実やトチの実を自家の食糧構造の中に組み込むという事例は近代以降にも見られた(4)。また、栄養価が高く、美味でもあるクルミの実を、胡桃飯、胡桃餅、和えものなどにして食べた地は広域に及んだ。クルミの栽培化、半栽培化の例も多い。所収事例の中で、⑤⑥⑪⑫などではクスサン幼虫のクルミに対する食害にふれているが、この他、山形県米沢市大平、静岡県浜松市天竜区横川上百古里などでもクルミの食害について聞いている。中でも、⑪では、村役場でクルミに対するクスサン幼虫の食害対策として予算を計上し、褒賞金を出していたことが明らかになった。

事例①⑫⑬ではトチの木の葉の食害にふれている。伝承地の静岡県浜松市天竜区水窪町や長野県飯田市上村は、現在までトチの実の食習が続いている地域である(5)。大量の実を恵むトチの木は巨樹であることが多い。クルミに比べれば葉も大きく、葉の量も多いのであるが、それでもクスサンの幼虫が大発生すると実のナリが悪くなるという。木の実にはナリ年とウラ年があるため、クリの実やトチの実を食糧構造の中に組み込むには保存・貯蔵・食法などの細かいくふうと計画性が必要となる(6)。したがって、ウラ年とクスサン幼虫の被害が重なった場合はかなりの痛手となる。

民俗の視座からすればこのように、クスサンの幼虫はクルミやトチとのかかわりが深く思われるのであるが、この虫がなぜ、樟香があり樟脳の原料となる「クス」の名を負ったのか不思議である。静岡県牧之原市菅ヶ谷の菅沼英喜さん（昭和十一年生まれ）は、蚊遣りに有効な方法はクスノキの薪を焚くことだと語っている。

事例⑦に見られるクスサンの繭の指サックはまことに貴重な伝承である。こうした事例をさらに収集してみたい。終齢期のクスサン幼虫の腹から絹糸腺を採り出して酢と食塩水にひたして引き伸ばし、乾かしてテグスにするというのが知られたテグスの作り方であるが、事例③では酢、⑧では酢か酒を使ったとしている。専門的なテグス製造ではなく、民間や子供たちの間でクスサン幼虫からのテグス作りが広域で行われ、それが釣りと連動していることもわかった。

注――――

（1）室生犀星「白髪大夫」（『世界』収載・東京出版・一九四七）。
（2）横瀬夜雨「にしやどっち」初出一九二六（与田準一編『日本童謡集』岩波文庫・一九五八）。
（3）井上靖『幼き日のこと』初出一九七三（『幼き日のこと・青春放浪』新潮文庫・一九七六）。
（4）野本寛一『自然と共に生きる作法――水窪からの発信』（静岡新聞社・二〇一二）ほか。
（5）野本寛一前掲（4）に同じ。
（6）野本寛一『栃と餅――食の民俗構造を探る』（岩波書店・二〇〇五）。

蚋と蚊

ブユとカ

―ブユとは、カとは

ブユは「蚋」「蟆子」などと漢字表記される、双翅目ブユ科昆虫の総称である。ハエに似るが体長二～五ミリと極めて小さい（写真1）。雌の成虫は人・家畜・鳥類について吸血する。刺咬を受けた後の瘙痒感や腫《は》れに悩まされる。気温や照度によって活動に差があり、夏季の朝夕、ほの暗い時間帯に活発に動く。

写真1　ブユ

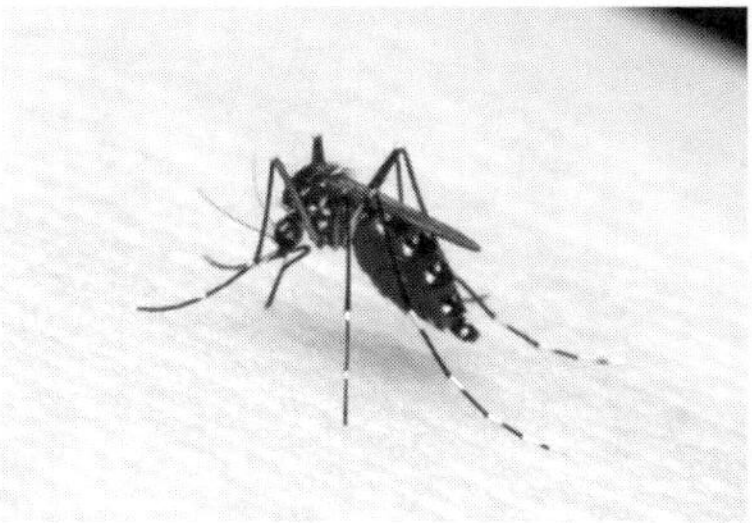
写真2　カ

東日本では「ブト」西日本では「ブヨ」と呼ぶ地が多いと言われているが、わが国では五〇種以上が確認されており、地方によってその呼称や伝承はさまざまで、民俗的伝承にかかわる種の同定は困難である。愛知県新城市長篠の村松光男さん（昭和七年生まれ）は「白ブヨ」「黒ブヨ」と分けて呼び、「雨降りの前には白ブヨが舞う」と語る。愛知県豊田市足助町田振の近藤鉹枝さん（昭和十三年生まれ）はブユのことを「ブヨー」と呼び、ワタムシのことを「ブトー」という。「ブヨーが舞うと雨が降る」、「ブトーが舞うと寒くなる」と語る。滋賀県長浜市余呉町菅並の西村敬治さん（昭和九年生まれ）はブユのことを「ブト」と呼び、その被害の激しさを語る。別に、目の周囲に集まって飛ぶ「メセセリ」のことを「メマイ」と呼ぶ。柳田國男は宮崎県東臼杵郡椎葉村の伝承を次のように記している。(1)

小さい事ではブヨを蚊と呼び、蚊を夜蚊と謂ひ、薇《ぜんまい》のホドロを藁しべで巻いて、火をくゆらせたのを腰に下げ、其煙で蚊を逐ふものを蚊火と謂って居たが……

微小な飛翔衛生害虫の呼称にはゆらぎがあったことがわかる。

カとブユという形で並称されることが多いが、カには住居の中にいても吸血されることが多いのに対し、ブユの被害は屋内ではほとんどない。そのため、ブユの害は一般にはカに対するほど強くは意識されない傾向がある。しかし、山野・田畑で作業をする人びとの、夏季におけるブユの被害は甚だしく、その対策にも苦心とくふうが見られた。

カ「蚊」は双翅目カ科に属する昆虫の総称である（写真2）。日本ではハマダラカ類、イエカ類など百種ほどが確認されている。雌の成虫が、長い口吻を人畜の皮膚に刺して吸血する。吸血された箇所に強い瘙痒感が残る。現今その危険性は減少したが、カは、マラリア・日本脳炎・デング熱などの伝染病を媒介する。カは、夏季大量に発生し、人びとを悩ませてきた。殺虫剤・網戸の普及、空調設備の普及充実、発生源たる、幼虫＝ボウフラの棲息する水環境の浄化・整理の徹底などによってイエカの被害は驚異的に減少してきている。しかし、昭和三十年代までは蚊帳《かや》に頼る家も多く見られた。筆者が幼少年期を過ごした昭和十年代から二十年代にかけては蚊帳なしで夏の夜を過ごすことは考えられなかった。蚊帳は麻で、緑色に染められていた。蚊帳を吊る時には蚊帳の中にカが入らないように注意し、蚊帳の中に入る時にも団扇で、蚊帳を捲《まく》りあげる部分を扇いだり、蚊帳をゆすったりして付近のカを追ってから入るように躾けられた。カとはそれほどに執拗で、油断ならない生きものだった。来客用の蚊帳は薄い水色で模様もあった。私はその体験を直接聞いたことはないのだが、近世以来、蚊帳が入手しやすい値段で流通する以前、この国の農山村では、麻やカラムシなどの繊維をつむぎ、ムラの女性たちが「結い」を組んで蚊帳を作り、順にイエイエの蚊帳を増やしていったのだという。「結い」仕事で蚊帳ができあがると、「蚊帳祭り」と称して餅を搗いて祝い、共食したのだという(2)。夏、マダケの藪や山に入るとイエカよりもやや大ぶりで体に縞のあるヤブカに襲われた。刺された箇所を手で叩くと、血とともに、長い口吻、縞のある胴、曲節する足などが確かめられておそろしげだった。

イエカのこともヤブカのことも忘れていた平成元年五月三日、高知県室戸市吉良川町で八幡宮の御田祭を見学して丸亀に泊まり、翌日岡山県真庭市に向かう予定だった。瀬戸大橋開通にかかわり、丸亀のホテルも旅館もすべて満室だった。やむなくJR多度津駅のベンチで寝た。五月三日だというのに一晩中カに悩まされたのである。カの活動季節をあらためて体感した。その後、平成二十三年、長野県飯田市で、マチの民俗調査に参加した。その折、多くの方々から、夏、蚊帳の中にホタルを入れて楽しんだという話を聞いた。

ここでは、カとブユを分けて報告する形をとらなかった。それは、野外で、夏季、農作業や山仕事に携わる場合、カとブユに対する対策は、両者を兼ねて行うことになるからである。一方、屋内の場合はカが中心となった。屋内におけるカへの対策としては蚊帳にかかわる調査が欠落したことを自省している。

二　山野のブユ・カに対す

1　装着防虫具の実際

①焼畑に作るアワの草とりの季節になるとブユ・カ・ウル（メクラアブ）に悩まされる。これらの害虫を除けるために「カビ」に点火して燻す。カビには、アワの穂の部分のカラを集めて藁で巻き固めたものと、木綿のモッコ（ボロ）を綯ったものとがあった。前者を「キガラカビ」、後者を「モッコカビ」と呼んだ（石川県白山市白峰・長坂吉之助さん・明治二十八年生まれ）。旧白峰村ではカビのことを「カンコ」とも呼んだ。同地には「カンコ踊り」が伝えられており、その歌詞に、〽カンコ腰に　粟の草とり　心は辛気　盆恋し――というものがある。

②夏季の農作業にはブユ・カ・メナシアブ（メクラアブ）などの害に遭った。それを除けるために「カビ」を使った。カビには木綿のボロを固め、外を藁で縛り固めたものと、藁を綯い固めたものとがあった。前者の形は長さ一尺、底部径一寸ほどの長円錐形で、上の綯いの部分を腰に挿す棒に結びつけられるようにしてある。ブユやカには藁カビでも効くがメナシアブには布カビの方がよく効いた。山へ入る時、作業に出る時には二本のカビを用意して行った。カビに点火するのは虫が活発に動く朝と夕方だった。カビを作るのは、冬の仕事だった（福井県大野市上打波・岡ゆりさん・明治二十五年生まれ）。

③ブト（ブユ）に刺されるとそこが腫れる。ひどい時には「クサ」（瘡＝腫れもの）になる。ブユ除けには「カンコ」を使う。カンコは木綿のボロ・綿屑・青草を藁で包むようにして外周を藁で括る。括れば括るほど火持ちがよくなる（滋賀県長浜市余呉小字菅並・西村敬治さん・昭和九年生まれ）。

④女性がかぶる「ブユ除けの被《かぶ》り物」があった。藁製で、雪帽子型、頭と首を覆う形で、前面に布を垂らしたもの、これをかぶって農作業をした。昭和十年代まで使われていた。男は頬かむりだった。田の草とりや草刈りなどには「クスベ」を使った。クスベは木綿のボロと藁を綯ったものだった（滋賀県米原市上野・滝沢一郎さん・昭和十二年生まれ）。

⑤夏季の農作業中にブユやカから身を守るために「イブシマキ」（燻し巻き）を使った。木綿のボロと灰を藁で包み、堅く、密に括ったものに点火するのだが、衣類に火が移るのを防ぐのにモウソウチクの皮を使った（熊本県水俣市頭石・柏木好喜さん・昭和八年生まれ）。

⑥夏季、屋外のブユ除けには、澱粉を採った葛根のカスを芯として周囲をススキ・麦稈などで囲み、堅く巻き固めたものに点火して燻すという方法をとった（宮崎県東臼杵郡椎葉村竹の枝尾・中瀬守さん・昭和四年生まれ）。

⑦田の草とりや草刈りの時ブユにやられるので「カッコ」、「ブトクスベ」を作って除けた。カッコは次のようにして作って使った。長さ一尺ほどの木綿のボロ束を藁で堅く縛り固めたものを一尺ほどの棒の先につけて点火し、棒を腰に挿す。カッコは朝夕一本ずつ使った。夏の朝夕には「メトバリ」（メセセリ）もついた（奈良県天理市山田町・今西太平治さん・大正九年生まれ）。長野県飯田市南信濃八重河内本村の山崎今朝光さん（大正十一年生まれ）はここでいう「メトバリ」のことを「メッツキ」「メサワリ」と呼び、盆ごろから発生して眼の周囲に集まるので鬱陶しいと語る。ブユの一種である。メトバリは「目帳《めとばり》」の意で古風な呼称である。

⑧夏季の農作業、山仕事などでブユやカを除けるために「ホデ」（火手）を使った。ホデは、木綿のボロ布を芯にして、外側を藁で囲み、堅く縛り固めたものである。点火した火が衣類に移るのを防ぐためにフキの葉を使った。また、大型のホデを作って、焼畑や山田を荒らすイノシシを除けるために夜間点火して燻した（鳥取県八頭郡若桜町落折・平家義勝さん・明治四十四年生まれ）。

⑨「ブユに刺されると三年前に刺されたところが痒くなる」と言われている。風呂に入ると痒さが増す。ブユ除けにはハッカ（薄荷）の葉を揉んでその汁を手足や首に塗ってから田畑に出るとよい（静岡県牧之原市菅ヶ谷・菅沼英喜さん・昭和十一年生まれ）。

⑩静岡県島田市伊久美小字中平から島田市川根町上河内へと移動しながら一番茶と二番茶の茶摘み娘として働いた。二番茶は六月二十日からで、ブユ・カ、時にはムカデに悩まされた。それらの防除には二つの方法で対処した。その一つは「コシゴロモ」（腰衣）である。腰衣は年寄の古い着物をほどいて作ったもので、腰巻・端折った着物の上から、腰から踝《くるぶし》までを保護するものだった。季節がら雨でも降ればとりわけ蒸し暑くなった。いま一つは「カコ」である。藁と木綿のボロ布を混ぜて綯った一尺ほどの縄で、これを三尺の竹の先につけ、縄の先端に点火して燻すのである。これを自分の側に立て、移動させながら茶を摘んだのである（静岡県焼津市中新田出身・山本とみさん・大正七年生まれ）。

⑪茶畑にはブユやカが多い。二番茶の季節にはとりわけ被害が甚だしいので茶畑でヨモギやスギの生葉を燻した。ブユやカに刺された時にはドクダミやフキの葉の汁をつけた（静岡県榛原郡川根本町上岸・戸沢くまさん・大正四年生まれ）。

⑫夏季、田の草とりなどの農作業をする時にブユやカに刺されるので「ブトーダイ」を使った。ブトーダイとは、芯に木綿のボロ布を入れ外周に麦稈を添え、堅く縛ったもので、これを燻した。ブトーダイとは「蚋松明」の意と思われる（岐阜県恵那市串原・藪下政俊さん・昭和十四年生まれ）。

⑬六月・七月の除草や草刈りの時ブユにやられた。雨の降りそうな日の夕方には「ヌカブト」と呼ばれるブユが霧のように迫ってくる。ブユ除けには「カコウ」を使った。カコウは、木綿のボロ布を綯った一尺ほどの太縄で、これを長さ尺五寸ほどの棒の先に結びつけて点火し、棒を腰に挿して使った。ブユの被害は人によ

ると言われた。ブユにとても弱い人と、比較的強い人とがある。自分は弱い方で、集中的にやられると動けなくなることがあった（静岡県浜松市天竜区横川上百古里・栗田基夫さん・昭和七年生まれ）。

⑭夏の農作業の時、ブユやカを除けるために、木綿のボロ布の縄に点火して燻した。これを「ヨガユブシ」「カユブシ」と呼んだ。屋内で人やウマにつくカを除けるためには生のスギの葉を燻した（岩手県遠野市山口・佐々木きよさん・大正十四年生まれ）。

2 ブユ対策から見えるもの

カとブユを並べてみると、カの方がマチや大都市においてもよく知られているのに対してマチの人びとにとってブユの方はかかわりの薄い虫であることに気づく。それは、カは屋外で作業をしなくても、主として夕刻から夜間にかけて屋内に侵入してくるのに比して、ブユは、畑・田・山などに出向いて作業をする時にはじめて遭遇するものだからである。山野・耕地の作業ではブユのみならず、カ・アブ・ハチ・ムカデ・毛虫（チョウやガの幼虫）などにもやられる。ブユに刺された被害は事例③⑨⑬に示したごとく意外に激しいものがある。カよりもひどいのである。それゆえに、事例に示したように、カビ・カコ・カンコ・イブシマキ・ホデ・ブトーダイ・クスベなどさまざまな方名で呼ばれる「燻し」による防除法が、木綿のボロ布にさまざま素材を加えてくふうされてきたのである。装着法は、「燻し」のもとを一尺から一尺余の棒に結びつけて腰に挿すという形が多かった。燻しは燃焼物であるゆえに衣類への転火を防がなければならない。その防火には⑤ではモウソウチクの皮⑧でフキの葉が用いられている。実際にはさらに多様で、アルミ板、ブリキ板などを湾曲させたもの、さらにはアルミ製の漏斗の転用などの例も見たことがある（写真3）。昭和五十年代には、渦巻型蚊取線香をごく薄い円筒・円板形のケースに固定して入れ、それを腰に吊り下げて作業をする姿がごく一般的なものになった（写真4）。「作業用クスベ」、「カコ」「カビ」の近

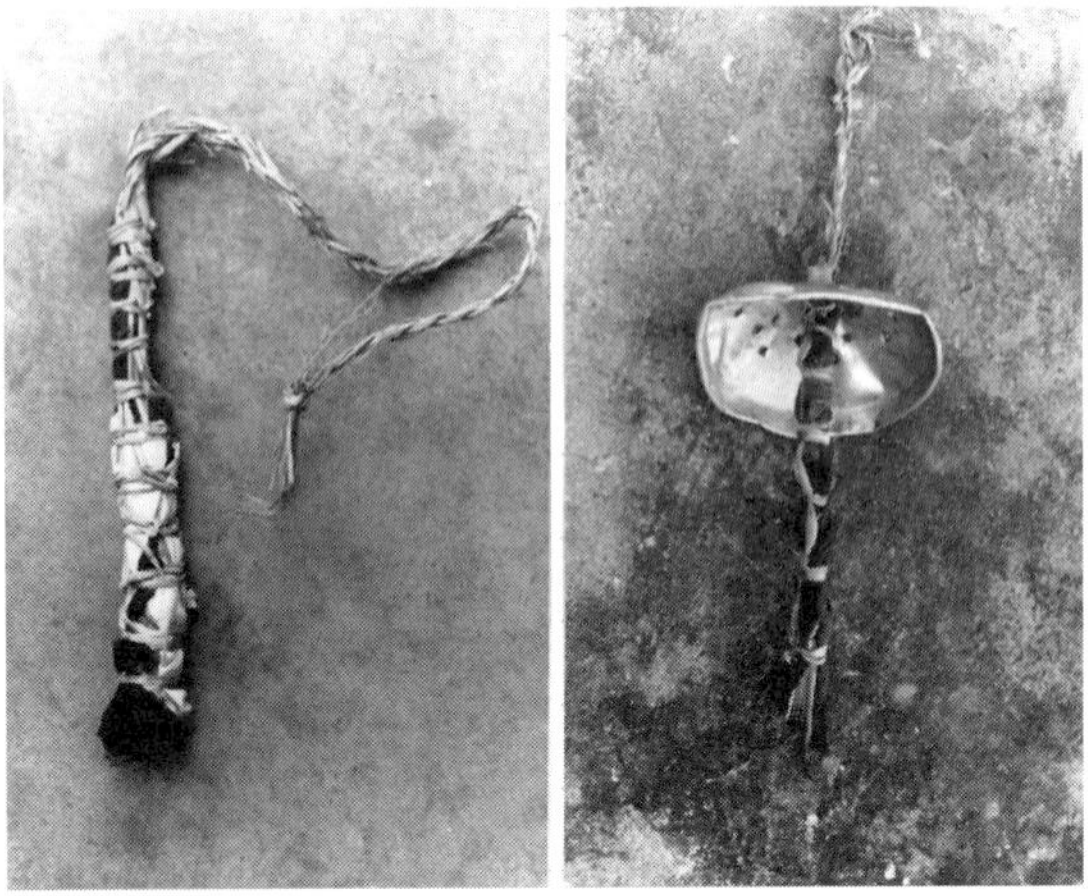

写真３　虫除けのカンコ（左、福井県大野市上打波、右、石川県白山市白峰）

写真４　渦巻型蚊取線香を入れて腰に付ける防虫具

代化である。

ブユに刺された場合の応急処置にはドクダミの汁・フキの汁があり、予防にはハッカの汁が使われている。

事例⑩はブユやカその他の害虫の活動が活発になる二番茶の季節で、ここでは、腰下を防御する腰衣をつけ、カコも移動式である。害虫への対応も、作業や地域によって異なるのは当然のことである。事例②⑦ではブユやカの活動が活発になるのは朝夕の薄暗い時だとし、朝夕一本ずつのカビ、クスベ（カッコ）を使っている。害虫の生態をよく知ってこそ有効な対応ができるのである。

ここで注目しておきたいのは事例④で語られた女性の「ブユ除け」の被り物である。農作業に携わる時の仕事着や被り物は当然のことながら、さまざまな阻害要因に対応できるようにくふうされ、知恵が蓄積され、民俗として伝承されてきたものである。被り物のみならず、「手甲」「脚絆」「刺し子足袋」なども、さまざまな阻害要因を防いできたのであり、その中にはブユ・カ・アブ・ヒルなどの害虫防除もあった。④のブユ除けの話を聞いた時、山形県の庄内地方で見た、女性の覆面「ハンコタナ」（半子手拭）を想起していた。山形県・秋田県の日本海ぞいの女性たちが顔を保護するハンコタナは、季節風・吹雪・田の草とりの葉ずれなどを防ぐものだとされている。手もとに『平成二十四年度春季企画展・かぶりものと女のモノ語り・なぜ女は顔を隠すのか？』（新潟県立歴史博物館）という図録(3)がある。働く女たちの覆面型被り物として、「ドモコモ」「オカブリ」「ボシ」「カガボシ」「ツノブシ」「テナガボッチ」「サントク」「フルシキボッチ」「オカブリ」などの、個々の写真・装着法などが説明されている。中で「サントク」の説明は次のようになされている。「汗が眼に入らず、日焼けせず、虫がささぬ」。これらは夏季の効用である。首肯できるところである。夏季の作業着と被り物の防虫的側面については詳しく見直してみなければならない。

三　家の蚊遣り

1　蚊遣りの実際——蚊取線香以前——

①屋内の蚊遣りにはモロンジョ（ネズミサシ）の生の枝先を燻した。また、除虫菊を栽培し、花と茎を干しておいて燻した。牛小屋のウシのためにも蚊遣りをした（奈良県天理市萱原・久保正夫さん・昭和五年生まれ）。

②蚊帳は昭和二十五年まで使った。カはウマにも害を与えるので、夏季には母屋でも、厩でもヨモギを燻して蚊遣りにした（長野県飯田市南信濃八重河内本村・山崎今朝光さん・大正十一年生まれ）。

③蚊遣りとして家の入口ではヨモギ・アセボ（アシビ）を燻し、家の中では火鉢でモロノキ（ネズミサシ）を燻した（滋賀県甲賀市信楽町神山出身・堀志代さん・大正元年生まれ）。

④牛舎のウシにカ・ハエ・アブなどがつくので牛舎の梁から松葉のついた枝を吊るしておき、ウシが自分で背

中をその枝にこすりつけて虫除けをするようにくふうしておいた（長野県飯田市上村下栗小野・成澤徳一さん・昭和二年生まれ）。飯田市伊豆木小字数田の林重隆さん（大正十二年生まれ）は、ウマにつくカ・アブ・ハエを除けるために同様の方法をとっていた。

⑤古鍋にヨモギを入れて戸口で燻し、その煙を家の中に煽ぎ込んで蚊遣りにした（兵庫県美方郡新温泉町久斗山・田村富恵さん・昭和二年生まれ）。

⑥蚊遣りにはモロノキ（ネズミサシ）を使った。ウシの蚊遣りにはカートリグサ（ケキツネノボタン）を燻した（三重県伊賀市諏訪・中山誠一さん・大正四年生まれ）。

⑦蚊取線香以前の蚊遣りは、クワの根とススキだった。それに郊外に行って切り採ってきた野菊を干しておいてカの多い時にくすべた（三重県伊賀市上野福居町・寺村壽夫さん・大正八年生まれ）。上野福居町は旧上野市の市街地である。市街地でもカには悩まされ、蚊遣りの植物はすべて近郊の農村部に頼っていたことがわかる。注目すべきは「野菊」である。除虫菊との関連を認めることができる。

⑧乾燥保存しておいた除虫菊の花と茎を七輪で燻す。また、割れ鍋や罐の蓋などに灰を入れ、そこに燠《おき》を置いてその上に木綿のボロを乗せて燻した（熊本県水俣市頭石・柏木好喜さん・昭和八年生まれ）。

⑨方名「スッパキ」の葉を乾燥させておき、古鍋に入れて燻し、蚊遣りにした。また、山から蔓草を採ってきて軒に吊るしておけばカが入らないと言い伝えた（沖縄県石垣市白保・仲島たまさん・大正五年生まれ）。

⑩西表島白浜にあった炭坑の石炭片が祖納の浜へ流れ着いた。その石炭片を燃やすと蚊遣りになった（沖縄県八重山郡西表島祖納出身・高道ヨシ子さん・昭和四年生まれ）。

蚊取線香や噴霧式殺虫剤が普及する前、あるいは、これらを蚊帳とともに使用する時代になっても一方では伝統的な蚊遣りを使って対応しなければならない時代は長かった。先に、蚊遣りについて若干の事例を示したのだが、それを見ただけでも、人びとがくふうをこらし、さまざまな植物を燻して蚊遣りとして使ってきたことがわかる。事例を含め、筆者がこれまで確かめてきた範囲で蚊遣りに使われた植物とその使用地を示しておこう。

［ネズミサシ］　事例①（モロンジョ）、③（モロノキ）、⑥（モロノキ）、静岡県浜松市北区引佐町三岳（ヒムロ）、滋賀県米原市万願寺・同間田（ヒムロ）、京都府南山城郡和束町木屋（モロノキ）ほか。

「ネズ」とも呼ばれ古名は「ムロ」という。方名の中に古名が生きている。ヒノキ科ネズミサシ属の常緑針葉樹で葉の突刺性が最も強いので、イモムロや養蚕などのネズミ除けに使われた。関東以南の西日本に自生し、近畿地方では蚊遣りとして多用された。奈良県の大和盆地と東山中の間にウシの貸借慣行があったのだが、山地で預かって使ったウシを盆地（平地）に帰す時、平地にはないネズミサシを蚊遣り用にみやげとしてウシの背につけて帰すといった慣習があるほどだった。その他、ネズミサシをめぐる民俗文化は古く多彩だった。(4)

［ヨモギ］　②③⑤、秋田県湯沢市院内銀山町、山形県鶴岡市七五三掛、福島県耶麻郡猪苗代町楊枝、新潟県魚沼市外山、福井県大野市貝皿、愛知県新城市一色、静岡市葵区田代、山梨県南都留郡鳴沢村鳴沢ほか。身近で採取することのできるヨモギを広域で用いていたことがわかる。ヨモギは草餅の素材、艾《もぐさ》の素材でもある。また、冬季、体を温めるために風呂に入れる植物の一つでもあった。そして端午の節供にショウブとともに軒に葺かれ、邪悪なものの侵入を防ぐ呪的植物でもあった。

［スギの葉］　秋田県湯沢市秋ノ宮、岩手県遠野市山口、宮崎県東臼杵郡椎葉村竹の枝尾ほか。

［除虫菊］　①（奈良県）⑧（熊本県）——ともに、自家で栽培した花つきの茎を乾燥保存しておき、それを蚊遣りとして使っているところに注目したい。除虫菊はキク科の多年草、バルカン半島原産でわが国では明治十八年和歌山県で栽培され、それが全国に広がったとされている。花を乾燥させ粉末にして蚊取線香や殺虫剤にしたのである

が、それが産業化し流通システムに乗る中で、瀬戸内海島嶼部が一大産地となった。除虫菊は移植法をとり、移植の翌年五月下旬から六月上旬にかけて花が八分咲きのころ収穫する。畑地の利用計画によって根刈り、または根こぎをし、ともに千歯扱きにかけて花と茎とを分ける。花は三段階に分類してよく干しあげる。上等は花弁が白いこと、芯が大きいことなどが条件となる。二〇キロ入りの麻袋に入れて出荷する。茎は「キクガラ」と呼ぶ。愛媛県越智郡上島町岩城の西村利夫さん（大正十四年生まれ）はキクガラを自家用の蚊遣り・風呂の燃料・堆肥などにした。同家で除虫菊を栽培したのは昭和二十九年までだった。広島県因島市重井町に住み、地元はもとより佐木島・細島にまで渡り、「渡り作」（旅畑）として除虫菊栽培をした村上松夫さん（昭和十二年生まれ）が、除虫菊栽培を廃止したのは昭和四十年のことだった。除虫菊・甘藷・ムギの組み合わせから温州ミカン・エンドウ・キャベツ・ピーマン・ニンジン・スイカ・ハウスメロンといった換金作物に切り替えたのである。重井は除虫菊の本場だった。除虫菊の花に満ちた重井の畑の景観はみごとだったと生口島曽良の香川能弘さん（明治四十三年生まれ）は回想する。除虫菊は日本の近代化の中で、衛生害虫の虫害防除に貢献してきたのである。産業構造に組み込まれた除虫菊栽培農家の蚊遣りは「キクガラ」のみで、効力の強い花は用いられなかった。対して事例①⑧は花も茎も燻したのである。蚊遣りのために細々と少量の除虫菊を作り継いだ農家が全国各地にあったのである。関連して、事例⑦の「野菊」には注目しておきたい。

［蚊遣りのくさぐさ］　右にあげたもの以外にもふれておく。「クロモジ」静岡県島田市笹間小字二俣（平井孝夫さん・昭和五年生まれ）。クロモジは芳香を放つ木で柳田國男が古層のサカキだと考えた木である。[5]「イトヒバ」滋賀県米原市間田（山口美代さん・昭和五年生まれ）はヒムロ（ネズミサシ）以外にイトヒバもくすべたという。「アテビ」（アスナロ）「ヒノキ」滋賀県高島市朽木小字生杉（西川定市さん・大正十二年生まれ）。これらの木っ端をイロリで燻した。「カヤ（榧）の葉」静岡県浜松市天竜区水窪町針間野（林実雄さん・大正十年生まれ）。カヤは同じ天竜川水系の長野県

飯田市南信濃木沢ではノミ除け・シラミ除けに焚かれる。また天竜川沿いのムラムラには節分のヤイカガシにもカヤを使う地がある。

「ソバガラ」岩手県和賀郡西和賀町湯田小字長松（高橋仁右ヱ門さん・大正九年生まれ）。「シコクビエのカラ」石川県白山市中宮（加藤清松さん・大正十三年生まれ）。「米糠」島根県隠岐郡西ノ島町三度（藤谷一夫さん・昭和二年生まれ）。

［ススキ］⑦、静岡県伊豆市湯ヶ島小字長野。

［クスノキ］静岡県牧之原市菅ヶ谷、［クワの根］⑦など。

2　カをめぐる伝承

吸血し、吸血痕に痒みを残すカもまた喰われる存在である。ヒキガエル（蟇）のことを「ヒキタ」と呼ぶ。ヒキタはカを喰ってくれるから家のヌシだと言われている。ヒキタの皮を剝いて板に張って干し、保存しておき、使用する時には水気を与えてもどして鹿笛の笛台に振動膜として装着する（長野県飯田市上村下栗小字屋敷・胡桃澤菊男さん・昭和五年生まれ）ほか。

中村草田男に「蟾蜍《ひきがえる》長子家去る由もなし」という句がある。この句にはヒキガエルが家のヌシだという民間伝承が潜在しているようである。牡ジカを捕獲するために牝ジカの鳴き声を擬して行う笛鹿猟でヒキガエルの皮を張った鹿笛を吹いたところ、牡ジカは寄らないで大蛇が寄ってきたとする伝説が各地にある。ここにはヘビ→カエルという食物連鎖の伝承がある。

夏の夕方、カが縦につらなって群がり飛ぶ現象を「蚊柱《かばしら》」と言う。「蚊の餅搗き」とも言う。雨の前兆とする地もある。「蚊柱のつきくる牛を追ひ帰る」（宇佐美一枝）という句がある。家路を急ぐ時間帯が詠まれている。

さて、夕方から活動を始めるコウモリのことを「蚊鳥《かとり》」「蚊喰鳥《かくいどり》」と別称する。神奈川県や島根県では「ヨタカ」のことを「蚊喰鳥」と呼ぶ地もあると聞く。夕方から夜にかけて昆虫を捕食する点は共通だが、「蚊喰鳥」をコウモリに適用する地の方が多い。蚊柱はカの集団交合だとも言われる。群がり柱なすカ、微細なりと言えどもこの群はコウモリにとって絶好の餌食である。吉岡治作詞・弦哲也作曲で都はるみが歌唱した「千年の古都」にこの情景が歌い込まれている。〽約束もなく日が暮れて　衣笠山に一番星です　蚊柱を追う蝙蝠も　機織る音も変わらないですね……

町中の蚊柱やコウモリに違和感を持つ向きもあろうがそれは当たらない。先に、伊賀市上野福居町の蚊遣りを紹介したが他の例も示そう。

長野県飯田市本通り三丁目は飯田のマチの中心部である。宮下芳治さん（大正十四年生まれ）はここで文榮堂という表具店を営んでいる。同家の裏庭にはナシの木・ヤエザクラ・アジサイなどがあり、径一間ほどの生簀があった。祖父の藤一郎さんは、生簀にボウフラが湧くといけないといっていつもフナを入れていた。町中でもこうしてカの幼虫のボウフラを捕食させるために、坪庭の小さな池にフナを入れる家が多かった。また、井戸浚えに際しても、水の清浄さを確かめる意味で、井戸浚えの後フナを入れる慣行は広く行われていた。

同じ飯田市本町の高島舜さん（大正十四年生まれ）の少年のころ、夏の終わりから秋口にかけて夕方に飯田の町中にコウモリが舞ったという。コウモリは、物を空中に投げあげるとそれを獲ろうとする習性がある。少年たちはコウモリを見かけると小枝や小石を投げあげて遊んだものだという。

ここでは、ヒキガエルも、コウモリもカを喰う生きものとして登場しているのであるが、「はじめに」の中勘助の『銀の匙』の中ではフクロウがカを吐く生きものとして伝承されている。これらはすべてカが人にとっていかにやっかいな衛生害虫であるかを語るものである。

次節「ノミとシラミ」の年中行事関係の部分で節分の「口焼き」についてふれている。その中の事例ⓒには、「カの口焼き」「ブユの口焼き」を紹介した。カもブユも、予祝的にその口を焼き払っておきたい害虫だったのである。『遠野物語拾遺』(6)の中でさまざまな小正月行事を報告しているのだが、それに引き続いて一月二十日の行事が紹介されている。以下のとおりで注目すべきものである。

二十日はヤイトヤキ、又はヨガユブシと言って、松の葉を束ねて村中を持ち歩き、それに火を付けて互いに燻し合うことをする。これは夏になってから蚊や虫蛇に負けぬようにと言う意味である。「ヨガ蚊に負けな。蛇百足に負けな」と歌いながら何処の家へでも自由に入って行って燻し合い、鍵の鼻まで燻すのだと謂う。

「ヨガ」とはカの方名である。ムラをあげての、カを中心とした害虫抑止の予祝行事となっていたのである。

注

(1)柳田國男「文化史上の日向」初出一九二五(『柳田國男全集』26・筑摩書房・二〇〇〇)。
(2)千葉徳爾「蚊」柳平則子「佐渡の嫁入りガヤ」(『民具マンスリー』一二巻七号・一九七九)。
(3)新潟県立歴史博物館編『平成二十四年度春季企画展・かぶりものと女のモノ語り・なぜ女は顔を隠すのか?』(新潟県歴史博物館・二〇一二)。
(4)野本寛一「ムロの木と鼠」(『生態民俗学序説』白水社・一九八七)。
(5)柳田國男「鳥柴考要領」初出一九五一(『柳田國男全集』19・筑摩書房・一九九九)
(6)柳田國男『遠野物語』初出一九一〇(『遠野物語拾遺』を加えての『遠野物語』増補版・一九三五)。ここでは新潮文庫版によった。

ノミとシラミ

蚤と虱

一　ノミの記憶

蚤虱《のみしらみ》　馬の尿《ばり》する枕もと　　芭蕉

『奥の細道』、宮城県の鳴子温泉から尿前《しとまえ》の関を通って進む。松尾芭蕉は封人《ほうじん》の家に泊まったとされる。封人の家とは国境を守る家のことで、仙台領と新庄領との境の堺田村庄屋、有路家だったという。この句には、旅の苦渋を戯画化したところもあるとされるが、ノミ（蚤）とシラミ（虱）は、旅における悩みの種だった。イギリス人女性イザベラ・バードは明治十一年（一八七八）日本探査の旅を試み、六月二十四日、現栃木県日光市藤原町の宿に泊まった。『日本紀行』に次のような記述がある。[1]

わたしの携帯用寝台には防虫剤をまきましたが、毛布が少しでも床につくと、もう蚤にやられて眠れなくなります。とても長い夜でした。……「全然眠れませんでした。ここには何万匹もの蚤がいます！」と愚痴をこぼしました。

折口信夫は大正九年、三十三歳の年の七月十七日から二十五日の間、岐阜県・長野県・静岡県山間部跋渉の旅をした。その要点が「採訪手帖[2]」に書き残されている。それによると、途中、道に迷いながら静岡県浜松市天竜区春野町京丸の藤原家を訪ねている。「傘と行李が邪魔で困った」とある。行李の中には必要最少限のものが入っているのだが、途中で買った「蚤とり粉」と「蚊とり線香」もその中にあると記されている。季節がら「ノミ」と「カ」の被害が予想以上に甚だしかったことがわかる。柳田國男も「豆手帖から[3]」の中で、「宿屋の二階といふやつは風情の多いものだが、蚤の多い晩だけは賛成しかねる」と書いている。

旅でなくても人びとはノミの害に悩まされ続けてきた。「痒い」「刺されたところがたまらなく痒い」――ノミを捕え、拇指の爪と爪の間に置いてつぶすとプチッと音を立てた。一匹や二匹ではない。少年時代、夏休みなどに平素は使っていない畳の部屋へ半ズボンで入って行くと、両足の踝から脛にかけてモソモソモソモソモソとじつに密かに数えきれないほどのノミが登ってくる。部屋をとび出してふり払う。こうした経験を何度かした。

写真１　ノミ

終戦の年の秋ごろだったか、領土区画が変更されて全く不要になってしまった、かつて使っていた教材の世界地図の払い下げを二枚、母が学校から受けてきた。そのうちの一枚をノミの季節にノミ除けとして畳に敷いた。みごとにノミの被害から免れたことを記憶している。

ネコを抱き、毛を分けながらネコノミを発見し、次々と拇指の爪を合わせてつぶしてゆくのは何とも楽しい時間だった。プチ、プチという音、血に染まる指の爪、目をつぶり、咽喉を鳴らすネコ――。

ノミとは隠翅目ノミ科およびその近縁の昆虫の総称である（写真1）。ヒトノミは二〜三・五ミリ、ネコノミ・イヌノミ・ケオプスネズミノミもヒトノミ科である。宿主の特異性は少ないと言われている。成虫は哺乳類・鳥類に寄生して吸血する。ネズミに寄生するものがペストの伝染にかかわったことはよく知られている。

以下に人びとのノミにかかわる体験や伝承を記すが、シラミについてもここでふれる。

写真2　アタマジラミ

シラミはシラミ目の昆虫の総称で、哺乳類の皮膚に寄生して血を吸う。翅はない。ヒトジラミは体長二・三〜三・五ミリ、ヒトジラミにはアタマジラミとコロモジラミがある。アタマジラミは人の毛髪の中に棲み、毛髪に産卵する（写真2）。終戦後、G・H・Qの政策で、同級生の女の子たちが頭に白いDDTの粉剤をかけられていた様子は忘れられない。

二　ノミ・シラミへの対応

①ノミは縁の下の地下で成虫になって畳の部屋にあがってくると言われていた。納戸（寝室）の畳の下に渋紙を敷いてノミ除けにした。家で漉いた和紙に柿渋を刷いて渋紙を作った（静岡県浜松市北区引佐町三岳・安間文男さん・大正五年生まれ）。

②ノミ・シラミがひどい時、祖母は、着物・腰巻を脱いではたき、裸になって庭の泉水に入っていた（静岡県藤枝市岡部町羽佐間出身・福井富士夫さん・昭和十一年生まれ）。

③ノミを除けるために畳の下に新聞紙を敷いた。印刷の油がノミ除けになると伝えられていた（静岡県藤枝市岡部町野田沢出身・増田文夫さん・昭和十二年生まれ）。

④シラミ（コロモジラミ）が湧くと衣類を熱湯につけた。アシビを煎じた汁はシラミに効くと言われるが、アタマジラミの対策として、頭につけるとかぶれる場合は目の細かい梳き櫛でシラミの卵だけを梳くとよいと言われていた。「麦が稔るころノミが増える」と言われていた。あまりに増えると毛布や寝巻をセイロで蒸した（静岡県牧之原市菅ヶ谷・菅沼英喜さん・昭和十一年生まれ）。

⑤ノミは縁の下で湧くと言われていた。シラミが発生して害がひどい時には着物・衣類を煮た。女児の頭髪のシラミがとれない時にはニシキギ（シラミゴロシとも）の実を煎じてその汁をつけた（長野県飯田市南信濃八重河内本村・山崎今朝光さん・大正十一年生まれ）。

⑥ノミの対策としては畳の上に渋紙を敷いた。渋紙は以下のようにして作った。渋柿の実を六月に採り臼で搗き、その汁を搾って甕に入れて縁の下で一か月ほど寝かす。これを和紙に刷いた。カモシカの毛皮を敷いて寝るとノミがその毛の中に入ってしまうので人は喰われないと言い伝えた（長野県飯田市南信濃此田・藪下平吉さん・昭和四年生まれ）。

⑦ノミは出作り小屋のイロリを使用していない間にその灰の中から発生すると言われていた（長野県飯田市上村下栗・熊谷実さん・明治四十二年生まれ）。

⑧ノミ除けにはイロリでカヤ（榧）の木を燃やして燻す。シラミが湧いたら着物を熱湯につける。アタマジラミは女児が互いに捕り合っていた（長野県飯田市南信濃木沢・斎藤七郎さん・大正十三年生まれ）。

⑨ナマのカヤの木を燻してノミ・シラミ・ダニ除けにした（長野県飯田市南信濃木沢・北島花江さん・大正十四年生まれ）。

⑩シラミが湧いた時にはイロリに「八つ足」をセットして着物を焙った。八つ足とは次のようなものである。ス

ギの幹の先端部の長さ四尺ほどの棒で太さは径一寸（三センチ）ほど。棒の先に紐が通せるような横穴をあけて、そこに紐を通して八本をくくり、八本の棒が円錐形をなすようにする。これをイロリの上に開き、着物を掛けて焙る。シラミはいなくなり、着物も温まるのでよかった。冬、着物が雪や雨で濡れた時にも八つ足を使って焙った。なお、シラミ捕りの時にはナマのスギ葉を焚いた。女児の髪にアタマジラミが湧くと、川に入れ、頭部に石灰をかけることがあった（山形県村山市楯山《たもやま》・鈴木忠雄さん・大正十年生まれ）。同様にイロリの周りに木を立てて衣類を焙り、ノミ・シラミ除けをする方法は岩手県北上市二子町でも聞いた。着物が温まるので子供が喜ぶとも聞いた。

⑪ノミの害がひどい時には、朝、寝巻の縫い目を返してノミ捕りをした（愛知県豊田市足助町田振・近藤ミ枝さん・昭和十二年生まれ）。

⑫ノミは縁の下で湧くと言われていた。アタマジラミが湧くとアセボ（アシビ）の煎じ汁を頭に塗った。アセボの汁は牛馬にも使った。コロモジラミが湧くと着物をイロリの火で焙った（愛知県新城市長篠小字祢宜裏・村松光男さん・昭和七年生まれ）。

⑬ノミの害を防ぐために縁の下に石灰を撒いた。シラミが湧くとアセビ（アシビ）の煎じ汁で着物を洗濯した（岐阜県恵那市明智町・保母清さん・昭和十一年生まれ）。

⑭ノミ除けには畳の下に古新聞を敷く。ダニ除けには、干したアシビを煎じた汁で洗濯をするか、衣類を熱湯につけるかした（熊本県水俣市頭石・柏木好喜さん・昭和八年生まれ）。

⑮カイコは春コから晩秋コまで飼った。春コの始まる前の四月末日から晩秋コが終わる十月末日までの間、正座敷一五畳のほか八畳の部屋も蚕室に使う部屋にはすべて部屋の広さに合わせて渋紙を敷いた。その渋紙は特殊なものだった。南京袋の布地に和紙を貼り重ねる。蒟蒻《こんにゃく》玉の粉を水で溶いた薄糊を使う。和紙にも南京

袋地にも糊を刷く。その上に柿渋を刷いた丈夫な渋紙である。渋紙の用途の第一は畳の保護だったが、併せて大発生するノミの防除をも目的とした。その効果も大きかった（長野県飯田市宮ノ上・北原良男さん・大正十五年生まれ）。

三　昔話と年中行事

〈ノミ・シラミと昔話〉　これまで述べてきたとおり、人びとはノミ・シラミに悩まされ続けてきた。除虫菊系の蚤とり粉の時代から戦後のＤＤＴ、合成殺虫剤など、薬剤の進歩や生活様式の変容で高度経済成長期をもってやっとノミ・シラミは姿を消した。

人びとはノミ・シラミに手痛い攻撃を受けながらも、一方では微妙な眼ざしを向けてきた。例えば、内田邦彦の『津軽口碑集』(4)には次の話が収載されている。

大江山の酒顛童子が殺さるる時に、死んでも人を喫《く》わずにはおかぬと云いたり。その血が化して蚤となり、焼いて粉にしたるに虱となれり。（五所川原）

同書には、次のような軽口も収められている。

褌虱《ふんどしじらみ》と川じゃっこはいつ見ても居る（藤崎）

殿さまにも虱三匹、私のおるのは恥でね（野内）

『日本昔話名彙』[5]には、「蚤と虱」として次の話が収められている。

蚤と虱の伊勢参りで早くつく競争をする。虱は旅人にとりついて早く着いたので蚤が怒って虱を打った。それで、蚤は赤く、虱の背中には黒いところがあるのだという。

また「蚤と虱と蚊」という話は次のとおりである。

蚤と虱が大喧嘩をして、蚤が大きな石を虱の背中にぶっつけた。石ははね返って蚊の足にあたった。蚤はその時力んで石を担いだので赤くなり、虱の背中は石が当たったので黒くなり、蚊の後足はその時側杖《そばづえ》を食ったので曲った。

これらには、ノミ・シラミのもたらす苦痛を笑いとばしてゆこうとする思いが底流している。

〈ノミ・シラミと年中行事〉　柳田國男は『年中行事覚書』[6]の中に「眠流し考」という章を設け、中で以下のように述べている。

……奥州には毎年六月朔日を期して、蚤を駆除する風習もある。ギシギシといふ草を方言にノミノフネと謂ひ、これを室内に撒いて後で集めて流すと、蚤はこれに乗って海へ行くと信ぜられて居る。ジヤジヤ又は蚊の口焼き、蛭や蝮の口焼きといふ式などは、まるで其虫の居らぬ節分の晩、もしくは小正月の宵に行ふので、炉の火に榧の葉などをくべて唱へごとをする。……

この文章に学んで考えておくべきことがいくつかある。まず、人に危害を与えたり、人の営みを阻害したりするものに対処する行事の時期と意義についてである。標題にある「眠流し」は東北を中心に関東から信州にかけて見られるが、基本は旧暦七月七日、この時期に人を悩ませる「睡魔」や「睡眠不足」をもたらす原因を川の流れで追送しようとするもので、「ネブタ流れろ　マメの葉止まれ」という呪言もある。ネブタ（睡魔・厄災）、マメ（健康）が対照的に込められている。この行事の時期は、現実に睡眠不足になる時期と一致する。「蚤の舟」「蚤流し」も、ノミの発生、ノミの害の甚だしくなる時期と一致する。これらは、いわば、季節随伴、事象随伴行事とも言えよう。これらに対して、柳田の言う「其虫の居らぬ」季節・時期・小正月や節分に、予め、来るべき季節の、例えば夏の虫害・鳥害などを追放・除去せんとするものがある。これは、予祝的防虫行事・予祝的鳥追い行事とも言えるのである。

次いで、厄災・阻害要因などを除去せんとする行事を見ると、ムラ境や一定の地点まで陸上の道を追送する形、例えば虫送りや厄神送りなどに対して「蚤の舟」や「眠流し」のように川の流れの中に追送するものがある。秋田県の「イモコ流し」（種痘流し）[7]、山梨県南巨摩郡早川町奈良田の「鼠送り」[8]、静岡県大井川上流域の「送り神」などはいずれも川の流れの中に阻害物や悪しきもの、不可視のものまでも流し送るのである。「水に流す」というこの国の浄化思想と海彼の常世に流着することを願う思いを見ることもできる。

先に見た「蚤の舟」が、ノミという衛生害虫を、それが活躍する季節に追送する行事であるのに対して、節分にノミ退治の予祝行事として「口焼き」の唱え詞を伝えるものがある。

ⓐカヤ（榧）の葉を一枚一枚ちぎってマメに混ぜて炒りながら、〽蚤の口　虱の口　壁蝨の口　口いう口はみな焼きましょう、と唱える。半紙にマメとカヤを包んで、息を三回かけ、体全体を撫ぜてから山の中に捨てる（福井県大飯郡高浜町音海・東本勇さん・昭和二年生まれ）。

ⓑカヤの葉を一枚一枚ちぎってイロリで燃やし、その火で麻木にゴマメ・カヤの葉を挟んだものに女の髪の毛を巻いて焙りながら、〽ブトの口　蚊の口　蚤の口　虻の口　蛭の口　マブシ（マムシ）の口　百足の虫　その他もろもろの悪い口を焼く、と唱え、焙り終えてから戸口に挿した（福井県三方上中郡若狭町三田・池上三平さん・明治三十七年生まれ）。

ノミ・シラミを含む節分の口焼型呪言の例としてⓐⓑをあげたが、前節でふれたカ・ブヨの口焼きもある。衛生害虫としての関連から示しておく。

ⓒダイズの茎にイワシの頭を刺し、ヒイラギの枝を添えて門口や蔵の入口に挿す。焙る時に、〽蚊の口も蚋の口もヤリヤリと唱える（奈良市大保町・火狭平治さん・大正七年生まれ）。

ⓐⓑの中の呪物として「カヤの葉」が登場するのであるが、先に紹介した「ノミとシラミの伝承」の事例⑧⑨で、現実のノミ・シラミ・ダニ除けのためにイロリでカヤの葉やカヤの木を燻している即物的対応と呼応している点に注目したい。

なお、節分の「口焼き」対象物としては、衛生害虫以外に、アブラ虫・菜虫・稲虫といった作物害虫、さらにはカラス・スズメなどの害鳥、イノシシ・シカ・ウサギ・サル・ネズミ・モグラなどの害獣的な貌を示すものから、覗き見・盗み聴き・盗みなど悪さを行う人に至るまでじつに多様である。(9)

注

(1)イザベラ・バード著・時岡敬子訳『イザベラ・バードの日本紀行』(上)(講談社・二〇〇八)。
(2)岡野弘彦解説「折口信夫自筆「大正九年の旅の手帖」」(『折口博士記念古代研究所紀要』第四輯・一九八四)。
(3)柳田國男「豆手帖から」初出一九二〇(『雪国の春』『柳田國男全集』3・筑摩書房・一九九七)。
(4)内田邦彦『津軽口碑集』一九二九(『日本民俗誌大系』第九巻東北・角川書店・一九七四)。
(5)柳田國男監修・日本放送協会編『日本昔話名彙』(日本放送出版協会・一九四八)。
(6)柳田國男『年中行事覚書』初出一九五五(講談社学術文庫124・一九七七)。
(7)富木隆蔵『日本の民俗5・秋田』(第一法規・一九七三)。
(8)野本寛一「鼠送りと追放呪術の展開」(『生態民俗学序説』白水社・一九八七)。
(9)野本寛一「年中行事の口誦要素」(『言霊の民俗——口誦と歌唱のあいだ』人文書院・一九九三)。

ハチ

蜂

オオスズメバチは日本のハチの中で最も大きい。働きバチは二七～三七ミリ、女王バチは三七～四四ミリにも及ぶ。胴は黒と黄褐色の横縞である。樹皮を咀嚼してそれを固めつつ地下に巣を作る。攻撃性も毒も強く、人やウマを死に至らしめた例もある。とりわけ子供が頸部以上を刺されると深刻な重体に至る。毎年各地でその被害がくり返し報じられている。このように危険な生きものなのであるが、人びとはオオスズメバチの巣を採掘して幼虫を採り出し、それを特別な御馳走として、また、ハレの日の食物としてきたのである。

キイロスズメバチは、働きバチ一七～二五ミリ、女王バチ二五～二八ミリ、岩の下、軒下、樹木の枝などに球体の巣を作る。このハチも人に刺害を及ぼす。こちらも幼虫を食べる地が多いが、一部には臭いを嫌って食べない地もある。

クロスズメバチは体長一〇～一五ミリと小型で、その名のごとく黒色の体に白の横縞が入っている。巣は地中に作る。小型で危害も少なく、幼虫も小さく食べやすい点から、巣の採掘、幼虫食は、オオスズメバチ、キイロスズメバチに比べて最も広域に及んでいる。

右にあげたスズメバチ科の三種は、おのおの地方によってさまざまな方名で呼ばれている。幼虫が最も肥えてたくさん詰まる採掘適期の伝承や、野生のハチの巣を探索する技術、巣の採取技術、食法などおのおのに民俗的な伝承知の活用が見られる。

採蜜にかかわるハチとしてはセイヨウミツバチと、それを使って季節の花々を追いつつ巣箱を移動させる採蜜方法が広く知られているのであるが、この国には在来種のニホンミツバチの活動を利用する独自な採蜜方法が伝承されている。ミツバチ科のニホンミツバチの働きバチは体長一五～一六ミリと小さくておとなしい。巣箱の樹種や形態、分蜂（分封）時にハチの飛散・拡散を抑止してハチを新しい巣箱に導く技術、集蜜の花暦、蜜の利用法などニホンミツバチと人とのかかわりも深かった。

スズメバチ科のハチの巣の採取と幼虫食、ニホンミツバチの採蜜とではハチと人とのかかわりといっても範疇が異なるのであるが、ここでは、特定地域のある個人の体験と伝承を無秩序の感はあるが種々のハチについて事例として一括して並べて紹介する。次いで、岐阜県の東濃地域に見られる「クロスズメバチの飼育」の実態を報告する。最後に、これらの事例から見えてくるものについて言及する。

一　ハチの子採取と採蜜

①宮崎県東臼杵郡椎葉村古枝尾・那須登さん（昭和四年生まれ）

〈クマバチ〉　当地ではオオスズメバチのことを「クマバチ」または「クマンバチ」と呼ぶ。地形を観察して、巣のありかを探る。「ツナギ」と称してハチに肉片などをつかませる時、白いものをつけて移動するハチの目印にする。ハチの子が最も多く採れる時期は、旧暦十月二十日以降の闇夜めぐりの日だと伝えられている。クマバチの巣を採りに行く時は夜で、二人で行く。まず、地中に作られている巣の入口の穴を塞ぐ。竹を割って束ねた松明《たいまつ》を用意し、塞いだ穴口を開けて、穴口から飛び出してくる成虫を、竹の松明で焼き殺す。成虫を殺したところで、巣を掘り出す。幼虫は油いためにして、酒の肴にする。当地には、「クマバチの巣はイノシシの足片足に当たる」という口誦句がある。「片足」とは、イノシシの古い分割法の四分の一の肉を意味している。また、「猪《しし》三つ、鷹《たか》三つ、クマバチ三つ」という口誦句もある。この口誦句の意は、これだけのものが獲れれば一人前の男だとも、また、一代にこれだけのものが獲れればよい、という意味だとも伝えられている。これらによればクマバチの巣の価値が、相当に高く認識されていたことがわかる。タカは矢羽根に使うべきもので、その捕獲法も伝承されている。タカ罠は大型のクビチ式のもので、餌にはネコ・ヤマドリ・ニワトリが用いられたという。

〈**アカバチ**〉　当地では、キイロスズメバチのことを、「アカバチ」と呼ぶ。アカバチは、巣を崖状地の岩かげなど高いところに作る。巣の採取期は、旧暦九月二十日以降の闇夜めぐりで、実際に採るのは昼間である。まず、二間以上の棒の先に柄杓状に古いホゴ（籠）を固定させ、ホゴの底にムギカラを敷いたものを用意する。別に、棒の先にムギカラの束をつけたものも用意する。さらに、巣の近くで火を焚いておく。ムギカラ束に点火したもので成虫を追い、続いて柄杓状のホゴを使って、そのホゴで巣を掬い採る。間髪を入れず、ホゴのまま焚火にかざし、成虫を焼く。こうして巣を採り、幼虫をとり出し、油いためにして食べる。

〈**トコロバチ**〉　当地では、クロスズメバチのことを、「トコロバチ」と呼ぶ。トコロバチは小型なので、刺されても大きな危険性はない。旧暦九月二十日闇が、巣の採り旬だとされる。巣は地下に作られるので、一旦穴口を塞いでおいて、親を焼き殺して巣を採る。幼虫は、ハチノコ飯にする。

〈**ニホンミツバチ**〉　ニホンミツバチの巣箱を設置して、蜜を採取する。巣箱は箱ではなく、タブの木またはカヤの木を輪切りにし、中を刳りぬいて作る。これを「ドウ」と呼ぶ。巣分かれ、即ち分蜂は、カキの芽が大きくなったころ、即ち四月から五月の間で、雨の降った後が多い。ハチを新しいドウに定着させるためには、ハチの飛散を防がなければならない。ハチを止める方法には、罐を叩く、水を撒く、などの他、草鞋をぬいで投げればよいという人もある。ハチの巣を採取した時、蜂蜜を採取した時には、ともに巣の一カケラを、「セコドンにあげ申す」と唱しながら投供する。「セコドン」とは、「夏は水神冬は山神」と称して夏は川に棲み、冬は山に棲むと伝えられる童形の「モノ」で、「セコ」という呼称は狩猟の勢子（追い子）にかかわると考えられる。

②宮崎県東臼杵郡椎葉村戸屋の尾・那須芳蔵さん（昭和三年生まれ）

〈**クマバチ**〉旧暦十月の二十日闇に、古くは松明、現在は石油バーナーを使って、地中から出てくる成虫を焼き殺してから巣を掘る。幼虫は、ワタを除き、油いためにして酒の肴にしたり、味噌汁・素麺の出汁に使った。「クマバチの巣はイノシシの片足にかけ合う」という口誦句があるほどに、その価値が高いとされた。

〈**アカバチ**〉岩の下などに巣があり、山仕事の時などに採った。竹の先に松明を付け、松明に点火して焼き落とした。「アカバチの巣は盆前に採ると身がある」と伝えた。アカバチの幼虫の食法も、クマバチと同様である。

〈**トコロバチ**〉トコロバチの巣には、月の数だけ段ができると伝えられた。霜が一度か二度降った後が、採り旬だとも言われた。幼虫は油いためにして、味噌汁に入れた。クマバチ・アカバチ・トコロバチの巣を採った時、ニホンミチバチの蜜を採る時には、巣の一かけらを欠いて、「山の神様にあげ申す」と唱えて山に投供する。

③宮崎県東臼杵郡椎葉村松尾鳥の巣・那須義雄さん（昭和四年生まれ）

〈**クマバチ**〉九月中旬から十月の闇夜めぐりの日に巣を採れば、幼虫が多いと伝える。夜、巣穴の口を一旦塞いでおき、竹束を二束用意しておいて成虫を焼き殺す。幼虫は、鍋で野菜とともに煮て食べた。幼虫のやわらかい状態よりも蛹になった方が食べやすいという。成虫は塩漬けにしておいて、ウシが下痢を起こした時に擂りつぶして飲ませた。

〈**アカバチ**〉一番巣、即ち元の巣を「モトズ」、小さく増やした巣を「コタテ」と呼んだが、採取するのは一番巣の方がよい。巣は岩陰や樹の枝にあるので、竿先の火で巣を落とすか、籠で受けるかどちらかだった。新暦八月ごろから採り始めた。幼虫は、ダイコンの葉とともにいためて食べた。

〈**トコロバチ**〉　地中に巣を作る。霜のころになると身が多いと伝える。竹の松明で親を焼いてから巣を採る。トコロバチはこの地方では少ない。

〈**ニホンミツバチ**〉　巣箱を設置し、蜜を採取した。巣箱にする輪切りのウトの樹種は、カシ類・サクラ・ホオを良しとした。父の熊次がミツバチに力を入れていたので、よく観察した。父は「丈夫なハチが少しずつ蜜を持って外に出て後で生まれたハチが家を守る」と、分蜂の状態を説明した。分蜂時、父は「トマレヤ　トマレ」「トマレヤ　トマレ」と唱えて、水や土砂をかけていた。その他、分蜂するミツバチを新しいウトに定着させるために、次のようなくふうをしていた。当地では、サトイモやカライモを鍋で煮る時に「イイブタ」と称する、カヤとヘギ竹で作った、笠形の蓋皿をかける。そのイイブタをいくつも木の枝に吊りさげ、イイブタに入ったハチを捕えて新しいウトに入れるという方法をとった。ただし、新しいウトがハチの好みに合わなければだめである。

ニホンミツバチに害を与えるものに、クマバチがある。クマバチを除けるには、台石とウトの隙間をなくすことが第一である。ワクドー（ヒキガエル）も親バチを喰う。秋、採蜜してビンに入れておき、餅やサトイモにつけて食べる。また、巣を割って巣のまま食べることもあった。山からニホンミツバチの巣を持ち帰る時には、巣の一段を少し欠いて山の神様にあげる。こうしないと、以後ノサリ（賜わり）が悪いと伝える。

④宮崎県東臼杵郡椎葉村松木・那須久喜さん（昭和九年生まれ）

〈**ダイクマ**〉　当地では、オオスズメバチのことを、「クマバチ」「ダイクマ」などと呼ぶ。そして、十月の二十日闇から十一月の初めにかけてクマバチの巣を見つけた者は、運がよいと語り伝えている。この時期の巣には、肥えたハチの子コがたくさん詰まっているというのである。「クマバチの巣はイノコジシ（イノシシ）の片足に相当する」という口誦句もある。また、歳の晩に正月用の猪肉《しし》がない時には、皿の中に箸で「猪」と書いて肉を食べるマネをするのだという。クマバチの幼虫は美味であり、かつ栄養豊富で、山の人びとにとって猪肉と同等の価値を持っているのである。クマバチの幼虫は、正月の御馳走だという。月夜に採ったハチの子は身がないなど、ハチの子に関する伝承も多い。ニホンミツバチの蜜のカスや、ニホンミツバチの幼虫を置くと、クマバチがそれを自分たちの巣に運んでゆく。

ニホンミツバチの成虫に縒り糸をつけ、目印にして追跡する方法がある。朝日の光線によって、クマバチの移動を確認するのである。また、蜜のカスを籠に入れて木に吊るしておき、クマバチのつき方、動きに注目して、籠を徐々に巣に近づけ、一週間ほどかけて巣をつきとめることもある。巣を採るのは夜間の仕事で、地中の穴の口を塞ぎ、少しだけ空け、そこから出てくる成虫を焼き殺す。鉄棒の先にタオルを巻きつけ、石油をしみこませ、点火するのである。こうして成虫を殺してから、巣を掘り出す。幼虫を食べる場合、ワタを除かないと下痢を起こすのでワタヌキをする。クマバチの幼虫は、白く大きい（写真１）。バターいためにして食べたり、ソバ・ウドンの出汁にする。久喜さん

写真１　オオスズメバチ幼虫の油いため。宮崎県東臼杵郡椎葉村松木、那須久喜家

写真２　キイロスズメバチ幼虫の煮つけ。宮崎県東臼杵郡椎葉村松木、那須久喜家

に勧められ、一匹口に入れてみた。予想以上に脂が強く、くどい感じだが、うまみは豊かである。

〈**アカバチ**〉　キイロスズメバチのことを「アカバチ」と呼び、これも幼虫を食べるために巣を採る。こちらは、盆前の闇夜に採るのがよいと伝える。クマバチに比べて「ワセ」だという。キイロスズメバチは、久喜さんが力を入れている採蜜にかかわるニホンミツバチを喰い殺すので、仇討ちにもなる。夜、カッパを着、網をかぶり、長靴を履いて完全武装する。棒の先にタオルを巻きつけ、石油をしみこませて成虫を焼く。幼虫は、炒れば自然にワタがぬける。出汁にしたり、焼酎のつまみにしたりで利用価値は高い。ハチの巣を採取して川を渡る時には、幼虫二、三匹を、「水神様にあげ申す」と唱えて水中に投供する。

〈**ニホンミツバチ**〉　人為的に設置する巣には二種類あり、その一つは、樹木の幹を輪切りにして中を刳りぬいて空洞にするもので、これを「ウト」と呼ぶ（写真3、4）。ウトの樹種としては、タブの木が最適だという。ハチが好むし、長持ちする。いま一つの巣は、スギ板を使った箱である。久喜さんは、山中に一五〇個のウトを設置する。そのためには、常時新しいウトを準備しておかなければならない。タブの木を輪切りにして中を刳る仕事がある。これを十二月から二月にかけて行う。スギ板箱の場合は八寸立法の大きさがよいが、久喜さんの場合はタブのウトが圧倒的に多い。二月から三月にかけて、ウトを設置してまわる。五月から六月にかけては分蜂なので、ウトに種蜜を入れなければならない。種蜜は、分蜂の一週間前を見計らって、カラのウトや箱に蜜カスを焼きつけておく。五、六月の、雨あがりのむっとするような日に分蜂する。分蜂時には、ハチが飛散してしまわないように、止めなければならない。そのためにハチに水をかけたり、「遠くに行くな　近くにさがれ」と唱えながら砂をかけたりする。ハチは季節の推移にそって、花から花へと移動する。平家カブと呼ばれる冬ゴナ・サクラ・ミズシ・コヤス、八月・九月にはソバの花にもつく（写真5）。蜜の採取は、十月半ばから十一月にかけて行う（写真6）。ニホンミツバチの蜜は、万病の薬になると言われている。自家用としては、トウキビ団子・カズネ団子や餅につけたり、コッポー（香煎）に混ぜて固まらせたり、スミラの鱗茎を煮つめる時に入れたりした。久喜さんの居間で、山の話に耳を傾けているうちにも、蜜を注文する電話が入ってくる。一升二万三〇〇〇円だという。値引きサービスの返答が聞こえる。まことに貴重な山の恵みであり、その価値を認める人が多く、注文に応じきれないほどである。

⑤静岡県榛原郡川根本町梅地・筑地松已さん（大正十三年生まれ）

写真3　ニホンミツバチのウト（巣箱、カシの幹をくりぬいたもの）を開ける日。宮崎県東臼杵郡椎葉村松木、那須久喜家

写真5　ソバの花

写真4　ニホンミツバチの巣。宮崎県東臼杵郡椎葉村松木、那須久喜家

写真6　ニホンミツバチの巣をほぐして採蜜する。宮崎県東臼杵郡椎葉村松木、那須久喜家

〈ヂバチ〉　クロスズメバチのことを「地蜂」「地スガレ」などと呼ぶ。「茶の木蜂」と呼ぶこともある。焼畑地の土止め、即ちヨセの野ネズミの穴を使って地蜂が巣を作る。農薬が出る前には茶畑にも多くいた。焼畑作業・植林の下刈りなどの時に巣を見つけたが、カエルの肉や内臓に真綿をつけ、それを持ち去る先を確かめて巣を探す方法もある。地中の巣穴の口でセルロイドを燃やしてから巣を採った。八月八段・九月九段と巣の段が増える。盆と、長島の祭り（八月四日・五日）の御馳走としてハチノコ飯にし、十一月半ばまでに掘って正月のご馳走にもした。

〈フエンドウ〉　オオスズメバチのことを「フエンドウ」と呼ぶ。フエンドウも地中に巣を作るので、一旦穴口を塞いで枯木束を焚き、途中で穴口を開けると、出てくる成虫が全部焼ける。十一月、二人がかりで巣を採り、正月用にした。幼虫はワタを抜き、塩でカラ炒りし、炊き込み飯にしたり酒の肴にしたりした。

〈アカバチ〉　キイロスズメバチのことを「アカバチ」と呼ぶ。崖岩の下などに作るアカバチの巣も採った。巣に袋をかけ、袋ごと湯の中に漬けて成虫を殺した。幼虫の食法はオオスズメバチと同じだった。

⑥静岡県榛原郡川根本町梅地・望月泰典さん（昭和十五年生まれ）

〈フエンドウ〉　オオスズメバチのことを「フエンドウ」という。オオスズメバチの胴の縞模様が横笛の巻き模様に似ているところから「笛胴」という方名を得たのである。地下に巣を作るので抜け穴を塞いでおいて成虫をガスバーナーで焼く。その後巣をとり出し、幼虫のハラワタをツマ楊子でとり出し、塩・砂糖をまぶしてフライパンで炒って飯に入れる。スープにすることもある。成虫は焼酎漬けにして精力剤にする（写真7）。採取期は十月中旬から十一月にかけてである。

〈クマンバチ〉　キイロスズメバチのことを「クマンバチ」という。木や岩に巣があるので竹竿に針金でシバを結びつけ、先に石油をしみこませた布をつけて点火し、成虫を追い、巣に大海（厚紙の袋）をかぶせて採る。

竿の途中にシバを結びつけるのは、竿づたいに襲ってくる成虫を除けるためである。幼虫のハラワタを出し、フエンドウと同様にして食べる。採取期はフエンドウより早く、十月上旬である。

〈ヂスガレ〉 クロスズメバチのことを「地スガレ」と呼ぶ。魚肉を棒先につけ、ハチが肉につくと真綿をつける。ハチは小便をして飛び立つ。目のよい人がハチの行方を確かめ、帰ってくる時間も参考にして巣のありかを確かめる。幼虫は砂糖・醤油で炒り、ハチノコ飯にする。地スガレは茶の木につく害虫を喰うと言われる。草刈場がなくなると地スガレが減る。地スガレの巣はガマガエルにやられる。山林労働に来た三河の衆はガマガエルを捕って血を抜き、塩焼きにして食べた。焼くと筋肉が動くのだが「踊りが止まったら食べられる」と語っていた。

〈ニホンミツバチ〉 ニホンミツバチの巣箱を設置して蜜を採取した。巣箱といってもそれは木の幹を輪切りにして中を刳り抜いたもので「ウトウ」と呼んだ。ウトウにはミズメの木またはケヤキを使った。蜜の採取は十月をもってよしとした。分蜂の際、ハチを新しい巣につける必要があるのでハチの移動を抑止しなければならない。鐘を叩いて止め、水や砂を掛ける方法があった。祖父の鶴太郎（静岡市葵区井川閑蔵）はミツバチの名人で、飼育とともに、山中の木のウロにある天然の巣も、木を割って採取していた。ニホンミツバチはフエンドウ（オオスズメバチ）に襲われる。鶴太郎はニホンミツバチの巣の前で、カッパを着て、雪かきヘラのようなヘラを持ってフエンドウを叩いていた。今は、ボトルの底にワインを少し入れたものをニホンミツバチの巣の前に置き、フエンドウをそこに誘って捕るという方法をとっている。蜜は食用の

写真７　焼酎漬けからとり出したオオスズメバチの成虫。オオスズメバチを漬けた焼酎は糖尿病の薬にもなるとされる。岐阜県恵那市串原町、中垣哲男家

他に、肺炎・発熱・ジフテリアなどの時に薬用とした。
⑦静岡県榛原郡川根本町長島出身・長島誠治さん（大正六年生まれ）。
〈**アカバチ**〉　キイロスズメバチのことを「アカバチ」と呼ぶ。スギの木の枝・岩の下・軒下などに巣を作る。巣を採るのは十月の夜で、竿の先にボロを巻き、石油をしみこませ、覆面をしてから点火した。こうして成虫を追ってから巣を採り、幼虫をとり出して木綿針で内臓を抜き、炒ってから煮つめて食べた。アカバチの巣を採りに行って山火事を起こした者があった。
〈**ヂバチ**〉　クロスズメバチのことを「地蜂」と呼んだ。真綿または和紙の小片にコオロギまたは小鳥の肉片をつけて木の枝の上などに置き、ハチが肉片をつかんで移動するあとを追い、巣のありかをつきとめる。巣は十月に採ったのだが遅いほどハチの子の量は多くなる。闇夜めぐりに採るとハチの子が多く採れると言い伝えた。巣穴の口で線香花火、またはセルロイドを焚いて成虫を追い出してから巣を採る。幼虫をとり出し、炭火で炒ってから煮つめ、ハチノコ飯にして食べた。
〈**ニホンミツバチ**〉　ニホンミツバチも飼養した。ミズメ・カシ・ナラなどの幹を輪切りにして中を刳り、巣箱にした。これを「ウトウ」という。設置場所は直射日光を受けないところ、岩の下などで前方がすけているところをよしとした。ハチのつく花は、季節によって変わった。四月＝ウシゴロシ・ジシャ→五月＝シイ・フジ・イタドリ→六月＝クリ、といった具合に移動する。四月末にウトウに入り、五月中旬には分蜂する。蜜の採取は八月に行った。ニホンミツバチにはフエンドウの被害もあった。
⑧長野県飯田市上久堅字森・木下善治さん（大正十二年生まれ）ほか
〈**スガラ**〉　当地ではクロスズメバチのことを「スガラ」「地蜂《ぢばち》」「ヘーゴ」などと呼び、その巣を採取し、幼虫を食べる。スガラの巣を突きとめるために、アカガエル・トノサマガエルなどの肉片に真綿をつけたものをハ

チに運ばせて巣のありかを探索するという方法が広くとられている。幼虫は、旧暦十月の満月の後が最も美味だと伝えられている。夜、巣のある土中の穴を塞いでおき、煙火やセルロイドを燃して成虫を酔わせてから巣を採り、幼虫をとり出す。食法はⓐ幼虫を炒りつけて煮てから飯に混ぜて作るハチノコ飯、ⓑ炒って塩をつけて食べる方法、ⓒ煮つけ、などがある。

〈アカバチ〉 キイロスズメバチのことを「アカバチ」と呼ぶ。アカバチは屋敷・岩かげ・木の枝などに巣を作る。アカバチの巣は旧暦九月いっぱいに採るのがよいと伝えられている。

〈スズメバチ〉 土中に巣を作るオオスズメバチのことは「スズメバチ」と呼ぶ。スズメバチの巣は旧暦十月の十五夜に採ると幼虫が最も肥えているという。スズメバチの幼虫は一旦茹でてから内臓を除き、煮つけ、コロ煮にして食べる。炒って塩をつけて食べることもある。アカバチの幼虫も基本的にはオオスズメバチの幼虫と同様にして食べたがアカバチはカン臭い（ナマ臭い）という者もいた。

スガラ・アカバチ・スズメバチの幼虫食は全国的に見られるが、伊那谷におけるスガラの幼虫食は特に盛んで、幼虫の煮つけが罐詰にして発売されているほどである。オオスズメバチはスガラやニホンミツバチを襲う。

〈ニホンミツバチ〉 当地ではニホンミツバチを巣箱に誘引して採蜜する習慣がある。ニホンミツバチの蜜のことを山蜜と称して珍重し、これは万病の薬だとした。他地では樹木の幹を輪切りにして巣を作るが、現在、上久堅地区で見かけるものには板の箱が多い。しかし、森の木下善治さんによると、山蜜採集専用の桶を桶屋に注文して作らせたものだという。山蜜は主として風邪・腹痛などの薬用にされたが、森では焼酎一升に山蜜一升を合わせて祭りなどに際しての女性の飲みものにしたのだという。男性の酒に対してこれは女衆の飲みものだったという。まことに贅沢な飲みものであり、男たちの中にはこれがほしくてねだりに来る者もいたという。

⑨和歌山県東牟婁郡古座川町松根小字中番・中地貞吉さん（明治四十四年生まれ）

〈ニホンミツバチ〉　この地ではニホンミツバチの採蜜の巣箱のことを「ゴーラ」と呼び、スギの丸太を刳って使うことが多い。前年までハチが入っていたものを「クイツキゴーラ」、四月から六月にかけて分蜂するハチを迎えるためのゴーラを「待ちゴーラ」と呼ぶ。分蜂の際、ハチを遠くに逃がさないためにハチの群に水を打ったり、ブリキ罐を叩いたりする。ハチがどの季節にどんな花から蜜を集めるのかということは、厳密な観察を経なければ明らかにならないのであるが、中地さんは、観察や体験をふまえて次のように語る。――四月＝サクラ、五月＝トチ・シイ・ウバメガシ・レンゲ、六月＝クリ・ツユバナ・ゴンバ、七月＝リョウブ、八月＝タラ、九月＝ソバ、十月＝イタドリ、十一月＝茶。蜜の花暦は単純ではなく、これは各月に依る花の代表的なものので、現実にはこの他さまざまな花につく。

ニホンミツバチおよびそのゴーラにはさまざまな敵がある。第一にあげるべきものはクマである。クマの大好物が蜂蜜であることは広く知られている。奥地にゴーラを仕掛ける場合、クマの被害を受けないような崖状地を選ばなければならない。クマはゴーラを割って蜜を食べる。逆に、クマを捕獲するには蜜の搾りカスを餌にして檻罠を仕掛ければよいのである。これと同じ伝承は静岡県の大井川上流域・静岡県・長野県の天竜川水系の山地でもたびたび耳にした。九月・十月に出るオオスズメバチもニホンミツバチの大敵で、オオスズメバチはニホンミツバチを捕食してしまう。オオスズメバチの退治は瓶の中に蜜を入れておき、誘い込むのがよい。他に、「ツヅリ」と呼ばれるアリの幼虫が巣に侵入して蜜を舐めつくしてしまうこともある。気象条件も蜜に影響を与える。「長雨が続くとアメ（蜜）が減る」という口誦句がある。雨が続くと草木の花がやられ、ハチの活動も制限される。旱天もまた蜜の敵である。蜜の採取は土用過ぎと言われるが、八月前は蜜が水っぽいので九月以降の方がよいという。蜜が優れた換金採取物であることはいうまでもないが、自家でも薬用的滋養物として利用した。口荒れの薬、湯で溶いて下痢の薬、水で溶いて便秘の薬にした。

これまでスズメバチ科のハチの幼虫食を見てきた。事例報告地はいずれも奥深い山村である。しかし、ハチの幼虫食や、クロスズメバチの巣の採掘は、里山の民俗だとも言える。以下に示す事例⑩⑪⑫は東海道ぞいの山つきのムラ、⑬は海にほど近い牧之原台地の谷襞のムラである。

⑩旧朝比奈村の鎮守六社神社の例祭は十月十七日で、その後座《あとざ》（片づけ）を十八日に行った。後座の宴のために、三人がヤマイモ（自然薯）掘りに出掛けた。芋汁（トロロ汁）を作って食べるためである。別の三人はハイバチ（クロスズメバチ）の巣の採掘に出かけた。成虫は煎りつけて食べ、幼虫はハチノコ飯にした（静岡県藤枝市羽佐間出身・福井富士夫さん・昭和十一年生まれ）。

⑪十月上旬部落の祭りに合わせて近隣三戸ほどでハイバチ（クロスズメバチ）の巣を採掘した。アカガエルの肉に白糸をつけたものを一メートルほどの笹竹の先に置き、成虫に運ばせて巣を探索した。巣の段を分配し、各戸でハチノコ飯を炊いた（静岡県藤枝市野田沢出身・曽根文男さん・昭和十二年生まれ）。

⑫クロスズメバチのことをハイバチと呼ぶ。十月二十日、ムラの日吉神社の祭りの御馳走にするために近隣三戸ほどでハイバチの巣を採りに行った。カエルの肉に和紙の玉をつけ、それを成虫に運ばせて巣を探索した。巣穴に煙火の煙を送り込んで成虫も採り、巣も採った。成虫は油煎りにし、幼虫は炊き込み飯にした。祖母が巣から幼虫を抜いていた（静岡県藤枝市北方・種石勝弘さん・昭和三十年生まれ）。

⑬当地ではクロスズメバチのことを「チンチンバチ」「クンクンバチ」と呼ぶ。秋の闇夜めぐりに薪で燻して巣を採掘する。幼虫をハチノコ飯にして稲の刈りあげ祝いの御馳走にした（静岡県牧之原市菅ヶ谷・菅沼英喜さん・昭和十一年生まれ）。

二　ヘボの巣を植える

クロスズメバチの巣を採り、その幼虫を食べる地は多く、その食習は広域に及ぶ。しかし、巣を早期に山から掘り採ってきて自家の納屋の軒下などに新たにその巣を据え直して餌を与え、飼育の形態をとって巣を大きくし、より多くの、より豊かな幼虫を獲得するという試みをしている地域がある。それは岐阜県の東濃地区であり、その中心は恵那市串原である。当地ではクロスズメバチのことを「ヘボ」と呼ぶ。「全国ヘボの巣コンテスト」、「ヘボ祭り」と称して、毎年十一月三日に、参加者のヘボの巣をビニール袋に入れて計量し、その重量を競い合っている。参加者は、岐阜県恵那市串原・明智はもとより、中津川市・瑞浪市、長野県阿南町、静岡県浜松市天竜区佐久間町、愛知県豊田市などへと広がりを見せ、クロスズメバチにかかわる民俗が、採取から飼育へと変容を見せている。串原ヘボの会の会長を務めた藪下政俊さん（昭和十四年生まれ）によると、昔は田んぼの脇のボタにもあったヘボの巣が見られなくなり、農薬の使用や乱獲によって個体数が激減したのだという。また、高齢化によって、ヘボの巣を採知するまで走りぬくことのできる者も年々減少している。これを憂慮した人びとによってヘボ愛好会が生まれた。平成五年、愛好会発足に合わせてヘボハウスを作り、飼育越冬させ、山へ放すという試みを行うなど、ヘボの個体数確保とヘボ文化の継承、未来の子供たちにヘボ文化を伝えるためにさまざまなくふうを重ねているのだという。

私が東濃のヘボ民俗に強く心を動かされたのは、「ヘボの巣を山から家へ」、「山の土中から家の軒下へ」と採り移すことを、この地の人びとが「ヘボの巣を植える」、「植える」と表現していることであり、そこに、ある思いが込められていることを感じたからである。それは、極めて農民的な発想であると思われた。そこには略奪や闘争、功利の臭いはなかった。「ヘボの巣を植える」ということばを聞いた時、三重県志摩の海女たちが自然の海から海藻を恵まれ、アワビやサザエの餌となる海藻の豊かならんことを祈るために、「布種《めたね》蒔き」という儀礼を行っていることを思い出していた。それは、「米」を「布種」に見たてて海に蒔く儀礼だった。これもまた農の発想なのである。「種を蒔いて育てる」「もととなるものを植えて育てる」という農のいとなみを、海藻やハチに適用した心根を見逃したくないのである。

①ツツジの花の咲くころ（六月）からユリの花の咲くころまでの間、とりわけユリの花のころに通いバチが盛んになる。そのころ、カエルの足に白いナイロンをつけ、これを運ばせて山の巣をつきとめる。これを掘って持ち帰り、スギの木の輪切りの胴または厚さ三センチ以上のスギ板の箱に通い口をつけてその中に納めて、自家の納屋などの屋根の下に据える。箱は三〇センチ立方ほどである。通い口はオオスズメバチやキイロスズメバチが入れない大きさにしなければならない。巣を植えるに際しては、サバッチを盛り、その上に二本の台木を置いて安定させる。古くは胴や箱の周囲にも土中環境を模してサバッチをめぐらせた。巣箱や胴の前に餌を吊るして飼育するのであるが、その餌は基本的にはカエルや川魚である。海の魚にはヘボはつかない。川魚でもコイのように大きな魚はだめで、ウグイまでの大きさのものがよい。中にはニワトリの肝臓を与えている人もいる。この地には、本来、「ヘボの巣は十一月の闇夜めぐりに掘るとよい」という採取伝承があった。たしかに十一月の初めから中旬にかけてが一番幼虫が詰まっている。ヘボの巣の段数は普通七、八段だが、コンクールの最優秀の巣は一四段あった。ヘボの食法として最も一般化しているものはヘボの味飯（ハチノコ飯）である。他に甘露煮もあるが、最も特徴的なものは、御幣餅のタレである。当地では新米を収穫するとそれで御幣餅を作って祝う慣行があるのだが、その味噌ダレの中に、クルミ・ゴマに混ぜてヘボの幼虫を擂り込むのである。新米の収穫とヘボの幼虫採取、その旬が一致するのである（岐阜県恵那市串原・藪下政俊さん・昭

和十四年生まれ）。

②ヘボの木（イヌガヤ）の、小さな白い花の蜜をヘボ（クロスズメバチ）の親が吸う。六月末から七月初めにかけてヘボの木の花が終わりになる。そのころ、カエルの肉かニワトリのササ身に真綿をつけたものをスズダケの先などにつけてヘボに獲らせてその飛翔を追跡し、山中のヘボの巣のありかを突きとめる。この季節のヘボの巣は直径約一二センチ、三段ほどである。それを掘り採って親バチとともに箱に入れて家に持ち帰る。それを納屋の軒下などに据えるのであるが、玉形に固まる山の赤土、乾燥土を使って一メートル四方、高さ三〇～四〇センチの台座を作り、その上に箱を乗せ、通い口をあけて厚さ一八センチほどの土で上部、周囲を囲んでヘボの巣を植えるというのが伝統的な形だった。巣の前に、カエルかニワトリのササ身を餌として吊り下げる。棒に刺すとアリがつくので、つかないようにくふうする。今ではニワトリのキモを夜ギモとしてハチを増やす人もいるが、カエルか川魚がよい。蜂蜜も砂糖もよくない。幼虫は、醤油・砂糖・味醂・ショウガで煮つけて保存する。来客の折などに飯にする（岐阜県恵那市明智町・保母清さん・昭和十一年生まれ）。

③ヘボの巣を植えてヘボを育てるためには、山でヘボの巣を掘り採ることから始めなければならない。ヘボの巣の採取期間は六月中旬から八月の盆までである。ヘボの巣を探査するために、目印をつけた肉片をヘボにつかませる。肉は、トノサマガエルかイカの肉を湯通ししたものを使う。その肉片につける目印は、もとは真綿、その後白いビニール、現在は発泡スチロールの玉にビニールテープをつけたものである。それを高さ四〇センチほどの細竹の先につけて地面近くに立てる。これを二〇箇所ほど立て、最低三人で追う。中継して追うのに人は多い方が効率がよい。トランシーバーを使うこともある。巣には「赤巣」と「白巣」がある。赤巣はヒノキの山で、白巣はシラカバなどカンバ系の木の多い山である。赤巣を作るヘボは「ブン　ブン」という音を立てるので「ブンタ」と呼び、白巣を作るハチは「ビン　ビン」と羽音を立てるので「ビンタ」と呼ぶ。

赤巣の方が大きくなり、活動期も長い。白巣は大きくならず、早く終わる。採取期の早い時期には地元の山でも標高の低いところで巣を採り、盆ごろになると標高の高いところで採る。もとは夜採掘していたが現在では昼間採掘する（岐阜県恵那市串原字柿畑・中垣哲男さん・昭和二十四年生まれ）。以下は中垣家の飼育場観察による。

中垣さんのヘボの師匠は三宅尚美さんだった。三宅さんは巣を採掘する時、ヤマイモを採る時に細心の注意を払って石を取り除いてゆくように針金や鋏を使って丁寧に丁寧に掘っていた。それを見習って丁寧に掘ることにしている。巣を掘り採ると運搬用の小箱（写真8）に入れ、地面を叩いて成虫を巣に追い込んでから持ち帰る。巣の中には女王バチがいる。持ち帰った巣は納屋の軒下にサバッチを盛り、その土の中にスギまたはモミの輪切り胴かスギ板の箱の基部が埋まるように据える（写真9）。胴に比べて箱の方が巣を扱いやすい。胴や巣箱の底にもサバッチを入れる。巣の中の防湿を図るために土の下に炭を少し入れる。箱は巣の成長を見込んで余裕のある大きさにしておく。巣は箱の中でも吊っておく（写真10）。箱や胴内の空間が狭ければ巣の段の数が多くなる。

平成二十九年、中垣家では七月十五日・十六日の両日にムラの山でヘボの巣を探索して、七月十七日にスギ丸太の胴とスギ板の箱の中に巣を入れ、屋敷内にヘボの巣を植えた。ヘボの飼育場はノラ猫がヘボの餌を獲りにくるのを防ぐために金網で囲む。飼育場には、餌台、餌吊りなどが設けられている。私が中垣家の飼育場を訪れたのは七月二十一日のことだった。餌台には竹の先に糸で吊られたカエルが置かれていた。カエルは皮を剥いて与えるのだという。カエルの肉は五日間の間にほぼ喰い尽くされていた。その他トレイに載せられたニワトリの肝臓も餌台に置かれていた。中垣さんは、カエル・ニワトリの肝臓か心臓・ニワトリのササ身を餌として与えている（写真11）。脂身はだめだという。中垣さんの友人の堀武治さん（昭和二十四年生まれ）の餌場には四個の巣箱が植えられており、

写真９　クロスズメバチ飼育用の巣。手前が箱型、後方が胴型、基部がサバツチで固められている。左手前のトレイにはニワトリのレバー、後方のトレイには竹の先に吊られたカエルが餌として与えられている。岐阜県恵那市串原、中垣哲男家

写真８　山で採掘したクロスズメバチの巣を家へ運ぶための箱。岐阜県恵那市串原、中垣哲男家

写真10　採掘後、自家の巣箱に移されたクロスズメバチの巣。岐阜県恵那市串原、中垣哲男家

餌としてニワトリの心臓が針金に吊られていた。また胴の一部を切った水飲み用のペットボトルも吊られていた（写真12）。飼育場の周囲にはノラ猫から餌を守るために金網が張られていた。屋敷の中、屋根の下に植えられたヘボの巣のヘボどもは野外を飛翔する必要はなく、飼育場の中で巣を大きくしてゆくことができるようにくふうされているのである。しかし、中垣さんの祖父の作衛さんの時代には様相を異にしていた。山から採掘してきたヘボの巣は屋敷近くの土手状の地を掘って下に台として棒を二本置き、その上に巣箱を置き、柴で隠すようにしていたのだという。この形の次に事例②の形を置き、その後に中垣さんや堀さんの形を置いてみると、この地方の「ヘボ植え」「ヘボの飼育形態」の変化が読みとれる。ヘボの巣を採掘し、人の管理のもとに置き、飼育要素を加えて幼虫を増やそうという民俗的な試みが伝承され、改善くふうを重ねてきたことがわかる。ヘボコンテスト的発想がゆき過ぎ、乱獲や自然の生態を無視した給餌のゆき過ぎには注意しなければならない。自然の摂理に即し、自然から恵みをいただくという思いで、細心の注意のもとでの採掘や、謙虚な思いのこもる「ヘボ植え」が望まれるところである。へ

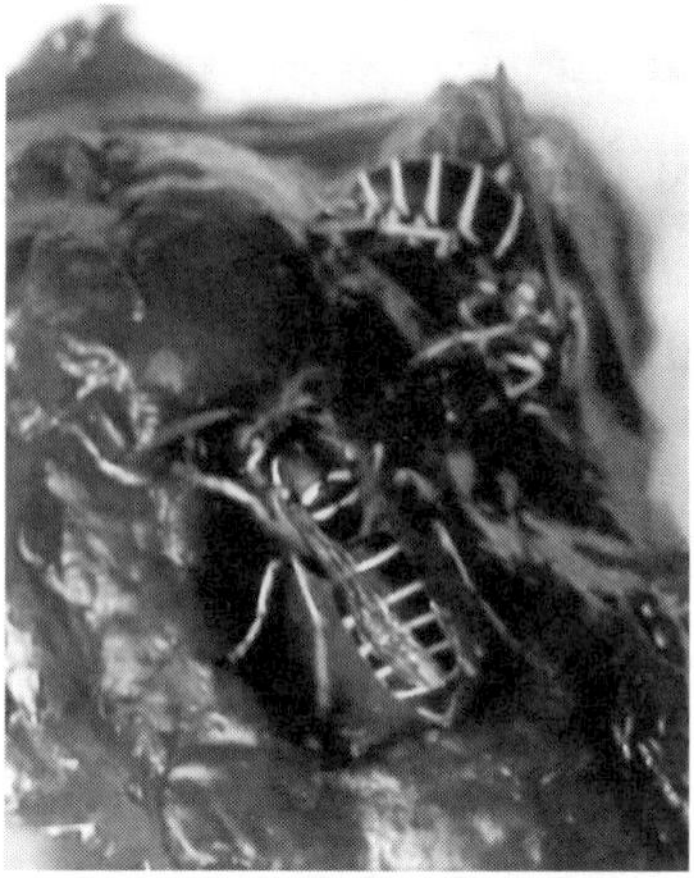
写真11　ニワトリのレバーに喰いつくクロスズメバチ。岐阜県恵那市串原、中垣哲男家

写真12　クロスズメバチ飼育場内に吊られたニワトリの心臓と水。岐阜県恵那市串原、堀武治家

ボは炊き込み飯がよいという。醤油・酒・味醂・ショウガ少々を入れて炊き込む。佃煮もよい。ヘボは年によってちがう。雨の多い年の方がよいようだ。当地ではオオスズメバチの幼虫の食習もあり、成虫は焼酎漬にして糖尿病の薬にする。しかし、キイロスズメバチの食習はない。

三　ハチと人の織模様

オオスズメバチはその名のとおり大型で、危害も大きい。そのかわりに恵みとしての幼虫も大きく多量である。方名もクマンバチ・ダイクマ・フエンドウなどと恐ろしげである。事例①②④に見るごとく、オオスズメバチの巣一つがイノシシを四分割した時の四分の一の肉と等価値だとする認識が『後狩詞記』の椎葉村に広く伝承されてきたのである。同村松木の那須久喜さん宅でオオスズメバチの幼虫をいただいたことがあった。その脂っこさに圧倒された舌の記憶は今でも鮮明である。これが、正月、祭りなどのハレの日の御馳走となっていたことも首肯できる。事例の中で、オオスズメバチ・キイロスズメバチ・クロスズメバチの巣の採取、幼虫のとり出し適期を月ごとの闇夜めぐり、太陰周期に合わせて種ごとに伝承していることには、自然の恵みを旬に合わせて最も豊かに享受しようという民俗心意と伝承知が見られる。事例②③ではクロスズメバチの巣の採掘適期を「霜」という気象条件をもって語っている。

次に注目すべきは、スズメバチ科の種類を問わず、巣を採取した時には、①＝セコドン、②③＝山の神、④＝水神などに対して巣の段の一部を欠き取って献供している点である。これらはいずれも九州の椎葉村の例であるが、静岡県榛原郡川根本町にはクロスズメバチの巣の六段分を人が取り、二段分をキツネに分与したという話がある（本書「人とキツネの共存地平」）。事例①に「セコドン」への献供が語られているのだが、セコドンは、「セコボーズ」（勢子坊主）「カリコボーズ」（狩子坊主）「ホイホイドノ」などとも呼ばれ、日向山地から肥後山地において広く生き生きと伝承されている。[1] じつは、セコドン・セコボーズ・カリコボーズの主たる好物が「ハチの子」（スズメバチ科のハチの幼虫）なのである。ここには「山びと」の好物が投影されているのである。

スズメバチの巣を採取した場合、民俗神や「モノ」に献供・分与してきた例は多い。以下のとおりである。――「カリコボーズにあげます」巣の一段（宮崎県児湯郡木城町塊所）。「カリコボーズにあげます」巣の一段（宮崎県西都市尾八重）。一枚の半分をヒョースボーに分与する（宮崎県東臼杵郡椎葉村竹の枝尾）。ハチの子を少し川の中に投げる（宮崎県東臼杵郡椎葉村野老が八重）。「ホイホイドノにあげ申す」と唱え、後方をふり返らないで後手でハチの子二、三匹を初穂として投げる（宮崎県東臼杵郡椎葉村不土野）。ハチの子を餌にしてイダ（ウグイ）・エノハ（ヤマメ）を釣る時には、まずセコ（セコドン）に対してハチの子二、三匹を投げ供えてから釣る（宮崎県東臼杵郡椎葉村春山）。

右の事例群は、人が自然から恵まれたものは恵与物をたまわった場の神に献供したり、たまわった場を守る「モノ」に献供・分与しなければならない、獲物・たまわりものを一人占めにしてはいけない、という民俗思想、自然への作法を示していると見てよかろう。

事例⑩⑪⑫⑬は稲作地帯である。⑩⑪⑫は秋のムラ祭りの、ハレの日の食としてクロスズメバチのハチノコ飯を食べている。⑬はイネの刈りあげ祝いの御馳走である。さらに、「ヘボの飼育」の事例①では獲れたての新米を使った御幣餅のタレにヘボの幼虫を擂り込んでいる。これらの事例を見ると、イネの収穫とクロスズメバチの旬がみごとに一致し、農耕栽培の稔りと採集昆虫食が合体し、自然の恵みの享受がより豊かになっていることがわかる。隣組や仲間でクロスズメバチの巣を探索するのはスポーツ・娯楽でもあり、親睦を深めることにもなった。

ニホンミツバチの飼養と蜜の採取は、スズメバチ科の巣の採取、幼虫の採取とは趣を異にしている。この営みは、タカ狩・アユの鵜飼漁などに通じる、「操掠」の要素がある。ミツバチが辛苦の中で収集してためた蜜を人が掠め取っているのである。しかし、これも人と生きものの関係の一つなのである。これが民俗として定着伝承されるためには事例で見てきたとおりさまざまなくふうが重ねられてきたのである。巣箱には樹木の幹を割切りにして刳ったもの、箱があるのだが、地域により、おのおの植生に合わせて樹種が選ばれている。長野県の伊那谷、遠山谷では専用の桶や水を背負う樽の使いふるしを使った。分蜂に際してのハチの飛散抑止の技術は、遠隔地の間でも音による威嚇、砂・水の散布など共通点が見られる。③の「トマレヤ　トマレ」、④の「遠くに行くな　近くにさがれ」などの唱え言葉は古層の民俗を思わせ、独自で注目される。抑止に「イイブタ」を使ったという③も注目される。ニホンミツバチの「花暦《はなごよみ》」にも植生や栽培作物の花と連動し、生業構造や環境変化との連動がある。

さて、「ヘボの飼育」の項で見てきたとおり、岐阜県恵那市串原地区を中心とした東濃に、クロスズメバチにかかわる注目すべき民俗がある。それは他地で広く見られる「巣の適期採掘」「幼虫の適期採取」（秋）という形ではなく、「巣の早期採掘」→「巣の自家への移植」（夏）→「給餌飼育」→「幼虫の適期採取」（秋）という、人的関与、即ち飼育の要素を加えた特徴を示すものである。それも、遡及するほどに営巣環境に近い形で飼育環境を整えていたものが、次第に簡略化、合理化を進めてきていることがわかる。サバツチ、山の土を土台に盛るという形は、本来、巣のあった山の土を運んでいたことを思わせる。餌も、カエル・川魚など土着的なものから市販の鶏肉、レバーなどに変化してきている。イノシシの肉がよいという伝承もある。情報交換や研究も盛んで、飼育方法には年々くふうが加えられている。採掘・採取に飼育要素を加えたことは画期的なことであった。ここに一つの示唆があったであろうことが仮説される。それは、ニホンミツバチの採蜜民俗である。ニホンミツバチの採蜜も原初においては事例⑥にあるとおり、山中の木のウロに作られた天然の巣を、適期に木を割って採取するなどというものだった。『延喜式』などに「蜜」「蜜蠟」が見えるところから、日本人の蜂蜜利用の古さが知れるのであるが、どの時代から人工的飼養要素が加わったのかは定かでない。しかし、近世には各地方の山地で人工的飼養による採蜜が積極的に展開されていたことはまちがいない。

寛政十一年（一七九〇）刊行の『日本山海名産図会』巻之二「蜂蜜」の項には次のようにある。(2)

凡《およそ》蜜を醸《かも》する所諸国皆有。中にも紀州熊野を第一とす。藝州是に亜ぐ。其外勢州、尾州、土州、石州、筑前、伊予、丹波、丹後、出雲などに昔より出せり。

また、同書には、「畜家蜂《いえにかうはち》」（漢名花賊、蜜宦、王腰奴・花媒）として以下の記述がある。

家に畜《やしな》わんと欲すれば先《まず》桶にても箱にても作り、其中に酒、砂糖水などを沃《そそ》ぎ蓋に孔《あな》を多くあけて、大樹の洞中に結びし窠《す》の傍に置ば、蜂おのずから其中へ移るを持帰りて、蓋を更《あら》ためて簷《のき》端或は牖《まど》下に懸置なり。此箱、桶の大きさに規矩あり。されども諸州等しからず。……

天然の巣の採取からこの方式に及び、さらに、分蜂時にハチの飛散を止め、ハチを人造の「ウト」「ウトウ」「ゴーラ」などの幹胴や箱・桶などに集めてハチに集蜜させ、適期に採取するようになったと考えられる（写真13）。東濃のクロスズメバチの飼育方式は、山から里（家）へハチを移す点、ハチの飼育に、木の幹の刳り胴や箱を使うという点、ハチという生きものの自然の営みのプロセスの中に人為の飼養要素を加える点、などで、先行していたニホンミツバチの人為的飼養の影響

写真13　ニホンミツバチ採蜜桶の中の巣。長野県下伊那郡大鹿村釜沢、内倉仁家

を受けたものと考えられる。

オオスズメバチの幼虫の詰まった巣一個をイノシシ一頭の肉の四分の一と同等と評価し、採取したスズメバチの巣の一部や幼虫若干を山の神や山川の「モノ」に献供し、ニホンミツバチの分蜂時にハチの飛散抑止のために唱えごとをした椎葉村は海から遠く離れた山地であった。また、クロスズメバチの巣を移植してクロスズメバチを飼育するという方法を試み、伝承してきた東濃山地の明智や串原も海から遠く離れた山間地だった。海の魚によって動物性蛋白質を採取しにくい山深い地の人びとにとって、スズメバチの幼虫は貴重な蛋白源であり、それはハレの日の御馳走でもあった。

注

(1)野本寛一「セコボーズの象徴性」(『山地母源論1――日向山峡のムラから・野本寛一著作集Ⅰ』岩田書院・二〇〇四)。
(2)木村孔恭『山海名産図会』初出宝暦十三年（千葉徳爾註解『日本山海名産名物図会』社会思想社・一九七〇)。

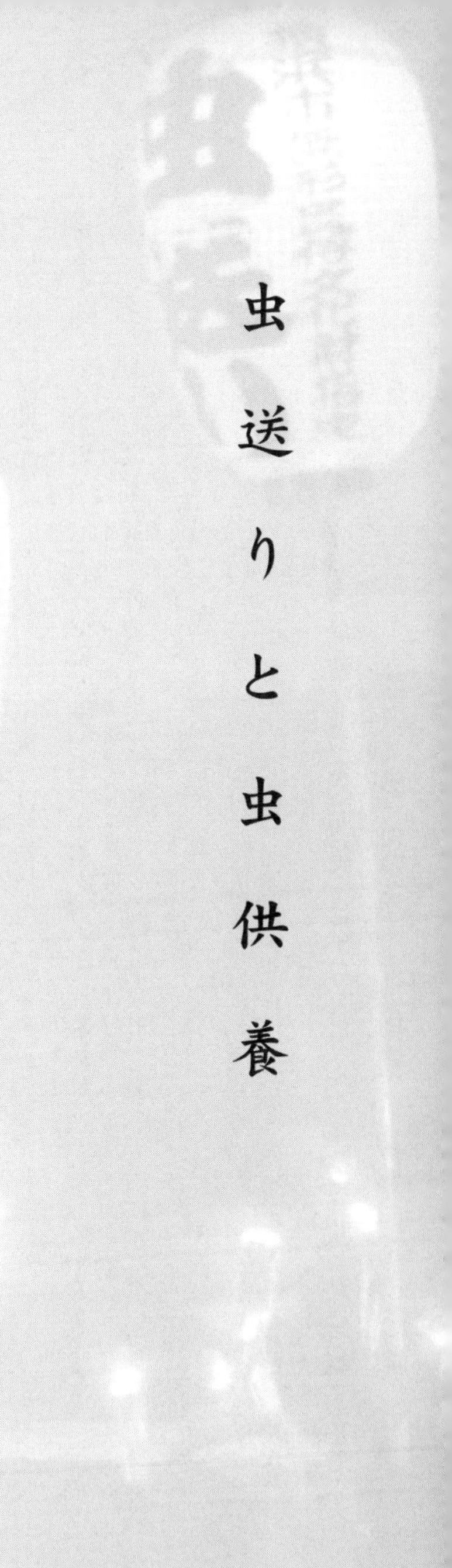

虫送りと虫供養

一　撤油駆除と虫送り

イネ（米）を食糧・穀物の中心に据えてきたこの国ではイネに害をもたらすさまざまな虫に悩まされ続けてきた。イネに害を与える虫は「稲虫《いなむし》」と総称されたのだが、チョウ、ガ類の幼虫・ウンカ、ヨコバイ類・バッタ類など種類が多い。江戸時代も後期になると、農学者によって害虫対策も進んだ。大蔵永常は、『除蝗録』(1)（文政九年・一八二六）を著し農民に害虫駆除の方法を教えた。永常は文政八年（一八二五）静岡県の大井川下流域で害虫の実態を見た。『除蝗録』に次のような記述がある。

茲《ここ》に大井川の辺なる上新田村三右衛門なるもの其苗の衰たるを見て早くも煌《むし》生じたるをさとり、其田を三つにわけ其内蝗の多き田は菜種油多く五度に入、蝗のうすき田へは油半を三度に入、蝗の少き田は少しもいれずして試けるに、蝗多くて油多く入たるは七八歩の作となり蝗うすく油半に入たるは四分の作となり、蝗すくなくて油入ざる田は稲悉《ことごと》く枯穂となりしと其人語られけるまま、予も往て見けるに実に其言の如くなりき、嗚呼《ああ》、此時にあたって鯨油の備あらバ、いかでかかる蝗のうれひ有べきぞと嘆息すれ共甲斐なし。

上新田（現・藤枝市）の三石衛門なる人物は篤農家で、大蔵永常の目をひくような意欲的な実験を続けた人であった。永常は早く、『老農茶話』（文化三年・一八〇六）で菜種油の駆虫力を推奨したのであったが、後に鯨油の効果を強く説いた。ウンカの駆除に菜種油を用いることを発見したのはどこの誰であるかはじつのところ不明である。ところが、藤枝市源助の内藤正治さん（明治三十三年生まれ）などは次のような伝承を語る。――上新田の小字市場《いちんば》の三石衛門が、ある時、菜種油を搾った袋を洗っていたところ、そこへウンカが落ちてきて死んでしまった。三石衛門はそのことから、菜種油によるウンカの駆除を思いついた。

右により稲作農民がいかにウンカに悩まされていたかがよくわかる。また、その駆除に菜種油が用いられ、それより有効な鯨油も知られてはいたのだが、鯨油が稀少で入手困難だったこともわかる。

油によるウンカ駆除は、水面に油を流し、ウンカを払い落として油の皮膜で虫が飛び去るのを防ぎ、併せて虫の気門を塞いで窒息させるという合理的な方法である。

三石衛門の伝統を受けてか、大井川下流域では菜種油によるウンカの駆除が盛んだった。この地方では、ウンカは台風が運んでくるものだという俗信があった。台風とウンカの発生期が一致していたのである。マダケの一節を底にして三〇センチほどの筒を作る。そして、底になる節の真ん中に錐で穴をあけ、筒に入れた菜種油をそこから滴下する。先を尖らせた割竹を筒底の穴に挿して油の滴下量を調節しながらイネの株間を歩くのである。一方、油を撒いた後、竹箒の柄くらいの竹に藁を結びつけ、これを稲株にあてながらウンカを払い落としたのだ。この方法は昭和二十年代まで続いた。

終戦前、私が、静岡県、現牧之原市菅山の国民学校一年から三年までの間に経験したことである。学校で一斉にニカメイガ・サンカメイガ（螟虫＝髄虫）、がイネの葉に生みつけた卵を駆除する行事があった。イネの葉裏に卵が生みつけられている部分を摘み取って集め、それを学校に提出したのである。主として自分の部落の田で、上級生に教えられたとおりに摘み取ってマッチ箱に入れた記憶がある。また、昭和二十年代、水田の随所に誘蛾灯が点々と設置されたことがあった。電燈の下に水を張った盥状の容器が設置されており、夥しい数の大小のガや昆虫が容器の中に落ちていた。夜、そこにクワガタムシやカブトムシが飛来するのが少年たちにとっては魅力だった。

先に、ウンカ駆除のために菜種油や鯨油が使われていた例を示したのだが、化学系農薬が普及する前には、じつにさまざまな方法が試みられていたのである。以下は、三重県熊野市二木島新田の大原菊夫さん（大正三年生まれ）の体験による。――当地にはウンカ駆除にアオウミガメの甲羅を使う方法があった。アオウミガメを解体する時、甲羅の裏側についている脂肪を剝ぎ取ってしまわないように注意する。ウンカが発生すると、田の水口に甲羅を盃状に、裏側を上にして置き、そこに水を受ける。水は甲羅の脂肪を含んで田の中に流れこむ。水深と甲羅の位置をくふうすれば一度に一つの甲羅から複数の田に甲羅の水を分けることもできる。水くまりが済むと甲羅は大切に収蔵しておいて再度使用した。甲羅の脂肪は初めは脂があったとしても、二度目、三度目には効力が薄くなったはずである。ここからは藁にもすがる農民の思いが伝わってくる。アオウミガメの甲羅は米との交換で漁師から求めた。漁師は銛を使ってアオウミガメを獲っていた。ウンカ駆除にゴマ油を撒いたこともある。

二木島新田には右に見たような即物的な害虫駆除のほかに、呪的行事としての「虫送り」があった。田植が済んだ六月下旬ごろ、ムラの子供たちが一人一人松明を持って、〽送ろ　送ろ　ウンカの虫を送ろ――と声をそろえて唱えながらムラの田を全部回って海まで送る。海がウンカでいっぱいになったという。松明の火に虫が集まるのだから、この呪的行事は実質をともなっていたことにもなる。稲虫送りの時間帯が夜になったのは農民の経験をふまえてのことだった。

稲虫を送る「虫送り」について杉中浩一郎氏は次のように報告している。(2)

紀南地方では、ふつう六月の初丑の日に行われ、先導するのは大人であるが、子供の行事となっているところが多かった。笹や松明《たいまつ》を持ち、鉦《かね》や太鼓を鳴らし、時にはほら貝を吹いたりして、列をつくって進んだ。その時唱える文句は「虫も蝿も飛んで行け、実盛《さねもり》さんのお通りじゃ」で、これが岩田方面の唱えであるが、どこもだいたい同じであった。たいてい村境まで送って行くが、……

虫送りの「送《おく》り詞《ことば》」は地方によって異なる。ここに登場する実盛さんは、平家に仕えた斎藤実盛で、田の中で、イネの刈り株につまずいて討たれたことから最期に「稲の虫になって怨みを晴らす」と語ったとされる。このことから実盛の霊を祭れば稲虫の害を免れるという俗信が発生した。この事例によれば、イネの害虫は、怨霊・御霊などによって発生するものだと信じられた時代があったことがわかる。

畑作地帯にも虫送りはあった。山梨県南巨摩郡早川町奈良田では、七月十八日、大人たちは寺に集まって題目を唱え、子供たちはおのおの、半紙にアワの穂に害虫がついている絵を描いてそれを棒の先に吊るす。これを一人一本ずつ持ち、さらに共同でスギの葉で神輿を作ってムラの中を回りながら〽何の神ょ送るやい　〽虫の神ょ送るよ——と声をそろえて唱える。最後に各人の絵をスギの神輿に挿し、その神輿を早川の流れに送る。これを「虫送り」と呼んだ（深沢金治さん・明治四十四年生まれ）。

写真１　虫送り。京都府木津川市鹿背山。撮影・岩城こよみ

沖縄県南城市久高島には水田がない。三月二十九日、「虫ばらい」と称して、バショウ（芭蕉）の茎で舟を作って、フクギの葉を帆として立て、それに畑の虫を取って乗せる。これを海に流すのである（西銘しずさん・明治三十八年生まれ）。

宮崎県西都市上揚は焼畑が盛んで、アワを中心としてヒエ・陸稲につく害虫に悩まされた。虫は黒ホージョー・白ホージョー・サベー（ガ）などだった。同地の浜砂久義（大正八年生まれ）家には手力男命《たぢからおのみこと》神社が祀られている。害虫除けの第一は手力男命神社の神札であり、それでも効験がない場合は「虫あげ」と称する儀礼を行う。(3) 焼畑地の南側に神札を吊るし、北側の中央部に虫の逃げ口を想定しておく。作場小屋（出作り小屋）の前に竹で棚を作って法螺貝を祀り、アワ・ヒエ・アズキ・神酒を供えて虫除けの祈願をする。その後、虫の逃げ口を除く焼畑の周囲すべてを、法螺貝を吹きながら丁寧に回った。こうすると、害虫が逃げ口から立ち去るというのである。自家の場合も、他家から依頼を受けた場合もこのようにした。

稲田にかかわる実際の害虫駆除は先に見たとおりである。ここでは、ムラ行事としての稲虫送りや畑作物につく虫を除く儀礼、それらの呼称、虫の送り先などについて考えてみたい。熊野市二木島新田＝虫送り・海へ　紀南地方・虫送り・ムラ境へ　早川町奈良田＝虫送り・川の流れに　南城市久高島＝虫ばらい・海へ　西都市上揚（個人の焼畑）＝虫あげ・焼畑地の外へ。呼称はいずれも穏やかなものである。虫殺し、とか虫退治・虫打ちなどといった虫を抹殺し尽くすような強い表現は見られない。農にたずさわり、虫どもから手痛い被害を受けながらもどこかに穏やかな眼ざしが感じられる。追放先は、川の流れ・海・ムラ境・焼畑地の外といったもので、ここに底流する民俗思想は、「送り」「流し」の思想だと見ることができる。これは、同系の行事、「鼠送り」「コトの神送り」「疱瘡送り」「ネブタ流し」「タル（タイ）流し」、さらに、南島のシマフサラ・シマフサリなどを併せて考えてみると、悪しきものを中心に、時には「精霊流し」のような霊的なものも送り・流すという考え方が広く浸透していたことが考えられる。

なお、「アオダイショウ」の節で示した、焼畑の火入れに際して小動物を追い出す「焼き触れ」に見られる心意もここに連接させて考えることができる。

二　虫供養

宮崎県東臼杵郡椎葉村は焼畑を含めて畑作中心の村だった。当地では、旧暦六月十五日、ヒエ・アワ・トウキビ（トウモロコシ）・ダイズ・アズキなどの蒔きつけが終わり、少ない水田の田植が終わったところで「鍬はらい」「蒔きあげ」などと称して鍬・鉈・鎌などの農具をよく洗って、鍬掛け場に掛け並べ、その前に団子を供えた。椎葉村尾前の尾前新太郎さん（大正十一年生まれ）は、「鍬はらい」の儀礼の中には、草刈り、畑地の耕起、畝伏せなどの作業中に鍬先・鎌先などによって命を落とした虫類・小動物どもの霊を鎮める意味も込められているのだという。

滋賀県・奈良県には「野神」「野神さん」という不思議な民俗神がある。平地を中心に、山裾などに祀られることが多い。農の神だと解されることが多いのであるが、私は、野神とは平地の水田や、山裾の畑地などを開拓した折、その地の地霊や開発に際して犠牲になった多くの小動物の霊などを鎮めるために祀られた神ではないかと考えている(4)。平成十五年九月一日に滋賀県蒲生郡日野町中山の野神祭りに、九月十日に日野町徳谷の野神祭りに参じたことがある。両所ともに、祭場に、ヘビとムカデを一枚の板に一匹ずつ描いた絵が飾られており、それが強く心に残った。ヘビ・ムカデは犠牲になった生きものの代表・象徴ではなかろうか。こうした生きものどもの犠牲を無視し続けると、マムシの毒やムカデの毒に遭うことにもなるのだという暗示が読みとれる。因みに、野神の座は、ケヤキやスギの巨樹のもとであることが多い。

私は、静岡県牧之原市松本というムラの農家で育ったのだが、そこでは昭和二十年代まで、十一月二十三日に「大師講」という行事を行っていた。この日はボタモチを作って食べたのだが、擂りつぶした米の付着した擂粉木で玄関の大戸（板戸）に「大」の字を書いた。毎年同じ位置に大の字を書くので、板戸に、大の字が明確に示されていた。この大の字を書く時に、「大師講虫供養　大師講虫供養」と唱えながら書くのがならわしとなっていた。この誦文の意味が解けずにいたのだが、平成二十一年に牧之原市蛭ヶ谷の鈴木正次さん（昭和二年生まれ）から、ここに出てくる「虫」は、冬に向かって生きてゆけなくなる数々の虫で、それを供養するのだと聞いた。静岡県の大井川流域、愛知県の北設楽、新潟県の西頸城・佐渡などには、大師講のボタモチ・団子を食べなければハエがいなくならないといった伝承がある。大師講は季節の転換点になっており、たしかに大師講の時期は身近な昆虫類の多くが姿を見せなくなる時である。鈴木正次さんの言葉の中には、虫にまで思いを致してきたこの国の人びとの生き方が滲んでいる。

ここに見てきた「虫供養」には仏教以前からの、わが国に土着的な供養、鎮めの思想が滲んでいるのである。供養の営みの中には始原の供養と仏教系の供養が渾然としたものもあるし、仏教の色あいが濃いものもある。いずれにせよ、供養の対象・焦点が、小さな「虫」に当てられていることには注目しなければならない。

全国の各地のさまざまな虫塚を探訪してその結果をレポートした柏田雄三氏の『虫塚紀行』は注目される。(5) 例えば石川県小松市埴田の虫塚、天保一〇年に建てられたもので円柱状である。「虫塚」と刻まれ、裏面に由来文がある。――「……コヌカ虫俄ニ生ジ　ワセオヒオヒカレカカリ　中稲晩稲次第ニツヨク　稲多枯何レモ及難儀　右虫布モメン袋を以テトリ集メ候分此所ニ二十三俵許埋メオク此末虫生ル時は艸修理ノ頃ハヤク木の実油を用ユレバ愁ウスカルベシ余は除蝗録ニ委シ虫／愁を恐レ後年ノ記録ニ建之畢」。登場するコヌカムシはウンカ・ヨコバイ類だとされている。これを木綿袋二三俵埋めて塚を作ったという。厖大な稲虫の量である。こうした稲虫の大発生は飢饉の要因にもなっていたのである。由緒文にもあるとおり、後世のための指針を含むことはまちがいないのだが、

写真４　建長寺虫塚のゾウムシとクワガタムシ

写真２　建長寺虫塚入口

写真５　建長寺虫塚、石灯籠の童子

写真３　建長寺虫塚中央

虫塚を作り、供養することによって虫の大発生の抑止を神に願いたいという願望があったことはまちがいない。人にとって益虫であるカイコを、「蚕玉」「蚕影」として祀ってきたことはよく知られているのだが同書を見ると蚕霊供養塔も各地に見られる。多様な被害をもたらすにもかかわらず北海道には諸地にバッタ塚がある。本書に収載されたさまざまな「虫塚」はこの国の人びととの虫との葛藤や、虫に対するさまざまな思いを埋納し、それを語りかけてくれるのである。

　鎌倉の建長寺、奥まった

山懐の崖と竹藪の間に養老孟司氏肝煎りの虫塚がある（写真2～5）。碑文には次のように記されていた。――「近代文明はおびただしい数の虫を殺してきました。それは今でも続いています。それに気付いているということを銘記しようと、虫塚を建立しました。塚にしたのは、すべてを言葉にすることはできないからです――養老孟司　養老朝枝　隈研吾　挾土秀平」。

虫塚は隈研吾氏の意匠による。白く塗られた鉄筋の枡目網型の直方体、それを多角円形に組み重ねてある。中央の円形石台の上にはゾウムシが伏す（写真3）。個々の直方体は虫籠のようにも見えるが中はすべてカラで、囲繞する多角円にも全く閉塞感はない。通気性、透視性もあり、藪や崖を見通すことはできるが、遮断性もある。未来社会における人と虫、人と自然の関係は、人のあり方によって流動する。この虫塚に立つ時そうした示唆を感じる。

虫塚の中には注意しないと見逃してしまうかもしれない重要な像がある。それは、入口近くにある石灯籠の台座の中に座る「昆虫童子」とも称すべき像である（写真5）。組んだ足、その膝の上に手を置く童子の触角や寂しげな眼ざしは数多の虫への思いを誘う。

塚もまた、虫塚のみならず、亀塚・イルカ塚・狐塚・蛇塚などの多くの塚を並べて考えてみる必要があろう。

今でこそ多くの注目を浴びるようになった山形県の草木供養塔は、高度経済成長期の一時期には忘れ去られ、寺の境内やムラはずれなどに打ち棄てられるように草に埋もれていたものもあった。私が初めて「草木供養塔」を見たのは昭和五十二年七月二十七日のことだった。場所は山形県米沢市南部の中山間地小野川の大黒天寺境内

写真6　草木供養塔。山形県米沢市小野川大黒天寺境内

だった。境内の片隅に、無造作に刻字面を上に向けて横たえられていた。長さ約四五センチ・幅一八センチ・厚さ一〇センチほどの石だった。「養」の字は変体で刻まれていた（写真6）。これを見た時の衝撃は大きいものだった。その後絶えることなく残響は響き続けた。それは、四一年を閲した今日まで消えることはない。その時の内心の驚嘆、感動の叫びは、「日本人は草木まで供養してきたのか」「一木一草にまで心を通わせてきたのか」「何というやさしさだ」――などというものだった。「草木供養」はアニミズムにも通じる。ここには仏教以前の自然観・供養観・生命感などが潜んでいるのではなかろうか。仏教受容にもこうしたこの国の人びとの原感覚・原思考が大きく作用したにちがいない、などとも考えた。先に見てきた「虫送り」「虫供養」にも「草木供養」と通底する心意があるのではなかろうか。

注――

（1）大蔵永常『除蝗録』初出文政九年・一八二六・翻刻・現代語訳・解題・小西正泰（『日本農書全集』15・農山漁村文化協会・一九七七）。
（2）杉中浩一郎『南紀熊野の諸相――古道・民俗・文化』（清文堂・二〇一二）。
（3）野本寛一『焼畑民俗文化論』（雄山閣・一九八四）。
（4）野本寛一『地霊の復権――自然と結ぶ民俗をさぐる』（岩波書店・二〇一〇）。
（5）柏田雄三『虫塚紀行』（創森社・二〇一六）。

終章 旅の終わりに

一　児童と生きもの

家から一・五キロほど離れた山裾に「アラコ」（開墾地）と呼ばれている茶畑があった。国民学校二年生の時だったと思う。私は、茶摘みに向かう祖母の千代（明治二十六年生まれ）と並んで歩いていた。ホオジロ（頬白）の囀《さえず》りが聞こえてくる――。祖母は、あの鳥は、「チンチロ　イツツボ　ニショマイテ　ゴモンモラッテ　モトニシタ」と鳴いているのだと教えてくれた。静岡県牧之原市松本でのことである。その後、ホオジロの囀りを耳にするたびに祖母から聞いた「聞きなし」が心に浮かんだ。しかし、高校生になると、祖母が語った聞きなしは筋が通らないのではないかと思い始めた。意味を探ってみてもすっきりしなかった。「チンチロ　五粒　二升蒔いて　五文もらって　元にした」と受けとめていたからである。穀物に関係があるのではないかと考えていたのだ。

この聞きなしの意味がわかったのは、柳田國男の『野鳥雑記』[1]を読んでからだった。同書にはホオジロの聞きなしについて次のように書かれている。

> 物類呼称は安永年間の書物であるが、関東では「一筆啓上せしめ候」、遠江国に於いては、ツントイツツブニシュマケタ　と謂ふとある。小玉銀五粒と二朱負けたといふのだから、是は明らかに博奕のことで、今でも信州の大河原の奥などでは、さういふ無教養な鳴き方をする様に伝へられる。

柳田の示唆によって、私が祖母から聞いた聞きなしを修正してみると次のようになる。「チンチロ　五粒二朱負けて　五文もらって元にした」。「チンチロ」は鳴き声にもとづくホオジロの方名ということになる。

島根県・山口県・大分県などにはホオジロのことを「チンチロ弁慶」と呼ぶ例がある。静岡県浜松市天竜区水

写真１　ホオジロ

写真２　オオミノガのミノムシ
提供　川邊透

窪町大沢の別所賞吉さん（昭和八年生まれ）は、ホオジロの鳴き声を「チョット　ヒトツブ　ニショマケタ」と聞きなしていた。祖母や別所さんの聞きなしに注目すると、農にかかわる者が伝播・伝承の中で、穀物の種や種蒔など、農にかかわる理解へとゆらぎを見せていたことがわかる。暮らしの中に生きものがおり、かかわる伝承を聞きながら日々を送っていたのだ。

　学齢前のことだったと思う。坪庭で木の枝に吊り下がっているミノムシを見つけた時、祖母は「ミノムシの袋は開けるものではない」と語っていたように記憶する。終戦時、私は国民学校三年生だった。校内の随所に「茶の実拾って呑龍《どんりゅう》飛ばせ」という標語が掲げられていた。呑龍とは陸軍の重爆撃機で、茶の実は換金物、茶の実拾いは奉仕であった。戦後も、学校行事として茶の実拾いが行われた。一斗袋を持って茶畑の畝間に入る。茶の実拾いは競争のようになり、生徒たちは夢中になって拾った。パチンコの玉が溜まっているように茶の実がたくさん落ち溜まっている箇所に当たるとうれしかった。そんな折、茶の木に吊り下がっているミノムシをよく見かけた。チャノミガの幼虫が作る嚢である。捕ってみる暇もなかったのだが、祖母から聞いたことばも気になっていたのだ。

　山中に「クビッチョ」という、凧糸とバネ木を使った罠を掛けてヒヨドリ（鵯）を捕って肉を茶碗蒸しなどにして食べた。クビッチョという呼称は「首打ち」の転訛である。餌にはナンテン（南天）・センダン（栴檀）の実・米などを使った。このように生きものの命を奪う遊びをしながら、一方では祖母のことばが暗示のようになって、ミノムシの蓑を脱がせることをしないままで少年時代を終えた。

高校生になって『枕草子』の中でミノムシに遭遇して驚いた。「虫は」の段に次のように描かれている。

みのむし、いとあはれなり。鬼の生みたりければ、親に似てこれもおそろしき心あらんとて、親のあやしききぬひき着せて、「いま秋風吹かむをりぞ来んとする。まてよ」といひおきて、にげていにけるも知らず、風の音を聞き知りて、八月ばかりになれば、「ちちよ、ちちよ」とはかなげに鳴く、いみじうあはれなり。

叙事的に描かれているミノムシの運命が心に沁みて、それが祖母のことばと響き合った。長じてこの段を読み返してみて、平安時代、既にこの虫がさまざまな伝承をまとって語られていたことに驚かされた。ミノムシのことを「鬼の子」と呼ぶ例があるのだが、『枕草子』以前にその呼称があったか否かは定かではない。ミノムシが「鬼の子」とされた背後には、この虫が、あたかも蓑のような袋に入っていること、その蓑も、体の大きさに比していかにもトゲトゲしく、荒々しい印象を与える、その形状がかかわっていたと考えられる。「あやしききぬ」である。

ミノムシはミノガ科に属すガの幼虫の総称で、わが国だけでも二〇種以上に及ぶという。体から分泌する糸で枯枝、樹皮、枯葉などの小片を綴り合わせて自らの籠る袋とその外側の蓑を作る。蓑の形状は種類によって異なり、雄はガになって外に出るが、雌は羽がなく袋の中に棲んで産卵する。茶・ウメ・ナシなどの葉を喰い、冬は袋に籠って木の枝に吊り下がって越冬する。

・茶畑の茶の木にミノムシがつく。夏に生育し、秋から冬にかけて枝に吊り下がる。ミノムシは茶の害虫で、ひどい時には畝を茶色にしてしまう。薬剤散布以前には手で捕ってまわったこともある（静岡県牧之原市菅ヶ谷・

菅沼英喜さん・昭和十一年生まれ）。

・茶の葉がみるい（柔らかい）とミノムシやケムシ類がつきやすい。葉を強くするために、畝間の敷草の八割をワラビのホドロにした（静岡県浜松市天竜区水窪町大沢・別所賞吉さん・昭和八年生まれ）。

・茶畑の茶の木につくミノムシを捕って、その幼虫をアマゴやイワナを釣る餌に使った。茶の害虫駆除を兼ねることになった（静岡県掛川市居尻・佐藤雅之さん・昭和三十一年生まれ）。

今にして思えば、少年時代、茶の実拾いの日、ミノムシを見逃したことは茶の害虫を見逃していたことにもなる。各地をめぐるようになって、「ミノムシの袋で財布を作ると金持ちになる」という口誦句を何度か耳にした。財布を作るミノムシはチャノミガの蓑ではなくオオミノガの蓑で、三・五センチほどだった。オオミノガのミノムシは果樹・庭木・雑木などについた。『日本俗信辞典　動・植物編』(2)には次の例が収載されている。長崎県壱岐では、ミノムシを裸にすると自分も裸になる、といって子供をたしなめた。静岡県藤枝市では、ミノムシの皮を剝ぐと雨が降るといった。祖母が私に語った「ミノムシの袋を開けるものではない」という禁忌めいたことばの後に続く、理由を示す伝承があったはずだが、それが聞けていないのは残念である。同じミノムシをめぐって、人の立場によって逆の方向を示す伝承や行為があったことがわかる。

柳田國男の『西は何方』(3)の中に「蟻地獄と子供——特に疎開の少年の為に——」という一章がある。この文章は、昭和十九年春、柳田が疎開児童のために書いたものである。ここで柳田は、各地方にはおのおのに方言があることを語り、また、アリジゴク（蟻地獄）という児童の親しみやすい生きものをとりあげ、都会の子供たちが疎開先のことばになじむこと、また、都市には少ないさまざまな生きものに親しむことを願ったのである。具体的には、各地のアリジゴクの方名や、アリジゴクにかかわる遊びの囃しことばなどを紹介している。アリジゴクはウスバカゲロウ科の幼虫の総称である。体長約一センチ、灰褐色で細かいトゲがあり、鋏状の口器がある。乾いた砂質の土を

はねとばして後ずさりしながら擂鉢状の穴を作る。そこにひそんでアリなどの体液を吸う。以下に私が聞いている
アリジゴクの方名と、アリジゴクをめぐる遊びについて若干の報告をする。

①イチンボカチンボ：擂鉢型の穴の中をムギカラで吹くと虫が出てくるので、その虫を隣の巣穴に入れてケンカをさせた（静岡県浜松市天竜区横川字上百古里・栗田基夫さん・昭和七年生まれ）。
②チチンボ：子供たちはアリジゴクの穴を見つけると「チチンボ　チチンボ　出てこいよ」と囃して遊んだ（静岡県浜松市天竜区水窪町桐山・桂内兼太郎さん・大正七年生まれ）。
③ベボー：穴に虫を入れ、アリジゴクがそれを捕食するのを見て遊んだ（静岡県浜松市天竜区佐久間町中部・平賀孝晴さん・昭和八年生まれ）。
④オクンボー：蔵の軒下にいた。アリを入れると足から食べた（静岡県掛川市居尻・佐藤雅之さん・昭和三十一年生まれ）。
⑤ゴモゴモ：虫を掘り出して新しい巣穴を作らせ、それを眺める。新しい穴ができるとアリやアオムシを入れ、それを捕食するところを眺めた（静岡県牧之原市萱ヶ谷・萱沼英喜さん・昭和十一年生まれ）。
⑥マイマイ：巣を崩すことはせず、穴にアリや虫を入れてそれを捕食するところを眺めた（滋賀県長浜市余呉町菅並・西村敬治さん・昭和九年生まれ）。
⑦コジコジ：穴にアオムシを入れてそれを捕食するところを眺めた（岐阜県恵那市明智・保母清さん・昭和十一年生まれ）。
⑧サラシコムシ：虫をとり出して他の巣穴に入れて戦わせた（山形県米沢市万世町・長谷部雅隆さん・昭和三十七年生まれ）。米沢市大平ではアリコムシと呼ぶ。
⑨ハッコ：アリジゴクの穴を見つけると、木の枝で穴をつつきながら「ハッコ　ハッコ　出てこいよ　チーチ

ノマンマ（味飯）煮てやるぞ」と囃した（長野県飯田市上村中郷・柄沢正一さん・昭和三十八年生まれ）。

⑩ハッコ：アリジゴクの穴を見つけると、「ハッコ　ハッコ　出てこいよ」と囃しながら指でつついた（長野県飯田市上村下栗屋敷・胡桃澤ひづるさん・昭和三十九年生まれ）。

⑪ヘッコマッコ：神社の縁の下などでアリジゴクの穴を見つけると、「ヘッコマッコ　ヘッコマッコ　チイチノマンマ（サンマの御飯・味御飯）やるで出てこいよ」と囃して遊んだ。このように囃しながら掘ると虫が出ると伝えられていた（長野県飯田市南信濃尾之島・櫻井弘人さん・昭和三十四年生まれ）。

⑫アリジゴク：擂鉢（穴）にそって、そっと指を回すとアリジゴクが出てくると言われている。擂鉢を見つけるとその所作をした。穴を崩すと虫は出てこない。虫が穴から姿を現すところは怪獣の出現を思わせた。倉庫の縁の下などでやった（静岡県藤枝市上大沢・種石勝弘さん・昭和三十年生まれ）。

⑬アリジゴク：穴を見つけると穴の中に唾を落とした。唾を落とすと砂が固まるので虫はその固まりを出そうとする。その様子を観察した（愛知県新城市大海中貝津・藤村長男さん・昭和十二年生まれ）。

アリジゴクの方名を見ただけでも各地の子供たちがいかにこの虫に関心を寄せてきたかがわかる。方名の類型の一つに、同音反型命名が見られる。事例①⑤⑥⑦などがそれである。柳田の報告の中にも、「チョコチョコ婆さ」「カッコカッコ」「テッコハッコ」「タエコタエコ虫」「ダイダイ虫」などが見られる。その発生は、例えば②の「チチンボ　チチンボ　出てこいよ」とい

写真３　アリジゴク

う囃しことば、⑨⑩の「ハッコハッコ」、⑪「ヘッコマッコ」などに見られるとおり、囃しことばの冒頭を独立させたものであることがわかる。してみると、①⑤⑥などにも囃しことばがあったことが考えられる。柳田は「クボ虫」という呼称があったことを仮説しているのであるが、④の「オクンボー」は、アリジゴクの擂鉢を「お窪」と呼んだもので、クボ虫は「窪虫」である。これは、擂鉢の形状にかかわる命名である。

柳田の収集事例の中には、この虫をウシに見たてたものがあり、これは「ベコ」から「ヘッコ」に転じている。虫が後ずさりするところから「早乙女虫」と呼ばれた例、擂鉢を猪口に見たるところからついた「チョコチョコバアサ」など興味深い。⑧のサラシコムシのサラシコは米の粉を水にさらして白くしたものだが、砂質、粉状の穴、さらには粉化民具の擂鉢などとの関係も考えられる。

特殊な方名はなく、共通語のアリジゴクを用いていても、その遊び方に個性が見られるものもある。⑫⑬がそれである。

柳田が、疎開少年のためにアリジゴクをとりあげ、多くの情報を提供したことは注目すべきことである。幼童から少年・少女のこの虫に対する関心は常に強いものがあった。アリジゴクは永遠の人気昆虫の一つだと言えそうである。先に示した事例の体験・伝承者の生年を見ると、⑫昭和三十年生まれ　④昭和三十一年生まれ　⑪昭和三十四年生まれ　⑧昭和三十七年生まれ　⑨昭和三十八年生まれ　⑩昭和三十九年生まれ、となっており、いずれも高度経済成長期以後にアリジゴクで遊んだ方々であることがわかる。古い伝承を継承しながらも、アリジゴク（虫）の出現を怪獣の出現にたとえるなど、時代を反映しているところがある。①〜⑬の事例は平成二十八年・二十九年の二年間に聞きとりをしたものである。アリジゴクに限ってみても、各地に多様な方名と遊びがあるが、柳田以後それは調査の対象にすらなっていないのである。柳田の子供に対する眼ざしは継承しなければならないし、幼童・少年・少女たちの生きものとの豊かな交感を細らせてはならないのである。

『赤い鳥』という児童雑誌がある。鈴木三重吉主宰で、大正七年七月から昭和十一年八月まで続いた（途中一時休刊あり）。森鷗外・島崎藤村・芥川龍之介などが協力し、北原白秋・三木露風・西条八十・小川未明などが熱心に執筆した。児童・生徒の投稿欄も設けられており、全国各地の児童・生徒が、詩を中心にじつに多くの作品を投稿している。[4] 執筆者や投稿者の作品を読むと、その中に多くの生きものが登場しているのが目をひく。登場している多種に及ぶ生きものを列挙してみると次のとおりである。熊・狐・猿・兎・鼬《いたち》・鼠・田鼠・雉《きじ》・鳩・烏《からす》・梟《ふくろう》・鳶《とび》・四十雀《しじゅうから》・百舌《もず》・雀・啄木鳥《きつつき》・懸巣《かけす》・木菟《みみずく》・燕・郭公《かっこう》・真鴨・鷗《かもめ》・雁《がん》・ミソッチ（鷦鷯《みそさざい》）・五位鷺《ごいさぎ》・椋鳥《むくどり》・雲雀《ひばり》・鶺鴒《せきれい》・ホウホウ鳥（筒鳥）・鶫・蝶・蛾・螢・スイッチョ（馬追虫）・機織虫＝チョンキイ（螽斯《きりぎりす》）・蟋蟀《こおろぎ》・カナカナ（蜩《ひぐらし》）・蜂・虻・赤トンボ・蚕・コンコンムシ（雪虫＝綿虫）・蠅・蚤・虱《しらみ》・蚋《ぶと》・蓑虫・毛虫・百足《むかで》・蛙・蝙蝠《こうもり》・蟹・鮎・鮒《ふな》・鮪《まぐろ》・亀・蛞蝓《なめくじ》……当然、家禽・家畜もある。馬・牛・豚・羊・犬・猫・鶏など。子供たちの生きものに対する関心の強さがよくわかる。

日中戦争から太平洋戦争へと続く長く暗い時代の前夜にもかかわらず、社会には児童に対するかくも温かくやさしい窓口もあったのだ。全国各地の子供たちは、多くの生きもの、自然を観察し、それに親しみ、心を豊かにしていたのである。バーチャルな世界、ITシステム、競争原理に身を浸しがちな現今、さればこそ、ひと呼吸おいて子供たちを自然に回帰させる方策が必要となる。

二　焼畑農民と生きもの

私が人と生きものの関係に心を寄せ続けてきたのは、幼少年期の体験に加えて、フィールドワークの初期に「焼畑」という農業、およびそれにかかわる伝承に邂逅したからである。樹林や草叢を伐薙《ばってい》し、乾燥させ、その後にこれを焼く。障害物を除去して灰を獲得し、穀物・サトイモ・カブなどを栽培する。焼畑は戦前まではこの国の広域で営まれていた。焼畑は、総じて奥深い山地で行われてきた。都市から遠く隔たり、平地からも離れた奥地にはむき出しの自然があり、そこは多くの生きものと直接的にかかわる最前線だった。焼畑に携わった人びとと生きものとの関係は多様で複雑だった。

垂直分布的に見た時、焼畑作物の栽培限界をさぐりながら焼畑を営み、その限界を伝承してきた人びとがいたことに気づいた。南アルプス南麓、大井川右岸最上流部のムラ、静岡市葵区田代の滝浪作代さん（明治三十九年生まれ）は、「ミンミンゼミが鳴くところ（標高）までは山作り（ヒエ・アワなどを栽培する焼畑）ができる」と語っていた。焼畑地のことをツクリュウ（作《つく》り生《ふ》）、その奥をミヤマ（深山）と呼んだ。ツクリュウの上限をキッツケ（伐り付け）と呼ぶ。方位や日照条件などによってずれはあるがミンミンゼミの鳴く上限、キッツケは標高一二〇〇メートルだという。作代さんは、「ミンミンゼミが鳴くとヒエ・アワの穂が出る」とも語っていた。

焼畑地の上限を鳥の鳴き声で伝承している地もある。宮崎県東臼杵郡椎葉村竹の枝尾の中瀬守さん（昭和四年生まれ）は、「ヒエはオブチコブチカン（ブッポウソウ）が鳴くところまでは作れる」、「ヒエはカッコウが鳴くところまでは作れる」と語っていた。

焼畑ではソバ（蕎麦）も盛んに栽培された。静岡県浜松市天竜区春野町杉峰の増田彦左衛さん（明治四十四年生まれ）は、「ソバナエトンボ（アキアカネ）が出たらソバを蒔け」という自然暦を伝えていた。また、「ソバナエトンボが多い年は豊作だ」とも語った。鳥取県八頭郡智頭町上板井原の平尾しまさん（明治四十三年生まれ）はアキアカネのことを「ソバマキトンボ」と呼んでいた。

長野県松本市奈川・安曇では草叢を拓く焼畑のことを「オコシノ」（起こし野）と呼んだ。オコシノのソバ栽培は散播、定畑では条播した。奈川字入山の忠地喜用登さん（明治四十一年生まれ）は、「ソバの花ざかりにカバンチョウと呼ばれる樺色で三角のチョウが大群でやってきた。ザーッという音がするほどだった」と語った。ソバは、多い年には焼畑・定畑併せて四斗ガマス二五俵収穫した。ソバが主食になっていたことがわかる。

奈川字古宿の忠地由正さん（大正十五年生まれ）は次のように語る。――ソバの花が咲くとソバッチョウが群をなしてやってきた。「ソバッチョウがたんと来たでソバは当たりだ」と語り合ったという。安曇字番所の小沢寿雄さん（大正十一年生まれ）は次のように語った。――ソバの花が咲くとソバッチョウがザーッという音がするほど群をなしてやってきた。人がソバ畑の中を歩くとソバッチョウの群が舞い立った。ソバッチョウが多い年にはソバが豊作になるとしてソバッチョウを大事にした。安曇字鈴蘭の福島吉勝さん（大正六年生まれ）は以下のように語る。――ソバの花が咲くとカバンチョウが群をなして飛来する。しばらく畑にとどまり、山を越えて飛騨の方へ飛び去った。以下は奈川字角ヶ平の高宮菊男さん（昭和三年生まれ）による。――ソバの花が咲くと、北からソバッチョウが群を作ってやってきた。二、三センチほどで、黄金色・銅の色・茶色が混じったような色で、形はロケットのようだった。ひとしきりソバ畑にいてやがて群をなして南の方へ飛んで行った。

カバンチョウとソバッチョウは同じもので、安曇の稲核《いねこき》ではこれを「トビッチョウ」と呼んだ。これらの方名を持つチョウは、セセリチョウ科のイチモンジセセリだと考えられる。焼畑や定畑でソバを大量に栽培していた時代には、このチョウも毎年たくさん飛来していたのだが、ムラムラからソバ畑が姿を消してからこのチョウの姿は見られなくなったという。ソバの花は虫媒花なので、このチョウの大群が飛来すれば花の受粉が進み、ソバは豊作になる。ソバを食糧構造の中に重く位置づけていた当地の人びとにとってイチモンジセセリの群は大歓迎すべき来訪者だった。しかし、その幼虫はイネの葉を巻いたりイネの葉を喰ったりする。稲作にとっては害虫となった。

焼畑が盛んに営まれた山地ではニホンミツバチの採蜜のための飼養も盛んだった。ニホンミツバチは季節のめぐりを追って花々をめぐった。ニホンミツバチの巣箱を設置した人びとは地方を問わず蜜源としてソバの花を頭に入れていた。ソバの花はすぐれた蜜源だという。ソバ栽培の側から見れば受粉を成就させてくれるニホンミツバチは歓迎すべき来訪者だった。ソバ栽培が減少したり絶えたりして有利な蜜源がなくなったことを嘆くニホンミツバチ飼養者の声を各地の山のムラで聞いた。

ミンミンゼミは焼畑作物の栽培限界の標高を教え、ヒエ・アワの出穂を教えた。アキアカネはソバ蒔きの指標となった。そして、イチモンジセセリはソバの受粉に大きく貢献した。ニホンミツバチもまた然りである。昆虫の中にはこのように、焼畑農民にさまざまな恵与をもたらすものもあった。しかし、反対に、焼畑という営みを阻害するものもあった。エンマコオロギが、焼畑で栽培する赤カブに害を与えることについては先にふれた。

また、イネや畑作物に害を与える昆虫についても先に述べたのだが、焼畑作物のヒエの害虫とその駆除伝承について補足しておく。宮崎県東臼杵郡椎葉村竹の枝尾の中瀬守さんは以下のように語る。——ヒエにつく虫はスジムシと呼ばれる虫でガの幼虫だった。昔、四郎ゼー（左衛門）・九郎ゼー（左衛門）という二人の男が無実の罪で斬首となった。斬首の直前に、「おれが祟りはひどいもの、焼き蒔き（焼畑）のヒエをまたたく間に喰い尽くすぞ」と叫んで逝ったという。四郎ゼー・九郎ゼーの怨霊がスジムシになったのだと言われている。スジムシが大発生した時には四郎ゼー・九郎ゼーの霊を鎮めながら虫あげをする。焼畑の周囲に一定間隔で線香を立てて焼畑地を囲む形にする。北側中央の二メートルほどを開けて虫の逃げ道に見立て両端に線香を立てる。家人は鉦を叩き、鈴を振りながら般若心経を唱えつつ焼畑の周囲をめぐる。こうすると、虫は頭を下げ、北に向かって、「サワサワ　サワサワ」と退散するものだと伝えられていた。「虫送りと虫供養」の節で「虫あげ」について類似の事例を報告している。また、稲虫送りにかかわり、斎藤実盛の御霊が稲虫になったという伝承を紹介したが、四郎ゼー・九郎ゼーの伝承も同類である。

山を焼くということは、そこに棲息する多くの生きものの生きる場を奪うことになり、時にはその命を奪うことにもなった。焼畑にかかわった人びとは、火入れ前に「焼き触れ」と称して生きものたちに対して火入れを宣告し、立ち退きを促した。これについては「アオダイショウ」の節でもふれている。「ただ今このヤブに火を入れ申す　虫気全部立ち退きやってたもれ」（宮崎県東臼杵郡椎葉村尾手納）、「飛ぶものは飛んで出よ　這うものは這って出よ」（高知県香美市物部町野々内）。このように唱え、生きものの移動を促したのである。静岡県葵区大間では、火入れ前に「ホーイ　ホーイ」と呼びたてた。これは、「猪追《しし》い」のタオイ声であり、生きものを焼畑地の外へ追ってから火入れをすることを意図していたのである。〽山は焼けても山鳥ゃ立たぬ　子ほど可愛いものはない、という唄がある。各地の焼畑経験者から、火が迫ってきても、卵を抱いていて巣から離れないヤマドリを見たという話を聞いた。火の鎮まった後、焼畑地で小動物の焼死体を見たという話も耳にした。「焼き触れ」はそうした経験の中から発生してきたものである。

このように生きものに対する思いを込めた儀礼を行ってきた焼畑農民も、稔りの季節に丹精込めた作物を喰い荒らすイノシシ・シカなどの害獣には悩まされ、さまざまな対処をしてきた。長野県下伊那郡大鹿村釜沢には次のような唄がある。――〽爺《じじ》さ婆《ばば》さが向かいの山で　ホーイ　ホーイと呼びかわす。「ホーイ　ホーイ」は夜、焼畑の稔りを荒らしにくるイノシシ・シカを追うためにタオイ小屋に泊まって叫ぶタオイ声である。焼畑の害獣防除については「猪」「鹿」の章で述べた。

山犬＝オオカミ（ニホンオオカミ）の獰猛さは広く知られており、『北越雪譜』に凄惨な人的被害が描かれている。(5)ところが、その山犬を神使として神札を発する神社が多く見られる。三峯神社・両神神社・御嶽神社（奥多摩）・山住神社・養父神社・木野山神社などがそれである。これらの諸社が発行する山犬の絵姿神札を焼畑地に掲げておけば、イノシシ・シカの食害を防ぐことができるとされてきたのである。それは、オオカミが、イノシシ・シカを捕食するという生態をふまえて成立した信仰だった。

ここでは、山犬信仰の土壌とも言える伝説を紹介する。南アルプス南麓、大井川左岸最上流部に静岡市葵区井川小河内というムラがある。小河内の望月藤三郎さん（明治四十一年生まれ）が祖母のうしやすさんから聞いたという話である。――うしやすの姑のはるやす婆さんがこの家に嫁いできて間もないころのある年の夏のこと、小河内川の金沢の山畑（焼畑）の小屋に姑と二人で泊まりこんでキッツケの畑のアワの草とりをしていた。姑は、今日で三日も続けてイヌ（山犬）が鳴いている。きっと何かあるにちがいないといって、はるやすをつれて山境の方へ行ってみた。すると、そこに一匹の山犬がいて、上顎《うわあご》に何か白いものがついていた。よく見ると山犬は上顎に骨を立てており、顔には傷がついていて、痕が生々しかった。姑は、まず山犬の口に自分のガジ（草取り手鍬）をくわえさせ、さらに、はるやすのガジを受け取って、そのガジを使って上顎に刺さっている骨を抜き去った。山犬は、暑い季節に三日三晩鳴き続けた疲れも加わり、ヨタヨタしながら山の中へ姿を消した。キッツケの焼畑は毎年イノシシの害が甚だしくて農民たちはみな悩まされていた。ところが、望月家の焼畑はその秋、山犬がキッツケでイノシシを追い、ウサギ一匹入れることはなかった。

収穫を終え、出作り小屋を出て山を下る「出山」の折、はるやすの姑はシカの肉を買ってきて、「イノシシを追ってくれてありがとう、この肉を食べておくれ」と言ってその肉をキッツケの山境の木に掛けた。そして、「いるのかいないのか」とつぶやきながら横を見たところ、木の根の上に山犬が座っていた。翌年、農作業が始まり、はるやすと姑たちは畑をうなっていた。その折、体の大きな三つ又角のシカが畑の前を跳び去った。姑は、「このシカは山犬に追われて小河内川とカナワの出合いのタテバに出るにちがいない。とっさん（父さん）、シカをもらってこい」と叫んだ。さらにつけ加えて、「シカをみな持ってくるもんじゃない。みな持ってくると小屋（出作り小屋）の前に悪いことをする。四肢のうち必ず一枝《ひとえだ》残してくるもんだ」と語った。とっさんが行ってみると、シカはカノキジマで喰いつぶされていた。とっさんは婆の言葉のとおり一枝をその場に残し、「イヌオトシ」をもらってきた。

そのシカの肉は、春中、串焼にして菜《さい》にしても余るほどだった。

人と山犬の相渉を語る貴重な伝説である。焼畑農民にとって害獣となるイノシシ・シカ、そのイノシシ・シカにとって山犬は天敵であり、山犬は食物連鎖の頂点に位置した。この伝説の中には、自然の象徴としての山犬、両刃の剣である山犬と人とが同一地平に立っていること、山犬(自然)に対して、人は礼節をもって接すべきことが込められている。なお、この伝説の伝承地小河内の大井神社には対座する山犬(オオカミ)の神像が祀られている。

三　生きものへの眼ざし

人が描く生きもの像は、年齢・立場・かかわる職業、生業・社会状況・時代などによって流動する。おのおのの座標によって、描く生きもの像は、多面体の中の一面を強調したものになる。おのおのの立ち位置によって生きもの像の固定化が進む。それは止むを得ないことだとしても、時には生きものの自然の姿・全体像に思いを及ぼす必要があろう。本書においては、生きものに向けられるさまざまな視線を、民俗学の視角からなるべく多面的に探ることに意を注いだ。ここにとりあげた生きものの数は限られており、おのおのに対する聞きとりもじゅうぶんではなかったが、生きものを複眼的に、柔軟に見るべきであるという、いくらかの資料は示すことができたと思う。本書で試みた方法を展開してゆけば、この国の人びとの生きものとのかかわりや生きもの観を浮上させることができるだろうという感触は得られた。

人びとは多くの生きものとの間で対立や葛藤を抱きつつ暮らしてきたのであるが、各章の事例で見てきたとおり、生きものに対して柔軟な共存の眼ざし、親和の眼ざしも多々見られた。生業や生活の場で、耐えがたい打撃を受けながらも徹底排除の道をとらない傾向も見られる。一つだけふりかえってみると九州脊梁山地におけるイノシシの害獣的側面に対してニタ待ち猟をタブーとしたことがあげられる。生命や生命力の再生についても、さまざまな生きものと人とのかかわりを見る中で思考を深める示唆を得ることができた。生きもの観や、生命観は重い主題である。今後、さらなる資料収集を重ねなければならない。

人がおのれの生命を維持するためには、植物を含む多くの生きものの命を奪わなければならないという事実がある。この宿命的な原理は程度の差こそあれ、誰もが承知している。農林水産業や狩猟は常に生きものの命とかかわっている。一見、生きものの生命との関係が薄いように見える農の営みにおいても、生きものの棲息する場を拓いたり、営みを完遂するために、農に危害を与える生きものを排除したり、殺したりしなければならない。そうしなければ立ちゆかないことも多いのである。都市開発や住宅建設においても生きものの領域を侵蝕して初めて事が成る。衣生活においても、羊毛・ダウン・絹・木綿・靴、日常生活の中でも鞄・薬・紙など多くのものが生きものから与えられているのである。人は生きものの命をいただき、生きものに抑圧を与えて生きてきたのである。

現代人は、暮らしに必要なものを大量生産・大量消費、過剰生産・過剰廃棄することに慣れきってしまっている。それは資源の浪費、地球環境の悪化につながるものでもある。のみならず、生きものの生態に変化をもたらすこともある。クマの人里接近、スズメバチの都市進出などは廃棄食品とかかわる部分もある。先人たちは、自然の中から必要なものを必要なだけいただいて、それを大切に使うという暮らしに長くなじんできた。

福島県南会津郡檜枝岐村の木地職人は曲物の材料を得るためにトウヒの樹を伐採したのだが、まず、目測で材の適否を判断し、その上で、さらに、「マサカキ」（柾欠き）と称して、立木の六尺以上のところで縦横五寸・奥行三寸の木片を欠き取り、その木目を検査してみて、曲物の適材であることを確かめてからその一本を間伐して大切に使った。マサカキで不適と判断すればその木は伐らない。木は天壽を全うして山林の守り木となる（星寛さん・昭和三年生まれ）。静岡市葵区井川小河内では同様の検査を「トイコミ」と称して、これを実施して木の不経済を防いだ。

奈良県吉野地方で作り出される割箸にも木の経済と節約が見られた。八〇年以上のスギから柱材を取る。その余材を割箸にする。余材の中でも冬目（狭い木目）が七本入らなければよくないと伝えられていた。余材でも香りは豊かである。箸にならない部分は燃料として使った（奈良県吉野郡吉野町窪垣内・本田繁幸さん・昭和三十二年生まれ）。

私の育った家では初夏から夏にかけて行商の魚屋からカツオを一本、丸で求めた。その尾をロープで縛り、掘り井戸の水境までおろして吊り、カツオを冷やした。夕刻、祖父の喜左衛門（明治二十六年生まれ）は、井戸からカツオを引きあげて外流しでさばいた。学齢前の私はいつもそれを眺めていた。その時、祖父は必ず、「ホイ」と言って「ヘソ」（心臓）を手渡してくれた。幼い私は、その場でヘソに醤油をつけて食べた。その日の夕食は家族全員、カツオの刺身である。おのおの刺身を二、三切残し、醤油に漬けておき、翌朝、熱い飯の中にそれを入れ、そこに熱い新茶を注いでカツオ茶漬にして食べた。骨・頭・ハラモ（腹皮）は朝、味噌のアラ汁にする。内臓のうち可食部は塩辛にし、残余は外便所の壺に入れて肥料にするので一匹のカツオは全く捨てるところがない。

神奈川県横須賀市の親戚に泊まった折、煮魚が出された。その家の伯母から「骨茶《こつじゃ》」と称して、残った魚の骨に茶を注いで残骨を汁にして食べ、汁をすする方法を教えられた。京都市中京区二条通り烏丸で育った掛見輝江さん（大正十五年生まれ）から「骨正月《ほねしょうがつ》」について聞いたことがあった。――一月二十日が骨正月で、正月中に食べたサケやブリの骨を干して保存しておき、この日、その骨を包丁で叩いてそれから出汁《だし》をとる。その出汁を使って雑煮をつくり、それを食べて正月を終わりにした。

人は、植物を含む多くの生きものと同一地平に生きるところから出発している。ところが、時を経るにつれて人と生きものとの距離・懸隔の幅は広がった。それは、物理的な距離のみならず、心意的な距離においても然りである。IT、AI（人工知能）への依存度が増しつつある現今、懸隔は加速していると言えよう。さればこそ、われわれは、人と生きものとの関係について省察すべきなのだ。私たちは心の底のごく一部にでも、「磐根《いはね》・木株《このもと》・草葉《くさのかきは》も、猶《なほ》能《よ》く言語《ものいふ》」という時代、即ち始原の自然に感応する部分を守り続けたい。自然に対する畏怖・畏敬の念を消し去ってしまってはいけないのである。

平成二十九年九月二十日（水）『読売新聞』（夕刊・大阪本社）、「語る　聞く」欄に生物物理学者の大沢文夫さん（大正十一年生まれ）が登場した。――「いろいろな生きものを観察することです。子どもたちには特に勧めたいですね」自然や生きものに目を向けることが人間のあるべき姿に気づくきっかけになるとの思いがある。人間が遠慮をしなくなったのは、自然との距離を置いた時から始まったのかもしれない。――共感するところである。未来社会における人と生きものとの関係は個々人に課せられた大きく切実な課題である。この課題に対する答を得るに際しては、先人たちの体験や伝承知、生きもの観などが有益な示唆を与えてくれるにちがいない。

注

（1）柳田國男『野鳥雑記』初出一九四〇（『柳田國男全集』12・筑摩書房・一九九八）。
（2）鈴木棠三『日本俗信辞典　動・植物編』（角川書店・一九八二）。
（3）柳田國男『西は何方』初出一九四八（『柳田國男全集』17・筑摩書房・一九九九）。
（4）『赤い鳥』の復刻版は、発行人・小田切進、瀬沼茂樹編集によって一九七九年に日本近代文学館から刊行されている。
（5）鈴木牧之『北越雪譜』初出一八四二、の中の「雪中の狼」（岩波文庫・一九三六）。

あとがき

これまで、『焼畑民俗文化論』、『生態民俗学序説』、『海岸環境民俗論』、『共生のフォークロア――民俗の環境思想』、『山地母源論1――日向山狭のムラから』、『山地母源論2――マスの溯上を追って』、『季節の民俗誌』、『民俗誌・海山の間』などの単著や、自治体史・民俗編、その他の調査報告書などで多くの生きものをとりあげ、人とかかわる民俗について報告を重ねてきた。しかし、それらを総合的にまとめる機会はなかった。内心、その拡散が気になっていた。また、大型獣から蚤・虱のごとき小型昆虫に至るまで、多種多様な生きものとこの国の人びととのかかわりを探ってゆけば見えてくるものがあるにちがいないとも考えていた。『生きもの民俗誌』は、そうした思いに動かされながら構想したのであるが、これまで扱ってきた生きものの中で本書に収載できなかったものも多い。猿・兎・鼠・鷺・白鳥・雁・鷹・鵜・鮫・鮭・鱒・スク（アイゴの稚魚の沖縄での方名）・ワタカ・エラブウミヘビ・セグロウミヘビ・蛙・牛・馬などがそれである。

ここに一書を成したのではあるが、確固とした結論が得られたわけではない。資料提供に終わった感は免れ難いのだが、これが私のできる範囲である。本書は「環境民俗学」を支える基礎的な資料でもある。なお、序章「天城山麓のムラから」は、『原保の民俗――田方郡中伊豆町』（静岡県史民俗調査報告書・静岡県・一九八七）によった。

『生きもの民俗誌』の誕生には、平成十五年五月十日に設立された「生きもの文化誌学会」での学びや刺激もかかわっている。この会は、自然科学にかかわる者、人文科学にかかわる者、生きものにかかわる生活者などが自由に交流しつつ学びを深める会で、刺激に満ちている。平成十五年から二十年まで私はこの会の機関誌『ＢＩＯＳＴＯＲＹ』編集委員の末席にあったが、関西在住の数名の委員が、発売元である昭和堂の一室に集まり、各号の下準備や細部の検討などを行う分科会が頻繁に開かれていた。編集委員長は国立民族学博物館の小長谷有紀教授で、惜しくも早逝された兵庫県立コウノトリの郷公園研究部長の池田啓氏も毎回出席されていた。それに、昭和堂編集部長の鈴木了市氏、編集工房ｉｓの石川泰子氏も出席され、質の高い議論がくり広げられていた。その会の刺激は楽しいものだった。

このほど『生きもの民俗誌』を、このようにゆかり深い昭和堂から、石川泰子氏の心のこもった編集によって刊行していただけることは誠に幸いなことである。心より御礼申しあげたい。また、御多忙な中、時間を割いて貴重な体験や伝承を親身になってお聞かせくださった全国各地の話者の方々に感謝の誠をささげる次第である。

令和元年五月

野本寛一

地名索引

あ　行

か行

さ 行

た　行

な　行

は　行

ま　行

や　行

ら　行

わ　行

■著者紹介

野本寛一（のもと　かんいち）

1937 年　静岡県に生まれる
1959 年　國學院大學文学部卒業
1988 年　文学博士（筑波大学）
2015 年　文化功労者
2017 年　瑞宝重光章

専攻　日本民俗学
現在、近畿大学名誉教授

著書

『焼畑民俗文化論』『稲作民俗文化論』『四万十川民俗誌――人と自然と』（以上、雄山閣）、『生態民俗学序説』『海岸環境民俗論』『軒端の民俗学』『庶民列伝――民俗の心をもとめて』（以上、白水社）、『熊野山海民俗考』『言霊の民俗――口誦と歌唱のあいだ』（以上、人文書院）、『山地母源論１・日向山峡のムラから』『山地母源論２・マスの溯上を追って』『「個人誌」と民俗学』『牛馬民俗誌』『民俗誌・海山の間』（以上、「野本寛一著作集Ⅰ～Ⅴ」岩田書院）、『栃と餅――食の民俗構造を探る』『地霊の復権――自然と結ぶ民俗をさぐる』（以上、岩波書店）、『大井川――その風土と文化』『自然と共に生きる作法――水窪からの発信』（以上、静岡新聞社）、『自然災害と民俗』（森話社）、『季節の民俗誌』（玉川大学出版部）、『民俗誌・女の一生――母性の力』（文春新書）、『神と自然の景観論――信仰環境を読む』『生態と民俗――人と動植物の相渉譜』（以上、講談社学術文庫）、『近代の記憶――民俗の変容と消滅』（七月社）、『食の民俗事典』（編著、柊風社）、『日本の心を伝える年中行事事典』（編著、岩崎書店）ほか。

生きもの民俗誌

2019 年 7 月 30 日　初版第 1 刷発行

著　者　野 本 寛 一
発行者　杉 田 啓 三

〒 607-8494　京都市山科区日ノ岡堤谷町 3-1
発行所　株式会社　昭和堂
振替口座　01060-5-9347
TEL（075）502-7500/ FAX（075）502-7501

印刷　亜細亜印刷

ISBN978-4-8122-1823-5
＊落丁本・乱丁本はお取り替えいたします
Printed in Japan

石干見の文化誌　遣産化する伝統漁法

田和　正孝 著　A5判上製・288頁　定価（本体4,800円＋税）

石干見とは、沿岸部に石などを積み、潮の満ち引きを利用して魚を獲るという今や失われつつある伝統漁法である。日本と台湾を中心として、石干見の構造や利用形態、これを有する地域文化、そして今後の保全と活用などを調査・記録した貴重な資料価値をもつ研究書。

京のまつりと祈り　みやこの四季をめぐる民俗

八木　透 著　四六判並製・240頁　定価（本体1,800円+税）

春には春の、秋には秋の、季節ごとのまつりに込められた願いとは。京都の伝統行事と民俗信仰を研究する傍ら、祇園祭や送り火の担い手として活動する民俗学者が、ディープな京都をご案内。

港の景観　民俗地理学の旅

出口　晶子・出口　正登 著　菊判変形上製・290頁　定価（本体2,800円+税）

1980年代から現在に至るまで、約四半世紀もの間、著者たちは若狭湾の海辺に通い続け、流転する港町を観察し続けた。変貌する景色とともに運命に身を委ねて暮らす人びと、衰えゆく木造船技術――映画のワンシーンのように綴られる語りと写真が、うつろいゆく港の風景と人びとの暮らしを浮かび上がらせる。

食の冒険　フィールドから探る

秋道　智彌 著　四六判上製・304頁　定価（本体2,800円＋税）

人の生命を支える「食」の世界は、地域や環境、民族の歴史によって、まったく異なる風景をもつ。思いも寄らぬ食材、調理法、そしてハプニングとの出逢いは、まさに冒険だ。世界各地のフィールドを歩く人類学者が出会った食の世界とは？

語り継がれた偏見と差別　歴史のなかのハンセン病

福西　征子 著　A5判上製・340頁　定価（本体6,000円＋税）

日本書紀にハンセン病はどう描かれていたか。一休和尚はどう語っていたか。幕藩体制下の諸藩はどんな対策をしていたか。古代から明治まで文献に記されたハンセン病を洗い出し、いかに人々の中に偏見と差別意識が根づいていったかを検証する。

（消費税率については購入時にご確認ください）

昭和堂刊

昭和堂ホームページhttp://www.showado-kyoto.jp/